Rudolf Mahrer
Phonographie

Études de linguistique française

Édité par Franck Neveu

Volume 3

Rudolf Mahrer

Phonographie

La représentation écrite de l'oral en français

DE GRUYTER

ISBN 978-3-11-063457-0
e-ISBN [PDF] 978-3-11-049073-2
e-ISBN [EPUB] 978-3-11-048829-6
ISSN 2365-2071

Library of Congress Cataloging-in-Publication Data
A CIP catalog record for this book has been applied for at the Library of Congress.

Bibliographic information published by the Deutsche Nationalbibliothek
The Deutsche Nationalbibliothek lists this publication in the Deutsche Nationalbibliografie;
detailed bibliographic data are available on the Internet at http://dnb.dnb.de.

© 2018 Walter de Gruyter GmbH, Berlin/Boston
This volume is text- and page-identical with the hardback published in 2017.
Printing and binding: CPI books GmbH, Leck

♾ Printed on acid-free paper
Printed in Germany

www.degruyter.com

À Séverine,
linguiste chevronnée par alliance

Abréviations

|arbre|
Par analogie avec les barres obliques de la phonologie, on signale par des barres verticales (ou «pipes») la représentation de la forme (vs la substance) de l'expression (vs le contenu) graphique des signes du français écrit. Les lettres ainsi délimitées représentent des séquences de *graphèmes* (voir p. 102–105).

(E(C)), E^g, E^p
Pour représenter les différentes sémiotiques étudiées ici, nous suivons les principes de formalisation de la filiation Hjelmslev–Barthes–Rey-Debove (voir Rey-Debove, 1978 : 33). Dans la formule du signe (E(C)), E désigne l'*expression* et C le *contenu* du signe. On ajoute, en exposant, un *g* ou un *p*, dans les cas où l'on traite spécifiquement d'expression graphique (E^g) ou d'expression phonique (E^p).

RDA représentation du discours autre
E / e énonciation en cours / énonciation autre représentée
A / a acte d'énonciation en cours / acte d'énonciation autre représenté
L / l locuteur de l'énonciation en cours / locuteur de l'énonciation autre représentée
MAE modalisation autonymique d'emprunt

Dans les citations et les exemples, sauf mention contraire, l'*italique* appartient au texte cité, le **gras** est de mon fait.

Sommaire

Abréviations —— VII

Introduction générale. Jeanne d'Arc liseuse —— 1

Première Partie
Éclairages sémiologiques

Chapitre 1. Le niveau biotechnologique de l'étude sémiologique —— 37

Chapitre 2. Le niveau sémiotique de l'analyse sémiologique —— 81

Seconde Partie
Parcours des modalités de représentation

Chapitre 3. La phonographie en langue et en discours. Écrire les mots entendus, écouter les mots vus —— 129

Chapitre 4. Sémantique de l'oral. Décrire l'oral et écrire comme on parle —— 213

Chapitre 5. Lecture et prosodie. Effets mélodiques et effets rythmiques —— 290

Conclusion générale. De l'oral dans l'écrit ? —— 448

Bibliographie —— 454

Index des auteurs —— 473

Index des notions —— 479

Table des illustrations, schémas et tableaux —— 483

Introduction générale. Jeanne d'Arc liseuse

> Oui, d'ailleurs pourquoi voit-on si mal la différence entre l'oral et l'écrit ? Parce que nous avons en général accès à l'oral sous forme d'écrit, c'est-à-dire transcrit. Et on oublie que la transcription de l'oral ne permet pas de travailler sur l'oral. Une fois qu'on a écrit de l'oral, c'est de l'écrit ! [...]
> Le français oral n'est pas dit en alphabet phonétique ! (Encrevé, 1992 : 97)

« Une fois qu'on a écrit de l'oral, c'est de l'écrit ! » Il arrive néanmoins que cet écrit nous paraisse oral.

> Je viens d'achever votre « Esprit malin ». [...] Je l'ai lu comme je pense que vous désirez qu'il soit lu, comme une « histoire ». Je l'ai écouté, plutôt que lu : il me semblait sans cesse qu'on me le racontait. Et le ton de la voix me semblait en même temps si proche et si étrange ! (Lettre de J. Rivière à C. F. Ramuz du 25 août 1917, *Ramuz, ses amis et son temps*, vol. V, Paris, Bibliothèque des arts, 1969, p. 287.)

Le constat est des plus banals : dans le silence de la lecture, il semble parfois qu'on ait des voix. Décrire une expérience de lecture en empruntant ses mots au domaine de l'oralité est un geste interprétatif ordinaire. De multiples facettes de l'oral sont convoquées : *l'écrit qui « parle », qui ressemble à la langue parlée, qui sonne comme une voix, qui sollicite une écoute voire une mise en mélodie, qui évoque la conversation, qui rapporte des paroles, imite des prononciations, l'écrit criard, l'écrit bruyant*, etc. On pourrait, s'il fallait s'en convaincre, piocher presque au hasard dans la réception de Ramuz, de Céline, de Sarraute...

> On dirait souvent que c'est un de ces lents villageois qui parle, qui insiste, par crainte d'oublier quelque chose ou de n'être pas compris. Mais cette progression lourde, hésitante et d'une feinte maladresse est on ne peut plus consciente. Une poétique, en somme très habile, qui semble protester contre l'habileté ou l'aisance. Aussi intellectuel sans doute que bien d'autres dans la conception et la composition de ses livres, M. Ramuz, à chaque pas, écarte d'un rude mouvement d'épaules « à la paysanne » l'intellectualisme.
> (Jacques Chenevière, dans Poulaille, *Pour ou contre Ramuz*, 1926 : 275.)

> La prose qui fait marcher ce livre féroce à vive allure, on peut bien dire qu'elle ne ressemble à aucune prose de roman, qu'elle est **un cri** d'écorché vif, qu'elle **grince** et qu'elle **gémit**, qu'elle **ricane** méchamment, qu'elle s'évade aussi, souvent, par une sorte **d'élan lyrique** vite drainé et brisé dans l'armure de la phrase. C'est cette prose qui donne au livre toute son âcreté et, peut-être avant tout, sa puissance. L'homme se raconte dans le style populaire, dur et rageur **d'un homme du peuple qui raconterait** l'outrage qu'on lui a fait. Une prose,

donc, comme **de conversation**, de **dialogue** ; mais l'outrage, l'affront, ici, c'est en permanence, la vie.
[...] Il raconte ainsi (avez-vous déjà **entendu** cela ?) :

« Moi, d'abord, la campagne, faut que je le dise tout de suite, j'ai jamais pu la sentir, je l'ai toujours trouvée triste, avec ses bourbiers, qui n'en finissent pas, ses maisons où les gens n'y sont jamais et ses chemins qui ne vont nulle part. Mais quand on y ajoute la guerre en plus, c'est à pas y tenir. » (Georges Altman, « Le goût âcre de la vie. Un livre neuf et fort : *Voyage au bout de la nuit* », *Monde*, 19 octobre 1932.)

Ce style n'analyse pas ; il synthétise. Il ne décrit pas ; il mime et recrée les sensations, pour nous les faire éprouver. C'est un style profondément **marqué par l'oralité** ; le **son** et le **rythme** y ont la même importance que dans un poème ; les **rythmes** et les **mouvements** du texte reprennent et reproduisent ceux des courants affectifs qu'ils charrient. (Minogue, 1996 : 1721, à propos de *Tropismes* de N. Sarraute.)

Ou encore, avec une concision indépassable, et à propos de procédés fort différents de ceux qui caractérisent le style de Céline : « Ses prédécesseurs écrivaient, Rousseau parle. » (Lecercle, 1979 : 53) Est-il possible de rendre compte des parcours interprétatifs, dans leur diversité manifeste, qui sous-tendent la représentation de l'oral dans l'écrit ?

Le sentiment occasionnel de l'oralisation de l'écrit n'est pas l'apanage de la critique littéraire. Les apprentis francophones en savent quelque chose, qui s'entendent souvent répéter qu'on n'écrit pas comme on parle ! Par la négative, la sanction confirme l'impression spontanée d'une oralité non seulement *re-présentée* ou *reconnue*, mais effectivement *présente* dans l'écrit, voire même pour certains constitutive de l'écrit.

Que le fait soit constitutif, qu'il ne puisse y avoir de *lecture* sans le recours et le relai d'une parole orale, serait-ce intérieurement entendue, comme on le soutient souvent, voilà qui n'expliquerait en rien le fait de l'écoute que sollicitent particulièrement certaines séquences de textes écrits, certains genres du discours plutôt que d'autres. S'est-on souvent arrêté sur l'oralité du texte de loi, l'oralité du mode d'emploi, l'oralité de la déclaration d'impôt... ?

Le fait de l'appréhension, fréquente mais non systématique, de l'écrit par des catégories de l'oral indique qu'il existe – en sus de son hypothétique dimension constitutive – des phénomènes particuliers et locaux. Dans quelles conditions linguistiques et par quels parcours interprétatifs est-on conduit à élire des catégories de l'oralité pour décrire et évaluer une énonciation écrite ? Pourquoi, comment et où repère-t-on de l'oral dans l'écrit ? La question a été maintes fois posée, mais jamais elle n'a fait l'objet d'un traitement global. Elle peut paraître insondable. Si l'on peut nourrir à son propos une ambition typologique, ce n'est qu'à la condition d'un schématisme certain. Celui que j'adopterai est linguistique : il consiste à proposer *une classification des parcours interprétatifs conduisant à reconnaître quelque chose d'oral dans une expression écrite.*

1 Le moment parlant de la littérature française

> [...] pendant toute la période qui s'ouvre en 1850, la question du lien entre la littérature et l'oralité n'aura cessé d'être pensée, c'est-à-dire de poser problème. (Philippe, 2009 : 57)

Ce geste herméneutique, en forme d'écoute de l'écrit, a connu son heure de gloire dans l'histoire littéraire. Il y a un siècle en effet, la critique se serait mise à reconnaître régulièrement des traits formels caractéristiques de l'oralité chez certains auteurs et dans de nombreuses œuvres (Martin, 1998, Meizoz, 2001, Philippe, 2009 : 56–89). Ces traits – c'est la principale nouveauté – reçoivent alors parfois un accueil positif. La grammaire des siècles précédents accordait déjà la plus vive attention à la manière dont la parlure affectait l'écriture. Autant dire l'*infectait*, car la vocation grammairienne noble, défendre le *génie de la langue française* – sa clarté puis son universalité – s'est rapidement confondue avec son étiage : le purisme (Meschonnic, 1997). La force du discours grammatical et normatif dans la tradition française (Philippe, 2002a : 117–141) est sans doute l'un des ferments de la représentation, plus fortement duelle que pour les autres langues romanes (Koch & Oesterreicher, 2001), du rapport entre écrit et oral.

En Suisse romande et en France, des linguistes (Vendryes, 1921, Bally, 1926 puis Frei, 1929) se mirent à considérer le français « tel qu'on le parle ». Des écrivains (Vallès, Renard, Philippe, Ramuz, Poulaille, Cendrars, Céline, Giono...) travaillèrent à donner à la langue parlée voix au chapitre romanesque (Meizoz, 2001 : 15–31)[1]. Depuis 1848, les acteurs du monde littéraire – auteurs, lecteurs et personnages – se démocratisent[2]. Le brassage social favorise la perception des contrastes entre variations linguistiques ; l'écart entre la langue des livres et le

---

[1] Outre les pages mentionnées, qui constituent un cadrage historique à valeur introductive, tout l'ouvrage de Meizoz est consacré au fondement social et littéraire de l'« âge du roman parlant ».
[2] « Dans l'optique du devoir démocratique, la question du langage populaire en littérature semble répondre à une logique parallèle à celle du suffrage universel. Elle se ramène à un problème d'énonciation : qui parle et d'où parle-t-on ? Donne-t-on fictivement la parole au "peuple" ? Ou parle-t-on de lui, voire pour lui ? Autrement dit, il s'agit de savoir qui possède les instruments de sa propre expression. Et qui est voué, au contraire, à être exprimé par d'autres. » (Meizoz, 2001 : 18) Pour une situation synthétique, voir aussi Philippe (2009 : 58).

français trivial peut apparaître comme une béance. *Trivial* est à entendre au sens étymologique que défendait Queneau : la langue « qu'on cause » aux carrefours et celle qui est elle-même carrefour. L'oral symbolise le courant, le flux, la vie, le peuple, le sujet. L'écrit mortifie. Tel est le topos romantique que remodèlent, en lui donnant chaque fois des nuances propres, Ramuz, Céline ou Queneau, écrivains fatigués de la lettre qu'il y a dans *littérature*. Charles Bally y apportera un important concours :

> L'idiome vulgaire et parlé continue sa marche, d'autant plus sûre qu'elle est souterraine ; il coule comme une eau vive sous la glace rigide de la langue écrite et conventionnelle ; puis un beau jour, la glace craque, le flot tumultueux de la langue populaire envahit la surface immobile et y amène de nouveau la vie et le mouvement. (Bally, 1926 : 16)

Et une partie de la critique entendra et relaiera cette représentation, comme par exemple le professeur Thibaudet, dans son essai sur *Gustave Flaubert* :

> Le style languit et meurt quand il devient une manière d'écrire ce qui s'écrit, de s'inspirer, pour écrire, de la langue écrite. Avoir un style pour un homme comme pour une littérature, c'est écrire une langue parlée. Le génie du style consiste à épouser certaines directions de la parole vivante pour les conduire à l'écrit. [...] À la base d'un style, il y a donc ceci : un sens de la langue parlée, une oreille pour l'écouter. (Thibaudet, 1922 : 274[3])

Ou le critique Paul Seippel, dans le *Journal de Genève* du 19 décembre 1921, à propos de *Salutation paysanne* de Ramuz :

> Il ne faut pas le mesurer à l'aune des règles formalistes. L'instinct d'un artiste littéraire le porte à puiser, non à la citerne de la grammaire, mais à la source vive de la langue parlée.

Symboliquement, on passe de la bataille de *L'Assommoir* (1876), lors de laquelle Albert Millaud et Barbey d'Aurevilly reprochent à Zola de prêter à la voix narrative, et donc sans « crochets de chiffonnier » (les guillemets), le parler « ordurier » de ses personnages, au « miracle inexpliqué » de Spitzer (1959), qui *s'étonne* que les personnages de Duhamel parlent... comme Duhamel. Que le stylisticien autrichien fasse ce constat dans le fil d'un travail sur Ramuz n'a rien de surprenant ; sa carrière durant et par des procédés linguistiques variables, l'écrivain vaudois a tout fait pour que le style de la narration ait le même « ton » (c'est son mot) que la parole représentée de ses personnages (Mahrer, 2005).

L'acmé du « roman de voix » se situerait à l'entre-deux-guerres selon Martin (1998) qui décrit les conjonctions culturelles favorisant cette vocalisation (le

---

[3] L'essai est cité par Durrer (1998 : 69) et Meizoz (2001 : 26).

phonographe, la radio, le jazz), « âge du roman parlant », selon Meizoz[4] qui désigne ainsi ces livres « qui donnent à entendre *l'acte narratif comme une parole et non comme un écrit* » (2001 : 35).

Dans cette première phase, qui est celle de l'ouverture des vannes, l'oralisation de la littérature s'interprète essentiellement comme un geste politique : rendre au peuple et aux périphéries leurs figures et leurs moyens d'expression. Dans ce contexte, apparaît comme *parlée* l'exploitation, à l'écrit, des ressources variationnelles de l'idiome (diachronique, diatopique et diastratique). L'écrit, quant à lui, passe pour sans lieu, ni temps, ni classe. Mais ce n'est qu'un enjeu possible de l'oral pour la littérature, qui ne manquera pas d'en explorer d'autres. Les historiens de la littérature considèrent d'ailleurs qu'à cette première phase, collective, en succède une autre, subjective. On passerait de la thématique du parlé populaire à celle de la voix ou du ton (Rabaté, 1999, Philippe, 2009, Piat, 2011). Chez Simon, Beckett ou Pinget (Piat, 2011 : 197–220), ou encore Sarraute, la littérature puiserait à la source de l'oral des facteurs linguistiques de subjectivation, faisant passer l'oralité littéraire d'un paradigme « oral » à un paradigme « vocal », au plan des formes comme des effets. Certains auteurs, comme Céline, seraient à l'intersection des deux moments : « Son but, tel qu'il apparaît plus clairement dans *Mort à crédit*, n'est pas de faire de la littérature avec le français parlé "tel qu'il est, tel qu'il existe", mais de faire entendre une "voix" dans le texte » (Philippe, 2009 : 77).

Mon résumé rapide du « moment parlant » de la littérature française à l'entre-deux-guerres cache deux choses. D'une part, la poétique de l'oralité n'occupe alors qu'une frange de la production romanesque ; d'autre part, elle n'est pas repérée de manière aussi unanime ou univoque que je l'ai laissé croire.

2 La guerre des langues

Le phénomène d'« oralisation » est le fait d'une avant-garde. Le début du siècle est en effet marqué par un raidissement grammatical de la langue littéraire et de sa description (Philippe, 2002a). Le débat autour de la crise du français (1906–1912) et le retour de la querelle du style de Flaubert (1919–1920) en témoignent (Philippe, 2004). Le purisme ambiant tend à plaquer le couple *écrit/oral* sur l'opposition *correction/transgression*. Mais le purisme et l'émergente poétique de l'oralité ne sont pas deux courants contemporains sans rapport : la force de l'un est proportionnelle à celle de l'autre ; ils ne prennent corps que dans leur

---

[4] Celui-ci reprend l'expression à Durrer (1994).

interaction. Ce n'est, en effet, ni un hasard, ni une contradiction, si le « moment grammatical » de Philippe est contemporain de l'« âge du roman parlant » de Meizoz. Pour que l'oral inoculé dans l'écrit puisse prendre la signification politique qu'on lui a donnée – démocratique, décentralisatrice – il fallait que toucher à la langue, en particulier à la langue littéraire, représente une menace pour l'identité nationale.

Dans les sociétés dominées par la *littératie* (Goody, 1977) – entendez : savoirs et pratiques, objets et technologies, institutions et pouvoirs de l'écriture (Kara & Privat, 2006) –, la culture orale ne disparaît pas. Ses pratiques fourmillent et se transmettent, souvent en marge des institutions, et en particulier de l'école (du moins officiellement). S'ensuivent dans les faits, et plus encore dans l'imaginaire des faits, de solides polarités. Du côté de la parole orale, le discours du savoir concret, vécu, populaire, subjectif, traditionnel, performant et performatif, proféré au milieu du monde et des autres. Du côté de l'écrit, le discours du savoir abstrait, intellectuel, officiel, objectif, historique, préparé dans la retraite.

Cette stratification interne de notre propre culture est mise au jour par l'*ethnocritique* (voir Privat & Scarpa, 2010). Celle-ci observe que depuis longtemps – depuis qu'elle est faite de lettres ? – la littérature s'est nourrie de cette opposition, mettant en scènes diverses figures d'autodidactes, de simples, de naïfs ou de « gueux philosophes » (Meizoz, 2011). C'est donc à la faveur d'une conjoncture particulière, politique, sociale et culturelle, que les rapports de l'oral et de l'écrit prennent la tournure d'un conflit au cours de la seconde moitié du XIXe siècle. Il semble que ce que Saussure appelle le « prestige de l'écrit » (1916 : 53) génère périodiquement « son refoulé d'oralité nostalgique dans les sociétés occidentales » (Meizoz, 2011 : 119 ; voir aussi Chartier, 2008).

Un pas en arrière encore dans l'histoire de France et ce duel passe pour une adaptation franco-française du scénario de la « guerre des langues » qui opposait latin des clercs et langue du peuple, Contre-Réforme et Humanisme, sacré et profane, pouvoir et travail. Toutefois le conflit symbolique, au sein d'une même langue, entre sa matière pour l'œil et sa matière pour l'oreille, aucun Villers-Côtteret ne viendra le résoudre. Aucun Jérôme, aucun Luther ne traduira l'écrit en vulgate. La différence sémiologique en jeu, moins profonde sous un certain rapport – c'est une même langue – l'est bien trop sous un autre : ce sont des systèmes différents, informant des substances hétérogènes.

Le processus d'identification de « l'oral dans l'écrit » résulte parfois d'un marquage linguistique spécifique. Mais dans bien des cas, il est un fait *interprétatif*, non contraint par la présence de marqueurs spécialement dévolus à sa représentation. Cette part interprétative du phénomène – où la représentation devient *reconnaissance* – explique pourquoi chacun ne se met pas à écouter la littérature au même moment (de l'histoire) ni au même endroit (des textes), ni aujourd'hui, ni hier. Il y a l'oralité, mais il y a aussi l'oreille plus ou moins affûtée que l'on tend. La représentation littéraire de l'oral se remarque-t-elle dans les années 1910 – 1920 parce qu'elle y apparaît en effet, ou parce que la conjoncture politique et intellectuelle la rend remarquable ? D'ailleurs le moment d'émergence du phénomène fait débat. L'observation du corpus romanesque de la fin du XIXe siècle laisse plutôt penser à Philippe (2009) qu'il est antérieur au tournant que devait marquer la Grande guerre : en 1850 déjà, le romantisme conduirait à explorer les *parlures* (soit les sociolectes ou les dialectes dans la langue de Claudel). Et le stylisticien d'illustrer son propos d'extraits de Charles-Louis Philippe, de Jules Vallès, des frères Goncourt, de Daudet ou de Zola, avec des oralités qui se diffractent en diverses variétés. À quoi s'ajoute la question d'un héritage rhétorique qui conduit à considérer, en un sens encore différent, une présence de l'oralité dans l'écriture flaubertienne, celle que viendrait éprouver le gueuloir.

La mise sur écoute de la littérature est-elle le fait d'une transformation des textes ou d'une transformation de l'attention à eux accordée ? Les revendications répétées des écrivains de cette génération ne pèsent-elles pas lourd dans l'effet que produisent leurs livres ? Après tout, on peut entendre tout écrit dès lors qu'on lui prête sa bouche et son oreille.

Si l'on compare cette fois, non plus les périodisations, mais les caractérisations de ces formes d'oralité qui viennent alimenter la littérature, le problème s'amplifie. On a évoqué le raffinement apporté par les stylisticiens qui, parmi les poétiques de l'oralité, distinguent celles dont les enjeux sont sociaux et celles dont les enjeux sont expressifs :

> Mais dès qu'on y regarde de près, la question du rapport entre la langue littéraire et l'oralité se dédouble : il faudrait **au moins** séparer, d'une part, la volonté de rendre compte, dans le texte littéraire, de la diversité des parlures et sociolectes attestés et, d'autre part, la revendication d'un idiome écrit qui retrouve l'expressivité et la vigueur de la parole prononcée. (Philippe, 2009 : 57)

De plus près encore, les distinctions pourraient se multiplier[5]. On observerait non seulement des oralités vectrices des diversités sociales et d'expressivité, mais aussi des oralités oratoires, quotidiennes, sonores, spontanées...

---

5 Allusion à la liste ouverte de dix critères qu'utilisent Koch & Oesterreicher (1990, 2001) pour distinguer les « profils conceptionnels » de l'oralité et de l'écriture (chap. 1, 2.2, p. 45).

3 Oral et écrit : imaginaires séparateurs et théories continuistes

Si elle trouve en France des accents « dramatiques » particuliers[6], cette polarisation entre *discours écrits* et *discours oraux* n'est pas une exception française ; elle semble aussi vieille que l'invention de l'écriture – qui ne concerne, rappelons-le, qu'une minorité de langues. C'est du moins la conclusion des travaux en linguistique historique et en histoire des idées linguistiques :

> Si l'on regarde l'histoire des langues, on voit que le passage à l'écrit qui aboutit à l'élaboration d'un idiome se présente toujours comme un processus lent et douloureux, qui, dans la plupart des cas, résulte du contact culturel, et par là, d'un effet d'acculturation. Mais dès qu'une communauté linguistique dispose d'une langue écrite en tant que norme prescriptive, celle-ci jouit d'un prestige absolu qui lui confère la primauté par rapport aux variétés orales préexistantes. (Koch & Oesterreicher, 2001 : 590)

> Il est intéressant de noter que, encore de nos jours, les non-linguistes, cultivés ou non, ont tendance à considérer le parlé comme forme primitive du langage, corrompue ou condamnable. (Koch & Oesterreicher, 2001 : 588)

Alors que pour les langues « sans écriture », on reconnaît sans peine la variété grammaticale et pragmatique interne aux discours oraux[7], cette diversité discursive, en littératie, est polarisée par l'opposition oralité/écriture dans l'imaginaire des locuteurs-scripteurs. Plutôt que de percevoir l'oral et l'écrit dans leurs variations intrinsèques, ceux-ci tendent à homogénéiser l'oral (comme *spontanée, pauvre, fautif...*) et l'écrit (comme *élaboré, riche, correct...*).

On pourrait d'ailleurs considérer la position « diglossiste » comme la transposition sur le plan de la *description grammaticale*[8] de cet imaginaire bi-

---

[6] « Depuis les premières décennies du XXe siècle, l'écart entre la langue orale et la langue écrite est commenté, en France, de manière de plus en plus dramatisée. Déploré ou salué, le thème s'impose alors dans la plupart des discours sur l'état de la langue. » (Meizoz, 2001 : 15) Le prestige particulièrement accordé en France à l'écrit et à son orthographe expliquerait en partie le retard avec lequel la linguistique française s'est penchée sérieusement sur l'oral (voir Culioli, 1983, Stefanini, 1983 et Blanche-Benveniste & Jeanjean, 1987 : 28, Gadet, 2003).

[7] « La langue des œuvres de la littérature orale africaine n'est pas la même que celle de la langue de tous les jours ; voilà un fait suffisamment démontré pour que nous n'ayons pas personnellement à y revenir » (Derive, 1975 : 51, cité par Blanche-Benveniste & Jeanjean, 1987 : 22).

[8] À l'origine du concept de diglossie (1959), Ferguson affirme en effet que « the analyst finds two poles in term of which the intermediate varieties can be described, these is no third pole » (Ferguson, 1991 : 59, cité par Massot et Rowlett, 2013 : 6). Pour une synthèse, voir aussi Elalouf, 2012.

polaire. Dans toutes les langues, on observe des variantes de grammaire plus prestigieuses (Berrendonner, 1998), une « langue du dimanche » (Blanche-Benveniste, 1985), constituée d'options grammaticales faisant souvent faisceau. Or on identifie volontiers cette « norme haute » avec la *grammaire de l'écrit*. L'hypothèse diglossiste y voit une seconde grammaire. Selon Ferguson et ses épigones, la modélisation du français, dans l'ampleur de ses variations diaphasiques (variation de registres, des styles, en fonction des situations), réclamerait deux grammaires cohérentes et autonomes plutôt qu'une grammaire présentant des variantes libres.

> La variation diaphasique en français est bipolaire et est ressentie comme telle. Les diglossistes distinguent bien toujours deux variétés : *standard* vs *dialectal/non-standard/parlé*, ou *normé* vs *spontané*, **ou *écrit (normé)* vs *oral informel***, ou *académique* vs *spontané*, et d'autres encore, dont notre *classique tardif* vs *démotique*. (Massot & Rowlett, 2013 : 6)

Cette polarisation recouvre parfois l'opposition oral/écrit (on l'observe dans l'inventaire de variétés proposé) ; mais les sociolinguistes tendent désormais à découpler la *polarité grammaticale* et la *dualité médiale* (Koch & Oesterreicher, 1990, Gadet, 2007, Massot, 2008, Massot & Rowlett, 2013).

Pour Blanche-Benveniste & Jeanjean, les polarisations de la variation linguistique sont de « grands mythes séparateurs » (1987 : 20 – 21) qui ont longtemps abusé les études contrastives du français tel qu'il s'écrit et tel qu'il se parle. À cause d'elles, on a moins observé l'oral dans sa diversité et ses qualités intrinsèques que dans les excentricités qui permettaient de l'opposer à l'écrit : l'oral était alors nécessairement populaire, régional, familier, spontané... Quid de l'oral urbain, cultivé, élaboré... ?

Cherchera-t-on cette polarité sur le plan *syntaxique* (micro et macrosyntaxe, ou syntaxe et textualité), ici la dislocation, là l'apposition ? On réalisera rapidement que, sous cet angle, « la plupart des caractères que l'on considère comme spécifiques de l'écrit se rencontrent à l'oral, et *vice versa* » (Rey-Debove, 1988 : 86). Dès lors, les considérations syntaxiques contrastives un rien prudentes s'assortissent de ce genre de précaution :

> Sauf indication contraire, **la notion de discours oral ou écrit renvoie aux cas les plus typiques**, à savoir d'un côté au discours oral spontané, et de l'autre, au discours écrit imprimé, admis comme non spontané. (Grobet, 1998 : 101)

Néanmoins, un discours oral (*tocken*, parole, énoncé) qui n'est pas typique (sur le plan des normes discursives) reste un discours oral... Les variantes grammaticales valorisées, souvent associées à la grammaire de l'écrit, sont représentées également dans des pratiques discursives orales et ont souvent été acquises avant l'écriture. Les enfants en attestent qui, s'agissant de raconter des histoires, se mettent au passé simple, aux organisateurs temporels (*soudain, tout à coup*...), aux *dont*, aux variantes valorisées de certains lexèmes (*davantage* pour *plus*, *car* pour *parce que*, *néanmoins* pour *mais*, *en outre* pour *en plus*...). Ils se mettent à parler comme des livres alors qu'ils ne savent encore ni lire ni écrire.

Peut-on alors polariser oral et écrit dans les termes d'une opposition entre conditions de production ? Autrement dit, l'oral est-il identifiable à un bouquet de telles conditions ? Par exemple : l'oral est *situé* alors que l'écrit doit construire sa situation. Comme il en va de la caractérisation micro et macrosyntaxique, il n'y a pas de propriété contextuelle de l'oral qui ne puisse être attribuée à certains discours écrits et inversement. On trouvera même des genres d'écrits sur lesquels pèsent des conditions « typiquement » orales, des écrits collaboratifs, des écrits intimes, des écrits *in situ*, des écrits dialogués...

On peut aussi tenter une voie cognitive : on sait que la production de l'oral, quelles que soient les finalités de la pratique langagière engagée, suppose une charge cognitive importante liée à l'exercice simultané des tâches de planification, d'émission, d'auto-réception et de réception de l'hétéro-réception. Pourtant les conditions cognitives liées à la production de l'oral (*cf.* chap. 5, 5.5, p. 393) peuvent être compensées par une préparation du dire en amont (*cf.* chap. 4, 4.2.6, p. 280). Comme le dit Blanche-Benveniste, on ne saurait « bâtir une opposition stable entre l'écrit et l'oral en se fondant sur les catégories du spontané et de l'élaboré » (1997 : 10). On trouvera aussi sec des exemples multiples d'oraux élaborés (que préparent des « avant-dire » écrits, voir Philippe, 2014 et Mahrer, 2014), aussi bien que des écrits spontanés (par exemple les brouillons, Blanche-Benveniste & Jeanjean, 1987).

En bref, sous l'angle des propriétés *syntaxiques et textuelles* des discours, sous l'angle *cognitif* de leurs conditions de production et l'angle *pragmatique* de leurs contextes et de leurs finalités, l'opposition *oral vs écrit* constitue les deux pôles d'un continuum embrassant toute la diversité des pratiques discursives. C'est cette conception du continuum qui domine aujourd'hui les débats.

Par exemple, pour un didacticien comme Halté, apprendre à écrire, ce n'est pas acquérir la compétence de la production et de l'interprétation des graphèmes et des séquences organisées de morphogrammes : c'est apprendre à « faire long », à « faire seul », à « faire complet », à « faire fini », à « faire hors contexte énonciatif » (Halté, 2005 : 29). Ce sont bien des aptitudes discursives qu'il s'agit de construire, une rhétorique envisagée tantôt sous l'angle des propriétés textuelles à laquelle elle doit aboutir, tantôt sous l'angle des contraintes de production que le scripteur doit dompter.

Le champ du discours est ainsi représenté comme un continuum grammatical et rhétorique, et non comme un territoire divisé par l'opposition entre énonciation orale et énonciation écrite. Pour initier aux activités discursives écrites, le didacticien préconise par exemple l'apprentissage des formes monologuées de l'oral, plus proches du pôle de l'écrit que la conversation. Il en va de même des approches sociolinguistiques ou cognitives considérées ici (chap. 1, 2, p. 40 et chap. 5, 5.5, p. 393) : les réalisations segmentales typées qu'elles décrivent, elles ne les rapportent pas aux *media* ou aux *systèmes* (*français oral vs langue écrit*) mais aux conditions de production du discours.

N'en déplaise à cette pensée métalinguistique continuiste, comment considère-t-on spontanément les pratiques écrites telles que *email, sms, tweet, tchat, blog...* ? Comme du « parlécrit » (Jeay, 1991), de l'écrit se rapprochant de l'oral sous l'angle de la spontanéité et de l'investissement affectif (Anis, 1999). L'imaginaire des interprètes, en littératie, méconnaît la réalité nuancée des pratiques discursives. S'il est irréductible à une définition en termes de traits contextuels ou textuels, l'oral est spontanément identifié à un faisceau de tels traits. Les enfants s'essayant à la « grammaire seconde » ne nous semblaient-ils pas « parler comme des livres » ? La rupture entre la théorie (imaginaire métalinguistique) et le sens commun (imaginaire épilinguistique) est frappante.

En somme, depuis les années 1980, les linguistes s'attachent à décrire le continuum des variations discursives en traitant les genres du discours comme le principal facteur de la diversité. Quoi qu'il en soit de ces développements métalinguistiques, les lecteurs, pour leur part, continuent à visionner en noir et blanc la palette nuancée des discours issus des deux « *media* ». Et si cette vision discontinuiste est simpliste et préjudiciable pour la linguistique, car c'est à raison que Blanche-Benveniste et Jeanjean lui incombent d'avoir freiné (et de freiner encore[9]) le travail des linguistiques de l'oral et de l'écrit, c'est cette simplicité que doit prendre en considération celui qui s'intéresse non pas à l'oral tel qu'on le parle, mais à l'oral tel *qu'on le reconnaît dans l'écrit*. Pour une approche sémantique, cet imaginaire langagier duel, quelle que soit sa validité, est ce qu'il faut prendre en considération.

Le rôle de l'imaginaire s'explique ainsi. Dans l'écrit, l'oral ne peut se présenter ni dans sa substance (acoustique) ni dans sa forme (phonologique et prosodique). L'oral est un mouvement acoustique que la trace de l'écrit ne saurait intégrer. Autant faire chanter une ampoule. L'oral ne saurait *être* dans

---

[9] En témoigne la rareté des travaux sur les brouillons qui considéreraient ceux-ci non pas comme des « avant-textes », dans la perspective du texte qu'ils ne sont pas encore, mais dans les propriétés inhérentes de ce qu'ils sont déjà : des écrits servant à en préparer d'autres (Mahrer, 2009 et Mahrer & Nicollier, 2015).

l'écrit sur le mode de la présence, mais comme un fait de représentation : par l'actualisation de l'une des sémiotiques par lesquelles l'écrit tient lieu d'oral – sémiotiques qu'il s'agit justement de distinguer. L'une d'entre elles repose sur l'imaginaire (discursif) de ce qui s'écrit et de ce qui se parle (chap. 4, p. 261). Plus cet imaginaire est tranché et schématique, plus il conduira à identifier à l'oral ce qui dans l'écrit ne s'écrit pas.

À la transsubstantiation que suppose le passage de l'oral dans l'écrit, il faut ajouter le transcodage de la langue orale à la langue écrite, le changement de pratiques engagées (on ne fait pas la même chose en parlant ou en écrivant) et un changement de normes (des normes locutoires aux normes rédactionnelles). Tous ces déplacements expliquent le fait que pour *faire oral*, la poétique de l'oralité ne peut pas simplement *imiter l'oral* (Rey-Debove, 1988, Lane-Mercier, 1989, Durrer, 1994, Dargnat, 2009...). Même quand la figuration de l'oral s'inscrit dans une esthétique de type réaliste (représenter le parlé populaire, paysan, argotique ou retrouver la « vigueur de la parole »...), elle suppose un moyen terme entre la *mimesis* et la *poiesis*, moins une reproduction, un transport, qu'une adaptation, une recréation. Dans le domaine de la reconnaissance, la vérité importe moins que la vraisemblance. Le constat est particulièrement pertinent pour notre objet, si on admet avec Blanche-Benveniste & Jeanjean, puis avec les historiens des styles et de leurs imaginaires (Philippe & Piat, 2009) que la littérature est une puissante pourvoyeuse de représentations langagières et en particulier de l'imaginaire de l'oralité : ce qui fait oral à l'écrit, ce sont moins les constructions-types de l'oral elles-mêmes que celles que l'on reconnaît comme typiquement orales depuis Céline.

Notre question présente donc deux faces. La représentation écrite de l'oral suppose de construire, au-delà de l'intuition, un modèle savant de ce qu'*est l'oral* et de ce qu'*est l'écrit*, dans leurs différents aspects et dans leurs possibles mises en relation. À cette condition seulement, nous pourrons dire comment l'écrit peut signifier l'oral. Il s'agit là d'une question de linguiste, une question métalinguistique. Mais la problématique représentationnelle impose aussi de décrire ce qui *fait oral* pour un lecteur ou une tradition interprétative donnée. À cette question – non pas celle de l'oral tel qu'il est, mais de l'oral tel qu'on l'imagine et le reconnaît en lisant – tout lecteur de « roman parlant » a d'emblée une réponse qu'il ne sait pas qu'il a et qu'il ne connaît pas. Cette réponse intéresse notre problématique représentationnelle.

4 Différentes pratiques discursives écrites de la représentation de l'oral

Élargissons le champ des observables. La représentation écrite de l'oral n'est pas réservée aux genres littéraires ; trois autres genres de pratiques langagières écrites y sont régulièrement confrontés.

1) *Les transcriptions.* Les écrits « transcrits » sont le produit du transcodage *(Verschriftung)* d'une énonciation orale attestée. L'opération recourt parfois à des systèmes de notation phonographique *ad hoc* comme l'Alphabet phonétique international. Mais elle peut également s'appuyer sur la langue écrite, ce que nous appellerons ici la sémiographie, c'est-à-dire les règles de bonne formation des unités du français écrit (chap. 2, 2.2, p. 114). On recourt alors à l'orthographe, mais aussi à la ponctuation de mot, de phrase, à la mise en ligne et en paragraphe, etc. La notation technique favorise la précision, la notation en « français écrit ordinaire » profite à la lisibilité. Les transcripteurs adoptent parfois des accommodations locales, notamment des « trucages orthographiques » (Blanche-Benveniste & Jeanjean, 1987 : 130–135) visant à coller plus fidèlement à la réalité phonétique de l'énonciation transcrite avec les moyens fournis par notre langue écrite elle-même [exemple a ci-dessous] ; parfois encore, la ponctuation (au sens large de mise en espace de l'écrit) est exploitée de manière originale relativement aux conventions de l'écrit pour signifier une relation syntaxique entre constituants [b] – l'un des rôles essentiels de la prosodie à l'oral.

Ces inventions de transcripteurs constituent des modes de représentation graphiques de l'oral ; elles sont rendues possibles par certaines propriétés de la langue écrite que les écrivains exploitent également pour des motifs analogues ; nous étudierons en détail cette fonction phonographique (chap. 2, 2.1, p. 109) et son exploitation dans les discours (chap. 3, p. 129), ainsi que l'utilisation de la ponctuation et de l'espace pour représenter graphiquement des variations dans la réalisation vocale des mots (chap. 3, 4.2.3.5, p. 191) ou pour représenter la structuration prosodique de l'oral (chap. 5, 4.5, p. 369).

Quel que soit le protocole utilisé, l'exercice de la transcription confronte le chercheur au même problème : l'écrit pour l'étude de l'oral constitue à la fois un truchement et un obstacle. D'abord l'oral n'est fait écrit que moyennant l'écoute que le transcripteur lui accorde ; ce n'est donc pas l'émission qui se trouve encodée, mais l'écoute. Ensuite, l'oral n'est fait écrit que moyennant une transsubstantiation (passage de l'acoustique ou graphique) et un transcodage (d'unités sonores en unités graphiques). Ces transformations impliquent une selection, et donc une élimination de certaines qualités du signal source, et une conversion dont le résultat dépend des propriétés matérielles (chap. 1) et sémiologiques (chap. 2) des systèmes graphiques cibles. Ces transformations seront plus ou moins préjudicielles selon qu'on travaille sur la structuration segmentale de l'oral ou sur des aspects pragmatiques indissociablement liés à la situation de l'orateur[10].

[a] L1 : (c'était en quelle année)^F (ça)$^{>F}$
L2 : (bien : attendez :)^S euh pf (mille neuf cents : .. un peu avant la guerre)^F (quoi)$^{>F}$ (même-)^S (même après la-)^S (même après la guerre)^A (même après la guerre de quatorze dix-huit)^A (là)$^{>F}$
(oral < Groupe de Fribourg, 2012)[11]

[b] puisque mon père est mort à   neuv
                             que j'av
                                 j'avais   neuf ans
(oral < Blanche-Benveniste & Jeanjean, 1987)

Si les observables qu'ils cherchent à construire sont différents, les folkloristes ne sont pas confrontés à une problématique très différente : « réussir à signifier au lecteur que le texte qu'il a devant les yeux était à l'origine un récit raconté oralement » ou « que l'on puisse lire ces contes comme si on les entendait » (Barbin, 2010 : 60 et 74). C'est une expérience plutôt qu'un observable objectif qu'il s'agit ici de rendre réitérable par la médiation de l'écrit :

> Transposer un énoncé parlé en un énoncé écrit ne signifie pas lui faire perdre sur le papier le charme particulier que lui conférait son oralité, en l'habillant et en le sophistiquant. Il nous paraît souhaitable au contraire de lui conserver certains caractères propres qui permettront au lecteur de reconnaître cette origine orale : style plus direct, plus familier, avec un foisonnement verbal plus dru, style plus vivant aussi, par l'abondance des dialogues, des interjections, des onomatopées. Mais cela ne dispense pas de faire des aménagements nécessaires. (Derive, 1975 : 53)

Homère et Turold n'en pensaient peut-être pas moins...

Calame-Griaule distingue l'approche de Derive, qui consiste « à faire passer dans le texte lui-même (ou sa traduction) les nuances stylistiques orales »[12], de sa propre méthode : « présenter le texte sous sa forme authentique, en donner une

---

10 Sur les questions épistémologiques et sémiologiques soulevées par l'exercice de la transcription, voir par exemple Blanche-Benveniste, 1987 ou Gadet, 2003.
11 Les exposants notent différents intonèmes (chap. 5, 3.1, p. 315).
12 Calame-Griaule situe le style oral au moins autant sur le plan du « récit textuel » que sur celui des faits para-verbaux comme les variations mélodiques du récit, la prosodie et les gestes (voir par exemple : « Cet effet [du conte oral] est obtenu par les **procédés du style oral** : gestes, intonation, rythme du récit. » (1982 : 54)

traduction très littérale, et ajouter des commentaires faisant ressortir les gestes, expressions du visage et intonation, avec si possible des photos illustrant les principaux gestes » (Calame-Griaule, 1982 : 51). Derive entend représenter l'oralité par des moyens verbaux ; Calame-Griaule, par des moyens para-verbaux et par un méta-discours d'escorte. Les deux méthodes ont leurs écueils : les « caractères propres » de l'oral de Derive ne sont pas propres au texte traduit-transcrit, mais à l'imaginaire de l'oralité du transcripteur. Par exemple, dans le conte narré par un enfant [d], le quantifieur intensifié par duplication « tout plein, tout plein », collant à merveille avec notre image du récit enfantin, réécrit un adverbe de durée de la traduction littérale (« très longtemps »)[13]. Or cet imaginaire de l'oralité peut ne pas coïncider avec celui de la culture du conteur. Chez Calame-Griaule en revanche, « présenter le texte sous sa forme authentique » suppose que le passage du « texte oral » au « texte écrit » garantisse l'authenticité de sa forme, en dépit du changement de système ; c'est la littéralité, doublée d'un métatexte, qui garantit la qualité de la représentation. Pour les uns, l'authenticité est du côté de la forme ; pour les autres, du côté du sens, de l'effet produit. Ce qui est jugé définitoire de l'oralité dépend de l'approche théorique adoptée et détermine les choix de représentation graphique.

[c] Un petit enfant, un seul (photo 2), il était là. Ce petit enfant, sa mère croyait qu'il était à l'école coranique... |Mais| ils (ses camarades) l'avaient emmené dans la brousse. Ils sont partis dans la brousse (photo 3). Arrivés là-bas, ils ont passé la journée. Les filles ont ramassé du bois avec les garçons. Ils ont ramassé leur bois jusqu'à ce qu'ils aient fini. [...]
(« Yaabulu », conte hausa raconté à In Gall en 1974 par une conteuse aveugle, transcrit et traduit par Calame-Griaule < Calame-Griaule, 1982.)

[d] La Poule et la Fourmi ont épluché du maïs, tout plein, tout plein, jusqu'à en remplir une vieille hotte.
Elles prennent ce maïs pour aller le mettre dans l'eau. Toutes deux l'emportent, le mettent dans l'eau et le laissent une bonne semaine. Alors la poule va dire à la Fourmi : « Fourmi, ma sœur, faudrait qu'on aille chercher le maïs qu'on avait mis à tremper, il est resté assez. Faudrait qu'on aille le chercher aujourd'hui, non ? »
Alors la Fourmi dit : « On y va ».
(« La Poule et la Fourmi », conte ngbaka-ma'bo raconté par un enfant de 10 ans, transcrit et traduit par J.-C. Mamokovo < Derive, Derive & Thomas, 1975.)

---

13 Nous pourrions ainsi étudier l'ensemble des choix de traduction littéraire et leur justification pour dessiner l'imaginaire de l'oral et de l'écrit à l'œuvre dans ce travail d'adaptation. Par exemple, à propos d'une hésitation du jeune conteur de [d] non conservée dans la transcription littéraire : « Alors que dans la traduction littéraire habituelle, on doit rendre les maladresses mêmes de l'original, **ici il faut adapter largement selon les lois de l'expression écrite**. Si sous prétexte de fidélité, nous maintenions le lapsus nous produirions chez le lecteur un effet qui n'a pas été celui ressenti par l'auditeur. » À propos de « tout plein tout plein » : « une expression plutôt naïve et enfantine [...] [qui] convient donc parfaitement au style quelque peu puéril de ce jeune conteur » (Derive, Derive & Thomas, 1975 : 24 et 25).

2) *Les écrits de « semi-colti »*. Dans le sillage des travaux de Schlieben-Lange (1983, 1998), cette expression italienne réfère « à la formation des auteurs/scribes et, par la suite, à leur aisance dans leur maniement des techniques de l'écriture » (1998 : 258) ; les semi-lettrés n'auraient intégré que partiellement ce que Vachek appelle les « normes scripturaires » (1973, traduit par Anis, 1999) et que les linguistes contemporains abordent parfois, on l'a vu, en termes de « grammaire seconde ». Les correspondances de Poilus, les récits de voyage de conquistadores, les journaux d'artisans... présentent l'application à l'écrit des « normes locutoires » (Vachek), c'est-à-dire des formes de *la complétude syntaxique et textuelle* préférées à l'oral – que cette préférence résulte de raisons cognitives (chap. 5, 5.5, p. 393), sémiologiques (présence de la prosodie notamment, chap. 5, 2, p. 380), pragmatiques (présence des référents, présence de l'interlocuteur... chap. 4, 4.2.2, p. 267 et 4.2.3, p. 272) ou stylistiques (choix d'une manière « spontanée » ou familière de dire, chap. 4, 4.2.6, p. 280)[14].

[e] Premier iour de la nostre Dame de mars de l'an mil six cens dix neuf les venerables voleurs s'en allerent à la Doit **ou** illec monsieur Matal avoit une serve **en laquelle** il y-avoit bonne quantite de poisson, **comme** mere carpes bruchet ses venerables vont de nuict rompre l'arche **ou** estoient lesdicts poisson et prindre ce que leur estoit necessaire **et** des plus beau les fesant transpourter dehors de Poligny comme à Chamole et aultre part, **pour** savoir des nouvelles des poisson point **mais** leur Sieur Matal **qui** navoit point faute d'esprit recour a monsieur L'official **pour** lui donner une excommunication **pour** savoir la verite, **ce quie** lui fust octroye et estant publie, il y at tousiour des gens de bien l'on treuve les mal facteurs, id est les larrons et pour les nommer c'est Leonel Michiel [...]. (*Journal de Guillaume Durand*, Poligny, 1619 < Schlieben-Lange, 1998)

Pour Schlieben-Lange, il s'agit là d'« un excellent représentant du type de texte » des *semi-colti* :

---

14 Par *raisons stylistiques* j'entends des structures interprétées comme *variations diaphasiques libres*, soit des formes dont l'usage n'est pas d'un coût cognitif supérieur (situation de production), ni ne répond à une fonction linguistique requise par la situation d'énonciation, mais qui sont des variantes « de prestige » (Labov) profitant à l'appréciation sociale de l'énonciateur (Berrendonner, 1998). L'absence des variations prestigieuses chez les *semi-colti* résulterait d'un *facteur acquisitionnel* : « De façon inverse, ce qui ne "s'entend pas (ou très peu)", comme les interrogations avec inversion, n'est pas lié à une difficulté inhérente à l'oral et à la production spontanée et en direct, mais à la difficulté inhérente aux conditions d'acquisition du FCT [français classique tardif] pour les locuteurs d'en acquérir une compétence parfaitement courante. » (Massot & Rowlett, 2013 : 9)

> D'une part, **il porte les empreintes de l'oralité** : l'écriture suit le rythme du parlé : l'auteur ne fait pas un emploi conséquent des moyens de ponctuation, bien qu'il les connaisse. Les références sont souvent incertaines : *lui, les* venerables voleurs, *ses* venerables... En plus, il n'y a pas de cohérence en ce qui concerne l'*origo* du texte, à la fin du passage un *je* prend la parole qui ne se faisait pas entendre avant. Mais d'autre part, l'auteur affiche une certaine culture [...]. (Schlieben-Lange, 1998 : 257-258)

L'« empreinte d'oralité » réside ici notamment dans une gestion, peu adaptée à l'écrit, de la cohésion anaphorique, exigeant un effort interprétatif particulier : la faiblesse du balisage segmental et suprasegmental (ponctuation) des unités prédicatives encourage le lecteur à insuffler « le rythme du parlé » à sa lecture pour à la fois repérer les unités graphiques qui vont ensemble et à la fois tester des hypothèses sur leur relation. Plus qu'un texte qui répondrait aux normes rédactionnelles, pareille énonciation gagne à être écoutée-lue (chap. 5, 5, p. 376). La rareté des organisateurs textuels et la progression thématique effrénée, par enchâssements successifs de relatives ou d'infinitives (dans des dépendances rectionnelles toujours orientées vers la droite), contribuent également à produire un effet de sous-planification : le discours paraît suivre le fil des événements ou des idées, plutôt qu'un ordre prémédité. C'est là une autre cause importante d'effets d'oralité, résultant d'un parcours interprétatif spécifique, abordé traditionnellement en termes de *style* ou de *connotation*, et qui consiste à reconnaître des *manières de dire* typiquement orales (chap. 4, 3, p. 245).

3) *Les écrits « sous-élaborés »*. Dans certains cas, l'impression d'un « parlécrit » résulte de situations de production voisines de celles qu'on tend à considérer comme réservées à l'oral. **Dans une perspective génétique**, on pourrait parler ici d'« écrits spontanés » (mais à condition de relativiser cette spontanéité à d'autres pratiques d'élaboration de l'écrit, chap. 4, 4.2.6, p. 280), et, *dans une perspective générique*, d'écrits du pôle de la « proximité communicationnelle » (chap. 1, 2.2, p. 43) : notes prises pour soi, correspondances intimes, écrits produits sous une contrainte temporelle proche de celle de la conversation... Ces pratiques scripturales sont favorisées par les récentes technologies de la communication écrite – *sms, tchat, blogs, email* dans une moindre mesure... – de mieux en mieux connues depuis les travaux pionniers d'Anis (par exemple 1988, 1998, 1999, ; voir plus récemment Béguelin, 2012a). Elles battent en brèche l'opposition schématique *écrit-élaboré-public* vs *oral-spontané-privé*.

Les *conditions de production* de ces écrits expliquent qu'on peut y trouver des formes de l'*achèvement* syntaxique de la « grammaire première » (Blanche-Benveniste, 1990). L'explication vaut si l'on admet avec les sociolinguistes que cette grammaire, d'acquisition première, est plus répandue et plus spontanée (Ferguson, 1991). La présence de telles formes s'explique aussi par la *situation d'énonciation* des discours médiés. Les deux grammaires (dans l'hypothèse diglossiste), ou les variétés diaphasiques inhérentes à une même grammaire, seraient socialement spécialisées : la variété de prestige pour les situations de protocole, de « distance communicationnelle », la variété standard pour les situations de « proximité ». Or de ces dernières ressortent généralement les communications « numériques ».

Dans les brouillons, ce sont les formes de l'*inachèvement* syntaxiques ou textuelles (répétitions, abandons, hésitations, reprogrammations, reformulations...) qui conduiront éventuellement à lire l'écrit comme de l'oral. L'assimilation *oral-spontané vs écrit-élaboré* est aussi clairement infirmée par la réalité des discours (Blanche-Benveniste & Jeanjean, 1987) – en attestent les brouillons, écrits définitoirement sous-élaborés – que confirmée par l'imaginaire et la pratique interprétative des lecteurs.

Les études portant sur la communication médiée par les technologies numériques montrent néanmoins que le besoin d'économie (lié aux conditions de production) rivalise avec le besoin d'expressivité[15]. En témoigne la présence régulière de formes qui transgressent les normes de la langue écrite tout en présentant un coût de production supérieur à la forme régulière correspondante. On retrouve alors dans l'exemple [f] les phonogrammes dont font usage les transcripteurs : ils servent ici, comme dans le discours littéraire, à produire des « effets de voix » locaux dont les finalités expressives sont diverses (chap. 3, 4.2.2, p. 174). De statut sémiotique apparenté, les onomatopées (chap. 3, 4.2.1, p. 165), fréquentes dans les textos, confirment que ces écrits n'ont pas qu'une oralité par défaut – l'oralité d'une morphosyntaxe qui ne s'écrit pas –, mais qu'ils relèvent aussi d'une poétique du son et de la voix scriptés.

[f]   Mé fiche de Geo son ché toi ?t la se soir pr ke je viene les chercheR ?
[g]   tell me si tu veu ke jpass te voir 1cou av. 2 descendre. slurp
      (sms < Béguelin, 2012a)
[h]   chuuuuuuiiiiiiiiiii lllllllllàààààààààààà !!!!!!! (tchat < Anis, 1999)
[i]   j'étais déjà malade j'étais je restais levé toute la nuit et ne dormais me couchais le matin et dormais le jour
      (M. Proust, brouillon de l'incipit de *À la recherche du temps perdu* < Grésillon, 1983)[16]

---

15 « Dans le cadre d'une graphématique des usages, qui fait apparaître une plasticité et une hétérogénéité de l'écrit trop souvent méconnues et l'émergence de normes locales, nous avons vu que la pression du temps et l'économie des gestes, qui génèrent abréviations et omissions de certains signes de ponctuation, ont moins d'effets que la recherche de l'expression personnelle et l'affirmation de soi, qui s'expriment à travers les smileys, les signes de ponctuation et les lettres multiples. » (Anis, 1999 : 90)

16 Proust est réécrit par Blanche-Benveniste & Jeanjean en « dispos[ant] les éléments du brouillon de façon successive, en enchaînant passages raturés et non raturés ». Les linguistes

4) *L'oralité littéraire*. Le français parlé n'a retenu l'intérêt des linguistiques qu'après avoir été « naturalisé français » par la littérature (Blanche-Benveniste & Jeanjean, 1987 : 14). Prétendant considérer l'oral, on citait Gavroche ou *Le Père Peinard*. Seule la visée esthétique du discours littéraire – et aussi son inscription – faisait sentir l'extraordinaire expressivité de la langue ordinaire.

Mes analyses se fondent en grande partie sur le roman, suivant en cela l'héritage bakhtinien pour lequel « [l]'objet principal du genre romanesque qui le "spécifie", qui crée son originalité stylistique, c'est *l'homme qui parle et sa parole* » (Bakhtine, 1978 : 152–153), et pour lequel le « problème central de la stylistique du roman » est le « problème de la représentation littéraire du langage, problème de l'image du langage » (1978 : 156). Il s'agit sans doute du genre où la problématique de la représentation de l'oralité est le plus régulièrement abordée – bien que la presse écrite ne soit pas en reste (dans le sillage de Fairclough, 1995). Béguelin illustre d'ailleurs d'un classique du « roman parlant » ce qu'elle décrit comme le pouvoir de la littérature à assimiler des structures syntaxiques et textuelles caractéristiques de l'oral :

[j]   Devant le café « La Marine » y a eu la manœuvre aux écoutes... sur bouée d'amarres avec une dérive pas dangereuse... Mais la clique était si saoule, celle du hale, qu'elle est venue buter en face dans le môle des douaniers... La « dame » de la proue, la sculpture superbe s'est embouti les deux nichons... Ce fut une capilotade... Ça en faisait des étincelles... Le beaupré a crevé la vitre... Il s'est engagé dans le bistrot... Le foc a raclé la boutique... (Céline, *Mort à crédit*, 1936 < Béguelin, 1998.)

La linguiste décrit ainsi l'« oralité » de cette séquence :

Ainsi, le texte suivant a beau nous être transmis par écrit, il présente plusieurs traits d'organisation syntaxique qui caractérisent les récits oraux : emploi d'un nom d'action après *il y a* (y a eu la manœuvre aux écoutes), succession de verbes tensés désignant des actions successives (la sculpture [...]), absence de participiale et d'infinitifs prépositionnels, phénomène de retouche (la clique était si saoule, celle du hale), etc. (Béguelin, 1998 : 238)

Sans parler des points de suspension qui, pour n'être pas un fait de morpho-syntaxe, participent bien d'une représentation graphique de l'oralité, par leur mise en scène de la trace graphique comme processus (chap. 5, 4.4.7, p. 366).

---

montrent qu'on obtient ainsi « un effet très semblable à ceux que l'on trouve dans les productions orales » (1987 : 157). Leur réécriture consiste en fait à linéariser l'espace du brouillon et à éliminer les signes de sa sémiotique propre (les ratures). Ces manipulations sont nécessaires à une comparaison « segmentale » (syntaxique et textuelle) entre discours écrits et discours oraux. Pour une comparaison sémiologique complète entre discours écrits et oraux, il convient de ne pas négliger la perte liée à ces opérations d'homogénéisation (chap. 1).

Pourtant, la prédilection pour le roman ne doit pas conduire à identifier la problématique de l'« oralité écrite » à une question de « contrefaçon poétique de l'oral » (Béguelin, 2012b : 48). L'objet de la contrefaçon, ce qui fait l'objet du « transport du parlé dans l'écrit » (Rouayrenc, 2000), ce sont des constructions syntaxiques ou textuelles jugées représentatives de l'oral (avec toutes les réserves qu'on peut émettre concernant le fondement métalinguistique de ce jugement). Si cette modalité de représentation écrite de l'oral a focalisé l'attention, la poétique de l'oralité ne doit pas être réduite à ce procédé-là – stylistique en ce qu'il suppose le repérage d'un style oral, fondé sur la base de traits discursifs (textuels ou contextuels).

Lorsque la bande-dessinée, entre autres genres du discours combinant écrit et image, joue de la substance de l'expression graphique pour signifier les modulations d'une voix, le signe graphique tient là aussi lieu d'oral selon un statut sémiotique spécifique (chap. 3, 6, p. 204). Lorsque l'on reconnaît aux discours rhétoriques ou poétiques – encore que ce ne soit pas leur apanage – un mode d'organisation fondé sur leurs régularités phonémiques, c'est encore une manière de situer l'oral dans l'écrit. Ce dernier phénomène concerne en effet des séquences dont l'interprétation repose sur des qualités acoustiques (retour d'accents, retour de phonèmes, retour de mesures syllabiques), alors que le texte en question est écrit et donc en lui-même muet. Pour interpréter le visible de l'écrit, le lecteur traite celui-ci comme s'il était audible. Il l'écoute. Et s'il lui fait la sourde oreille, il ne lit pas le même texte. De tels faits, qu'on dira d'*isophonie*, sont au centre de l'oralité que les poéticiens, dans la tradition jakobsonienne, reconnaissent à la poésie (chap. 5, 6, p. 401).

Ces deux modes importants de la représentation écrite de l'oral, qui ne reposent pas sur un « transport » à l'écrit de la structuration segmentale privilégiée à l'oral, invitent à ne pas réduire la poétique de l'oralité à des questions de syntaxe. Diversifier les types de corpus permet d'explorer dans leur diversité les modalités de la reconnaissance-représentation de l'oral dans l'écrit.

5 Une épineuse question linguistique

En questionnant *la représentation écrite de l'oralité*, on pourrait croire, à travers cette formulation très générale, que sera relayée ici la position traditionnelle qui définit l'écrit – *sur le plan sémiotique* –, comme un système secondaire, défini par sa fonction de représentation de la langue parlée. Or l'étude qui va suivre se situe *sur le plan de l'activité énonciative*. Elle montre au contraire que pour décrire les moyens linguistiques et discursifs dont dispose le scripteur (lecteur) pour représenter (reconnaître) l'oral dans l'écrit, il faut se défaire de la conception qui réduit l'écrit à un métasystème.

On peut attendre de la linguistique qu'elle apporte des lumières sur une problématique qui touche à son cœur – du moins lorsqu'elle étudie les idiomes pourvus d'un système écrit. Or dans la profusion des études sur les rapports entre écrit et oral sous de multiples angles : philosophique, historique, didactique, anthropologique, psychologique, sociologique... (pour une bibliographie extensive, voir Koch & Oesterreicher, 2001 et Gadet, 2010), la question représentationnelle, abordée avant tout dans le domaine littéraire, n'a pas fait l'objet d'une investigation à visée globalisante ou typologique[17].

Il faut dire qu'investiguer les modalités de la représentation écrite de l'oral suppose un examen sémiologique attentif des rapports entre oralité et scripturalité au sein d'un même idiome. Or la tradition structurale n'a guère encouragé de telles réflexions. Le *Cours de linguistique générale* n'invite pas à creuser un problème auquel il paraît – paraît seulement – donner une réponse simple : celle du métasystème qu'adopteront Martinet (1960) et une majorité de linguistes (*cf.* chap. 2, 1.2, p. 91). Nous verrons que malgré les avancées de la sémiologie de l'écrit et de la psychologie de l'écriture, certains spécialistes de l'oral continuent à considérer l'écrit comme un résidu segmental d'une énonciation définie comme essentiellement orale et que, dans le domaine littéraire, les influences conjuguées de Jakobson puis de Meschonnic conduisent à loger l'oralité au cœur de la lettre et de la littérature (chap. 5, 6.4, p. 438).

Les langues qui s'écrivent posent à la linguistique et plus généralement aux sciences humaines d'importantes difficultés. Koch & Oesterreicher, qui ont accordé à la question une partie importante de leurs travaux, font un constat sévère, qui vaut selon eux pour l'ensemble des recherches sur les langues romanes :

> « L'oral et l'écrit », « l'oralité et la scripturalité », voilà un des domaines privilégiés de la recherche actuelle non seulement en linguistique, mais aussi dans les sciences humaines et sociales en général [...]. Bien que les discussions très fructueuses des deux dernières décennies aient apporté une multitude de connaissances nouvelles et stimulantes, la

---

[17] On trouve bien en français quelques études s'attachant à décrire certains moyens dont dispose l'écrit pour représenter l'oral, mais pas de monographie : notamment Peytard, 1970, Rey-Debove, 1988, Achard, 1988, Béguelin, 1998, Pellat & Schnedecker, 2006... Anis *et alii* (1988 : 149–156) consacre quelques pages à la « transposition comme pratique linguistique », utilement concentrées sur les correspondances des unités systémiques (des phonèmes aux alphagrammes et des prosodèmes aux topogrammes). C'est sans doute la démarche de Léon (1993), qui développe sur deux chapitres un modèle d'« intégration de l'oralité dans l'écrit », qui est la plus proche de la nôtre. Cependant sa perspective est foncièrement phonocentriste (chap. 5, 1, p. 291).

> recherche s'est souvent discréditée, même au niveau théorique, par une imprécision d'idée surprenante. (Koch & Oesterreicher, 2001 : 585)

Leur jugement est plus sévère encore à l'encontre du structuralisme français :

> Les structuralistes français d'après-guerre, eux aussi, perdent pratiquement de vue le problème conceptionnel et variationnel tout en insistant sur la primauté du code phonique. Obligés de faire face aux phénomènes conceptionnels particulièrement saillants du français parlé, ils les englobent dans un concept flou et ambigu d'oral et d'écrit. (Koch & Oesterreicher, 2001 : 589)

Touchant à l'imaginaire de la langue, à l'écrit et enfin au discours, la question avait toutes les raisons de ne pas être un objet prioritaire des recherches en linguistique de tradition structurale. Les travaux récents sur ces dernières notions : l'imaginaire langagier (Houdebine, Philippe, Piat), l'épilinguistique (Culioli, Auroux, Canut), l'écrit comme système (sémio)linguistique (Harris, Anis, Catach, Lefebvre, Arabyan...), la linguistique de l'énonciation (dans le sillage de Bally et de Benveniste, notamment les travaux de Culioli et d'Authier-Revuz) et celle des moyennes et grandes unités (la linguistique textuelle d'Adam, la sémantique interprétative de Rastier, ou les macrosyntaxes aixoise et fribourgeoise pour ne citer que quelques courants importants en linguistique française) permettent de s'y risquer à nouveaux frais.

Sur l'écrit, en dépit des recherches d'importance qui l'ont alimentée (Vachek, Pulgram, Harris, Coulmas, Catach, Anis, Jeandillou, Jaffré...), la linguistique française conserve, en même temps que son précieux héritage saussurien, les paradoxes de la position du *Cours de linguistique générale*. Béguelin schématise bien l'état toujours controversé de la question :

> La question qui se pose *in fine* est de savoir si l'oral et l'écrit doivent être considérés et/ou décrits comme deux sous-codes, voire, dans certains cas, comme deux langues différentes, ou plutôt comme deux « modes de manifestation », à travers des canaux ou des « substances de l'expression » différents, d'une seule et même langue. (Reichler-Béguelin, 1998 : 231)

Peut-être le problème est-il d'autant plus sensible en français que cette langue serait, parmi les langues romanes, celle dont les variations entre discours écrits et oraux seraient les plus marquées (Koch & Oesterreicher, 2001 : 605–614) et celle dont le système écrit et le système oral seraient, sur le plan morphologique, les plus distincts (Arrivé, 1993 ; *cf.* chap. 2, 1.6–2.2, p. 105–115).

Faut-il suivre la raison sémiologique selon laquelle un système est crucialement déterminé par la nature physique de ses signes et dès lors admettre qu'un idiome tel qu'il se parle et tel qu'il s'écrit intègre deux systèmes ? ou faut-il se fier au sens commun pour lequel le français écrit et le français oral ne constituent en définitive qu'une seule langue, quelque profondes et variées que soient leurs différences ? L'ajustement terminologique (*langue, idiome, système... parlé, oral, écrit, graphique*...) qui permettrait une description minimale et acceptable de la situation fait défaut et l'on ne trouve pas, dans les manuels ou les ouvrages généraux, un module descriptif stable.

Par exemple, la *Grammaire méthodique du français* (Riegel *et alii*, 2009), introduit la problématique en question dans une section intitulée « Les langues, systèmes de signes » et à la suite d'une sous-partie consacrée à « La double articulation du langage ». Sous le titre « Autres caractéristiques des signes linguistiques » sont réunies la « linéarité du signifiant » et notre question du double système, écrit/oral, intégrant une même langue. Cette problématique « autre » ne semble pas avoir trouvé de nom dans la tradition linguistique francophone – et les grammairiens, qui consacrent un chapitre entier à l'orthographe et à la ponctuation, et s'appuient par ailleurs sur les travaux de Koch & Oesterreicher, ne peuvent plus se contenter du nom que lui donne le *Cours de linguistique générale* : « Représentation de la langue par l'écriture ». Ils décrivent la question ainsi :

> Les **signes linguistiques** se réalisent sous une **forme** orale et sous une **forme** écrite. Dans l'orthographe française actuelle, la correspondance entre les **réalisations** orales et écrites est loin d'être univoque. Mais le français écrit et le français parlé ne se distinguent pas seulement par la **matière** phonique et graphique de leurs signifiants. Les **deux systèmes** présentent aussi de nombreuses distorsions dans l'économie des marques morphologiques et dans les fonctionnements syntaxiques. (Riegel *et alii*, 2009 : 9)

On lit dans ces lignes la difficulté qu'il y a à articuler signes de la langue, forme orale/écrite et réalisation matérielle... « Formes orales » et « formes écrites » apparaissent d'abord comme deux variétés matérielles d'un même système « linguistique » que les « distorsions » morphosyntaxiques qu'il présente conduisent quand même à considérer comme « deux systèmes ».

Un dualisme radical au plan sémiotique entre langue écrite et langue orale serait analogue à celui qui conduit à opposer *langue* et *parole* sans penser leur interaction : il empêche toute interrogation du conditionnement des matérialités différentes sur le système. Or ce qu'il importe de penser, concernant les langues qui s'écrivent, c'est la manière dont leur écriture les transforme – au point qu'on en vient aujourd'hui à comprendre que l'écriture alphabétique « invente » plutôt qu'elle ne révèle la structuration phonologique des langues (Albano Leoni & Banfi 2013). Pour comprendre la relation entre énonciation orale et énonciation écrite d'une langue, il faut un modèle qui permette au moins d'expliquer que, comme le notait déjà Saussure dans des termes fortement négatifs, l'écrit défigure la langue parlée (Saussure 1916 : 54) ou, en des termes plus neutres, qu'« on ne parle plus de la même manière une langue écrite » (Goody, 1977 : 11)[18].

Plusieurs motifs expliquent pourquoi la linguistique a été empêchée d'apporter, à l'analyse du discours littéraire notamment, son plein concours au problème de la représentation écrite de l'oral. Nous les rencontrerons à divers moments de notre parcours.

> La réticence, qu'explique l'histoire de la discipline, à accorder à la langue écrite la place qui est la sienne, parmi les systèmes de signes et à côté de la langue orale (chap. 2, 1.1, p. 86).

> L'hétérogénéité des objets que recouvrent les étiquettes d'*oral* et d'*écrit* ; or selon l'aspect privilégié par telle approche (grammaire, sémiologie, phonologie, morphologie, stylistique...), les deux objets sont disjoints, en relation d'intersection, ou carrément conjoints. Par son émiettement en divers sous-disciplines spécialisées, la linguistique peine à parler d'une seule voix sur le sujet.

> Les tensions entre savoirs épilinguistiques impliqués dans la pratique de l'écrit et ceux impliqués par la pratique de l'oral (chap. 2, p. 83).

> Enfin, le faible développement d'une *linguistique de la parole* qui s'attacherait à décrire, non pas ce qu'il serait juste, *en droit*, de reconnaître comme de l'oral dans l'écrit (du point de vue savant, métalinguistique), mais ce qui est reconnu comme tel, *en fait*, par les locuteurs (le point de vue épilinguistique)[19].

Partant de l'expérience du sens (là où la linguistique de la langue part de l'existence d'un système), la linguistique de la parole part nécessairement de l'activité d'un agent dont la compétence proprement linguistique consiste à reconnaître dans l'empirie d'un signal (acoustique ou graphique) la structure formelle d'un énoncé accomplissant un acte de signification. Cette activité fait de lui un auditeur ou un lecteur plutôt qu'un émetteur ou un scripteur (Bergounioux). Mais on ne peut construire une description linguistique qu'en rapportant ces comportements interprétatifs aux matérialités langagières qui les fondent. En

---

18 Il n'est pas anodin que ce problème « autre » (du double système supporté par une même « langue ») soit associé par les auteurs de la « GMF » à la question de la linéarité du signifiant : métaphore spatiale par laquelle l'écrit incite à penser l'oral à son image, alors que l'oral comme l'écrit résiste en réalité à cette métaphore (chap. 1, 7.2.1, 67).

19 On trouvera dans Mahrer 2011 une situation de la linguistique de la parole relativement à l'*analyse subjective* de Saussure et à la *linguistique de l'énonciation* de Benveniste. Linguistique de la langue (théorie des signes eux-mêmes et de leur nature systémique) et linguistique de la parole (théorie et description des signes dits) y sont définis comme deux moments nécessaires et complémentaires dans le cadre d'une linguistique de l'énonciation (théorie et description du dire des signes, de l'agir langagier) : pas de description du système sans description de l'épreuve du sens des actes énonciatifs, pas de description des actes énonciatifs sans hypothèses quant au système.

cela, linguistique de la parole et linguistique de la langue constituent des démarches complémentaires dont le rapport se conceptualise par la notion d'intégration[20]. Dans cette perspective, notre tâche sera de définir la part des principes régulateurs de la reconnaissance de l'oralité dans l'écrit, sans renier le fait que, en tant qu'elle est interprétative, cette reconnaissance est du ressort du lecteur.

Selon ce point de vue, le matériau premier de mon analyse s'est constitué de la réception, par des linguistes et des stylisticiens du XXe siècle, d'œuvres auxquelles est prêtée la propriété de représenter l'oral. J'ai commencé par des auteurs de l'époque du « roman parlant » et en particulier par Ramuz. Mais j'ai étendu l'observation de proche en proche à divers écrivains dont le style posait à la critique la question de la représentation de l'oral. À partir de l'observation de cet ensemble de gloses, un méta-corpus si l'on veut, j'ai essayé d'organiser les effets d'oralité éprouvés et attestés. Cette organisation m'a semblé devoir s'appuyer sur une description sémiologique comparée de la langue écrite et de la langue orale, et d'un modèle des relations que peuvent entretenir ces deux (pluri)systèmes.

6 Hétérogénéité des faits

La question des rapports entre *langue orale* et *langue écrite* ne fait pas l'objet d'un consensus parmi les linguistes, loin s'en faut[21]. Elle serait même plutôt un critère possible de structuration des sciences du langage traitant des langues romanes. En 2001, la problématique a été ravivée en linguistique française par la traduction d'un important article de synthèse de Koch & Oesterreicher, dans le *Lexikon der romanistischen Linguistik* : « Langage oral et langage écrit ». Françoise Gadet a beaucoup œuvré pour la réception francophone du travail des deux romanistes allemands, avec qui elle partage à la fois l'approche sociolinguistique et le plus vif intérêt pour ladite question.

Au-delà des filiations épistémologiques, que nous évoquerons çà et là, l'absence de consensus en la matière trouve des causes objectives : sous les expressions de *langue écrite* et de *langue orale*, ou plus largement encore, de

---

[20] En s'inspirant de Benveniste, on considérera sujet et matérialités langagières dans un rapport de fondation réciproque (relation d'intégration) ; la linguistique de la langue envisage cette relation de réciprocité dans le sens où la langue fonde l'interprète, la linguistique de la parole, dans le sens où l'interprète fonde la langue.
[21] Pour une synthèse sur les positions antagonistes et les débats sur la question, voir par exemple Arrivé, 1993 et Béguelin, 2012b.

scripturalité et d'*oralité*, se cachent des domaines hétérogènes et passibles d'être considérés sous divers points de vue. Quelques citations suffiront à convaincre les éventuels sceptiques. Je les choisis parce qu'elles situent d'emblée la question – sémiologique et générale – des rapports entre oralité et scripturalité, sur le terrain qui est le nôtre : celui de la représentation écrite de l'oral.

Commençons par un célèbre article où Benveniste définit notamment la notion de *discours* :

> toute énonciation suppos[e] un locuteur et un auditeur, et chez le premier l'intention d'influencer l'autre en quelque manière. C'est d'abord la diversité des discours oraux de toute nature et de tout niveau, de la conversation triviale à la harangue la plus ornée. Mais c'est aussi la masse **des écrits qui reproduisent des discours oraux ou qui en empruntent le tour et les fins** : correspondances, mémoires, théâtre, ouvrages didactiques, bref tous les genres où **quelqu'un s'adresse à quelqu'un**, s'énonce comme locuteur et organise ce qu'il dit dans la catégorie de la personne [...]. (Benveniste, 1966 : 242)

Tel qu'évoquée ici par Benveniste, la possibilité pour l'écrit de « reproduire des discours oraux » repose sur l'existence de propriétés *syntaxiques types* de l'oral (« le tour ») piloté ici surtout par des propriétés *pragmatiques types* (« les fins »). Benveniste considère les discours oraux comme *exemplaires* du plan discursif de l'énonciation en raison notamment de leur caractère *explicitement adressé* – caractère assigné de manière définitoire (« de toute nature et de tout niveau »), ce qui appellerait des nuances. Cette association (oral-adresse) lui permet ensuite de considérer les marques de l'adresse comme des « tours » caractéristiques de l'oral. L'oral fédère pour lui, dans ce contexte, un ensemble de pratiques langagières, où un *je* s'adresse à un *tu*.

Dans la citation suivante, Gardes Tamine, syntacticienne spécialiste de l'écrit, commente la situation inverse où c'est un discours oral qui passe pour écrit :

> Plus encore que les autres insertions, **l'apposition apparaît liée à l'écrit.** Dans leur article « Préliminaire à une étude de l'apposition dans la langue parlée », Cl. Blanche-Benveniste et S. Caddéo notent sa rareté dans « les récits de vie » et les conversations, où on ne la rencontre guère que « quand il s'agit de préciser des relations parentales ou des fonctions déférées à des noms propres » (2000, p. 69). On la trouve surtout dans des discours techniques ou dans « tout ce qui peut être considéré comme "discours public", avec ou sans interlocuteurs : les discours professionnels, les débats et entrevues publics, les émissions de radio ou de télévision. Ce sont, dans l'ensemble, des situations de "protocole" », **c'est-à-dire des situations d'oral écrit, si l'on peut dire.** (Gardes Tamine, 2004 : 151)[22]

---

[22] Gardes Tamine avance un argument pour expliquer que les formes de l'apposition (qu'elle envisage comme une construction plutôt que comme une fonction) soient pauvres à l'oral et

Ce n'est pas sans un certain embarras que la linguiste recourt à l'expression « oral écrit ». Il faut lui concéder que pour penser le caractère *formel* de certains genres de discours oraux (pour décrire ainsi l'isotopie construite à partir de « public », « professionnel » et « protocole »), c'est la catégorie de l'*écrit* qui vient spontanément à l'esprit de bien des locuteurs francophones. La conceptualité de notre champ linguistique n'offre pas grand-chose d'autre en effet pour penser cette « formalité » du discours, sinon de l'assimiler à l'écrit en un sens large qui se laisse mieux deviner que décrire. Non pas celui de système, avec ses signes et ses fonctions propres, ni celui d'un acte de parole singulier, ni encore un genre de discours identifiable, ni enfin une substance (le graphique *vs* le phonique). Pourtant, il existe bien, dans l'imaginaire des locuteurs-scripteurs, un ensemble de formes linguistiques (au sens large) constitué en « langue qui s'écrit », par opposition à une langue qui ne s'écrit pas – comme on dit « ça ne se fait pas » d'une chose que quelqu'un vient pourtant de faire.

Suivant la tradition rhétorique et certains travaux modernes de linguistique de l'oral (par exemple Luzzati, 1985), Adam appelle *périodes* des unités textuelles écrites dont l'organisation reposerait en particulier sur le rythme. Pour lui, la pertinence de la notion de période « en linguistique du texte écrit est une occasion de souligner qu'il y a de l'oralité dans l'écrit » (Adam, 2011a : 83). Le rythme est bien une autre manière pour l'écrit d'être oral.

Lorsque Adam considère par ailleurs « allons » comme « un ponctuant typique de l'oral » (Adam, 2011a : 155), il semble qu'« oral » vaille pour un ensemble de pratiques discursives où le morphème serait sur-représenté. On comprend aisément en tous les cas que « allons » n'est pas typique de l'oral au sens où le serait le rythme ou un intonème. Mais est-ce bien ici, pour « allons », une donnée statistique qui fonde la représentativité ? Sans doute pas dans le français contemporain où l'on observe plutôt des « voilà » et des « mecs ». N'est-ce pas plutôt le caractère co-construit ou collaboratif d'un certain type de discours oral (la conversation), notamment la négociation à laquelle donnent lieu les ouvertures et fermetures de tours de parole (Burger & Jacquin, 2015), qui conduit à considérer « allons », *lorsqu'on le voit écrit*, comme un morphème

---

riches à l'écrit : « car elles sont caractéristiques du souci qu[e l'écrit] manifeste d'apporter un nombre maximal d'informations qui puissent suppléer à l'absence d'une situation commune à l'énonciateur et à son lecteur potentiel » (2004 : 151). C'est donc comme chez Benveniste une caractéristique pragmatique imputée à l'écrit qui va sinon déterminer du moins expliquer ses caractéristiques syntaxiques : l'énonciation écrite serait une pratique langagière à situations disjointes (locuteur et allocutaire ne partagent pas la même situation) alors que l'énonciation orale est une pratique à *contextualisation multiple* au sens de Coseriu (1955–56, voir chap. 4, 4.2.4, p. 275).

d'une classe fonctionnelle productive à l'oral mais faiblement pertinente à l'écrit ?

Quand enfin, Durrer interroge brièvement les « marques phonétiques » et les « marques prosodiques » qui, dans le dialogue romesque, concourent à un « style oralisé » (1994 : 41–45), elle observe cette fois des aspects qui relèvent de la forme que les phonèmes et les intonèmes donnent à la substance acoustique de l'oral.

> Les Goncourt, malgré un certain maniérisme, offrent une meilleure illustration de **l'usage** qui sera peu à peu fait **des aspects prosodiques de la parole orale** :
>
> – Mais vous comprenez donc pas, monsieur Mauperin ? Oh ! ces hommes intelligents... c'est curieux ! [...] Voilà encore un mariage manqué, comprenez-vous ? un mariage où il y avait tout... de la fortune, une famille honorable... tout ! [...]
>
> Au moyen de points de suspension surtout, les Goncourt restituent la temporalité dans les paroles des personnages, donnant à entendre par là qu'il ne s'agit pas d'un discours tout fait mais d'un discours spontané, qui se construit au moment où il s'énonce. C'est la même idée qui guide les choix de ponctuation de Céline. (Durrer, 1994 : 45)

Derrière l'évidence de l'« effet d'oralité » (1994 : 41) produit par ces « marques phoniques » ou « prosodiques », il faut rappeler un truisme : ce n'est pas un phonème, pas une marque prosodique en tant que telle, qu'observe la linguiste, mais des procédés proprement graphiques de notation de la prononciation et de la prosodie. Si les points de suspension « restituent la temporalité dans les paroles des personnages », telle n'est pas leur fonction linguistique et l'on aura tôt fait de montrer que le même signe, dans un cotexte différent (une énumération ouverte par exemple), n'aura rien à voir avec la *spontanétié du discours*. Et si le lien entre *ponctuation* et *prosodie* est délicat, celui qui lierait *prosodie* et *spontanéité* ne l'est pas moins. Sans ne rien retrancher à la conclusion de l'analyse de Durrer – les indéniables « effets d'oralité » – on admettra qu'en faisant du point de suspension une « marque prosodique », on cache le parcours complexe par lequel ces signes graphiques représentent l'oralité pour le lecteur des Goncourt ou de Céline.

En même temps qu'on obseve l'hétérogénéité des aspects de l'oral dont on peut invoquer la présence à l'écrit, on observe le caractère médiat de cette présence : la question reste ouverte de savoir quand et pourquoi une orthographe douteuse devient une notation de prononciation, quand un ponctuant devient une marque prosodique ou un indice de spontanéité...

Oral comme un phonème ou un intonème, oral comme un morphème représentatif de l'oral (statistiquement ou symboliquement ?), oral comme une manière de discourir (spontanée), oral comme un type de pratique langagière (adressée)... Il y a bien des manières d'être oral... sans l'être, puisque c'est chaque fois d'écrit qu'il est question et donc de trace graphique et non de voix. Dans la perception de cette « oralisation » sont pris en compte des facteurs disparates tels que la représentation d'une prononciation, d'une intonation, des faits de morphologie (le passé composé *vs* le passé simple), de syntaxe (la dislocation *vs* l'apposition), de lexique (dégueulasse *vs* dégoutant), de rythme, de rime, et encore des traits qu'on dira tantôt textuels ou stylistiques, comme l'expression d'une forte émotivité ou celle du caractère improvisé de l'énonciation... Des associations hétérogènes entre l'écrit et l'oral qui émanent aussi bien des lectures ordinaires que des lectures expertes.

Mon objectif n'est pas de « faire le ménage » parmi cet usage inflationniste de la catégorie de l'oral (et, parallèlement, de l'écrit). La linguistique de l'énonciation n'a pas pour vocation d'édicter les règles de l'interprétation, mais de décrire les processus qui conduisent des signaux aux sens. On peut considérer comme « représentant l'oral » les différents phénomènes énumérés plus haut (notation de prononciation, d'intonation, « allons », rhétorique de la spontanéité, etc.), bien qu'ils ne soient pas tous oraux de la même manière. Pour mieux se l'expliquer, il importe de distinguer les différents points de vue auxquels se prêtent l'oral et l'écrit, en tant que *fait langagier*, considéré dans le contexte d'une réflexion sémiologique.

7 Quatre points de vue sur l'écrit

Il est de coutume de considérer que le flou qui entoure la question de la représentation écrite de l'oral résulte essentiellement d'un problème terminologique (Luzzati & Luzzati, 1986–1987, Koch & Oesterreicher, 2001). Si l'analyse gagne indéniablement à affiner ses catégories, plus encore que de multiplier les étiquettes (le vocal *vs* l'oral *vs* le parlé, etc.), ce sont surtout les niveaux de l'analyse du *fait langagier* qui doivent apparaître clairement à la conscience du linguiste. La clarté du discours qu'on peut tenir sur les « rencontres » de l'oral et de l'écrit, et le traitement de la question représentationnelle seront directement tributaires de ces distinctions. Nous menons ci-dessous l'analyse pour l'écrit.

1 – Sur un plan matériel, on rencontre, dans la vie culturelle, des *objets écrits* ou *signaux graphiques* : apport visible laissé par une activité requérant le corps et l'esprit, le plus souvent la main pourvue d'un outil et opérant sur un support. Ces considérations nous situent sur le *plan biotechnologique* de l'analyse de l'écrit, qui envisage les conditions empiriques, techniques et organiques des signes et de leurs emplois (les organes et les outils que requièrent son émission et sa perception). Ce niveau est celui de l'analyse de l'ergonomie des signaux écrits, qu'ils soient manuscrits, imprimés ou d'écran.

À ce niveau, *bio technologique*, l'oral et l'écrit sont deux, deux substances hétérogènes, sans combinaison possible.

2 – Le signal n'est pas le produit d'un point de vue linguistique sur l'objet écrit. Jusque-là, on dessine. Le point de vue linguistique, c'est-à-dire le regard qui nous fait basculer dans le domaine linguistique, est celui qui *consiste à conformer la donnée visuo-graphique du signal au patron grammo-morpho-syntaxique d'une langue*. Cette activité de transformation, ou d'information, est celle que, pour l'objet écrit, on appelle *lecture* ; son résultat est le *texte* (oral ou écrit dans l'usage qui en sera fait ici), produit de cette activité de conformation d'un signal aux patrons d'une langue. La description linguistique (au sens restreint) ne décrit ni la donnée empirique (le signal), ni le texte à proprement parler, qui n'a d'existence que pour les lecteurs selon leur compétence et leur performance interprétative ; quand elle étudie la langue, la linguistique décrit les systèmes de signes permettant la conversion de la matière en formes ; quand elle est linguistique du discours, elle décrit les normes d'organisation micro-, méso- et macrotextuelle réglées par les genres du discours ; lorsqu'elle est linguistique de la parole, elle décrit l'activité de lecture (ou d'audition) d'un signal donné, c'est-à-dire le texte qu'élabore le lecteur (à commencer par le scripteur lui-même, premier lecteur) à partir d'un signal, selon ses compétences (linguistiques et discursives).

À ce niveau encore, *sémiotique*, l'oral et l'écrit sont deux : deux plurisystèmes disjoints, la langue écrite que nous appelons ici *sémiographie*, et la langue orale, que nous appelons *sémiophonie*, dont les unités formelles sont différentes et non miscibles (graphèmes, morphogrammes ou topogrammes pour l'écrit, phonèmes, morphèmes ou intonèmes pour l'oral). En revanche, sémiographie et sémiophonie partagent la même syntaxe.

3 – La conversion du signal graphique en formes linguistiques ne s'opère pas hors du cadre d'une sphère d'échanges et des pratiques discursives qu'elle régule : c'est le rôle des genres du discours déjà évoqués (Bakhtine, 1984). Du point de vue de la linguistique de la parole, la reconnaissance du signal non seulement en tant que forme(s) linguistique(s), mais encore en tant que texte (c'est-à-dire comme organisation globale de formes linguistiques ayant valeur d'action) suppose des compétences langagières autres que celles conférées par l'acquisition du système : elle suppose la connaissance de traditions discursives qui norment les pratiques verbales et fournissent le cadre nécessaire à leur interprétation. La compétence métalangagière en question, qu'on appellera *compétence discursive*, consiste en modèles, à la fois textuels et contextuels, orientant la production et l'interprétation.

L'hégémonie de ce point de vue, discursif, dans les sciences du langage contemporaines explique qu'on tende actuellement, comme on a vu, à situer l'oral et l'écrit sur un continuum : celui des modèles de discours, dans leur textualité et leur contextualité prototypiques.

4 – Au signal, comme *input* de l'activité sémiologique, répond, à l'autre bout de la chaîne, la performance interprétative et son produit singulier : le *sens*. On définira l'interprétation comme la conversion, par un interprète en situation, de la substance de l'expression (ou signal) en substance du contenu (ou sens). Dans le cas de l'écrit, l'activité interprétative correspond donc à une *lecture* – à commencer par cette lecture particulière que produit le scripteur reconnaissant une parole dans le signal graphique qu'il est en train d'émettre. Une lecture, c'est-à-dire le sens assigné à un signal conformé en séquence(s) linguistique(s), ne se laisse pas décrire comme le produit décontextualisé d'une langue et d'un discours désagentifiés. Elle résulte de l'exercice des compétences linguistiques et discursives d'un lecteur (sa connaissance des structures linguistiques et des normes discursives), exercice toujours singularisé par son environnement (même quand il s'agit de lire plusieurs fois le même signal).

La scripturalité et l'oralité peuvent s'entendre sur chacun des quatre plans considérés. Or on caractérisera très différemment l'écrit si on l'envisage sur un plan biotechnologique, linguistique, discursif (ses distributions et ses situations types) ou sur le plan de la performance interprétative, comme l'occurrence d'un signal ayant fait sens, c'est-à-dire une lecture. Pour sortir de la confusion qui nimbe souvent la question, on distinguera fermement ces plans – non pas pour les séparer, mais pour mieux penser leurs interactions.

Plan de l'ouvrage
Dans le cadre d'une réflexion sémiologique et en particulier de notre problématique représentationnelle, reconsidérer le rôle de la *substance* – rôle masqué par l'usage des notions de *canal* ou de *medium* – est un préalable nécessaire. Il en va de même, dans la tradition structuraliste dans laquelle je m'inscris, de la situation relative de la langue orale et de la langue écrite dans le cas d'un idiome qui, comme le français, se parle et s'écrit : elle mérite au moins une explicitation, sinon un réexamen. Une première partie de l'étude sera ainsi consacrée à ces deux questions préalables : analyses dite *biotechnologique* pour le CHAPITRE 1 et sémiotique pour le CHAPITRE 2.

Sur cette base, il sera possible, dans la seconde partie, de proposer une typologie des représentations écrites de l'oral en français. L'analyse sémiotique fournit au CHAPITRE 3 les concepts pour décrire le fonctionnement propre, le marquage linguistique et les variantes d'inscription textuelle de la *représentation phonographique* par laquelle une séquence de graphèmes code une séquence de phonèmes. La sémantique de l'oral fera l'objet du CHAPITRE 4. Seront considérées alors les opérations grâce auxquelles l'appareil métalangagier du français permet, d'une part, la description d'un énoncé écrit comme oral et, d'autre part, la catégorisation d'une séquence écrite comme manières parlées de dire. Cette dernière opération, méta-énonciative et complexe, relève de la *modalisation autonymique d'emprunt* et implique l'imaginaire discursif du lecteur. Enfin, le CHAPITRE 5 sera consacré aux effets d'oralité que provoquent les écrits, des genres poétiques ou rhétoriques notamment, qui sollicitent leur écoute pour être optimalement interprétés. De cette sollicitation résulte également le sentiment qu'il y a de l'oral dans l'écrit.

Cette typologie s'appuie sur des observations menées particulièrement, mais non exclusivement, sur corpus littéraire. La littérature se présente, sinon originellement du moins ponctuellement, comme un champ d'investigations des modes de représentation écrite de l'oral. Elle offre ainsi à la description une grande diversité des phénomènes qui nous intéressent. Par ailleurs, comme elle s'emploie souvent à cette figuration à dessein, la littérature atteste d'imaginaires culturels, historiques et individuels – or dans l'analyse des effets d'oralité ces imaginaires, on l'a dit, importent autant que la vérité linguistique de l'oral.

Le corpus littéraire présente un dernier avantage : il est accompagné d'un inégalable trésor de gloses, où les lecteurs expriment, au sujet de telle œuvre ou de tel passage, le sentiment d'une « oralité écrite ». Ces métatextes offrent un complément nécessaire à la démarche linguistique : grâce à eux, le linguiste peut se prémunir du risque de décrire, plutôt que les singularités du texte, celles de sa propre compétence.

Relativement aux très nombreuses études littéraires qui soulèvent la problématique de l'oral dans l'écrit, le propos schématique de Culioli dans « Un linguiste devant la critique littéraire » me permet de situer ma démarche. On prendra sa comparaison entre linguiste et critique littéraire pour ce qu'elle est : une opposition actancielle idéalisée entre deux attitudes métalangagières.

> Il est à ce sujet extrêmement intéressant de prendre les passages consacrés à certaines études dites de style, de langue, de forme (nous reviendrons sur cette distinction) : on s'aperçoit alors que la plupart du temps, le critique épouse, si j'ose dire, les caractéristiques de l'œuvre qu'il décrit. Tout le monde sait, d'ailleurs, que toute pratique, tant qu'elle n'a pas atteint un niveau de scientificité suffisant, tant qu'elle n'a pas atteint un certain niveau de conceptualisation, se comporte comme son objet. À ce moment-là, le critique, pour

> décrire un style musical, utilisera des métaphores musicales ; pour rendre des effets esthétiques, il essaiera par une saturation d'images, d'effet de langue, de rendre à son tour, dans un phénomène d'écho, ce dont il voudrait discuter. C'est dire qu'on reste toujours au niveau du vécu, on est devant une expérience, certes essentielle, qui est celle d'un contact avec le texte ; on ne cherche pas à prendre du champ, une extériorité, une distance qui permettrait de juger de ce texte comme objet de connaissance ; ce qu'on fait, c'est tout simplement répéter l'expérience mais dans sa langue à soi. (Culioli, 1971 : 42)

Le critique, au sens que lui donne ici Culioli, témoigne d'une expérience, qui n'est vécue que par celui qui dispose des compétences adéquates. Un texte écrit paraît parler à son lecteur, solliciter son écoute. La tâche des sciences du langage est de verbaliser et de rendre discutable l'expérience de lecture en question, son historicité, ses conditions cognitives et linguistiques. Il s'agit autrement dit de construire un métalangage réfléchissant les conditions de possibilité des représentations écrites de l'oralité.

Avant d'entamer ce parcours, j'ai plaisir à remercier les maîtres, collègues et amis qui m'ont accompagné dans la réalisation de cette recherche. Mes pensées vont en particulier à Jacqueline Authier-Revuz et Gilles Philippe, qui ont dirigé la thèse dont cet ouvrage est issu, à Marie-José Béguelin, Jean-Louis Lebrave, Jérôme Meizoz et Christian Puech, relecteurs patients et avisés ; à Jean-Michel Adam et Jean-Daniel Gollut, mes premiers maîtres en linguistique ; et, parmi les nombreux linguistes avec qui j'ai (eu) la chance de collaborer, notamment à l'Université de Lausanne, à ceux qui ont bien voulu relire quelques-unes des pages qui vont suivre : Vincent Capt, Claire Doquet, Jacob Lachat, Julie Lefebvre, Gilles Merminod, Thierry Raboud, Valentine Nicollier Saraillon, Daniel Seixas-Oliveira et Joël Zufferey.

Première Partie
Éclairages sémiologiques

Chapitre 1.
Le niveau biotechnologique de l'étude sémiologique

> Ainsi nombreux sont sans doute ceux qui auront fait l'expérience suivante : des étudiants qui entrent à l'Université, ou même qui étudient depuis un an ou deux, donnent l'impression étrange qu'ils savent (nous simplifions) lire et écrire, mais qu'ils ne savent pas ce qu'ils font. Comme s'il ne fallait rendre des travaux écrits que parce que tout le monde ne peut faire des exposés oraux, ou comme si on ne devait lire des livres que parce que tout n'est pas encore enregistré sur cassettes, ou que les séances de cours ne peuvent couvrir, ou découvrir, toute la matière. [...]
> Nous qui enseignons des disciplines auxquelles on s'initie en lisant et en écrivant, que disons-nous à ces gens démunis ? [...]
> L'écrit aurait aujourd'hui moins besoin de légitimation que de théorisation. (Kerleroux, 1990 : 181–182)

Introduction

Comme il ne s'agit pas ici d'un traité de sémiologie, oralité et scripturalité ne sont pas strictement considérées dans leurs qualités intrinsèques, ni dans leurs rapports *in abstracto*. Le propos est d'emblée orienté par notre objectif : décrire les moyens de la représentation écrite de l'oralité. Nous aurons donc tendance à envisager la scripturalité et ses spécificités sous l'angle des moyens (représentants) et l'oralité sous l'angle de ses qualités (représentées). Précisons encore, avant de commencer, que l'*analyse biotechnologique* proposée dans ce chapitre sert principalement notre objectif représentationnel en fondant l'imaginaire de l'oralité qui travaille la représentation discursive traitée au chapitre 4 ; je ne la tiens pas moins comme un point de vue incontournable et même premier pour rendre compte des rapports entre oral et écrit, à quelque niveau que ce soit.

1 L'écrit et l'oral comme signaux

> L'écriture apparaît à la confluence de
> l'image stylisée et de la notation
> conventionnelle de la parole. (Anis, 1998 : 11)

Les systèmes de signes, qu'étudie la sémiologie, sont des dispositifs auxquels recourent les humains pour *signifier*. Pour en donner une définition simple et traditionnelle, *signifier* consiste à envisager un état de choses comme *représentant* quelque chose d'autre. Cette activité revient à considérer l'état de choses représentant, appelé *signe*, comme distinctif d'autres états de choses possibles dans la même situation, et dotés d'une valeur (signification) relativement constante. Les systèmes sémiologiques, par le moyen de la signification qui est leur finalité et qui les détermine[1], régulent le comportement humain dans des situations et à des fins socio-culturelles généralement déterminées (trafic routier ou naval, code vestimentaire, maquillage, codes de comportements, langage tambouriné, musique, pictographie...)[2].

---

[1] « Nous posons quant à nous que la nature essentielle de la langue, qui commande toutes les fonctions qu'elle peut assumer, est sa nature *signifiante*. Elle est informée de signifiance, même considérée en dehors de tout emploi, de toute utilisation particulière ou générale. » (Benveniste, 2012 [1969] : 60)

[2] Y a-t-il système dès lors qu'il y a signification, autrement dit l'usage du terme *système* n'est-il pas ici qu'une concession terminologique à la tradition saussurienne ? Par exemple, lorsque Richard dit à Suzy, sur un ton réprobateur, alors qu'elle ajoute un sucre dans son café déjà sucré : « La cuillère était dans la tasse. Ça veut dire quelque chose, non ? », la signification à laquelle il se réfère est le fait d'un signe, qu'on considérera peut-être comme un *indice* (si on estime qu'il n'a pas fait l'objet d'une convention préalable). Ce signe (position de la cuillère dans la tasse) appartient-il à un système de signes ou le suppose-t-il ? En considérant la position de la cuillère comme « voulant dire » que le café est déjà sucré, Richard traite un état de faits comme une structure. Cette dernière intègre un système à deux positions : [cuillère sur la sous-tasse] = [café non sucré] *vs* [cuillère dans la tasse] = [café sucré]. L'activité symbolique consiste à envisager un état de faits comme un *signal* et à informer ce signal en l'identifiant à l'une des positions permises par un système à possibilités discrètes et en nombre fini. L'exemple rappelle celui, traditionnel, du manteau qu'on voit au vestiaire et qui permet des abductions sur la présence de son propriétaire. Dans une perspective pragmatique, on dirait qu'il ne s'agit pas là d'un système de signes, parce qu'en accrochant son manteau au vestiaire, on ne vise pas (conventionnellement du moins) à signifier sa présence. Mais s'il s'agit de caractériser et de décrire l'activité symbolique comme activité d'assignation de signification, alors ce qu'il s'agit de comprendre, ce ne sont pas les conditions de la production du signal, mais celles de son interprétation. Or, du point de vue de son interprétation, le signal (qu'il soit intentionnellement produit pour signifier, selon une valeur arbitraire, et intégrant un système culturellement établi, ou qu'il soit un état de faits « accidentellement » interprété comme signe) est susceptible d'une

Dans le seul essai de sémiologie qu'il publie, c'est à la « Sémiologie de la langue » (1969) que s'intéresse Benveniste. On va voir que cet intérêt est intimement lié à celui qu'il accorde, à la même période, à la sémiologie de l'écrit – ceci dit pour montrer que la linguistique profite grandement de l'attention qu'elle porte à ses marges sémiologiques. Dans cet article, Benveniste insiste sur le fait que la caractérisation d'un système de signes réclame la prise en considération aussi bien des données matérielles et contextuelles que des données formelles, relatives aux signes ou au système lui-même. Sa description des « caractères distinctifs » des systèmes commence d'ailleurs par deux propriétés « empiriques », suivies de deux propriétés « sémiotiques » :

> Le caractère commun à tous les systèmes et le critère de leur appartenance à la sémiologie est leur propriété de signifier ou SIGNIFIANCE, et leur composition en unités de signifiance, ou SIGNES. Il s'agit maintenant de décrire leurs caractères distinctifs.
> Un système sémiologique se caractérise :
> 1° par son mode opératoire,
> 2° par son domaine de validité,
> 3° par la nature et le nombre de ses signes,
> 4° par son type de fonctionnement.
> Le MODE OPÉRATOIRE est la manière dont le système agit, notamment le sens (vue, ouïe, etc.) auquel il s'adresse. (Benveniste, 1976 [1969] : 51–52)

Le niveau que nous allons considérer dans ce premier moment de l'analyse a trait aux caractères 1° et 2°. Car il est impossible de s'en tenir à une approche strictement sémiotique, immanente, si l'on veut comprendre et décrire un système. Benveniste, dans sa sémiologie, est fidèle au principe qui gouverne sa linguistique : c'est en articulant le système formel avec ses extériorités, les dispositions physiques de ses signaux, ses fonctions et ses finalités socioculturelles, *mais toujours compte tenu de ses propriétés formelles*, qu'il sera possible de construire un discours sémiologique.

La « manière dont le système agit » ne fait pas seulement référence au « sens auquel il s'adresse », mais aussi *au corps* tel qu'il est sollicité par l'émission et la perception des signaux, ainsi que, souvent, aux instruments, accessoires ou nécessaires, que l'utilisation du dispositif sémiologique comprend. Toute pratique symbolique est déterminée par la matérialité de ses signaux, de ses organes et de ses outils. Ces déterminations, qu'on dira *biotechnologiques*, conditionnent le développement entier du système : le type d'action qu'il permet, son domaine de validité, sa structure sémiotique (ses niveaux d'analyse linguisti-

---

description unifiée : l'interprète suppose un système ouvrant une combinatoire de positions auxquelles sont associées des significations.

que). Par exemple, les signaux de fumée, qu'utilisaient les Amérindiens ou les Chinois (et encore aujourd'hui les cardinaux en conclave), répondent au besoin social de la télécommunication. Ils y répondent en raison d'un potentiel lié à leurs propriétés empiriques : la capacité de s'adresser à la vue par-delà d'importantes distances ; par contre, d'autres facteurs techniques, liés aux outils (la fumée, un drap) et à la gestualité que l'émission de ces signaux requièrent, contraignent fortement la syntaxe et le lexique, et limitent la complexité du système et des significations qu'il permet d'élaborer. Étudier le système sans tenir compte de ces contraintes physiques revient à se priver de l'horizon nécessaire à sa description.

2 Approche variationnelle de l'opposition entre oralité et scripturalité

2.1 Point de vue sociolinguistique

Les approches sociolinguistiques s'attachent à décrire les variations internes à un idiome (Gadet, 2007). Pour appréhender cette variation intralinguistique, les sociolinguistes distinguent le *système* d'une variété de la langue du *diasystème* que constitue un idiome, ou la structure de la langue fonctionnelle à l'architecture d'une langue dans toutes les variétés discursives qui la réalisent. À la suite de Coseriu (1981b), on admet que ces variétés se déploient selon trois axes : *diatopique* (variation dans l'espace, dialectes), *diastratique* (variation sociale, sociolectes) et *diaphasique* (variation de registres, de styles, en fonction des situations d'énonciation). L'ensemble de ces variations définit le « profil variationnel », toujours singulier, d'un idiome donné. Qu'en est-il de la variation entre discours écrits et discours oraux ?

On observe deux tendances : l'une qui consiste à considérer la dualité médiale oral/écrit comme un quatrième facteur de variation : la « diamésie » (Mioni, 1983), et l'autre qui envisage l'opposition médiale comme interne à l'axe diaphasique, suivant en cela Coseriu -lui-même. Le *medium* est identifié autrement dit à une situation d'énonciation parmi d'autres, *à une composante du contexte*[3].

---

3 On relèvera à propos de la diaphasie qu'elle peut être envisagée du point de vue du diasystème (variation des usages en fonction des situations sociales), mais aussi du point de vue de la compétence de l'usager (variation des performances d'un même locuteur). Elle se définit alors comme la capacité de celui-ci à adapter sa grammaire (à l'émission ou à la réception) à la situation discursive. Elle est une catégorie sociolinguistique au sens fort, parce qu'elle met en

La deuxième réponse m'apparaît dominer actuellement. Après avoir envisagé l'opposition *oral vs écrit* comme une opposition structurelle du profil variationnel d'une langue (sur le plan segmental toujours), selon ce que Blanche-Benveniste & Jeanjean (1987) dénonçaient comme un « grand mythe séparateur », les linguistes en ont progressivement écarté l'idée. Les descriptions syntaxiques en particulier ont permis de reconnaître que le *medium* n'était pas le facteur régulateur principal des variétés grammaticales ; pour le dire dans l'esprit de Wagner (1968 : 129–130), le *medium* n'est pas un critère pertinent pour *une typologie des énoncés*[4].

Les approches contrastives n'ont donc plus constitué des corpus d'énoncés *à medium égal*, mais *à contexte égal* (voir, pour l'anglais, Biber, 1988, Biber & Finegan, 2001). Cette position est ainsi résumée (et adoptée) par les macrosyntacticiens fribourgeois, spécialistes de l'oral :

> Ce qui différencie l'oral et l'écrit (ou plutôt, les genres oraux des genres écrits), ce n'est pas tant la nature des constructions attestées, que les rendements qui leur sont assignés. Les conditions de production de chaque genre discursif étant différentes, elles induisent des modes d'optimisation et de coopération différents, d'où des préférences, parfois statistiquement sensibles, en faveur de certaines structures. Mais ces différences d'opportunité mises à part, leur grammaire a tout l'air d'être la même. *Cf.* Blanche-Benveniste, 1997 : 65, Gadet, 1997 : 52, Béguelin, 1998, Berrendonner, 2004. (Groupe de Fribourg, 2012 : 19)

Pour permettre de dégager des profils syntaxiques et textuels, l'opposition oral/écrit doit s'adosser, ou carrément se voir relayer par une opposition de conditions de production (par exemple, *spontanée vs élaborée*). Il faut le relever :

---

corrélation, pour un locuteur lambda, situation sociale et formes linguistiques, traits contextuels et traits textuels de l'énonciation (Ferguson 1959, Gadet 1998, Dufter *et alii* 2009, Massot & Rowlett 2013). C'est ce second point de vue, donnant à la diaphasie une consistance cognitive (du côté de la compétence), qui intéresse une linguistique de la parole dans son projet de décrire des effets de sens produits par un interprète donné selon sa compétence.

4 On peut esquisser une petite généalogie de cette critique de l'opposition oral/écrit dans le cadre de l'étude de la variété syntaxique des énoncés : Wagner cite Benveniste (1959), dont on a vu en passant que l'opposition entre les plans d'énonciation *discursif* et *historique* n'était pas alignée sur l'opposition des *media* mais fondée sur des modes d'organisation du sens (à partir de la personne ou non). Wagner reformule la position benvenistienne en termes d'« attitudes » du locuteur. Blanche-Benveniste & Jeanjean (1987 : 24) citent Wagner pour fonder une opposition entre norme haute et norme basse, « langue du dimanche » et « langue de tous les jours » qui, elle non plus, n'est pas recouverte, dans les faits, par l'opposition écrit/oral. Voir à ce propos Elalouf 2012. On notera enfin que, comme souvent, les positions de Benveniste ne sont pas exemptes d'ambiguïtés et ont donné cours à des interprétations divergentes. Par exemple, la formule suivante appelle des nuances : « L'énonciation historique est aujourd'hui réservée à la langue écrite. » (Benveniste, 1966 : 242)

l'attention accordée à démêler cet écheveau (où oral et écrit sont toujours associés univoquement à des propriétés textuelles et contextuelles, des types de discours) dénonce la vigueur « épilinguistique » de ce nœud et la menace permanente qu'il fait peser sur une conceptualisation (méta)linguistique.

Les sociolinguistes (diglossistes ou non)[5] défendent eux-aussi un conditionnement des discours par les genres de pratiques et leurs conditions plutôt que par les *media*. Comme les genres sont historiques et multiples, leurs variations segmentales dessinent un continuum. C'est ce « contiuum entre l'écrit et le parlé » (Wüest, 2009 : §44) qu'on préférera décrire aujoud'hui, plutôt que la dichotomie *discours oraux vs discours écrits*.

Mais cette position devrait alors aussitôt rappeler la perspective qui est la sienne : elle se tient sur le plan de la segmentalité des énoncés, de la grammaire (ou *des* grammaires pour les diglossistes) et de la régularité des pratiques discursives observées à l'écrit et à l'oral. Pour ma part, en ce qui concerne les notions générales d'*écrit* et d'*oral*, il me semble important de maintenir l'idée de la dualité, discontinue et radicale[6].

Si la nécessité de passer par les genres pour décrire le profil variationnel d'une langue ne fait pas de doute, elle laisse dans l'ombre, ou reporte la question du rapport entre média et grammaire en soulevant la question du rapport entre média et genres. Si le « média » n'influe pas directement sur la structuration segmentale, il influe sur les pratiques langagières ; il y a des finalités psycho-sociales qu'on atteint mieux à l'oral qu'à l'écrit.

---

[5] La plupart des mes références à la linguistique de l'oral sont empruntées à des linguistes autodésignés ou estampillés anti-diglossistes (Gadet, 2007, Blanche-Benveniste & Jeanjean, 1987, Blanche-Benveniste, 1990a et b..., Béguelin, 1998, Berrendonner, Groupe de Fribourg, 2012). Pour un exposé des thèses diglossistes (dans le sillage de Ferguson, puis de Lambrecht, Lodge, Zribi-Hertz...), voir le numéro des *French Language studies* dont Massot & Rowlett, 2013 constitue l'introduction.

[6] « Si l'écrit est universellement différent, sur certains aspects, de l'oral sur lequel il est basé, pour des raisons de différence de canal, alors les diglossistes qui utilisent les étiquettes d'écrit et d'oral sont d'abord préoccupés par ce qui n'est justement pas universellement distinct. Au contraire, on peut opposer FD [français démotique] et FCT [français classique tardif] strictement à l'oral. La langue orale à la base du français écrit formel n'est simplement pas le FD, mais le FCT. Ce n'est par exemple pas le fait de passer à l'écrit qui fait ajouter plus de *ne* aux négations, c'est que passer à l'écrit provoque souvent le réflexe de passer au FCT. » (Massot & Rowlett, 2013 : 9) On relèvera donc un état quelque peu paradoxal de la réflexion qui consiste à aborder dans les catégories de l'écrit et de l'oral des faits qui ne sont pas essentiellement écrits ou oraux, mais qui sont des faits communs, comparables, sur la base segmentale donc (point de vue grammatical ou stylistique). L'opposition FD/FCT a le mérite d'éviter la confusion. Elle laisse entière la question du « réflexe » évoqué, autant à la production qu'à la réception.

On peut considérer le même problème sous un autre jour : l'intégration de la dualité médiale au sein de la variation diaphasique conduit à inclure dans une catégorie dont les déterminations sont strictement conventionnelles et donc historiques (celle de la variation diaphasique) une autre dont les déterminations sont matérielles et discontinues (*graphique vs acoustique*). Certes ces dernières se traduisent par un effet sur le plan diaphasique (on adapte la structuration segmentale de son discours en fonction du média). Mais tout facteur extérieur à l'énonciation peut se traduire par une variation diaphasique. On n'interroge plus alors l'opposition écrit/oral en tant que telle, mais au prisme de ses effets sur la compétence et la performance. Pour comprendre ces effets, il faut tenter une description de leurs causes.

2.2 L'apport de Koch & Oesterreicher : le « continuum communicatif »

Depuis la traduction française d'une importante synthèse de leurs travaux en 2001, Koch & Oesterreicher s'imposent en France comme une référence incontournable sur la question des relations entre oralité et scripturalité au sein des langues romanes, en particulier pour le cas du français[7].

Pour conceptualiser les rapports entre oralité et scripturalité, Koch & Oesterreicher débrayent, comme on tend à le faire aujourd'hui, la dimension « médiale » et la dimension « conceptionnelle » :

> Il faut, effectivement, insister sur le fait que la réalisation médiale, phonique ou graphique, est, en principe, indépendante de l'« allure linguistique » de l'énoncé. C'est à ce dernier aspect conceptionnel que Söll applique les termes de langue *parlée* et de langue *écrite* (2001 : 585).[8]

L'« allure » définie le plan « conceptionnel », celui que nous traiterons ici en termes de structuration *segmentale* des énoncés. Le plan « médial » est celui dont nous traiterons en termes de *substance*. À la suite de Söll (1974), Koch &

---

[7] C'est le fait notamment de l'attention que lui accorde la sociolinguiste Françoise Gadet (voir Gadet & Guérin 2008), relayée désormais par une grammaire de large diffusion comme celle de Riegel et alii (2009 : 52–56, chapitre « L'oral et l'écrit »). Koch & Oesterreicher sont aussi prophètes en leur pays : « Leur influence outre-Rhin ne se dément pas depuis 25 ans, et ils ont publié une deuxième édition revue et augmentée en 2011 de leur ouvrage de 1990. » (Massot & Rowlett, 2013 : 2)

[8] Nous avons vu qu'il fallait plutôt penser à la fois l'indépendance et la dépendance entre *medium* et style d'énoncé (au sens de signature linguistique et non d'idiolecte, comme ce qui particularise le discours et non ce qui l'individualise).

Oesterreicher distinguent ainsi deux couples de concepts : « langue écrite » et « langue parlée » sur le plan conceptionnel (segmental) et « code phonique » et « code graphique » sur le plan médial (substance). La distinction permet de décrire des énoncés phoniques mais écrits, par exemple une conférence scientifique (2001 : 85) ou, plus proche de notre objet, des énoncés graphiques mais parlés (transcriptions, interactions « médiées », poétiques de l'oralité...). Mais que disent Koch & Oesterreicher de l'interaction entre le « plan médial » et le « plan conceptionnel » ?

Les deux romanistes ne répondent pas directement à cette question. Le centre de leur apport consiste à relever que, pour décrire le profil conceptionnel d'une langue, il faut dégager un troisième plan d'analyse : celui du « comportement communicatif » (2001 : 586). Il s'agit, on va le voir, d'une contextualisation sociale des pratiques langagières.

Ils sont mis sur cette piste par l'observation suivante. L'appréciation des variations de registre se module différemment selon les genres du discours ; certains mots de la langue se définissent sur l'axe diaphasique les uns par rapport aux autres (automobile/voiture/caisse/chiotte, clébard/cabot/chien, saisir/prendre/choper...), mais leur situation n'est pas absolue : *caisse* sera jugé populaire dans une conversation, mais vulgaire dans un écrit académique[9]. Comment décrire le paramètre qui semble entrer ici en jeu ?

Selon Koch & Oesterreicher l'appréciation de la variation dépend d'un axe fondamental de variation qui correspond à celui de l'opposition intuitive entre le *formel* et l'*informel*. Ils s'inspirent en cela de Chafe (1982) qui indiquait déjà qu'une telle opposition devait être découplée de l'opposition du parlé et de l'écrit[10].

Aux plans médial et conceptionnel, les romanistes ajoutent le plan des « comportements communicatifs » : c'est ce dernier qui vectorise le « continuum communicatif » d'un idiome.

---

[9] Cette relativité de la variation aux genres discursifs est valable pour chacun des axes variationnels. Un fait de phonétique diatopique n'est jugé dialectal que dans la mesure où son emploi est cantonné aux genres « informels » ; il perd ce caractère s'il est affecté aux discours « officiels ». La même question se pose lorsqu'on s'interroge sur l'appréciation diaphasique de structures syntaxiques telles que la dislocation ou les appositions nominales. Ordinaires dans certaines pratiques discursives informelles, les dislocations sont jugées marquées dans les pratiques formelles ; inversement, on a déjà mentionné le fait que l'apposition nominale passe pour une propriété des discours « protocolaires ».

[10] Schlieben-Lange (1983) considère elle aussi que l'identification de l'oral à l'informel est une position récente, confinant l'oralité à la simplicité (et la scripturalité au complexe). On touche là encore à l'un des « grands mythes séparateurs » de Blanche-Benveniste & Jeanjean (1987) évoqués dans l'Introduction générale (p. 9).

2 Approche variationnelle de l'opposition entre oralité et scripturalité — 45

> Le continuum communicatif [...] se définit, en dernière analyse, par des données anthropologiques qui sont à la base de toute communication humaine. Les recherches pragmatiques, sociolinguistiques et psycholinguistiques nous ont fourni suffisamment de paramètres pour caractériser le comportement communicatif des interlocuteurs par rapport aux déterminants situationnels et contextuels [...]. (Koch & Oesterreicher, 2001 : 586)

Une liste ouverte de dix paramètres « situationnels et contextuels » permet de distribuer et de décrire les comportements communicatifs entre deux « extrêmes conceptionnels » : « l'immédiat communicatif », en cumulant les valeurs paramétriques de gauche, et « la distance communicative », en additionnant celles de droite (de la « conversation familière entre amis » au « texte de loi », par exemple) :

« Paramètres pour caractériser le comportement communicatif des interlocuteurs par rapport aux déterminants situationnels et contextuels » (Koch & Oesterreicher, 2001 : 586)

1)	communication privée	communication publique	(1
2)	interlocuteur intime	interlocuteur inconnu	(2
3)	émotionnalité forte	émotionnalité faible	(3
4)	ancrage actionnel et situationnel	détachement actionnel et situationnel	(4
5)	ancrage référentiel dans la situation	détachement référentiel de la situation	(5
6)	coprésence spatio-temporelle	séparation spatio-temporelle	(6
7)	coopération communicative intense	coopération communicative minime	(7
8)	dialogue	monologue	(8
9)	communication spontanée	communication préparée	(9
10)	liberté thématique	fixation thématique	(10
etc.			etc.

Distance et immédiateté répondent en effet à des exigences sociales, des « conditions communicatives universelles » (2001 : 591) parce que « déterminées par des facteurs cognitifs fondamentaux » (2001 : 588) ; ce sont ces conditions qui confèrent sa portée transhistorique et translinguistique à l'opposition en déterminant, dans toutes les langues romanes envisagées, des « stratégies communicatives concernant la référentiation, la prédication, la contextualisation, l'orientation spatio-temporelle, etc. » (2001 : 588). Au cours de son histoire, chaque langue répond ensuite à ces exigences par des moyens d'expressions différents (2001 : 592).

Or les « impératifs communicationnels » (2001 : 591) précèdent l'invention des langues écrites et s'observent aussi dans les idiomes qui ne connaissent que l'oral (une majorité d'entre eux, rappelons-le) : l'épopée orale, le proverbe ou les incantations (2001 : 587) illustrent les traditions discursives de la distance communicative dans les civilisations de l'oral :

> [...] c'est la distance communicative qui garantit le plein épanouissement des valeurs sociales, intellectuelles et spirituelles d'une civilisation, et cela même avant l'introduction de l'écriture dans une société. On ne saurait nier, d'autre part, que la **scripturalité médiale stimule énormément cet épanouissement culturel dans le domaine de la distance.**
> (2001 : 590)

Si les impératifs communicationnels sont définis indépendamment des *media*, Koch et Oesterreicher n'ignorent pas les affinités entre les deux pôles du continuum communicatif et les propriétés prêtées spontanément à la langue orale et à la langue écrite. Dans le schéma ci-dessus, « [l]e côté gauche représente les valeurs paramétriques du parlé, le côté droit celles de l'écrit » (2001 : 586). En d'autres termes, aussi bien du point de vue paramétrique que du point de vue segmental, de nombreux genres du discours oral ont les propriétés des comportements communicatifs de l'immédiateté et de nombreux genres du discours écrit ont les propriétés des comportements de la distance. Mais cette convergence n'est pas absolue : comme on l'a vu en introduction, il existe de multiples cas de discours oraux situés du côté de la distance et d'écrits du côté de la proximité. L'écrit des littératies sert particulièrement, mais non exclusivement, les fins de la distance, l'oralité, les fins de l'immédiateté.

D'autre part, c'est bien la position du genre dans le « continuum communicationnel » qui oriente la variation diaphasique et les choix du locuteur, et non le *medium* utilisé[11]. Le facteur anthropologique conceptualisé par Koch & Oesterreicher se substitue donc très judicieusement à une opposition en termes d'*oralité* et de *scripturalité*.

Si elle marque un pas décisif dans le sens d'une description du profil variationnel d'un idiome en apparentant les discours selon leurs genres (plutôt que leurs *media*) puis les genres selon leurs paramètres communicationnels (situés entre deux exigences universelles de la socialisation), la position de Koch & Oesterreicher marginalise la question de l'influence du *medium* sur les pratiques. Pourtant, en affirmant que « la scripturalité médiale stimule énormément [l']épanouissement culturel dans le domaine de la distance », ils reconnaissent son effet. Ils relèvent des « affinités » entre le pôle de la distance et les discours écrits d'une part et le pôle de la proximité et les discours oraux de l'autre, mais ne s'engagent pas dans une explication. Les plans d'analyse sont distingués à juste titre, mais la question du rapport entre la substance du langage et les pratiques langagières reste en marge.

---

11 Les diglossistes ventileront sans doute les genres discursifs sur le continuum communicatif en fonction de l'intensité ou de la systématique du recours à la grammaire première (pôle de l'immédiateté) ou à celles de la grammaire seconde (pôle de la distance).

2.3 Sémiologie et sociologie : deux regards complémentaires sur les relations entre oralité et scripturalité

Pour Koch & Oesterreicher, l'opposition qui oriente le continuum communicationnel (*proximité vs distance*) est indépendante des oppositions « codique » (*code graphique vs code phonique*) et « conceptionnel » (*langue écrite et langue parlée*) ; leur attraction (*graphique-écrit-distance vs phonique-parlé-proximité*) n'est pas interrogée au-delà du constat de leurs « affinités » (2001 : 585). Comme le note Schlieben-Lange, « [l]es paramètres formulés par Koch & Oesterreicher se réfèrent aux situations de communication et non pas au fonctionnement des *media* » (1998 : 262). Or la raison des affinités est à chercher du côté du « fonctionnement des médias ». Pour mettre en lumière l'effet des médias sur les comportements communicatifs, il faut procéder à ce que Schlieben-Lange appelle « analyse de la constitution des *media* employés » (*ibid.*)[12].

> La séparation stricte du médial et du conceptionnel amène les auteurs [Koch & Oesterreicher] à qualifier les rapports qui existent entre oral (médial) et proximité (conceptionnel), d'un côté, et écrit et distance, d'un autre côté, de **simple affinité.** À mon avis, ce rapport est beaucoup plus étroit : les contraintes et les possibilités conceptionnelles émanent justement des traits constitutifs du *medium*. [...] Bien sûr, il ne s'agit pas d'une détermination absolue, mais d'un savoir élocutionnel issu **d'une analyse constitutive des conditions médiales de la parole.** Si on coupe ce lien, les paramètres des stratégies conceptionnelles deviennent arbitraires. (Schlieben-Lange, 1998 : 267)

On attend d'une approche sémiologique des rapports entre oralité et écriture qu'elle explique pourquoi la substance fonctionne comme un attracteur pour certains appareils formels et pour certains patrons morphosyntaxiques. Dans cette perspective, la terminologie « code graphique » *vs* « code phonique », qui tend à assimiler les considérations relatives à la *substance* à des questions de codes, n'est pas propice. Elle risque de rater la consistance matérielle du langage. La notion de *medium* est sans doute meilleure, mais reste imprécise. De quel type de moyen-medium s'agit-il ? D'un moyen-canal par lequel quelque chose passe et qui laisse non interrogé l'impact de ce qui passe sur sa manière de passer ? Pourtant la nature matérielle des signaux est fondatrice pour les systèmes sémiologiques (voir ci-dessus 1, p. 38).

Le découplage proposé entre *oral/écrit* et *immédiat communicatif/distance communicative* est nécessaire, et la dernière polarité fournit l'axe conceptuel

---

[12] Schlieben-Lange, abordant les « conditions médiales », se revendique de la « lingüistica del habla » de Coseriu, qui traite des aspects universels du langage (par exemple Schlieben-Lange, 1998).

duquel dépend l'appréciation de la variation linguistique[13]. Mais il est manifeste que Koch et Oesterreicher quittent la question des rapports entre oralité et scripturalité au profit d'une autre problématique fondamentale : celle de la variation que connaît une langue dans une société et de la variation des performances d'un locuteur-interprète en fonction des situations sociales. Pour répondre à cette question, ils formulent une hypothèse idéaliste : la variation linguistique est réglée par les universaux communicationnels de la distance et de la proximité. Quant à elle, l'hypothèse de la sémiologie est matérialiste : *la condition langagière de l'homme ne peut être questionnée abstraction faite de la condition matérielle de son langage.*

Le modèle du « continuum communicatif » rend compte de la variation d'une langue en proposant une grille critériée (plutôt qu'un modèle sémiologique savant) qui perfectionne conceptuellement le rapport du *formel* (distance) et de l'*informel* (proximité). Ce faisant, ils apportent à notre problématique un regard complémentaire intéressant. Laissons là en effet la question de l'articulation entre condition socio-cognitive de l'humain et condition matérielle du langage, et replaçons-nous dans l'axe de notre enquête sur la représentation écrite de l'oral. Le modèle des deux Allemands ne fournit pas les instruments d'analyse dont nous avons besoin pour décrire les moyens et les contraintes sémio-linguistiques dont dispose l'écrit pour représenter l'oral. Il offre en revanche un portrait robot de l'imaginaire de l'oralité – ce dernier étant assimilé on l'a vu avec le pôle communicationnel de l'immédiateté. À ce titre, il est propre à servir une sémantique réaliste, seule sémantique selon nous qui soit à même de rendre compte des jugements d'oralité et non de les valider (en quoi la sémantique mute en une grammaire normative du sens).

---

[13] L'usage du mot « choper » sera jugé populaire, voire vulgaire, dans une lettre d'embauche, non pas parce qu'il s'agit d'un discours écrit, mais parce qu'il s'agit d'un genre situé du côté de la distance communicative. Ce pôle comporte une majorité de pratiques écrites et une minorité de pratiques orales (pour des raisons qu'on pourrait fonder dans la nature des signaux et leur affordance). Dès lors, la thèse de Koch & Oesterreicher ne s'oppose pas à la pratique interprétative habituelle, qui consiste à associer spontanément « français écrit » et « français soutenu » (par exemple : « De l'emploi réservé à la langue écrite et à des discours "soutenus", propre au français écrit et notamment à l'usage littéraire dominant aux emplois "familiers", diverses nuances sont possibles. » Préface d'Alain Rey à l'édition 2009 du *Nouveau Petit Robert*, p. xvi) ; elle décrit au contraire plus finement le fonctionnement de cette pratique interprétative.

3 Le cadre d'une sémiologie générale de l'écrit

L'analyse que je vais proposer adopte un point de vue similaire à celui de Schlieben-Lange (1990, 1998). Pour elle, « les contraintes et les possibilités conceptionnelles émanent justement des traits constitutifs du *medium* » (Schlieben-Lange, 1998 : 266). Tâchons d'affiner la compréhension de cette « émanation » en empruntant à la théorie de l'*affordance* de Gibson (1979). À proprement parler, les signaux n'ont pas *un* fonctionnement propre, comme le note déjà Schlieben-Lange (1998 : 262) – en tant que support de sémiotique, ils ont le fonctionnement qu'on leur donne. Néanmoins, ils inclinent à certains comportements. Les pratiques langagières sont autrement dit partiellement induites par la nature de leurs signaux.

L'examen qui va suivre doit permettre d'expliquer pourquoi « la scripturalité médiale stimule cet épanouissement culturel dans le domaine de la distance » (Koch & Oesterreicher 2001 : 590), au point qu'on peut sans doute soutenir que l'écriture est une technologie inventée pour répondre optimalement à ses exigences (communiquer à d'autres à travers le temps et l'espace...). La sémiologie invite à penser comment le continuum communicatif se transforme sous l'action de cette invention technologique. Deux principes indépendants sont ici en interaction.

La liste des paramètres fournie par Koch et Oesterreicher comprend des facteurs hétérogènes : continus et proprement de l'ordre des pratiques sociodiscursives pour les uns (communication *privée vs publique*, *coopération minime vs intense*) et, pour d'autres, discontinus et relevant des conditions médiales (*coprésence vs séparation spatio-temporelle*, *dialogue vs monologue*). Au regard de la sémiologie, décrire la variation des discours sur le plan segmental suppose de prendre en considération les systèmes de structuration complémentaires : on pense bien sûr en premier lieu à la prosodie. Son absence à l'écrit ne peut manquer d'avoir une incidence sur la gestion grammaticale. Ce sera l'objet de notre chapitre 5. Ce critère proprement sémiologique – et discontinu : « ou bien je dispose de la voix et de ses possibilités suprasegmentales ou bien je dois trouver d'autres solutions », Schlieben-Lange, 1998 : 267) – n'appartient pas au tableau multi-critérié des romanistes allemands.

Orientée sur la description des discours et des « comportements communicatifs », l'analyse de Koch et Oesterreicher ne prend que peu en considération les caractéristiques matérielles de l'énonciation et leurs effets sur les pratiques discursives. Or les propriétés des signaux acoustiques et graphiques, en particulier leur rapport distinct à l'espace et au temps, sont pour le sémiologue les déterminations les plus profondes. L'oral, qui est processus, entretient un rapport au temps que l'écrit ne peut montrer, mais qu'il peut signifier de différentes manières, pour « défiger » sa trace.

Rappelons, pour introduire à notre analyse, qu'au sens large que lui donne le sémiologue, l'écriture désigne l'ensemble des pratiques symboliques recourant à des *traces graphiques*, non seulement les langues écrites telles que distinguées par la tradition (idéographique, logographique ou phonographique), mais aussi l'écriture musicale, la peinture, les notations mathématiques, etc. Cette définition générale ne vise pas à nier les spécificités des écritures qui partagent leur contenu avec une langue ; c'est d'ailleurs des propriétés d'une *écriture linguistique* dont il sera question ici. Mais il importe pour notre propos de rappeler cette portée générale de la notion d'écriture, avant de la restreindre au sens qu'elle prend dans des expressions telles que « langue écrite » ou « français écrit ».

Dans le domaine des sciences du langage en effet, il est courant de ne considérer comme *écriture* que les systèmes de notation d'une langue, ou écritures *glottographiques*. Par exemple, dans leur encyclopédie, Ducrot & Schaeffer posent que

> [...] dans la grande famille des systèmes sémiotiques, l'**écriture** appartient à la classe des **notations graphiques**, classe qui réunit les systèmes de signes à caractère duratif ayant un support visuel et spatial. La marque distinctive de l'écriture par rapport aux autres notations graphiques réside dans le fait qu'elle *dénote des unités linguistiques*. (1995 : 301, leurs soulignements)

En cela, l'assertion de Calvet : « La linguistique porte sur l'écriture un regard phonologique » (1996 : 11) n'est guère plus schématique que la situation elle-même. La position peut se soutenir d'un peu défendable *a priori* disciplinaire (seule la langue, sous-entendue la langue orale, intéresse le linguiste) ou d'un discontinuisme radical et assumé entre la trace graphique hors la langue (appelée parfois *mythographie*) et l'écriture, sous-entendue écriture d'une langue parlée par ailleurs. L'histoire de cette conception linguistique de l'écriture, dite « phonocentriste », est assez connue et je n'y reviendrai que pour rappeler le rôle ambigu joué par le *Cours de linguistique générale* (chap. 2, 1.2, p. 91)[14]. Si elle connaît des détracteurs plus ou moins radicaux en France depuis les années 1980, elle demeure probablement la position dominante parmi les linguistes (voir aussi chap. 5, 2.1, p. 300). Arrivé le pensait il y a vingt ans (1993 : 32) et je n'ai pas eu le sentiment, au cours de mon enquête, que cette domination ait été remise en question.

---

[14] Pour une synthèse utile sur la question voir Chiss & Puech, 1987 ou Arrivé, 1993.

Sur le modèle de Harris (1993), nous adopterons le point de vue d'une sémiologie générale qui reconnaît à l'écriture, dans sa morphogenèse comme dans son fonctionnement, des principes qui ne sont pas tous justiciables de son rapport à une langue. C'est aussi en France la position de Jaffré :

> Toutes les traces écrites ne peuvent [...] être mises sur le même plan. Il serait pourtant excessif de considérer que seule la brutale nécessité d'écrire des langues a donné naissance à l'écriture. [...] On doit admettre en effet que, sous certains de ses aspects au moins, celle-ci [l'écriture] préexiste à tout appariement linguistique. Certes, nous l'avons dit, la référence à une langue constitue un réservoir symbolique prodigieux mais la rupture totale avec des activités symboliques antérieures ne nous semble pas pertinente. (Jaffré, 2000 : §7)

La subordination de l'écriture au linguistique conduit à évacuer du champ d'investigations sémiologiques les pratiques socio-culturelles de la trace dans leur diversité et du coup à rater la caractérisation la plus générale des écritures. Elle conduit à n'envisager l'écriture que du point de vue d'une langue posée *a priori* comme orale et première, ce qui est discutable aussi bien en diachronie qu'en synchronie. Ce qui est perdu, en conséquence, c'est la possibilité d'enquêter sur la signifiance propre de l'écrit, quelle que soit sa relation avec d'autres systèmes de signes et avec la langue. L'approche communément taxée de « phonocentriste » depuis Derrida (1967) revient à situer l'écriture comme un *supplément* au champ du linguistique (selon la thématique rousseauiste), qu'on le situe à l'intérieur ou à l'extérieur de celui-ci, mais en aucun cas comme un champ autonome susceptible d'interagir avec lui. On devine aisément qu'un examen comme le nôtre – celui des possibilités sémiologiques qu'offre la langue écrite au lecteur pour représenter la langue orale – ne sera pas conduit de la même façon selon que l'on pose l'écriture en dedans ou en dehors du linguistique, comme dépendant de lui ou comme autonome[15].

Le cadre sémiologique ne préjuge pas des qualités de la scripturalité en les subordonnant ni même en les identifiant à celles de la langue parlée, mais nous permet de prendre la pleine mesure des différences entre deux plurisystèmes de signes et les pratiques auxquelles ils disposent.

Nous partirons donc de l'observation suivante. Les langues écrites se caractérisent par des propriétés qu'elles partagent avec l'ensemble des pratiques culturelles de la trace, à commencer par leur fonction première et commune : permettre l'association d'un contenu cognitif à une *forme visible*. Les propriétés

---

15 Notre objet et notre point de vue théorique conduisent à adopter la position d'une *autonomie sémiologique* et d'une *intégration linguistique* (chap. 2, 1.6, p. 105).

empiriques de la substance en jeu expliquent l'origine et le développement des écritures, linguistiques ou non. La trace, potentiellement durable, s'adressant à un œil doté d'un fort pouvoir de distinction, répondait, et répond encore, à de nombreux besoins anthropologiques (psychologiques, sociaux ou culturels).

Ces propriétés empiriques déterminent les langues écrites dans leur fonctionnement. Ce sont ces propriétés que je vais commencer par présenter, avant d'en venir à des considérations concernant la spécificité sémiotique de l'écriture alphabétique, celle de la langue française en particulier.

4 Signifiance de la trace et signifiance du processus

En considérant les systèmes sous l'angle de la gestualité qu'ils requièrent, on met au jour un clivage fondamental dans l'ensemble des activités sémiologiques. Il a trait au rapport entre le geste (à l'origine du signal) et le signal lui-même.

Pour une partie des systèmes en effet, le geste, le mouvement corporel ou technique, est *lui-même le support de l'activité de signifiance* ; le *processus* fait lui-même signe pour l'interprète. Pour une autre partie des systèmes, c'est la trace laissée par le geste qui est le support de l'activité de signification. Voilà qui détermine deux domaines sémiologiques fondamentaux : d'un côté, les systèmes de représentations dont les unités sont des *formes de processus*, d'un autre les systèmes dont les unités sont des (*formes de) figures* (tracées, gravées, collées, etc.) inertes en elles-mêmes et relativement durables – du cœur tracé dans le sable aux hiéroglyphes gravés sur une stèle érigée pour l'éternité.

On remarquera d'abord que parmi les systèmes dont les signaux sont des processus, ces derniers peuvent s'adresser à différents sens : la vue (langage des signes, variante lumineuse du morse...), le toucher (différentes sémiotiques de la pulsation cardiaque selon les cultures médicales[16]...) ou l'ouïe (musique, variante sonore du morse, messages tambourinées...). De la même manière, pour les systèmes à traces : leurs signes sont perçus de manière tactile, par leur relief et leur grain (comme dans l'écriture braille), ou visuelle. À l'inverse, les signaux visuels peuvent ou non se déployer dans le temps (constituer des traces ou des processus, comme nos signaux de fumée). Le fait qu'en revanche un signal acoustique ne puisse constituer une trace, qu'il soit nécessairement un processus, est donc un fait remarquable qui relève de la physique de ce signal et de la

---

[16] L'activité sémiologique suppose certes une intentionnalité : pas celle du pouls, mais celle du récepteur pour qui le pouls « veut dire » quelque chose. Envisager un état de choses comme un signe, tel est le fait linguistique. Et il est le fait de l'interprète (Bergounioux 2004, Mahrer 2011).

physiologie des organes auditifs[17]. On le constate, l'opposition *signe-processus* et *signe-trace* ne recouvre pas celle des facultés perceptives en jeu.

Appliquée à la sémiologie de l'écriture, l'opposition proposée permet dans un premier temps de distinguer entre *sémiologie de l'écriture* (comme processus) et *sémiologie de l'écrit* (comme trace). En effet, à côté de la signifiance de la trace écrite, il faut faire la place à une sémiologie de l'écriture dont l'objet serait d'étudier la signifiance du geste d'écrire, et ceci à plusieurs niveaux[18]. Utilisant par exemple la craie et le tableau noir lors d'un cours de linguistique, je fais sens par le fait que je suis celui qui écrit pour les autres (ce qui me confère un rôle social) ; par le fait que j'utilise une technologie plutôt qu'une autre (le ringard qui utilise encore le tableau noir...) ; par le fait que le savoir que je transmets, s'écrivant, occupe une position particulière dans un système de valeur culturelle ; enfin par mes gestes mêmes, réalisés sous les yeux de mon auditoire, l'écriture devient une performance, plus précisément un spectacle : celui-ci fera sens par ma vitesse d'exécution, par ma posture physique, par mes éventuelles hésitations, plus ou moins intentionnelles : je laisse un blanc dans ma phrase à l'endroit du concept-clé que, dans un mouvement de suspens théorique insoutenable, je comble enfin. La gestuelle de l'écriture comporte sa signifiance propre – en témoigne les possibilités de mise en scène du geste d'écrire – qui n'a rien à voir avec ce que codifie la « langue écrite »[19]. Profitant de la richesse du lexique métascriptural français, nous n'utiliserons plus désormais le terme d'*écriture* qu'en référence au processus et celui d'*écrit*, en référence au produit, les traces graphiques.

5 L'écrit comme trace *vs* l'oral comme processus

L'opposition sémiologique de la trace et du processus éclaire les rapports que peuvent entretenir des dispositifs symboliques recourant à une scripturalité et ceux qui emploient l'oralité. De là, ce sont les rapports entre *langue écrite* et

---

[17] « Par opposition à telle espèce de signes (signes visuels par exemple) qui peuvent offrir une complication en plusieurs dimensions, le signe acoustique ne peut offrir de complication que dans l'espace qui serait figurable dans une ligne. Il faut que tous les éléments du signe se succèdent, fassent une chaîne » (notes d'E. Constantin du cours de linguistique générale donné par Saussure en 1910–1911, édité par Mejia et cité par Testenoire, 2010 : 5).
[18] En un sens proche, Fraenkel parle d'une « anthropologie pragmatique de l'écrit » (2007).
[19] Harris envisage quelques-unes de ces dimensions sémiologiques du geste de l'écriture (1993 : 15–17). Nous reviendrons sur le fait que parfois l'écrit est interprété comme l'indice du processus qui l'a produit.

langue orale qui sont mis au jour, du point de vue de leur détermination empirique.

Les langues écrites appartiennent en effet de manière exemplaire au domaine sémiologique des signes-traces[20], tandis que la langue orale illustre le domaine des signes-processus. Le fait que le signal acoustique ne soit pas constitué par les mouvements eux-mêmes de l'appareil phonatoire (du moins pour les locuteurs entendants), mais par l'effet de ces mouvements sur l'air tels qu'ils sont perceptibles par l'appareil auditif (des ondes de pressions qui engendrent la vibration du tympan...), ne remet pas en cause cet apparentement. Il spécifie en revanche la place de l'oralité parmi les sémiologies du mouvement : l'activité de l'appareil phonatoire provoque un signal de nature acoustique (décrit d'ailleurs, par la phonétique du même nom, en termes processuels : flux, onde, amplitude, vibration...) pour l'appareil auditif. Les oralités sont des pratiques symboliques basées sur des processus phonatoires adaptés aux capacités de perception-distinction de notre ouïe.

Au regard de leur profil biotechnologique, *oralité* et *scripturalité* s'inscrivent ainsi dans une opposition sémiologique des plus tranchées : *ordre du processus* pour la première et *ordre de la trace* pour la seconde. Leurs propriétés empiriques répondent différemment aux besoins sociaux et cognitifs et les disposent à des domaines de validité complémentaires. Ce sont ces propriétés qui expliquent les affinités de l'écrit avec les traditions discursives de la *distance* (« Distanz ») et celles de l'oral avec les traditions de la *proximité* (« Nähe ») selon la distinction de Koch & Oesterreicher (voir ci-dessus, 2.2., p. 43). À ce stade de notre réflexion, ce qu'il importe de saisir et que nous allons explorer dans l'immédiat, c'est que l'écriture des langues orales lance un pont par-dessus un gouffre sémiologique, en articulant, au sein d'un même idiome, deux systèmes aux propriétés empiriques radicalement autres.

Dans l'introduction à son *Histoire de l'écriture*, Calvet soutient une thèse comparable :

> Langue et écriture procèdent de deux ensembles signifiants tout à fait différents à l'origine, la gestualité et la picturalité. Leurs rapports relèvent de la rencontre de ces deux ensembles qui continuent par ailleurs leurs vies autonomes : l'écriture est de la picturalité asservie à une gestualité (la langue). (Calvet, 1996 : 23)

En tant qu'elle touche à la condition empirique des systèmes de signes, cette opposition constitue selon moi un point de départ obligé de l'analyse sémiolo-

---

20 Au point qu'on pourrait être tenté d'appeler ce domaine tout entier celui de la sémiologie de l'écrit.

gique. Je l'utiliserai donc pour mieux comprendre les rapports qu'entretiennent oralité et scripturalité relativement au temps et à l'espace. L'analyse nous servira à la fois à mieux comprendre les moyens de l'écrit, dans et par ses différences, pour représenter l'oral, et, plus tard, à comprendre la polarisation discursive déjà évoquée.

6 Propriétés spécifiques des signaux phoniques et graphiques

L'énonciation orale, ou parole, résulte de la conformation, aux patrons linguistiques d'un idiome, de *signaux acoustiques*. Ces derniers sont largement décrits dans leurs propriétés physiques intrinsèques par la *phonétique acoustique*. En tant que signaux acoustiques, ils se caractérisent par leur *durée* (mesurable en millisecondes), leur *intensité* (en décibels) et leur *fréquence* (en hertz). La variation de ces paramètres engendre la mélodie.

La part du signal acoustique irréductible aux unités de la phonologie et de la prosodie constitue la matière « paralinguistique » qu'étudie la phonostylistique (Léon, 1993, chap. 5, 1, p. 291). Elle est, pour Léon, le *vocal*, abstraction faite du *verbal* (modes laryngiens, modes articulatoires, variations mélodiques...). Les signaux du domaine du vocal font l'objet d'inférences, plus ou moins codées, concernant le locuteur qui les émet.

L'énonciation écrite procède d'une activité de conformation de *signaux graphiques* aux patrons d'une langue écrite. Ces signaux, comme tout graphisme, seraient descriptibles par les qualités d'un point (texture et couleur) et les coordonnées qui permettent de localiser des points dans l'espace bidimensionnel d'une surface. Pourtant, une graphétique, répondant à la phonétique, ne saurait faire abstraction du fait que les figures graphiques en question sont des unités appartenant à des *systèmes de notations* qui préexistent aux systèmes écrits qui y recourent (Harris, 1993). Voilà qui les distingue fondamentalement des phonèmes qui ne peuvent s'étudier, dans leurs formes et leur histoire, hors de la parole. Les lettres ont une histoire qui ne se confond pas avec celle d'une langue.

Ces unités constituent l'ensemble notationnel auquel recourt le système d'écriture étudié. Par suite, à l'inverse de la description phonétique, la description graphétique s'opère de manière ascendante, comme l'analyse d'une combinatoire d'unités discrètes préalablement données. Au niveau de la substance de l'expression, qui seule nous intéresse à ce stade, on distinguera quatre paramètres permettant de décrire la variation dans la réalisation de l'espace graphique :

a) la figure particulière qui réalise le graphème,
b) la taille de la figure (ou corps),
c) son trait (texture et couleur),
d) son orientation (horizontale, montante, verticale...)
e) la position de cette figure relativement aux autres figures qui composent le signal (permettant de décrire le tracé de la ligne que dessine la juxtaposition des graphes et l'espace qu'ils occupent sur leur support).

Mon entreprise n'implique pas d'entrer dans plus de détails (on se rapportera à Harris, 1993, Anis *et alii*, 1988 et Anis, 1998). Ce qui me paraît essentiel d'approfondir en revanche, ce sont les rapports très différents que les signaux graphiques et acoustiques entretiennent avec le temps et avec l'espace. Cet aspect, connu mais finalement peu pris en compte par les linguistes, constitue la détermination la plus profonde de la scripturalité et de l'oralité. Il permet de comprendre comment se distingue le développement des systèmes et des pratiques de l'oralité et de la scripturalité et, par conséquent, comment se polarise l'imaginaire de ceux-ci. C'est ce rapport qui empêche de penser l'écrit comme une parole où l'encre aurait simplement remplacé l'air, pour reprendre la formule de Uldall (1944 : 12). L'analyse est indispensable pour comprendre les moyens de la représentation écrite de l'oral.

7 Les signaux phoniques et graphiques et leurs rapports au temps et à l'espace

Revenons à l'opposition des signes-traces en général (et non seulement des signaux graphiques) et des signes-processus (et non seulement des signaux acoustiques). Ce qui oppose ces deux familles sémiologiques a trait à leur rapport au temps et à l'espace. C'est donc cette différence de rapport qui s'impose comme la première observation dans le jeu contrastif de la scripturalité et de l'oralité du point de vue de leurs propriétés empiriques et notamment de leurs signaux.

Les signaux[21] relatifs aux pratiques symboliques du signe comme trace (visuelle ou tactile) sont structurés et définis par leurs *propriétés spatiales* (peintures, écrits, sculptures...). Leur sémiotique suppose une géométrie dis-

---

[21] Rappelons que nous appelons *signal* un état de faits envisagé comme porteur d'une signification, tenant lieu d'autres faits, mais considéré dans sa substance et non conformé aux patrons sémiotiques du système auquel il est assigné. Le signal est *appel* à et *déclencheur* de l'activité sémiologique.

tinctive des signes et, éventuellement, dans les systèmes dotés d'une syntaxe, des règles d'organisation de ces unités dans un espace bi- ou tridimensionnel. La signifiance de l'écrit reposera sur l'interprétation « topographique » de figures visuellement distinctives, statiques, relativement durables et disposées sur une surface.

Quant à elles, les signifiances du processus (musique, danse, langage des signes...) se caractérisent par leur *structuration temporelle* (le processus structure le temps plutôt qu'il n'est structuré par lui, Benveniste, 1966). C'est alors la *successivité* qui est la catégorie structurante, et ses corollaires : la vitesse, la durée, le rythme[22]. Cela est vrai, quelle que soit la faculté sensorielle à laquelle s'adressent les signaux (visuel ou auditif, notamment).

Cette donnée empirique fondamentale, la différence profonde du rapport au temps et à l'espace, explique les difficultés qu'éprouvent toutes les tentatives de théoriser le discours par-delà la substance, acoustique ou visuo-graphique, de sa réalisation. C'est l'aspect « biomécanique » qu'évoque Harris (je préfère dire *biotechnologique*), le situant du côté de l'opposition audition/vision, alors que je le porte sur le compte de l'opposition processus/trace :

> Dans une perspective intégrationnelle, l'anisomorphisme fondamental de l'écrit et de l'oral repose sur un simple fait biomécanique : pour rédiger ses messages, l'écriture, à la différence de tout système purement auditif, dispose d'une surface, et partant d'une gamme de contrastes visuels qui dépasse de loin les ressources d'une simple succession de sons produits par la voix humaine. Cela revient à dire que l'écriture permet en principe l'éla-

---

[22] Notons que la spécialisation actuelle de notre notion de rythme au domaine du mouvement est un héritage platonicien. Selon Benveniste en effet : « Voilà le sens nouveau de [ruthmos] : la "disposition" (sens propre du mot) est chez Platon constituée par une séquence ordonnée de mouvements lents et rapides, de même que l'"harmonie" résulte de l'alternance de l'aigu et du grave. Et c'est l'ordre dans le mouvement, le procès entier de l'arrangement harmonieux des attitudes corporelles combiné avec un mètre qui s'appelle désormais [ruthmos]. On pourra alors parler du "rythme" d'une danse, d'une démarche, d'un chant, d'une diction, d'un travail, de tout ce qui suppose une activité continue décomposée par le mètre en temps alternés. À partir du [ruthmos], configuration spatiale définie par l'arrangement et la proportion distinctifs des éléments, on atteint le "rythme", configuration des mouvements ordonnés dans la durée » (Benveniste, 1966 [1951] : 334–335). Il semblerait donc que dans l'acception qui lui était donnée avant Platon, notamment chez Leucippe et Démocrite, le rythme subsumait l'opposition esquissée ici entre trace et mouvement, en tant que « forme distinctive, arrangement caractéristique des parties dans un tout » (*idem* : 330) – parties et tout d'une nature toujours conçue comme mouvante dans la métaphysique atomiste. On retrouve ainsi, au-delà de l'opposition du mouvement et de la trace, la figure unique du signe qui résulte, quelle que soit la nature du signal, du rapport d'un objet empirique à un schéma, temporel ou spatial (mètre, gabarit, patron...), auquel est associé une fonction.

boration d'un nombre infini de systèmes de communication « non linéaires ». (Harris, 1993 : 279)

7.1 Rapport au temps

Benveniste fait l'hypothèse que la notion de rythme peut servir à « caractériser distinctivement les comportements humains » :

> La notion de « rythme » est de celles qui intéressent une large portion des activités humaines. Peut-être même servirait-elle à caractériser distinctivement les comportements humains, individuels et collectifs, dans la mesure où nous prenons conscience des durées et des successions qui les règlent, et aussi quand, par-delà, nous projetons un rythme dans les choses et dans les événements. Cette vaste unification de l'homme et de la nature sous une considération de « temps », d'intervalles et de retours pareils, a eu pour condition l'emploi du mot même, la généralisation, dans le vocabulaire de la pensée occidentale moderne, du terme *rythme* qui, à travers le latin nous vient du grec. (Benveniste, 1966 [1951] : 327)

S'il voit juste, la notion de rythme devra nous aider à distinguer les signifiances du processus, dont l'interprétation suppose la prise de « conscience des durées et des successions qui les règlent », et les pratiques sémiologiques de la trace, qui supposent que nous « projet[i]ons un rythme dans les choses » qui en sont dépourvues.

7.1.1 Temps de l'écrit

On remarquera d'abord que dans la perspective de la parole, c'est la lecture (activité de conformation d'un signal graphique au patron d'un ou plusieurs systèmes) qui assure à l'écrit sa signifiance. Or la lecture, en tant qu'activité, se développe dans le temps, selon des rythmes. Lecture et audition sont du coup plus apparentées que leur support empirique, les signaux graphiques et acoustiques. Mais avant de considérer les activités sémiologiques elles-mêmes, on l'a dit, il faut accorder la plus vive attention à leurs conditions empiriques. L'opposition proposée entre sémiologie de la trace et sémiologie du mouvement se situe bien à ce niveau, substantiel. Et les différences entre systèmes et usages de ces systèmes se creusent en raison de la nature des signaux en question.

Pour interroger le rapport au temps de l'écrit comme signal, on peut repartir des fameuses observations de Genette à propos du « récit littéraire écrit ». Le narratologue commente ainsi les difficultés qu'il rencontre lors de l'application au récit écrit de la « dualité temporelle » introduite par Gunther Müller : « temps de l'histoire » (*erzählte Zeit*) vs « temps du récit » (*Erzählzeit*), soit ce qui correspond chez Genette au temps de l'énonciation :

> Le **récit littéraire écrit** est à cet égard d'un statut encore plus difficile à cerner. Comme le récit oral ou filmique, il ne peut être « consommé », donc actualisé, que dans un *temps* qui est évidemment celui de la lecture, et si la successivité de ses éléments peut être déjouée par une lecture capricieuse, répétitive ou sélective, cela ne peut même pas aller jusqu'à l'analexie parfaite : on peut passer un film à l'envers, image par image ; on ne peut, sans qu'il cesse d'être un texte, lire un texte à l'envers, lettre par lettre, ni même mot par mot ; ni même toujours phrase par phrase. **Le livre est un peu plus tenu qu'on ne le dit souvent aujourd'hui par la fameuse *linéarité* du signifiant linguistique, plus facile à nier en théorie qu'à évacuer en fait.** Pourtant, il n'est pas question d'identifier ici le statut du récit écrit (littéraire ou non) à celui du récit oral : sa temporalité est en quelque sorte **conditionnelle ou instrumentale** ; produit, comme toute chose, dans le temps, il existe dans l'espace et comme espace, et le temps qu'il faut pour le « consommer » est celui qu'il faut pour le *parcourir* ou le *traverser*, comme une route ou un champ. **Le texte narratif, comme tout autre texte, n'a pas d'autre temporalité que celle qu'il emprunte, métonymiquement, à sa propre lecture.** (Genette, 1972 : 77)

Contrairement aux questions d'ordre ou de fréquence, qui, parce qu'elles sont relatives, permettent un parallèle entre monde de l'énonciation écrite (par exemple, raconter *n* fois) et monde de la référence (se produire *n* fois) : « confronter la "durée" d'un récit à celle de l'histoire qu'il raconte est une opération plus scabreuse, pour cette simple raison que **nul ne peut mesurer la durée d'un récit** » (Genette, 1972 : 122). Dans sa lumineuse exposition, Genette laisse une part d'obscurité (premier passage en gras) ; elle provient selon moi de la confusion introduite par les notions de *texte* et de *livre*. Celles-ci dénotent parfois le signal, la substance graphique, le support de l'activité de lecture ; en tant que tel, quoi qu'on fasse avec le texte ou le livre – même à le lire à l'envers ou à ne pas le lire du tout – il reste livre. Mais parfois *texte* et *livre* réfèrent au produit de l'activité d'un lecteur compétent : en ce second sens, le texte et le livre n'existent qu'à la condition de la lecture[23]. Le signal se tient en amont du traitement linguistique de l'audition ou de la lecture, appelant et conditionnant celles-ci, par ses dispositions matérielles.

Si Genette entend « ne pas identifier » récit oral (processus) et récit écrit (trace), en quoi le livre « est-il tenu » pour lui à la « linéarité du signifiant » ? Ce dernier concept ajoute au trouble, car on ne sait au juste s'il est temporel ou spatial (voir 7.2.1, p. 67). C'est que le livre, comme lecture, est contraint par le signifiant écrit *de*

---

[23] En somme on place le texte tantôt à l'entrée, tantôt à la sortie de l'activité sémiologique. Comme on l'a vu, c'est à la sortie que nous le situons pour notre part ; si on tient le texte pour une empirie, il est très difficile de parler de linguistique du texte.

trois façons. Premièrement, par convention : à l'activité de lecture, le système de la langue écrite impose (ou propose, selon la force qu'on reconnaît aux conventions) une direction primaire : horizontale, et un sens : gauche -> droite ; puis une direction secondaire : verticale, et un sens : haut -> bas. *Deuxièmement*, par « affordance » : parce qu'il a été conçu pour répondre à des besoins pratiques, l'objet écrit dispose à un certain ordre d'utilisation. Sa forme invite à l'utiliser d'une certaine manière. Notre livre, on aura tendance à l'aborder par la couverture, à lire le titre avant le sommaire, à ne considérer les numéros de page qu'à certaines fins (et non dans la suite du texte), etc. C'est cela que la psychologie puis l'ergonomie appellent l'*affordance* d'un objet (Gibson 1979)[24]. *Troisièmement*, dans certains cas, par d'autres conventions qui codifient la vitesse même de la performance interprétative. C'est, dans le domaine de la notation musicale, la fonction spécifique des notations de tempo (*allegro, presto*...) et dans l'écriture théâtrale, l'une des fonctions possibles des didascalies. On en trouve également dans les écrits préparant une performance orale, où apparaît l'indication du minutage prévu pour la profération d'une portion de texte[25].

Quelle que soit la force des conventions concernant l'ordre ou la vitesse du processus de lecture, ainsi que les dispositions du livre-signal à suggérer son utilisation, ce signal, apport graphique sur un support, demeure espace[26]. Et cela est vrai de toutes les technologies de l'écrit, pour tout support, qu'il soit gratté, inscrit, encré ou illuminé.

Que dire alors de la temporalité de l'écrit comme signal, et de la contrainte qu'elle exerce sur l'activité sémiologique de lecture ? La rémanence de la trace graphique assure son ancrage dans le temps de l'histoire ; un écrit naît, prend de

---

24 Notion qui correspond, *mutatis mutandis*, à celle d'*inside* chez Mead, du moins telle que la commente Quéré : « l'objet physique stimule l'organisme à agir comme il agit sur lui, éveille en lui "sa propre réponse de résistance" ; celui-ci adopte alors l'attitude de l'objet et proportionne ses efforts à sa résistance » (Quéré 2006 : 17).

25 Lorsque, par la caractérisation métalangagière à l'œuvre dans la représentation du discours autre, on décrit la vitesse d'une parole (« Il m'expliqua dans la précipitation que X »), même dans le cas d'une parole montrée (au discours direct), ce n'est pas la vitesse de la performance énonciative de l'interprète qui est codée, mais la vitesse de la parole d'un locuteur l situé en position référentielle.

26 Genette écrit encore à ce propos : « il est trop évident que les temps de lecture varient selon les occurrences singulières, et que, contrairement à ce qui se passe au cinéma, ou même en musique, rien ne permet ici de fixer une vitesse "normale" à l'exécution » (Genette, 1966 : 121). Si l'on entend *normé* dans « normal », alors les conventions métadiscursives évoquées (réglant la vitesse de la performance sémiologique) doivent conduire à nuancer le propos de Genette. Par ailleurs, en recourant à certaines technologies d'affichage, l'écrit peut bel et bien imposer une durée et même des rythmes au geste de la lecture : c'est le cas des écrits défilants (sous-titres de film, générique, karaoké...).

l'âge, disparaît. Mais ses parties n'entretiennent aucune relation chronologique objective les unes avec les autres : elles sont matériellement *simultanées* et donc toutes disponibles en même temps[27]. « Une figure n'a pas de direction » (Durand, 2004 : 66)[28]. Le repérage interne à l'objet – les relations mutuelles de ses parties – s'opère donc non pas sur l'axe chronologique mais selon des coordonnées spatiales. Paradoxalement, parce que l'écrit dure – *scripta manent*... – il constitue un signal sans durée, en ce sens que, entre son début et sa fin, c'est-à-dire ses points de départ et d'arrivée conventionnels, mieux dit encore ses bords, ce n'est pas un temps qui s'écoule, c'est un champ spatial qui s'ouvre, une étendue. Le signal écrit en tant que tel se donne sans *déroulement* – sinon il s'agit d'écriture dont la sémiologie et la signifiance, on l'a dit, sont autres. Durable mais sans déroulement, telles sont les qualités qui font l'écrit « monumental » au sens de Barthes : il s'offre à la manipulation, alors que l'oral, fugace, dans le déroulement mais sans durée, s'y soustrait. Le critique énonce cette propriété sous sa forme la plus apparemment paradoxale : « c'est la parole, éphémère, qui est indélébile, non l'écriture, monumentale » (Barthes, 2002a [1971] : 887)[29].

Si comme l'écrit Genette, le temps de l'écrit est emprunté par métonymie à la lecture, c'est bien qu'en tant que signal, l'écrit n'a pas de durée : il n'est pas

---

27 Il en va tout autrement du processus d'écriture, duquel résulte l'écrit, qui est un processus, comportant une partie visible (une gestuelle), qui s'organise selon une chronologie. Inférer le processus à partir de son produit écrit, tel est le geste interprétatif définitoire de la critique génétique (Lebrave, 1984, Grésillon, 1993). Ce point de vue sur l'écrit consiste à reconstruire ou à modéliser un processus (l'écriture) ; mais sa donnée n'en est pas moins la trace écrite, statique. Lorsqu'elle traite de documents déjà écrits, la génétique s'appuie donc sur une sémiologie de l'écrit (et non pas de l'écriture) qui interroge celui-ci comme un indice, c'est-à-dire tel qu'il peut « révéler », « attester », « témoigner de » son processus d'engendrement. Même si elle vise à une compréhension du processus d'écriture, la génétique textuelle appartient au domaine de l'écrit. Il en va autrement lorsque la génétique s'attaque à l'écriture *on-line* (Leblay & Caporossi, 2014).
28 À partir des observations de Saussure, Durand (2004 : 66–70) distingue aussi « deux grands types de systèmes sémiologiques ». Mais il les fonde sur l'opposition du visuel et de l'acoustique, là où il me semble préférable de les fonder sur l'opposition trace/processus.
29 Lorsque Combe affirme : « À l'écrit, contrairement à ce que pourrait suggérer le paradoxe signalé par Barthes, la main ne se contente pas de raturer, de corriger ou d'effacer, c'est-à-dire de substituer une expression à une autre : l'écriture, comme la voix, "bredouille" » (Combe, 2002 : 15–16), le poéticien déplace la réflexion de Barthes de l'écrit vers l'écriture, des propriétés du signal vers celles de sa production. Le bredouillement est une entrave à la progression, une disfluence, l'interprétation d'un enchaînement de faits dans le temps ; il ne saurait caractériser proprement l'écrit. C'est rater le point essentiel que touche Barthes, qui se tient fermement sur le terrain des signaux et de leurs propriétés, que de rapprocher dans ce contexte la parole de l'écriture en tant que processus.

configuré intrinsèquement par le temps. Toutes les parties d'un signal graphique sont *synchrones* : elles se donnent en même temps sur l'espace délimité de leur support.

Inversement, l'émission du signal graphique, l'écriture, tout comme l'activité de réception, la lecture, cumule les contraintes de la disponibilité de temps et d'espace. Une représentation (mentale) de ces contraintes va incliner à certains parcours interprétatifs : on n'interprète pas de la même manière une reformulation corrective dans un livre que dans un tchat. Mais sur le plan du donné empirique, et non d'images construites sur la base d'indices ou de connaissances contextuelles, le caractère synchrone des parties du discours écrit a pour conséquence que le temps de l'énonciation écrite (la lecture) n'est pas en raison directe avec celui de l'émission du signal.

Certaines technologies *d'affichage* restreignent la durée consacrée au traitement des signaux graphiques. On y verra des dispositifs visant à subvertir une tendance naturelle à la rémanence lorsque cette dernière a des effets indésirables. Le panneau d'affichage des *prochains* « trains au départ » se désencombre *pour faire place* à des informations *désormais* plus pertinentes (il s'actualise)... Le signal acoustique, dont l'affordance temporelle est inverse, connaît des dispositifs à fonction inverse : ceux de l'enregistrement. Ces derniers confirment que le signal graphique fonctionne par son déploiement durable dans l'espace et non par son déroulement dans le temps.

Lorsque Rimbaud ouvre sa lettre à Paul Demeny du 15 mai 1871 en affirmant crânement : « J'ai résolu de vous donner une heure de littérature nouvelle » et, plus loin, lorsqu'il situe « la suite à six minutes » (parce que le poète-prédicateur « intercal[e] un psaume »), il n'a pas chronométré le temps de sa rédaction et n'entend pas davantage contraindre ni même prévoir la performance de son lecteur. Il assimile de la sorte l'énonciation écrite à l'énonciation orale sous le rapport de la contrainte temporelle qui pèse sur cette dernière ; il représente au regard du temps la lecture comme une écoute.

7.1.2 Temps de l'oral

Le « discours oral », sous l'angle matériel qui nous retient à ce stade, est un mouvement, un flux ; il est doté de propriétés acoustiques, mais, plus fondamentalement encore, de propriétés chronologiques. Chaque partie y est repérable selon une coordonnée temporelle, relativement à un tout doté d'une durée mesurable. Cela n'est vrai, pourtant, qu'*a posteriori*. Car ce tout n'est jamais présent et disponible en tant que tel : les parties constituant le signal acoustique sont *successives* : elles ne nous sont pas données ensemble, mais selon l'axe orienté et irréversible du temps. La vitesse de cette succession (débit) est une contrainte du fonctionnement du signal, qui ne doit être ni trop lent ni trop rapide. D'où l'apparent paradoxe : l'oral, comme signal (et non seulement comme processus d'élaboration) a une durée, mais, faute de support (nous y reviendrons), il n'est pas durable. La chose est banale. On peut en dire autant de tout processus sans traces et donc de tout signal processuel.

Dès lors, faute de durabilité, la perception du signal impose la présence de l'auditeur au moment même de l'émission. Le fait ne va pas manquer d'avoir toutes sortes de conséquences « interactionnelles » bien connues, qui ne sont pas intrinsèquement liées à la nature des signaux, mais qui sont favorisées par lui.

Si l'énonciation orale ne peut échapper « à la pointe du *hic et nunc* », comme l'écrit Lebrave (1992 : 36), cela n'est vrai que de l'émission du signal, et non de sa *conception*, qui toujours s'opère en amont du signal – de quelques centièmes de secondes à quelques années. Il ne faut donc pas trop hâtivement conclure de la contemporanéité du signal et de sa réception que le discours oral serait nécessairement sous-planifié, sous-préparé, ou carrément improvisé, sous l'effet de ses contraintes empiriques. Derrière chaque parole, même la plus impromptue, il y a un aède, qui a mémorisé des empans plus ou moins importants de l'énonciation qu'il récite et performe tout à la fois. La dimension de performance de l'oral, au sens anglais et moderne (1970) d'« œuvre présentée dans le cours de sa réalisation » *(Robert)*, est donc, en toute rigueur, à restreindre à son signal. Ce n'est pas rien : l'articulation phonatoire est une opération suffisamment coûteuse et complexe pour générer des accidents que, sur le fil du *hic et nunc*, l'oral, indélébile, ne saura pas cacher. L'écrit consistant pour sa part en une trace préalablement performée, il souffre en comparaison d'un déficit « performanciel » que certaines poétiques chercheront à combler.

Voilà qui n'est pas le moindre des paradoxes de la tradition structurale, cette propriété temporelle de la parole est appelée « linéarité ». Le *Cours de linguistique générale* érige d'ailleurs cette qualité du langage au rang de « second principe » du signe linguistique, après son caractère arbitraire :

> [...] tout le mécanisme de la langue en dépend [de la distinction des axes syntagmatique et paradigmatique]. Par opposition aux signifiants visuels (signaux maritimes, etc.) qui peuvent offrir des complications simultanées sur plusieurs dimensions, les signifiants acoustiques ne disposent que de la ligne du temps ; leurs éléments se présentent l'un après l'autre ; ils forment une chaîne. (Saussure, 1916 : 103)

La « linéarité du signifiant » est bien sûr une métaphore spatiale ; cognitivement, on sait l'espace plus facile à appréhender que le temps. Ce dont il est question à proprement parler, c'est de *successivité*[30]. Grâce au travail de Testenoire (2010), on peut relever que le concept de « linéarité » n'est pas du choix de Saussure lui-même ; il n'apparaît pas dans les notes manuscrites. On y trouve en revanche des réflexions sémiologiques intéressantes sur le rapport entre signes visuels et signes acoustiques et sur le biais métaphorique qu'introduit l'image de la ligne. Par exemple :

> Si l'on voulait représenter vraiment les **éléments phoniques successifs** d'un mot, il faudrait un écran où viendrait se peindre <par lanterne magique> des couleurs successives, et cependant ce serait faux en ce qu'il nous serait impossible de récolliger ces couleurs successives en une seule impression, et c'est pourquoi le mot écrit <tout entier> sur l'écran de droite à gauche ou de gauche à droite spatialement est une meilleure représentation pour nous du mot, <lequel est cependant temporel>. Le sème [=signe] acoustique est fondé en grande partie sur la <cent fois> plus facile mémorisation des formes acoustiques que des formes visuelles. (Saussure, 1974 : 39, cité par Testenoire, 2010 : 7)

Pour donner une correspondance à la « succession temporelle » du signifiant oral, l'écrit dispose ses signes dans l'espace ; si ce système est le seul à pouvoir fournir un équivalent à la langue orale (plutôt qu'un système de signe-processus comme celui du morse dans sa variante lumineuse : un phare qui s'allume par intermittence et avec une cadence constante), c'est avant tout selon Saussure pour une raison cognitive : la mémoire auditive permet de discerner des unités formelles dans une succession d'événements ; la mémoire visuelle n'a la même force qu'à la condition de travailler sur un espace : « chose curieuse : pas de phrase visuelle consistant en moments successifs, et c'est pourquoi nous sommes amenés à la représentation graphique » (*ibid.*).

Saussure recourt au concept d'*unispatialité* – certes non moins spatial que celui de linéarité –, pour penser la dimension unique de la parole, puis à celui de *mérisme* : « il faut donner grande attention au 'mérisme' (à la *divisibilité dans le temps*) des parties des mots ; c'est cette divisibilité de la chaîne sonore qui peut-être plus que la variété des sons contribue à imposer l'illusion de groupe organique » (*ibid.* : 39 – 40). Ainsi Saussure considère que l'articulation du langage oral, c'est-à-dire notre capacité à distinguer des parties et à les agencer en touts mémorisables, repose sur l'analyse de la chaîne acoustique dans le temps. À l'écrit, seule *la divisibilité dans l'espace* confère au signal graphique un pouvoir de distinction et de mémorisation équivalent. Si l'écrit, par sa spatialité, « re-présente » l'oral de manière optimale, ce n'est pas parce que le temps est

---

[30] La métaphore illustre toute l'ambiguïté du rapport à l'écrit de Saussure et de nombreux penseurs avant lui et à sa suite : à la fois miroir déformant et modèle de la parole orale (Chiss & Puech, 1987, 1988).

idéalement figuré par une ligne, mais parce que, sur le plan cognitif et sémiologique, seul le séquençage spatial peut remplir une fonction analogue pour l'œil à celle du séquençage temporel pour l'oreille. Le traitement du signal graphique comme signes suppose la coexistence des parties sur le support – quel que soit l'empan de cette coexistence, ou « fenêtre d'affichage », qui varie selon les genres de l'écrit et les technologies utilisées.

7.2 Rapport à l'espace

> Les différences qualitatives <(différences d'une voyelle à une autre – d'accent)> n'arrivent à se traduire que successivement ; on ne peut avoir à la fois une voyelle accentuée et atone : tout forme une ligne comme d'ailleurs en musique. Si nous sortons de la langue il peut ne pas en être de même pour d'autres signes : ce qui s'adresse à l'organe visuel peut comporter une multiplicité de signes simultanée ; je puis même superposer un signe plus général qui serait le fond d'autres projetés sur celui-ci. Toutes les directions et combinaisons <sont possibles. Toutes les ressources qui peuvent résulter de la simultanéité seront à ma disposition dans ce système de signes.> La matière phonique sera toujours dans le même sens et n'admet pas <la> simultanéité de deux signes. (Riedlinger, *Deuxième cours de linguistique générale (1908–1909)* 1997 : 20–21, cité par Testenoire, 2010 : 4)

La successivité du signifiant, figurée par la forme d'une ligne, détermine le principe des paires minimales et fonde donc toute l'analyse de la langue en différents niveaux linguistiques : proposition, syntagme, morphème et phonème (Benveniste, 1966 [1963]). On comprendra que le principe ait la peau dure et que, même sous sa forme problématique de « linéarité », on veuille encore le situer au cœur de l'analyse linguistique. Même quand il s'agit d'écrit.

Si on pose au contraire, au moins à titre d'hypothèse, qu'il est pertinent de penser une langue écrite à côté d'une langue orale, il faut en conséquence, et avant même d'interroger les relations que ces deux systèmes pourraient bien entretenir, accueillir la possibilité d'un signal écrit qui soit un objet spatial à côté d'un signal oral qui soit un objet processuel. Il faut autrement dit laisser une chance à cette hétérogénéité des signaux pour pouvoir faire une place à une linguistique de l'écrit qui ne soit pas qu'une métaphore empruntant à l'oral – sans considérer le transfert comme tel – des concepts qui sont impropres au champ d'expérience de l'écrit.

D'un côté, la linguistique moderne s'est instituée sur cette supposée linéarité du signifiant ; d'un autre, elle a progressivement fait place à la langue écrite, proche à certains égards de la langue orale et même interagissant avec elle[31],

---

[31] On reviendra plus loin sur cet aspect, présent, en sourdine, dans le *Cours de linguistique*

mais sémiologiquement irréductible à la famille des systèmes à processus. Ce conflit donne lieu à d'innombrables tensions et paradoxes. Je les impute en partie à l'illusion de continuité qu'instaure la métaphore spatiale utilisée pour penser l'oral. Par exemple, dans la Grammaire méthodique du français, les cent cinquante pages consacrées à distinguer oral et écrit ne suffisent pas à entamer la conviction linéaire :

> Qu'il s'agisse de leur structure interne ou de leurs combinaisons, les signes linguistiques sont **linéaires.** Cette servitude due au caractère d'abord oral du langage (il est impossible d'émettre simultanément deux sons, deux syllabes, deux mots, etc.) se répercute sur la transcription alphabétique dont les unités (lettres et mots) se succèdent sur la dimension de la ligne. (Riegel *et alii*, 2009 : 9, souligné dans le texte)

Parler de « la dimension de la ligne » est moins heureux encore que parler de « ligne ». La ligne, ou *droite*, est d'épaisseur nulle : c'est par cette abstraction qu'elle trouve, en géométrie, la dimension unique que le linguiste reconnaît au signal acoustique. La ligne, bien concrète, de l'écrit alphabétique, requiert quant à elle deux dimensions pour déployer la figure des graphes (on pourrait à la rigueur considérer autrement la ligne d'un signal en morse graphique). Alors que les auteurs de la *GMF* traitent l'oral, selon notre tradition, par une image spatiale (linéaire), ils « temporalisent » paradoxalement les unités écrites (« lettres, mots ») qui, sous leur plume, « se succèdent ». C'est que du signifiant, objet initial de l'analyse, on a glissé vers le geste de l'écriture – réduit d'ailleurs, comme aux plus belles heures du phonocentrisme, au geste d'une « transcription »[32].

Sans cesse, en linguiste confronté à l'écrit, partant du signifiant processuel de l'oral, nous dévions vers autre chose que le signifiant graphique : vers le processus de son émission ou de son interprétation. La différence de nature entre les deux types de signaux et leurs signifiants est une grande source de confusion, et l'on éprouve dans cette page de grammaire toutes les difficultés que rencontre la pensée qui cherche à enjamber la frontière entre *système à*

---

générale lui-même. L'histoire en retient surtout le fameux chapitre VI de l'Introduction où sont prononcées la réduction de l'écriture à un métasystème – dont la seule fonction est de représenter la langue, orale par défaut et surtout par nature (Saussure 1916 : 45) – et son exclusion du domaine propre de la linguistique.

32 Réduction phonocentriste tenace qui subsiste ici alors qu'un chapitre entier est consacré à « L'oral et l'écrit » où il est reconnu, avec Goody, que : « L'écriture modifie également les processus cognitifs. Elle permet d'agencer autrement les significations, par l'usage d'un espace bidimensionnel : les listes et les tableaux n'existent pas à l'oral. » (Riegel *et alii*, 2009 : 51) Deux autres forts chapitres décrivent l'orthographe du français et sa ponctuation (2009 : 114–192).

traces et *système à processus*. La parenthèse concernant l'impossible émission simultanée de deux mots – presque une citation du *Cours de linguistique générale* – n'a de validité que pour un système à processus tel que l'oral, mais n'en a pas pour les sémiologies de la trace. Pour ces dernières, comme pour le lecteur, la réalité du processus à l'origine du produit est sans pertinence[33] ; c'est même précisément l'intérêt des systèmes à traces que de pouvoir signifier par un signal « affranchi » du processus de son élaboration et de la temporalité de celui-ci.

7.2.1 Espace de l'écrit : la ligne qui cache l'espace

Le concept de « linéarité du signifiant » ne masque pas seulement la différence profonde qui sépare oralité et scripturalité, et les problèmes sémiologiques qui découlent de l'existence d'une langue qui réunirait ces deux systèmes ; il a aussi contribué à une annexion simpliste de la théorie de la langue écrite à celle de la langue parlée.

L'écrit passe pour « représenter » idéalement la « linéarité » de l'oral. Il va donc de soi qu'il partage cette propriété. Tout ce qui est étranger à cette propriété tend donc à être écarté du champ d'investigation linguistique. Pourtant, cette propriété qu'il représente idéalement – la successivité –, l'écrit ne la possède pas.

Transposée au champ de l'écrit, la fausse linéarité du signifiant phonique conduit à identifier ce que l'écrit comporte de proprement linguistique à ce qu'il inscrit dans la ligne. Tout ce qui déborde de cette théorique linéarité (unidimensionnelle) est rejeté vers d'autres sémiologies. On s'est mis alors à distinguer le *lisible* du proprement linguistique de l'écrit du *visible* de ces chutes sémiologiques. Est *lisible*, ce qui est convertible dans la successivité d'un signal acoustique ; *illisible*, ce qui échappe à cette conversion et échapperait par conséquent aussi à la linguistique, fût-elle linguistique de l'écrit. La conversion de l'écrit dans la langue orale par *le test de l'oralisation* (l'émission d'un signal acoustique continu à partir du signal graphique) va servir dès lors à faire le départ entre le linguistique (linéaire) et le non linguistique (spatial). Exit l'écrit-icone, l'écrit-image, l'écrit-espace. C'est par exemple le traitement théorique que réservent aux manuscrits de travail les spécialistes de l'écrit que sont les gé-

---

[33] C'est bien la « réalité du processus d'écriture » qui est sans pertinence pour l'interprète de son produit, et non l'image de ce processus qui, quant à elle, conditionne l'interprétation. Qu'on pense à l'interprétation d'un courriel dont on sait ou croit qu'il a été rédigé avec l'interface d'écriture d'un téléphone portable, plutôt qu'avec un clavier complet.

néticiens. Citons d'entre eux le plus soucieux d'expliciter les présupposés linguistiques de la discipline, Jean-Louis Lebrave[34] :

> Si l'on admet que l'écrit transpose l'enchaînement temporel des séquences phoniques de l'oral en une séquence linéaire de symboles graphiques, un texte écrit est fondamentalement uni-dimensionnel. (Lebrave, 1983 : 14)

Si Lebrave ne confond pas la temporalité de la « séquence phonique » avec l'espace de la « séquence graphique », il réunit par hypothèse ces deux substances sous une même forme à dimension unique. Dès lors, il peut caractériser le brouillon en le situant en marge du « texte écrit » ainsi défini :

> Cette linéarité est mise en cause dans un brouillon par le supplément de données qui vient s'ajouter à la « ligne graphique » et qui donne à la page **une seconde dimension.** Cette dimension supplémentaire est particulièrement claire dans les corrections interlinéaires, où l'on « **voit** » le premier segment écrit, sa biffure, et le segment écrit au-dessus ou au-dessous qui le remplace. (Lebrave, 1983 : 14)

C'est en réalité tous les écrits, et pas seulement les brouillons, qui « mettent en cause » le principe de la linéarité du signifiant linguistique. Ce que Lebrave dit ici du brouillon, de sa « seconde dimension », et de sa visibilité mise en exergue, vaut pour l'écrit gravé, imprimé, numérique...[35] Et ce qu'il dit du processus de « déchiffrement des brouillons » peut inspirer la sémiologie de l'écrit en son entier : « on peut dire, en appelant "objets" spatiaux les différents fragments d'écriture que le brouillon comporte, que la lecture des manuscrits suppose préalablement la description de **la position relative de ces objets les uns par rapports aux autres** » (Lebrave, 1983 : 14).

---

34 « [...] il est symptomatique que même lorsqu'ils s'attaquent à des brouillons, nombre d'éditeurs optent pour une présentation linéarisée des additions, suppressions et substitutions que comportent les manuscrits : ce qui dans l'original est pluridimensionnel et polymorphe est aplati sur la ligne et ramené à la norme unidimensionnelle caractéristique du texte. » (Lebrave, 1992 : 67) En fait, bien qu'il exploite l'espace graphique à sa façon, moins standardisée que ne l'est celle de l'imprimé, le brouillon n'est pas opposable à l'imprimé du point de vue du nombre de ses dimensions.

35 Il ne s'agit pas de nier les spécificités sémiotiques et sémantiques des manuscrits de travail, mais de les situer au sein d'une sémiologie de l'écrit qui accorde une juste place à l'espace de la langue écrite. La verticalité de l'écrit d'une enveloppe ou d'une couverture de livre n'a pas la même signification que celle des réécritures extralinéaires du brouillon. Pour interpréter la verticalité, il faut la rapporter à la pratique discursive dans laquelle elle s'inscrit. Dans le cas des manuscrits, cette pratique est la préparation écrite d'un autre discours (voir sur cette question Mahrer & Nicollier, 2015). Cette sensibilité de la verticalité aux traditions discursives écrites où elle est exploitée s'explique par le fait que, inexistante à l'oral, elle est sous-sémiotisée.

Décrire le rapport positionnel des unités graphiques est l'opération qui permet de construire la syntagmatique horizontale de l'écrit, soit l'ordre des unités de la chaîne qui, dans une langue comme la nôtre, véhicule une partie de l'information syntaxique (« Paul aime Virginie » vs « Virginie aime Paul »...). Mais cela est insuffisant. La linguistique de l'écrit doit encore rendre compte d'une *syntagmatique verticale*. C'est la combinaison de ces deux axes qui permet aux scripteurs-lecteurs de donner sens à (l'espace de) l'écrit et, au linguiste, d'en décrire la signifiance. Car les signes graphiques entretiennent des rapports de contiguïté sur deux axes[36]. Selon leurs visées propres, l'affiche, le journal ou l'enveloppe déterminent des zones textuelles auxquelles elles assignent des formes et des contenus conventionnels.

> [...] la seule justification de l'existence des conventions qui gouvernent le sens de l'écriture est l'organisation du texte par rapport à la géométrie d'une surface donnée. Dans le cas de la parole [orale], il n'existe rien qui corresponde à ces conventions, parce que la voix humaine, pour des raisons biomécaniques, impose une structuration tout à fait différente, qui **exclut des choix spatiaux dans la syntagmatique.** Mais dans le domaine de l'écriture, au contraire, ce sont **ces choix spatiaux qui constituent le fondement même du syntagme.** Par conséquent, **c'est surtout au niveau syntagmatique que se révèle la faillite irréparable de toute théorie où l'écrit est considéré comme un simple calque visuel de la parole.** (Harris, 1993 : 247)

L'identification du linguistique au lisible, du lisible à l'oralisable et de l'oralisable au linéaire conduit les linguistes à écarter la possibilité d'une syntagmatique verticale. Cela est vrai des linguistes de la production écrite qui, à l'instar de Grésillon, décrivent les ratures, segments inscrits au-dessus ou au-dessous des lignes d'un manuscrit, comme des « paradigmes de réécritures » ou « ensembles paradigmatiques » « s'inscri[van]t verticalement sur le flux horizontal de la linéarité syntagmatique d'un avant-texte » (Grésillon, 1994 : 245). Les généticiens conceptualisent ainsi le rapport, *signifié par la verticalité* et éventuellement par des biffures, entre *n* séquences en relation de concurrence (c'est-à-dire pouvant s'insérer au même endroit sur l'axe syntagmatique horizontal, mais considérées comme incompossibles). Pour séduisante que soit ici la notion de *paradigme*, appelée par la façon dont les réécritures « croisent » l'axe syntagmatique, l'emploi en ce sens suppose un déplacement : en linguistique structurale, l'*axe paradigmatique* sert à penser les « rapports associatifs » (Saussure, 1916 : 173–175) entre une unité linguistique et d'autres unités *possibles mais absentes*, selon une mise en rapport qui est analexique, en nombre indéfini et

---

[36] Éventuellement trois, pour des systèmes qui intégreraient le relief, ce qui n'est pas le cas de la langue écrite.

irréductible à une seule ligne[37]. Même si parfois la rature suit des associations régies par la langue (ce n'est de loin pas toujours le cas) et semble donc « parcourir un paradigme linguistique », chaque unité linguistique *in præsentia* ouvre un champ associatif nouveau dans la langue et « lalangue ».

Ce déplacement de la notion de *paradigme* se trouve également chez les spécialistes de l'oral. On pourrait s'en étonner : le signal de l'oral n'a pas d'étendue. Mais ici l'espace et le paradigme, comme plan orthogonal à l'axe syntagmatique, sont des ressources de la représentation et de l'interprétation syntaxique. Depuis les travaux du GARS en effet, on utilise couramment l'image du paradigme pour décrire le « bredouillage », le « piétinement sur une seule et même place syntaxique » et d'autres phénomènes de répétition plus ou moins volontaires. Dans ces situations syntaxiques, on dit alors que le locuteur « a utilisé l'axe des paradigmes » (Blanche-Benveniste, 1990 : 18, 19 ; voir aussi Blanche-Benveniste & Jeanjean, 1987 : 150 – 151)[38]. Ces phénomènes sont édités selon une représentation « en grille » :

(Blanche-Benveniste & Jeanjean, 1987 : 170)

j'ai		une euh	
	comment ça s'appelle	une	phlébite au bras doit

Chez Blanche-Benveniste, paradigmatique et syntagmatique ne s'opposent pas : l'empilement paradigmatique d'un constituant s'identifie sur la base des relations syntaxiques qui le lient à son environnement. En effet, analysant la position de Blanche-Benveniste, Kahane met en évidence ce fait que « deux syntagmes X et Y qui s'entassent sont à la fois en relation syntagmatique et paradigmatique » (2012 : 105) : syntagmatique « [à] partir du moment où ils se combinent l'un à l'autre » et paradigmatique, dès lors que « Y s'entasse sur X si Y

---

37 Autrement dit, pour Saussure, l'axe paradigmatique n'est pas *un* axe : « ... les termes d'une famille associative ne se présentent ni en nombre défini, ni dans un ordre déterminé. [...] Un terme donné est comme le centre d'une constellation, le point où convergent d'autres termes coordonnés, dont la somme est indéfinie. » (Saussure, 1916 : 174) Les ratures ou les faits d'entassement paradigmatique à l'oral *apparaissent*, quant à eux, dans un ordre significatif (comme suffit à le montrer le fait qu'*être le dernier terme* a valeur d'instruction dans les faits de retouche).

38 Le livre de 1987 présente la pratique de la grille comme instituée par le GARS depuis quelques années ; les segments alignés n'y sont pas décrits comme des *paradigmes*, mais comme des *listes* (1987 : 168). Ce n'est pas un hasard si les considérations concernant cette représentation spatiale de l'oral suivent de près la (première ?) comparaison entre « avant-texte de l'oral » et « avant-texte de l'écrit » (1987 : 155 – 162).

suit X et Y vient occuper la même position syntaxique que X » (Kahane, 2012 : 105). Ainsi posés, paradigme et syntagme sont tous deux inscrits dans l'horizon de la syntaxe. Un constituant entretient des relations à la fois paradigmatique et syntagmatique avec un autre s'il présente les mêmes relations de dépendance rectionnelle que lui.

« Nous avançons dans notre production de discours en utilisant à la fois un axe de déroulement syntagmatique et un axe paradigmatique » (Blanche-Benveniste, 1990 : 17). Autrement dit, sur *le terrain syntaxique*, on avance ou on empile, et la représentation en grille donne une saillance magistrale à cette alternative syntaxique. On avance sur deux axes qui ouvrent un espace. *Mais cet espace est syntaxique.*

La métaphore spatiale, appliquée à la syntaxe ou à la temporalité, comporte inévitablement ce risque qu'on perde de vue (si j'ose dire) la contrainte constitutive de l'énonciation orale : « on avance » dans une seule direction et dans un seul sens. Par suite, du point de vue non syntaxique, mais *syntagmatique* (dans l'ordre de la production du signal acoustique et de la chaîne des signifiants linguistiques), le sur-place ou les « allées et venues sur l'axe syntagmatique » (1990 : 22) sont impossibles[39]. La représentation spatiale risque de figurer le processus irréversible du signe oral comme un espace linéaire s'offrant à un libre parcours. Or sur l'axe de la syntagmation qui est le sien, l'oral est inapte au retour en arrière autant qu'au sur-place. La représentation graphique du GARS est un outil de clarification syntaxique, alors que le propos de Barthes concernant l'oral « monumental » est d'horizon sémiologique.

De la part des généticiens, le recours à la notion de paradigme m'apparaît comme une stratégie théorique pour sauvegarder, avec le bagage même de la linguistique structurale, la linéarité du signifiant, en réduisant la verticalité de l'écrit à une irruption accidentelle et temporaire de l'axe des substitutions.

Pour les linguistes de l'écrit, généticiens et autres, ce qu'il s'agit de décrire, c'est la signification donnée au rapport des places entre une séquence écrite et une autre, et comment ce rapport peut s'inscrire sur deux axes. Les concepts pour penser la dimension spatiale du langage écrit ne sont pas nouveaux ; celui de *vilisibilité* a plus de trente ans (Anis, 1983b)[40], celui d'*iconotexte* plus de vingt

---

[39] « Un certain nombre de phénomènes montrent que les locuteurs peuvent lancer un syntagme, puis revenir en arrière pour le corriger. » (Blanche-Benveniste, 1990a : 22)
[40] Sans être explicite, Anis (1983) présente la notion comme issue de la thèse de troisième cycle qu'il a soutenue à Nanterre en 1978 : « Essai d'analyse de l'espace textuel dans un corpus "poétique" ». Dans le volume de synthèse, dix ans plus tard (Anis *et alii*, 1988), la notion n'apparaît pas. On trouve en revanche celle d'« espace graphique » dont la portée s'étend clairement à tout type d'écrits (chap. 5, 4.2, p. 330).

(Montandon, 1990). S'ils n'ont pourtant pas suffi à faire évoluer décisivement l'appréhension linguistique du texte écrit, c'est que leur portée a été restreinte. On les a utilisés pour penser la spécificité sémiotique d'écrits tels que les brouillons (Lebrave, 2006), l'exploitation non conventionnelle de certaines pratiques poétiques comme les calligrammes (Anis, 1983b), ou encore l'utilisation combinée de l'image et de la parole dans certaines traditions discursives, comme la bande-dessinée (Courtès, 1995) ou la publicité (Lugrin, 2006). Ces concepts ont autrement dit servi à penser que l'écrit pouvait être mis en espace. Mais ils doivent surtout signifier que l'écrit *est* espace.

L'écrit n'est pas un objet lisible qu'on rendrait visible, à l'occasion : il est lisible parce qu'il est visible. C'est la donnée biotechnologique du problème de laquelle part le *sémiologue* ; au *linguiste* d'expliquer ensuite comment une partie du visible peut être lisible ; à l'*analyste des discours écrits* d'étudier les traditions discursives telles qu'elles se distinguent en structurant la surface de leur support en un espace d'écriture ; au *psycholinguiste* de dire comment le visible est effectivement lu ; et au *linguiste de la parole* de décrire le sens que produit cette opération tel qu'il est rendu possible par la compétence de l'interprète.

La segmentation en blocs graphiques (titres, listes, paragraphes, chapitres...) opère et se signale par un jeu de positions relatives, horizontales et verticales. Dans la sémiotique de la notation mathématique, la barre de fraction et les complexités de syntagmation qu'elle offre, ou, dans le domaine de l'imprimé, l'agencement des réponses du questionnaire à choix multiples sont autant de dispositifs spatiaux qui imposent de penser la manière dont les discours écrits investissent les rapports positionnels sur deux axes et la manière dont la langue écrite les règle. Car celle-ci a développé un sous-système qui lui est propre, qu'on appelle communément *ponctuation* et qu'on appellera ici, extrapolant Anis, *topographie* (chap. 5, 4, p. 327).

Dans l'extrait suivant, reproduit d'un plan pré-rédactionnel de Ramuz (« Histoire ou nouvelle un peu développée », daté du 11 janvier 1912[41]),

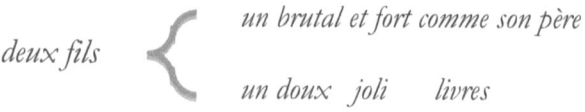

la valeur résomptive de l'expression « deux fils » et, corrélativement, la coréférence partielle entre ce syntagme et les deux pronoms indéfinis « un » sont

---

41 Fonds C. F. Ramuz, *Centre de recherches sur les lettres romandes*, Lausanne.

actualisables en raison de la position relative des expressions dans l'espace graphique. L'accolade, qui surcode cette position, est un marqueur d'intégration *verticale* (répondant aux « marqueurs d'intégration linéaire » de Coltier & Turco, 1988). La procédure descriptive, dite d'*aspectualisation*, n'est pas ici l'effet d'un verbe, ni d'organisateurs (« le premier », « l'un/l'autre », « et »...), mais celui de la seule verticalité, assistée par la fonction conventionnelle de l'accolade[42]. Si on analyse cet exemple plus avant, on relèvera que l'aspectualisation résulte d'une coordination implicite réalisée sur l'axe vertical et d'une prédication attributive réalisée sur l'axe horizontal. Par la combinaison des deux axes, la ligne se ramifie ; le chemin bifurque d'une manière inconnue pour le locuteur et l'auditeur.

De manière analogue, la technique écrite de l'appel-renvoi de note (Lefebvre, 2007, 2011) tirera tout le bénéfice de la spatialité. Elle n'est pas même pensable dans la syntagmatique d'un système à signes processuels sans surface, comme l'est celui de la langue orale.

La syntagmatique de la parole orale est unidimensionnelle, et c'est pour cette raison que lui sied, à elle seule, l'image du « canal » nous y reviendrons en conclusion. Pour cette raison encore, l'ordre des mots dans un énoncé oral ne saurait faire l'objet d'une interprétation[43]. Si l'écrit s'était cantonné à une syntagmatique unique, comme le veut la tradition qui inscrit sa description sous le signe de la linéarité du signifiant, il aurait emprunté, à la rigueur, la voie du colimaçon ou des écritures dites « boustrophédon » (dont la direction change à chaque fin de ligne). Ces dernières s'observent comme un stade transitoire de l'écrit hittite, chypriote ou grecque – et chez les enfants comme un stade acquisitionnel. Mais aucun système d'écriture connu n'a perduré en contenant le signe graphique dans le carcan unidimensionnel que lui aurait légué la langue parlée. L'écrit alphabétique, même s'il a pour fonction (originaire ou partielle) de représenter la langue orale, a imposé ses déterminations biotechnologiques à

---

[42] Alors que les « marqueurs d'intégration linéaire » (Coltier et Turco, 1988, Adam, 1990) ont pour fonction de marquer l'inscription d'un objet dans la linéarité du discours avec une instruction d'ordre (*l'un... l'autre, le premier... le second, celui-ci... celui-là...* les positions ne sont pas interchangeables). Est-ce l'intégration verticale et sa potentielle réversibilité (ou seulement l'absence de déterminant défini) qui rendent ici superflu le marquage d'un ordre (l'un brutal / l'autre doux) ?

[43] Alors qu'à l'écrit, ce peut être le cas, si les instructions de la syntagmatique verticale divergent avec celles de la syntagmatique horizontale. Car précisément l'ordre de réception des signes est le fait d'une convention à l'écrit. C'est ce qu'illustre ce joli exemple de Harris (1993 : 224) :
    MARIE
    AIME
    PIERRE

cette représentation (Harris, 1993 : 239-240). Son histoire est celle d'une progressive conquête de l'espace (invention de l'intermot, du pied-de-mouche signifiant la fin de paragraphe, puis de la ligne creuse, des titres, des notes, etc.). Dès lors que le système linguistique se développe à l'écrit, la détermination empirique de sa « nouvelle » substance l'emporte sur la détermination génétique (son origine orale). Avec Roger Laufer (1980, 1984), Jean Hébrard fut en France l'un des premiers à saisir l'enjeu de cet investissement spatial croissant :

> Longtemps, le scribe n'a pas su profiter de cet espace et y a aligné ses transcriptions dans l'ordre linéaire de la parole. Lorsque cette linéarité est rompue par le blanc ou le point, l'espace de la page se met à vivre. La rubrication, l'usage des initiales diversement colorées, les pieds-de-mouche, les repérages des notes par des lettres de l'alphabet, l'organisation marginale de la glose sont autant de moyens qui facilitent la saisie visuelle de l'information dans le livre et interdisent sa lecture oralisée. (Hébrard, 1981 : 136, cité par Anis, 1998 : 21)

L'évolution de la langue écrite épouse les propriétés biotechnologiques de son signal. Elle conduit la langue écrite à s'affranchir de l'oralité, exploitant des virtualités qui « interdisent la lecture oralisée ». C'est ce développement qui impose la nécessité, pour le sémiologue, de penser qu'au sein d'un idiome tel que le français coexistent deux systèmes, l'un écrit et l'autre oral, dont le fonctionnement peut être autonome. Les défauts multiples que comporte l'écrit pour représenter la langue orale à laquelle il « correspond » – ceux-là mêmes qui font le cauchemar orthographique des apprenants du français – est une autre attestation, négative, que la fonction représentationnelle non négligeable de la langue écrite ne tient pas celle-ci sous le joug de la langue orale. L'observation est particulièrement vraie pour le français (Arrivé, 1993). Quelle que soit son origine, la langue écrite suit un développement dont les lignes lui sont données par la nature biotechnologique de ses signaux, puis par les vocations cognitives et sociales (les traditions discursives) que, par cette nature, l'écrit est disposé à assumer.

En définitive, si l'approche de la langue écrite par la linguistique doit irrémédiablement conduire, comme il semble encore parfois, à écarter la dimension spatiale des systèmes graphiques et de leur performance au prétexte de leur dépendance unilatérale à une langue pensée, en tant que langue, comme définitoirement successive (plutôt que linéaire), alors il faudra en conclure que l'expression même de *langue écrite* est oxymorique et que, fondamentalement, la portée du point de vue linguistique sur l'écrit est à relativiser. C'est la position de

Harris (1993)[44]. On peut choisir la dénomination mixte de *sémiolinguistique*, que retient en particulier Anis, pour désigner une approche de l'écrit qui viserait à l'envisager globalement, à la fois dans sa spatialité irréductible *et* dans ce qu'il doit à la langue orale (voir Anis, 1998). Mais je considérerai plutôt que, dans le cas des langues qui s'écrivent depuis assez longtemps pour avoir constitué une littératie, système écrit et système oral s'informent mutuellement. Ces langues évoluent en des systèmes dont les déterminations deviennent indissociables et doivent être considérées ensemble. On abandonnera donc l'idée d'une sémiolinguistique de l'écrit au profit d'une linguistique fédératrice qui, pour décrire optimalement l'objet langue, doit tenir compte des deux systèmes, oral et écrit, dans leur autonomie et leur interaction.

Si j'ai tenté de décrire l'espace de l'écrit avec soin, c'est d'une part qu'une telle caractérisation fait partiellement défaut dans la tradition (néo)structurale, et d'autre part, qu'elle est fondamentale pour comprendre la spécificité sémiologique de l'écrit. Celui-ci y trouve le principal facteur de son irréductibilité à l'oral. Ces éléments devraient nous aider à décrire les procédés par lesquels l'écrit, qui est essentiellement espace, va représenter l'oral, qui est essentiellement temps. Ce sera par exemple le cas lorsque, de manière conventionnelle ou analogique, l'espace graphique et en particulier la ponctuation sont exploités pour représenter le caractère prosodique des énoncés oraux (chap. 5, 4.4.1, p. 338).

7.2.2 Espace de l'oral

Le signal acoustique des langues orales est un processus ; tout comme celui qui supporte une énonciation en langue des signes, il ne laisse pas de traces. En tant que signal, il réclame un volume, celui du liquide qu'il met en mouvement. Mais il signifie par ce mouvement, sans se fixer dans le volume. Ce n'est pas une empreinte dans ce volume qui sert de support à l'activité sémiotique, mais le flux continu des transformations produites par l'émission sonore sur son *environnement*. L'air peut-il être considérée comme un *support*, à l'instar de la feuille de papier, de la stèle, de l'écran ? Si l'on définit le *support comme ce qui conserve la trace du signal*, dans un rapport complémentaire avec ce signal ; si, par ailleurs, on admet que ce sont les transformations successives de l'environnement qui font signes dans le cas de la parole, et non l'état dans lequel l'émission du signal laisse un support, alors on conviendra qu'il faut distinguer *support* et *environnement*. Le signal acoustique ne suppose pas un objet préalable et choisi pour

---

[44] Nous reviendrons sur l'héritage saussurien concernant la pensée de l'écriture au moment d'introduire au mode « sémiotique » de la représentation écrite de l'oralité (chap. 2, 1, p. 91).

lui ; en revanche, l'écrit réclame un support, brut ou *designé* pour l'inscription et/ou la circulation du signal, qui est une surface finie dont l'existence précède le geste d'écriture.

Le terme d'*environnement* dénote ici – en amont de toute considération sur la cognition et l'énonciation constructives d'environnement – le milieu, physique et social, où prend place l'activité sémiologique. On peut distinguer, du point de vue de l'espace, énonciation orale et énonciation écrite, en affirmant que seule la seconde requiert un *support*, en plus d'un environnement. Par exemple, pour un tatoueur, le dos est un support d'écriture dans l'environnement de son cabinet, alors que pour Valmont écrivant à Mme de Tourvel, le dos d'Émilie appartient à l'environnement. « Écrire est une activité qui demande un équipement minimum : il faut au moins un support et – si l'on n'a pas recours à l'incision – une substance colorée, et il est bien rare que la main ne soit pas prolongée par l'outil » (Anis, 1998 : 16). En appelant *apport* (Klock-Fontanille, 2004) la trace apportée par la main régulièrement outillée (« substance colorée » ou incision), on dira que l'écrit suppose, en plus d'un environnement d'émission et un environnement de réception, un *support* et un *apport*.

L'étude de l'écrit suppose celle des supports et des apports[45], objets techniques préexistant à l'acte sémiologique, choisis, inventés, fabriqués pour leurs propriétés d'inscription, de ré-inscription (ou au contraire pour leur résistance à toute transformation) et de circulation, en fonction des finalités de la pratique discursive[46]. En diachronie, l'affordance des supports, c'est-à-dire la manière dont ils s'offrent à l'écrit et à sa circulation, conduit aux développements, imprévus, des vocations cognitives et sociales des écrits ainsi supportés, et con-

---

[45] Anis en propose une très synthétique (1998 : 16–20).
[46] Signalons que la notion de *support* ne doit pas servir à séparer la *forme* qui serait à la base de l'activité d'interprétation de la *matière* ressortissant à la *matérialité* du complexe apport/support. Le support doit au contraire aider à saisir le texte ou la parole (comme construction de l'interprète à partir d'un signal) comme intégrant a) les données conventionnellement associées à un apport/support et influant sur les calculs de cohérence ; et b) les déterminations ergonomiques de tels apports/supports conditionnant l'activité interprétative. On suivra donc Chartier & Cavallo : « Contre la représentation, élaborée par la littérature elle-même et reprise par la plus quantitative des histoires du livre, selon laquelle le texte existe en lui-même, séparé de toute matérialité, on doit rappeler qu'il n'est pas de texte hors le support qui le donne à lire (ou à entendre), hors la circonstance dans laquelle il est lu (ou entendu). Les auteurs n'écrivent pas des livres : non, ils écrivent des textes qui deviennent des objets écrits – manuscrits, gravés, imprimés, et aujourd'hui, informatisés – maniés diversement par des lecteurs de chair et d'os dont les façons de lire varient selon les temps, les lieux et les milieux » (2001 : 11). Et on les suivra jusqu'au bout de leur raisonnement : les auteurs n'écrivent pas des textes, non : ils produisent déjà eux-mêmes des objets écrits (manuscrits, imprimés ou numériques) dont la manière de faire texte est d'emblée conditionnée par leur matérialité.

tribue à transformer l'écrit en général. Pour cette raison : « Toute histoire des pratiques de lecture est, donc, nécessairement une histoire des **objets écrits** et des paroles lectrices » (Chartier & Cavallo, 2001 : 8). Cela n'est pas seulement vrai pour l'histoire culturelle des pratiques de l'écrit (écriture et lecture), mais aussi pour une linguistique qui ne renonce pas à penser la matérialité des discours.

Quant au signal acoustique, à la base de l'énonciation orale, son rapport à l'espace se réduit à celui qu'il entretient avec l'environnement où il se produit. Par son absence de support, le signal acoustique doit être consommé sur place. Sa circulation est une propagation, toujours en rapport direct avec sa source ; elle n'est déterminée que par les qualités acoustiques intrinsèques du signal (notamment son intensité), certaines propriétés de son environnement (comme son relief) et la concurrence d'autres bruits. Le signal est par conséquent indissociable de son site d'émission[47]. Pour s'y soustraire, il requiert une technologie annexe d'enregistrement, sémiologiquement accessoire sinon parasitaire[48].

Comme processus sans support, le signal oral est lié à l'espace de son émission, physique d'abord, social ensuite dès lors que le signal est perçu comme tel par un co-énonciateur et sert de base à une interaction symbolique. Or ce qui lie le signal à son environnement, c'est *le corps du locuteur*. Pour cette raison, le signal acoustique de la communication orale entretient une relation particulière avec ses circonstances d'émission. De ce rapport intime au corps de

---

[47] L'écrit, au contraire, ne reste attaché à son environnement de production que dans certaines pratiques recourant à des supports inamovibles. Les graffiti ont cette particularité, liée à leur fonction qui est de transformer leur environnement par une performance scripturale *in situ*. Les enseignes, ou la médaille autour du cou de Rintintin, ne sont pas attachés à leur environnement d'émission, mais au site de leur réception, auquel elles sont fixées par des dispositifs spécifiques. Sur ces questions, voir Fraenkel, 2007.

[48] L'enregistrement n'est pas conversion du signal en trace, il est production d'une trace qui permet la réitération du signal. Lorsqu'on a enregistré un signal processuel, on peut considérer soit le signal soustrait de sa situation d'émission, soit sa trace, l'enregistrement, mais on ne peut manipuler que cette dernière. Notons que parmi les généticiens, ceux qui observent les *processus* d'écriture (plutôt que leurs traces) préfèrent ne plus décrire leur objet en termes d'« écriture en temps réel », mais d'« écriture enregistrée » (Leblay & Caporossi, 2014). Cette dernière expression fait mieux apparaître ce qu'implique l'analyse du processus : au moins une opération de décontextualisation, au plus une opération de stabilisation (stockage) qui transforme fondamentalement l'objet en question. L'analyse des objets émanant des sémiologies de la trace ne suppose pas une telle *altération*. Lorsque Rastier écrit : « Il nous semble en effet que le concept de texte s'étend à toute pratique linguistique attestée, produite dans une pratique sociale déterminée, et fixée sur un support » (1998 : 106), il affirme que l'oral, pour se faire texte, doit se faire trace.

son émetteur et à son environnement d'émission découle la majeure partie des caractéristiques associées à l'énonciation orale et, distinctivement, à l'énonciation écrite.

Conclusion

L'analyse biotechnologique comparée de l'oralité et de la scripturalité ne nous porte pas directement sur le terrain de la représentation. Elle constitue néanmoins un préalable nécessaire à plusieurs égards.

D'abord, bien que pré-linguistique ou pour plutôt pour cette raison même, l'analyse sémiologique conduite sous ce jour nous donne une idée plus précise des rapports qu'entretiennent les deux ordres. Elle permet de dépasser le constat des « affinités » entre discours oraux et discours écrits (Koch & Oesterreicher, 2001, ci-dessus, p. 47) et de surmonter la tension conceptuelle observée par Gadet :

> Au-delà de la banalité de la différence des chéneaux, oral et écrit sont donc à la fois des abstractions et des catégories difficiles à isoler (puisque des faits de sociétés nous obligent à les considérer comme en continuum) ; mais ce sont des ordres qu'il serait fâcheux de ne pas distinguer dans la description. (Gadet, 1996 : 26)

Ce dépassement demande – c'est ce que j'ai voulu montrer – d'abandonner premièrement la conceptualité du « chenal », ou *canal* (qui appartient restrictivement au domaine de l'oral et aux modèles de la communication ; Harris, 1993 : 148–149), mais aussi celle du *medium*. Cette dernière notion laisse penser qu'un même système se réalise par deux « moyens » sinon transparents du moins sans effet sur le système et ses usages. Ce qu'une approche *biotechnologique* apporte justement, c'est une formulation du problème sémiologique qui part de la substance des signes en ce qu'elle détermine des « modes opératoires » et des « domaines de validités » (Benveniste). Or nous allons voir dans le prochain chapitre que, loin d'être une eau qui coule dans un tuyau préformé, des substances différentes intègrent nécessairement des systèmes différents : en l'occurrence la langue écrite ou sémiographie et la langue orale ou sémiophonie.

Dans l'analyse du rapport des substances (orale et écrite) aux pratiques langagières, il faut *abandonner deuxièmement la logique de la causalité*. Le signal comporte des qualités intrinsèques qui *disposent à* certains comportements sociaux et cognitifs, à certaines combinaisons sémiotiques, et déterminent des préférences sur le plan grammatical. S'il est vrai que l'écrit risque (message confidentiel divulgué) ou tente (message dans une bouteille) de communiquer avec un inconnu, on peut écrire à et pour quelqu'un de parfaitement identifié ; si l'écrit favorise la production de messages parachevés, on écrit aussi dans l'urgence. La contrainte que la substance exerce sur les comportements et les produits langagiers n'est pas de l'ordre de la nécessité, mais de l'*affordance*, c'est-à-dire de la manière dont un donné empirique et sensible dispose à son utilisation. Il est toujours possible de résister à cette disposition : de manière conventionnelle (il est convenu qu'on ne réponde pas aux questions de l'orateur) ou non conventionnelle et conflictuelle (ne pas répondre à un agent de police) ou encore en usant de technologies accessoires qui subvertissent les dispositions du signal. On ne peut, par conséquent, tirer d'une propriété biotechnologique du signal la nécessité d'un comportement langagier corrélatif.

En résumé, comprendre les relations entre oralité et scripturalité demande de passer d'une analyse des rapports de *causalité* entre *media* et pratiques langagières à une analyse de *l'affordance des signaux*. Ainsi est-il possible de soutenir sans contradiction les deux thèses suivantes : *i* – la distinction entre oralité et scripturalité a un fondement substantiel et dichotomique, et *ii* – il n'y a pas de relation biunivoque entre signaux, formes linguistique et pratiques langagières.

Sur le plan d'une sémiologie générale, on observera ici une caractéristique fondamentale de la théorie de l'énonciation qui, dans son héritage benvenistien, vise à penser la langue à partir des hétérogénéités qu'elle intègre dans l'activité langagière. Le mode opératoire des signaux (phono-acoustique *vs* visuo-graphique) est la première hétérogénéité, ou « facteur extrinsèque », que Benveniste invite à prendre en considération dans la définition des systèmes. L'énonciation selon qu'elle soit orale ou écrite, bien que travaillant avec les mêmes *glossèmes* (chap. 2, 1.3, p. 93), est travaillée par les dispositions différentes de ses signaux. Un comportement langagier a pu se développer avec et selon l'une des substances (par exemple, l'indexicalité, qui serait « nativement » orale). S'il conduit à la formation de marques linguistiques spécifiques (des déictiques, ou « indicateurs » chez Benveniste) si, autrement dit, le comportement langagier se sémiotise pour devenir la fonction arbitraire d'une structure linguistique, celle-ci est susceptible d'être reversée dans les deux *normes* (au sens hjelmslévien de *système oral* et *système écrit*) et leur substance respective. Une telle forme rencontrera alors des conditions nouvelles qui l'amèneront, en diachronie, à se transformer.

La *substance* fonctionne comme un facteur de *différenciation* et la *langue* comme un facteur de *mutualisation* des ressources sémiologiques (Béguelin, 1998 décrit en ce sens des facteurs d'« assimilation » et de « dissimilation » entre l'oral et l'écrit). L'énonciation orale et l'énonciation écrite ont développé des potentialités spécifiques qui, étant devenues linguistiques, sont désormais communes (chap. 2, 1.3 – 2.2, p. 93 – 115)[49]. En synchronie, ces propriétés ne sont plus envisageables comme propres à l'un ou à l'autre de leur système respectif. Par suite, aucune forme linguistique ne peut être associée de manière catégorique ni à une propriété biotechnologique, ni à un système.

Pour la problématique représentationnelle, il en découle une conclusion importante : on ne saurait parler de « marques d'oralité » au sens strict de formes linguistiques spécifiques à l'énonciation orale, puisque de spécificité sur ce plan, il n'y en a point. Si une marque linguistique écrite est considérée comme orale, il faut nécessairement y voir le travail d'un imaginaire de l'oral (et de l'écrit) qui conduit à la reconnaître comme telle.

Pour la même raison, une typologie qui distinguerait de manière catégorique, *sur des critères grammaticaux ou textuels*, énoncés oraux d'une part et énoncé écrits de l'autre est irrecevable. Elle reviendrait à poser, par pétition de principe, qu'une qualité donnée (une forme linguistique, une configuration micro ou macrosyntaxique, un paramètre contextuel) est par définition orale, même quand on la rencontre à l'écrit...

En revanche, une *typologie d'énoncés* prototypiques est possible – et même indispensable pour comprendre comment la langue tend à s'adapter aux contraintes matérielles de ses signaux. Mais ce qu'il importe de considérer pour nous, c'est qu'une telle typologie existe déjà, sous la forme d'un imaginaire épilinguistique : en témoigne l'attitude typifiante des lecteurs qui identifient spontanément dans l'écrit des manières de dire qu'ils réserveraient à l'oral. Au chapitre 4, nous décrirons cet imaginaire, modèle discursif intégré grâce auquel le lecteur repère des énonciations écrites ayant l'air de famille des énonciations orales, par leur contexte représenté ou par leur grammaire. En prolongeant l'analyse biotechnologique dans la direction de l'affordance des signaux, c'est-à-dire de la manière dont leur matérialité les prédispose à certains usages, nous pourrons reconstruire les aspects les plus stables et les plus consensuels de cet imaginaire discursif de l'oralité. Or cet imaginaire est au cœur de la *modalité discursive* de la représentation écrite de l'oral.

---

[49] Il en va autrement des systèmes de la prosodie et de la ponctuation qui, n'étant pas de nature segmentale, ne sont pas mutualisées et restent spécifiques à l'énonciation orale et à l'énonciation écrite, respectivement.

Chapitre 2.
Le niveau sémiotique de l'analyse sémiologique

Introduction

« D'abord nous parlons : c'est un premier système. Nous lisons et écrivons : c'est un système distinct, spécifique » affirme Benveniste dans ses notes de cours sur la sémiologie de l'écrit (Benveniste, 2012 [1969] : 61). Le niveau sémiotique de notre analyse doit permettre de préciser cette pensée, qui n'est pas celle qu'on associe spontanément à la tradition structurale. De l'articulation de l'oral et de l'écrit, comme systèmes, dépendra la manière dont nous comprendrons et décrirons, dès le deuxième tiers de ce chapitre, les possibilités de représentation de l'oralité par l'écrit.

L'image de la ligne – ni tout à fait adéquate pour l'oral (qui est successif), ni tout à fait adéquate pour l'écrit (qui est bidimensionnel) (chap. 1, 7.2, p. 65) – a largement contribué à la conception du signifiant et au développement de la linguistique. Mais elle a aussi gommé une frontière entre signifiant acoustique et signifiant graphique et donc, *in fine*, entre oralité et scripturalité. Or les cultures qui ont développé une écriture n'ont pas simplement ajouté une seconde dimension à l'espace linéaire de leur langue orale. Articulant un système à processus (acoustiques) à un système de traces (graphiques), elles ont couplé *signifiance dans le temps* et *signifiance dans l'espace*, deux univers sémiologiques.

Comme j'ai voulu le montrer dans le chapitre précédent, l'illusion de continuité escamote la question sémiologique délicate et intéressante : comment les unités de ce qu'on appelle *langue* peuvent-elles informer à la fois des processus acoustiques et des traces graphiques ?[1] La lecture « algébriste » de Saussure (Chiss & Puech, 1987) offre une réponse théorique : la langue, comme pur système d'oppositions, est neutre relativement aux formes matérielles qu'elle intègre. Elle est ainsi à même d'assurer la distinctivité des signes radicalement

---

1 « Cependant, le point de vue synchronique esquissé par Saussure selon lequel les conditions d'exercice des langues sont tout aussi mystérieuses que leurs origines devrait aussi valoir pour l'écriture. Par exemple, la question de savoir de quelle nature est la rupture de la barrière sémiotique entre *l'ouïe* (ou la phonation, du côté du langage verbal) et *la vue* (ou le geste graphique, du côté de l'écriture) reste entière. » (Arabyan & Klock-Fontanille, 2005 : 9) Pour espérer percer ce mystère, il faut selon moi non seulement opposer *ouïe* et *vue*, mais d'abord *processus* et *trace*. Cette hiérarchisation différente des contraintes empiriques doit conduire à réévaluer le problème de la langue des signes et de sa possible écriture (voir Garcia, 2004), car celle-ci n'est pas à rapprocher d'abord des systèmes graphiques, au prétexte qu'elle mobilise la vue, mais des systèmes acoustiques, car elle est une signifiance processuelle.

hétérogènes que sont ceux de la « langue orale » et de la « langue écrite ». Une telle définition pose néanmoins un autre problème non moins délicat : ainsi définie, la langue ne constitue plus *un système de signes* au sens ordinaire de l'expression, ni d'ailleurs au sens que lui prête Benveniste.

L'examen succinct de cette question fondamentale nous aidera à avancer un modèle sémiologique sur lequel s'appuiera notre analyse des modalités de représentation de l'oralité par l'écrit. Il nous permettra d'aborder en premier lieu la modalité « sémiotique » de cette symbolisation, modalité ainsi caractérisée parce qu'elle définit la fonction conventionnelle d'un *système* spécifique : le système phonographique.

Le point de vue sémiotique

> [...] l'opposition de la parole et de l'écriture entre dans une évidence dont il faut commencer de tirer peu à peu les effets. (Barthes, 2002a [1971] : 887)

Au plan sémiotique, la question de la représentation écrite de l'oralité suppose sinon de donner une réponse du moins d'adopter une position face à cette vénérable question de sémiologie générale : *langue écrite* et *langue orale* constituent-elles une seule et même *langue* ? un seul et même *système* ? ou faut-il voir là deux « ordres » sémiologiques différents ?

Si l'on considère que, dans un idiome qui s'écrit, il n'y a à l'œuvre qu'un seul système, qu'elle est-il ? *La langue orale* – répond la position *phonocentriste* (Platon, Rousseau, Martinet... dans le sillage d'un certain Saussure). Celle-ci « consiste à poser comme première et fondamentale la référence à la manifestation orale dans la description linguistique » (Arrivé, 1993 : 32). *La langue écrite* – répond le graphocentrisme « du grand public scolarisé », « caractéristique d'une société à forte tradition écrite » (Béguelin, 2012b : 40), pour qui l'écrit est le garant du bon usage et même de la bonne prononciation.

Et si l'on reconnaît que *langue écrite* et *langue orale* constituent deux systèmes différents (ou deux *langues* ? – « car c'est bien de deux langues qu'il s'agit » concluent par exemple Chervel & Blanche-Benveniste, 1969 : 200), on adopte alors la position dite *autonomiste*. Cette dernière est soutenue principalement par des spécialistes de l'écrit (Stetson, Pulgram, Eskenazi...). En France, Anis en est le principal représentant, développant lui-même la pensée de Vachek, de Hjelmslev et Uldall, eux-mêmes inscrits dans le sillage... d'un autre Saussure.

Entrant dans le détail, on distinguerait alors des « approches pondérées », considérant différemment le rapport oral/écrit selon le plan de structuration considéré (comme Chervel & Blanche-Benveniste, 1969, Catach dans la tradition de Gak, ou Blanche-Benveniste, 2003), ou s'attachant à décrire des phénomènes d'influences réciproques (Buben, 1935, Achard, 1988, Blanche-Benveniste, 1997...)[2]. Une telle interaction plaide, en fait, en faveur de l'autonomie sémiologique.

Si le débat est vif et toujours actuel, sur le plan théorique, il est aussi inhérent à l'imaginaire épilangagier des locuteurs-scripteurs. On juge volontiers le français *idéalement* « représenté »[3] par ses manifestations écrites, mais on admet tout aussi spontanément que le site naturel de la *langue*, c'est évidemment la bouche, et que le langage est avant tout affaire de voix et de paroles (*dans* l'air sinon *en* l'air). Chacun sait qu'il a d'abord appris à parler, qu'il a d'abord acquis l'alphabet comme un mode d'*inscription*. L'écrit n'est sous ce jour qu'un métasystème, il est signe de signe. Mais à cet imaginaire s'oppose celui qu'ont aussi de la langue les locuteurs alphabétisés et scolarisés : un imaginaire qu'on peut dire *grammatical*. De ce point de vue, l'énonciation orale est l'interprétation d'une partition écrite : une *prononciation*. Pour tout scripteur du français, [ja] est la prononciation estropiée de « il y a » et pour aucun, « il y a » une inscription sophistiquée de [ja] (Gadet, 2003). L'orthoépie se fonde souvent sur l'orthographe[4] ; on décrit sa parole comme un espace où l'on avance, piétine ou recule ; on considère la syntaxe de l'énonciation écrite comme le modèle de l'énonciation en général et l'on néglige de profondes différences morphologiques ; on « fait des phrases » en situation surveillée, quand on ne s'évertue pas à parler comme un livre... La langue écrite a beau être une acquisition seconde, elle n'en a pas moins valeur d'étalon, en littératie.

Tenaillés entre *imaginaire grammatical* et *imaginaire linguistique*, les francophones alphabétisés considèrent que « le » français est *une même langue* qui se parle et s'écrit[5]. C'est du moins ce que laisse penser l'usage ordinairement au

---

2 Pour une synthèse sur ces positions, voir donc Arrivé, 1993 et Béguelin, 2012b.
3 Comme le signalaient déjà Puech et Chiss (1988), s'interroger sur le rapport entre écriture et oralité, c'est s'interroger sur la notion de *représentation*, dans le sillage des réflexions de Foucault (1966) ou de Derrida (1967).
4 On se souvient que Saussure s'en offusquait déjà : « Quand on dit qu'il faut prononcer une lettre [dans un mot] de telle ou telle façon, on prend l'image pour le modèle » (Saussure, 1916 : 52).
5 Si cela est vrai pour le français, qui parmi les langues ayant recours à la notation alphabétique passe pour l'une dont les différences morphosyntaxiques entre l'écrit et l'oral sont les plus marquées (Koch & Oesterreicher, 2001), cela est indubitable pour le finnois, l'espagnol ou le serbo-croate.

singulier de ces expressions. En revanche, les locuteurs-scripteurs éprouvent le sentiment d'une double grammaire – sentiment que relaie, en théorie, la position diglossiste (*cf.* chap. 1, 2.1, p. 41–42 et Introduction, p. 8). L'une de ses grammaires serait pour l'oral, l'autre pour l'écrit. Comment appréhender cette relation en termes sémiologiques ?

Décrire les relations entre systèmes de signes, voilà une problématique qui s'inscrit très exactement dans le projet de sémiologie qu'a formulé Saussure et qu'a poursuivi Benveniste. La question fort débattue de ces relations intersémiotiques – première tâche de la sémiologie – est d'autant plus cruciale qu'elle concerne en l'occurrence la langue, soit la clé de voûte sémiologique d'une culture, en tant qu'elle est le système qui sert d'interprétant à tous les autres.

L'analyse sémiotique vise à mettre au jour l'appareil formel que suppose une activité symbolique déterminée. Cette analyse est guidée par des *hypothèses anthropologiques* sur la fonction de cette activité dans une culture et une sphère sociale donnée – sphère d'activités restreinte pour la plupart des systèmes, étendues pour les *systèmes primaires* que sont le système oral et le système écrit. On a vu à quel point les propriétés biotechnologiques des signaux déterminaient l'activité symbolique, son domaine de validité, le spectre de ses fonctions psycho-sociales et jusqu'à la constitution de sa structure formelle elle-même. Sur le plan sémiotique néanmoins, qui considère les signes en tant que formes et non en tant que substances, le système est décrit indépendamment de ses propriétés matérielles. Peu importe, sous l'angle sémiotique, que l'activité passe par l'un ou l'autre des cinq sens ; peu importe que ses signaux se déploient dans le temps ou l'espace : seuls comptent les signes dans leurs relations réciproques, distributionnelles et intégratives (Benveniste, 1966 [1963]). C'est en ce sens qu'il faut entendre ici *sémiotique* : comme moment de l'analyse sémiologique qui permet la comparaison des systèmes au-delà (et en-deçà) de leurs différences biotechnologiques.

Le système écrit mu par deux forces antagonistes

Sur le plan de la matérialité des signes, langue écrite et langue orale ont tout pour constituer des systèmes autonomes et nettement distincts. Pourtant l'une des fonctions cardinales des activités symboliques et des systèmes qui les portent est d'en représenter d'autres (Benveniste, 1974 [1969]). Les langues écrites romanes sont originellement « glottographiques » (Pulgram, 1976, Anis, 2002) : elles ont été inventées pour symboliser une langue orale préexistante – avec les avantages et les inconvénients que confère à cette représentation sa substance spécifique. Ajoutons l'ontogenèse à la phylogenèse : dans l'écrasante majorité des cas, on apprend à écrire une langue première en s'appuyant sur la connaissance préalable de signes vocaux ; l'écriture de « sa langue » est donc le plus souvent enseignée comme une transposition, un transcodage. Voilà de quoi alimenter la position phonocentriste. Sémiologiquement secondaire, l'écrit serait d'un intérêt de second plan.

On observe donc qu'une langue glottographique se trouve au confluent de *deux forces divergentes* : une impulsion fonctionnelle originelle et une entropie liée à sa nature empirique. Une tendance à la dépendance et une tendance à l'autonomie. Sous l'effet de la seconde force, la langue écrite tend à dévier de son but natif. L'histoire des langues écrites raconte cette déviation qui prend des airs de conquête de l'espace (chap. 1, 7.2.1, p. 67), car en tant que système de représentation graphique d'un système processuel acoustique, la protolangue écrite n'héritait d'aucune sémiotique spatiale.

Des inventions techniques jouent un rôle essentiel. Au début de notre ère, en Occident, de nouveaux supports (le papyrus, le parchemin et le papier) conduisent du *volumen* (rouleau) au *codex* (cahier) et font évoluer les usages de l'écrit. Le développement social des technologies de l'écriture et de la lecture conduit à la progressive sémiotisation de l'espace graphique en une signifiance irréductible à la signifiance temporelle du signal acoustique de l'oral (Vachek, 1939). Cette inévitable transformation de la vocation originelle de la langue écrite explique « la faillite irréparable de toute théorie où l'écrit est considéré comme un simple calque visuel de la parole » (Harris, 1993 : 247). Elle aboutit notamment à la sémiotique de l'imprimé – concurrencée aujourd'hui par la sémiotique de l'écrit numérique –, qu'exploite, de manière particulièrement approfondie *le livre* : « le modèle de référence », qui « symbolise l'autonomie et la dignité de l'écrit, tout en témoignant, par sa portabilité et sa standardisation, de la démocratisation relative de la culture » (Anis, 1998 : 23)[6].

Dans ce chapitre, je commencerai par esquisser le schéma théorique qui, à partir des éléments de sémiologie de Benveniste, permet de penser *langue orale* et *langue écrite*, dans le cas d'une langue alphabétique telle que le français, comme *deux systèmes en interaction*, et donc distincts et autonomes en droit, en leur assignant une place à côté de la langue (2). Nous pourrons, à partir de ce soubassement sémiologique, brosser le tableau des sous-systèmes qui informent et régulent les activités énonciatives écrite et orale (3). Nous pourrons aussi décrire le système qui, dans la langue écrite, sert au codage de la langue orale :

---

6 Sur ces considérations historiques et sur l'impact des technologies de l'écriture sur le développement de la signifiance de la langue écrite, voir Hébrard, 1981, Harris, 1993, Laufer, 1984, Anis, 1988 et 1998.

le *système phonographique*. Il assure la première modalité de représentation écrite de l'oralité qu'il me semble falloir dégager. Nous envisagerons ces usages marqués (des phonogrammes représentés comme tels) ou non, ces derniers étant à l'origine d'effets de lecture que j'appelle *effets d'écoute* (4). Par contraste, nous comparerons aux phonogrammes et à leur fonctionnement un mode de représentation non conventionnelle, qui ne suppose pas un système préexistant mais repose sur une association analogique (diagrammatique ou iconique). Ces sémiotiques relèvent moins du codage que du bricolage. Elles n'en sont pas moins des symbolismes écrits de l'oral jouant notamment de la substance de l'expression écrite, plutôt que de sa forme (5).

1 Un cadre sémiologique pour articuler « langue écrite » et « langue orale »

> Il est évident aussi que la langue n'embrasse pas toute espèce de système formé par les signes. Il doit donc exister une science des signes plus large que la linguistique (système de signes :) maritimes, des aveugles, des sourds-muets et enfin le plus important : l'écriture elle-même ! (Saussure II R 12 = CLGD/E : 46)

1.1 Un antique paradoxe

Loin de confondre, comme on le prétend parfois, l'oralité et l'écriture, aristotéliciens et stoïciens, pour ne mentionner que les courants de pensée les plus disserts sur cette question (Desbordes, 1988), inféodent l'écriture à la langue parlée lorsqu'il est question de l'élocution, de la performance, du discours et inversent le rapport, lorsqu'il s'agit de définir le langage.

Par exemple, l'énoncé écrit doit épouser au mieux la prononciation de l'énoncé. C'est par exemple ce qu'illustre la tradition orthographiste d'un Quintilien :

> Pour moi, j'estime que, sauf exception sanctionnée par l'usage, il faut écrire conformément à ce qui est prononcé. Le rôle des lettres est, en effet, de conserver les sons et de les restituer aux lecteurs comme un dépôt ; elles doivent donc représenter ce que nous aurons à dire. (Quintilien, 1, 7, 30, cité par Desbordes, 1988 : 28)

En dépit de cette subordination, l'écrit (alphabétique) fait apparaître l'essence du *logos* : la discrétude qu'elle partage avec les nombres naturels (Aristote, *Catégories*, 4 b33). En effet, dans la conception stoïcienne, dont l'influence sur le développement des grammaires est reconnue, la lettre (*grammata*) réfère tantôt à la figure graphique, tantôt à l'unité formelle distinctive dans le continuum de la voix : l'élément unitaire (*stoichon*) de la *lexis*. Ancêtre lointain de l'articulation de Martinet, le concept de *lexis* associe les notions de *voix* et de *discrétude*. Il permet ainsi de faire le départ entre la *phonè*, pur son – cri de l'animal ou vagissements de l'enfant – et la parole, constituée d'éléments discontinus. Être scriptible (*en-grammatos*) s'érige alors en pierre de touche du linguistique. Envisagée comme l'empreinte de l'invariant derrière la variation, par exemple dans le *Philèbe*, l'écriture manifeste la forme réitérable, là où la voix est substance, marquée d'un surplus accidentel qui toujours la singularise. Au regard de ce qui demeure dans le langage et assure sa transmission, c'est la voix qui est en quelque sorte un accessoire de l'écriture.

> Il y a là, bien entendu, le reflet d'une tendance qui n'a fait que s'accentuer tout au long de l'Antiquité et qui consiste à n'étudier la langue qu'à travers sa représentation écrite. D'une certaine façon, c'est l'écriture, objet visible, durable et manipulable, qui incarne la langue, qui en constitue le corps solide à partir duquel la « prononciation » (le mot est significatif) déploie ses variations infinies et indéfinissables. (Desbordes, 2007 : 277)

Dans cette conception de la figure graphique comme forme des unités du langage, l'importance de la vision dans la conception antique de la connaissance joue un rôle décisif. Dans un sens donc, le linguistique (verbal) est une voix qui s'écrit, d'un autre, ce qu'on écrit n'est que secondairement linguistique...

La rémanence du signe graphique permet par ailleurs son isolement relativement à sa situation d'émission, sa fonction, ses effets (chap. 4, 4.2.3 et 4.2.4, p. 272 et 275). Le signe graphique s'abstraie et s'objectivise. Le concept de *lexis* réfère en effet, chez les Stoïciens, à une forme articulée sans contenu (Rosier-Catach, 2003 : 35). À l'exemple du fameux *blituri*, le signe écrit creuse la disjonction entre les deux niveaux d'articulation : si à l'oral, dans le continuum des sons, il est difficile de distinguer un mot inconnu d'un « simple » bruit, l'écriture alphabétique rend évidente la différence entre *une unité articulée sans signification* (« blituri ») et une unité inarticulée (un logogramme, un dessin)[7]. D'où la

---

7 C'est cette discontinuité perceptible des alphagrammes (du moins dans l'écriture « script »), là où les phonèmes se fondent souvent en un flux, qui conduit Benveniste, dans son analyse historique des niveaux d'analyse (1963), à prendre le modèle de l'écrit pour opposer des « constituants seulement formels » d'une unité linguistique (les lettres du mot « samedi ») et les

possibilité de penser la *lexis* à côté du *logos*. Cette possibilité – la forme articulée mais dépourvue de sens, combinant des unités de langue sans être elle-même unité de la langue – est commune aux écritures morphématiques (comme le Chinois), aux écritures syllabiques (comme les cunéiformes, Benveniste, 1966 [1963] : 24) et aux écritures alphabétiques ; mais ce sont ces dernières qui poussent le plus loin l'analyse (jusqu'aux phonèmes). L'écrit logographique contribue également à l'objectivation du signe et au développement d'un savoir métalinguistique en ceci que son signal subsiste à son émission et qu'ainsi l'énoncé paraît (mais paraît seulement) séparable de son énonciation ; mais il ne réalise pas la même analyse « phonologique » (par exemple Chervel & Blanche-Benveniste, 1969 : 34).

On se fait une bonne idée de la manière, distincte, dont se pose le rapport entre oralité et scripturalité pour ces idiomes dont l'écrit n'est ni syllabique ni alphabétique, par ces constats élémentaires et répétés : un logogramme, en tant que tel, ne peut s'*épeler* – au sens strict du mot : on ne peut le décomposer en signes graphiques possédant chacun une valeur phonique définitoire –, et on peut savoir reconnaître un logogramme et même le comprendre sans avoir quelque idée de sa prononciation[8].

Avec cette nouvelle opposition (*lexis vs logos*), se dessine *une pensée de l'expression, du signifiant*, signe grevé de contenu ; elle favorise du même coup une pensée de la signification comme propriété conventionnelle, définitoire du *logos*, mais non inhérent à l'expression. L'écrit dispose à penser la schize du signe. À l'aide d'un nombre fini de symboles graphiques pour tenir lieu de l'infinie variété des sonorités de la voix, la langue écrite fait figure de proto-phonologie.

Ainsi la représentation complexe du sens commun actuel trouve-t-elle des racines antiques. Par exemple, les pensées du langage accentuant et valorisant ce qu'il comporte de continu, d'individuel, d'actionnel et aussi de non-rationnel prendront appui sur la chaîne parlée, où la discontinuité n'est pas obvie, où la

---

constituants de cette unité qui sont eux aussi des unités linguistiques, mais de niveau inférieur. (Benveniste, 1966 [1963] : 126)

8 Comme Saussure, Benveniste commente cette proximité entre analyse linguistique et écriture, qui fait « des inventeurs de nos alphabets modernes » les égaux de Pânini, des « précurseurs » de la linguistique : « Ceux qui ont combiné de tels alphabets pour noter les sons de leur langue ont reconnu d'instinct – phonématistes avant la lettre – que les sons variés qu'on prononce se ramenaient à un nombre assez limité d'unités distinctives, qui devaient être représentées par autant d'unités graphiques. » (Benveniste, 1966 [1963] : 24) La possibilité même de cette invention atteste pour le linguiste de « la structure articulée du langage », ou en d'autres termes, que « [t]ous les moments essentiels de la langue ont un caractère discontinu et mettent en jeu des unités discrètes. » (1966 [1963] : 23)

voix est principe d'individuation. C'est le cas des linguistiques dites « de l'énonciation » – reprenant le motif saussurien (aux origines stoïciennes) de la langue comme *logos* articulé par la socialisation, mais cherchant dans le langage les fondements de la sujectivité en l'envisageant comme activité individuelle. À cet égard, Henri Meschonnic fait figure de hérault. Dans sa théorie du rythme, l'oralité est le nom même de la subjectivation par le langage, que celle-ci s'élabore en parlant ou en écrivant[9]. C'est sans doute en partie ce contexte théorique qui explique que les théories de l'énonciation se penchent peu sur la sémiologie de l'écrit et abordent régulièrement des données écrites sans considérations pour leur ergonomie et leur fonctionnement linguistique spécifiques.

Parce qu'il aide à penser le caractère formel de la langue, l'écrit est assimilé parfois à un système désubstantialisé, un système de formes : une grammaire pure, sans expression ni sujet. C'est peut-être pour cette raison aussi que l'expression « langue écrite » est acceptée, alors que celle de « parole écrite » – pourtant pas plus extravagante dans son association du phonatoire et du graphique – ne passe pas.

Le discours métalinguistique le plus répandu et le mieux partagé, celui de la grammaire prescriptive, est resté longtemps, fidèle à son étymologie, *science des lettres*[10]. S'il est vrai que la linguistique dite moderne débute au XXe siècle avec le développement de la phonologie et qu'elle conquiert sa modernité en s'affranchissant de la normativité qui caractérisait la tradition grammaticale[11], jusque dans les années 1970, la description morphosyntaxique du français s'est faite presque exclusivement sur le modèle de ses productions écrites. Ainsi, la langue française est restée longtemps orale pour les linguistes et écrite pour les gram-

---

[9] Nous reviendrons (chap. 5, 6.4, p. 438) sur l'imaginaire de l'oralité des poéticiens.
[10] Desbordes en propose la définition suivante : « La grammaire, en effet, *grammatike*, *grammatica*, est d'abord la science des lettres, l'apprentissage de la lecture et de l'écriture, puis la science des ensembles de lettres, c'est-à-dire des textes, et, jusque dans sa forme relativement récente de science de la langue, elle reste fondamentalement attachée à la langue écrite. » (1988 : 27)
[11] Il faut en effet admettre que les réalisations orales répondent d'une autre langue pour justifier une *linguistique* du français parlé. À moins de considérer que cette linguistique du (français) parlé ne soit qu'une linguistique du discours – attachée à la description des normes distributionnelles des énoncés relevant de genres oraux, mais non susceptibles de dégager des relations intégratives spécifiques. Pour s'affranchir d'une orientation partiale et partielle soit vers l'oral, soit vers l'écrit, la linguistique doit se bâtir sur des concepts neutres relativement à ces deux domaines ; elle doit autrement dit repousser les concepts trop spécifiquement taillés pour l'un ou l'autre (comme certaines définitions de la notion de phrase, pour prendre un exemple classique), et refuser de juger les productions de l'oral à l'aune de celles de l'écrit (ou éventuellement le contraire), en considérant l'oral comme, par exemple, le lieu des ratés et des scories.

mairiens, ou orale dans sa substance et sa situation modèle et écrite dans sa forme et sa morphosyntaxe idéale[12].

En résumé, la langue écrite est un *archétype théorique* en cela qu'elle réalise une première analyse de la langue parlée, dégageant la discontinuité et l'invariant fonctionnel – là où c'est la variation et la continuité qui se manifestent dans la chaîne parlée ; cette représentation incite à identifier l'écrit à une *forme* et à un *savoir théorique*. L'écrit passe en outre pour un *prototype morphosyntaxique*, dans la mesure où ce sont les produits de l'écriture qui ont servi et qui servent encore régulièrement de modèles de bonne formation des énoncés. L'oralité demeure *l'archétype « phénoménologique »* : elle est première, pour l'individu comme pour l'histoire ; elle passe pour le langage dans son état *naturel*, tel que le corps, à lui seul, le permet ; comme activité plutôt que comme savoir, c'est l'oral, son mode opératoire et son domaine de validité, qui oriente la description de la langue et du langage[13].

Concernant la prototypie morphosyntaxique de l'écrit, on a vu que les approches d'inspiration sociolinguistique couplées à la description des corpus oraux ont largement fait évoluer la question (en rapportant les spécificités de la variation aux paramètres de la communication plutôt qu'à l'opposition des signaux). Mais la question de l'unité de la linguistique (*linguistique de l'écrit vs linguistique de l'oral* ?) et de la grammaire à même de rendre compte de ces variations reste posée dans toute son acuité (chap. 1, 2, p. 40).

L'imaginaire grammatical, ou graphocentriste, est cette « tyrannie de la lettre » qu'accuse le *Cours de linguistique générale* parce que, « dans les idiomes très littéraires, où le document écrit joue un rôle considérable », il « s'impos[e] à la masse » au point de modifier la langue et de produire des « être[s] fictif[s] issu[s] de l'écriture » (Saussure, 1916 : 53).

Pourtant, chez Saussure, l'écrit est perçue à la fois comme *déformante* et comme constituant la *meilleure représentation* possible de la langue (Puech & Chiss, 1988). Penser la spécificité de la langue orale (notamment relativement à l'écrit) tout en posant l'écrit comme son meilleur *analogon*, voilà qui n'a pas favorisé l'élucidation des rapports entre les deux systèmes à l'œuvre dans un idiome qui se parle et s'écrit.

---

12 Les travaux avant-coureurs sont souvent menés dans la perspective du FLE. On pense aux travaux de Bally ou à ceux de Gougenheim, Michéa, Rivenc & Sauvageot (1956), puis de Sauvageot (1962).
13 L'orientation des travaux linguistiques témoigne encore d'une telle conception, qui détermine des observables. Par exemple, Kerbrat-Orecchioni (2013) relève la rareté des études concernant les figures de style sur corpus oral.

1.2 Saussure bifrons

Il est notoire que la caractérisation sémiologique de l'écrit par Saussure est ambiguë (Puech & Chiss, 1987 et 1988, Arrivé, 1993). Système « le plus important », et « comparable » à la langue dans sa capacité à « exprim[er] des idées » (Saussure, 1916 : 33), l'écriture – au sens de langue écrite alphabétique – est aussi décrite comme un système « indépendant » (Saussure, 1916 : 45 et 46) mais auxiliaire dans « Représentation de la langue par l'écriture », l'une des sections les plus célèbres du *Cours de linguistique générale* :

> Langue et écriture sont deux systèmes de signes distincts ; l'unique raison d'être du second est de représenter le premier ; l'objet linguistique n'est pas défini par la combinaison du mot écrit et du mot parlé ; ce dernier constitue à lui seul cet objet. (Saussure, 1916 : 45)

Cette position conduit à situer l'écriture hors du champ de la linguistique. Pourtant, concernant rien moins que l'arbitraire, l'écriture apparaît comme le système susceptible « d'éclairer toute cette question » (Saussure, 1916 : 163–166). Si l'écriture est externe, elle est *exemplaire* : elle représente la langue mieux qu'aucun autre système, en un sens, très équivoque, du mot *représenter*.

La plus nette tension que présente à mon sens la construction théorique du *Cours de linguistique générale* tient au pouvoir accordé à l'écrit de déformer les unités de la langue :

> Mais la tyrannie de la lettre va plus loin encore : à force de s'imposer à la masse, elle influe sur la langue et la modifie. (Saussure, 1916 : 53)

Ainsi, Saussure explique-t-il que les phénomènes d'évolution des langues sont à chercher dans le jeu des possibilités articulatoires – la transformation de *Water* en *Wasser* relève de la proximité de deux phonèmes dentaux. Le plan graphique quant à lui n'explique rien de ce changement ni de sa possibilité. Certains mots pourtant connaissent des évolutions redevables des formes écrites ; Saussure donne l'exemple du nom de famille *Lefèvre*, dont la graphie étymologique *Lefèbvre* (concurrente de la forme « populaire » *Lefèvre*), visant à faire apparaître le latin *faber*, en est venue à s'écrire *Lefébure*, par suite « de la confusion de *v* et de *u* dans l'ancienne écriture » (Saussure, 1916 : 53). Or cette graphie conduit à transformer la prononciation du mot elle-même, par un phénomène de *retour de la graphie sur la phonie*. Il est facile de comprendre en quoi une telle évolution – liée à des choix savants d'une part et à des accidents graphiques de l'autre – peut paraître artificielle, accidentelle, voire monstrueuse, en regard de la

« sphère naturelle »[14] de fonctionnement et de développement de la langue qui est orale, comme l'indique le fait que ce sont des règles phonologiques qui permettent d'en rendre compte au mieux – les règles graphiques n'intervenant que marginalement.

Saussure doit ébranler une pratique instituée de longue tradition, qui donne à l'écriture un privilège qu'elle n'a pas. Ainsi les considérations, vives et polémiques, concernant le statut secondaire et travestissant de l'écriture relativement à la langue sont à mettre, pour une bonne part, au compte du contexte disciplinaire ; l'enjeu de ces fameuses pages est méthologique plutôt que sémiologique. Elles visent à donner sa juste place au développement de la phonologie :

> Aussi les premiers linguistes, qui ignoraient tout de la physiologie des sons articulés, sont-ils tombés à tout instant dans ces pièges ; lâcher la lettre, c'était pour eux perdre pied ; pour nous, c'est un premier pas vers la vérité ; car c'est l'étude des sons eux-mêmes qui nous fournit le secours que nous cherchons. Les linguistes de l'époque moderne [...] ont doté la linguistique d'une science auxiliaire qui l'a affranchie du mot écrit. (Saussure, 1916 : 53)

L'importance accordée à l'écrit par ses contemporains conduit Saussure à accentuer le danger méthodologique que la linguistique encourt : prendre la langue au pied de la lettre. C'est le piège dans lequel est tombée, globalement, la grammaire comparée – personnifiée dans le *Cours de linguistique générale* par Bopp[15] –, cherchant des causes explicatives aux transformations linguistiques dans un matériau linguistique dont on n'a pas, préalablement, distingué, ce qu'il devait à l'oralité et ce qu'il devait à sa transcription écrite.

---

14 Malgré le recours régulier de Saussure à la notion de *nature* pour désigner la vie, orale, du langage, et son atténuation du conventionnalisme radical d'un Whitney concernant l'appareil vocal, on a déjà rappelé que sa position n'est pas réductible à son héritage « phonologique » (Chiss & Puech, 1987 : 98). On peut résoudre les contradictions en disant que le linguiste défend le primat de la *phonè* à partir d'un point de vue historique. Mais d'un point de vue sémiologique, il offre également à penser que la langue, comme système de différences, est immatérielle. Constituée par détermination réciproque des produits de l'appareil phonatoire (signifiants) et des produits de l'appareil cérébral (signifiés), informes quand ils sont pris indépendamment, la langue procède d'une conception anticartésienne, au sens où l'esprit et le corps s'y définissent comme le produit historique d'une détermination mutuelle. Le truchement, ou perte du lien à l'être, rompu par les symboles qui délimitent et construisent les étants (chap. 4, 1.2, p. 217), n'est pas le propre d'un système particulier, mais la condition de tous les systèmes symboliques. Or cette condition, c'est la langue fondée sur l'arbitraire du signe, dont l'« archi-écriture » derridienne est héritière.

15 « Bopp lui-même ne fait pas de distinction nette entre la lettre et le son ; à le lire, on croirait qu'une langue est inséparable de son alphabet » (Saussure, 1916 : 46).

Mais l'exemple de *Lefebvre* est le loup dans la bergerie. Entre les deux faits de diachronie évoqués (*Wasser* & *Lefébure*), les similitudes ne sont-elles pas frappantes ? Proximité articulatoire entre deux phonèmes d'un côté, proximité visuo-graphique entre deux graphèmes de l'autre[16]. Il s'agit de ce qu'on appelle depuis « effet Buben » (1935) comme « régularisation de mots qui font exception à des correspondances phonographiques générales » (Chevrot & Malderez, 1999 : 120). On devine que les évolutions phonétiques et les évolutions graphétiques sont justiciables d'une même assise sémiologique, ayant trait à l'impact de la distinctivité des unités sur leur productivité. Bien que fondés sur des jeux d'oppositions hétérogènes, les deux systèmes sont manifestement susceptibles d'interagir, et l'écrit de faire retour dans l'oral. C'est bien qu'existe entre eux une relative autonomie. Arguer du caractère marginal de l'influence, ou contre-nature, ne changera rien à l'affaire. Si cette influence est possible et attestée, elle jouera un rôle toujours plus important dans nos sociétés où l'écrit occupe une large partie de notre commerce avec le langage. Il reste à prendre la mesure de ces transformations « grapho-logiques » de la langue orale et à les décrire : des morphèmes dont la forme phonologique s'est modifiée sous le coup de leur forme graphémique (*gageure*, *dix*...) ne sont que l'indice d'un phénomène plus vaste : la manière dont « l'algèbre de l'écrit » (Catach, 1994 : 99) modifie la langue plus profondément en ouvrant des possibilités cognitives inhérentes à l'espace (notamment de formalisation et de densification, Auroux, 1994), mais aussi en enrichissant son système de distinctions et d'associations.

Reconnaître la possibilité d'une influence de la langue écrite sur la langue orale, c'est réclamer une théorie des relations réciproques entre les deux systèmes. Le *Cours de linguistique générale* fraie un passage – certes étroit, car débouchant sur un « compartiment » réservé à « des cas tératologiques » (Saussure, 1916 : 54) – vers l'intégration de l'écrit à la linguistique.

1.3 Le problème des unités irréductibles du signifiant

Si l'on admet que tout ce qui agit sur un système doit trouver une place dans la description de celui-ci (principe d'autonomie), la capacité de l'écriture à per-

---

[16] Rappelons qu'on doit à Pulgram l'introduction de la notion de graphème : « la langue écrite doit se fonder sur un système d'oppositions graphiques capable de différencier les significations dans une communauté donnée. Et c'est ce système qui forme la base de la langue écrite, que nous nommons écriture. Les unités de ce système peuvent être appelées les graphèmes » (Pulgram, 1951 : 87–88, cité et traduit par Anis, 1988 : 214). Les graphèmes sont donc aux lettres tracées ce que les phonèmes sont aux phones, une classe distinctive de réalisations matérielles.

turber la langue (même si c'est pour trahir ses lois d'évolutions « naturelles », c'est-à-dire phonologiques) nécessite de lui assigner une place dans le système. Un système dont la fonction unique serait d'en représenter un autre ne conduirait pas à modifier ce dernier. D'un autre côté, selon le postulat sémiologique fondamental, un « système sémiologique se caractérise : 1° par son mode opératoire, 2° par son domaine de validité » (Benveniste, 1976 [1969] : 52 ; *cf.* chap. 1, 1, p. 39), c'est-à-dire par les propriétés empiriques de ses signaux, les sens auxquels il s'adresse et les situations où, par suite, il s'applique. Dès lors, si les unités de l'expression de la langue sont des images acoustiques, des phonèmes, alors elles ne peuvent faire corps (sémiotique) avec des unités graphiques : le système oral et le système écrit ne sauraient constituer un système unique, au sens de Benveniste.

Saussure donne les moyens de sortir de l'impasse. Au-delà d'une première définition du signifiant comme « image acoustique », puis comme phonème, il tend à une désubstantialisation radicale du signe : sous son versant de signifié, qu'il expurge du concept, et – plus particulièrement en ce qui regarde notre problématique –, sous son versant de signifiant, dont se trouve écartée la référence à la forme acoustique[17].

Eu égard à la cohérence de l'ensemble théorique du *Cours*, et particulièrement à la notion de valeur, c'est la définition du signifiant comme strictement différentiel, négatif et oppositif qui s'impose, telle qu'on la rencontre par exemple dans l'extrait suivant :

> D'ailleurs *il est impossible que le son, élément matériel, appartienne par lui-même à la langue*. Il n'est pour elle *qu'une chose secondaire*, une *matière* qu'elle met en œuvre. Toutes les valeurs conventionnelles présentent ce caractère de ne pas se confondre avec l'élément tangible qui leur sert de support [...]. Cela est plus vrai encore du signifiant linguistique ; **dans son essence, il n'est aucunement phonique, il est incorporel, constitué, non par sa substance matérielle, mais uniquement par les différences qui séparent son image acoustique de toutes les autres.** [...] **Les phonèmes sont avant tout des entités oppositives, relatives et négatives.** (Saussure, 1916 : 164)[18]

---

17 Selon la lecture de Mauro, la position de Saussure sur cette question aurait connu, au fil des trois années dont le *Cours de linguistique générale* compile les notes, une sensible évolution dont Bally et Sechehaye n'auraient pas pris la mesure.

18 Voir aussi : « Tout ce qui précède revient à dire que *dans la langue il n'y a que des différences*. [...] Qu'on prenne le signifié ou le signifiant, la langue ne comporte ni des idées ni des sons qui préexisteraient au système linguistique, mais seulement des différences conceptuelles et des différences **phoniques** issues de ce système. » (Saussure, 1916 : 166)

1 Un cadre sémiologique pour articuler « langue écrite » et « langue orale »

Pour comprendre ce point – et le contre-emploi, dû aux éditeurs, du terme « phonème » dans la dernière phrase de cette citation – on s'en remettra à cette note, longue mais limpide, de Mauro :

> Saussure a en effet approfondi la notion « d'élément du système phonologique », désignée dans le *Mémoire* par le terme *phonème*, jusqu'à le concevoir comme élément purement différentiel et oppositif, **un pur schéma formel dénué de toute conformation phonique précise** et, par conséquent, impossible à abstraire des réalisations phoniques [...]. [...] Saussure évite par conséquent avec soin de parler dans ses cours de *phonème* quand il veut faire référence aux « unités irréductibles » du signifiant (Saussure, 1916 : 180). Il veut au contraire se référer, par le terme *phonème*, aux entités identifiables dans la *parole*, dans la réalisation phonique : la définition du *CLG* : 65 ne laisse aucun doute à ce sujet. (Saussure, 1916, note 111 : 433–434)

Cette lecture – qui a « pour prémisse la conception de l'arbitraire du signe comprise comme indépendance de l'organisation des signifiants et des signifiés par rapport aux caractères intrinsèques de la substance phonique et de la substance significative » (*ibid.*) – est celle de Hjelmslev (1971 [1943]). Elle s'appuie sur l'analyse du concept saussurien de *langue* en *schéma* et en *norme*. Pour la glossématique, le phonème n'est pas l'unité de la langue comme schéma, mais celle de la langue comme norme. Comme *norme*, la langue est une « *forme matérielle*, définie par une réalisation sociale donnée mais indépendamment encore du détail de la manifestation » (1971 [1943] : 80). Ce que nous appellerons ici *sémiophonie* (ou langue orale) et *sémiographie* (ou *langue écrite*) sont des langues comme normes, qualifiées par et tributaires de la matière qu'elles informent[19].

L'unité de la langue-schéma (le *glossème* de la glossématique, 1973)[20] est quant à elle tout à fait dépourvue de substance : « l'essentiel de la langue est

---

19 C'est la distinction entre *norme* et *schéma* qui permet de découpler les unités du signifiant (situées sur le plan de la langue comme *schéma*) et les phonèmes (situés sur le plan de la langue comme *norme*). Or ce découplage est un préalable nécessaire à un examen sémiologique des rapports entre langue orale et langue écrite. Identifié *phonème* et *unité du signifiant* revient à résoudre d'emblée la question du rapport qu'il s'agissait d'interroger. Dans la réception saussurienne, l'opposition proposée par Derrida (1967) entre héritage « algébriste » (Hjelmslev) et héritage « phonologiste » (Jakobson) repose sur cette analyse de la notion de langue (Chiss & Puech, 1987 : 98–104). Selon Pellat, Hjelmslev « fournit le cadre théorique le plus solide pour une analyse spécifique de l'écrit, bien qu'on ne trouve pas dans ses ouvrages de véritable réflexion théorique sur l'écriture » (Pellat, 1988 : 136).

20 « La langue est une forme qui sert d'intermédiaire entre une expression et un contenu, et elle comporte par suite deux sortes d'éléments morphologiques ou de glossèmes : ceux qui forment l'expression et ceux qui forment le contenu. Les cénématèmes forment l'expression ; sans les cénématèmes il n'y aurait ni phonèmes, ni graphèmes ; il n'y aurait qu'une masse sans forme,

étranger au caractère phonique du signe linguistique » (Saussure, 1916 : 21). En illustrant le point de vue de la langue schéma, Hjelmslev utilise de manière attendue l'exemple de l'alphabet :

> L'*r* français est ainsi défini comme une entité oppositive, relative et négative ; la définition donnée ne lui attribue aucune qualité positive, quelle que ce soit. Elle implique qu'il est un réalisable, non qu'il soit un réalisé. Elle laisse ouverte n'importe quelle manifestation : qu'il prenne corps dans une matière phonique ou graphique, dans un langage par gestes (soit dans l'alphabet dactylologique des sourds-muets) ou dans un système de signaux par pavillons, qu'il se manifeste par tel ou tel phonème ou par telle ou telle lettre d'un alphabet (soit l'alphabet latin ou l'alphabet morse), tout cela n'affecterait en rien la définition de notre élément. [...]
> Avec les autres éléments défini de façon analogue, l'*r* français constituerait **la langue française considérée comme schéma, et, de ce point de vue, quelle qu'en soit la manifestation, la langue française reste identique à elle-même** [...]. Même si la prononciation du français changeait du tout au tout, la langue, considérée comme schéma, resterait la même, pourvu que les distinctions et les identités préconisées par elle soient sauvegardées. (Hjelmslev, 1971 [1943] : 81)

La réduction de l'écriture à un rôle de système supplétif – car le signe serait phonique par nature et l'écrit signe de ce signe – est loin d'être l'interprétation unilatérale de la théorie saussurienne. Derrida trouve ainsi en Saussure son meilleur allié dans la critique du phonocentrisme, lorsque, de l'analyse de la « différence comme source de valeur linguistique », il conclut :

> La différence n'étant jamais en elle-même, et par définition, une plénitude sensible, sa nécessité contredit l'allégation d'une essence naturellement phonique de la langue. Elle contredit du même coup la prétendue dépendance naturelle du signifiant graphique. (Derrida, 1967 : 77)

1.4 Le statut paradoxal de la langue (de Saussure à Benveniste)

Mais dès lors que le signifiant n'est plus la forme spécifique d'une substance particulière – de sorte qu'il puisse les intégrer toutes –, il ne répond pas davantage au postulat sémiologique selon lequel *un système se caractérise d'abord par son mode opératoire et son domaine de validité* (chap. 1, 1, p. 39) : aucune matérialité ne restreint le domaine de validité de la langue comme schéma. On

---

une masse amorphe de sons ou de traits d'écriture. Les glossèmes qui forment le contenu (les glossèmes comportant une signification) peuvent être appelés plérématèmes [...]. » (Hjelmslev, 1973 [1937] : 184–185)

en vient tout bonnement à douter que la langue, au sens de *système* commun à l'oral et à l'écrit – « la langue française considérée comme schéma » – puisse constituer un *système de signes* au sens considéré ici.

Cette perplexité, Benveniste l'éprouve aussi, alors qu'il se consacre précisément au rapport entre *langue* et *écriture* :

> Je commence à douter que la langue appartienne réellement à la sémiotique. Ne serait-elle pas seulement l'interprétant de tous les systèmes sémiotiques ? (Benveniste, 2012 [1969] : 86)[21]

Il est par suite conduit à faire de la langue non pas le parangon de tous les systèmes de signes, comme Saussure, mais quelque chose à part :

> Il y a deux modes de signifiance[22], caractéristique qui semble n'être nulle part ailleurs. Contrairement à ce que Saussure pensait, c'est une propriété qui met la langue hors des systèmes sémiologiques. (Benveniste, 2012 [1969] : 87)

Dans l'article « Sémiologie de la langue » contemporain de son cours consacré à l'écrit (1968–1969), Benveniste continue à décrire la langue comme un « système de signes », mais la présente comme *exemplaire du signe*, plutôt que des systèmes sémiologiques :

> Pour ces raisons, la langue est l'organisation sémiotique par excellence. **Elle donne l'idée de ce qu'est une fonction de signe, et elle est seule à en offrir la formule exemplaire.** De là vient qu'elle peut seule conférer – et elle confère effectivement – à d'autres ensembles la qualité de systèmes signifiants en les informant de la relation de signe. Il y a donc un MODELAGE SÉMIOTIQUE que la langue exerce et dont on ne conçoit pas que le principe se trouve ailleurs que dans la langue. La nature de la langue, sa fonction représentative, son pouvoir dynamique, son rôle dans la vie de relation font d'elle **la grande matrice sémiotique, la structure modelante** dont les autres structures reproduisent les traits et le mode d'action. (Benveniste, 1974 [1969] : 62–63)

Moins système exemplaire, on le voit, que « matrice » assurant le modelage sémiotique des autres systèmes, la langue se trouve ainsi définie en amont, ou en aval, mais séparément, de la langue orale et de la langue écrite.

---

[21] Interrogation sémiologique fondamentale qui me paraît traverser le cours de sémiologie donné par Benveniste au Collège de France, entre 1968 et 1969 (voir Benveniste, 2012).

[22] Rappelons que la distinction des ordres de signifiance, introduite déjà dans l'article sur « Les niveaux de l'analyse linguistique » en 1963 et qui se trouve au fondement de la conception benvenistienne de l'énonciation, est développée notamment dans l'article « Sémiologie de la langue » dont l'écriture est contemporaine à celle des notes du cours sur l'écriture.

					> système oral (sémiophonie)
cognition	<	>	langue	<	
					> système écrit (sémiographie)

Cette position singulière de la langue relativement aux systèmes de signes, dont elle est l'interprétant dernier, lui confère un rapport privilégié à la cognition. C'est du moins une telle situation qui permettrait de concevoir que, en tant qu'elle interprète les autres systèmes de signes et en supporte la distinctivité (en interprétant la différence de leurs signes), la langue des sujets alphabétisés produit une « iconisation de la pensée » :

> Nous vivons dans la civilisation du livre, du livre lu, du livre écrit, de l'écriture et de la lecture. Notre pensée est constamment, à quelque niveau que ce soit, informée d'écriture. (Benveniste, 2012 [1969] : 91 et 95 pour le syntagme « iconisation de la pensée »)

Mais laissons là cette question et contentons-nous de ce résultat : par l'abstraction de son corps phonique, le signe linguistique tel que le définit Saussure, trouve la condition de se définir *en amont de toute substance* : il peut ainsi subsumer le phonème et le graphème.

1.5 Sémiotique et sémantique x langue orale et langue écrite

À l'aide des réflexions sémiologiques de Benveniste, je préciserai le schéma ci-dessus sur lequel se fonderont mes analyses.

En se définissant comme réalisation optimale de l'arbitraire chez Saussure et comme l'interprétant de tous les systèmes sémiologiques chez Benveniste, la langue en vient à se constituer en condition de possibilité de tout système et trésor des ressources symboliques d'une culture – plutôt que comme système de signes elle-même.

Si l'on considère les quatre critères utilisés pour caractériser les systèmes de signes (chap. 1, 1, p. 39), on reconnaît que, comme il le faisait en linguiste, le Benveniste sémiologue interroge les systèmes dans les relations qu'ils entretiennent avec leur extériorité (1° mode opératoire et 2° domaine de validité) et dans leur relations internes (3° nature et nombre de ses signes et 4° type de fonctionnement). Un système intègre sa fonction culturelle ou sociale, au sens où il est informé par elle – sa constitution structurelle en porte les marques ; simultanément, la fonction sociale ou culturelle intègre le système au sens où elle n'est pas possible sans un système, dont elle est la mise en action. En d'autres termes, les comportements se sémiotisent (prennent formes) en propriétés structurelles constituant des systèmes et garantissant la codification de ces comportements (intégration 1) et les propriétés structurelles du système se sémantisent (prennent sens) dans les comportements qui les instancient (intégration 2).

Des quatre traits définitoires des systèmes de signes, Benveniste écrit :

> Les caractères qui sont réunis dans cette définition forment deux groupes : les deux premiers, relatifs au mode d'opération et au domaine de validité, fournissent les conditions externes, empiriques, du système ; les deux derniers, relatifs aux signes et à leur type de fonctionnement, en indiquent les conditions internes, sémiotiques. Les deux premières admettent certaines variations ou accommodations, les deux autres, non. (Benveniste, 1974 [1969] : 52)

Comment combiner ces quatre traits distinctifs des systèmes de signes avec l'idée de la double signifiance caractéristique de la langue ? Cette double signifiance caractérise-t-elle également la langue écrite ? Benveniste n'aborde pas précisément cet aspect, mais affirme globalement que : « On peut "dire la même chose" par la parole et l'écriture, qui sont deux systèmes convertibles l'un dans l'autre, parce qu'ils sont du même type. (Benveniste, 2012 [1969] : 77)

Rappelons comment Benveniste définit les deux signifiances :

> Le sémiotique désigne le mode de signifiance qui est propre au SIGNE linguistique et qui le constitue comme unité. [...] Toute l'étude sémiotique, au sens strict, consistera à identifier les unités, à en décrire les marques distinctives et à découvrir des critères de plus en plus fins de la distinctivité. [...] Pris en lui-même, le signe est pure identité à soi, pure altérité à tout autre, base signifiante de la langue, matériau nécessaire de l'énonciation. Il existe quand il est reconnu comme signifiant par l'ensemble des membres de la communauté linguistique, et il évoque pour chacun, en gros, les mêmes associations et les mêmes oppositions. Tel est le domaine et le critère du sémiotique.
> Avec le sémantique, nous entrons dans le mode spécifique de signifiance qui est engendré par le DISCOURS. Les problèmes qui se posent ici sont fonction de la langue comme productrice de messages. Or le message ne se réduit pas à une succession d'unités à identifier séparément ; ce n'est pas une addition de signes qui produit le sens, c'est au contraire le sens (l'« intenté »), conçu globalement, qui se réalise et se divise en « signes » particuliers, qui sont les MOTS. En deuxième lieu, le sémantique prend nécessairement en charge l'ensemble des référents, tandis que le sémiotique est par principe retranché et indépendant de toute référence. L'ordre sémantique s'identifie au monde de l'énonciation et à l'univers du discours. (Benveniste, 1974 [1969] : 64)

Dans ce sillage, la spécificité du système linguistique se dégage comme suit. Que la langue orale nécessite un niveau sémiotique d'analyse s'explique par le fait que ses unités systémiques s'autonomisent pour se trouver coupées de la surdétermination des extériorités auxquelles elles renvoient. Elles se constitueraient ainsi en un réseau de valeurs internes, selon des relations arbitraires, déterminées par le système, et non plus par leurs relations externes. En cela, elle constitue la réalisation exemplaire de l'arbitraire et la sémiotisation maximale. Cette sémiotisation du système de la langue conduit à la spécificité du signe linguistique, entité bifide, internalisant la relation de signification dictée par le système entier et donc selon une relation arbitraire, plutôt qu'associé par convention ou motivation, à une entité externe dont elle est le tenant lieu. On se situe alors au niveau de ce que Hjelmslev appelle *schéma*, la langue considérée « comme une *forme pure*, définie indépendamment de sa réalisation sociale et de sa manifestation matérielle » (Hjelmslev, 1971 [1943] : 80), neutre sur l'opposition *phonème/graphème*, et distincte de la « langue comme une forme matérielle » qu'il appelle *norme*. Dès lors, en même temps que la langue échappe à la nomenclature, par ce système de détermination clos sur lui-même, elle perd sa capacité à référer directement à ses extériorités.

Un second plan de signifiance doit être ajouté pour que les signes entrent en relation avec leurs extériorités. Ce ne sont plus alors les signes (sémiotiques) qui sont l'unité de ce second plan, mais la proposition comme unité catégorématique, c'est-à-dire unité de la prédication. Ce plan d'articulation du linguistique avec ses dehors, Benveniste le désigne comme celui de *la langue comme sémantique*, ou encore comme plan du discours ou de l'énonciation. Par cette idée de double signifiance, il parvient à articuler la pensée saussurienne du système tout en satisfaisant l'exigence à la fois pragmatique et anthropologique qu'il donne à sa linguistique : assigner une place au symbolique dans la société.

Cet étagement du sémiotique et du sémantique dote la langue du pouvoir qui la place au-dessus de tous les autres systèmes : la relation d'interprétance qu'elle entretient avec les autres systèmes.

> Le privilège de la langue est de comporter à la fois la signifiance des signes et la signifiance de l'énonciation. De là provient son pouvoir majeur, celui de créer un deuxième niveau d'énonciation, où il devient possible de tenir des propos signifiants sur la signifiance. C'est dans cette faculté métalinguistique que nous trouvons l'origine de la relation d'interprétance par laquelle la langue englobe les autres systèmes. (Benveniste, 1974 [1969] : 65)

Le sémantique est métasémiotique pour Benveniste, au sens où le plan du discours est conçu globalement comme un travail sur le plan de la langue ; le sémantique peut également se faire métasémantique, lorsque l'énonciation prend la langue, une autre énonciation ou elle-même comme objet du dire –

possibilité qu'elle aurait en propre (Benveniste, 1966 [1952], 2012 [1969] : 85–87)[23].

La langue se spécifie par sa « double signifiance », « modèle sans analogue » précise Benveniste (1974 [1969] : 63). Qu'en est-il de la langue écrite ? Sa signifiance est-elle double également ? Le cas échéant, l'écriture devrait partager avec la langue le pouvoir d'interpréter les autres systèmes et de s'interpréter elle-même. Or il appert que la langue écrite permet l'étagement métalinguistique, qu'à l'égal de la langue parlée, elle prédique sur ses propres signes ou sur du prédiqué, apportant même dans cet art des raffinements que ne lui connaît pas l'oral (« "x" », *x*, etc.)[24]. Le lexique métascriptural est par ailleurs très développé (*lettre, ligature, accent, jambage, cadratin, tiret, page, paragraphe, chapitre, alinéa, appel et renvoi de note, rature, (se) lire, écrire, réécrire, griffonner, noter, annoter, copier, transcrire, etc., etc.*)[25].

Si génétiquement, on peut faire l'hypothèse que la langue écrite hérite cette virtualité de la langue orale, il n'en demeure pas moins qu'en synchronie – point de vue qui seul intéresse l'analyse de la signifiance – elle est l'égal de la langue parlée en ce qui concerne l'auto-interprétance.

Posons que le système oral et le système écrit ont la double signifiance et l'auto-interprétance comme genre sémiologique commun. Reste à déterminer

---

23 « Je crois que la principale différence entre la langue et les "systèmes sémiotiques" est qu'aucun système sémiotique n'est capable de se prendre lui-même comme objet ni de se décrire dans ses propres termes. » (Benveniste, 2012 [1969] : 85). L'arbitraire du signe et la réflexivité langagière doivent être corrélés.

24 On peut aussi mentionner les signes métalinguistiques graphiques dont la fonction spécifique est de signifier les unités orales, les barres obliques pour les transcriptions phonologiques, les crochets pour les transcriptions phonétiques. On se rapproche alors de la valeur phonologique des lettres, utilisées par les anciens et les modernes pour symboliser l'invariance fonctionnelle des phones, ce qui est aussi un fonctionnement métalinguistique – mais pas métascriptural. On retrouve alors l'ambiguïté du *Cours de linguistique générale*. Parce qu'il représente la langue au mieux, l'écrit lui est-il subordonné comme système strictement métalinguistique, ou entretient-il à son égard une relation d'interprétance ? Historiquement, il est passé de la première fonction à la seconde.

25 Si l'on considère les raisons avancées par Benveniste pour lesquelles la langue réclame un traitement en termes de double niveau de signification, on constate qu'elles valent toutes également pour l'écrit : « Aucun autre système que la langue ne comporte la possibilité pour les signes dudit système / 1) de former des ensembles constituant de nouvelles unités, c'est-à-dire : dans aucun autre système les unités ne sont susceptibles de se composer ni de se décomposer / 2) de fonctionner comme « mots » d'une « phrase » / 3) de se modifier en quelque manière (signifiant ou signifié) dans un « contexte » / 4) de se comporter comme homophones [ou homographes] ou comme synonymes » (2012 [1969] : 85).

leurs différences spécifiques. On peut le faire en partant des quatre critères définissant les systèmes et organisés, en raison de la double signifiance du langage, en paires s'autonomisant[26].

Les caractères sémiotiques dessinent le plan de la langue comme système, n'ayant ni *domaine de validité* restreint (et pouvant donc s'étendre à tous), ni *mode opératoire* spécifique (puisque purement formel). Ils réclament, on l'a dit, un autre plan de signifiance : celui de la mise en action (orale ou écrite), où la langue trouve un *mode opératoire* (organes phonatoires et auditif, ou main éventuellement outillée et œil) restreignant des domaines de validité (situation d'énonciation et fonction sociale).

Cette structuration conduit d'abord à considérer que la langue écrite et la langue orale constituent deux systèmes de signes de plan sémantique greffés sur le même plan sémiotique de la langue. Cet aspect est faiblement caractérisant, dans la mesure où la langue a été définie comme le réservoir sémiotique de tous les systèmes de signes au sein d'une culture donnée.

Ce qui confère à cette triade une importance sémiologique sans comparaison dans notre culture, c'est que langue écrite et langue orale entretiennent une relation d'interprétance avec les autres systèmes de signes ainsi qu'une relation d'auto-interprétance. Ce pouvoir leur confère la fonction de réguler tous les autres systèmes et donc toutes les pratiques sociales.

L'auto-interprétance conduit, on l'a vu, à considérer que ces deux sous-systèmes – la langue orale et la langue écrite – *sont eux-mêmes constitués d'un plan sémiotique et d'un plan sémantique* : une sémiotique graphémique structurant l'énonciation écrite et une sémiotique phonémique structurant l'énonciation orale. Car la capacité du langage à se prendre lui-même pour objet est corrélée à la distanciation qui faille la relation entre expression et contenu, médiation caractéristique du plan sémantique (alors que la relation sémiotique, intrasignique, entre signifié et signifiant, est immédiate et réciproque).

Illustrons ces considérations sémiologiques abstraites par un fait bien connu des spécialistes du français : le nombre important d'*homophones hétérographes* que compte cette langue. Pour aborder cette question, par analogie avec les barres obliques de la phonologie, j'introduis *des barres verticales pour référer aux formes de l'expression écrite.*

---

[26] Cette dissociation théorique n'est pas une séparation. Elle sert au contraire à penser la relation de détermination réciproque entre les deux niveaux : par l'énonciation, la langue (le sémiotique) intègre le discours et le discours (sémantique) intègre la langue.

En raison notamment de sa propension au monosyllabisme, le français recèle une quantité indénombrable d'homophones : /se/ pour |se| et |ce|, /so/ pour |saut|, |seau| et |sceau| et, en région parisienne, |sot|, /filɔ/ pour |phylo-| et |philo-|[27]. On en fait même des dictionnaires, qui en relèvent plus de mille – sans même entrer dans le jeu des variations souvent « muettes » de la morphographie grammaticale (|jolies|, |jolie|, |jolis|, |joli|). Dans les autres langues romanes, les homophones sont nettement plus rares. Blanche-Benveniste & Chervel soumettent cet exemple édifiant des six lexèmes homophones du français /sẽ/ (|sain|, |saint|, |sein|, |seing|, |ceint|, |cinq|) là où l'italien, pour les unités correspondantes, n'en comporte aucun (|sano|, |santo|, |seno|, |segno|, |cinto|, |cinque|) (1969 : 189).

Les homophones constituent des *oppositions affaiblies* dans la langue, dans la mesure où celles-ci ne distinguent des unités que par leur contenu – leur expression phonématique étant identique. L'homophonie favorise des associations fondées sur l'expression (liage sur le signifiant phonétique, chap. 5, 6.3.6, p. 435). Dans certains régimes discursifs, ces associations sont valorisées (poésie, humour...) pour cette raison même qu'elle témoigne de l'échec de la langue, comme logique de distinctivité. « De cette particularité le français tire la réputation – à mes yeux méritée – d'être une des langues, peut-être la langue ? la plus propice aux jeux de mots » (Arrivé, 1993 : 19), et le linguiste de citer Valéry très à propos : « Entre deux mots, il faut choisir le moindre. » La majorité des homophones du français – relisez la série des /sẽ/, faites celles des /pẽ/, des /tɔʀ/... – correspondent, dans la langue écrite, à des unités hétérographiques. Les calembours consistent alors à faire « équivoquer » des mots confondus pour l'oreille, mais distincts pour l'œil. Or cette distinction donne au lecteur-auditeur du français une conscience très nette de leur identité de mot.

La quantité des homophones hétérographes du français conduit à prendre acte d'un fait linguistique important : « le "découpage" sémantique opéré par la langue écrite est différent de celui de la langue parlée » (Blanche-Benveniste & Chervel, 1969 : 200). Or, du point de vue du locuteur-scripteur et de sa compétence linguistique, on peut faire un pas encore : il n'y a pas seulement non-coïncidence de la morphologie de la langue écrite et de la langue orale, il y a aussi cumul de la distinctivité des formes. C'est ce cumul qui assure aux unités linguistiques à la fois un rapport de distinctivité (sur le plan sémiographique) et un rapport associatif (sur le plan sémiophonique).

---

[27] Les homonymes stricts (*rayon, car, coupe*...) et les homographes non homophones (comme |as| => /a/ ou /as/, |bus| => /bus/ ou /by/, |portions| => /pɔʀtjɔ̃/ ou pɔʀsjɔ̃, etc.) sont comparativement rares.

« Les associations et les oppositions de signifiés constituent dans les deux langues des systèmes qui n'ont pas grand-chose à voir l'un avec l'autre. » (Blanche-Benveniste & Chervel, 1969 : 200) L'affirmation est un peu forte, mais elle pointe néanmoins l'essentiel : la relative asymétrie morphologique entre les deux systèmes. Il faut en tirer les conséquences pour la compétence du locuteur-scripteur du français. Pour ce dernier, le signe /ʃã/ et le signe |champ| constituent un signe {/ʃã/-|champ|}, un schéma cumulant la distinctivité des deux formes. Ce signe est /ʃã/ et non /sã/, mais aussi |champ| et non |chant|, associable à |champêtre| et non à |chanter|... Il faut autrement dit rendre compte du fait que la *langue schéma* mutualise des distinctions et des associations qui lui viennent aussi de la *langue comme norme écrite* et qui resurgissent à tout moment, même dans l'énonciation orale. La langue, par l'écriture, poursuit son travail de sémiotisation. Le système écrit élabore des oppositions que la langue thésaurise.

La contribution mutuelle de la langue orale et de la langue écrite au fonds sémiotique de la langue est stimulée par le système de conversion sémiologique permettant le passage des unités de l'un à l'autre des systèmes. S'il est nécessaire de baptiser le signe d'une écriture logographique en lui assignant un nom « oral », tout signe d'une écriture alphabétique porte un tel nom par défaut. C'est en raison de cette attache « intersémiotique » que permet en discours la convention phonographique que l'interaction des deux systèmes est plus forte dans les langues alphabétiques. Le système écrit (sémiographie) est instruit par le système oral (sémiophonie) et inversement. Le locuteur distingue ces morphèmes phoniques, parce que le scripteur qu'il est aussi sait les distinguer par la graphie. La segmentation du continuum sonore de la parole s'appuie sur la représentation graphique discontinue des unités correspondantes. La suffixation ou la liaison s'autorisent de la présence à l'écrit de graphèmes pourtant muets. Conjointement, les deux systèmes introduisent des distinctions dans la langue. L'expression linguistique {/so/-|saut|}, dans la langue, n'est pas seulement définie par ~/sa/ ou ~/to/, mais encore par ~|sceau| ou ~|sot|. Cette position théorique invite à poser, à côté de l'*endophasie* comme écoute interne des signes linguistiques dans leur expression phonique, une *endographie*, comme vision interne de signes d'expression graphique. Lire ne consisterait pas seulement à *s'entendre*, mais aussi à *se voir dire* (c'est-à-dire à se représenter visuellement les mots interprétés)[28].

---

[28] Pour donner quelque profondeur à cette hypothèse, on relèvera que Georges Saint-Paul, à qui l'on doit le terme d'*endophasie*, observe, parmi les informateurs qu'il invite à pratiquer l'introspection, à côté des verbo-moteurs, qui parlent leur pensée, et des auditivo-moteurs, qui l'écoutent, des sujets qui la lisent : « Enfin il existe des sujets chez lesquels l'articulation verbale ne provoque pas de l'audition verbale secondaire, mais bien la lecture verbale du mot qui vient

La dissociation de la langue orale et de la langue écrite ne conduit pas à conclure à leur séparation, mais précisément à penser leur interaction. Ainsi peut-on expliquer que la langue écrite et la langue orale mutualisent leurs développements respectifs et enrichissent la langue, leur base commune. On rejoint, sur un autre fonds théorique, la « théorie de L Prime » de Nina Catach, selon laquelle, en synchronie, il faut penser les deux systèmes non pas selon un rapport de hiérarchie, mais de complémentarité et, j'ajouterais, d'interaction :

> Selon nous, l'oral et l'écrit sont, pour un adulte cultivé moderne, deux médias différents, ayant des rapports privilégiés, mais égaux et relativement indépendants, présentant chacun leurs caractéristiques propres et complémentaires. Ils participent tous deux à l'évolution et l'enrichissement de la langue, appelée L, de telle sorte qu'elle se transforme sous l'influence de l'écriture et acquiert de nouvelles capacités (nous l'appelons L Prime). (Catach, 1994 : 97)[29]

La position proposée ici à partir de Benveniste rencontre les vues de Hjelmslev développées par Uldall (1944), et celles de Pulgram (1951) – ce dernier ajoutant à la glossématique des références à Vachek (1945–1948) de l'école praguoise[30]. Le modèle à trois termes permet d'expliquer l'influence réciproque de deux systèmes autonomes – ce que ne fait pas par exemple une approche de la distinction entre oral et écrit en termes de *modalités*, *canaux*, ou encore *manifestations empiriques* de la langue (comme par exemple dans Arrivé, Gadet & Galmiche, 1986 : 535 *et passim*).

1.6 Un modèle à trois termes : langue, sémiophonie et sémiographie

Maîtriser un idiome qui, comme le français, connaît un système écrit et un système oral, c'est non seulement maîtriser ces deux « codes » séparément, c'est aussi connaître leur correspondance conventionnelle. C'est, autrement dit, disposer d'une compétence qui est d'abord *métalangagière*, en ce qu'elle consiste à manipuler des référents langagiers, *intersémiotique*, dans la mesure où elle

---

d'être prononcé mentalement ; ce sont des visuelo-moteurs par simultanéité ou, si l'on veut, des verbo-moteurs à verbo-visualisme secondaire. » (Saint-Paul, 1912 : 115–116) Si d'aucuns se lisent penser, ils sont également capables de se lire parler...

29 Théorie qu'elle sténographie ailleurs ainsi : « Tout langage L pourvu d'un oral A et d'un système d'écriture développé B devient L', suivant l'équation A X B = L > L' » (Catach, 1988 : 255).

30 Pour un panorama sur ces filiations, voir Pellat, 1988 : 135–136.

consiste à articuler deux systèmes de signes différents, et enfin *intralinguistique*, au sens où ces relations sont internes à une même *langue schéma*[31].

À partir des développements précédents, on peut schématiser comme suit les relations entre la *langue*, la langue écrite, qu'on appellera désormais *sémiographie* par souci de clarification, et la langue orale, qu'on appellera *sémiophonie*[32].

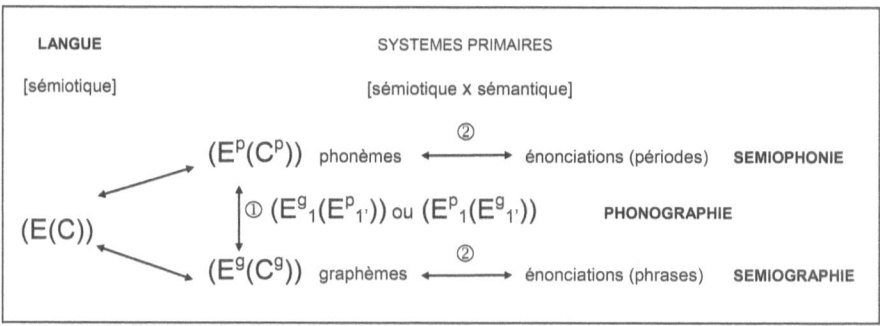

Fig. 1: Quatre systèmes impliqués dans le fonctionnement du français

L'option terminologique retenue s'apparente donc à celle d'Arrivé, qui décrit « la divergence des deux systèmes » qui « n'en viennent pas à constituer deux "langues" différentes » (1993 : 20). On observera dans ce schéma la présence de deux types de relations sémiologiques. La relation d'intégration (sur le plan horizontal) et la relation de conversion (flèche verticale). On peut considérer la relation d'intégration comme principe de la dynamique interne de tout système. Il met en évidence le rôle de « grande matrice sémiotique » de la langue, « structure modelante dont les autres structures reproduisent les traits et le mode d'action » (Benveniste, 1974 [1969] : 63), intégrant tous les systèmes d'oppositions d'une culture donnée.

Cette relation d'intégration relie d'abord la langue aux systèmes de premiers rangs que sont la sémiographie et la sémiophonie : dans le sens [langue > sémio-

---

[31] Rey-Debove caractérise ces opérations comme *métalinguistiques* et *intralinguistiques* (1978 : 81). Elle réserve le terme d'*intersémiotique* pour caractériser un discours parlant des unités d'un système artificiel ou non langagier (ni écrit, ni oral ; 1978 : 83). Comme pour ma part, j'utilise le terme de *sémiotique* en tant qu'adjectif relationnel de *système*, les énoncés décrits ici réalisent bien à mon sens un passage intersémiotique (systèmes oral et écrit étant définis comme des systèmes différents), quoiqu'intralinguistiques (leurs différences sont internes à la langue).
[32] Développé sur des bases benvenistiennes, notre schéma est proche de celui du précurseur Vachek (1939), reproduit et développé dans Catach, 1988 : 254, puis 1994 : 96–98.

phonie/-graphie] (intégration 1), la langue est la *matrice* sémiologique de ces systèmes ; dans le sens [sémio-phonie/-graphie > langue] (intégration 2), ce sont les unités graphémiques ou phonémiques à l'œuvre dans l'énonciation qui rejoignent la langue comme *trésor* des relations oppositives. C'est encore cette relation d'intégration qui relie le plan sémantique des systèmes de premiers rangs, où les pratiques se sémiotisent, c'est-à-dire se formalisent en fonction de leur usage social répété – condition pragmatique de tous systèmes sémiologiques –, et où ces unités sémiotisées se sémantisent par la mise en action du système – condition sémiologique de toutes pratiques symboliques.

Le schéma fait état de quatre systèmes.

À gauche, la langue est un système dont la relation de l'expression à son contenu est intrasignique, arbitraire, c'est-à-dire surdéterminée par le système, et réciproque : le signifiant renvoie au signifié et inversement. Intrasignique revient à dire « sémiotique pure », ce que Benveniste appellerait « sémiotique sans sémantique » : modèle du signe dont la détermination dépend du système.

Les trois autres systèmes sont le *système sémiophonique*, le *système sémiographique* et le *système phonographique*, ce dernier consistant, nous allons y revenir, à convertir des unités de l'un des deux systèmes primaires vers l'autre. Dans le contexte de notre enquête, la description intrinsèque de ces systèmes nous intéresse moins que les possibilités de leur mise en relation[33]. Sous l'angle de l'écriture-lecture qui seul nous intéresse ici (dans le cadre d'une analyse des modalités de la représentation écrite de l'oral et des effets de lecture), nous verrons qu'une même séquence écrite peut déclencher deux actualisations, deux performances sémiologiques très distinctes (relation de conversion intersémiotique et relation d'interprétance), correspondant à deux fonctions que remplit en synchronie le français écrit.

Cette articulation se veut une réponse sémiologique à cette observation, plutôt cognitive, de Catach :

> En fait, depuis cinq mille ans, l'homme s'est inventé une sorte de langage artificiel qui ne cesse de se complexifier. Il peut, par une attitude d'ordre métalinguistique, en dissocier les parties, ce qu'il est incapable de faire en règle générale à l'oral. Il s'est établi dans notre cerveau un système central de connexions qui relient l'écrit et l'oral à tous les niveaux, par

---

[33] En ce qui concerne le fonctionnement du système du français écrit, en particulier de sa morphologie, je me suis fondé sur les travaux de Blanche-Benveniste & Chervel (1969), Catach (1988, 1994, 1995), Arrivé (1993) et Blanche-Benveniste (2003), ainsi que d'Anis (1988) pour une approche strictement autonomiste. Quel que soit leur point de vue théorique, ces travaux font apparaître avec force et netteté l'insuffisance d'une description de l'orthographe française en termes de phonographie et la nécessité, articulée de manière différente chez les uns et les autres, de penser les autres fonctionnements de ce système.

une sorte de système de passerelles ; avec, en même temps, des voies directes possibles vers l'un ou l'autre, sans passer par les « correspondances ». Ce qui permet de ramener les situations diverses d'emploi de l'écrit à quatre « modèles de lecture » fondamentaux : I. Modèle *unilatéral* avec passage à l'oral (lecture à haute voix) ; II. Modèle *bilatéral* oral et écrit (décodage et encodage, situation de dictée par exemple) ; III. Modèle *direct* de l'écrit au sens (lecture silencieuse) ; et IV. Modèle théorique *trilatéral* central (Langue/Oral/ Écrit, sorte de plaque tournante de compétences acquises, permettant toutes les situations d'approches de l'écrit [...]. (Catach, 1994 : 98–99)

Ce sont ces différentes « connexions », « voies » ou « passerelles » que j'aimerais décrire d'un point de vue sémiologique.

2 Le français écrit : deux systèmes fonctionnels pour une même notation

> Mais on a tant dit que les langues sont pour l'oreille ! Un abus est bien fort, quand on a si long-tems raison contre lui. J'observerai cependant que les livres sont si fort multipliés, que les langues sont autant pour les yeux que pour l'oreille : la réforme est presqu'impossible. Nous sommes accoutumés à telle orthographe : elle a servi à fixer les mots dans notre mémoire ; sa bisarrerie fait souvent toute la physionomie d'une expression, et prévient dans la langue écrite les fréquentes équivoques de la langue parlée. Aussi, dès qu'on prononce un mot nouveau pour nous, naturellement nous demandons son orthographe, afin de l'associer aussi-tôt à sa prononciation. On ne croit pas savoir le nom d'un homme, si on ne l'a vu par écrit. (Rivarol, *De l'universalité de la langue française*, Bally, Berlin-Paris, 1784, p. 81)

La notation du français écrit, soit l'ensemble des signes que requiert son actualisation, se compose de deux types d'unités :

a) des formes de l'alphabet dit « latin », en référence à son origine, graphèmes alphabétiques ou encore *alphagrammes*[34] ; on en dénombre 26, 36 dans

---

[34] Suivant la terminologie d'Anis (1988, 1988b, 2001) que nous adopterons ici.

le système maximal intégrant les diacritiques (accents aigu, grave et circonflexe)[35].

b) des signes de ponctuation (*topogrammes* chez Anis, *cf.* chap. 5, 4, p. 327).

Au plan de la substance de l'expression, on parlera de *lettre* ou de *graphe*, réalisation singulière des graphèmes[36].

Contrairement à Anis, je n'intégrerais pas aux systèmes du français écrit les logogrammes (unités plérémiques dont l'expression n'est pas décomposable en alphagrammes) comme les chiffres arabes ou romains, les sigles ($, £, Ω, §, @, etc.), les émoticons ou encore les logos. En dépit de leur fréquence, ils sont accessoires à la notation du français (car toujours convertibles en alphagrammes) et ne constituent pas un ensemble fermé, mais émergent à d'autres systèmes dans lesquels ils trouvent leur signification ou leur mode de fonctionnement.

C'est la *dualité fonctionnelle* que cache cette unité notationnelle dont il s'agit désormais de rendre compte. Elle est au fondement de la première des modalités d'intégration symbolique de l'oral dans l'écrit que nous étudierons. Je reviendrai sur le fait que, relativement aux importants travaux linguistiques portant sur l'orthographe française considérés pour mon étude, l'approche sémiologique proposée consiste à définir *la phonographie comme un système autonome*, à côté et en interaction avec la sémiographie, plutôt que comme une propriété de certains phonèmes (ci-dessous, 2.4, p. 117).

2.1 Fonction phonographique ($E^g_1(E^p_{1'})$)

La notation du français écrit vise à mettre en relation les unités de la langue écrite de tous niveaux (ou sémiogrammes) avec celles de la langue orale (ou sémiophones). Cette fonction est remplie (et définie) par un système qu'on ap-

---

35 Cédille et tréma ont un statut à part, dans la mesure où ils n'appartiennent qu'au système phonographique.
36 Une partie de la variation de la substance de l'expression graphique est réglée par les topogrammes (voir aussi Anis, 1988 : 216). Une autre partie de la variation de la substance graphique résulte de règles dialectales : Rey-Debove mentionne le « *r* manuscrit des anglophones » (1988 : 78). Ce qui, dans la réalisation du graphe, n'est pas conformable à ces patrons généraux ou locaux, ressortit à la substance de l'énonciation écrite et au domaine de la *calligraphie* (ou de la graphologie) pour l'écrit manuscrit et de la *typographie*, pour l'écriture imprimée.

pelle *phonographie*[37]. En synchronie, aujourd'hui, l'opération, dite parfois de « transcodage », fonctionne dans les deux sens, c'est pourquoi, en elle-même, il faut la considérer comme un système de conversion phono-graphique $E^p(E^g)$ ou grapho-phonique $E^g(E^p)$[38]. Mais en ce qui concerne notre étude, seul un sens de la relation sera pris en compte : celle qui permet la conversion des graphèmes E^g en phonèmes E^p soit, au plan de la substance, la conversion des lettres (graphes) en sons (phones).

La relation phonographique est, dans le cas du français, inaugurée au plan des composantes fonctionnelles de l'expression orale (les phonèmes) auxquelles le système fait correspondre ses propres unités fonctionnelles minimales (les graphèmes). C'est là le trait spécifique des écritures alphabétiques (relativement aux écritures syllabiques, morphémiques ou logographiques). En conséquence, par des combinaisons de graphèmes en nombre fini, le système phonographique permet de donner une forme graphique aux unités de la langue orale de tous rangs, jusqu'aux énoncés complets. Le système phonographique, c'est littéralement le |b-a|/ba/ de l'écrit.

Cette analytique fait de l'écriture alphabétique un savoir épilinguistique élaboré, supposant une analyse de celle-ci en unités minimales, discrètes, finies et distinctes.

Ce fonctionnement existe-t-il en français, langue où la dictée est une épreuve et l'orthographe une marque d'excellence culturelle ? Oui bien sûr, comme pour toutes les langues alphabétiques. Le hic, c'est qu'à partir d'une séquence de graphèmes (|sept|), le système phonographique du français ne permet pas de retrouver assurément *la* séquence de phonèmes constituant le morphème oral correspondant (/sɛt/). Autrement dit, le système de conversion phonographique ne nous dit pas exactement comment prononcer |six|, |amygdale|, |leader|, |violent|, |portions|... ou plutôt, il nous donne plusieurs interprétations phonétiques possibles – dont parfois aucune ne coïncide avec la forme phonologique

---

[37] La notion de *phonogramme* a été « popularisée » par Catach (1980), mais elle est plus ancienne ; on la trouve par exemple déjà dans les notes de cours de Guillaume en février 1942 (2005 : 227).

[38] S'il en manquait, c'est là un indice supplémentaire que l'écrit alphabétique s'est largement affranchi de sa fonction « archaïque » de représentation de la langue orale. Selon la position de l'agent dans le processus, la conversion peut s'exercer dans les deux sens : *prononciation* ou *transcription* (chap. 3, 1, p. 129). Ainsi pour le français moderne au moins, il n'y a plus de rapport univoque de *modèle* à *image* et les graphèmes existent *pour eux-mêmes* : « Quand on dit qu'il faut prononcer une lettre de telle ou telle façon, on prend l'image pour le modèle. Pour que *oi* puisse se prononcer *wa*, il faudrait qu'il existât pour lui-même. En réalité, c'est *wa* qui s'écrit *oi*. » (Saussure 1916 : 52)

enregistrée en sémiophonie[39]. Le système permet toujours d'assigner à un mot phonémique (/pwa/) un mot graphémique (ou sémiogramme) (*|poi|), mais très souvent en français ce dernier ne correspondra pas au(x) sémiogrammes(s) existant en sémiographie (|poids| ou |pois|).

On peut voir dans ces observations rudimentaires le symptôme de la défaillance du système phonographique, ou celui de la polyvalence des graphèmes (comme dans l'école de Catach). Je propose de lui donner une autre interprétation. Dans la perspective d'un « fonctionnement phonographique idéal », pour passer d'|ortograf| à |orthographe|, il y a bien un « supplément orthographique » (Blanche-Benveniste, 2003 : 353). Mais il ne témoigne pas de l'absence du système phonographique français (sans quoi vous n'auriez simplement pas lu |ortograf|), ni même de sa faiblesse (vous avez sans doute très efficacement lu /ɔRtɔgRaf/) : il témoigne de l'incapacité régulière de ce système à nous renseigner sur l'orthoépie d'un mot orthographié. On est amené à voir les choses sous cet angle lorsqu'on observe l'efficacité, dans les écrits, de l'*appareil formel de la phonographie* (chap. 3, 2, p. 130) qui atteste l'existence de ce système.

Sur le plan sémiologique, la fonction phonographique est effectuée grâce à un système de type conventionnel. Il constitue donc une nomenclature : les unités mises en relation préexistent à leur association et se définissent par leur contenu et non par leurs oppositions internes au système. Les codes de conversion servant à transformer les unités d'un système en celles d'un autre sont sémiologiques de part en part (expression et contenu) et même en l'occurrence, linguistiques de part en part, une fois admis que la langue intègre la sémiophonie et la sémiographie. En ce sens général, on pourrait dire du *signe phonographique* qu'il est métalinguistique. Pour en affiner la compréhension, on le comparera avec le *signe métalinguistique* d'une part et l'*autonyme* de l'autre. Rappelons les définitions qu'en donne Rey-Debove :

> Le mot autonyme signifie le signe de même signifiant dont il est le nom, et ne signifie que cela ; le mot métalinguistique signifie tout ce qui est langagier, excepté le signe de même signifiant dont il serait le nom [...]. On proposera, pour le mot métalinguistique, la formule $E_1(E_x(C_x))$ [...]. Corrélativement, le mot autonyme aura pour formule $E_1(E_1(C_1))$. (Rey-Debove, 1978 : 33–34)

---

[39] L'ajout, lors de la réforme de l'orthographe de 1990, du tréma à |gageüre| (et le choix de placer désormais les trémas sur le graphème à prononcer) atteste d'une volonté « politique » de renforcer le fonctionnement du système phonographique. À l'échelle des syntagmes et des propositions, les questions de la liaison ou de la prononciation du schwa constituent d'autres aspects du transcodage que ne règle pas la convention phonographique.

Au sens précis où un signe métalinguistique est un signe dont le contenu est lui-même un signe, relation interprétée par la formule $E_1(E_x(C_x))$, le signe phonographique n'est pas métalinguistique. Certes l'expression graphique E^g a un contenu langagier (E^p), mais ce contenu n'est pas un signe (comportant lui-même une relation signiant-signifié), ni à proprement parler un signifiant (qui ne peut-être dit tel que relativement à un signifié). Le contenu du phonogramme est une stricte séquence de phonèmes donnée comme forme phonétique de E^g. Actualisé comme phonogramme, le mot écrit |lac| ne réfère à rien d'autre qu'à la suite phonétique /lak/. Si cette dernière se charge d'un signifié, c'est qu'elle a été actualisée, en discours (sur l'axe horizontal du schéma donné page 106), comme unité sémiophonique.

En raison de ce fonctionnement, rivé au niveau de l'expression, la phonographie permet de signifier des séquences de phonèmes non codées (c'est-à-dire sans identité sémiotique dans le système de la langue, ou sans conformation morphologique dans la langue écrite), comme *|blituri| (ci-dessus, 1.1, p. 87) qui ne renvoie à rien d'autre que la suite phonémique /blityʀi/.

Si l'on rapproche cette fois le signe phonographique de l'autonyme, représenté par la formule $E_1(E_1(C_1))$, on observe là encore que le phonogramme s'en distingue en ceci qu'il signifie une unité cénémique, sans contenu[40], ce qu'on représentera par la relation $E_1(E_1)$[41]. Mais la spécificité du signe phonographique impose de préciser la nature sémiologique des unités en jeu. D'où l'ajout des exposants à cette dernière expression pour signifier que le signe pho-

---

40 Rey-Debove envisage trois cas d'autonyme dont le contenu est lui-même constitué d'une expression sans contenu. Les unités obtenues *par coupe* dans le discours (*vs par schize* du signe), sur le modèle de « le -ampe de rampe » que Rey-Devove représente par la formule $E_1(E_1)$ (1978 : 115–116, voir la note suivante) ; les unités inconnues de l'interprète ou appartenant à une langue étrangère qu'elle interprète par la formule $E_1(E_1?)$; et les unités qui complètent le verbe *se prononcer* qu'elle traite comme des autonymes « à signifié détruit » $E_1(E_1\overline{C_1})$ (1978 : 196). Proche du dernier cas, le signe phonographique y est irréductible dans la mesure où il ne consiste pas seulement à représenter l'expression phonétique d'un mot de la langue (à vider une coquille) : il permet aussi, comme dans le cas du fameux « blituri », de construire une expression (de fabriquer une coquille vide) – il est davantage à signifiant construit qu'à « signifié détruit ».
41 « La syllabe -ampe [ãp], qui n'est pas un signe, se trouve signifiée par le signe autonyme /-ampe/. Toute séquence de phonèmes ou de lettres, prélevée par coupe dans un discours, produit un signe homomorphe grâce auquel on en parle. Néanmoins, le double processus de signification ne se produit pas, puisque ampe ne signifie pas ; le processus est simple : /ampe/ signifie « ampe » (qui ne signifie rien). Le formule $E_1(E_1)$ interprète la situation. Le premier E_1 est bien un signifiant, celui du signe autonyme. Mais le second E_1, qui constitue à lui seul le signifié, n'est pas un signifiant, ce qu'indique l'absence de C. » (Rey-Debove, 1978 : 115–16, voir aussi 1997 : 340)

no-gra-phique est une expression graphémique dont le contenu est une expression phonémique homomorphe : $E^g_1(E^p_1)$.

Cette description n'est pourtant encore que partiellement acceptable dans la mesure où les deux expressions mises en relation, n'appartenant pas au même système, ne sont pas homomorphes (ni homophones, ni homographes)[42]. Alors que dans la phrase écrite

|*Délice* est féminin au pluriel|,

l'autonyme présente, selon une relation iconique, la forme de l'expression du signe dont il est le signe – il montre le mot « délice » auquel il réfère parce qu'il a le même signifiant que lui –, dans une phrase telle que

|Paul a toujours prononcé *mazéguin* au lieu de *magasin*|,

« mazéguin » (E^g_1) *ne montrent pas* l'expression phonique (E^p_1) (la prononciation de Paul). S'il y a une équivalence entre les expressions graphiques et leurs « correspondants » phoniques, elle n'est pas la *donnée* « homomorphique » du signe phonographique, mais le produit de l'actualisation de ce signe selon le système phonographique. Ainsi utiliserons-nous le schéma $E^g_1(E^p_{1'})$, ajoutant un prime à l'indice qui symbolise le fait que l'expression phonémique $E^p_{1'}$, signifiée par l'expression graphémique E^g_1, ne correspond à celle-ci qu'en raison du système qui fait correspondre aux unités de seconde articulation de l'écrit des unités de seconde articulation de l'oral. La formule nous servira donc à décrire le signe phonographique, cet autonyme particulier, intersémiotique, qui fait correspondre à une expression graphémique une expression phonémique sans contenu.

Retenons que le système phonographique offre la possibilité de prononcer une séquence de graphèmes (ou de transcrire une séquence de phonèmes) qui n'est pas reconnue comme une unité linguistique par l'interprète (*|blituri|). Même si elle n'est pas identifiée en sémiographie, toute séquence graphémique peut se voir dotée, au plan de son contenu, d'une expression phonémique, par

---

[42] Rey-Debove signale ailleurs (1978 : 52) que, si le signe graphique était signe de signe phonique (comme l'affirme, parmi d'autres, Augustin), il ne serait pas un autonyme, « puisque les autonymes sont uniformément ou graphiques ou phoniques dans leurs composants ». Chez Rey-Debove, le couple oralité/écriture n'est pas absorbé et neutralisé dans la langue (et donc le couple homographie/homophonie dans l'homonymie), selon une approche linguistique traditionnelle, mais constitue un principe de différenciation sémiologique congruent avec notre approche *sémiolinguistique*.

l'actualisation d'un code associant graphème(s) et phonème(s) – unités minimales des systèmes « pontés ». Nous tenons là le principe du premier mode de représentation de l'oralité par la langue écrite que mon travail cherche à distinguer, décrire et inventorier. Je décris ce mode comme « sémiotique » parce qu'il correspond à la fonction définitoire d'un système.

Comme toute convention bien rodée, le système de conversion phonographique, fortement sollicité dès les premières heures de l'acquisition de l'écriture, finit par faire passer pour naturelles les relations qu'il code. Le même mot nous semble à la fois oral et écrit, les disparités dans la distribution des marques morphologiques orales et écrites ne nous apparaissent plus guère, les « mots », si bien enchaînés à l'oral, nous semblent avoir de francs contours[43].

2.2 Fonction sémiographique ($E^g(C^g)$)

Les langues écrites à notation alphabétique, comme celle du français, jouissent également d'une fonction qu'on peut dire *sémiographique*. Elle consiste à assigner aux expressions graphiques des contenus de sens sans la médiation de la langue orale. Les unités graphémiques, de l'écriture comme sémiographie, s'interprètent sans passer par le relai des unités phonémiques (c'est-à-dire sans recourir à l'audition, externe ou interne), et se reconnaissent selon un mode opératoire strictement visuo-graphique : « toute une partie de notre code graphique, celle qui est fondée sur ce qu'on a appelé le "visage du mot", est foncièrement idéographique » (Blanche-Benveniste & Chervel, 1968 : 31)[44].

Le système sémiographique fournit des patrons grapho-morpho-syntaxiques permettant de conformer la substance des signaux graphiques. Il recourt à la même notation que le système phonographique : la notation alphabétique (ou alphagrammes), complétée des topogrammes. Au sein du système sémiographique, les graphèmes constituent l'unité fonctionnelle minimale au plan de l'expression permettant de distinguer les unités de rang supérieur en les inté-

---

[43] La conscience du mot (morphème libre) est un exemple de retour de l'écrit sur l'oral, dans la mesure où, à l'oral, l'opposition entre morphème lié et morphème libre est faiblement distinctive – ce qui explique le recours à la glose métalinguistique : « en *n* mots », par laquelle la langue écrite sert d'interprétant à la langue orale. Cette conscience s'est forgée lentement : « Quand arrive le XVIIIe siècle, on a peine à croire qu'il faille s'interroger sur la délimitation de mots que grammaires et dictionnaires depuis si longtemps décrivent tels que nous les connaissons. Pourtant il y a des variations importantes dans la pratique réelle. » (Seguin, 1998 : 95)

[44] On préférera éviter « idéographie » pour ne pas laisser croire que la langue note des idées abstraction faite des structures symboliques.

grant (les morphèmes écrits ou morphogrammes), puis ces unités-là aux échelons supérieurs (syntagmes et propositions graphémiques) qu'ils intègrent à leur tour, dont ils sont la forme et où ils trouvent leur sens. Ce système est arbitraire (unités déterminées à l'intérieur du système). Dès lors, son fonctionnement réclame une compétence sémiotique, par laquelle les unités écrites des différents niveaux évoqués sont reconnues (dans leur expression-forme) et une compétence sémantique, permettant d'articuler ces unités avec des contenus positifs (sens et référence).

À ce titre, la langue écrite est l'égal de la langue orale : elle n'est pas un système intersémiotique, mais un système autonome relativement à la sémiophonie, doté, comme elle, d'un double plan de signifiance, et constituant, avec elle, un système de signes primaire. C'est par là que l'écriture n'est pas qu'une doublure, mais qu'elle peut transformer la langue – ou la travestir si l'on veut –, ce qui demeure inconcevable dans une conception qui assimilerait langue et sémiophonie et aliénerait la sémiographie, la réduisant à une fonction de substitut métalinguistique.

En tant que second système primaire (second du point de vue ontogénétique et phylogénétique), la sémiographie intègre la langue comme schéma. Il en découle un fait sémiologique important. Les unités linguistiques trouvent dans le système sémiographique des fonctions que n'a pas l'unité de la langue orale qui lui est associée. La sémiographie, on l'a dit, présente une morphologie grammaticale propre (|chante| vs |chantes| vs |chantent|), une morphologie lexicale propre (évoquée partiellement avec le cas des homonymes hétérographes, mais qui concerne aussi les relations lexicales instaurées entre lexèmes à la faveur de graphèmes muets : |sept|->|septante|...). Au niveau syntagmatique, de multiples oppositions sémiographiques strictes sont à l'oral faiblement distinctives (|plus tôt| vs |plutôt|, |on n'a| vs |on a|, etc.).

Ainsi, toute la matière de ce qui apparaissait comme un « supplément d'orthographe » (Blanche-Benveniste) du point de vue du fonctionnement phonographique manifeste et réclame le fonctionnement d'un système autonome, régi par des oppositions et des associations propres.

2.3 Remarques sur les théories de Jacques Anis et Nina Catach

Dans les années 1980, Nina Catach puis Jacques Anis ont largement contribué au développement d'une vague de travaux sur l'écrit. Les visées de ces deux linguistes sont distinctes.

Catach, dans la continuité de Gak, envisage la possibilité d'une théorie des systèmes d'écriture en général, dans leur hétérogénéité (alphabétique, syllabique, logogrammique...), mais restreinte chez elle aux écritures glottographiques : « Ensemble de signes discrets, articulés et arbitraires, permettant de communiquer n'importe quel message construit dans une langue donnée » (Catach, 1988 : 253). À partir de l'analyse des différents fonctionnements de ces systèmes, Catach entend notamment permettre de catégoriser les écritures étudiées (voir par exemple sa théorie des quatre « solutions » d'articulation de la langue écrite avec la langue orale, 1988). Catach formule ainsi de l'écriture alphabétique du français une définition intégrant l'ensemble des fonctions qu'elle peut endosser. Ainsi dégage-t-elle trois types de graphèmes : *phonogrammes, morphogrammes* et *logogrammes*. Les phonogrammes peuvent également jouer un rôle morphographique : le fait est caractéristique de la « mixité et de la polyvalence fondamentale des signes écrits » (1988 : 249). Le graphème |s| dans |tu as| est un morphogramme et un phonogramme dans |un as| ; le |ai| de |chantai| est les deux à la fois (soit un « morpho-phonogramme »). La variation individuelle entre utilisateurs, envisageant un mot comme un logogramme ou comme phonogramme, relèverait plutôt « d'une question de stratégies ou de processus que d'une notion intéressant le système lui-même » (1988 : 254). Dans la mesure où le système sert à rendre compte des « stratégies » et des « processus », en tant qu'il en est leur condition, les questions de concurrence fonctionnelle et de variation individuelle me semblent au contraire intéresser le système.

La linguistique de l'énonciation incline à penser non pas la polyvalence des signes, mais la polyvalence de l'interprète. Par ailleurs, l'approche sémiologique proposée conduit à décrire le français écrit non pas comme un système plurifonctionnel dont les unités sont polyvalentes, mais comme une activité symbolique régie par les deux systèmes considérés (la sémiographie et la phonographie), distincts par leur nature et leur fonction mais partageant la même notation. Leur coexistence ouvre, à celui qui en a la compétence, *des choix ou des cumuls dans l'actualisation des signaux.*

Dans la perspective que j'adopte et contrairement à l'école de Catach, on ne dira pas que les graphèmes sont plurifonctionnels, mais qu'il existe plusieurs systèmes pour prendre en charge, alternativement, les unités de l'écrit. Nous verrons que la différence d'approche n'est pas sans conséquence.

Quant à Anis, la « graphématique autonome » qu'il défend s'attache à développer une « sémio-linguistique du français écrit, une graphématique textuelle qui montrera comment l'inscription matérielle du texte contribuera à la production du sens » (Anis, 1988 : 221). Partant, il ne s'intéresse d'abord qu'à ses fonctionnements inhérents – c'est en ce sens qu'il faut comprendre l'autonomie qu'il défend, non au sens où l'écriture n'interagirait pas avec d'autres systèmes, à commencer par la sémiophonie. Dès lors, la fonction phonographique (celle des phonogrammes de Catach) n'y appartient pas. Cette exclusion ne frappe pas la langue écrite, mais la description que peut en faire une approche « autonomiste » :

> La graphématique autonome n'épuise pas l'analyse de la langue écrite : un certain nombre de phénomènes, par exemple certaines utilisations expressives de la ponctuation, nécessitent la mise en relation avec la phonie ; la syllabation graphique paraît dérivée de la syllabation phonique. (Anis, 1988 : 220)

J'adopte et adapte au cadre théorique développé ici l'approche d'Anis. Si l'on ne veut pas faire bon marché de la notion de système, ni négliger le conditionnement biotechnologique sur les pratiques symboliques, la méthodologie autonomiste est nécessaire : elle seule est apte à dégager la distinctivité proprement visuo-graphique d'un système de signes reposant sur des unités écrites. Mais dans la perspective d'une linguistique de l'énonciation, qui interroge les systèmes par leurs actualisations interprétatives, il faut penser la mise en relation des unités écrites avec les unités orales : car il s'agit là bien d'une fonction que leur assignent les scripteurs-lecteurs. La linguistique de la parole a besoin d'une modélisation expliquant la performance de ces derniers. C'est pourquoi il lui est essentiel de faire une place aux phonogrammes.

Enfin, en ce que penser l'interaction de deux fonctions présuppose leur autonomie, l'approche d'Anis est plus à même de rendre compte du codage écrit de l'oral.

2.4 Un plurisystème plutôt que des unités polyvalentes

On l'a vu, bien qu'à l'origine des écritures alphabétiques, la fonction phonographique ne rend pas compte de la constitution des unités du français écrit. Si celui-ci répondait d'une stricte logique de représentation graphique de la langue orale, alors à chaque phonomorphème correspondrait un morphogramme, les homophones seraient également homographes[45] et les paires minimales d'un système seraient aussi celles de l'autre[46]. Ce n'est de loin pas le cas. Le remar-

---

45 « D'où la vertu fondamentalement désambiguïsante de l'orthographe, en situation de communication médiatisée ou à distance, et la diversification des marques sans correspondance phonique » (Jeandillou, 2009 : §15).
46 /pɔ̃/ et /bɔ̃/ permettent d'opposer /p/ à /b/ ; mais |pont| et |bon| ne constituent pas une paire minimale de la langue écrite ; inversement |port| et |pont| permettent d'opposer |r|/|n|, mais ne sont pas des paires minimales pour la langue orale (exemple d'Anis, 1998 : 14).

quer, c'est déjà pointer la systématicité propre de la sémiographie. Elle ne nous retiendra pas ici dans la mesure où, en ce qui concerne notre objet, c'est la *relation* entre scripturalité et oralité qui nous intéresse (et non le système graphique dans son autonomie relative).

Le fait que la langue écrite soit gérée par les deux systèmes qu'on a vus en complexifie le fonctionnement et la description. Deux principes régulateurs hétérogènes génèrent du désordre. Isolé et considéré en lui-même, le système phonographique comporte déjà une certaine complexité qu'on met souvent au compte de l'origine de l'alphabet (qui n'a pas été inventé pour décrire les phonèmes du français et qui ne compte pas assez d'unités pour en noter la grosse trentaine de phonèmes)[47]. Mais cette complexité s'accroît drastiquement, si on mélange les « produits » de ce système avec ceux du système sémiographique. En effet, les deux systèmes conduisent selon des voies différentes à instaurer une relation entre séquences phonémiques et séquences graphémiques. Soit le « mot oral » /amidal/ et le « mot écrit » qui lui correspond dans la langue écrite |amygdale|. Si l'on considère que ces deux signes, provenant de systèmes différents, doivent être associés par la convention phonographique, on en vient à se demander si |yg| n'est pas un digramme pour le phonème [i] au titre d'une « correspondance rare », comme dit le psycholinguiste à ce propos. Et de lister exhaustivement ces raretés, et de faire l'inventaire de phonogrammes plus ou moins productifs, plus ou moins représentatifs de leur phonème[48].

Confrontée alors à plus de 130 phonographèmes[49] constitués par une méthode apparentée (mais qui évacue notamment les mots d'origine étrangère), Catach propose de hiérarchiser les phonogrammes en trois niveaux, suivant leur productivité et la stabilité de la relation phonème-graphème qu'ils instaurent ;

---

47 Pour signifier les phonèmes du français, notre système phonographique a ajouté aux 20 caractères de l'alphabet dans sa version latine des monogrammes empruntés à d'autres notations (|k|, |y|, |z|, |w|, |j|, |v|, Blanche-Benveniste, 2003 : 346), des digrammes, notamment pour représenter les voyelles nasales (|eu|, |ou|, |an/en|, |on|, |in|, |un|), mais aussi deux consonnes (|ch|, |gn|). Par ailleurs, des règles de variations positionnelles compliquent le système phonographique (|c|+|a|=[ka] mais |c|+|i|=[si], etc.), introduisant des phénomènes d'allophonie des graphèmes. La relation biunivoque du système de conversion intersémiotique pur (comme le morse ou, bien sûr, l'API) est ainsi diversement minée (Arrivé, 1993 : 46–50).
48 Pour [i] : |hi| dans |hiver|, |î| dans |île|, |iz| dans |riz|, |ït| dans |il haït|, |ye| dans |abbaye|, etc. Et que dire de la valeur phonographique des alphagrammes qu'on trouve dans des mots d'origine étrangère : |design|, |business| ou |tea-room|.
49 Catach écrirait ici *phonogramme* ; je préfère réserver ce terme aux mots écrits (isolés par deux espaces intermots) lorsqu'ils sont reconnus par actualisation du système phonographique, et parler de *phonographèmes* pour désigner les constituants minimaux de ce système.

elle aboutit ainsi à 33 « archigraphèmes », représentants idéaux des phonèmes du français (mieux vaudrait donc les appeler *archiphonographèmes*).

Ce modèle, plutôt coûteux, résulte du parti pris de traiter comme un seul les systèmes phonographique et sémiographique. Ma perspective conduit d'une part à dissocier les deux sous-systèmes, d'autre part à les étudier par les performances effectives qu'ils permettent. Elle conduit donc à une description différente dont un exemple donnera l'idée. J'ai soumis à une dizaine d'informateurs, lecteurs francophones experts, la séquence de graphèmes |aon| avec pour simple consigne : « Lire à voix haute. » La plupart ont répondu /aɔ̃/, les mêmes ont parfois ajouté /aɔn/, quelques autres /ã/, en glosant spontanément la proposition à peu près ainsi : « comme dans *paon, taon* ou *faon* »[50].

Ces réponses attestent de l'actualisation de systèmes différents. Seule la première correspond à une actualisation du système phonographique, auquel appartient |a| et |on| avec les valeurs qui leur sont associées, conventionnellement, au sein de ce système. La seconde réponse procède d'une *analogie* : |aon| n'est pas pour autant à considérer comme un phonogramme trigramme qui, en français écrit, coderait le phonème /ã/ ; personne n'utilisera ce trigramme en situation de dictée pour écrire un mot en /ã/ qu'il ne connaît pas. Sauf à vouloir instaurer une analogie (au plan de l'expression et donc au plan du contenu) avec |paon|, |taon| ou |faon|. Il aura, autrement dit, traité |aon| comme un morphogramme (plérème) et non comme un phonogramme (cénème). *L'actualisation phonographique d'un graphème ne suppose pas une analogie*, mais repose sur un lien conventionnel, une relation sans (ana)logique.

Sans une étude de corpus ou une étude de terrain, il est impossible d'objectiver le système phonographique en affirmant quelle association ((E^g)E^p) est conventionnelle, quelle autre repose sur une analogie (on pourra discuter par exemple du cas de |eau|). Ce qui importe à la perspective sémiologique, c'est de dégager la logique interne du système (qui peut connaître des variations dans son acquisition individuelle et ses utilisations occasionnelles). Car c'est cette logique que peut décrire la science des signes et c'est elle qui doit permettre de rendre compte de la performance – et non son objectivation abstraite. Il n'en va pas autrement de la langue.

Par exemple, suivant l'école de Catach, on dira que le mot de la langue écrite |cieux| se compose de deux phonogrammes (qui représentent selon ses travaux plus de 80 % des graphèmes du français), codant la séquence phonologique /si/

---

[50] Un informateur a aussi proposé une lecture ou glose par épellation (oraliser une séquence graphémique en nommant les lettres qui la composent) : [a'o'ɛn].

et d'un morpho-phonogramme |eux| codant le phonème /œ/ et signifiant en même temps le pluriel.

Selon le point de vue adopté ici, |cieux| peut être pris en charge par le système phonographique ou par le système sémiographique. Dans l'application unilatérale du premier, le lecteur construit le « mot » oral */cjœks/ ; comme il ne reconnaît pas là un mot de sa langue, il invalide son interprétation. Traitant le même mot en tant qu'unité sémiographique, l'agent le reconnaîtra, distinct de |mieux|, |lieux|, |pieux|, |creux|, mais aussi de |ciel|..., capable d'intégrer des syntagmes nominaux et d'y faire sens, et comportant un morphogramme grammatical |x| signifiant le pluriel. Le mot écrit fonctionne alors sans contrepartie phonétique, selon sa propre distinctivité, ancrée dans sa nature visuographique. Dans la pratique, les deux systèmes seront mobilisés provoquant des cumuls de fonctions ou des disjonctions dans l'analyse.

La description proposée répond d'abord à un postulat sémiologique : l'hétérogénéité qui caractérise les deux systèmes (phonographique et sémiographique) ne permet pas de les inclure en un macro-système unique. Elle résulte aussi d'un point de vue particulier (et d'inspiration saussurienne) sur le linguistique : la valeur d'une unité symbolique n'est pas intrinsèque, mais résulte d'une performance cognitive configurée par des systèmes de signes. C'est pourquoi il importe moins à la linguistique d'objectiver la valeur des graphèmes (et leur proportion en langue), que de décrire les systèmes qui rendent les performances possibles, et permettent de rendre compte de ces performances dans leur variation. Mon point de vue est enfin étayé par l'observation de la *phonographie en discours*, cette activité de type métalinguistique qui permet d'écrire la forme orale des mots. Ce sera l'objet de notre prochain chapitre.

À une approche des unités du français écrit comme « polyvalentes » ou plurifonctionnelles en elles-mêmes (dans la tradition de Gak puis de Catach), ces trois arguments conduisent à préférer celle du plurisystème. Si des unités graphiques sont dites *linguistiques*, c'est que a) elles ont été reconnues comme telles par un lecteur ; b) leurs propriétés procèdent de la conformation d'un signal aux unités des systèmes régissant l'écriture du français (phonographie + sémiographie) : *reconnue en tant que phonogramme*, une unité écrite se verra conférer certaines propriétés, *reconnue en tant que sémiogramme*, elle s'en verra assigner d'autres. Il y a ordinairement cumul de ces sémiotiques ; mais ce n'est pas l'unité qui est polyvalente ou plurifonctionnelle, c'est l'actualisation du signal par l'agent qui peut répondre à deux systèmes de signes différents. On observe une position similaire chez Blanche-Benveniste & Chervel :

> Le paradoxe de toute écriture idéographique ou de toute écriture phono-graphique est que chaque mot écrit dans l'une ou dans l'autre **n'est par lui-même ni exclusivement idéographique ni exclusivement phono-graphique.** Cela tient au fait que, dans le signe linguistique, le signifiant et le signifié sont, comme le dit Saussure, intimement unis. Soit le mot latin écrit *arbor*, dont chaque graphème affirme l'appartenance à un système graphique de type phonétique. Sa relation au signifiant du mot parlé *arbor* est immédiate ; mais tout aussi immédiate sa relation au signifié « arbor », du fait de la liaison intime de ces deux constituants du signe. **Le mot écrit *arbor* n'est donc pas plus un « phonogramme » qu'un « idéogramme »** ; il n'est phono-graphique que virtuellement, sur l'axe paradigmatique, par référence au système phonographique que les Romains utilisaient pour écrire leur langue. Syntagmatiquement au contraire, sur le plan du discours, c'est comme porteur d'idée, comme idéogramme, qu'il est exploité dans l'utilisation normale de la langue écrite. **Seul le code est phono-graphique ou idéographique.** (Blanche-Benveniste & Chervel, 1969 : 30)

« Seul le code... », et donc, du point de vue de la parole, seule la compétence fondée sur lui.

2.5 Un fondement sémiologique à l'hypothèse psycholinguistique de la « double voie »

Pour résumer, nous dirons que par le système sémiographique, les graphèmes des écritures alphabétiques se constituent en unités *susceptibles d'une reconnaissance sémiotique visuelle spécifique* – et déterminant donc une compétence sémiotique de même nature. Par exemple, |champ| est une unité du système sémiographique, parce que le lecteur conforme la *substance de son expression* à une forme sémiographique qui, parce qu'elle est distinctive au sein de la langue écrite, est dotée de propriétés distributionnelles et intégratives.

Par ailleurs, en vertu du système phonographique, |champ| est également, au sein du bi-système de la langue écrite, une combinaison de phonographèmes, représentant le phonomorphème /ʃɑ̃/. Ce dernier correspond à la forme de l'expression phonémique d'un mot de la langue orale (ou plutôt de deux) et peut, *par le relais de cette forme d'expression*, signifier son contenu. En d'autres termes : « le couplage structurel qui lie un système linguistique oral à un système d'écriture alphabétique introduit justement un double codage aux niveaux du phonème, des constituants syllabiques, de la syllabe et du mot » (Chevrot & Malderez, 1999 : 120). Ce « double codage » est le fait d'un double système : la phonographie et la sémiographie.

Il faut en conclure que, *pour certaines séquences graphémiques*, il existe deux « voies » d'accès au contenu, deux sémiotiques distinctes : un accès direct, ne mobilisant que le système sémiographique (1), et un accès détourné et complexe, combinant phonographie (2) et sémiophonie (3). En développant les relations de signification entre expression (E) et contenu (C), on peut schématiser cette double voie vers le contenu ainsi[51].

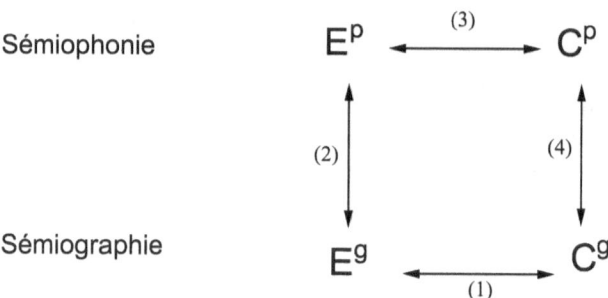

Fig. 2: Modes d'actualisation du signe graphique

Nous retrouvons par la bande sémiologique le modèle, issu de la psychologie cognitive, dit de la « double voie » (ou « double route »). Il admet que les unités lexicales écrites et orales sont associées soit selon une « voie infralexicale », qui « mobilise notamment un mécanisme de conversion phonie-graphie » (Bonin, Collay & Fayol, 2008 : 530), soit selon une « voie lexicale », qui « ne permet la récupération de l'orthographe que pour des items pour lesquels une représentation lexicale existe » (Bonin, Collay & Fayol, 2008 : 531), c'est-à-dire des « mots connus » auxquels sont associées des représentations sémantiques et formelles. Selon les derniers développements de ce modèle (Rapp *et al.*, 2002), les deux voies, distinctes, fonctionneraient normalement ensemble (voir encore Ferrand & Spinelli, 2005 et, pour un panorama, Ferrand, 2007)[52].

L'accès sémantique visuel direct est illustré de manière spectaculaire par l'aphasie alexique. Les locuteurs affectés par cette pathologie parviennent à lire (au sens de construire un contenu de sens) alors qu'ils ont des difficultés à

---

51 Je reviens plus loin sur la relation (4) à propos des opérations métasémiotiques *épeler* et *orthographier* (un signe oral), qui supposent toutes deux un passage par (3) (identification du signe au sein du système oral) et par (4) (mise en correspondance, au sein de la langue, entre un signe oral et un signe écrit, ce dernier pouvant seul s'épeler ou s'orthographier).

52 On ne voit pas pourquoi cette collaboration devrait invalider la différence des deux systèmes, comme l'affirme Wüest (en référence à la théorie de la double voie) : « Parler de deux codes, c'est suggérer qu'il s'agit là de deux systèmes sémiologiques indépendants, ce qui n'est pas conforme à ce que la psycholinguistique nous apprend. » (2009 : §36) Comme je l'ai dit plusieurs fois, l'interaction en sémiologie (comme ailleurs ?) signale l'autonomie et non la dépendance.

reconnaître les caractères alphabétiques : « si ces malades lisent à haute voix, ils le font moyennant certaines erreurs consistant à énoncer à la place des mots écrits un synonyme ou un mot sémantiquement proche (par ex. : crabe devient "homard", cathédrale, "église", etc.) » (Andreewsky & Rosenthal, 1988 : 104). Ce mode de « lecture » atteste d'une association de l'expression graphique à un contenu qui opère indépendamment de la capacité à prononcer l'expression. « Ce phénomène démontre, s'il en était besoin, que la compréhension de l'écrit n'est pas subordonnée à une conversion écrit/oral. » (ibid.)[53]

Du point de vue sémiologique au moins, il reste à opérer une distinction parmi deux sémiotiques que recouvre ce que les psycholinguistes appellent « voie lexicale ». En effet, la voie infralexicale coïncide avec l'exercice du système phonographique, qui fait correspondre des unités de deuxième articulation des deux systèmes. Cette sémiotique correspond à une oralisation « lettre à lettre » et elle est définitoire des écritures alphabétiques en ce qu'elle permet de lire des mots écrits inconnus et d'écrire des mots jamais entendus. En revanche, la *reconnaissance lexicale* peut fonctionner de deux manières : soit l'expression graphique est reconnue comme une forme autonome, pourvue d'un contenu mondain ou langagier : c'est son actualisation sémiographique ($E^g(C^g)$). Soit le signe écrit est actualisé en tant que nom écrit d'un mot oral, métasigne d'une unité de première articulation, dotée donc d'un contenu ($E^g(E^p(C^p))$). Cela correspondrait à une oralisation mot à mot. Appelons ce fonctionnement *phonomorphographie*. Les études expérimentales en psychologie de la lecture confirment l'existence d'un niveau morphologique de reconnaissance du signal visuo-graphique (voir Ferrand, 2007).

phonographie	phono-morphographie	sémiographie	sémiophonie
|arbre|	|arbre|	|arbre|	/aʀbʀ/
↓	↓	↓	↓
/a//ʀ//b//ʀ/	/aʀbʀ/	🌳	🌳
($E^g(E^p)$)	($E^g(E^p(C))$)	($E^g(C)$)	($E^p(C)$)

L'actualisation phonographique d'un mot écrit ne produit qu'une chaîne de phonèmes éventuellement homophone à un mot oral lui-même doté d'un contenu (1). L'actualisation phonomorphographique associe une expression orale à

---

[53] Les recherches en acquisition de la lecture distinguent trois stades, *logographique*, *alphabétique* et *orthographique*. Dans le premier cas, le mot est reconnu comme une entité globale (dessin) ; dans le second, il passe par le système phonographique ; enfin, le lecteur expert identifie les unités graphiques en analysant les morphogrammes qui le constituent.

une expression écrite (2), et l'actualisation sémiographique associe directement un contenu à l'expression écrite (3)[54]. En termes d'accessibilité au contenu, c'est la sémiographie qui présente le parcours interprétatif le plus court, ou si l'on préfère la sémiotique la plus simple :
(1) |arbre| → /a//R//b//R/ → /aRbR/ → 🌳
(2) |arbre| → /aRbR/ → 🌳
(3) |arbre| → 🌳

C'est pour cette raison notamment que, selon un principe de pertinence (même effet pour un moindre coût ; Sperber & Wilson, 1986), le lecteur développe cette actualisation lorsqu'elle est possible (c'est-à-dire à partir des morphogrammes qu'il connaît)[55].

---

[54] L'espace intermot joue, ausein du système sémiographique, une fonction fondamentale, assurant aux unités de première articulation une autonomie perceptive qui améliore leur reconnaissance visuelle. Pour cette raison, Catach le situe à l'origine de la séparation entre oral et écrit (1980, 1987). Manifestement, son apparition est à mettre en rapport avec la précision phonographique (représentation des unités de deuxième articulation) de la notation graphique utilisée : dans l'écriture du grec, le linéaire B (qui est un syllabaire) requiert le blanc plus tôt que l'alphabet grec classique (voir Fruyt & Reichler-Béguelin, 1990). Saussure associe lui aussi blanc et fonctionnement « idéographique » : « le mot usuel et familier s'embrasse d'un seul coup d'œil, indépendamment des lettres qui le composent ; l'image de ce mot acquiert pour nous une valeur idéographique » (*CLG* : 57). Pour Jeandillou, dans l'écrit phonographique que préconisent certains réformateurs de l'orthographe, la valeur des unités « ne peut être isolée (à grand peine) qu'au vu de la séquence entière. En d'autres termes, le global régit entièrement le local, alors qu'en orthographe usuelle, chaque unité séparée par des blancs graphiques se laisse plus ou moins définir à moindre frais » (Jeandillou 2009 : §12). Chervel et Blanche-Benveniste font l'hypothèse que l'écrit, qui multiplie les marques morphologiques et individualisent les unités par le blancs, et l'oral pourraient avoir « des modes d'appréhension différents du signifié », plus paradigmatique pour le premier et plus syntagmatique pour le second (1969 : 197).

[55] Je n'explorerai pas à fond le statut sémiologique de cette actualisation phonomorphographique. Elle n'est pas dans une langue comme le français le fait d'un système de type logographique, mais relève d'une stratégie interprétative d'optimisation. On pourrait la comparer à un figement, sur le plan de la reconnaissance sémiotique : le mot entier fonctionne comme l'alphagramme, comme un signe (écrit) de signe (oral). Si une telle sémiotique est possible – qui assigne au mot écrit le mot oral correspondant, sans passer par son analyse en phonographèmes, c'est que a) ces deux mots sont associés dans la langue par leur contenu (colonnes 3 et 4 du tableau ci-dessus) et b) que la relation entre leurs expressions est maintenue en raison du système phonographique de l'alphabet (colonne 1). Cette double association produit l'*effet miroir* que connaissent les auditeurs fortement alphabétisés, pour qui |arbre| et [aRbR] sont un même mot.

Ce développement théorique nous servira à décrire deux modes fondamentaux de la représentation écrite de l'oral : celui des « phonogrammes » et celui de la ponctuation.

Conclusion
Double voie (vers le contenu) et double voix (vers l'expression)

Si la construction du sens des séquences graphémiques peut se faire selon deux voies (phonographie + sémiophonie vs sémiographie seule), il en va de même pour l'oralisation des séquences écrites, soit l'élaboration, à partir d'elles, d'une expression phonique.

Les scripteurs qui sont en même temps locuteurs (les sourds de naissance ne le sont pas) peuvent (se) faire entendre l'écrit en prononçant les « mots oraux » leur correspondant au sein de la langue et en mobilisant les règles qui président à la succession dans le temps et à la modulation mélodique de ces unités dans le flux de la langue orale : la prosodie. Car on a fait cette hypothèse : la langue, qui reçoit ses déterminations sémiotiques des deux systèmes primaires, associe, pour un même contenu, des formes de l'expression écrite et des formes de l'expression orale – en termes normatifs, une orthographe et une orthoépie. On trouve cette association à l'entame des rubriques de dictionnaire. La langue offre donc une première manière de donner voix à l'écrit, qui suppose en fait l'utilisation de trois systèmes : *sémiographique* (reconnaissance visuo-graphique d'une séquence graphémique), *linguistique* (association au sein de la langue schéma des deux avatars formels d'un même signe linguistique) et *sémiophonique* (production-reconnaissance d'une forme de l'expression orale), empruntant le parcours (1)-(4)-(3) sur le schéma carré présenté ci-dessus. Pour faire simple, on dira qu'il s'agit de la voie sémantique[56].

Mais la profération d'une séquence écrite peut aussi reposer uniquement sur l'actualisation du système phonographique (voie (1)).

Les deux voies, en français, aboutissent régulièrement à des résultats différents. Car l'orthographe du français, qui au sein du système sémiographique règle la bonne formation des formes de l'expression, s'écarte très régulièrement

---

56 *Sémantique*, parce que le passage par cette voie suppose l'identification des formes du système sémiographique et l'association de leur *contenu* avec ceux des unités sémiophoniques. On ne peut emprunter cette voie qu'à la condition d'avoir reconnu et compris de l'écrit comme tel ; cette voie est autrement dit réservée aux unités du système (relevant de la compétence linguistique du lecteur).

de ce que donne l'application, aux unités sémiophoniques, du système phonographique ($E^p_1(E^g_{1'})$). Dans le sens inverse (écrit > oral), l'orthographe représente mal l'orthoépie : elle ne nous renseigne qu'approximativement sur la juste prononciation du mot oral lui correspondant.

Sur un axe allant du serbo-croate, cas de correspondance très forte entre les règles phonographiques de construction des expressions écrites et les règles sémiographiques (orthographe), au gaélique, cas de correspondance très faible (Anis, 1998), le français se situe proche du second, en compagnie de l'anglais, tous deux à cet égard nettement plus complexes que l'italien et l'espagnol. Pour Arrivé, le français est même le cas extrême : son « orthographe donne des indications, de toute nature, qui ne sont pas fournies, ou fournies d'une tout autre manière, par l'oral. Est-ce là un cas exceptionnel parmi les langues ? À ce degré, oui, sans nul doute. » (Arrivé, 1993 : 18) Pour le linguiste, le « régime commun » du français est sémiographique.

L'importance du « supplément orthographique » mine la portée du système phonographique et maximalise un fonctionnement autonome, qui ne passe pas par le relai de la prononciation des signes, mais instaure des distinctions et des associations dans son ordre visuo-graphique propre (comme dans le cas des très nombreux homophones hétérographes du français).

Si le français écrit est la plus sémiographique des langues romanes, on ne s'étonnera guère du recours fréquent, à l'écrit, à un appareil formel spécifique visant à fixer la « prononciation » de tel mot ou de telle phrase. Cette possibilité va permettre d'introduire, à côté des mots orthographiques – auxquels celui qui sait associera la bonne prononciation, et les autres d'hésiter encore : dit-on *arguer* ou *argüer* ? – des mots inventés pour représenter la prononciation. La vraie, l'unique, ou alors la locale, la désuète, la personnelle, celle d'emprunt ou d'occasion. Dans tous les cas, c'est d'une norme ou d'une variété vocale qu'il s'agit. La phonographie est donc, en discours, une manière essentielle de représenter l'oral à l'écrit. Une manière très prisée par les locuteurs d'une langue dont les mots ne s'écrivent pas tout à fait « comme ils se prononcent »... Voilà la modalité de représentation écrite de l'oral par laquelle nous allons commencer notre parcours.

Seconde Partie
Parcours des modalités de représentation

Chapitre 3.
La phonographie en langue et en discours
Écrire les mots entendus, écouter les mots vus

1 Le lexique de la conversion intersémiotique

Le métalexique connaît des termes qui décrivent les opérations de conversions intersémiotiques que nous avons évoquées et attestent du caractère usuel de ces opérations. Le tableau ci-dessous en récapitule les principales possibilités.

Comme la conversion phonographique (qu'on dit souvent de *transcodage*) s'exerce dans les deux sens et que l'on peut l'utiliser dans une énonciation orale comme dans une énonciation écrite, quatre situations sont à distinguer.

Aa) Pour l'opération de conversion d'un phonème (ou une séquence de phonèmes) en un graphème (ou en une séquence de graphèmes), on parle, avec des nuances différentes, d'*écriture (écrire)*, mais aussi d'*inscription (inscrire)* ou de *transcription (transcrire)*. *Orthographier* est une opération portant sur un morphème au moins qui, comme l'indique son préfixe, suppose que l'unité ainsi écrite appartienne au système sémiographique. On ne peut ni orthographier faux, ni orthographier un mot qui n'existe pas. Orthographier un mot entendu suppose donc, dans le schéma carré (p. 122), un passage par les relations (3)-(4)-(1), (2) ne conduisant qu'accidentellement, on l'a rappelé, à l'orthographe d'un sémiogramme français.

Ab) Il est aussi possible de réaliser la conversion (au plan de la forme seulement et non au plan de la substance) d'une unité orale en une unité écrite tout en restant à *l'oral* : mais il faut alors utiliser une convention pour donner à entendre des signaux visuels : c'est l'*épellation*, ou vocalisation du nom des alphagrammes constituant un mot oral. Lorsqu'on épèle un mot oral, en réalité, on épèle son correspondant dans la langue écrite (passage (3)-(4)-(1) + nom métalinguistique des alphagrammes).

Ba) Convertir un graphème, ou une séquence de graphèmes, en phonème, ou séquence de phonèmes, est une opération possible dans une *énonciation écrite*. Mais elle suppose alors l'utilisation d'un système de conversion qui permet à une séquence graphémique de remplir une fonction phonétique. On a alors à faire à deux formes écrites, *la seconde ayant pour fonction de coder la forme orale correspondant à la première*. Les linguistes parlent de *transcriptions phonétiques*. Si l'Alphabet Phonétique International s'acquitte plus rigoureusement de cette tâche de transcodage, c'est néanmoins la vocation originaire de l'alphabet. Hors du champ métalinguistique savant, c'est toujours l'alphabet qui est utilisé à cette fin. On appellera *phonogramme* les représentations graphémiques à valeur phonétique.

(b) La conversion de mots écrits en mots oraux est évidemment plus directe *à l'oral*. On appelle l'opération *prononciation*. Celle-ci opère différemment selon l'unité sur laquelle elle porte : s'il s'agit d'une unité cénémique (non dotée de signification, E^g_i), la prononciation ne peut guère que suivre la *voie phonographique* (2) : $(E^g_i(E^p_i'))$; s'il s'agit d'une unité plérémique $(E^g_i(C^g_i))$, s'ouvre alors les deux voies évoquées : *phonographique* (2), ou *sémantique* (1)-(4)-(3) qui consiste à identifier l'expression écrite E^g_i en tant que forme de la langue écrite $(E^g_i(C^g_i))$, associée elle-même, au sein de la langue, à la forme qui lui correspond dans le système oral $(E^g_i(E^g_i(C^g_i)) \& (E^p_i(C^p_i)))$. Au final, (E^g_i) est associée à la forme de l'expression orale correspondante (E^p_i). Ce parcours complexe met à mal l'idée que *prononcer* consiste strictement à articuler les unités graphiques inhérentes à un mot écrit. Il explique qu'on puisse prononcer un mot écrit d'une manière qui a parfois peu à voir avec les graphèmes qui composent ce mot. Ce qu'on prononce alors, ce n'est pas le mot écrit lui-même en ses articulations (voie phonographique), c'est le mot oral identifié à lui au sein de la langue, comme même forme linguistique partageant un même contenu. D'où l'humour de Hugo lorsqu'il écrit :

> La défaite me fait songer à la victoire ; [...]
> Quand je lis Waterloo, je prononce Austerlitz.
> (*L'Art d'être grand-père*, 1877)

Le grand-père présente de sérieux symptômes d'aphasie alexique (chap. 2, 2.5, p. 122–123) ! Mais, répétons-le, cette double voie de la prononciation n'est possible que pour les séquences de graphèmes qui constituent bel et bien des sémiogrammes.

	a) à l'écrit	b) à l'oral
A. phonème(s) → graphème(s)	écrire, inscrire, transcrire, (ortho)graphier	épeler
B. graphème(s) → phonème(s)	transcrire	prononcer

2 En discours : du phonogramme marqué à l'effet phonographique ou effet d'écoute

Une langue L1 peut parler d'unités non signifiantes en L1, et néanmoins propres à L1. Ce sont soit des unités supposés signifiantes, non codées, et présentées comme telles (inventions personnelles, unités bien formées mais inusitées, séquences de L1 mal formées c'est-à-dire agrammaticales et/ou asémantiques), soit des unités graphiques fictives destinées à restituer la prononciation, soit des unités qui ne sont pas des signes (séquences du deuxième articulation, signifiants, etc.). Lorsque tous ces éléments deviennent autonymes, leur situation est régularisée et la phrase qui les emploie comme signes autonymes est bien formée. **Car c'est une propriété du langage de parler de ce qui n'a pas d'existence reconnue, sans excepter les signes.** (Rey-Debove, 1978 : 80)

Notre objet, la représentation écrite de l'oralité nous conduit à nous pencher uniquement sur la seconde ligne du tableau ci-dessus. Voir de l'écrit et y entendre de l'oral suppose un passage du graphique vers le phonique. Proposer une sémantique de la lecture apte à décrire ce phénomène réclame, à ce stade de l'analyse, de reconnaître, parmi les séquences graphémiques d'un discours, celles qui ont valeur phonographique, celles qui, autrement dit, doivent être actualisées selon le système correspondant. Solliciter ce système, qui permet de constituer une séquence de phonèmes à partir de n'importe quelles séquences de graphèmes, orthographiques ou hétérographiques, c'est *s'écouter* lire. Alors qu'en sémiographie, le lecteur accède au contenu d'une séquence graphique parce qu'il en reconnaît les unités graphémiques distinctives et en comprend les propriétés distributionnelles et intégratives dans des prédications de forme graphémique. Lire, par cette seconde voie, c'est conformer des dessins à un patron grapho-morpho-syntaxique. C'est *voir*.

Néanmoins, le second chemin évoqué n'est praticable que dans la mesure où, en effet, aux « mots écrits » corresponde(nt) une ou des unités linguistiques, qu'à la condition que le mot lu soit en effet un sémiogramme auquel la langue associe un sémiophone. Si la séquence de graphèmes soumise à la lecture est « inconnue » du lecteur, qu'elle est a-sémiographique, parce qu'elle ne respecte pas les règles de bonne formation des sémiogrammes (|blituri|, fautes d'orthographes, néographie, etc.), seule demeure pour lui la voie phonographique. *L'oralisation d'une séquence graphémique hétérographique contraint le recours à la phonographie*, elle impose au lecteur de s'écouter lire. Tel est le ressort de ce que nous appelons *effets d'écoute*.

Il existe, on l'a vu, des verbes du français ordinaire dont le sens est précisément de représenter l'un de ses arguments valenciels comme un phonogramme (plutôt que comme sémiogramme), c'est le cas des verbes *prononcer*, *transcrire*, *écrire*... qui réfèrent à l'opération intersémiotique qui nous intéresse[1]. Nous n'étudierons que le comportement du verbe *prononcer* qui est par excellence celui qui, dans notre lexique, signifie la conversion intersémiotique de

---

[1] *Épeler* correspond à la conversion inverse, de l'oral vers l'écrit, d'une unité *posée comme articulée*. C'est pourquoi *épeler une lettre* ou *un topogramme* paraît incongru.

l'écrit vers oral[2]. Le roman, qui est notre terrain d'investigation principal, est un genre de discours écrit qui représente, régulièrement, des situations de parole. La transcription est pour lui un moyen, la prononciation un objet. On y cherche donc, plus ou moins fréquemment selon les esthétiques, à faire entendre des voix, à décrire des formes ou des substances phoniques. Telle est le sens du verbe *prononcer*, sur lequel nous allons nous pencher désormais. Une étude comparable à celle qui va suivre pourrait être menée sur le verbe *transcrire*[3].

3 Phonogrammes marqués comme tels

> Glenarvan en était à ce passage de sa lettre, quand Mac Nabbs, qui le suivait des yeux, lui demanda d'un ton singulier comment il écrivait le nom d'Ayrton. « Mais comme il se prononce, répondit Glenarvan. – C'est une erreur, reprit tranquillement le major. Il se prononce Ayrton, mais il s'écrit Ben Joyce ! »
> (J. Verne, *Les Enfants du capitaine Grant*, 1868.)

En tant que système, la convention phonographique conditionne une performance. En discours, celle-ci n'est pas libre et ne s'exerce pas à partir de n'im-

---

[2] En choisissant le verbe *prononcer* comme archétype du présentateur de phonogramme, on peut s'autoriser, outre de son usage ordinaire, de Bally qui, dans son *Traité de stylistique*, oppose *prononciation* et *intonation* comme on a opposé depuis et plus techniquement le *segmental* et le *suprasegmental* (1909 : 94).
[3] Dans le schéma valenciel : *A transcrire (le mot) X X'*, A est l'agent du procès métasémiotique, X une unité écrite (accessoirement pointée par un présentateur métalinguistique) représentant un sémiophone et X' un phonogramme codant la forme de l'expression orale de X. Par exemple : « Si le français était une langue de sauvages, non fixée par l'écriture, un voyageur-linguiste [A], recueillant **sur les lèvres** des indigènes le présent du verbe aimer, le [X] **transcrirait** ainsi : jèm, tuèm, ilèm, nouzèmon, vouzémé, ilzèm [X']. » (C. Bally, *Le Langage et la Vie*, 1913). On peut en dire autant de *écrire* : dans *A écrire (le mot) X X'* (« Simon a écrit pouls P-O-U »), X est un support présenté comme une unité linguistique (indistinctement orale ou écrite) et X' une propriété de X, proprement écrite, montrée par des graphèmes à l'écrit ou codée par des phonèmes à l'oral. Le recours fréquent aux topogrammes aide, à l'écrit, à identifier l'expression graphique sans contenu X', en représentant de manière analogique (chap. 3, 4.2.3.5, p. 191) la dissociation que réalise, à l'oral, l'*épellation* (lecture par dénomination des alphagrammes). Ces verbes, ainsi que d'autres expressions nominales comme « l'orthographe de x », constituent les pivots lexicaux des énoncés et gloses métalinguistiques, prédiquant sur un signe en usage par ailleurs. « 1947 : Naissance à Paris d'Alain Claude Baschung (avec un c). » (*Le Temps*, 19 juillet 2008). Le champ des signes et des énoncés métagraphiques est complémentaire à celui qui va nous intéresser.

3 Phonogrammes marqués comme tels — 133

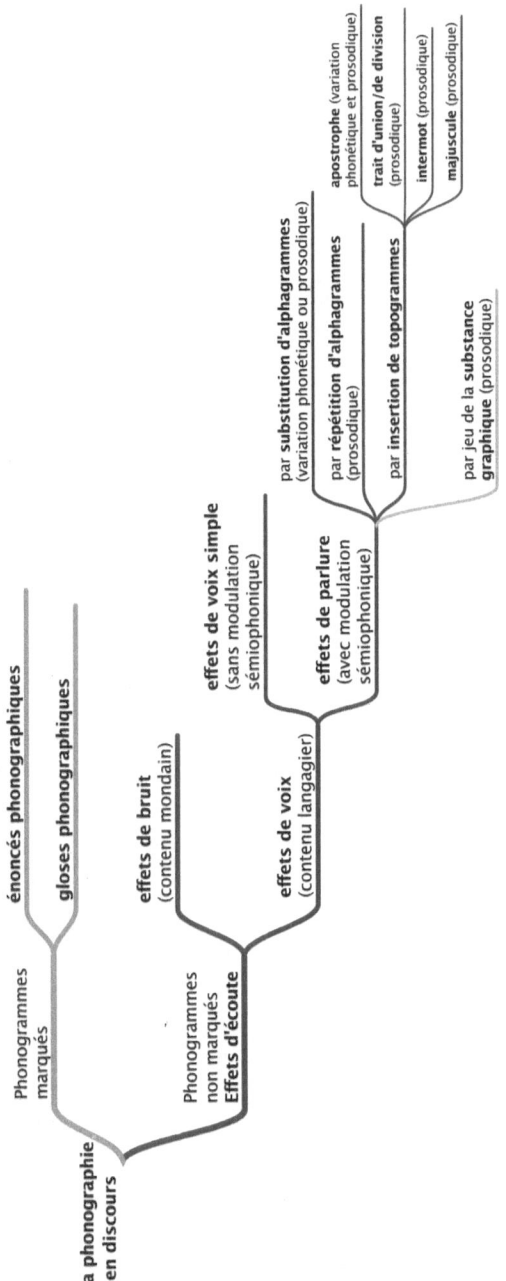

Fig. 3: Réalisations discursives de la phonographie

porte quelle séquence de graphèmes. Une linguistique de la lecture doit décrire les contraintes de son utilisation et ses effets.

Dans les cas que nous allons considérer d'abord, le recours à la convention phonographique pour l'actualisation d'une séquence de graphèmes en discours est signifié par la présence du verbe *prononcer*. Celui-ci peut servir à introduire un son articulé – une *lexis* aurait dit les Stoïciens. Dans son usage ordinaire à l'écrit, il remplit une fonction de *présentateur de phonogramme(s)*[4]. Nous parlerons dans ce cas de *phonogramme marqué, représenté* ou *explicite*, c'est-à-dire identifié par un marqueur linguistique dont il s'agit de la fonction spécifique. Avec un verbe comme *prononcer*, le texte écrit signifie que la lecture de telle de ses parties suppose l'usage du système phonographique. D'autres expressions, plus complexes ou moins conventionnelles (*articuler, dire*...), peuvent adopter, en contexte, un fonctionnement identique. De tels marqueurs nous situent à l'intersection de la représentation sémiotique (utilisation du système phonographique) et de la représentation sémantique de l'oralité (catégorisation métalinguistique, *cf.* chapitre 5). L'écrit *code* l'oral, par un phonogramme qui représente, par conversion intersémiotique, une forme de l'expression orale, et, en même temps, l'écrit se *décrit* comme oral, en installant l'oralité au plan du contenu de l'expression.

À partir de l'analyse des configurations syntaxico-sémantiques du verbe *prononcer*, marqueur prototypique des prédications phonographiques, on couvre largement ce type de prédication. Partant des formes explicites, ou les phonogrammes sont pointés comme tels au sein d'une *phrase métalinguistique*, nous observerons ensuite les cas où des mots écrits, connus ou non, sont à la fois d'usage sémiographique (avec un contenu, mondain ou langagier, éventuellement inconnu ($E^g_1(C^g_1)$) ou ($E^g_1(?)$)) et d'usage phonographique (le signe graphique signifie une prononciation ($E^g_1(E^p_1')$)). Nous envisagerons des réalisations discursives de ce dernier cas de figure – de *modalisation phonographique* – en partant des formes où ce fonctionnement cumulé est marqué par la présence d'une glose méta-énonciative, jusqu'au cas, purement interprétatif, où le « pont » phonographique est emprunté sans marqueur linguistique. L'ensemble des faits ainsi réunis sont porteurs *d'effet d'écoute*, car l'interprétation des unités phonographiques suppose de s'entendre lire l'écrit de sa propre voix, intérieure ou extériorisée.

---

[4] Cette notion de *phonogramme* précise et situe dans un panorama sémiologique plus large ce que Léon appelle « codage morphophonologique » (1993 : 34) et Anis « néographie phonétisante » (Anis, 1999).

3.1 Prononcer, prototype de l'activité phonographique

> Nous n'avons donc réellement pas une peinture fidèle de la parole ; nous n'en possédons qu'un croquis informe, où il est difficile et même impossible de la reconnaître.
> Si on en veut une preuve plus forte encore que l'aveu du savant académicien, on n'a qu'à ouvrir un de nos dictionnaires. On y verra que très-souvent, après avoir écrit un mot, on nous dit, ce mot se prononce de telle manière : et pour figurer la façon dont il doit être prononcé, on le récrit avec d'autres caractères, qui souvent le figurent encore fort mal, au moins pour un étranger. (D. de Tracy, *Éléments d'idéologie*, t. 2, 1803.)

On explorera les phrases métalinguistiques du type phonographique en décrivant les variations du schéma valenciel du verbe *prononcer*. La phrase suivante illustre sa réalisation « maximale » :

Leila prononce chocolat cochoa.

Le verbe régit alors trois arguments. En position sujet, (A) est *agent* du procès ; en position d'objet direct, (X') représente l'*agi* de l'action dénotée, et (Y'), son *résultat*[5]. Le procès du verbe représente l'association, du fait de (A), d'un objet sémiologique autonyme (un mot écrit X') à un autre objet sémiologique autonyme (sa prononciation, Y'). Sur le plan morphosyntaxique, (X') et (Y') sont indistincts ; comme leur ordre n'est pas absolument contraint, leur identification se fonde sur des critères interprétatifs, souvent assistés par i) des pointeurs métalinguistiques (« prononce *le mot* chocolat »), ii) des topogrammes liés (« prononce *chocolat* "cochoa" »), qui du coup lèvent l'ambiguïté de l'instruction syntagmatique.

Si l'on affine l'analyse sémantique, on dira que *prononcer* introduit X' *en tant que* graphèmes[6] (ou séquence graphémique autonyme) et Y' *en tant que*

---

[5] Pour rappel, la tradition grammaticale considère que les verbes métalinguistiques comme *dire*, *appeler*, *nommer* et *prononcer* se construisent régulièrement avec un *attribut du complément d'objet*. On peut en effet décrire le Y' de notre schématisation (la prononciation codée par le phonogramme) comme une propriété linguistique assignée à l'objet X' et résultant du procès métalangagier dénoté par le verbe (voir Riegel *et alii*, 2009, p. 431). Considérant généralement les verbes « à deux compléments directs », Le Goffic intègre quant à lui « les verbes de création et de nomination » parmi la catégorie des « verbes factitifs » dont les deux compléments peuvent être des SN : « [l]e verbe marque l'instrution d'une relation entre l'objet et son attribut (relation que les verbes de perception et de déclaration ne faisaient que constater) » (Le Goffic, 1993, p. 285).

[6] Si la *prononciation* était l'opération exactement converse de l'*épellation*, elle ne devrait pouvoir porter que sur des unités articulées. Techniquement, on *prononce* une *syllabe* [14], un *mot* ou toute unité composée d'alphagrammes, mais pas une lettre ou un idéogramme. Pourtant, de fait, on décrit régulièrement la manière dont se prononce tel alphagramme [10–13]. Il y a donc une asymétrie entre *épellation* et *prononciation* qu'il faudrait interroger.

phonèmes (ou séquence phonétique). Si l'énoncé métalinguistique est réalisé à l'oral, Y' présente l'expression dans sa forme et sa substance propre ; s'il est écrit, il le représente indirectement, par un phonogramme. Concentrons-nous sur ce second cas qui seul nous concerne. En schématisant, on écrira :

A prononce   X'   Y'
              $(E^s_1(C^s_1))$ $(E^s_1(E^p_1))$

À l'écrit, le verbe *prononcer* associe donc, à un sémiogramme autonyme X', un phonogramme Y', c'est-à-dire le codage graphémique d'une expression phonémique à « signifié détruit » (chap. 2, 2.1, p. 112, note 40).

La combinaison du présentateur métaphonique *prononcer* (ou de ses quelques paraphrases acceptables : *dire, articuler, émettre le son x*...) et du système phonographique constitue *l'appareillage sémiolinguistique* nécessaire à une équation improbable, associant une unité écrite à une unité orale, alors que la formule elle même est exclusivement écrite ou orale. On n'a pas fait mieux jusqu'à l'invention du multimédia : « Ecchymose se prononce ◀ ». D'où la nécessité de recourir à un système annexe, autonome relativement au système écrit, codant de manière graphique les expressions orales. On le trouve exemplifié dans les quelques extraits suivants :

[1] « Z'n'b' ! dit Abd el-Kérim. – Z'n'b' », répéta Abdallah avec un grand effort de contraction nasale. Je ne pouvais pas comprendre que l'éternuement de trois consonnes représentât un nom. Il me fallut quelque temps pour deviner que cela pouvait **se prononcer** Zeynab. (G. de Nerval, *Voyage en Orient*, 1851.)

[2] Mais que les tragédies de Racine sont belles ! (Il **prononçait** *pelles*.) Voilà la vraie gloire de la France. [...]
L'esprit n'est point ému de ce qu'il ne croit pas. Ceci est du Boileau. Faites-y attention. C'est du Boileau ! (Il **prononçait** *tu poilu*.)
(V. Hugo, *Le Rhin. Lettres à un ami*, 1842.)

[3] Si je n'avais vraiment pas une très forte envie d'écrire un roman dans cette langue celtique, je ne l'apprendrais point. On écrit *oidhce* ce qui **se prononce** *i* et *cathughadh* ce qui **se prononce** *cahu*. Padraic Baoghal trouve ça superbe parce que ça fait la pige au français.
(Sally Mara (R. Queneau), *Les Œuvres complètes de Sally Mara*, 1962.)

[4] L'alphabet français n'a que vingt-cinq lettres. Le W est une lettre anglaise. Tu ne la trouveras que dans les mots anglais comme wagon.
– Et walise.
– Non. Valise commence par un V. Ça **se prononce** pareil et ça s'écrit autrement. Faut comprendre.
– Les Anglais, y'z'ont pas de V alors ?
– Si.
– Alors pourquoi ils écrivent pas wagon avec un V ?
– Parce qu'**ils prononcent** Ouagon.
– Pourquoi **on prononce** pas comme eux ?

– Parce qu'**on prononce** à la française.
– Y'a qu'à l'écrire avec un V.
– C'est comme ça, dit sévèrement César. Y'a pas à comprendre.
– Ah bon ! »
Avec César, tout me parut facile.
(J. Perry, *Vie d'un païen*, 1965.)

[5] Sur le cours, au cercle, chez Costecalde, les gens s'abordaient d'un air effaré : « et autrement, vous savez la nouvelle, au moins ? – et autrement, quoi donc ?... le départ de Tartarin, au moins ? » Car à Tarascon toutes les phrases commencent par *et autrement*, qu'**on prononce** *autremain*, et finissent par *au moins*, qu'on prononce *aumouain*.
(A. Daudet, Aventures prodigieuses de Tartarin de Tarascon, 1872.)

Je ne prétends pas parcourir l'ensemble des configurations syntaxico-sémantiques de tels énoncés. Néanmoins, en observant le jeu des arguments régis par *prononcer* ainsi que les modes de repérage du phonogramme et du sémiogramme correspondant, on peut espérer décrire généralement les fonctions remplies par l'appareil phonographique, *phrases et gloses métalinguistiques d'assignation d'une expression orale à des expressions écrites*. Nous ordonnons les formes considérées selon un dégradé dans le marquage et donc un accroissement de la part interprétative du fait phonographique.

3.2 Enoncés métalinguistiques de type phonographique

Dans sa réalisation complète, l'agent (A), le sémiogramme autonyme (X') et le phonogramme (Y') sont explicites ; c'est le cas de l'extrait suivant (à l'exception de « esemple », phonogramme sans sémiogramme).

[6] J'ai fait remarquer à Felipe qu'**elle** ne parlait pas correctement le français ; **elle prononce** *esemple*, *sain* pour *cinq*, *cheu* pour *je* ; enfin, elle est belle, mais elle n'a pas de grâce, elle n'a pas la moindre vivacité dans l'esprit.
(H. de Balzac, *Mémoires de deux jeunes mariées*, 1842.)

Pourtant, l'un ou l'autre de ces arguments peut faire défaut.

i) Avec ou sans agent
Dans son usage intersémiotique à l'écrit, le verbe *prononcer* comporte parfois un agent singulier et déterminé. Dans ce cas, le phonogramme code une *prononciation* en tant qu'elle caractérise un locuteur :

[7] Je flaire le sot d'une lieue. Il parle avec prétention, il se renverse, **il prononce** *in* au lieu de *en* et vous dira : – J'ai vu un *infant*, au lieu d'un *enfant*.
(A. de Vigny, *Le Journal d'un poète*, 1844, 1863.)

[8] Et la fille se pâme et murmure Weber
Moi **je prononce** Wèbre et regarde la mer
(L. Aragon, *Feu de joie*, 1920.)

[9] Il a l'accent franc-comtois, il précipite les syllabes du milieu des mots et traîne les syllabes finales, il met des accents circonflexes sur tous les *a* et **prononce** comme Charles Nodier, comme M. Droz : honorâble, remarquâble. Il parle mal et écrit bien.
(V. Hugo, *Choses vues*, « Portraits : Proudhon », 1885.)[7]

Lorsque la forme de l'expression orale est conventionnelle, l'agent est régulièrement figuré par le pronom indéfini [4, 5], ou alors tout à fait effacé par le recours à la construction pronominale à valeur passive, permettant de signifier la validité désubjectivisée de la prédication [1, 3, 4]. C'est sous cette configuration que le verbe *prononcer* remplit le plus régulièrement sa fonction intersémiotique, de marqueur de phonogramme. Avec ce schéma valenciel divalent, c'est le sémiogramme autonyme qui joue la fonction sujet et le phonogramme la fonction objet ; l'équivoque potentielle entre les deux COD que connaissent les réalisations trivalentes (comme en [22]) est levée.

On rencontre *se prononcer* dans sa dimension la plus « analytique », lorsqu'il s'agit de faire correspondre à une syllabe ou à une lettre une prononciation normale dans une langue donnée (un système sémiophonique) ou dans l'une de ses variétés.

[10] Maître de philosophie
Sans doute. La consonne D, par exemple, **se prononce** en donnant du bout de la langue au-dessus des dents d'en haut : DA.
Monsieur Jourdain
DA, DA. Oui. Ah ! les belles choses ! les belles choses !
(Molière, *Le Bourgeois gentilhomme*, 1671.)

[11] Mais cette prise de contact avec le langage parlé nous apporte, comme des cadeaux, bien des surprises : « Tiens ! cet o **se prononce** ou ; ce mot-là a son accent sur l'antépénultième ; et la première syllabe de celui-ci est muette, qui s'en serait douté ? [...] »
(V. Larbaud, *Jaune bleu blanc*, 1927.)

[12] Bloch croyait donc évidemment qu'en Angleterre non seulement tous les individus du sexe mâle sont lords, mais encore que la lettre i **s'y prononce** toujours aï.
(M. Proust, *À l'ombre des jeunes filles en fleur*, 1918.)

[13] Et on [aux enfants] leur feroit entendre que l's, entre deux voyelles, **se prononce** comme un z, miseria, misere, comme s'il y avoit mizeria, mizere, etc.

---

7 Pour d'autres exemples avec agent identifié [18, 27 ou 30].

Voila les plus generales observations de cette nouvelle methode d'apprendre à lire, qui seroit certainement tres-utile aux enfans.
(A. Arnauld, Cl. Lancelot, *Grammaire générale et raisonnée, contenant les fondements de l'art de parler*, 1660.)

[14] Quand on dit qu'il faut prononcer une lettre de telle ou telle façon, on prend l'image pour le modèle. Pour que *oi* puisse **se prononcer** *wa*, il faudrait qu'il existât pour lui-même. En réalité, c'est *wa* qui s'écrit *oi*.
(F. de Saussure, *Cours de linguistique générale*, 1917.)

Mais rien n'empêche de rencontrer la prédication phonographique à des niveaux supérieurs de l'analyse linguistique :

[15] Quel étranger imaginera que paon et Laon **se prononcent** en français pan et Lan ?
(Voltaire, *Dictionnaire philosophique*, 1764 < Rey-Debove 1978)
[16] J'ai acheté un hecto de noisettes (ici l'hecto a détrôné le quart de livre et **se prononce** étto), que j'ai mises dans ma poche pour les manger le long du chemin.
(J. Romains, *Les Hommes de bonne volonté*, 1939.)
[17] Les ténèbres se compliquent de la prononciation. Kreutzer **se prononce** chez les hessois creusse, chez les badois criche, et en Suisse cruche.
(V. Hugo, *Le Rhin. Lettres à un ami* (lettre XXII), 1842.)

Selon la manière dont le co(n)texte borne le domaine de validité de la prédication (notamment par des circonstants temporels ou spatiaux), cette prononciation normée vaudra pour la forme de l'expression orale reconnue pour une langue en général [15], ou pour une norme située dans le temps, dans l'espace [17], ou dans la société [38].

La construction se rencontre dans des situations de transmission de savoir linguistique non technique ou trop épisodique pour qu'on recoure à l'Alphabet phonétique international. Elle est particulièrement fréquente dans les récits des voyageurs romantiques, que le goût de l'exotisme pousse à la représentation de langues étrangères. Il s'agit, à l'écrit, de les faire entendre, chez Hugo, Nerval, Stendhal ou Dumas. Chez Balzac, qui n'est pas voyageur, les particularités de la prononciation situent un locuteur dans l'espace social français – y compris s'il est étranger. Chez Proust, un défaut ou un tic de prononciation trahit un caractère ou une émotion.

ii) Avec ou sans phonogramme (Y')

Lorsque la phrase métalinguistique en *prononcer* ne comporte pas l'argument (Y'), elle n'opère pas sa fonction proprement phonographique, mais se ramène à un présentateur métalinguistique comme beaucoup d'autres (*chuchoter, crier, hurler, brailler*, etc.) caractérisant un acte d'énonciation comme oral, mais n'en codant pas l'expression phonique. Dans ce schéma à deux termes, on peut distinguer deux nuances dans l'utilisation du verbe.

1) Le verbe *prononcer* porte sur un terme du métalangage envisagé dans son contenu ou ses effets (*jugement, sentence, décision, discours*, etc.). Il ne code plus une expression phonique, mais décrit un acte de parole qui n'a plus qu'un lien lâche avec l'opération articulatoire : il n'en conserve guère que l'aspect duratif. Il est, par suite, d'emploi fréquent lorsqu'il s'agit de décrire les effets concomitants à cette gestualité et à sa durée (performatif).

[18] Quand je **prononce le mot chant,** je n'ai pas de notions plus nettes que vous [...].
(Diderot, *Le Neveu de Rameau,* 1779.)
[19] [...] mais quand je **prononce ton nom** il me semble que ma dévotion augmente.
(Bernardin de Saint-Pierre, *Paul et Virginie,* 1787.)
[20] [...] mais Jéhovah descend dans le chaos, et lorsqu'il **prononce le *fiat lux*,** le fabuleux fils de Saturne s'abyme et rentre dans le néant.
(Chateaubriand, *Le Génie du christianisme,* 1803.)

Dans ces configurations, le sémiogramme s'interprète comme l'agi du procès langagier, sans que s'instaure de relation entre deux objets sémiologiquement hétérogènes. *Prononcer* est dans ce contexte synonyme d'*émettre*, lui-même divalent.

2) Le verbe *prononcer* porte sur un sémiogramme autonyme ou sur un terme métalinguistique (ou les deux, [21]) envisagé en tant qu'expression (*mot, syllabe, phrase, l'italien*...) ; il en *décrit* la réalisation, l'expression phonique, comme un procès articulatoire, une gestualité orale, mais il *ne la code pas*. Dans de tels cas, le verbe est souvent modifié par un circonstant intra-prédicatif à valeur de manière (adverbe, SPrép, *comme* P) qui ajoute à la caractérisation inhérente au prédicat verbal (et qu'on rencontre tout aussi souvent en présence d'un phonogramme). Dans les cas où l'agent est identifié, selon leur sémantisme, ces circonstants de *manière* « rejailli[ssent] sur le sujet » (Le Goffic, 1993 : 469) et contribue à sa caractérisation (« il prononça ces mots hardiment », paraphrasable en *il est hardi*). Cela est particulièrement vrai des *manières de parler*, la parole étant, plus que tout autre activité, celle où le sujet se représente et se constitue.

[21] [...] quand je **prononce à demi-voix** ces deux syllabes, ce mot qui si souvent me tirait des larmes, **ce mot aimé : France** [...].
(J. Michelet, *Journal,* 1860.)
[22] De même qu'un jeune homme, qui aspire à la gloire, entend un bruissement qu'il ne sait à quoi attribuer, ainsi j'entends une voix mélodieuse qui **prononce** à mon oreille : « Mal-

doror ! » mais, avant de mettre fin à sa méprise, il croyait entendre les ailes d'un moustique... penché sur sa table de travail.
(Comte de Lautréamont, *Les Chants de Maldoror*, 1869.)

[23] Il était aussi prophète, naturellement, et je vais vous lire une de ses prophéties intitulée 666 parce que la somme de chaque vers est égale à ce nombre suivant un alphabet numérique de son invention et duquel il exclut la lettre J comme étant l'initiale de Judas. Cette lettre est remplacée par la syllabe GE et Geudas se prononce **comme Gageure**.
(R. Queneau, *Les Enfants du limon*, 1938.)

[24] C'étaient les premiers mots qu'il faisait entendre, et je remarquai qu'il ne prononçait pas l's **à la manière andalouse**, d'où je conclus que c'était un voyageur comme moi, moins archéologue seulement.
(P. Mérimée, *Carmen*, 1845.)

[25] Le son de cette voix fraîche qui prononçait l'italien **avec une rudesse allemande très franche**, rassura Consuelo.
(G. Sand, *Consuelo*, chap. XXIX, 1843.)

[26] Par un *K*, monsieur le supérieur, par un *K* ! Le nom s'écrit et **se prononce à l'anglaise**... comme ceci, Djack...
(A. Daudet, *Jack (incipit)*, 1881.)

Pour signifier la manière de forger l'expression orale d'un sémiogramme (comme « Geudas » dans [23]), on peut, plutôt que d'utiliser un phonogramme, recourir à un autre sémiogramme autonyme dont on suppose connue la forme de l'expression orale, parce qu'il illustre (souvent de manière prototypique) la valeur phonographique du graphème ou de la combinaison de graphèmes qui posent problème dans le segment glosé (« Ming comme dans *camping* »). C'est avec cette condition que joue Queneau, qui utilise, comme comparant, l'un des sémiogrammes dont la prononciation est la plus souvent sujette à discussion.

Dès lors que *prononcer* peut régir un sémiogramme autonyme et un phonogramme, comment détermine-t-on la nature sémiotique du constituant objet unique de ces configurations ? L'interprétation repose d'abord sur l'appartenance du COD au système linguistique comme unité plérémique, dotée de sens. Si l'unité n'est pas reconnue comme unité conventionnelle de la langue écrite, l'interprète se rabat automatiquement sur son actualisation phonographique. La convention peut être instaurée par l'intradiscours (ou cotexte large), en particulier dans le cas des noms propres. Par exemple, à l'intérieur de l'œuvre, « Maldoror » est le *vrai* nom écrit (inventé par le poète) du héros, et non une variation phonographique de ce nom, comme le « Djack » de l'incipit de *Jack* [26]. Rien n'invite donc à l'interpréter comme un phonogramme. Nous verrons plus loin que les topogrammes ne permettent pas de lever l'ambiguïté.

iii) Avec ou sans sémiogramme (X')

Il arrive que *prononcer* réalise la prédication phonographique qui le caractérise sans comporter, parmi ses arguments, de sémiogramme autonyme, mais uniquement, outre l'agent, un phonogramme manifeste. De quel terme celui-ci code alors l'expression orale ? Deux cas sont nettement distincts.

1) Aisément réductible au cas de réalisation complète, on observe les situations où le sémiogramme autonyme est « remplacé » par une expression métalinguistique. Cet arrangement pose néanmoins la question de l'identification du sémiogramme ainsi référé sans avoir été montré.

[27] Ton filleul dit <u>ton nom</u> [celui de la baronne de Macumer] ; **il <u>le</u> prononce** Matoumer ! car il ne peut pas dire les c autrement ; tu en raffoleras ; il a toutes ses dents [...].
(H. de Balzac, *Mémoires de deux jeunes mariées*, 1842.)

[28] Je le connais assez, c'est un milord anglais dont <u>le nom</u> s'écrit avec une orthographe extraordinaire, mais **se prononce** à peu près Link.
(Stendhal, *Lucien Leuwen*, 1835.)

[29] De mon temps, Ali de Tébélen avait à se dépêtrer de Chosrew-Pacha, encore un drôle de pistolet ! Vous le nommez ici Chaureff, mais <u>son nom en turc</u> **se prononce** Cossereu.
(H. de Balzac, *Un début dans la vie*, 1845.)

Dans le premier extrait, le référent de l'expression métalinguistique (« le » pronominalisant « ton nom ») est disponible cotextuellement, ce qui bien sûr facilite la recouvrabilité du sémiogramme à partir de son « image » phonographique (« Matoumer »). Dans le second, Stendhal utilise le « détour » phonographique pour laisser dans le mystère l'identité du nom anglais (langue réputée pour son *opacité orthographique*, c'est-à-dire la faiblesse de son système phonographique pour déterminer l'orthographe des mots entendus ou la prononciation des mots vus), en lui substituant son double pour l'oreille. Dans la suite du roman, c'est bien par ce mot « Link » que sera désigné le personnage, qui combine ainsi un statut mondain et un statut phonographique ($E^g_1(E^p_1(C^p_1))$), *nom propre en tant qu'il est un son*. Plutôt que de montrer le sémiogramme sans en indiquer la prononciation (comme le fait naturellement la sémiographie), Stendhal choisit de le faire entendre (en le codant). Voilà bien là une manière de considérer le roman comme un récit de voix.

2) Parfois, l'argument X' est tout simplement absent. C'est le cas pour [30] et pour « esemple » dans [6]. La présence unique d'un phonogramme (Y'), ou de plusieurs [31], suppose non seulement que le sémiogramme auquel il correspond soit recouvrable par la voie phonographique, mais aussi, et d'abord, que le phonogramme (Y') soit identifié comme tel. Si ce dernier se confond avec un sémiogramme (« il prononce *exemple* »), la situation risque de se ramener à la situation du sémiogramme sans phonogramme. En somme, ce schéma ne

fonctionne univoquement que lorsque le phonogramme n'est pas une unité sémiographique. L'(in)appartenance de l'unité au système, laissée à l'appréciation du lecteur, est une latitude interprétative qui caractérise aussi les *effets d'écoute* (chap. 3, 4.1, p. 155).

[30] Il parle un peu comme un incroyable, il **prononce** : « Cicé-on, discou-e, Alma pa-ens. »
(J. Vallès, *L'Enfant*, 1879.)
[31] L'orthoépie précise où placer lesdits phonèmes, en particulier dans les cas litigieux. Faut-il dire *myrtile* ou *myrtille*, *tranquile* ou *tranquille*, *anana* ou *ananasse*, *cassi* ou *cassisse*, *tandi que* ou *tandisse que*, *prê* ou *prête* (au masculin), *coû* ou *coûtte*, *bu* ou *butte*, *fai* ou *faitte*, *donteur* ou *domp'teur*, *sculteur* ou *sculp'teur*, *gajeure* ou *gajure*, etc. ?
(J.-M. Defays, M. Maréchal, S. Mélon, *La maîtrise du français*, De Boeck, 2000, p. 114.)
[32] Justement ils parlèrent, dans la cour, de Mme De Villeparisis. Il m'a dit que c'était sa tante ; il **prononce** Viparisi.
(M. Proust, *Du côté de Guermantes*, 1920.)
[33] [...] car, en tout pays, avant de juger un homme, le monde écoute ce qu'en pense sa femme, et demande ainsi ce que les Genevois appellent un préavis (en genevois on **prononce** préavisse).
(H. de Balzac, *Les Employés*, 1844.)

Sans X', mais avec Y', la phrase en *prononcer* est clairement sous-valente. La présence du phonogramme suppose l'existence, même implicite, d'un sémiogramme. Le schéma valenciel de prononcer se présente comme complet avec X' et sans Y', mais il passe pour incomplet lorsque Y' apparaît sans X' ; dans [33], « on prononce préavisse » présuppose un sémiogramme dont « préavisse » est l'image phonétique. C'est pourquoi le sémiogramme X' doit être fourni par le cotexte phrastique ou textuel dans lequel apparaît l'énoncé métalinguistique ; si tel n'est pas le cas, il doit être recouvrable par phonographie uniquement (comme « esemple », « coû », « fai », etc.). Dans le cas où le sémiogramme est ponctionné dans le cotexte extraphrastique, la prédication, quoique métalinguistique, se distingue de celles envisagées jusqu'ici en ce qu'elle réfléchit un terme en usage par ailleurs. Il s'agit en réalité d'un cas particulier de gloses, doublant l'énonciation en train de se faire d'une représentation (phonétique) d'elle-même : cette configuration que depuis Authier-Revuz (1995) on nomme *modalisation autonymique* (MA).

3.3 Gloses de spécification de l'expression orale et modalisation phonographique

Relativement à la définition générale de cette configuration énonciative complexe qu'est la MA, comme « dédoublement opacifiant, tel que la nomination du

référent x s'effectue en faisant intervenir en quelque façon l'autonyme X' »
(Authier-Revuz, 1995 : 55), ce que nous pourrions appeler la *modalisation phonographique* interpose, entre le sémiogramme et son contenu, l'expression orale
du sémiogramme. Au dire sur le mode du « je dis x », qui *modalise* l'énoncé en
manifestant une attitude « métalinguistique » du locuteur relativement à son
énonciation[8], correspond, dans le cas de la modalisation phonographique, un
« je prononce x ». En [47], par exemple, « mistr r r r âl » est le (non-)signe d'un
référent mondain (instrument du procès *souffler*), mais il est également le signe
d'un signe, plus précisément le signe de l'expression orale du signe. *Le signe
d'une prononciation* : c'est effectivement avec une prononciation (et non avec un
objet mondain) que la parenthèse introduit une comparaison. Ainsi dans le
cumul entre fonctionnement transparent, où « mistr r r r âl », comme sujet du
verbe, signifie le vent, et fonctionnement phonographique, où le même mot,
relativement à la construction parenthétique, signifie une prononciation du mot
mistral, on identifie bien le phénomène de la modalité autonymique dans une
variante phonographique. La référence mondaine n'opère pas sans le rappel du
signe à lui-même, comme manière de prononcer – celle de L (locuteur représentant) ou très souvent de l (locuteur représenté).

S'il autonymise ses compléments d'objet dans une prédication métalinguistique de part en part, *prononcer* peut aussi piocher ses arguments dans
d'autres constructions où ceux-ci fonctionnent par ailleurs, en usage (référence
mondaine) ou en mention (référence métalinguistique). Une glose phonographique méta-énonciative prend l'énonciation en train de se faire pour objet et
réfléchit, en un point, une image phonétique d'elle-même.

On n'entend pas parcourir la diversité de modalités d'insertion des gloses
phonographiques telles que Julia (2001) l'a proposé pour les « gloses de spécification du sens » dont elles sont parentes. On dégagera simplement la saillance
de deux schémas disjoints, selon que la glose emprunte à sa base d'incidence un
phonogramme ou un sémiogramme.

Dans le premier cas, la glose phonographique s'insère dans la chaîne d'un
énoncé à l'endroit d'un signe ou d'une séquence de signes écrits X/X' dont elle
donne à voir une image phonétique Y' (type : *X/X', qui se prononce Y'*). Dans le
second, le commentaire méta-énonciatif ne comporte pas lui-même de phonogramme, mais conduit à réanalyser comme tel un sémiogramme de la base
d'incidence (type : X/Y', *comme il prononce*).

---

[8] « [...] et qui par conséquent la distingue des modalités épistémiques, déontiques, aléthiques,
etc., par lesquelles le sujet exprime une attitude par rapport au contenu propositionnel de son
énoncé. » (Julia, 2001 : 31)

3.3.1 Glose doublant un sémiogramme d'une image phonographique de lui-même

Insertion du phonogramme Y' par une relative explicative.

En tant que X' est l'antécédent du pronom relatif objet dans le schéma argumental de *prononcer*, repris ou non par une expression anaphorique métalinguistique (*X', [nom] qui se prononce...*), il y remplit la fonction de sémiogramme autonyme, quelle que soit sa fonction dans la phrase à laquelle la glose est incidente.

[34] Incapables d'aller plus loin que Soldeu (**qu'on prononce** Soldéou), maigre village où nous pourrons coucher.
(A. Gide, *Journal 1889–1939*, « Voyage en Andorre », 1939.)

[35] Revenue au mois de novembre, la comtesse reçut pour la première fois pendant l'hiver qui venait de finir, et s'aperçut alors de l'existence quasi muette, effacée, mais salutaire d'un factotum dont la personne paraissait invisible, ce capitaine Paz, (Paç) **dont le nom se prononce** comme il est écrit.[9]
(H. de Balzac, *La Fausse maîtresse*, 1842.)

[36] L'inconnue s'appelait Fanny Lovelace. Ce **nom, qui se prononce** Loveless, appartient à de vieilles familles anglaises.
(H. de Balzac, *Albert Savarus*, 1842.)

[37] Marco Vendramini, **nom qui** dans le dialecte vénitien, où se suppriment certaines finales, se **prononce** également Vendramin, son seul ami lui apprenait que Marco Facino Cane, prince de Varèse, était mort dans un hôpital de Paris.
(H. de Balzac, *Massimila Doni*, 1845.)

[38] Je regrette d'avoir passé par Chartres sans avoir pu voir la cathédrale.
Entre Vendôme et Château-Renault, qui **se prononce** Chtrnô dans la langue des postillons, si bien imitée par Henri Monnier, quand il fait son admirable charge de la diligence, s'élèvent des collines boisées [...].
(Th. Gauthier, *Voyage en Espagne*, 1843.)

3.3.2 Construction parenthétique du type *X' (L prononce Y')*

La construction, syntaxiquement autonome, nous ramène aux cas des énoncés phonographiques. Mais ici, l'association du sémiogramme au phonogramme est le fait d'une instruction syntagmatique, mais non syntaxique. Parfois, X' est repris à l'intérieur de la glose phonographique par une expression anaphorique à contenu métalinguistique [39, 40]. Dans les autres exemples ci-dessous, malgré l'absence de rection, X' candidate au poste de sémiogramme dont Y' est l'image

---

9 Dans cet extrait, la contiguïté entre le sémiogramme et le phonogramme (ce dernier étant marqué par les parenthèses) est assez inhabituelle et la référence (anaphorico-déictique, voir chap. 3, 5.2, p. 200) de l'expression métalinguistique « comme il est écrit » tout à fait ambiguë.

phonétique en vertu a) de la sous-valence évoquée du verbe *prononcer* dans cette configuration (avec phonogramme mais sans sémiogramme), qui le conduit à « happer » un contrôleur dans le contexte, b) de la proximité sur la chaîne (de X' et de sa glose) et c) de la proximité phonétique entre la forme de l'expression orale associée à X' par la voie sémiographico-linguistique et l'actualisation phonographique de Y'.

L'autonomie syntaxique de la glose autorise par ailleurs cette dernière à plus de latitude dans son positionnement. Elle peut d'ailleurs facilement être polygérée : le sémiogramme étant produit par L_1 et la glose phonographique à fonction de rectification de la prononciation, introduit par L_2 [45, 46].

[39] Comment s'appelle cette femme ? demanda Noémie.
– Catherine Lécure ou Lesscure, je ne sais pas au juste comment cela **se prononce.**
(R. Queneau, *Les enfants du limon*, 1938.)

[40] Ses *ormoires* (il prononçait ce mot à la manière du menu peuple) furent remplies par la nombreuse argenterie de son ménage.
(H. de Balzac, *Le Père Goriot*, 1843.)

[41] Mais un petit chien (en Normandie, on **prononce** quin), un petit freluquet de quin qui jappe.
(G. de Maupassant, *Contes et nouvelles*, « Pierrot », 1882.)

[42] Dans des complaintes [de Villon] plus récentes comme « le retour du soldat », la musique joue même pour forcer à des prononciations fausses à la rime : Mon brave, je le voudrais bien – Vous faire entrer dans ma demeure – Hélas, nous n'avons presque rien – Cependant vous blessez mon cœur(e), et l'e muet s'ajoute et **se prononce** comme dans les chansons et les poèmes du père Ubu.
(L. Aragon, *Le Crève-cœur*, Paris, 1941.)

[43] Ces trouvailles [celle de Dinah] étaient d'ailleurs autant de ressorts qui, sur une question, faisaient jaillir des tirades sur Jean Goujon [...], sur les émaux de Bernard de Palissy, sur ceux de Petitot, sur les gravures d'Albrecht Durer (elle **prononçait** Dur), sur les vélins enluminés [...].
(H. de Balzac, *La Muse du département*, 1843.)

[44] [...] le libraire m'en demanda un florin et six kreutzers (on **prononce** cruches).
(G. de Nerval, *Les Filles du feu*, 1854.)

[45] [...] et Blum : « Très bien, très bien, très beau discours. Bravo. Donc continuons. Donc il – je parle toujours de de Reixach – a... », et Georges : « Reichac : x comme ch, ch comme k. Bon dieu, depuis le temps tu... », et Blum : « Bon, bon : de Reichac. Très bien. Si tu tiens à être aussi assommant qu'Iglésia... » [...].
(C. Simon, *La Route des Flandres*, 1960.)

[46] – C'est bien chanté. De qui est-ce ? De Gounod, je crois ?
(Pourquoi **prononce**-t-il *Gounode* ?)
– Oui, monsieur. (Ne le contrarions pas.)
(Colette, *Claudine à l'école*, 1900.)

3.3.3 Glose recatégorisant un sémiogramme comme phonogramme (*X/Y', comme prononce A)

On rencontre en nombre des gloses constituées d'une subordonnée comparative dont la fonction est de réanalyser un sémiogramme, le plus souvent asémiographique (*X), en tant que phonogramme Y'. Dans ce cas, la glose n'introduit pas de doublure phonographique du sémiogramme : le configuration consiste à « passer par » le phonogramme pour atteindre le sémiogramme. Ce parcours suppose un mouvement interprétatif complexe. D'une part *X doit être réanalysé en tant que Y', duquel doit encore être tiré X.

Si le sémiogramme X est à reconstruire par le détour d'un phonogramme Y' – comme dans les configurations strictement interprétatives à l'origine des *effets d'écoute* (voir ci-dessous 4.1, p. 155) –, contrairement à ce qui se passe dans ces dernières, Y' est ici bel et bien pointé, mais rétroactivement, par la glose, en tant que phonogramme.

[47] Dieu merci, à peine a-t-il senti l'air sec de la Provence qu'il s'est mis à ressusciter à vue d'œil, et le voilà tout à fait bien reprenant de l'embonpoint relatif dans le genre du vôtre et de celui de Maurice, mais ne toussant presque plus et redevenant gai comme un petit pinson, quand le mistr r r r âl (vous savez **comme on prononce** à Mâr r r r r r seille) ne souffle pas. Moi je vais mieux aussi.
(G. Sand, *Correspondance : 1839*, 1851.)

[48] Une inscription de 1520 est curieuse pour la prononciation ; elle porte pour Canongate : Canogait, comme on **prononce** aujourd'hui.
(J. Michelet, *Journal*, « Voyage en Angleterre » (1834), t. 1, 1828–1848.)

3.4 Visées des gloses et énoncés phonographiques

On relèvera deux motifs principaux pour lesquels *on donne à entendre* un sémiogramme par une glose phonographique.

1) Le sémiogramme glosé est supposé inconnu ou son orthographe opaque. Le mot écrit ne nous dit pas, ou si peu, comment il se prononce. Le commentaire métalinguistique est alors au service d'une transmission de savoir sur le français standard ([49]), ou sur certaines de ses marges (diastratisme [40], diatopisme [41], nom propre rare [45], mot étranger [50], etc.). Dans cette situation, la glose phonographique se greffe le plus souvent sur un énoncé lui-même métalinguistique. Elle introduit en outre un phonogramme dont l'agent n'est pas singularisé.

[49] Le mot *gars*, que l'on **prononce** *gâ*, est un débris de la langue celtique.
(H. de Balzac, *Les Employés*, 1844.)

[50] Lorsqu'une femme rencontre quelqu'un de connaissance, elle lui fait un petit signe d'éventail, et lui jette en passant le mot *agur* qui **se prononce** *agour.*
(Th. Gauthier, *Voyage en Espagne*, 1843.)

2) Le sémiogramme est connu, mais il fait, dans la situation décrite, l'objet d'une prononciation non conventionnelle que vient représenter à sa manière le phonogramme. Le sémiogramme commenté est alors préférentiellement en usage avant d'être opacifié par une glose ou repris, comme autonyme, dans un énoncé métalinguistique.

Le codage de la prononciation est mis au service de la caractérisation du locuteur. Il se combine souvent avec une description de celui-ci [50, 51, 52, 53], mais il peut aussi fonctionner seul [54]. Le phonogramme sert non seulement la caractérisation du personnage (en le ramenant à des types psychologiques ou sociaux), mais permet aussi la description de ses états affectifs tels qu'ils affectent la substance de son énonciation. La substance, nécessairement absente de l'énonciation écrite et quelque ambiguë qu'elle soit, fait l'objet d'intense activité interprétative (de l'ordre d'une sémantique sans sémiotique préalable), à l'instar de ce sentiment d'antipathie que suffit à « indiquer » la manière dont Albertine prononce le mot *israélite* [55].

[51] En face du Charentais, la directrice de l'école des filles, Mlle Hammer, personne dolente, aux regards toujours baissés, ne parlant pas, et à tout ce qu'on lui dit répondant par un oui plaintif, d'approbation douloureuse, qu'elle **prononce** : *moui...*
(A. Daudet, *L'Évangéliste*, 1893.)

[52] Saint-Arnaud était un général qui avait été figurant à l'Ambigu. Il avait débuté par être comique à la banlieue. Tragique, plus tard. Signalement : haute taille, sec, mince, anguleux, moustaches grises, cheveux plats, mine basse. C'était un coupe-jarret, mais mal élevé. Il prononçait *peuple souvérain.* Morny en riait. *Il ne* **prononce** *pas mieux le mot qu'il ne comprend la chose,* disait-il.
(V. Hugo, *Histoire d'un crime : Déposition d'un témoin*, 1883.)

[53] Son langage était celui de la vieille cour, elle prononçait les *oit* en *ait* et disait *frait* pour *froid, porteux* au lieu de *porteurs.*
(H. de Balzac, *Le Lys dans la vallée*, 1839.)

[54] [...] les parents de Gilberte, si l'un d'eux se trouvait passer au moment de mon arrivée, loin d'avoir l'air irrité, me serreraient la main en souriant et me disaient : « Comment allez-vous ? » (qu'ils prononçaient tous deux « commen allez-vous », sans faire la liaison du *t*, liaison, qu'on pense bien qu'une fois rentré à la maison je me faisais un incessant et voluptueux exercice de supprimer).
(M. Proust, *À l'ombre des jeunes filles en fleur*, 1919.)

[55] La façon dont elle [Albertine] prononçait « issraélite » au lieu d'« izraélite » aurait suffi à indiquer, même si on n'avait pas entendu le commencement de la phrase, que ce n'était pas de sentiments de sympathie envers le peuple élu qu'étaient animées ces jeunes

bourgeoises, de familles dévotes, et qui devaient croire aisément que les juifs égorgeaient les enfants chrétiens.
(M. Proust, *À l'ombre des jeunes filles en fleurs*, 1919.)

Si « les manières de parler esquissent un portrait politique du locuteur » (Dufour, 2004 : 16), comme c'est le cas chez Balzac ou Hugo, cela n'est pas seulement vrai des choix lexicaux (« les régicides » *vs* « les votants »...), mais aussi de la prononciation elle-même, que permet de coder, au sein des discours écrits, la phonographie.

Qu'il s'agisse de coder l'expression orale standard d'un sémiogramme supposé inconnu ou de coder l'expression orale non standard d'un sémiogramme connu, dans les deux cas, énoncés et gloses phonographiques permettent de parler, en langue écrite, d'expressions qui n'appartiennent pas au système de la langue écrite (sémiographie). C'est là un ressort important de la strate métalangagière que peut déployer l'énonciation lorsque son écriture s'appuie sur la notation alphabétique[10].

Si le double codage, phonographique/sémiographique permet d'écrire et de lire des mots inconnus, il permet aussi de faire cohabiter dans l'écrit des « mots de l'écrit » (sémiogramme) et des « images » des « mots de l'oral » (phonogramme). On peut ainsi, comme le fait Simon, enclin à problématiser le pouvoir de la représentation verbale, interroger la non-coïncidence entre ces deux natures de mot et par suite interroger le pouvoir de la parole écrite à représenter la parole orale.

Dans la séquence « je parle toujours de de Reixach », extraite de *La Route des Flandres* [45], le nom propre est utilisé par Blum selon la convention orthographique (passée par l'usage du nom dans le roman). Ce nom est supposé avoir un référent mondain. Mais Georges, qui l'interrompt, recourt quant à lui au système phonographique : « Reichac ». S'il n'est pas introduit comme un phonogramme marqué, on l'interprète d'emblée comme tel en raison de la différence (ortho)graphique entre « Reichac » et « Reixach » et de la pertinence phonologique d'une conversion phonographique (soit selon les critères de repérage des phonogrammes non marqués, voir 4.1.1, p. 158). Si « Reixach » était le nom d'un homme, « Reichac » est le nom d'un signe, le nom d'une prononciation. La lecture phonographique est immédiatement corroborée par l'analyse phono-

---

10 Pour parvenir à un résultat analogue, les écritures logogrammiques recourent à la technique dite du *fanquie*. Proche du rébus, elle consiste à utiliser certains logogrammes, dont la prononciation est plus ou moins élémentaire, comme des phonogrammes codant des unités de seconde articulation du système oral. Les idiomes se dotent ainsi sinon d'un alphabet, du moins d'un système phonographique.

graphique sélective que réalise Georges : « x comme ch, ch comme k » où il fait alors correspondre le graphème |x| et le digramme |ch| à des phonèmes. Cela est approximatif, car à l'écrit, on ne peut opérer une pareille correspondance « multimédia » : ce qui est mis en correspondance, c'est le nom oral de la lettre dont la prononciation est problématique (/iks/) avec un phonème (|x|=/ʃ/) ou alors avec le nom oral de l'archiphonographème (voir p. 118–119) du son /ʃ/ (|x| =/se aʃ/). Le lecteur peut autrement dit ici oraliser le texte de deux manières.

Le sel de la situation, c'est que le digramme (|ch|) qui coderait la prononciation correcte de |x| (soit /ʃ/) apparaît déjà dans le nom propre avec pour valeur phonographique /k/. Dès lors, dans l'analyse de Georges (« x comme ch et ch comme k »), le même digramme est tantôt un phonogramme, tantôt un sémiogramme.

Mais le passage n'est pas seulement drôle. On admettra en effet que le « comme » de « x comme ch » sous-entend « x se prononce comme ch ». Il s'agit d'une procédure (inverse à l'épellation « téléphonique » : R comme Raphaël, E comme Édouard...), d'assistance à la prononciation. Mais une telle assistance est redondante à l'oral, dans la mesure où ce qui s'échange, ce sont des séquences phoniques qu'on peut faire entendre (et non des signes à convertir d'un système à l'autre). Si le nom propre *de Reixach* nécessite cette assistance à la prononciation, c'est que pour Blum, il a consistance graphique. C'est pourquoi, à chaque profération, il est tenté de le prononcer selon les conventions phonographiques. Blum est autrement dit victime de l'« effet Buben », il défigure le mot à la lumière de son orthographe. En cela, la position de Blum est celle du lecteur qui n'accède au monde de la fiction et, ici, à ses voix, que par l'intermédiaire du signe graphique.

Pour montrer que Blum enfin obtempère, l'auteur utilise, dans le discours direct du personnage, un signe phonographique : c'est-à-dire le signe graphique codant le son associé au nom propre de Reixach. Aux yeux du lecteur, il n'utilise plus alors le véritable nom propre du personnage. La prononciation est propre mais le nom est impropre. Blum semble piégé – comme nous – par le *double bind* : soit il utilise le nom écrit qui pour lui et l'œil du lecteur est propre et dénote le personnage, mais il est alors impropre pour l'oreille de Georges, soit il prononce juste, mais le mot écrit utilisé n'est pas le bon pour lui ni pour le lecteur. Il signifie un autre signe (autonyme).

3.5 Catégorisation et balisage du phonogramme

La phonographie telle que nous l'avons définie jusque-là repose sur deux principaux procédés de marquage.

1 – *Présentateur métalinguistique.* Fondamentalement, le marquage de la phonographie suppose la présence d'un présentateur métalinguistique du type décrit. *Prononcer* en constitue le parangon en ce que sa valence attribue des rôles à chacun des termes nécessaires au procès intersémiotique : un agent, un support, qui est un sémiogramme autonyme, et un résultatif, qui est le phonogramme. Pour ouvrir à d'autres termes du lexique métalinguistique, on considérera, dans les exemples suivants, le comportement interprétatif des lecteurs face à des termes comme *dire* et *nom*, qui sont neutres sur l'opposition systémique oral/écrit :

[56] – J'ai dans ma serre, dit M. Müller quand il fut revenu à sa place, un pied de thé ou de tcha, **comme disent** les chinois, que m'a envoyé mon ami d'Amsterdam [...].
(A. Karr, *Sous les tilleuls*, 1832.)
[57] Elle est maîtresse des prix, surtout lorsqu'elle a soin, comme son intérêt l'y invite, de tenir le marché non complètement approvisionné, understocked, **comme disent** les anglais, de manière que, la demande se trouvant un peu supérieure à l'approvisionnement, la concurrence des acheteurs soutienne le prix de la marchandise.
(J.-B. Say, *Traité d'économie politique*, livre 1, 1832.)
[58] Liberté semble une voix naturelle
De ses prés sous l'azur, de ses lacs sous la grêle,
Et tout dans ses monts, l'air, la terre, l'eau, le feu,
Le **dit avec l'accent** dont le prononce Dieu !
(V. Hugo, *La Légende des siècles*, 1859.)
[59] Chexpire ! Quel vilain **nom**, on croirait **entendre** mourir un Auvergnat.
(A. Allais)

En tant qu'il n'est pas spécifiquement un pointeur phonographique, *dire* introduit dans le premier exemple une ambiguïté : « tcha » est-il un phonogramme (*dire=prononcer*) ou un sémiogramme (*dire=écrire*) ? Ce sont des connaissances encyclopédiques (le chinois n'est pas une langue alphabétique) qui permet d'écarter la seconde hypothèse. On fera l'interprétation inverse, dans le deuxième passage, d'une glose identique sur le plan lexical et syntaxique, à condition de disposer de quelque rudiment de morphosyntaxe anglaise. Enfin, on observe dans les troisième et quatrième exemples que l'ambiguïté est levée dès lors qu'un circonstant de manière caractérise le procès du verbe *dire* ou le référent du nom *nom* par des propriétés audibles. Dans ce dernier cas, de recatégorisation métalinguistique anaphorique, le fonctionnement phonographique du mot écrit « Chexpire » était déjà contraint par le caractère asémiographique de l'unité – nous sommes proches en cela des effets d'écoute (4.2, p. 165).

2 – *Balisage des segments autonymes par des topogrammes.* Quelque explicite que soit *prononcer*, on a vu néanmoins que les deux SN qu'il peut régir provoque des confusions entre le SN à valeur de sémiogramme et le SN à valeur de phonogramme. Par ailleurs, comme tout présentateur métalinguistique, la portée des séquences que le verbe peut autonymiser est parfois indécise (« il a prononcé cette expression exactement comme un Jurassien » vs « il a prononcé cette expression "exactement comme un Jurassien" » vs « il a prononcé "cette expression" exactement... »). Ces ambiguïtés se présentent particulièrement dans les cas des gloses phonographiques introduites par incidence, où la portée du désignateur métalinguistique est irréductible à celle des SN qu'il régit, et même avec les gloses introduites par relative (où seule la fin de l'antécédent est bornée par la présence du pronom relatif).

Pour cette raison, dans le français écrit *imprimé* – le seul que nous considérerons ici – deux topogrammes sont utilisés pour signaler le balisage des autonymes : l'un est détaché et double, *le guillemet*, et l'autre lié, *l'italique*[11]. Le hic est que, comme on peut le voir dans la plupart des extraits proposés, ces signaux – « pur dédoublement opacifiant du dire d'un X, marquant X d'un commentaire qu'il ne donne pas [lui-même] » (Authier-Revuz, 1995 : 140) – sont utilisés aussi bien pour repérer les sémiogrammes que les phonogrammes – les deux étant opacifiés dans cette configuration.

[60] C'est ce qui explique cette exclamation d'un gamin parisien, épiphonème profond dont le vulgaire rit sans le comprendre. – Dieu de Dieu ! ai-je du malheur ! dire que je n'ai pas encore vu quelqu'un tomber d'un cinquième ! (*Ai-je* se prononce *j'ai-t-y* ; *cinquième* se prononce *cintième*.)
(V. Hugo, *Les Misérables*, t. 3, 1862.)

Dans les extraits envisagés, on observe une nette tendance à l'usage de l'italique pour des autonymes référant à des unités du système ou d'une norme *(type)*, comme dans l'extrait ci-dessus) et des guillemets pour ceux qui réfèrent à des occurrences de parole *(token)*. Mais il ne semble pas qu'un topogramme se soit spécialisé dans le marquage des phonogrammes.

Au total, les topogrammes sont-ils susceptibles de lever l'ambiguïté entre sémiogramme et phonogramme ? Revenons à l'extrait des *Chants de Maldoror*

---

11 Rappelons que, en tant que topogrammes, ces signaux ont la propriété formelle (exploitant la spatialité de l'écrit) de se surimposer à la chaîne des graphèmes : ils permettent ainsi de réaliser, graphiquement, le dédoublement méta-énonciatif caractéristique de la modalisation autonymique (chap. 4, 3.1, p. 245). Pour cette raison, Authier-Revuz considère le guillemet comme l'archiforme de cette modalisation de l'énonciation (1995 : 133–140). Resterait à donner sens au fait que l'archiforme d'un fait fréquent à l'écrit comme à l'oral soit un sémiogramme.

déjà commenté [22]. Combinés au présentateur métalinguistique, les guillemets y balisent un segment autonyme : l'énoncé « Maldoror ! » est montré (DD). Or cette autonymie est neutre relativement à l'opposition oral/écrit. À cette monstration, le point d'exclamation ajoute soit un supplément affectif (comme sémiogramme), soit une courbe intonative particulière (comme phonogramme). Autrement dit, de ces deux signaux, aucun ne conduit à considérer l'énoncé écrit monorème comme un phonogramme, plutôt que comme l'occurrence singulière (*token*) d'une séquence sémiographique autonyme (comportant une marque d'affectivité et décrite, par le verbe, comme réalisée par « la voix »). Il y a donc ici monstration d'une séquence sémiographique, caractérisation de cette séquence comme orale, mais pas codage explicite du « son » correspondant à cette énonciation orale[12]. Il en va ainsi de l'effet des topogrammes sur les structures qui nous intéressent : aussi longtemps qu'ils n'affectent pas la forme conventionnelle de l'expression écrite des unités en jeu, ils ne désambiguïsent pas le statut sémiotique de la séquence (sémiogramme/phonogramme). En revanche, si l'usage des topogrammes touche à l'identité sémiographique du sémiogramme, il sollicite l'interprétation de celui-ci par la voie phonographique. Regardons, pour s'en faire une idée, l'extrait suivant, où les topogrammes littéralement désarticulent le sémiogramme :

[61] – O... u... i, acquiesça Robert Gérane, avec tant d'hésitation ou de découragement **qu'il prononça** les trois voyelles à la file.
(H. Bazin, *La Tête contre les murs*, 1949.)
[62] Il **prononce** cito-ïens.
(V. Hugo, *Choses vues*, 1885.)

Dans [61], l'altération du sémiogramme par la ponctuation – sollicitant la valeur phonographique « pausale » des points de suspension – présente un mot écrit allongé représentant un mot oral dont l'expression est à la fois codée (« O... u... i »), par convention et par analogie (voir 4.2.3.5, p. 191) et caractérisée : « il prononça les trois voyelles à la file ». Le phonogramme autonyme et la propo-

---

12 On peut opposer cet exemple au suivant, tiré de la même œuvre, introduisant également un nom propre non conventionnel, mais dont l'interprétation est univoque : « [...] celui que vous auriez de la peine à reconnaître, si je ne prenais soin de vous avertir, et de rappeler à votre oreille le mot **qui se prononce Mervyn.** » Ici, le complément est nécessairement un phonogramme, comme le veut la construction pronominale de *prononcer* : le sémiogramme autonyme ou le terme métalinguistique (*support*, au plan actanciel) y occupe la position sujet, et le phonogramme (*résultatif*) est le seul complément acceptable (complément attributif de type métalinguistique selon la tradition grammaticale).

sition métalinguistique sont coréférents et représentent, chacun à leur manière, le même fait de parole.

3.6 La phonographie marquée : un potentiel sémiologique activé sous conditions

L'intelligibilité d'une structure écrite telle que *X' se prononce Y'* symbolise la spécificité des écritures alphabétiques, et le double fonctionnement, sémiographique et phonographique, qu'elle recèle. En même temps, cette configuration spécifie, sémantiquement, le statut de X', comme unité sémiographique (propre au système du français écrit, ou à l'une de ses variantes) et de Y', comme répondant d'un fonctionnement phonographique. C'est donc l'indétermination sémiologique (propre aux unités des langues à écriture alphabétique) qui est levée par cette opération remarquable de mise en correspondance, *au sein même de l'écrit*, entre une signe arbitraire du système écrit (à double signifiance) (E^g (C^g)) et un signe conventionnel du système phonographique dont le référent est une expression orale ($E^g_1(E^p_{1'})$).

L'*acte* de la prononciation (et, conjointement, celui de l'épellation) permet d'associer une graphie à une phonie et d'instaurer ainsi des relations entre les unités des deux systèmes. L'appareil phonographique permet de tisser des liens entre sémiophonie et sémiographie par une énonciation tenue au sein d'un seul de ces deux systèmes.

Au-delà des effets de lecture, ce n'est évidemment pas la substance de cette expression que le lecteur peut entendre : ce qui lui parvient, c'est un codage, instauré au niveau des unités de deuxième articulation (graphème-phonème), de la structure phonétique de l'expression orale. Une forme donc, que des procédés de type analogique permettent néanmoins de moduler (voir 6, p. 204).

À même de signifier, dans l'énonciation écrite, la prononciation standard d'un mot écrit inconnu, ou celle, non standard, d'un mot connu, l'appareil phonographique va faire l'objet d'un investissement particulier dans les genres écrits où il est centralement question de paroles. Plus précisément dit, cet appareil et sa fonction sont nécessaires à celui qui veut donner une image acoustique *de l'expression orale des actes de parole qu'il représente*.

Il s'agit là d'un potentiel sémiotique de la langue écrite. Les conditions de son exploitation, dans le discours littéraire et au-delà, nous seront rappelées par l'historien des imaginaires langagiers – dont je ne fais pas œuvre ici. Dans le domaine littéraire notamment, le scripteur a eu à se défaire d'un conception classiciste, celle « d'une langue stabilisée parvenue à sa perfection » (Dufour, 2004 : 10). Il faut en effet, pour jouer du phonogramme, d'une part reconnaître une valeur linguistique, culturelle ou esthétique au français parlé, ou à certaines de ses variétés, et, d'autre part, tolérer l'incorrection qu'impose la phonographie. Voilà qui ne caractérise pas l'imaginaire classique de la langue (Philippe & Piat, 2009). Celui-ci s'érode, on le sait, sous le coup de révolutions politiques et sociales, dans le courant du XIXe siècle. L'écrit littéraire tend alors de plus en plus à écouter et à faire entendre la langue parlée :

> Au fil d'un siècle où le langage a perdu de son évidence, le romancier devient un grand **commentateur** de la parole. Le sens est incertain, mais il y a beaucoup à **entendre** dans les mots. (Dufour, 2004 : 19)

On doit prendre ici cette *entente* au pied de la lettre (mais sans oublier qu'elle suppose une convention). Par la phonographie, ce qui se trouve représenté, ce sont les manières – sociale, régionale, historique ou individuelle – de faire son pour faire sens. Énoncés et gloses phonographiques servent un roman philologique ou, mieux encore, phonéticien, ouvrant à la diversité des façons de parler, c'est-à-dire aussi de prononcer, les codant pour faire entendre une diversité sociale ou psychologique, mais les cantonnant dans les frontières dûment signifiées par un « archi-scripteur », juge-arbitre de la norme et de ses débordements. La combinaison sémiologique décrite jusque-là, *codage + caractérisation phonographiques*, qui définit les gloses et les énoncés métalinguistiques du type considéré, constitue bien une forme de « commentaire » enrichi.

Toutefois, le supplément phonographique que ces énoncés apportent à la description métalinguistique peut également fonctionner seul. Certains auteurs du XXe siècle débrideront le phonogramme, basculant du roman phonéticien, commentant et codant à la fois la diversité des expressions orales, à un « roman de voix », où les expressions orales codées apparaissent sans escorte, au risque de ne pas être reconnues comme telles. Au risque de caractériser la voix narrative et de compromettre ainsi le scripteur du texte lui-même, confondu avec un parleur, auquel on reprochera parfois de ne plus savoir écrire – ce qu'on appelle *écrire*.

4 La phonographie interprétative

4.1 Les indices discursifs de la phonographie

Entre les deux extrêmes de *l'énoncé explicitement phonographique* et du *phonogramme* inscrit sans rupture (métalinguistique) dans le fil d'un énoncé écrit, un effet de continuité – mais un effet seulement – est créé par des indices discursifs.

L'identification d'une séquence phonographique non représentée comme telle est conditionnée par son contexte d'apparition. Allant d'instructions globales à des indices cotextuels locaux, en passant par des questions thématiques ou de plan de texte, des normes et des habitudes discursives invitent le lecteur à tenir son gramophone à disposition.

Certains genres écrits, ayant la représentation de la parole pour trait définitoire (écrits de théâtre, de plaidoirie, d'entretien...) inclinent à « motiver » phonographiquement différentes particularités dans l'usage de la sémiographie, c'est-à-dire à considérer différents faits de style comme adressés à l'oreille (nous y reviendrons à propos des effets de rythme, chap. 5, 6.4, p. 438). Il ne sera question ici que de quelques indices cotextuels.

Sur le modèle des points de vue (construits par exemple par des verbes de cognition et de perception), invitant à assigner certains contenus propositionnels à un locuteur relativement auquel l'énoncé n'est pas explicitement repéré (Rabatel, 2001), on peut penser des *scènes de parole* en référence à des phénomènes analogues de représentation de procès langagier. Une fois une telle scène plantée, qui suppose la figuration d'une situation d'énonciation orale avec son locuteur, les variations linguistiques passent pour des indices pouvant embrayer un décodage phonographique. Dans l'environnement d'une scène de parole, le lecteur tendra notamment à interpréter les néographies « libres » comme des phonogrammes, selon un principe de cohérence sémantique. Ces indices discursifs peuvent être massifs et situés dans le cotexte restreint du phonogramme non marqué.

[63] La graphie ão, imprononçable à qui n'est pas portugais, exerce sur nous, gens de langue française, un attrait irrésistible. C'est le signe d'une belle nasale qui diffère de notre *on* et de notre *an* et qui n'est pas aussi ouverte, ni aussi longue, que notre signe nous le fait croire. Cependant nous avons un plaisir d'enfant à la prononcer *aôn* et à la placer dans tous les substantifs français en *tion* : j'ai fait une excursiâon, j'ai eu une discussiâon, il y a eu une révolutiâon... Nous pensons faire les malins, mais les Portugais qui savent comment se prononce ão se moquent de nous, – et c'est notre méritée punitiâon.
(V. Larbaud, *Jaune bleu blanc*, 1927.)

L'extrait est tiré d'une section du roman intitulée « Divertissement philologique », Larbaud décrit le comportement linguistique des francophones se plaisant à la prononciation du portugais. La convention phonographique est établie par le texte (« nous avons un plaisir d'enfant à la prononcer *aôn* » : |ão| = *aôn* = /ao:n/). Sa portée dépasse ensuite la seule séquence autonyme qui l'exemplifie (« j'ai fait une excursiâon... ») de sorte qu'à la fin, l'usage du scripteur est lui-même affecté par la mention. Un « effet rétro » qui illustre avec facétie l'attrait de cette prononciation pour le commentateur lui-même.

Dans ce dernier cas, plus rare, dont la thématique est elle-même métalinguistique, il s'agit moins de construire une scène de parole que de passer une convention phonographique que respecte ensuite le texte – qui dès lors mute au moins localement en un texte pour l'oreille. Les cas plus attendus de phonographie non marquée comme telle, mais introduite par des indices discursifs, sont, typiquement, ceux des séquences dialogales dûment caractérisées et signalées par des topogrammes spécifiques. Une fois planté le décor d'une conversation, scène de parole par excellence, les cacographies passent spontanément pour des phonogrammes « montrant » la prononciation des locuteurs. C'est le cas de ces si fameux dialogues balzaciens, caractérisant et codant à la fois la parole, celle de l'allemand Schmuke en l'occurrence :

[64] – Sei mon châs, dit-il en le montrant à la comtesse. C'est la bauffre hânîmâle ki fit affècque li bauffre Schmuke ! Ille hai pô !
– Oui, dit la comtesse.
– Lé foullez-visse ? dit-il.
– Y pensez-vous ? reprit-elle. N'est-ce pas votre ami ? »
Le chat, qui cachait l'encrier, devina que Schmuke le voulait, et sauta sur le lit.
« Il être mâline gomme ein zinche ! reprit-il en le montrant sur le lit. Ché lé nôme Mirr, pir clorivier nodre crânt Hoffmann te Perlin. »
(H. de Balzac, *Une fille d'Ève*, 1842.)

De tels trucages orthographiques produisent ce que nous appellerons des *effets de parlure*, où à la nécessité du recours à la phonographie pour identifier les unités s'ajoute celle de la reconnaissance de *principes phonétiques* de « déformation », ici, notamment, la confusion des sourdes et des sonores et la postériorisation des [a], traits communément reconnus comme caractéristiques de l'accent allemand. Comme pour des faits bien connus de morphosyntaxe (absence du *ne* explétif, abandon des inversions pour marquer la modalité interrogative, variation des registres lexicaux, etc.), la parole « montrée » par l'autonymie qui caractérise le DD est aussi une parole qu'on tend à faire entendre par phonographie. Le DD, mais aussi le DI et le DIL sont des lieux privilégiés, mais non exclusifs, de codage de l'oralité.

On devine aisément la diversité des *indices discursifs* par lesquels les textes motivent l'actualisation phonographique. Les décrire constituerait un objet intéressant pour une linguistique et une stylistique de la représentation des scènes de parole. Mon objectif n'y invite pas, qui consiste à inventorier des possibles sémiologiques et frustre nécessairement de l'exploration de chacun d'eux.

Au titre de ses possibilités, ce qu'il reste à décrire, ce sont les propriétés intrinsèques des unités écrites qui reçoivent une interprétation phonographique, alors qu'elles ne sont pas représentées comme des phonogrammes.

4.1.1 Repérage des phonogrammes non marqués

En tant que fonctionnement inhérent à la notation alphabétique, au même titre que son fonctionnement sémiographique, la phonographie peut opérer, en écriture et en lecture, à tout endroit de la chaîne et sans que l'endroit soit lui-même caractérisé et balisé particulièrement. Nous allons considérer à présent à quelles conditions une unité qui n'est pas désignée en tant que phonogramme est néanmoins identifiée comme tel. On va voir que le phonogramme fraie d'un côté avec le néologisme et d'un autre avec la pure et simple « faute d'orthographe ».

Soit une séquence de graphèmes |X|.

(1) La séquence respecte les règles de bonne formation des énoncés (sur le plan de l'expression) que régit le système sémiographique, c'est-à-dire *l'orthographie*. Il s'agit d'une forme du français écrit bien formée et reconnue comme telle par l'interprète.

(2) La séquence ne respecte pas ces règles (*|X|).

> (2.1) Opaque, pure expression, l'unité ne fait l'objet d'aucune actualisation sémantique de la part de l'interprète. L'élément *|X| sera alors considéré comme une *cacographie* (unité asémiotique) ou une *néographie per se* (unité inconnue de l'interprète seulement)[13].

> (2.2) Malgré son caractère asémiotique, la séquence est identifiée à une unité ou à une séquence sémiotique (possible dans le système) : *|X| → |X|.

> (2.2.1) *|X| est appréhendé comme comportant une « faute d'orthographe ». Le contenu de *|X| est celui d'une unité |X| considéré comme la bonne forme correspondant à *|X|. On peut dire que *|X| est un hétérographe de |X| : car lorsqu'un lecteur affirme qu'une séquence écrite comporte une « faute », il n'identifie pas qu'une séquence mal formée, mais aussi la séquence bien formée qui lui correspond, « car il n'y a de sanctionné par la langue que ce

---

[13] Entre ces deux formes de non-reconnaissance, la distinction est principalement fonction d'un rapport de force, imaginé par l'interprète, entre sa connaissance du système et celle du scripteur dont il lit le texte. Caricaturalement, une structure non reconnue dans un livre sera considérée comme une néographie *per se* et la même dans un cahier d'élève, comme une cacographie.

qui est immédiatement reconnu par elle » (Saussure, 1968 : 415 – 416 [2759 – 2760, I, R 2.65 – 66])[14].

Queneau, qui fait de la sémioticité un élément narratif – c'est le temps que le mystérieux mais « rien niais » Trouscaillon recherche la conjugaison correcte du verbe *vêtir* que l'énigmatique Marceline se dérobe à sa vigilance – nous fournit ci-avant un exemple du couple forme fautive/forme correcte[15], inscrite dans une opération de reformulation rectificatrice, réalisée dans l'interlocution et requérant l'autonymie :

[65] M'autorisez-vous donc à de nouveau formuler la proposition interrogative qu'il y a quelques instants j'énonça devant vous ?
– J'énoncai dit l'obscur.
– J'énoncais, dit Trouscaillon.
– J'énoncai, sans esse.
– J'énoncai, dit enfin Trouscaillon. Ah ! la grammaire, c'est pas mon fort. Et c'est ça qui m'en a joué des tours. (*Zazie dans le métro*, 1959, p. 171[16].)

(2.2.2) *|X| est récupéré selon des propriétés d'intégration et de distribution propres à la morphosyntaxe de l'écrit. Il s'agit alors d'une *néographie* qui peut être qualifiée d'*intra-sémiographique*, dans la mesure où l'unité est alors perçue comme forgée, selon l'exercice de ce que Saussure appelait analogie, à partir d'éléments morphologiques inhérents au système sémiographique.

Dans *Zazie dans le métro*, dérivent d'un processus d'invention interne au système sémiographique les cas suivants (relevant, dans l'ordre, de la dérivation, du mot-valise, de la composition par suffixation de -truc, et de l'abréviation) :

[66] [...] la scène qu'il vient de vivre et qui a failli le faire entrer sinon dans l'histoire, du moins dans la **factidiversialité** [...]. (*Zazie dans le métro*, p. 37)
[67] La dame, stimulée par l'épithète **zazique**, sur-le-champ conçu un audacieux projet. (P. 108)
[68] Les **midineurs** arrivaient, d'aucunes avec leur gamelle. (P. 75)

---

14 Si le lecteur ne reconnaît pas le mot correct « sous » l'erreur, le statut de celle-ci est alors incertain, car on postulera que le jugement, interprétatif, d'erreur sémiotique ne s'assure que relativement à une expression de même contenu mais de bonne forme ; c'est relativement à un X correct que *X est rejeté.
15 Des formes distinctives au moins pour l'oreille romande qui ne recouvre pas l'opposition /e/ vs /ɛ/ sous l'archiphonème /E/.
16 Pour ce roman auquel sera empruntés plusieurs exemples, j'indique exceptionnellement la pagination : celle de l'édition Folioplus, Gallimard, 1996.

[69] Avec cette grève des **transtrucs** en **commachin**, on peut plus rien faire de ce qu'on veut. (P. 97)
[70] Mademoiselle, vos insinuations ne sont pas de celles que l'on **subtruque** à une dame dans l'état de veuvage. (P. 104)
[71] – Ça serait pas drôle, dit Gabriel, faudrait alerter les roussins, **probab**. (P. 40) [17]

Cette inventivité n'emprunte rien qui soit étranger à la sémiographie. Si elle produit quelque effet d'oralité, il ne saurait être question que d'une oralité discursive, convoquant un imaginaire langagier opposant à la normativité des discours écrits, la créativité et la variété notamment morphologique des discours oraux. L'effet n'a pas de rapport direct avec la phonographie. S'il importe donc de ne pas confondre les deux phénomènes et de ne pas voir derrière toute procédure néographique une recherche d'oralité, il n'empêche que les auteurs prisant la néographique « extrasémiographique » prisent aussi la néographie « intrasémiographique » – combinant parfois même les deux procédures. C'est que, ces inventions, hétérogènes dans leur principe, partagent un même mouvement de subversion du code écrit[18].

(2.2.3) *|X| est récupéré moyennant le recours au système phonographique, selon un parcours interprétatif que je propose de schématiser comme suit :

---

17 Mentionnons encore, hors de leur cotexte, ces autres mots-valises : « guidenappé » (p. 116, mot-valise à base de *guide* et de *kidnapper*, Gabriel ayant été enlevé par des touristes auprès desquels il s'est improvisé guide de Paris), « fligolo » (p. 134, probable contradiction de *flic* et de *rigolo*), « squeleptique » (p. 143), « charluter » (p. 152, du prénom du personnage Charles et de *chahuter*), « téléphonctionner » (p. 143) ; ou ces diverses formes de dérivation : « emboutisseur » (p. 116, dans la mesure où le mot, formé sur *emboutir* (une voiture) ne correspond pas au sens en langue de son homonyme, qui désigne un ouvrier préposé à l'emboutissage), « emmerdatoire » (p. 118), « déconnance » (p. 120) et « Préfectance » (p. 139), « mélancolieux » (p. 170), « charabiaïser » (p. 175), « matineux » (p. 188), « myrmidonne » (p. 188, du grec *murmêx*, la fourmi, donnant le français *myrmidon*), « hirudinaire » (p. 188, du grec *hirundo*, la sangsue, donnant *hirudinée*), etc.
18 Rey-Debove rapproche déjà processus de composition des néologismes et processus phonographiques dans une section intitulée « Séquences qui n'existent pas et qui signifient » : « Ces séquences représentent les composées lexicaux libres d'une langue ; si l'on forge un mot composé dont les éléments appartiennent à L1, le mot, bien que non codé (non existant), signifie selon les lois du système tel qu'on l'oppose à l'usage. À preuve, le terme *autonymisation* que le lecteur comprend aisément. [...] ce processus ouvre la voie à la néologie la plus courante. L'autonyme de ces séquences pourra se formuler ?$E_1(E_1(C_1))$, le /?/ portant sur le signe tout entier. / **Le cas est le même pour les transcriptions graphiques de la prononciation.** Car si la forme graphique n'existe pas, elle **évoque aussitôt** la forme phonique qui elle, existe et signifie : *des z'hannetons* est clair pour un francophone. » (1978 : 115) La présente partie de mon analyse consiste notamment à décrire la manière dont ces transcriptions « évoquent aussitôt la forme phonique ».

$*|X| \Rightarrow *[X] \Rightarrow /X/ - X - |X|$[19]

L'unité ou la séquence graphémique *|X| est conformée, par le système phonographique, à une suite phonémique *[X] non significative (en tant qu'autonyme à « signifié détruit »). Or *[X] s'identifie à la forme de l'expression orale standard /X/ d'une séquence linguistique X ; il y a homophonie entre la valeur phonographique de l'unité inconnue *[X] et un mot oral connu /X/. La langue assignant aux unités linguistiques X une unité formelle de chacun des deux systèmes primaires, /X/ est associé à |X|, bonne forme de l'expression écrite.

De manière analogue aux gloses en « X, comme prononce A » (mais sans désignateur métalinguistique cette fois), ce parcours interprétatif suppose d'emprunter la voie phonographique afin d'identifier la forme de l'expression orale qui sert d'interprétant à l'expression écrite inconnue. Le sémiogramme n'est atteint que par le biais d'un phonogramme. Autrement dit encore, une conversion acoustique, endo ou exophasique, du signe graphique est nécessitée. Lorsque ce parcours est suivi fructueusement, il produit ce que nous appelons un *effet d'écoute*. Consciemment ou non, le lecteur a reconnu que, pour assigner une existence linguistique à une séquence graphémique donnée, pour la reconnaître (sémiotique) et éventuellement la comprendre (sémantique), il doit se l'entendre lire.

[72] Marceline répond pas, va droit à la chambre. **Gzakt. Lagoçamilébou.**
(*Zazie dans le métro*, p. 38.)

[73] Trouscaillon, empesté, **s'escusa**, salua Gabriel en se mettant au garde-à-vous, **egzécuta** le demi-tour réglementaire, s'éloigna, disparut dans la foule accompagné par la veuve Mouaque qui le pourchasse au petit trot.
(*Zazie dans le métro*, p. 124.)

Par leur apparente asémioticité, les séquences de graphèmes soulignées par nous, dont l'hétérogénéité sémiologique est allusive (non explicite) – leur intention de coder n'est pas signifiée par un terme métalinguistique – encourent le risque de passer pour des erreurs accidentelles, plutôt que pour la représentation de séquences phonétiques. La phonographie partage en effet avec de nombreuses cacographies (**igyène*, **équimose*, **amidale*...) le fait que *|X| est approximativement homophone à l'orthophonie de l'orthographe, soit la bonne

---

[19] Rappelons que selon nos considérations sémiologiques préalables (chap. 2, 1.6, p. 105), la langue associe à une unité linguistique X (pour laquelle j'utilise des petites capitales) une unité sémiographique |X| et une unité sémiophonique /X/, ou, sur le plan de la forme de l'expression, une *structure graphémique* et une *structure phonémique* (=phonologique).

forme de l'expression orale associée à la bonne forme de l'expression écrite[20]. Commentant la graphie « p-tètt » dans la séquence suivante :

[74] – C'est p-tètt le prix qui vous fait faire cette gueule-là ? I sont pourtant bin nonnêtes, nos prix. (*Zazie dans le métro*, p. 138.)

Léon, qui la juge phonétiquement pertinente, constate, ironiquement, cette ambiguïté foncière de toute phonographie non marquée :

> Malheureusement ce *p-tètt*, à la forme si parlante, est le seul exemple de cette transcription. Il n'est *p-tètt*, après tout, qu'une heureuse coquille typographique ! (Léon, 1971 : 165)

La « faute » ne produit toutefois qu'un effet d'écoute limité, le plus souvent. En effet, plus la reconnaissance sémiotique par l'oreille est exclusive de la reconnaissance par l'œil, plus l'effet d'écoute est saillant. En d'autres termes, plus l'unité ou la séquence écrite est éloignée de son correspondant orthographe, plus est grande la surprise de s'entendre lire quelque chose de sensé. Cet écart sémiotique est rarement le fruit d'une glissade involontaire. La cacographie accidentelle est ordinairement à mi-chemin entre l'orthographie et la phonographie, et peut être reconnue au moins partiellement sur des bases sémiographiques[21]. Certaines néographies, en revanche, ne laissent identifier l'unité linguistique qu'elles cachent qu'au terme d'un décodage phonographique que la sémiographie n'assiste en rien – voire même qu'elle désert. L'effet d'écoute est proportionnel à cette surprise, dans la mesure où celle-ci atteste de l'impossibilité du sens « pour l'œil » et de la nécessité de l'oreille. Comme dans « Doukipudonktan » (p. 9), « apibeursdè touillou » (p. 158) ou « vozouazévovos » (p. 116).

Force est de constater l'efficacité de la voie phonographique et sa productivité en discours sous sa forme non marquée et souvent non intentionnelle. On lui doit l'intelligibilité des textes de scripteurs débutants en français écrit comme, à une autre extrême de la compétence, les jongleries écrites d'un Queneau. On la rencontre à l'œuvre dans les pratiques écrites privées où des technologies particulières (petit écran et/ou petit clavier) poussent à une économie maximale (Anis, 1999).

---

20 Le phonogramme allusif se confond potentiellement avec un accident orthographique non prémédité, mais aussi parfois avec une autre unité sémiographique homographe. On peut par exemple lire « asteure » (p. 108) comme le phonogramme d'une prononciation relâchée et courante de « à cette heure », ou comme l'archaïsme signifiant « maintenant ».
21 Raison pour laquelle, dans l'anecdote schaffousoise de Hugo [85], les « originalités » orthographiques du menu nous paraissent peu vraisemblables (ci-dessous, p. 179).

4.1.2 Unité des effets d'écoute

Les effets d'écoute résultent d'une situation sémiotique particulière dans laquelle la compréhension d'une séquence graphémique réclame son écoute – alors que rien ne vient signifier, métalinguistiquement, cette nécessité.

Nous parlons d'*effet* en référence à un certain type de produits de l'activité sémantique. Certes, selon la perspective adoptée ici, *l'énonciation est effet du langage pour un auditeur-lecteur*. La forme de l'expression elle-même est l'effet de la conformation par l'auditeur-lecteur de la substance d'un signal. Néanmoins, nous réserverons le terme d'*effet* pour désigner une composante sémantique bien réelle, c'est-à-dire éprouvée par l'interprète, mais dont on ne sait si elle répond à une intention de la produire.

Cette indétermination est liée à l'absence d'expressions spécifiquement dévolues au contenu sémantique en question. En l'occurrence, le phonogramme est reconnu, mais le pointeur phonographique fait défaut. Or l'expression spécifique (unité d'un appareil formel dévolu à la construction d'un type de contenu) *configure* l'interprétation de sorte qu'elle aboutisse au contenu codé par l'expression, mais *signale* en même temps, par l'utilisation de cette expression spécifique, *l'intention de signifier ce contenu*. Le marqueur spécifique d'un contenu *signifie ce contenu* et atteste à la fois *l'intention de signifier ce contenu*.

Dès lors, en l'absence de la marque, il y a aussi absence de signification de l'intention[22]. Sans entrer plus avant dans cette discussion, convenons d'appeler *effets* les contenus de la représentation sémantique qui sont construits par l'interprète en l'absence des marqueurs linguistiques spécifiquement dévolus à ces contenus.

En l'absence de pointeur phonographique, l'unité *|X| n'est ni représentée comme produit du système phonographique, ni décrite comme variété linguistique particularisée par sa phonétique.

L'*effet d'écoute*, tient
a) à l'asémioticité d'une séquence graphémique donnée (soit son inexistence dans le système sémiographique), qui bloque son actualisation « en sémiographie » ;
b) au fait que la séquence asémiotique ne soit pas linguistiquement marquée comme un phonogramme ;

---

[22] Au sens habituel, la *représentation* suppose l'intentionnalité de L. Or quand il y a actualisation interprétative ou inférentielle d'un contenu, l'intention de L concernant ce contenu n'est pas engagée. Il est alors délicat de parler de représentation et on peut alors trouver commode de parler d'*effet*. Du point de vue d'une linguistique de la parole, il serait néanmoins plus consistant de définir la notion de représentation *du point de vue de l'interprète*.

c) à la proximité[23] phonétique de son actualisation par phonographie avec une séquence /X/ du système sémiophonique qui, *in fine*, sert d'interprétant au phonogramme.

Ces trois conditions correspondent à un parcours interprétatif particulier, celui d'une *reconnaissance médiate*, impliquant un *blocage* (en sémiographie) et son *dépassement* (par phonographie).

Le blocage ne peut résulter que de l'altération des unités plérémiques du système sémiographique. Autrement dit, seul un trucage orthographique, le jeu des constituants des morphogrammes, peut conduire à l'effet d'écoute : principalement, les alphagrammes, accessoirement les topogrammes susceptibles de s'intercaler dans un lexème, d'intégrer son identité morphologique.

Le dépassement ne peut opérer qu'à la faveur de l'homophonie du phonogramme avec un sémiophone, soit une unité plérémique du système oral. L'expression phonétique E^p_1 que code le phonogramme n'est donc pas une structure phonétique quelconque : elle est une structure phonétique identifiée à une unité du système sémiophonique. Elle est donc pourvue d'un contenu et n'est pas à « signifié détruit ». En l'absence d'un pointeur phonographique, le phonogramme change de sémiotique : il n'est plus opaque, mais signifie de manière médiate selon le schéma ($E^g_1.(E^p_1(C^p_1))$). Autonyme, le phonogramme non pointé comme tel ne code pas seulement une articulation, mais un signe oral et son contenu.

Telle est l'extension de l'effet d'oralité en question. À partir de cette définition, on spécifiera les effets d'écoute selon les critères suivants, qui organiseront l'analyse :

1 – la nature de l'expression phonique E^p_1, codée par le phonogramme E^g_1 : *non langagière* pour les onomatopées et les effets de bruit qu'elles produisent, *langagière* (sémiophonique) pour les effets de voix et les effets de parlure[24] ;

> 2 – pour ces derniers (contenus *langagiers* des phonogrammes), le rapport qu'entretient la suite phonétique [X] codée par le phonographe *|X| avec la bonne forme de l'expression orale /X/ à laquelle [X] est identifiée. On dis-

---

[23] Et non nécessairement son identité (homophonie), comme on va le voir plus loin (4.2.3, p. 178).

[24] L'opposition est heuristique : nous verrons bientôt que le contenu des onomatopées peut être conventionnel et donc défini au sein du système linguistique ; néanmoins, au sein de ce système, en tant qu'onomatopées, ces signes entretiennent un rapport particulier avec leur contenu mondain.

tinguera les effets d'écoute, où [X] est homophone à /X/ et ceux où [X] est reconnue comme une variation de /X/ ;

3 – pour ces derniers (suite phonétique comme variation de /X/), on distinguera les cas où cette variation touche la dimension segmentale de la forme de l'expression orale représentée par le phonogramme, de celle qui touche à sa dimension prosodique ;

4 – enfin, la nature du graphème utilisé pour la représentation constituera le dernier critère d'organisation des phénomènes considérés.

4.2 Typologie des effets d'écoute

4.2.1 Les onomatopées : l'écrit s'ébruite

> Cependant dans l'opposition du langage et du monde, et non plus dans celle du signe et du non-signe, le nom de notion s'oppose peut-être à l'onomatopée qui signifie un bruit.
> (Rey-Debove, 1978 : 119)

i) Généralités
Si, comme on va le voir, l'*effet d'écoute* peut « grader » en *effets de parlure*, porteurs de valeurs identifiant leur énonciateur (accent populaire, snob, valaisan, allemand...), il peut aussi se « dégrader » en pur *effet sonore*. Il code alors un son, certes articulé dans sa représentation linguistique, mais qui n'est plus conformable à quelque forme sonore du langage, mais à la substance acoustique du monde. Il s'agit des onomatopées. On saisit intuitivement que, dans cette origine acoustique – menaçant depuis son origine l'édifice sémiologique saussurien en touchant à l'arbitraire, sa clé de voute – l'onomatopée, bruit fait verbe, dépend directement de la fonction phonographique de la notation alphabétique.

En effet, parmi les procédures de formations de mot relevés par la morphologie et la linguistique historique, l'onomatopée inscrit le signe, dans son expression même, dans une relation intime avec l'univers sonore (Fradin 2003, Tournier & Tournier, 2009). Son passage à l'écrit ne va pas sans quelques difficultés, au moins sémiologiques.

Le terme *onomatopée* désigne d'abord, par son étymologie, un processus de création de mot, puis le mot créé selon ce processus. Le terme s'est spécialisé dans la désignation de signes dont la forme de l'expression *imite* un bruit – attestant, par cette spécialisation, du caractère fondamental de cette relation « imitative » des signes aux bruits du monde, au moins pour l'imaginaire épilinguistique. On peut distinguer l'onomatopée au sens propre, pour laquelle le bruit est le contenu de l'expression elle-même : *atchoum* (bruit d'un éternuement), *cocorico* (bruit du coq), *badaboum* (bruit de la chute), *beurk* (bruit émis par un individu dégoûté), *miam* (bruit émis par un individu alléché…), d'autres expressions onomatopéiques, parfois dérivées des dernières, qui signifient non ce bruit lui-même mais des êtres ou des actions en relation avec lui. Il s'agit en particulier de verbes (*miauler*, émettre le bruit du chat, *cliquer*, utiliser le périphérique dont le bruit est *clic*, *toquer* au sens de « faire toc-toc à la porte »[25]), ou de noms : un *bang* (bruit émis par un avion dépassant le mur du son), le *badaboum* (au sens de rixe), le *ping-pong* (jeu dont la pratique produit un bruit qu'imite le mot), le *bla bla* (au sens de baratin)… Quelques adjectifs peut-être, comme la pédale *wah-wah*.

L'origine onomatopéique d'un lexème est une question diachronique, sans pertinence en tant que telle pour la sémantique de la parole : ainsi, il n'est pas fondamental pour nous de trancher parmi les nombreux cas qui peuvent faire débats (*quid* de *gong, flaque, grogner, grommeler, siffler, claquer, vrombir*… ?). Dans le cadre d'une linguistique de la parole, ce qu'il importe de décrire, c'est le fonctionnement spécifique d'une unité *reconnue comme onomatopéique* par son auditeur-lecteur.

Un signe est reconnu comme onomatopéique lorsque son contenu est un bruit avec lequel l'expression entretient une *relation d'iconicité*. En d'autres termes, l'expression ressemble, ou est jugée ressemblante, au bruit signifié. Comme seul un son peut « imiter »[26] un son, cette iconicité est de type sonore. Un signe oral peut être le *signe* (arbitraire) d'objet appartenant à n'importe quel domaine notionnel, mais ne peut être l'*icone* que d'une réalité acoustique. De ce premier élément de définition on peut tirer l'essentiel pour notre propos : la reconnaissance d'un signe écrit comme onomatopéique suppose le passage par le pont phonographique ; il suppose l'« écoute » du signe écrit.[27] Par consé-

---

25 Selon la définition de la puéricultrice (conversation, 25 septembre 2013).
26 La *ressemblance* est une notion plus adéquate que celle d'imitation, ordinairement proposée (par exemple : « L'onomatopée est un "mot" imitant ou prétendant imiter, le langage articulé, un bruit (humain, animal, d'un produit manufacturé, etc.). » Enckell et Rézeau, 2005 : 12), qui suppose une intentionnalité (du mot ou du nomothète) discutable à plusieurs égards.
27 L'onomatopée graphémique serait un morphogramme dont la forme de l'expression entretiendrait un rapport d'iconicité graphique avec son signifié. Au niveau lexical, ce serait le cas du

quent, on peut parler, pour l'onomatopée écrite, non d'une iconicité stricte, mais d'une iconicité codée (relayée par la phonographie).

ii) L'onomatopée écrite

Tout en ne considérant dès lors que l'onomatopée écrite, il faut distinguer le traitement interprétatif des onomatopées sémiotiques (|X|), jugées incluses dans le système par le lecteur, de celui des onomatopées asémiotiques (*|X|) non identifiées *a priori* comme telles.[28]

La langue comporte des signes dont le contenu *conventionnel* est un bruit. Ce caractère conventionnel est souvent illustré par la différence des sons qu'émettent objets, animaux et humains, une fois passés au filtre sémiologique des langues (le canard français fait « coin-coin », l'anglophone « honk-honk », l'arabophone « bat-bat »...). De cette convention découle la possibilité d'une

---

mot *locomotive*, lorsque les enfants et les poètes y reconnaissent roues, cheminées et wagons... Au niveau textuel, cette iconicité est celle qui organise la topographie de certains calligrammes.
28 Je n'adopterai donc pas la position qui consiste à considérer que l'onomatopée « n'est pas un signe linguistique, mais constitue la reproduction codée de catégories de cris ou de bruits » (Riegel et alii, 2009 : 772). D'ailleurs, si la motivation des onomatopées est nette, elle est aussi relative : « Quant aux **onomatopées** authentiques (celles du type *glou-glou, tic-tac, etc.*), non seulement elles sont peu nombreuses, mais leur choix est déjà en quelque mesure arbitraire, puisqu'elles ne sont que l'imitation approximative et déjà à demi conventionnelle de certains bruits... » (Saussure, 1916 : 102.) « La motivation phonique de ces mots est évidente, mais la contrainte morphophonique impose une inévitable conventionalité, bien qu'elle ne s'exerce pas complètement, puisque l'onomatopée est le seul cas où le signifiant phonique du mot peut ne pas contenir d'élément vocalique (ex. : pff, pst, mmm, zzz). » (Tournier & Tournier, 2009) Les onomatopées passent les bruits au filtre phonologique des langues, mais aussi à celui de l'histoire des cultures. Fradin semble adopter une position proche de la mienne en parlant d'une « relation iconique conventionnelle » : « Cet arbitraire fondamental (Saussure 1916) n'empêche pas que les lexèmes complexes puissent être motivés (Goldberg, 1995). Les lexèmes simples peuvent l'être aussi dans quelques cas bien recensés, comme celui des onomatopées : d'un point de vue sémiotique, celles-ci sont dans **une relation iconique conventionnelle** (et variable selon les langues) avec ce qu'elles dénotent. » (Fradin, 2003 : 80, voir aussi Rey-Debove, 1978 : 198, qui parle pour le signifié de l'onomatopée d'un bruit « codé ou non codé ».) Le schématisme que je propose vise précisément à rendre compte de cette paradoxale combinaison entre iconicité et convention que relèvent la plupart des spécialistes de la question : « Again, imitatives include many utterances that utilize sound patterns **outside of conventional speech and are difficult to portray in writing**, such as representations of bird and animal sounds, children's imitations of sirens, etc. Nevertheless, imitatives are much better represented in the linguistic literature than corporeal sound symbolism, **because so much onomatopoeic vocabulary does become conventionalized.** » (1994 : 3) Il existe d'ailleurs un dictionnaire des onomatopées françaises (Enckell et Rézeau, 2005).

lecture purement sémiographique de l'onomatopée écrite (sans autoécoute) ainsi que son acquisition par quiconque n'ayant jamais entendu le bruit en question (et même pour un malentendant). Par ailleurs, si un tel signe, associé au domaine notionnel du bruit[29], est interprété comme onomatopéique, il dispose alors d'une « valeur sémiotique ajoutée » : le lecteur estimant que *grommeler* est onomatopéique ajoute à sa sémiotique simple ($E^g(C^g)$), une relation iconique venant étayer la première : E a pour contenu conventionnel C *et* E ressemble à C (moyennant l'actualisation phonographique de E)[30]. Dans le cas de l'onomatopée conventionnelle, l'iconicité est un supplément qui vient interroger l'arbitraire. L'expression est aussi l'interprétant de son contenu[31]. Si ce parcours secondaire est emprunté, c'est-à-dire si ce caractère sémiotique secondaire (du point de vue fonctionnel) est reconnu, la lecture du signe en question bruite l'écrit.

L'existence d'onomatopée conventionnelle rend possible un jeu de variations reconnaissables en tant que telles, de la forme ou de la substance graphique, dont la littérature illustrée regorge. Nous décrirons bientôt ces variations de l'expression graphique, comme diagrammatique ou pseudo-iconique, selon qu'elles jouent sur la forme de l'expression (vrrrrroooummm) ou sur sa substance (VROUM). Les premières sont d'ailleurs mentionnées par le dictionnaire d'onomatopées de Enckell et Rézeau (2006), mais écartées précisément en ce qu'elles constituent des modulations du même[32]. C'est par exemple le cas de *fff*, défini comme onomatopée bruitant le souffle, humain ou naturel, selon différentes variantes, quantitatives [75] ou parfois qualitatives [76].

[75] On apercevait une ombre devant le lit, mais impossible d'en entrevoir la forme. Il en venait un souffle, fffffffffffff... comme d'une chose qui fait du vent, non point comme de quelqu'un qui respire.
(H. Pourrat, *Le Château des sept portes*, 1922.)

|fffffffffffff | ≈> [f::::::::::::::] = /f::/ − BRUIT DU SOUFFLE − |fff|

---

29 Contrairement aux *idéophones*, voir *infra*, p. 173.
30 Cet étayage expliquerait en partie la facilité de l'acquisition des signes onomatopéiques et donc leur haute fréquence dans le langage enfantin : le chien *fait wouaf* avant d'*aboyer*, la sonnette *fait ding dong* avant de *sonner*, etc.
31 Alors que, par définition, rien ne vient étayer au sein du signe arbitraire la relation entre son signifié et son signifiant.
32 « [...] la prise en compte de la très grande variété que l'on trouve à l'écrit dans la multiplication des voyelles et des consonnes est, sous cet aspect [l'identification des onomatopées et la détermination des vedettes du dictionnaire], dénuée d'intérêt. C'est ainsi que *aaaahhhhhhhhhh* est ramené à *ah* » (Enckell & Rézeau, 2005 : 25).

[76] [Tintin au capitaine Haddock tombé en courant :]
— Et Rastapopoulos ?
— Sais pas... fffh... Ma carabine... fffh... accrochée... fffh dans un arbre... fffh... Navré !
(Hergé, *Vol 714 pour Sydney*, 1968.)

iii) L'usage onomatopéique

Considérons à présent le cas de l'interprétation onomatopéique d'un signe écrit qui n'est pas préidentifié comme une onomatopée, cas de l'onomatopée non conventionnelle (*|X|) ou *usage onomatopéique*. En l'absence de la sémiotique simple des signes conventionnels, le lecteur doit établir lui-même et de manière contextuelle une relation iconique[33]. Cette reconnaissance suppose quelques adjuvants.

A) *Intrinsèques*. Des indices morphologiques. Ils rejoignent les « stratégies générales d'émergence des symbolismes sonores » :

> (1) use of reduplication ; (2) marked use of segments that are otherwise uncommon in the language, and the loosening of distributional constraints that are otherwise strong in the language ; (3) the association of certain type of segments and suprasegmentals with certain semantic realms. (Hinton, Nichols & Ohala, 1994 : 9)

Pour adapter ce propos au français écrit, notons que (1) celui-ci fait, semble-t-il, de la réduplication un usage relativement modéré (*ding dong, glouglou, pin pon, ping-pong, toc-toc*, etc.). (2) On connaît la blague qui consiste à répondre « À tes souhaits ! » à l'interlocuteur articulant un mot échappant par trop à la phonotactique du français. Le signe est facilement réduit au bruit et le sémiogramme étrange, au phonogramme d'un bruit, s'il ne respecte pas « les contraintes distributionnelles » de phonèmes dans une langue donnée. (3) Quant au troisième critère, dans le cas de la symbolisation écrite de l'oral, il faut le chercher dans les variations apportées à la forme des graphèmes par les topogrammes ou par des jeux de la substance graphique, codant les variations sonores d'une expression orale. Ces jeux – sur lesquels nous reviendrons brièvement (p. 204) – sont familiers aux bédéphiles et aux lecteurs de littérature de jeunesse : « Plus le

---

33 Mon fils considère que les sonnettes « font ding-dong » et les téléphones « driiiiing », en 2013... Manifestement, en ce qui concerne l'onomatopée conventionnelle, c'est le signe qui dispose à l'écoute du bruit – tandis que la définition de l'onomatopée comme imitation affirme le contraire. Ce n'est pas tant la réalité de la relation iconique qui compte, que l'instruction que comporte la sémiotique combinée de l'onomatopée conventionnelle, livrant le signifiant comme forme du bruit qu'il signifie – *au point d'y conformer ce dernier*. En quoi l'onomatopée est un signe dont le contenu mondain est, en outre, reconnu comme ayant la forme de l'expression.

bruit était fort, plus c'était écrit gros, en lettres de couleurs éclatantes qui barraient toute l'image [...]. (Fr. Cavanna, *Les Ritals*, 1978 < Enckell et Rézeau, 2006 : 23.) Dans la littérature illustrée, les représentations iconiques de référents bruyants vont par ailleurs encourager grandement l'interprétation de *|X| en tant que bruit.

B) *Extrinsèques*. Des indices cotextuels. À l'instar des énoncés phonographiques décrits sur le modèle des phrases comportant le verbe *prononcer*, les onomatopées ont leur marqueur prototypique : le verbe *faire*. Même si d'autres verbes sont sémantiquement plus spécifiques, comme *émettre*, c'est sans conteste *faire* qui est le plus fréquent introducteur d'onomatopées. Il s'entend alors dans l'acception suivante :

> II. Donner une manière d'être à [...]. c) [L'obj. est un subst. ou une onomat.] Pousser, émettre. *Faire des oh ! et des ah ! faire les hauts cris ; faire chut, ouf. J'entends le petit oiseau Qui fait pi i i i !* (CLAUDEL, Annonce, 1948, IV, 2, p. 212). *L'infirmière fit simplement : « Ts... ts... » et s'en alla* (DRUON, Gdes fam., t. 1, 1948, p. 17). (*Trésor de la langue française*, article « faire ».)

Parler d'énoncés métalinguistiques pourrait paraître indu, dans la mesure où l'onomatopée présente un contenu mondain : un bruit. Pourtant, une fois rappelé qu'à l'écrit, un verbe introducteur d'onomatopée n'est, en toute rigueur, qu'un verbe introducteur de phonogramme, et que celui-ci est une variété d'autonyme, alors on peut conclure qu'à l'écrit au moins, la construction FAIRE + ONOMATOPÉE constitue bien une prédication métalinguistique, du même type intersémiotique que les autres verbes introducteurs de phonogramme.

Dès lors, il faut encore distinguer les énoncés où la valeur phonographique des onomatopées est prédiquée et celles où la reconnaissance de cette valeur est laissée à « l'initiative » du lecteur. Conformément à notre définition de l'*effet*, seules ces dernières produiront des *effets de bruit*, les autres constituant des onomatopées représentées. Mais qu'elles soient interprétatives ou marquées, les onomatopées réalisent l'intégration, intersémiotique, de l'oralité dans l'écriture, par la voie phonographique, que nous explorons dans ce chapitre.

On relèvera, parmi les quelques configurations syntaxiques assurant la caractérisation du mot étrange *|X| comme ayant valeur acoustique : des constructions détachées [78], des compléments de verbe de perception [80, 81], avec ou sans déterminant masculin (comme les autres autonymes), et des compléments (parfois antéposés) de verbe de situation [77], d'émission [79] (voire de parole, par anthropomorphisme) comme *répondre* dans [79].

L'article masculin, souvent indéfini, actualisant l'onomatopée introduit le bruit auquel elle réfère comme nouveau et non préidentifié, corroborant ainsi l'aspect « irruptif » qu'on prête à ce type de signes, censés « exprimer la soudaineté ou la rapidité d'un procès » (Enckell & Pierre Rézeau 2005 : 16). Le bruit émerge de la situation comme à l'insu de L et son signe est énonciativement hétérogène, comme une parole du monde. D'où aussi son signalement régulier par des points d'exclamation et des guillemets.

[77]   Je ne pourrais jamais décrire le bruit que j'ai entendu. Les moteurs de l'avion étaient visiblement à plein régime, ils crachaient un son strident. [...] Une déflagration complètement irréelle, suivie d'un grand « whooooommmmmppppp », un long son bas, très profond. Ensuite sont venues les explosions.
(*Le Monde*, 23-24 septembre 2001, récit de Jim K. < Enckell et Rézeau 2005 : 24.)

[78]   Le fracas de verre brisé que je guettais me fait néanmoins sursauter, craaac braaaoum bulibolibilibilibling bling bling ! Il démolissait la fenêtre.
(R. Belleto, *Le Revenant*, 1981 < Enckell et Rézeau 2005 : 23.)

[79]   Il coupa. Blum ! fit le combiné dans sa main en heurtant le bakélite du socle. Blin-klang, répondit la machinerie de l'ascenseur en se réveillant sur le palier. Vroâp-vrr, fit la première moto du matin.
(H. Pagan, *Les Eaux mortes*, 1986 < Enckell et Rézeau 2005 : 23.)

[80]   On a entendu un pin-pon se rapprocher [...].
(V. Ravalec, *Cantique de la racaille*, 1994 < Enckell et Rézeau 2005 : 362.)

[81]   Figurez-vous qu'un jour, j'étais chez moi...
Tout à coup, j'entends : uitte !
C'était une lettre que le postier venait de glisser sous la porte.
(R. Devos, *À plus d'un titre*, 1989.)

On notera enfin, à partir des deux cas de caractérisation par construction détachée (apposition), que l'onomatopée peut intégrer le groupe de rattachement [77] ou le groupe détaché [78]. Dans le premier cas, le bruit précède sa caractérisation, dans le second, il lui succède. On pourrait ainsi distinguer les modes d'intégration syntaxique et sémantique de l'onomatopée. Ceux-ci auront une incidence sur l'ethos de L : ethos d'un *sujet-narrateur* apte à anticiper les bruits pourtant réputés subreptices d'un monde dont il élabore une représentation langagière, ou ethos d'un *sujet-percepteur*, qui « rattrape » au vol, avec plus ou moins de détente, les bruits d'un monde dont l'initiative lui échappe. Cette différence « ethotique » n'est pas étrangère à certains effets d'oralité énonciatifs que nous évoquerons en conclusion.

« La fonction de l'onomatopée est essentiellement de faire entrer dans la langue les bruits du monde » (Enckell & Rézeau, 2005 : 16). C'est en effet parce que « dans le cas de l'onomatopée, le système du monde pénètre le système des signes » (Rey-Debove 1978 : 157), que l'enfant, dans le monde, saisit l'onomatopée pour entrer dans le système des signes. Et le poète, Bayon, Benoziglio, Boudard, Céline, ou Thérame ? Pour couler langage et monde dans un même moule, celui de l'écriture. Et aussi, inversement, pour bruiter l'écrit. Par l'onomatopée graphique et les effets de bruit, l'oralité intègre l'écrit : elle y intègre du même coup la nature processuelle et acoustique qu'elle partage avec d'autres phénomènes mondains et à laquelle l'écrit, sans cette intégration, serait fermé[34].

iv) Les cas des mimologismes : les mots-bruits

Bien qu'ils soient d'une facture morphologique radicalement différente des onomatopées, les mimologismes peuvent leur être apparentés dans le contexte d'une étude de la fonction phonographique de l'écrit.

Comme les onomatopées, les mimologismes entretiennent une sémiotique iconique avec un référent mondain du domaine acoustique (bruit ou cri) ; mais contrairement à eux, ils sont constitués de morphogrammes bien formés, recevables en sémiographie. Il s'agit autrement dit d'une variété de l'onomatopée qu'on a définie comme onomatopée non préidentifiée comme telle.

Ainsi, le mimologisme cumule sémiotiques sémiographique et phonographique, car la forme de l'expression orale qui leur correspond est en relation d'iconicité sonore avec un bruit. Le sel de l'usage « mimologique » réside dans le *recoupement* de ses deux sémiotiques cumulées.

[82] [...] l'ambulance qui fonçait le long des rues désertes en clamant « T'es foutu – T'es foutu » autour d'elle [...]
(H. Pagan, *La Mort dans une voiture solitaire*, 1992.)

En usage phonographique, « T'es foutu » a pour contenu une autre expression, de forme phonétique [tɛfuty]. Or cette expression peut s'interpréter comme entretenant une relation d'analogie sonore avec la sirène de l'ambulance ($E^g_1(E^p_{1'}(C^p_{1'}))$), à la manière d'une onomatopée. Or ce contenu construit par phonographie est lui-même l'expression d'un contenu symbolique ($E^g_1(E^p_{1'}(E_{1'}(C_2)))$) et ce dernier est isotope avec celui de l'actualisation sémiographique de la même expression.

Pareil mimologisme suggère, comme son nom l'indique et comme l'onomatopée, une continuité monde-langage : le bruit de l'ambulance et la forme de la phrase passent pour deux expressions, l'une à contenu mondain, l'autre à contenu langagier, que réunit une funeste isotopie. Le mot-bruit est un mot qui signifie ce que le bruit de « même forme » signifie aussi.

---

34 Si l'on quitte l'analyse des unités morphologiques pour celui de l'organisation syntagmatique des textes (ou texture, chap. 5, p. 408 et 435), on rencontre l'*harmonie imitative*, qui appartient à la même famille sémiotique que l'onomatopée, celle du cratylisme (Genette, 1976), dont la sémiotique est diagrammatique.

L'interprétation du mimologisme comme tel suppose, quoi qu'il en soit, le passage par la voie phonographique[35]. Néanmoins, on relèvera que, contrairement aux effets d'écoute, aucun blocage ne l'impose : s'il passera difficilement inaperçu, en raison de son étrangeté discursive, il ne passera jamais pour une vulgaire cacographie.

v) Remarque sur les idéophones (et les idéographèmes)

On rapproche les onomatopées des *idéophones*, appelées également *phonesthemes* dans la tradition anglophone, et que Bloomfield discutait déjà. Pour rappel, il s'agit de « segment submorphémique du signifiant d'un mot dont le signifié peut appartenir à divers champs notionnels, à l'exception de celui des sons[36] ; ce segment est commun à une série de mots et associé au sens général comme à tous les mots de la série » (Tournier & Tournier, 2009 : 123). Pour le français, Tournier & Tournier mentionne le /n/ des lexèmes comportant le sème de la négation ou le /kʀ/ de la série *crabe, crampe, crénau, crépu, crête, crisper, croc, croche, croix...* auquel serait associé le signifié *non rectiligne*.

Les idéophones, qui relèvent de ce que Hinton, Nichols & Ohala appellent « symbolisme sonore conventionnel » – dès lors que leur signifié n'appartient pas au domaine notionnel du bruit, ils ne sauraient être iconiques –, sont-ils susceptibles de produire des effets d'oralité ?

Aux idéophones, il faut faire correspondre, au sein du système sémiographique, des *idéographèmes* : segments mono- ou bilitères (si l'on en croit les exemples de Tournier & Tournier, 2009 : 124–125) qui, en raison de leur présence dans une série de sémiogrammes présentant une parenté sémantique, seraient associés aux sèmes génériques de cette série. Ces idéographèmes, |cl| ou |n|, ne sont dès lors pas plus susceptibles de représenter l'oralité que tout autre morphogramme, dans la mesure où l'unité submorphologique à laquelle est associée le signifié peut être aussi bien sémiographique (|cl|) que sémiophonique (/kʀ/). Seule la caractérisation acoustique des lexèmes dans lesquels des idéographèmes apparaîtraient au lecteur ou leur mise en série structurante (chap. 5, 6, p. 401) constitueront des instructions, linguistiques ou discursives, visant à en faire des représentations de l'oral.

---

[35] Voir encore le rapport entre *mimologisme* et *délocutivité*, comme procédé de création lexicale, chez Chambon 1989.
[36] Associés au domaine notionnel des sons, les idéophones se confondent avec les onomatopées.

4.2.2 Les effets de voix

La sémiotique de l'effet de voix ou, du point de vue d'une linguistique de la parole, le parcours interprétatif qui le sous-tend, diffère peu de celle de l'effet de bruit que nous venons de considérer. Seul l'en distingue le domaine d'expériences auquel appartient leur contenu : celui du langage sonore (plutôt que bruits et cris). L'ensemble que nous appellerons *effets de voix* réunit les effets produits par des séquences graphémiques interprétées comme des phonogrammes codant des unités sémiophoniques, unités du système ou de son actualisation.

De toutes les dimensions phonétiques signifiantes de la parole, les phonogrammes ne codent à peu près que les sonorités des phones, abandonnant le paralinguistique de la vocalisation à la caractérisation métalangagière. L'appellation « effet de voix » est à considérer dans son syntagme : la voix n'est, à l'écrit, qu'un effet : le désir de la substance[37].

i) Effets de voix « simple » (codant un sémiophone sans variation)

Dans l'effet de voix sans variation phonétique, l'interprétation phonographique d'un *|X| aboutit à un [X] homophone à /X/. Ce qui est alors codé par le phonogramme, c'est la prononciation « normale » de la séquence linguistique X identifiée. C'est le cas des expressions suivantes :

[83] – **Dacor**, on ne sait jamais. (*Zazie dans le métro*, p. 39.)
[84] Je ne suis pas venu à Paris pour jouer au **coboille**. (*Zazie dans le métro*, p. 116.)

C'est aussi le cas des hétérographes suivants – dont l'orthophone et l'orthographe correspondant se laissent identifier hors contexte : « vécés » (p. 33), « eccès » (p. 34), « egzagérer » (p. 134), « ouiski » (p. 156), « kimieumieu » (p. 156)...

Par exemple, la néographie « vécés » est identifiée à l'orthographe |wc|, parce que son actualisation phonographique [vésé] est homophone au signe linguistique wc dans son expression orale :

$$*|vécés| => *[vésé] => /vésé/ - wc - |wc|$$

On le note sur ce simple modèle, le système phonographique ne sature pas l'expression asémiotique ; il ne rend pas compte de l'unité dans son intégralité,

---

[37] C'est davantage qu'une voix, un son articulé, qu'on s'entend lire – mais faute d'un équivalent en français ordinaire à la notion de *lexis*, j'utilise celle de *voix*, en référence à la substance de l'expression orale.

qui comporte un suffixe flexionnel « muet » (|-s|), soit un morphogramme (unité plérémique du système sémiographique). De la même manière, le suffixe dérivationnel |-er| facilite l'identification morphosyntaxique d'« egzagérer ». Nous reviendrons sur ce mélange un peu plus loin (5.1, p. 199), qui, dans la perspective de la linguistique de l'énonciation, est un mélange de systèmes et donc de compétences requises pour l'interprétation, plutôt qu'un mélange de types de graphèmes.

On remarquera aussi que « vécés » ou « exétéra » sont les doublures d'abréviations propres au système sémiographique. En tant que telles, leur orthographe est opaque : elle ne dit rien ou presque de leur expression orale et implique, pour leur transmission, des énoncés intersémiotiques du type « |etc.| se lit/prononce [ɛtsetɛʀa] »). En raison de cette opacité même, elles prêtent à d'importants écarts entre leur orthographie et leur phonographie. Il en va de même pour les xénismes, comme « médza voché » (p. 69), et plus encore pour les logogrammes, techniquement inarticulables, comme les « trouas » (pour « 3 »). Queneau déplie l'écrit du français et l'homogénéise en l'alignant sur la valeur strictement sonore des alphagrammes. C'est la phonographie qui le lui permet, une écriture certes, mais une écriture au service des sons. Il en fait usage de manière intense mais néanmoins très ciblée. Ce serait l'objet d'une autre étude.

La séquence phonétique *[X] identifiée « derrière » la séquence graphique *|X| constitue l'*interprétant sémiotique* de celle-ci, soit la séquence sémiotique permettant d'introduire momentanément ce non-X dans le système – et, partant, de l'actualiser sémantiquement. Dans la mesure où *|X| est identifié à la faveur d'un interprétant propre à un autre système, on a affaire à une identification *intersémiotique* ; dans la mesure encore où cet interprétant est phonétique, on peut dire que *le système oral est la condition de possibilité de l'interprétation de la séquence écrite en question*. C'est ce phénomène qui définit ce que nous appelons *effet d'écoute* : ils résultent de la contrainte, non explicite, de recourir au système oral, pour interpréter une séquence écrite. En les complexifiant, tous les effets que nous allons envisager dans cette section procède de ce même mécanisme : une unité écrite est altérée relativement à la forme de son expression et sa reconnaissance comme unité linguistique force à un passage par le système oral.

Selon notre description du statut sémiotique du phonogramme ($E^g_1(E^p_{1'})$), signe autonyme intersémiotique, on peut décrire le processus de leur interprétation comme celui d'une désopacification de l'autonyme. Le phonogramme n'a pas de contenu mondain : il est expression d'une expression. Ce n'est pas lui qui signifie, mais l'expression phonétique dont il est le signifiant – c'est de cette médiation sémiotique que surgit l'effet de voix.

On notera en passant que le fonctionnement des effets d'oralité discursive n'est pas tout à fait étranger à cette médiation opacifiante. L'écrit oralisé sur le plan discursif passe pour écrit « comme on parle ». Il constitue ainsi un cas particulier de modalisation autonymique d'emprunt. Le sens de l'effet discursif suppose, non pas une désopacification, mais une opacification de l'expression jugée orale. La séquence affectée d'oralité l'est en fonction, non d'un système assurant la reconnaissance de l'unité, mais d'un imaginaire discursif (imaginaire de l'oralité) modalisant sa compréhension (à ce sujet, voir chap. 4, 3, p. 245).

ii) Le rôle de l'imaginaire phonétique

Nous décrivons ici des effets d'énoncés, produits sur et par des lecteurs, qui dépendent de la compétence linguistique de ceux-ci. Prenons l'exemple de |etc.| que Queneau phonographie « exétéra » (p. 35). S'agit-il d'un effet de voix sans variation phonétique, neutre, produit, selon notre définition, par le décodage d'un phonogramme (non marqué comme tel) et aboutissant à la prononciation « orthophone », régulière, « prototypique », du signe de la langue ETC. ? Mais qui est garant de l'« orthophonie » ? Dans notre schématisation du parcours phonographique (voir par exemple au bas de la page 174), les barres obliques laissent penser que ce garant est le système, et que l'orthophonie équivaut à la structure phonologique. C'est le cas abstrait. Notre problématique relève moins de la phonologie (quels sont les constituants fonctionnels et distinctifs du (phono)morphème correspondant à |etc.| ?) que de l'imaginaire phonétique du lecteur (une « épiphonologie ») : quel est pour lui le prototype de la réalisation phonétique du morphème en question. Celui qui prononce – plus précisément *qui s'entend prononcer* – [ɛksetera] jugera que le phonogramme de Queneau code une prononciation normale ; celui qui, avec force correction, prononce [ɛtseteʀa] entendra quant à lui la voix particularisée d'un phonogramme codant à la fois un signe oral et son altération. Dès lors qu'il s'agit de décrire des effets de lecture – dans un geste qui me semble correspondre à ce que Saussure appelait « linguistique de la parole » (Mahrer, 2011) –, c'est de la compétence individuelle qu'il faut partir.

On rejoint ainsi la position de Léon qui, d'une part, distingue *signaux* (volontaires) et *indices* (involontaires), mais, d'autre part, soutient, contre Fónagy, la nécessité pour la phonostylistique de réunir ces deux types de marqueurs. Il propose ainsi...

> une phonostylistique des effets produits sur l'interlocuteur, même s'il n'était pas dans l'intention du locuteur de faire rire, sourire, pleurer, susciter l'enthousiasme, etc. On juge aussi bien l'accès et les humeurs, même s'ils sont involontaires et incontrôlées, que s'ils sont volontaires et contrôlées. On résout ainsi le problème posé par Troubetzkoy lorsqu'il souligne qu'il est bien difficile de savoir si les procédés phonostylistiques employés indiquent « ce que le sujet parlant est en réalité ou ce qu'il veut paraître à un moment

donné ». Et qui peut savoir quand une marque cesse d'être indice pour devenir signal ? Quelle est la limite entre une colère réelle et une colère feinte. (Léon, 1993 : 22)[38]

Lorsque Léon ramasse sa position dans les termes suivants, il me semble adopter exactement le point de vue qui est le nôtre :

> Les seules fonctions proprement phonostylistiques sont celles des signaux si l'on s'en tient aux règles classiques de la rhétorique, qui n'accorde de valeur stylistique qu'à l'effet conscient. Néanmoins, rien n'interdit d'analyser l'effet produit, même s'il est involontaire, tant dans l'analyse des discours oraux que dans ceux de l'écrit. On étudiera donc aussi bien les indices que les signaux, **l'important restant l'effet interprété par l'auditeur et non l'intention de l'émetteur.** (Léon, 1993 : 22)

Dès lors, pour une linguistique de la parole, qui considère le sens comme le produit de l'activité sémiotique et sémantique de l'auditeur (et non comme une propriété inhérente aux signaux ou inhérente à une intention préverbale), ce qui importe, c'est la compétence linguistique du lecteur. C'est elle, plutôt que la phonologie, qui va expliquer les effets perçus. D'où l'intérêt de Léon, et d'autres analystes de discours qui se sont penchés sur l'interprétation des variétés linguistiques et paralinguistiques[39], pour la notion d'« imaginaire linguistique » d'Anne-Marie Houdebine (2002).

---

[38] Cette grande proximité de point de vue justifie peut-être de préciser des différences qui sont au moins terminologiques. Chez Léon, l'adjectif *sémiotique* renvoie à la signifiance de systèmes vocaux mais non linguistiques, soit la variabilité phonique en ce qu'elle apporte un supplément de sens non codé par la langue ; dans mon travail, il réfère à l'architecture structurelle de tout système, y compris la langue. La *marque* est chez lui soit un *signal* (volontaire), soit un *indice* (involontaire). Ici, la marque est nécessairement un *signal*, au sens de Léon, puisqu'elle code à la fois un contenu et l'intention de signifier ce contenu. C'est à l'intérieur de la catégorie des *indices* que s'instaure, pour moi, le jeu entre le volontaire et l'involontaire (qui n'est pas celui du conscient et du non conscient, dans la mesure où l'on peut prendre conscience d'un indice qu'on a semé à son insu). Mais en tant que l'indice ne code pas l'intention de signifier par l'indice, l'opposition entre *indices volontaire* et *involontaire* n'a pas de fondement linguistique (ne fait pas jouer d'oppositions linguistiques), mais fait l'objet de passionnantes spéculations interprétatives.

[39] Dans le domaine des représentations écrites et littéraires de l'oralité, c'est le cas de Dargnat, 2006 et Favrat, 2010.

4.2.3 L'effet de parlure (codant un sémiophone et sa variation)
4.2.3.1 Définition

$$*|X| \Rightarrow *[X] \approx> /X/ - X - |X|$$

*[X] tiré de *|X| est une variété phonétique de /X/, forme orale conventionnelle de la séquence linguistique X ayant pour forme écrite conventionnelle |X|. Autrement dit, une unité écrite (*|X|), inconnue du lecteur[40], ne constitue pas pour lui la description, codée avec les moyens alphabétiques du bord, de la prononciation orthophone (/X/), mais une prononciation altérée (*[X]) que, malgré la variation, il associe à une unité linguistique connue (X). Le phonogramme non marqué, à la base de l'effet de voix simple, ou neutre – prenons « coboille » –, passe pour un *bricolage phonologique* décrivant fidèlement la forme de l'expression orale de l'unité linguistique correspondante (cow-boy). Le phonogramme de l'*effet de voix complexe* ou particularisée, code, quant à lui, une variation de la prononciation prototypique. Par ailleurs et essentiellement, la logique de cette variation appartient – est reconnue comme appartenant – au système oral : elle est *phonétique* ou *prosodique* (segmental ou suprasegmental).

Pour l'oral « authentique », les variétés dans la réalisation des unités sémiophoniques sont décrites par la phonétique et plus spécifiquement par la phonostylistique, d'inspiration martinetienne (Fónagy, Léon). C'est en écho avec l'usage que fait Léon du mot « parlure » dans la citation suivante, que j'appelle « effet de parlure » cette catégorie d'effet d'écoute[41] :

> Chaque parlure est constituée d'un réseau de particularités [phonétiques], qui se structurent pour former des indices sociaux ou des signaux phonostylistiques.
> Par phonostylistique, on entend tous les aspects stylistiques de l'expressivité orale, tels que nous les décodons dans la prononciation des autres, qu'ils aient l'intention ou non de produire un effet. On se place dans la perspective linguistique de Bally ou stylistique de Riffaterre. (Léon, 1992 : 4)

---

[40] C'est en tant qu'elle est inconnue de son lecteur qu'une unité écrite peut-être dite *néographique* et non en tant qu'elle est nouvelle *sub specie aeternitatis*. La critique de Deulofeu (2001) concernant le caractère peu novateur de la plupart des « néographies » décrites par Anis (1999) attire notre attention sur le fait que derrière ce terme, c'est la logique, refoulée, de la linguistique de la parole qui fait retour.

[41] En parlant, pour ces deux nuances d'effet, d'un phonogramme codant la forme de l'expression orale dans le système sémiophonique (phonologie + prosodie) et d'un phonogramme codant une variété de cette forme, particularisant l'expression en même temps que son énonciateur, j'ai quelque prétention descriptive. Quant aux noms retenus pour les effets, ils ne sont que des métaphores, mnémotechniques dans le meilleur des cas.

Les *effets de parlure* ajoutent à l'identification de la base phonétique assurant la reconnaissance de la séquence orale (/X/), celle de la variation phonétique de cette base. La conformation sémiotique de *[X] (qui résiste à une reconnaissance immédiate parce qu'il échappe au système sémiographique) à /X/ produit *une différence*. L'effet du phonogramme dépend de la prise en charge interprétative de cette différence.

Rappelons avec Pierre Léon, les dimensions de ce surplus de sens qu'apporte le vocal au verbal : il « caractéris[e] des dialectes, des sociolectes, des situations de communication particulières, des émotions et des attitudes » (Léon, 1992 : 4). Les effets de parlure sont ainsi des effets de voix particularisants : effet de voix recevant une qualification q ou une source l. Il s'agit des effets de parlure nationale ou régionale (variation diatopique : accent allemand, bourguignon...), de parlure sociale (prononciation à la « Marie-Chantal », snob, populaire...), de parlure liée à une sphère d'activités (variation diaphasique, de registre : soutenu, courant, familier, vulgaire, mais aussi « ton » professoral, théâtral, garçon de café...), de parlure individuelle (défaut de prononciation, prononciation identifiant une personnalité...) et de parlure « occasionnelle », marquée par une émotion ou une attitude circonstancielle (bégaiement, relâchement, vitesse...). Pour que le lecteur puisse reconnaître « derrière » un phonogramme, réduction de la voix à son squelette phonétique, le codage de telles variétés, il faut que celles-ci soient fortement conventionnalisées. C'est pourquoi il est somme toute assez rare que le phonogramme ne soit pas doublé, en quelque façon, d'une caractérisation *métalangagière* du type *X qu'il prononça comme l* ou *de manière q*.

4.2.3.2 Substitution d'alphagramme
i) Substitution d'alphagramme codant une variété phonétique

Les alphagrammes qui composent les phonogrammes codent les phones, des formes de son, mais ne présentent pas de substance phonique.

Pour illustrer l'effet de parlure produit par un phonogramme présentant une variété phonétique de l'unité linguistique à laquelle il est associé, tirons de Hugo un exemple des plus classiques :

[85] On m'a apporté un dîner français, servi par un garçon français, avec une carte en français. Quelques originalités, sans doute involontaires, se mêlaient, non sans grâce, à l'orthographe de cette carte. Comme mes yeux erraient parmi ces riches fantaisies du rédacteur local, cherchant à compléter mon dîner, au-dessous de ces trois lignes : *haumelette au chantpinnions, biffeteque au craison, hépole d'agnot au laidgume*, je suis tombé sur ceci : *calaïsche à la choute*, – 10 francs.

Pardieu ! Me suis-je dit, voilà un mets du pays : *calaïsche à la choute*. Il faut que j'en goûte. Dix francs ! Cela doit être quelque raffinement propre à la cuisine de Schaffhouse. J'appelle le garçon.
– Monsieur, une calaïsche à la choute.
Ici le dialogue s'engage en français. Je vous ai dit que le garçon parlait français.
– Vort pien, monsir. Temain matin.
– Non, dis-je, tout de suite.
– Mais, monsir, il est pien tard.
– Qu'est-ce que cela fait ?
– Mais il sera nuit tans eine hère.
– Eh bien ?
– Mais monsir ne bourra bas foir.
– Voir ! voir quoi ? Je ne demande pas à voir.
– Che gombrends bas monsir.
– Ah çà ! C'est donc bien beau à regarder, votre calaïsche à la choute ?
– Vort peau, monsir, atmiraple, manifigue !
– Eh bien, vous m'allumerez quatre chandelles tout autour.
– Quadre jantelles ! Monsir choue. (Lisez : *Monsieur joue*.) Che ne gombrends bas.
– Pardieu ! Ai-je repris avec quelque impatience, je me comprends bien, moi ; j'ai faim, je veux manger.
– Mancher gouoi ?
– Manger votre calaïsche.
– Notre calaïsche ?
– Votre choute.
– Notre choute ! mancher notre choute ! Monsir choue. Mancher la choute ti Rhin !
(Hugo, *Le Rhin. Lettres à un ami* (lettres XXXVII), 1842.)

Si l'on applique la formule de l'effet de voix à l'une de ces phrases au hasard, on obtient :

*|Che ne gombrends bas| => *[ʃənəgɔ̃bʀɑ̃ba]

≈> /jənəkɔ̃pʀɑ̃pa/ – JE NE COMPRENDS PAS – |je ne comprends pas|

Si *|X| est rapprochée de |X|, moyennant le rapprochement de *[X] à /X/, apparaissent alors, par un double jeu de contraste, les différences suivantes entre *|Che ne gombrends bas| et |Je ne comprends pas| et celles entre *[ʃənəgɔ̃bʀɑ̃ba] et /jənəkɔ̃pʀɑ̃pa/.

/ʒ/ → /ʃ/ |je|→ |Che|
/k/ → /g/ |c| → |g|
/b/ → /p/ x 2 |b| → |p| x2

Ici, la différence entre *[X] et /X/ est bien de nature phonémique : la confusion des sourdes et des sonores (ici dévoisement des phonèmes /ʒ/ et /b/ et voisement de /k/) est aussi conventionnellement associée à l'accent allemand (lorsqu'il est représenté à l'écrit du moins, chez Balzac, chez Cohen...) que la déformation des nasales (/ɔ̃/ → /ɔŋ/) pour l'accent chinois[42] ou la conversion de notre consonne dorso-vélaire en glide pour l'accent anglais (/ʀ/ → /w/).

Face à ce type de phonogrammes, on fera l'hypothèse du parcours interprétatif suivant : l'unité écrite inconnue *[X] pousse le lecteur à embrayer une lecture phonographique. Celle-ci conduit à la constitution d'une unité *[X] assimilée à /X/ moyennant quelques accommodations. Celles-ci sont d'abord perçues et interprétées sur le plan phonémique. Éventuellement, un retour sur l'unité écrite *|X| peut conduire le lecteur à réévaluer l'effet et ses moyens en confrontant celle-ci à sa réalisation écrite standard |X|.

Sur cet exemple, cousu de fil blanc, la différence phonémique se charge d'une signification qui ne souffre guère de discussion et dont l'effet d'identification sera largement partagé. La phonostylistique est confrontée à des cas moins consensuels, elle qui a pour vocation d'étudier d'une part ce qui particularise une phonation relativement à son abstraction phonologique ou à une réalisation attendue, et d'autre part le sens donné à ces particularités. Forme et contenu d'une stylistique de la voix[43].

Par chance pour nous – et par malheur pour lui – le scripteur dispose de moyens bien plus frustes que les infinies nuances de la voix pour représenter les phones ; puisque sa représentation passe par un code, elle représente une substance, mais au moyen d'une séquence de phonèmes. Dès lors le travail de la « phonogrammo-stylistique » est simplifié. Il consiste principalement à interpréter des variations phonémiques du type que nous venons de considérer. Il est toutefois possible de jouer sur la substance de l'expression (voir ci-dessous 6, p. 204).

Pour la cartographie que je propose, rudimentaire, mais aussi couvrante que possible, les critères peuvent se résumer ainsi : quel type d'unités de la langue écrite peut concourir au codage phonographique de quelles « strates » de la

---

42 « Les milliongs de Chinois valent bien quinze officiers russes. Bong. » (A. Malraux, La Condition humaine, 1946.)

43 J'éviterai soigneusement d'entrer en matière sur la caractérisation sémiologique des signifiances de la voix, plus ou moins conventionnelles, plus ou moins arbitraires, plus ou moins iconiques, etc., et renvoie à la synthèse de Léon sur ces débats théoriques abyssaux. Il faudrait également interroger le passage entre la particularisation de la voix (ici par le codage) et celle du sujet qui la porte, ce que Léon appelle fonction « identificatrice » des phonostyles (1993 : 21). Elle conduit à passer, sans y songer un instant, de « Il a l'accent savoyard » à « Il est savoyard ». Comme on l'a évoqué à propos des circonstants de manière qui « rejaillissent sur le sujet » (3.2, p. 140), parce que la parole est l'activité où le sujet se rend présent à lui-même et aux autres, toute caractérisation d'une parole et plus encore peut-être d'une voix – ce symbole de l'identité – passe pour caractérisation, occasionnelle ou essentielle du locuteur.

parole orale. Quel moyen graphique pour quelle fin phonique. Nous n'avons considéré pour l'heure que le jeu des alphagrammes, mais d'autres unités de l'écrit peuvent concourir à la phonographie.

ii) L'exemple du codage phonographique d'accent

L'effet de parlure est un aspect stylistique – frappant en ce qu'il contraint au recours du « pont phonographique » sans quoi l'écrit est tout bonnement incompréhensible – qui a fait, à date relativement récente, l'objet de riches travaux critiques. Le phénomène demeure moins commenté que d'autres « faits d'oralité écrite » comme les faits de morphosyntaxe ou de rythme, sans doute parce qu'il est plus ponctuel.

Ces travaux concernent avant tout le roman des XIXe et XXe siècles visant à faire entendre, par phonographie, des variétés diatopiques puis diastratiques. Au XIXe siècle, on connaît bien la représentation d'accents, nationaux ou régionaux, chez Maupassant, Stendhal, Hugo et surtout Balzac, son fameux Alsacien, le baron de Nucingen, ou l'Allemand Wilhelm Schmucke (*Le Cousin Pons*). Le phénomène a trouvé un regain d'intérêt parmi la critique en raison de son exploitation importante dans l'entre-deux-guerres : il n'y est plus question de représenter l'étranger, chez lui ou chez soi, mais de coder une variété du français liée à la situation de communication (diaphasique) ou au milieu social (diastratique). Cette variété, par ailleurs, n'est plus cantonnée aux discours représentés. C'est le cas chez Barbusse, ou Céline, qui recourt principalement à des variations liées à l'économie articulatoire (Vigneau-Rouayrenc, 1991), ou chez Queneau, dont les phonographies sont nettement plus ludiques et diverses dans leurs procédés (agglutination plutôt qu'élision, assimilation et liaison, phonogrammes à l'échelle de syntagmes ou de propositions) du moins dans le cas, un peu exceptionnel il est vrai, de *Zazie dans le métro* (Léon, 1993). Le travail de Favart (2010), portant sur des variétés supposées « populaires » du français, décrit aussi les procédés néographiques à fonction phonographique dans un corpus romanesque de la seconde moitié du XXe siècle ; celui de Dargnat s'y arrête également (2006), et attentivement, à propos de l'œuvre de Michel Tremblay, dans le sillage d'autres travaux plus ponctuels consacrés à la représentation du joual (variété dialectale du français) dans la littérature québécoise (voir Brancaglion, 2003). L'intérêt accordé à ce phénomène dans la littérature du siècle dernier ne doit pas nous abuser : il a l'âge de l'alphabet. On le trouve à l'époque classique et au-delà, mais réservé aux genres comique et satirique, comme par exemple, pour le XVIIe siècle, chez Agrippa d'Aubigné (accent gascon) ou Charles Sorel (Verselle, 2012).

Je renvoie à ces études riches de détails dans la description du style phonographique d'auteur. Par *style phonographique*, j'entends à la fois le dosage dans le texte des unités ou séquences à fonctionnement phonographique[44], le type de graphèmes utilisé pour le codage (alphagrammes seulement, ou aussi topogrammes et logogrammes[45]), le type d'unités phonétiques codées ou représentées (la donnée segmentale des sonorités, ou aussi la donnée suprasegmentale de la prosodie), la systématique du codage, les différentiels textuels qu'il instaure (entre une « voix » et une autre, celle du narrateur et celles des personnages, ou à « l'intérieur » d'une même voix), la manière dont la variation codée par phonographie se combine avec des variations morphosyntaxiques de même critère (diatopique, diastratique...), et sans doute d'autres paramètres encore.

iii) Remarque sur les effets de parlure diaphasique

Pour que la différence entre *[X] et /X/ qualifie le phonogramme, il faut a) qu'elle réponde à un principe de variation qui soit phonétiquement pertinent, on l'a dit ; n'importe quelle « faute d'orthographe » ne fera pas l'affaire ; b) que ce principe soit particularisant, autrement dit qu'il ne procède pas des contraintes et des normes articulatoires du français, affectant la phonation de manière générale. On pense bien sûr et en particulier

a) aux problèmes de coarticulation, ou variations combinatoires phonétiques, conduisant à des faits d'assimilation (comme le voisement du /k/, dans le contexte de /z/, que code « egzagérer », *Zazie dans le métro*, p. 134) ;

b) aux contraintes combinatoires contraignant dans une certaine mesure la réalisation ou le chute du schwa ;

c) ainsi qu'aux règles de phonosyntaxe qui déterminent la place des accents et la syllabation, et contraint en partie les « liaisons » (la réalisation d'un phonème muet en fin de mot suivi d'une voyelle).

En conclura-t-on que les phonogrammes intégrant de telles variations passent pour coder des formes phonétiques tout à fait standard ?

À l'oral, ces phénomènes relèvent de la loi d'économie articulatoire. Ils remplissent néanmoins une fonction identificatrice s'ils sont récurrents[46].

---

[44] De nombreux critiques et linguistes remarquent qu'il suffit de « phonographier » quelques traits stigmatisants (les *dénotateurs* de Rouayrenc) pour que l'entier de la parole d'un personnage soit colorée (voir Léon, 1992, Zay, 1990 ou Durrer, 1994).
[45] |7| pour /sɛt/ tenant lieu de « cet », |2| pour /tu/... À propos de la multiplicité des procédés néographiques, voir Anis, par exemple 1999 et 2002.
[46] « Ce sont les latitudes des *liaisons et des E caducs facultatifs* qui offrent le champ de variation le mieux connu et qui tendent à faire partie d'un système de *phonostyles* qui va du

L'articulation dite « relâchée » fait descendre l'énoncé sur l'axe diaphasique. Or l'écrit, où se situe la problématique du phonogramme, constitue une zone de tolérance minimale quant à la variation (Gadet, 1997 ; chap. 1, 2.2., p. 43). La chose s'explique par trois facteurs imbriqués : l'écrit est conçu comme l'aire de la norme ; la phonographie non marquée d'une unité linguistique reconnue suppose une « faute d'orthographe » : quelque régulier que soit le phonogramme sur le plan phonologique, il est transgressif dans son ordre (écrit) ; enfin, le phonogramme exhibe de manière durable ses unités de secondes articulations, des lettres qu'on tend toujours spontanément à considérer comme segments à prononcer[47]. Dès lors, le lecteur est sensible aux « lettres manquantes » et perçoit dans le phonogramme le codage de variétés articulatoires qu'il n'entendrait certainement pas à l'oral. |J'sais pas|[48] produira un effet de parlure familière alors que relativement au familier de l'oral – [ʃepa] – il constitue, en tant que phonogramme, une variété plutôt haute. Les phonogrammes jouant de l'économie articulatoire « signalent à l'attention un texte 'populaire' et 'relâché' », « pourtant, elles correspondent souvent à des prononciations extrêmement courantes, qui n'ont rien de 'relâchés' ni de populaires » (Blanche-Benveniste & Jeanjean, 1987 : 130 – 131).

Si donc la phonostylistique considère que la fréquence de non réalisation de liaison et de schwa tend à une caractérisation familière voire vulgaire, il en ira de même pour les phonogrammes, avec une sensibilité maximale, compte tenu de l'attente diaphasique haute liée à l'écrit.

Dans le même ordre d'idée, si les séquences de consonnes aboutissent régulièrement à des chutes peu perceptibles à l'oral, à l'écrit, l'absence patente, dans le phonogramme *|X|, d'un alphagramme codant l'un des phonèmes du patron /X/, conduira immédiatement à un effet de parlure « relâchée ».

Dans *Zazie dans le métro*, il s'agit là du plus courant principe de variation du phonogramme relativement à sa forme phonologique de référence. La différence que présente notre équation est négative :

[86] – **Imdemande** ça, **s'esclama** Turandot, à moi qui suis dans la limonade ! [...]
 – **I** veut dire douze douzaine de bouteilles, **espliqua** Gabriel qui voit grand. [...]

---

familier (peu d'E caducs et peu de liaisons) au *recherché* (beaucoup d'E caducs et de liaisons). » (Léon, 1993 : 72)

47 Que les phonéticiens qualifient de *muettes* les lettres des morphogrammes qui n'ont pas de contrepartie phonologique dans le sémiophone correspondant atteste qu'ils envisagent les lettres dans l'horizon de leur phonation, comme des unités phonographiques.

48 Forme attestée par exemple chez Noël Audet, écrivain québécois recourant à la phonographie, de manière parcimonieuse, pour faire entendre un joual qui, en réalité, ne présente guère de spécificités diatopiques (Brancaglion, 2003).

En fin de compte, vous avez trouvé quelqu'un à **vott** goût. [...]
Depuis **staprès-midi**, elle nous colle aux chausses avec un flicard qu'elle a récolté en chemin. (*Zazie dans le métro*, p. 156–157.)

Dans l'ordre, c'est la consonne entre parenthèses qui fait les frais d'une articulation « relâchée » : [(l)m], [(k)sklama], [(k)splika], [(l)v], [vɔt(ʀ)g]. À l'inverse, la suite [st], productive en français et non problématique du point de vue articulatoire, favorise à l'oral la chute du schwa dans |cet|, comme dans [stapʀɛmidi]. On sait que ce qui fonde le sentiment de netteté articulatoire du français est en partie lié à l'absence de diphtongue et à la haute fréquence des syllabes ouvertes, conduisant à un schéma énergétique optimal : la régulière concaténation CVCV... Si les trucages orthographiques de Queneau répondent ainsi à un principe d'économie articulatoire, qu'on peut décrire, en simplifiant à l'extrême (c'est-à-dire sans tenir compte de la nature des consonnes concernées), comme une tendance à l'alternance consonnes-voyelles, ils produisent néanmoins des effets de parlure familière.

On rappellera enfin que la recherche de ce patron conduit aussi bien à faire tomber des voyelles qu'à ajouter des consonnes, dans certains conditions rythmico-syntaxiques : c'est le phénomène de la liaison. Mais il peut aussi conduire à ajouter des schwa, à la jonction interne ou externe des unités, si le choc consonantique est fort, afin de « restaurer » l'alternance : c'est le phénomène de la *bourre phonétique* ([pənø], [matʃənyl], [uʀsəʀu]...). Dans *Zazie*, on trouve « claqueson » (p. 97 et p. 117) ou « exeuprès » (trois occurrences, contre cinq pour « esprès »), qui sont deux variantes liées à l'économie articulatoire et, nous y reviendrons, à l'accentuation.

Une importante partie de l'analyse sociolinguistique de notre objet a été d'observer, de décrire et de critiquer l'assimilation de *faits diaphasiques* (de relâchement ou au contraire d'effort articulatoire), correspondant à des situations d'énonciation particulières (plus ou moins surveillées), *à des faits diastratiques* (langage « populaire »). Mais notre problématique n'est pas celle de la coloration variationnelle, soit de la situation, par le lecteur, des variétés phonétiques codées, sur les axes de la variation linguistique. Pour comprendre l'intégration des aspects de l'oralité dans l'écriture, ce qu'il importe de cerner, c'est le parcours interprétatif à l'origine de l'effet d'oralité en question, en quoi ce parcours est réglé par des conventions, en quoi il est analogique. Simples ou complexes, les effets de voix se rejoignent en ce qu'ils imposent au lecteur de recourir au système phonographique – ce système qui *préexiste à* mais aussi *coexiste avec* le système sémiographique. Ils imposent sans le dire une écoute de l'écrit.

iv) Substitution d'alphagrammes codant une variété prosodique

La chute de phonème, signalée par l'apostrophe ou par la simple absence d'un alphagramme correspondant, n'affecte pas seulement la structure phonématique du signe oral codé : elle peut aussi représenter une variété prosodique de sa réalisation. Les apocopes à répétition sont propres en effet à symboliser le haut débit, comme dans « skeutadittaleur » (*Zazie*, p. 10, où les chutes de graphèmes fonctionnent de conserve avec l'absence de blanc sur lequel nous reviendrons bientôt).

Le phénomène « inverse » peut aussi représenter une variation prosodique : celui du maintien d'un phonème potentiellement caduc (en particulier le schwa, qui est atone) ou, plus nettement, son remplacement par un équivalent accentuable ([ə] -> [œ]).

[87] – Que ça te plaise ou que ça neu teu plaiseu pas, tu entends ? je m'en fous.
(*Zazie dans le métro*, p. 28.)

L'allongement, produit par la variation phonographique-phonémique, se charge ici d'une fonction de codage accentuel. De manière apparentée, la graphie « hénaurme », imitée de Flaubert, est un phonogramme comportant des phonèmes (le |h| à valeur démarcative, le [o][49]) représentant une accentuation emphatique – à l'image de celle des acteurs dont il se moque. On pénètre alors dans le secteur du codage – largement analogique – de la prosodie.

C'est l'occasion de souligner le fonctionnement essentiellement phonographique du graphème |h|, auquel ne correspond pas un phonème, mais la fonction de disjoindre deux voyelles à l'intérieur du mot (*cahier*) ou entre deux mots (*le hérisson, les hérissons* – sans liaison), c'est-à-dire d'indiquer que ces voyelles n'appartiennent pas à la même syllabe. Dans son fonctionnement, il est ainsi l'égal du tréma (en distribution complémentaire), et dans son principe, de la cédille.

---

49 « Si vous voulez manifester l'importance de la chose, prononcez le mot avec un *o* fermé : "Tout est peaulitique." » (Genette, *Bardadrac*, 2006). Sur le plan phonétique, on ne voit pas en quoi [o] pourrait constituer une variation accentuée de [ɔ] ; les deux voyelles sont en français accentuables, peuvent constituer le cœur d'une syllabe fermée, et sont si proches de timbre que certaines aires sociales ou géographiques les confondent. La valeur accentuelle dont semble se charger le |au| se joue peut-être au plan des graphèmes et résulte d'une « analogie de quantité » : plus de graphèmes pour un même phonème symbolisant un allongement de celui-ci (voir 6.2, p. 207).

4.2.3.3 Répétition d'alphagrammes : codage diagrammatique de la variation prosodique

C'est à raison que Védénina affirme qu'« il existe non un seul, mais plusieurs moyens graphiques aptes à traduire la prosodie » (1973 : 37). Nous en verrons un premier ici, jouant d'alphagrammes, avant d'y revenir longuement à propos des topogrammes (plus communément dits *signes de ponctuation*, chap. 5, 4, p. 327).

L'accentuation, qui en français est syntaxique et expressive (chap. 5, 3.1, p. 315), mais n'a pas de fonction distinctive au niveau morphologique, peut conduire à motiver différents « trucages orthographiques » (selon l'expression de Blanche-Benveniste, ou « fausses orthographes » selon Védénina, 1973) dont le fonctionnement est phonographique. On sait aussi que la proéminence acoustique qui définit l'accentuation est rendue perceptible par une variation pluri-paramétrique combinant l'intensité (ou volume), mesurée en décibels, la fréquence (ou hauteur), en hertz, et la durée, en centièmes de seconde. En français, ce dernier paramètre domine. On ne sera donc pas surpris de trouver, en quantité, des néographies du type de celles-ci, où un alphagramme vocalique est plusieurs fois répété :

[88] Si Hollywood adoooore quelque chose, ce sont les acteurs qui reviennent d'une longue traversée du désert.
(*Première*, février 2005, p. 30.)

*|j'adooore| => *[jadɔ::ʀ] ≈> /jadɔʀ/ – J'ADORE – |j'adore|

Une fois de plus, on voit bien que ce n'est pas l'altération graphémique seule qui produit le « transcodage » (Peytard, 1993) univoque d'un signe oral au plan scriptural. À l'heure du traitement de texte domestique, la répétition d'un même caractère est l'une des coquilles les plus courantes – bien qu'à distance respectable des inversions dans l'ordre des caractères. Si de telles cacographies sont néanmoins recyclées en néographies à valeur phonographique, c'est bien que la séquence phonémique qu'elle code *[X] est assimilable, par homophonie approximative, à une séquence acceptable de la langue orale [ʒadoʀ] et que, d'autre part, le principe de sa variation graphémique *|j'adooore|, relativement à l'orthographe |j'adore|, est interprétable comme variation phonétiquement pertinente. La « redondance » du graphème |o| vaut pour allongement de la sonorité [ɔ] et code ainsi une durée syllabique – paramètre saillant de l'accentuation française. Ainsi, le détournement de l'unité |adore| est récupéré par l'interprète grâce à la phonographie, qui reconnaît dans l'alphagramme le signe d'un phonème et dans sa répétition, le symbole d'un allongement phonétique à valeur accentuelle.

Le phénomène rappelle, pour les voyelles, celui de la gémination, qui ne concerne par définition que les consonnes. En français, les consonnes graphiques doubles ont une fonction morphographique, inhérente à la sémiographie, et n'ont pas vocation à coder une réalisation phonétique distinctive, « double » ou allongée. « Mais des phénomènes d'emphase ou l'influence de l'écriture font que l'on entend parfois des consonnes doubles, dites aussi géminées, dans des mots comme *illisible, immotivé, irrésistible*. » (Léon, 1993 : 24.) Par « influence de l'écriture », il faut entendre plus précisément l'influence de la phonographie, qui résiste au processus d'autonomisation sémiographique et conduit (encore aujourd'hui, quoique peut-être plus rarement) à chercher dans l'orthographe une représentation de la forme orale du signe. À la différence majeure près qu'il s'agit d'un trucage orthographique, d'un usage et non d'une forme sémiographique régulière, la réduplication vocalique procède de la même logique.

Approchons-nous un peu plus de ce dernier phénomène, en considérant l'interprétation de la variation. On peut la noter ainsi : (E^g = |ooo| (C^p = [ɔ::])).

Si son point de départ est phonographique et donc conventionnel, cette interprétation relève du bricolage : le système phonographique ne prévoit pas une règle d'association entre *graphème multiplié* et *phonème allongé*. Sur le fonctionnement phonographique conventionnel de |o| se greffe ainsi ce que nous appellerons *une relation diagrammatique de quantité* (plus de graphèmes pour plus de phonèmes...).

Diagramme : l'analogie est construite sur un constituant formel et, en l'espèce, discret : un graphème. C'est la réitération de cette unité ponctuelle qui est inscrite dans un rapport de proportion avec le phonème qu'il code. La nature du flux de la parole conduit à faire de cette quantité élevée, sur le plan phonétique, non pas une répétition, mais un allongement, doté potentiellement d'une valeur accentuelle. En s'inspirant très librement de la terminologie peircienne, on appellera *diagramme* ce type d'analogie impliquant des unités formelles de l'écrit – par opposition à l'analogie (pseudo)iconique, qui fait jouer la substance de l'expression écrite (voir 6.2, p. 207)[50]. La même analogie diagrammatique qui conduit à prononcer les géminées avec allongement pousse à produire et à reconnaître ces « géminées vocaliques » – qui sont ordinairement plus que géminées, démultipliées – comme des usages phonographiques codant la longueur d'une syllabe ou son accentuation.

---

[50] La sémiotique analogique instaure une relation non arbitraire entre une expression et son contenu fondée sur une ressemblance entre E et C. Si cette ressemblance est construite sur la *forme* de E, on appelle cette sémiotique *diagramme* ; si elle fondée sur sa *substance*, on l'appelle *icone*.

Qu'elle soit diagrammatique ou iconique, la sémiotique analogique suppose l'identification d'une *qualité* commune à E et à C[51]. Dans le cas présent, celui d'une relation phonographie (E^g(E^p)), c'est la quantité ou volume de E^g qui sert d'interprétant à E^p : |ooo| (celui de « j'adooore ») est à |o| (celui de « j'adore ») ce que [ɔ::] est à [ɔ] : une quantité élevée.

4.2.3.4 Symbolisation mondaine et symbolisation métalangagière

À l'oral, on peut considérer avec Fradin que ce genre de symbolisme sonore – il prend l'exemple de « la prononciation [éé.nɔɔɔʀm] pour *énorme* » (Fradin, 2003 : 209) – relève de ce que Hinton, Nichols et Ohala appellent « symbolisme synesthésique », soit « the acoustic symbolization of non-acoustic phenomena » (1994 : 4)[52]. Il n'en va pas exactement de même à l'écrit. La graphie |éénoooorme| peut avoir deux interprétants, le *contenu du sémiogramme* |énorme| (C = /taille/ +/grand/+/extrême/), ou le *contenu du phonogramme* homographe (C = [enɔʀm] + l'interprétation de sa variation).

Si le lecteur donne à la néographie *|éénooorme| un interprétant sémiographique, alors la « taille » du mot est interprétée comme qui dirait « en proportion » du signifié conventionnel du sémiogramme : à chose énorme, mot écrit énorme. *|X| est une variation longue du sémiogramme |X| motivée par le contenu de |X|. La lecture est ainsi immanente au système sémiographique et le contenu est mondain. On a alors à faire à un calligramme d'échelle lexicale, qui joue sur une analogie de quantité au niveau de la forme de l'expression graphique, soit un *diagramme* : un mot long de plus de graphèmes que d'ordinaire

---

51 Parler de *sémiotique analogique*, c'est ouvrir la sémiotique iconique, définie en termes de ressemblance entre expression et contenu, à des situations où une telle ressemblance, *stricto sensu*, est impossible. En effet, la ressemblance suppose une homologie matérielle entre les constituants du signe, condition que la symbolisation écrite (visuo-graphique) de l'oral (auditivo-acoustique) ne peut remplir. L'analogie enjambe en revanche la frontière qui sépare des domaines d'expériences différents.

52 La typologie des *symbolismes sonores* de Hinton, Nichols & Ohala est le fruit d'une synthèse de travaux linguistiques menés collectivement sur de multiples langues. La catégorie de « synesthetic sound symbolism » inclut des phénomènes *segmentaux* (le phonème /i/ pour symboliser la petitesse, d'usage dans des suffixes d'une grande majorité des langues selon Sapir) et *suprasegmentaux* : « Expressive intonation patterns are also usage synesthetically, as in the use of deep voice and vowel lenghtenning in speaking of large objects. ("It was a bi-i-ig fish !") » (1994 : 4) Mon analyse n'est pas celle des moyens du langage oral pour symboliser le monde, mais celle des moyens dont dispose l'écrit pour symboliser l'oral ; elle part donc du bi-système du français écrit, tel qu'il dispose à une représentation métalangagière (plutôt que mondaine) de type intersémiotique, et aboutit logiquement à une catégorisation largement différente.

signifiant un objet non acoustique d'une longueur extraordinaire. Il s'agit alors bien de « symbolisme synesthésique » ou symbolisme graphique d'un phénomène non graphique, en adaptant à l'écrit la terminologie de Hinton, Nichols & Ohala[53].

Si le lecteur pourvoit à la néographie en question un interprétant phonographique, la taille du morphogramme est interprétée cette fois en proportion des allongements qui peuvent affecter le mot oral qu'il représente. Il s'agit alors toujours d'un diagramme, mais il est cette fois intersémiotique, associant des graphèmes à des phonèmes. La forme de l'expression écrite *|X|, variation longue du standard écrit |X|, signifie une variation longue de la forme standard de l'expression orale [X]. Le diagramme graphique représente « un phénomène acoustique ». Dans les deux cas, il y a « symbolisme synesthésique », au sens de franchissement d'une barrière sensorielle.

Le cotexte d'insertion pèsera fortement sur ce choix. L'interprétation phonographique du diagramme peut s'appuyer sur la caractérisation métalangagière : le nom « truqué » se trouve, en effet, très souvent, caractérisé par ailleurs comme énonciation orale. *L'interprétation mondaine suppose que le contenu du sémiogramme comporte la qualité qui affecte son expression* (ici la longueur). Nous y reviendrons à propos des sémiotiques pseudo-iconiques (p. 207).

On relèvera pour clore ce point que si l'arbitraire de la relation entre signifié et signifiant a poussé la linguistique à négliger la matière dont les signes sont formes, les sémiotiques non arbitraires ne tolèrent pas cette abstraction. Il n'est pas possible, en effet, de caractériser le symbolisme non arbitraire d'un signe sans tenir compte de la matérialité qu'il informe. Il est exclu, en conséquence, de tenir un discours sémiologique général qui vaille à la fois pour l'oral et l'écrit.

L'asymétrie discutée ici invite à rappeler que si un mot écrit est toujours susceptible de signifier un mot oral, l'inverse n'est pas toujours vrai : il ne vient pas (encore) spontanément à l'esprit que si |éénooorme| peut coder une prononciation affectée, [e:nɔ::ʀm] puisse coder une graphie de même valeur. Dans le domaine de la variation au moins (qu'elle soit diagrammatique ou iconique), l'oral semble demeurer l'étalon et l'interprétant de l'écrit.

---

[53] Sans exclure l'interprétation mondaine en principe, celle-ci me paraît néanmoins moins plausible que l'interprétation métalangagière qui suit. À l'écrit, une représentation iconique d'un objet volumineux passera plus facilement en jouant sur la taille des caractères, soit sur leur substance. On observera ce phénomène plus loin (6.3, p. 208). Les jeux sur la forme, comme la démultiplication des graphèmes, sont plus « naturellement » mis en relation avec des variations phonétiques, happés sans doute par la logique phonographique, qui associe forme (orale) à forme (écrite).

4.2.3.5 Les topogrammes en renfort

L'idéal d'une esthétique postclassique tournée vers la particularisation, voire la singularisation de la parole, plutôt que vers l'imitation de modèles intemporels, conduit le scripteur à faire feu de tout ce que le système sémiographique met à sa disposition – alphagrammes et topogrammes, dans leur forme ou leur substance – pour particulariser les variations phonétiques qu'il code. C'est un parcours de ces moyens que nous effectuons et c'est à présent le tour des topogrammes.

Parce que seule son écoute permet de dégager ce qu'il recèle de linguistique, le phonogramme à effet de parlure suppose l'altération d'une unité du système sémiographique. Pour que les topogrammes (chap. 5, 4, p. 327) participent à de tels effets, il faut donc qu'ils soient de niveau morphologique. Seuls du coup l'apostrophe, le tiret (de liaison ou de division), le blanc intermot, la majuscule et, éventuellement, le point de suspension (voir [61], p. 153) répondent à cette définition et sont donc susceptibles de contribuer à l'effet de parlure.

i) L'apostrophe (valeur phonétique et prosodique)

L'élision est une chute de voyelle finale affectant certaines unités linguistiques lorsqu'elles sont suivies d'un autre mot commençant par une voyelle. Elle possède sa marque graphémique propre : l'*apostrophe*[54]. *In fine*, l'opération conduit à faire tendre la chaîne phonémique vers l'alternance CV et à optimiser ainsi l'énergie articulatoire, en évitant notamment les hiatus. Mais l'élision et son marquage par l'apostrophe sont fortement restreints dans leur usage par le système sémiographique : ils n'affectent conventionnellement que certains mots grammaticaux dit *clitiques*.

Ainsi, l'apostrophe est un signe du système sémiographique, avec ses contraintes distributionnelles et intégrationnelles strictes, mais répond aussi à une logique plus générale : il marque la latence d'un alphagramme, virtuel pour la phonographie (on ne le prononce pas), mais actuel pour la morphographie (on doit le reconnaître pour reconnaître le morphème qu'il intègre). C'est parce que sa logique profonde et générale est dictée par le système sémiophonique (évitement du hiatus...) que, malgré sa régulation au sein du système écrit (et donc sa démotivation phonétique partielle), il se remotive facilement en signe phonographique.

---

54 L'apostrophe était aussi naguère utilisée pour la composition lexicale, en concurrence avec la soudure et le trait d'union, pour signifier ici aussi la chute d'une voyelle en même temps que l'unité morphologique (grand'mère -> grand-mère, entr'ouvrir -> entrouvrir...).

À partir de sa fonction linguistique très contrainte, l'apostrophe connaît en effet des usages étendus. Il devient le signe de l'amuïssement de tous types de phones (consonne ou voyelle), à n'importe quel endroit (et non seulement à la fin) de n'importe quel mot (et non seulement de mots grammaticaux)[55] ; dans certains usages, il signale même la « chute » d'un morphème entier (par exemple chez Tremblay, « parce' » ou « 'fallait », Dargnat, 2006 : 203–204). Cet amuïssement étant régulier à l'oral, où il répond à des principes d'économie articulatoire ainsi qu'à des fonctions phonostylistiques d'identification, son codage graphique par l'apostrophe est l'un des constituants le plus réguliers du bricolage phonographique. L'apostrophe conduit à un effet de parlure (avec variation phonétique), dans la mesure où elle contribue à la reconnaissance de l'unité qu'elle affecte comme une version phonétiquement abrégée relativement à la réalisation normée[56].

Si l'usage phonographique de l'apostrophe est très fréquent chez Rictus ou Monnier, dont Queneau se dit l'héritier dans *Bâtons, chiffres et lettres*, ainsi que chez d'autres auteurs de « roman parlant », l'auteur du *Chiendent* ne s'en embarrasse guère, lui qui préfère l'agglutination (« Imdemande »), la syncope ou l'apocope non marquées (« i veut dire », « probab »). On peut lire dans cette préférence le refus d'ériger l'écrit en référence langagière ultime. Car c'est ce que fait doublement l'apostrophe. Elle est le *signal graphique* d'un silence. L'absence qu'elle signale est relative à une réalisation normée que représente l'écrit. Par l'apostrophe, le phonogramme est, sinon marqué comme tel de manière univoque, du moins signalé comme ayant subi une coupe à valeur potentiellement phonographique. L'apostrophe, point de suture, affaiblit la surprise que suppose l'effet de voix. Sans artefact graphique de cette sorte, les phonogrammes quenelliens se réduisent au codage de leur infrastructure sonore.

La chute de consonnes et de voyelles (donc de syllabes) que codent les usages non sémiographiques de l'apostrophe conduit à représenter une variété phonématique plus courte que le sémiophone correspondant. Il s'agit donc d'un type d'abréviation (Puech, 2004). Dès lors, l'effet de l'apostrophe non conven-

---

55 *Aphérèse* (début), *syncope* (milieu) ou *apocope* (fin de mot), pour rappeler les trois types positionnels de *métaplasmes* que distingue la phonétique historique.
56 On distinguera ainsi les métaplasmes, phonétiques dans leur logique, comme ces « abréviations » courantes à l'oral : [ptɛtʀ], [apʀɛm], [bona(p)], [bulmiʃ], des *squelettes consonantiques* : |cqfd|, |càd|, |PS|, |etc.| (Anis, 1999) qui sont des abréviations répondant à une logique graphique (Anis, 1999). Ces dernières sont fondées sur la saillance visuelle des premières lettres, là où les abréviations phonétiques sont plutôt caractérisées par la saillance auditive des voyelles.

tionnelle peut s'interpréter également en termes prosodiques, comme codage d'un *débit élevé*[57].

ii) Le trait d'union ou de division (valeur prosodique)

Parmi les « ponctuations de mot », le trait d'union connaît également des usages phonographiques ; ceux-ci produisent des effets de parlure car ils altèrent l'identité visuo-graphique de l'unité sémiographique qu'ils lient ou segmentent. En tant qu'il ne réfère, en phonographie, à aucune sonorité – contrairement à l'apostrophe qui code la sonorité zéro –, l'usage du tiret ne peut coder la variation phonétique d'un sémiophone.

En sémiographie, le trait d'union est le topogramme de la jointure interne. La jointure étant à la fois liage et segmentation, le trait d'union signifie l'*unité* du composant jointoyé, mais une unité *composite* (ce qui le distingue de la soudure qui donne l'unité comme une et indivise) : *arc-en-ciel, jusque-là, prenez-la-lui*... Dans son usage en coupure de mot, c'est bien aussi la solidarité des composants pourtant déliés qu'il signale.

Il est possible d'en faire un usage phonographique. Celui-ci transpose de manière analogique la valeur du topogramme. On peut dès lors distinguer les cas où le trait d'union associe ce qui est séparé en langue des cas où il divise ce qui est uni.

[89] Et avec votre steak ? Vous prendrez petits-pois-carotte ou frite-salade ?
[90] Ce qu'il a fait depuis des années est ex-cep-tion-nel !
(*L'Équipe*, 24 septembre 2013, interview de Teddy Rinner à propos de Tony Parker.)
[91] Le monde capitaliste est in-dé-fendable !
(R. Martin du Gard < Riegel *et alii*, 2009.)

Dans le premier cas, les *traits d'union*, liant ce qui est disjoint en langue, peuvent s'interpréter en phonographie comme union des unités en un contour intonatif unique. Dans le second cas, les *traits de division*, segmentant ce qui est joint en langue, s'interprètent comme codage d'une accentuation expressive, détachant chaque syllabe du mot. Le patron intonatif ainsi codé est reconnaissable parce que très conventionnel. Il affecte tout particulièrement des adjectifs en position rhématique dans des énoncés exclamatifs souvent attributifs, parfois averbaux.

---

57 Schématiquement, on peut dire que les phonogrammes codant des chutes de phonèmes représentent des variétés diaphasiques (caractérisées par le relâchement articulatoire, dans des situations d'énonciation « de proximité ») et les phonogrammes codant des altérations phonétiques, d'autres variétés (accents régionaux, accents de « classe », prononciations idiosyncrasique...).

Pour que cette démarcation soit passible d'une interprétation phonographique, il faut qu'elle réponde (au moins grossièrement) aux principes qui régissent la segmentation infralexicale du français oral : la syllabation. L'interprétation phonographique de « St-up-éf-iant ! » est beaucoup plus difficile, sinon impossible.

Ainsi, le tiret, en altérant un morphogramme, peut produire un effet de parlure dont la variation relativement à l'unité sémiophonique ne touche pas à la sonorité (phonème) mais à leur réalisation mélodique (prosodie).

iii) Le blanc séparateur de mot, ou intermot (valeur prosodique)

Les phonogrammes suivants, tirés de *Zazie dans le métro*, codent des syntagmes ou des propositions entières : « lagoçamilébou » (p. 38), « vozouazévovos » (p. 116), « doukipudonktan » (p. 9), « skeutadittaleur » (p. 10).

Ils nous rappellent ce que nous savions déjà : « Nouspouvonslireunephrasedépourvuemêmedeblancs. » (Laufer 1980 : 78) – inclinant à penser « la fonction sémantique des topogrammes [comme] la modulation, la modification de signifiés véhiculés par les alphagrammes » (Anis, 1989 : 34). Dès lors, il faut distinguer les deux premiers cas ci-dessus des deux suivants. Si l'on applique la formule du décodage des phonogrammes proposée, on reconnaît en effet que, dans les deux premiers exemples, *[X] est homophone à la prononciation conventionnelle de |X| : « vos oies et vos veaux » ou « la gosse a mis les bouts ». On a donc affaire à des effets de voix sans variation phonétique. Dans les deux cas suivants, on repèrera, par la même méthode, l'écart qui sépare la prononciation codée par le phonogramme de la réalisation standard[58], observant ce qui risque de passer pour une variété diaphasique. Mais avec ça, nous n'avons pas rendu compte des soudures, soit le non respect de la délimitation des morphogrammes par les blancs. Or celles-là s'interprètent sans grand mystère en tant que *représentation de l'unité mélodique* d'un syntagme ou d'une proposition. Ce que représente cette agglutination des constituants d'une unité graphomorpho-syntaxique entière, c'est une *propriété de la forme des expressions orales* : le coulage des unités (segmentales) dans une infrastructure mélodique unique. Ici, ce n'est pas une forme significative de la mélodie (un intonème) qui

---

[58] Sans répéter l'exercice ici, on relèvera qu'il s'agit d'une série d'apocopes, affectant voyelles et consonnes et aboutissant à un effet de parlure qui sera très vraisemblablement interprétée comme diastratique (familier, relâché) ; toutefois, l'antériorisation du e muet de « que » dans « skeu » ([ə]->[ø]) peut passer, en tant qu'altération phonématique, pour le codage d'une variété diatopique : l'accent parisien. Enfin, il est évident que la récurrence des apocopes corrobore le codage par la soudure d'un débit élevé.

sert d'interprétant à la *scriptio continua* de Queneau, mais une propriété acoustique-mélodique des énoncés oraux – qui marquent la frontière des syntagmes, par l'accent primaire, mais pas la frontière des morphèmes.

Le ressort de ce parcours interprétatif, intersémiotique, c'est le *blanc séparateur de mots* ou *intermot*. Il constitue la marque de jonture externe univoque des morphogrammes.

> Le blanc seul institue un véritable équivalent alphabétique du zéro. Il est dépourvu de référent phonétique. Par là, il introduit dans le système alphabétique un second niveau d'abstraction, qui ne renvoie plus à la parole. (Laufer, 1980 : 78)

Suggestives, ces formules portent une part d'ambiguïté. *Zéro* est un signifiant dont le signifié est l'absence. Le blanc est absence significative. S'il n'a pas de référent phonétique, ce n'est pas de la même manière que l'apostrophe, qui, elle, signifie le défaut, la chute (d'un alphagramme, en sémiographie, d'un phonogramme, en phonographie). Le blanc est une absence significative positive (et non par défaut). Si le blanc n'a pas de référent phonique, ce n'est pas qu'il signifie un silence, mais qu'au sein du système sémiographique où seul il se définit, il est étranger à la sonorité. D'où l'idée d'un « second niveau d'abstraction » auquel appartient le blanc, « qui ne renvoie pas à la parole ». En effet, il serait faux de penser que l'intermot signifie, en langue écrite, une pause, si minime soit-elle : le blanc ne coïncide d'ailleurs avec une telle pause que dans des conditions prosodiques et syntaxiques particulières. Il n'y a qu'à opérer l'analyse syllabique d'un syntagme tel que « une enquête en usine » pour se convaincre que la découpe syllabique du français n'est pas dictée par les jonctures externes des morphogrammes libres.

En tant que premier signe de ponctuation dans l'histoire (Catach, 1980), le blanc signe le développement de la sémiographie, soit le développement des signes dont la fonction sémiotique se définit de manière autonome à la sémiophonie. Le blanc est clairement (si j'ose dire) un signe pour l'œil, visuographique[59].

---

[59] L'intermot, au sein du système sémiographique, assure aux unités une autonomie formelle qui améliore la reconnaissance visuelle. Comme le montre Jeandillou, en phonographie (comme celle que proposent certains réformateurs de l'orthographe), la valeur des unités « ne peut être isolée (à grand peine) qu'au vu de la séquence entière. En d'autres termes, le global régit entièrement le local, alors qu'en orthographe usuelle, chaque unité séparée par des blancs graphiques se laisse plus ou moins définir à moindre frais » (Jeandillou, 2009 : §12). Le blanc intermot favorise ainsi la lecture visuelle (voir à ce propos chap. 2, 2.5, p. 124, note 54).

Pourtant, on le constate, dans le détournement « phonographique » de sa fonction, le blanc se remotive aisément. De démarcateur visuo-graphique, il devient démarcateur acoustique – rappelant la fonction intonographique qu'il joue dans certaines écritures anciennes (Reichler-Béguelin, 2002b)[60]. Son absence – altérant la forme de l'expression standard des syntagmes et suscitant par suite la lecture phonographique – produit un phonogramme monobloc codant une séquence phonétique ininterrompue. L'usage phonographique repose donc a) sur une analogie fonctionnelle : le signe de l'autonomie monographémique (espace laissé vide entre deux morphèmes écrits) tenant lieu de signe de l'autonomie morphophonémique (la pause, temps laissé vide avant une nouvelle audition) ; b) sur la saillance du trait : dans un texte écrit globalement en *scriptio continua*, l'absence de blanc n'est pas *significative* (du moins, pas au même sens)[61].

On est bien sûr naturellement conduit à compléter l'analyse en commentant non pas l'absence de blanc, mais son abondance, selon le même mécanisme interprétatif.

[92] Et puis j'ai refermé les yeux. Pour ensuite les réouvrir pour encore les voir moi avec, m'a-t-on dit, un sourire amusé dans les yeux.
Il y a eu un silence.
Et puis ça a été les coups à la porte et puis votre voix : C'est moi, c'est Yann. Je n'ai pas répondu.
(M. Duras, *Yann Andrea Steiner*, 1992.)

D'autant qu'ici, comme souvent, la signification phonographique du blanc comme pause est corroborée au plan sémantique. Mais il faut aussitôt distinguer les deux phénomènes, absence et abondance, faussement symétriques. En tant qu'il code un silence, une pause longue, le blanc de taille supérieure aux conventions typographiques n'opère plus dans l'infralexical, mais aux niveaux des lexèmes, des syntagmes ou des propositions. Il n'altère plus le sémiogramme et ne contraint donc plus à une lecture phonographique pouvant seule récupérer une ou des unités asémiotiques.

Dès lors qu'il ne s'agit plus d'intermot à fonction morphologique démarcative, mais d'un blanc organisateur du texte (ici, à l'échelle du paragraphe : ligne creuse + interligne), le topogramme n'est plus à même de produire ce que nous

---

[60] Si en français, c'est une proéminence acoustique, appelée accent, qui assure la fonction démarcative, on sait que celle-ci s'accompagne d'un effet perceptif de pause.
[61] On distingue les signes *distinctifs*, définis sur l'axe paradigmatique (par opposition à d'autres signes associés dans le système) et les signes *contrastifs*, définis sur l'axe syntagmatique (par saillance relativement à d'autres signes du même texte).

avons appelé *effet d'écoute*. Il remplit éventuellement une autre fonction de représentation de l'oralité qu'on peut dire *intonographique*. Dans ce cas, c'est le repérage, facultatif sur le plan sémiotique, de régularités structurantes qui sont interprétées comme phonétiques ou prosodiques dans leur principe, qui provoque l'effet d'oralité (chap. 5, 4.4.1, p. 338).

iv) La majuscule (codage prosodique)

La majuscule, ou plus précisément la distinction de casse (majuscule/minuscule), est le topogramme lié dont la fonction phonographique est la plus usuelle, mais on peut reconnaître un tel fonctionnement à la graisse et à l'italique (Dessons, 2011). Comme les autres topogrammes, la majuscule se définit au sein du système sémiographique du français, sur ce plan d'« abstraction » relativement à la parole dont parle Laufer. Ce plan est celui-là même qui caractérise les « sémiographies majeures », systèmes écrits dont « l'orthographe utilise des caractères n'ayant aucun écho phonologique » (Jaffré & Fayol, 2008 : 97).

Sur le plan morphologique (a), la majuscule distingue nom propre et nom commun ; elle signale également les titres, ou les référents et concepts auxquels sont conférés un supplément de dignité (*Madame, la Beauté*, etc.). Sur le plan de la segmentation textuelle (b), la majuscule marque le début de la « phrase typographique », en complément des signes de ponctuation dits *forts* ; en début de texte ou en versification, c'est en complément de la topographie que la majuscule fonctionne alors[62]. Dans le travail de structuration de l'espace graphique (c), la majuscule peut servir à la mise en valeur d'une séquence entière. Le topogramme lié assure alors la saillance visuelle des sémiogrammes dont il module la forme de l'expression. On lui préfère parfois le nom de *capitale* dans cet usage *contrastif*, celui de *majuscule* étant alors réservé à la fonction *démarcative* des débuts de morphème ou d'unité textuelle. À ces trois niveaux sémiographiques, la fonction distinctive et démarcative de la majuscule (relativement à la minuscule) est « muette », définie sans contrepartie phonographique.

---

62 Sur le modèle de l'analyse de la langue orale en *phonétique* et *prosodie*, l'analyse de l'écrit suppose de distinguer, au sein de la sémiographie, *graphémique* et *topographémique*. Cette dernière aurait pour fonction de régler la réalisation des graphèmes dans l'espace. Elle le ferait de deux manières. En recourant à des topogrammes (« organisateurs de la séquentialité et indicateurs syntagmatiques et énonciatifs » (Anis, 1998 : 15), qui est une manière segmentale. En « facilit[a]nt la saisie visuelle de l'information » (Hébrard, 1981 : 136, cité par Anis, 1998 : 21), manière suprasegmentale consistant à gérer la répartition des unités discrètes dans l'espace – souvent blanc – du support d'écriture. C'est ce dernier aspect que j'appelle *topographie*.

Dès lors, dans l'extrait suivant, le topogramme est détourné de sa valeur sémiographique pour servir des fins phonographiques :

[93] Ne nous brouillons pas, voyons, voyons ! Agissons POLITIQUEMENT !
(J.-P. Chabrol < Riegel *et alii*, 2009)
[94] Il prononça le mot énorme pour la seconde fois, avec un renflement de voix goguenarde que des majuscules exprimeraient aussi bien : un énorme, un ÉNORME chien.
(V. Hugo, *Les Misérables*, 1862 < Léon 1993)

L'éventuelle valeur phonographique dont peut se charger ici l'usage de la majuscule – et pour des raisons comparables cet autre topogramme lié qu'est le caractère gras – procède donc d'une analogie de qualité : à une unité sémiographique démarcative est associée une unité sémiophonique de même fonction : l'accent d'insistance, qui se traduit le plus souvent par une augmentation du volume et/ou un allongement des phonèmes. L'analogie en question est fonctionnelle : autrement dit, en termes linguistiques, elle repose sur la valeur sémiotique d'unités du système (forme de contenu associé aux formes de l'expression). Il s'agit donc d'un diagramme au sens peircien (distincts des analogies pseudo-iconiques que nous décrirons dans la prochaine et dernière partie de ce chapitre).

On ne peut clore la question sur l'usage phonographique de la majuscule sans s'interroger sur le statut asémiographique censé caractériser les phonogrammes à effet d'écoute. Peut-on en effet dire qu'un mot composé en capitales constitue une unité asémiotique ? Il serait sans doute excessif de le soutenir, même si la composition « tout en capitales », inusuelle, altèrent sans doute l'ergonomie visuelle et la reconnaissance directe. Mais la reconnaissance linguistique de l'unité n'impose pas son actualisation phonographique. Selon la stratification de l'effet de parlure en deux couches, seule la seconde – l'identification de la variation du sémiogramme relativement à sa réalisation standard – apparaît motivée par la phonographie – une intonographie en l'occurrence. Parce que la séquence de graphèmes en capitales ne saurait coder une déformation phonétique et parce que, par ailleurs, la saillance visuelle qu'elle procure peut avoir une fonction strictement sémiographique, l'interprétation intonographique suppose des indices linguistiques ou discursifs auxiliaires (dans l'exemple de Chabrol, le point d'exclamation et les marques d'adresse).

Pour conclure nos observations sur la fonction phonographique des topogrammes de niveau morphologique et des effets de parlure qu'ils peuvent contribuer à produire, on distinguera leur fonctionnement dans ce contexte de celui des alphagrammes. Ces derniers ont une valeur phonographique codée par le système du même nom ; à l'exception de l'apostrophe, les topogrammes n'en ont pas. Ils appartiennent au seul système sémiographique. C'est par un parcours interprétatif de type analogique qu'ils concourent à la phonographie : de leur fonction dans le système sémiographique où ils se définissent, le lecteur construit un analogue dans le domaine sémiophonique. Cette analogie fonctionnelle, de type intersémiotique, est d'usage courant et d'interprétation assez immédiate ; elle n'en demeure pas moins une analogie (la majuscule est à l'écrit ce que x est à l'oral, etc.). C'est la raison pour laquelle seule l'apostrophe peut avoir une fonction de codage phonétique, alors que le blanc, le tiret et la majuscule représentent, par analogie, des faits prosodiques. Il en ira tout à fait autrement d'autres topogrammes – la famille des points – auxquels on prête une valeur métaprosodique, concurrente de leur valeur sémiographique (chap. 5, 4, p. 327).

5 Quelques aspects généraux de la phonographie en discours

5.1 Les phonogrammes et le mélange de signifiances

Les séquences phonographiques sont rarement épurées de toutes propriétés graphémiques. On aura par exemple remarqué dans nos exemples que le phonogramme d'un nom propre conserve souvent la majuscule, qui n'a d'éventuelle valeur phonographique que dans les circonstances décrites ci-dessus. Les phonogrammes répondent rarement à une logiquement exclusivement phonographique. « Loveless » [36] ne s'impose guère en phonographie, |less| ne constituant pas en français une séquence de phonogrammes conventionnels pour [lɛs]). Contrairement à un « lovelaisse » (qui ferait apparaître un morphogramme français potentiellement parasite), l'option choisie est manifestement inspirée par la morphologie et même la phonographique anglaise[63]. La latitude dont jouit le système phonographique dans le codage des phonèmes est ainsi investie par d'autres systèmes, supportant d'autres signifiances à la disposition du lecteur (préférentiellement, celles qui régissent le texte où le phonogramme prend place).

Dans certains cas, l'œil désert la reconnaissance, car le néographie fait apparaître des unités sémiographiques qui brouillent, ou rendent équivoque sa fonction phonographique : dans « Singermindépré » (*Zazie dans le métro*, p. 30),

---

[63] Profitons-en pour relever que dans le cas des noms étrangers, propres ou communs (« agour », [49] ou les « bicose » de Zazie), l'opacité orthographique est liée à la diversité des idiomes ayant recourt à la notation alphabétique, développant chacun des conventions phonographiques adaptées au système phonologique qui les identifie.

la présence du sémiogramme « singer » conduit à une indétermination, temporaire, dans le statut de l'unité écrite (néographie intrasémiotique par composition, ou intersémiotique, par phonographie ?). La lecture phonographique de la première partie du mot opère en dépit de la graphie (|singèr| aurait été moins ambigu). C'est aussi le cas dans « j'y vêts » (p. 168), où c'est tout bonnement un sémiogramme qui est utilisé pour un autre, dont l'équivalent en sémiophonie est homophone : le sémiogramme est subverti en phonogramme, tout en ouvrant, comme dans le cas précédent, d'autres parcours de sens, par interférence sémiographique.

On le devine, l'exercice phonographique, qui est une forme de baptême, offre l'occasion d'une création verbale exploitable, en régime littéraire, à différentes fins expressives. Même quand il s'agit de représenter des paroles, les genres écrits ne renient pas la signifiance propre au système qui les porte.

5.2 L'écrit peut-il montrer l'oral ? Remarque sur la référence « anaphorico-déictique » des expressions métalinguistiques

Dans l'exemple [26], le circonstant de manière « à l'anglaise » porte sur les deux prédicats verbaux « s'écrit et se prononce », mais le complément objet « Djack » ne peut être que celui du verbe prononcer – « Jack » s'écrivant |Jack|. L'ambiguïté syntaxique de la construction de *prononcer* est levée par monstration (par autonymie) de l'écrit par l'écrit. Les choses, sur le plan sémiologique, se compliquent, lorsqu'un analogue *showing* semble autoriser des constructions telles que : « le nom se prononce [...] comme ceci, Djack ». Comme si l'écrit pouvait en effet *montrer l'oral*. Dans ces circonstances, le pronom ou le SN métalinguistique défini (type « ce nom ») entretient avec le phonogramme (autonyme) qui est son antécédent une relation qu'on pourrait décrire comme anaphorico-déictique[64] : *anaphorique*, au sens où la référence de l'expression métalinguistique (« comme ceci ») se détermine par le relais d'une expression cotextuelle (« Djack »), et *déictique* au sens où – la deixis écrite permettant une deixis du verbe écrit – son référent est coprésent. Or ce qui est coprésent, ce n'est pas la prononciation elle-même, référent phonique hétérogène à l'énoncé écrit et pour cela même « non montrable » par lui, mais bien son codage phonographique.

---

[64] Authier-Revuz parle de « pseudo-anaphore déictique » dans des cas analogues (Authier-Revuz, 1995 : 104–105).

On imagine mal comment un signe écrit pourrait présenter à la fois la forme de son expression orale et celle de son expression écrite et, plus mal encore, la scène où un personnage *montrerait* à la fois les deux expressions (sémiophonique et sémiographique) d'un même signe linguistique. On trouve pourtant de telles situations en littérature. Dans l'exemple de Perry ([4], p. 136–137) la réplique du dialogue « – Et walise. » *code* une prononciation (au sens où cette unité n'est comprise que par le recours au système phonographique) et *montre* une orthographe simultanément (en tant qu'elle constitue une proposition d'orthographe du mot). Ce petit miracle multimédia est le fait du lecteur, qui produit en son for, une image acoustique et une image graphique, à partir d'une seule unité graphique – tantôt vue, tantôt entendue, par phonographie.

Si de tels énoncés sont acceptables, c'est que le phonogramme est spontanément accepté en tant que *présence* de l'oral dans l'écrit (plutôt que *représentation*). Cette fausse présence – il faut le souligner – exerce un effet en retour sur l'énoncé écrit entier qui, en ce qu'il peut montrer une expression orale, passe pour être lui-même de cette même substance. Dans *les faits*, l'écrit montre de l'écrit, mais il produit *l'effet* d'un discours oral montrant de l'oral.

On peut expliquer ce renversement étonnant par la force de la convention phonographique : la fonction de représentation de la langue orale par l'écrit est à ce point « naturelle » pour les locuteurs alphabétisés, qu'ils en viennent à oublier son caractère conventionnel et à la prendre pour une pure et simple présentation. Ce court-circuit sémiologique profite à la littérature (et plus généralement à d'autres genres aux prises avec l'oral, comme le portrait ou l'entretien), qui par la voie phonographique provoque les effets de présence d'oralité qu'on a évoqués.

Mais le court-circuit affecte également la réflexion linguistique. Lorsque dans le *Cours de linguistique générale* (Saussure, 1916 : 45), l'écrit est comparé à une photographie de l'oral, on suppose donc qu'il entretient avec lui une relation iconique. À la faveur de cette iconicité sous-questionnée, l'oral est décrit *comme présent dans l'écrit*, si ce n'est dans sa substance, du moins dans sa forme, dans de nombreuses approches « naïves » du fait stylistique ou littéraire. La prétendue iconicité est parfois envisagée par la catégorie wittgensteinienne de *showing* – opposée à celle de *telling* – qui suppose, comme l'icone au sens peircien du terme, une homologie formelle entre représentant et représenté. On trouve par exemple cette opposition dans une étude récente des plus fouillées sur la représentation de l'oralité à l'écrit dans le contexte théâtral. Pour répondre à la « question centrale » : « comment Michel Tremblay, dans ses textes, réussit à faire croire à son lecteur que ses personnages parlent réellement », Dargnat propose une analyse « en deux temps » :

d'abord en rappelant les éléments qui présentent (*disent*) la pièce comme un échange dialogal spontané entre plusieurs locuteurs personnages, ensuite en insistant sur les néographies phonétisantes qui *montrent* par des artifices graphiques des particularités de prononciation d'une pratique linguistique orale observable dans la réalité. (Dargnat, 2007 : 81)

Si les phénomènes évoqués par Dargnat ressortissent bien à deux ordres différents (codage pour le second, caractérisation pour le premier), aucun des deux ne sera décrit de manière satisfaisante comme du *showing*. Le langage – dans sa fonction de truchement – est inapte à montrer quoi que ce soit d'autre que lui-même par le fait de l'autonymie. Et encore faut-il restreindre : il ne peut se montrer qu'à l'intérieur des frontières sémiotiques : l'énonciation écrite pour l'écrit, l'énonciation orale pour l'oral. Le passage de l'une à l'autre suppose un système auxiliaire, une convention[65].

5.3 Moyen et fin du phonogramme : entre la forme et la substance de l'expression orale

En tant qu'ils ne codent pas des phonations « prototypiques », les phonogrammes représentent-ils une substance singulière ? C'est l'effet qu'il tente de produire, mais ce serait une aberration de le croire. Par comparaison, les transcriptions phonétiques des linguistes – leur système de notation subtil ajoutant aux unités de l'API septante-six diacritiques modulant les phonèmes selon différents paramètres articulatoires (Vaissière, 2011) – n'en demeurent pas moins une digitalisation d'un phénomène analogique, le son. Les alphagrammes – même agencés pour représenter des particularités de prononciation (effets de parlure), même assistés de topogrammes pour signifier, par analogie, des intonations – ne feront pas mieux que les systèmes intersémiotiques inventés à cet effet. Ils peuvent particulariser l'expression phonologique qu'il code, mais, en tant que formes, ils ne peuvent la singulariser. Les phonogrammes sont en régime littéraire un désir de singularité.

---

[65] La même irrépressible envie de prendre l'image graphique pour son modèle phonique explique également la tentation de désigner par « marques d'oralité » des phénomènes portés par des séquences graphémiques dont la fonction est phonographique, comme le fait par exemple Vigneau-Rouayrenc (1991) à propos, par exemple, de la chute des |e| correspondant à des /ə/ dans les romans de l'entre-deux-guerres. C'est risquer alors d'oublier que même lorsque tout à l'écrit tend vers l'oralité, le processus qui y mène, pour spontané qu'il soit chez le lecteur aguerri, part d'une structure graphémique et pourrait aboutir à d'autres effets. L'oralité, à l'écrit, n'est jamais une présence (de marques), mais toujours l'effet d'une représentation.

Pensons-y à partir des divers phonogrammes que Queneau utilise pour coder un même morphogramme : c'est le cas de « peut-être », mais aussi de « exprès » et de « monsieur », qu'on trouve hétérographié vingt-huit fois sous la forme « meussieu » et onze fois sous la forme « msieu ». L'opposition, instituée dans l'intratexte, permet à l'écrivain d'introduire une distinction expressive et/ou énonciative absente du système (emphase éventuellement ironique *vs* économie familière et non-personne *vs* personne). Ce que Léon considère comme une incohérence témoigne en réalité d'une profonde différence entre l'idéal phonographique de la phonologie, cherchant à dégager la classe d'équivalence fonctionnelle derrière la substance, et l'idéal de l'entreprise esthétique quenellienne, apparenté finalement à celui de la phonétique. Queneau vise à « oraliser » l'écrit non seulement en donnant à entendre des signes oraux codés, mais en codant également la variété qui caractériserait les expressions orales d'un même signe – assignant aux allophones des allographes. C'est l'imaginaire d'une oralité variable (vive) contre une écriture normée (morte) qui est ici à l'œuvre – et non celui d'une notation visant à dégager l'un (la lettre) derrière le multiple (la voix).

Peut-être en va-t-il autrement des écrits jouant des variations de leur propre substance. Si ces variations substantielles sont reconnues dans leur valeur phonographique, la continuité du signal graphique entre alors en relation avec celle de la voix qu'il représente. C'est sur cette question que nous allons clore ce chapitre.

« C'est bien vrai qu'une langue, et une littérature, doivent parfois se retremper à leur source » disait Dubuffet. Ce propos est cité par Paulhan en introduction d'un texte du poète, paru au printemps 1949 dans les *Cahiers de la Pléiade* (n° 7) : « Ler dla canpane ». Le titre annonce la couleur : il s'agit d'« un texte en écriture phonique », comme le dit Adam (1997 : 58). L'analyse proposée de ce que j'appelle *séquence phonographique* et des *effets de voix* qu'elles produisent devrait permettre de mieux situer dans le champ des modes de représentations écrites de l'oral la spécificité de démarches poétiques recourant – notamment – au système phonographique. Adam commente celle de Dubuffet :

> Dubuffet prend le parti de la langue orale vivante et, contre la « langue éteinte », il invente une écriture qui oblige le lecteur lui-même à repasser par la voix pour accéder au sens :
> « SQON NAPELE LEPE ISAJE SAVERIR LA CAMPANE IARIIN QI MANBETE COMSA LA-CAMPANE LACAMPANE SEPLIN DLEGUME [...] » (Adam, 1997 : 59)

Adam pointe le fonctionnement bien connu dont j'ai voulu ici préciser et systématiser l'analyse : celui d'une sémiotique complexe *obligeant un passage par la voix pour accéder au sens*. Il est peut-être excessif de parler *d'invention d'une écriture*, tant il est vrai que la phonographie est inhérente aux langues alphabétiques. Il est vrai néanmoins que son utilisation en discours laisse ouverts de nombreux aspects : le choix parmi les phonographèmes disponibles pour un même phonème ou le rôle prosodique qui sera accordé à la topographie (le jeu du blanc et de la ponctuation)... Par ailleurs, et comme on l'a vu, ce « passage par la voix », qu'assure et règle la convention phonographique, peut s'opérer de diverses façons, selon que le phonogramme soit représenté comme tel ou non, selon qu'il code la phonomorphosyntaxe du français écrit (c'est-à-dire les formes de l'expression orale que la langue associe conventionnellement aux formes de l'expression écrite), ou qu'il en code de variétés (effet de parlure) ou encore des innovations (néographies). Selon l'usage qui en est fait, la phonographie – mode de représentation de l'oral instauré sur plan des unités de seconde articulation de la sémiophonie, c'est-à-dire sur le plan de ses sonorités – servira des entreprises communicationnelles ou esthétiques très diverses : des phonogrammes locaux et dûment balisés de Stendhal ou de Proust, codant la matière phonétique d'une prononciation sociolectale ou idiolectale, aux glossolalies d'Artaud qui réduisent la langue (française ?) à quelques-unes de ses syllabes, signifiés par des alphagrammes dont l'agencement dans l'espace graphique engendre, à la lecture, une succession sonore signifiant essentiellement par le rythme.

Pour saisir les particularités et les effets de la phonographie, il faut situer celle-ci parmi l'ensemble des modalités de représentation écrite de l'oral.

6 La substance de l'écrit pour représenter la substance de l'oral ou l'art de la calliphonographie

6.1 Situation du phénomène

Pour rappel, notre ambition est de proposer un cadre sémiologique accueillant l'ensemble des faits de représentation de l'oralité par la scripturalité. L'objectif est de doter les études littéraires d'une approche globale et cohérente de l'oralité représentée à l'écrit, et d'un instrument pour sa description dans les œuvres. À cette fin, on annexera à l'analyse de la phonographie un fait qui ne lui appartient pas en propre : celui de la représentation écrite de l'oral jouant de la *substance des signes sémiographiques*.

Les symbolismes jouant sur la substance ne détournent pas nécessairement les formes du système sémiographique et n'imposent donc pas leur actualisation phonographique. Il ne saurait s'agir de phonogrammes, marqués comme tels ou seulement incités par le caractère asémiotique d'un mot écrit. Ces phénomènes s'inscrivent néanmoins dans la ligne – certes brisée par le passage de la forme à la substance – de ce que j'ai appelé *sémiotique diagrammatique* : comme ces dernières, les sémiotiques impliquant la substance supposent un fonctionnement de type analogique (motivé). Je ne leur consacre pas cependant une section autonome parce que ce genre de représentation-là est rare en littérature, pour le dire simplement. Pour le dire plus précisément : en ce qu'elle confine l'écriture à l'image, l'intégration symbolique de l'oralité dans l'écriture par le jeu de la substance graphique est propre aux genres qui combinent écriture et image. Or ce sont des genres parmi lesquels je n'ai pas fait de repérages suffisants.

Moins tenu d'explorer les moyens sémiologiques de l'écriture, que de comprendre comment ces moyens peuvent servir la représentation de l'oral, nous devions tôt ou tard rencontrer la question suivante : la spatialité constitutive de l'écrit, au niveau de sa substance elle-même, est-elle à même de fonder une relation sémiotique avec ce matériau acoustique et structuré dans le temps qu'est l'oral ?

La représentation phonographique de l'oralité par l'écrit « passe par » un code, dont les unités sont principalement celles de la notation alphabétique ; la valeur de ces unités est *phonologique*, leur référent dans le codage de la parole, phonétique. Mais les unités de ce code ont une substance : on peut en jouer – oui – pour signifier des variations, phonétique ou prosodique, du côté de la substance sémiophonique.

Prenons la graphie de l'exemple [88] codant, de manière diagrammatique, l'allongement à valeur accentuelle, et l'exemple (inspiré de Fradin) du phonogramme *|éénooorme| pour représenter « la prononciation [éé.nɔɔɔʀm] » (Fradin, 2003 : 209). Comparons-les à la graphie du « même » mot ÉNORME dans la planche du livre illustré pour enfant ci-avant :

On y observe la combinaison de deux phénomènes. D'un côté, on identifie un phonogramme dans la mesure où la répétition de graphèmes produit une unité (*|ÉNOOOOOOORME|) absente du système sémiographique, dont la reconnaissance (sémiotique) suppose a) l'écoute de la structure phonémique codée ainsi que b) celle de sa variation. Il s'agit là de ce que j'ai appelé un *effet de parlure*. L'interprétation de la variation suppose une sémiotique de type analogique, où la quantité graphémique s'interprète en proportion de la quantité phonémique.

À cette sémiotique installée sur le plan des formes, et qu'on a appelée pour cela *diagramme*, s'en ajoute une autre, reposant sur la variation du corps des graphèmes. La variation, de *substance* graphique cette fois, s'interprète, elle aussi, comme en proportion de la voix que le phonogramme représente : plus de volume graphique pour plus de volume phonique[66].

---

[66] Je retrouve chez Léon (1993 : 37–38) un emprunt voisin à la terminologie peircienne. Le

Fig. 4 : J.-M. Derouen & L. du Fay, *Ze vais te manzer*, Éditions Frimousse, 2012.

À une nuance près que nous apporterons, une telle représentation est iconique au sens peircien et désormais traditionnel du terme, c'est-à-dire fondée sur la relation d'homologie formelle qu'entretient l'expression avec son contenu. La sémiotique iconique instaure une relation non conventionnelle, mais motivée par ressemblance, entre l'expression et son contenu – en l'occurrence deux signaux, deux substances sémiologiques émanant de systèmes distincts.

Ces mots écrits interprétés comme « ressemblant » à des mots oraux sont assimilables à des calligrammes. Dans leur espèce propre, ces calligrammes

---

phonéticien distingue, parmi les faits de « codage idéographique », les *diagrammes* et les *icones*. « Mot raccourci, allongé, déformé par l'adjonction ou l'ablation d'une lettre jugée expressive » illustrent ce qu'il appelle *diagramme*, ainsi que les jeux sur les topogrammes (Léon mentionne l'écriture en capitales de « ÉNORME » chez Hugo) ; ils produiraient « un effet par symbolisme visuel direct » et incluraient ce que nous avons appelé *phonogramme*. L'*icone*, par ailleurs, aurait un « symbolisme [...] plus évident encore que celui du diagramme puisqu'il montre[rait] directement par l'image » (Léon, 1993 : 37), comme le font les phylactères d'Astérix (1993 : 38). Je reprends le *distinguo* en le spécifiant et en le nuançant : l'effet des phonogrammes n'est pas celui d'un « symbolisme visuel direct » mais suppose l'usage d'un système conventionnel ; par ailleurs, même l'iconicité prêtée aux caractères typographiques des bandes-dessinées ne sauraient représenter « directement par l'image » les « caractéristiques sonores, telles que l'intensité et la mélodie » (Léon, 1993 : 37 et 38).

n'épousent pas quelque propriété morphologique d'un objet mondain, mais « imitent » les qualités d'un objet langagier, de nature acoustique en l'occurrence. C'est pourquoi on pourrait parler à leur propos de *calliphonogrammes*.

6.2 La pseudo-iconicité ou iconicité analogique des calliphonogrammes

Si l'on tâche d'analyser cette nouvelle sémiotique complexe, on s'apercevra que l'iconicité qu'elle suppose est impure. L'image inanimée qui constitue le corps de l'écrit ne saurait entretenir une relation d'« homomorphie » avec le son d'une parole. Comment peindrait-on un cri ? L'artiste invente des subterfuges, entre métonymie et métaphore. Mais l'hétérogénéité physique des deux domaines empêche toute iconicité *stricto sensu*.

L'interprétation (pseudo-)iconique d'un mot écrit suppose la greffe, sur une sémiotique conventionnelle intersémiotique (permettant de représenter des sons avec des graphes ($E^g(E^p)$)), d'une sémiotique qu'il vaudrait mieux dire analogique qu'iconique. Selon cette dernière, une qualité q de la substance de l'expression graphique (qualité perçue de manière différentielle) est affectée à son contenu phonique ($E^g\text{-}q(E^p\text{-}q)$). C'est ainsi qu'une graphie peut représenter à la fois une phonie, à la fois une variation de cette phonie (en rapport avec la variation de la graphie). Considérons cette explication de plus près en l'exemplifiant.

La qualité de la substance est sélectionnée de manière contrastive (c'est-à-dire de manière syntagmatique) : par saillance relativement à l'espace graphique, comme c'est le cas pour « UN TOUT PETIT LAPIN ROUX » qui est la séquence de la page présentée dans le corps le plus petit, ou par saillance relativement aux autres lettres du même mot dans « énoooOOOoorme » (qui joue par ailleurs de l'analogie diagrammatique). Dans les deux cas, c'est une relation qui détermine q (a/a = q avec ici xxx/XXX = /petit/ et O/o = /grand/). Dans le second cas, le couplage de l'icone et du diagramme permet la modulation de la taille du graphème réitéré et la symbolisation non seulement d'un accroissement de l'intensité sonore, mais carrément d'une ligne mélodique (certes en pointillés).

La qualité q de la substance de l'expression est l'interprétant de son contenu ($E\text{-}q(C\text{-}q)$). Autrement dit, la qualité distinctive q de l'expression E érige la variation de substance en forme d'une nouvelle expression dont le contenu, s'il est en relation iconique avec son expression, porte la même valeur : le contenu est (grand/petit) à l'image de son expression.

Ainsi, si le fonctionnement est bien iconique, l'imitation en jeu ici – en ce qu'elle est médiatisée par la convention intersémiotique et qu'elle enjambe deux domaines d'expériences distincts (le visible et l'audible) – suppose une transposition analogique. En effet, dans son ordre propre, qui est spatial, un graphème se caractérise notamment par a) *sa taille* (une lettre est plus ou moins grande que ses voisines, en termes relationnels), b) *sa position* (la lettre est plus ou moins haute sur la ligne).

Or le phonème correspondant n'a pas ces propriétés « géométriques » en propre. Elles ne peuvent valoir pour lui que par analogie.

a) La taille ou grandeur (mesurée en mètres) vaut pour l'intensité du signal acoustique (décibels). Cette analogie est largement « naturalisée » par le lexique (français notamment) qui utilise la notion de *volume* pour penser l'intensité acoustique aussi bien que pour mesurer l'espace (en trois dimensions, certes, et non en deux)[67]. Il s'agit d'une analogie néanmoins.

b) Les variations sur l'axe vertical de la ligne que dessine la syntagmation des graphèmes s'interprètent spontanément en termes de hauteur. Or la hauteur est aussi la notion utilisée en phonétique (scientifique ou spontanée) pour décrire le timbre des sons. La catégorie « objective » de la fréquence (période d'oscillation du signal acoustique) s'évalue notamment, en tant que perception subjective, par repérage sur un axe vertical (du bas et du haut) : la voix *haut perchée* ou au contraire *basse* ou encore *profonde*. Là encore, il s'agit d'une analogie, du spatial vers l'acoustique – fortement escamotée par notre vocabulaire, attestant encore au besoin de la préférence cognitive pour l'espace, qui sert à la conceptualisation de nombreux champs notionnels.

6.3 Remarque sur la représentation analogique de la durée

Les signaux acoustiques ont, en sus de leur intensité et de leur fréquence, une troisième propriété, à laquelle je n'ai pas assigné d'équivalent analogique spatial : la durée. Il est toutefois évident que le concept le plus spontanément utilisé pour penser la durée est emprunté au domaine de l'espace : la longueur. Pourtant, les alphagrammes, ponctuels, se prêtent mal à des variations de longueur (du type de l'anamorphose), qui altéreraient leur géométrie et, par suite, leur reconnaissance. En revanche, la ponctuation blanche, continue, se prête parfaitement à de telles variations : la mesure de la longueur des blancs dans l'espace graphique, qu'ils soient verticaux ou horizontaux, prendra valeur de durée dans son usage calliphonographique. S'agissant en l'occurrence d'une

---

[67] Notons encore que l'adjectif *fort* instaure lui aussi une continuité entre le champ notionnel du bruit et celui de l'espace, caractérisant aussi bien le volume (« un fort livre », « une femme forte », « un caractère (d'imprimerie) fort ») que l'intensité sonore (« mets le son moins fort »).

Fig. 5 : A. Uderzo et R. Goscinny, *Astérix et la rentrée gauloise*, 1993.

longueur blanche, d'une longueur sans signe, celle-ci prendra valeur de pause ou de silence – d'une durée proportionnelle au blanc (ou plutôt au rapport du blanc atypique au blanc standard dans l'espace graphique en question).

Lorsque le blanc n'est plus intermot, signe démarcatif discret de niveau morphologique, mais qu'il devient unité topologique, assurant la gestion de l'espace graphique, il est continu. Il n'est plus alors susceptible d'altérer la forme d'une unité sémiographique, mais contribue à l'organisation spatiale des unités textuelles (paragraphe, chapitre...). Dans la mesure où le blanc n'est pas une unité du système phonographique (comme on l'a vu plus haut, p. 195), où il coderait le silence, mais qu'il est propre au système sémiographique, au sein duquel il joue un rôle démarcatif, la valeur de *durée de silence* qu'on lui reconnaît, par exemple en poésie moderne, ne repose que sur une double sémiotique analogique (sans assise conventionnelle dans le système phonographique). Une analogie de qualité dont on a déjà traité : *absence* de graphe = *absence* de phone, et une analogie de quantité : longueur de l'espace blanc = durée du silence (avec la transposition espace -> temps qu'on a décrite).

Parce que l'importance du blanc, la taille d'une lettre ou sa hauteur sur la ligne ne peuvent ressembler à un silence, à une augmentation de l'intensité ou de la fréquence d'un phone, je parlerai de *pseudo-iconicité* pour décrire ces sémiotiques intégrant l'oralité dans l'écrit à la faveur d'une analogie de qualité entre substances émanant de champs différents.

6.4 Plurivocité des sémiotiques analogiques

Terminons cette brève analyse des calliphonogrammes en relevant un dernier aspect de leur fonctionnement. La sémiotique (pseudo)iconique ne peut se greffer à une sémiotique non motivée que dans la mesure où le contenu C du signe écrit peut recevoir la qualité q qui affecte la substance de son expression. L'histoire de notre loup qui zozote illustre nettement ce point[68]. Comme nous l'avions déjà vu à propos du diagramme |énoooorme|, c'est parce que les contenus sémiographiques de « énorme », « très gros » ou « un tout petit lapin roux », c'est-à-dire le signifié de ces expressions, comportent le sème /grandeur/ que la qualité différentielle de la substance de leur expression peut s'interpréter à la fois comme en relation d'iconicité avec ce contenu sémiographique mais aussi de pseudo-iconicité avec leur contenu phonographique. L'iconicité de ces séquences est plurivoque pour cette raison (isotopique) même : la substance de l'expression est affectée d'un sème qui est assigné aussi à la forme de son contenu. Ce n'est pas le cas, par exemple, du « QUOI ? » qui ouvre, dans le même exemple, la page de droite, et dont la taille ne peut s'interpréter comme en relation d'isotopie avec le contenu « en langue écrite » de ce morphogramme grammatical. Pour cette raison, l'interprétation phonographique de sa variation de substance prévaut. Son fonctionnement est pseudo-iconique : « QUOI ? » est, à l'écrit, un mot plus *fort* que les autres, parce qu'il l'est aussi dans la bouche de l'ours (taille -> intensité)[69].

Conclusion

On peut de ce parcours tirer des éléments de conclusion sémiologique. En observant le fonctionnement des phonogrammes, ainsi que d'autres faits liés à la substances de l'expression écrite qui s'offrent aussi à l'interprétation phonographique, on comprend mieux peut-être l'épaisseur du problème que sou-

---

[68] *Ze vais te manzer* est l'histoire d'un loup qui a un énoooorme cheveu sur la langue. L'effet d'écoute y fonctionne à chaque page. La critique encense « une petite merveille à lire à haute voix ».

[69] Parmi les faits de codage idéographique qu'il appelle « iconique », Léon mentionne « le changement de caractère [qui] symbolise l'augmentation de l'intensité » mais aussi « les lettres qui se brisent pour suggérer la voix brisée de la colère ou imiter le bruit d'une porte qui claque » (Léon, 1993 : 38). On voit, dans ce second exemple, que les médiations analogiques peuvent se compliquer, opacifiant l'iconicité et ouvrant en même temps un jeu de représentation de substance à substance que je n'ai pas pour ambition d'explorer ici.

lèvent, rétrospectivement, Chiss & Puech (2009), concernant une aventure théorique à laquelle ils ont contribué, la *graphémique autonome* d'Anis : « l'autonomie de l'écriture n'est-elle que l'autonomie d'une zone bien réelle mais relativement marginale de certains systèmes d'écriture, ou un principe de description permettant d'accroître la prise scientifique sur le matériau écrit ? » Sans casuistique excessive, il faut je crois répondre « les deux à la fois ». L'autonomie est un principe de méthode consistant, dans l'esprit de Harris mais aussi de Saussure, à décrire les systèmes de signes dans leurs propriétés inhérentes (sémiotiques dirait Benveniste), compte tenu de leurs propriétés biotechnologiques. Une telle approche est la seule qui puisse décrire l'éventualité d'un fonctionnement autonome, reposant sur la distinctivité propre des signes, visuographiques en l'occurrence. Les travaux d'Anis prouvent à mon sens ce mouvement en marchant. À la rigueur, cette méthode ne préjuge pas d'un tel fonctionnement, elle explore une hypothèse.

Mais, en l'occurrence, le principe de méthode répond à une réalité du fonctionnement de la langue écrite, ce bi-système. La description des effets d'écoute aide à en prendre conscience, qui sont ces situations où le fonctionnement phonographique n'est pas convoqué (par le métalangage), mais incité par une reconnaissance sémiographique bloquée. La différence est nette – préhensible non seulement en termes théoriques mais aussi par des effets de lecture éprouvés – entre les structures graphémiques ouvrant aux deux voies, sémiographique et phonographique, voies conjointement empruntées en effet, à en croire les psycholinguistes, et celles où seule la phonographie est praticable. Pour compléter ce point de l'analyse, on pourrait chercher à explorer les effets des structures, caractéristiques des « sémiographies majeures », pour lesquelles seule la sémiographie permet la reconnaissance sémiotique. Voilà qui réclamerait un inventaire des sémiogrammes, rencontrés parfois au cours de notre parcours, dont l'espace signifie sans contrepartie phonétique. Il en résulte d'hypothétiques « effets d'écrit », produit par l'écrit lui-même, éprouvés en raison de l'absence de tout oralisation possible. Comme on dit d'un texte qu'il est « très écrit ».

La voie est souvent double, mais ce n'est pas toujours le cas. Voilà qui justifie la méthode autonomiste, si celle-ci vise à rendre compte du système au sens benvenistien du terme : non seulement une structure virtuelle ou théorique, mais bien une compétence sémiotique au soubassement de l'activité symbolique. Mais en même temps la méthode autonomiste est insuffisante : parce que les deux sous-systèmes de notre langue écrite fonctionnent sinon en harmonie, du moins ensemble. Empruntant en partie la même notation, la concurrence de fonctionnement ouvre un jeu sémiologique (à la production comme à la réception) en même temps qu'une certaine plurivocité. Les signes d'un système (par exemple le blanc strictement sémiographique) migrent dans l'autre en y trouvant des valeurs analogiques.

Le blanc sémiographique devient en phonographie un analogue du silence, le tréma ou le *h* phonographique, des signes distinctifs en sémiographie...

La phonographie : l'écrit pour l'oral

Dès lors que la langue écrite répond à deux fonctions – élaborer des représentations mondaines et élaborer des représentations métalangagières de type phonologique –, son étude se doit d'être à la fois autonomiste et dépendantiste. Du moins se le doit-elle si elle veut rendre compte de ses usages réels. Parce que les agents pratiquent l'écrit tantôt de manière autonome, tantôt de manière métalinguistique, et souvent les deux à la fois, et que la langue écrite s'instaure, pour la linguistique de l'énonciation, là où les usages et le système s'intègrent mutuellement, une linguistique de l'énonciation écrite ne postule ni autonomie ni dépendance de la langue écrite relativement à la langue orale. Elle rend compte de la signifiance écrite au gré de l'attitude symbolique des agents et s'applique à reconnaître les fonctionnements autonomes et les fonctionnements dépendants (métasémiotiques) là où ils travaillent effectivement l'activité langagière.

La phonographie floute les oppositions, tranchées sous certains rapports, entre autonomie et dépendance, et entre oralité et écriture. Son caractère sémiologique explique aussi bien la force des effets d'immixtion qu'elle produit en discours que les nombreuses approximations conceptuelles en théorie. La phonographie est en effet *strictement graphique* sur le plan de la substance qu'elle informe et donc aussi sur le plan formel. Mais elle est le graphémique dévolu au phonétique, l'écrit assujetti à l'oral. *Sur le plan fonctionnel donc*, elle est l'oral dans l'écrit. La convention intersémiotique qui la définit est à ce point naturalisée que, comme Bopp, le lecteur y recourant prend la lettre pour le son. C'est pourquoi l'écrivain qui comme Queneau veut éroder l'écrit en l'adossant à l'oral y recourt de manière privilégiée. La phonographie est un fossile – celui de la fonction originairement ancillaire de l'alphabet relativement aux phones – mais elle est en même temps une pierre angulaire du fonctionnement, en synchronie, des langues alphabétiques.

Chapitre 4.
Sémantique de l'oral
Décrire l'oral et écrire comme on parle

1 Point de vue sémantique

1.1 Linguistique de l'énonciation et héritage benvenistien

Benveniste est connu comme celui qui, sans rompre avec le structuralisme, a fait apparaître « la nécessité d'intégrer à la linguistique la description des pratiques discursives » (Simonin-Grumbach, 1975 : 85). Cette démarche, Tesnière en pointait déjà les linéaments dans le premier ouvrage de Benveniste, sa thèse intitulée *Origines de la formation des noms en indo-européen* (1935) ; le syntacticien décrit en contemporain ce qu'il y perçoit d'original :

> Ce qu'il importe de souligner, c'est que, contrairement aux comparatistes de l'école classique, pour qui seule la forme compte, M. Benveniste a le constant souci de la valeur fonctionnelle des morphèmes qu'il étudie. On sent, derrière chacun de ses raisonnements, une théorie générale du langage, et l'on constate avec joie que le comparatiste n'étouffe pas en lui le linguiste. (Tesnière, 1937 : 83)

Le déplacement-dépassement d'un comparatisme centré sur la restitution de formes vers une linguistique visant à décrire les formes relativement à leur « valeur fonctionnelle » conduira bientôt Benveniste à restaurer la question de la signification pour en faire la clé de voûte du système linguistique – alors qu'une autre réception de Saussure, celle de l'antimentalisme de Bloomfield, conduisait à l'écarter.

C'est plutôt qu'un seul, deux gestes qui caractérisent la démarche benvenistienne. Une dialectique. Le premier mouvement est commun aux linguistiques de l'énonciation en un sens large où elles rejoignent la pragmatique ; il consiste à interroger le langage en tant qu'activité humaine, définitoirement humaine. Plutôt qu'une description des signes, la théorie de l'énonciation décrit le dire des signes, l'agir par prédications. La marque de fabrique des théories de l'énonciation a été de reconnaître que ce faire n'était pas simplement transitif (un faire sens, un agir en langue), mais qu'il était tout à la fois transitif et immanent : un faire quelque chose et un *se faire* dans le langage, *inscription conjointe du sens et du sujet*[1].

---

[1] Benveniste a peut-être pensé cette complexité sur un modèle grammatical : on peut dire du

Le second geste consiste à dédoubler l'analyse de la langue : comme corps formel d'une part et comme appareil de fonctions de l'autre. Il est *néostructural* : *-structural*, en ce qu'il reconnaît le « réel de la langue » (Milner, 1978), soit la nécessité d'intégrer à l'étude du langage et du sens les déterminations formelles de cet ordre propre ; *néo-* au sens où l'immanentisme d'un « premier » structuralisme est dépassé par Benveniste pour qui le fait que la langue ait sa raison interne ne signifie pas que son étude hors « des réalités d'emploi » (Benveniste, 1966 [1959] : 237) offre à la décrire toute.

La combinaison des deux mouvements fait corps avec une hypothèse fondamentale, à l'œuvre chez Bally ou Culioli : la description de langues particulières et la compréhension de la faculté humaine de langage ont à cheminer de conserve. Selon ce principe, le problème des pronoms « n'est un problème de langues que parce qu'il est d'abord un problème de langage » (Benveniste, 1966 [1956] : 251). Dans le fond, l'affirmation saussurienne que « rien n'est plus propre que la langue à faire comprendre la nature du problème sémiologique », c'est-à-dire à assigner au langage sa place parmi les faits sociaux (Saussure, 1916 : 35, 36), est une autre forme du même postulat.

Ainsi peut-on résumer la linguistique de l'énonciation dans le sillage benvenistien : articuler l'étude des *relations sémiotiques*, internes au langage – tissant la *langue* telle que Saussure en a proposé l'analyse – à celles des *relations sémantiques*, en un sens proprement benvenistien, éclairant la langue telle qu'elle apparaît lorsqu'elle joue avec ses extériorités ou, pour le dire autrement, telle qu'elle est le *truchement* de la relation entre l'humain et le monde. C'est à ce titre et en ce sens que ce chapitre de l'analyse des modalités de représentation écrite de l'oralité se décrit comme « point de vue sémantique ».

Dans « Le langage et l'expérience humaine », on trouve une version synthétique de la démarche caractéristique des articles de Benveniste dans les années 1950 – 60 :

> **Toutes les langues** ont en commun certaines catégories d'expression qui semblent répondre à un modèle constant. Les **formes** que revêtent ces catégories sont **enregistrées et inventoriées dans les descriptions**, mais leurs **fonctions n'apparaissent clairement que si on les étudie dans l'exercice du langage** et dans la production du discours. (Benveniste, 1974 [1965] : 67)

---

sujet de l'énonciation qu'il est, *comme le sujet d'un verbe de diathèse moyenne*, « intérieur au procès » : « il effectue en s'affectant » (Benveniste, 1966 [1950] : 173). Bergounioux explicite cette relation en discutant la diathèse moyenne de certains verbes de parole, comme *se dire* ou *s'énoncer* (2004 : 60 – 68).

Les critiques répétées de Culioli à l'encontre de la linguistique structurale, de ses inventaires et descriptions de formes-états sans valeur explicative, s'inscrit dans la droite ligne de cette argumentation et de son horizon théorique. La conclusion de l'article de 1954 sur « La classification des langues » me semble résumer les éléments clés de cette forme de fidélité à Saussure et de dépassement, dont le ressort est l'intégration de la question de la signification dans la description du système ou, comme nous le verrons plus loin, la manière dont la description sémiotique (formelle) est orientée par la question sémantique :

> Une réflexion un peu attentive sur la manière dont une langue, dont toute langue se construit, enseigne que chaque langue a un certain nombre de problèmes à résoudre, qui se ramènent tous à la question centrale de la « signification ». Les formes grammaticales traduisent, avec un symbolisme qui est la marque distinctive du langage, la réponse donnée à ces problèmes ; en étudiant ces formes, leur sélection, leur groupement, leur organisation propres, nous pouvons induire la nature et la forme du problème intra-linguistique auquel elles répondent. Tout ce processus est inconscient, difficile à atteindre, mais essentiel. Par exemple, il y a un trait de structure caractéristique dans les langues bantou et dans bien d'autres encore : les « classes nominales ». On peut se contenter d'en décrire l'agencement matériel, ou on peut en rechercher l'origine. Bien des études y ont été consacrées. Seule nous intéressera ici une question qui n'a pas encore été posée, **celle de la fonction d'une pareille structure.** Or, on peut montrer, et nous essayerons de le faire ailleurs, que tous les systèmes variés de « classes nominales » sont fonctionnellement analogues aux divers modes d'expression du « nombre grammatical » dans d'autres types de langues, et que **des procédés linguistiques matérialisés en formes très dissemblables sont à classer ensemble au point de vue de leur fonction.** Encore faut-il commencer par voir au-delà de la forme matérielle et **ne pas faire tenir toute la linguistique dans les descriptions des formes linguistiques.** Si les agencements matériels que constate et analyse la linguistique descriptive peuvent être progressivement **ramenés aux figures diverses d'un même jeu** et expliqués par référence à un certain nombre de principes définis on aura gagné une base pour une classification rationnelle des éléments, des formes, et finalement des ensembles linguistiques. (Benveniste, 1966 [1954] : 117–118)

Benveniste – saussurien pour qui « [l]e donné linguistique est un résultat, et il faut chercher de quoi il résulte » (1966 [1954] : 117) – sait assez que ce n'est pas n'importe quelle « réflexion un peu attentive » qui conduit à envisager la *signification comme le terme générique des problèmes que le langage doit résoudre.* Le point de vue impliqué est celui de la langue telle qu'il la redéfinit, non pas la langue pure forme, mais la langue à la croisée de la forme et de l'activité, intégrant le sémiotique et le sémantique, une langue comme système de signes informé par des fonctions. D'un postulat premier – la signification comme cause originelle et finale du langage[2] –, Benveniste tire cette hypothèse, non triviale,

---

[2] Par exemple : « Que la langue signifie, cela veut dire que la signification n'est pas quelque

que la signification détermine la forme du langage (« les formes grammaticales traduisent... »), au sens le plus général : *la langue est informée de signification*.

> [...] plusieurs types de description et plusieurs types de formalisation [sont possibles], mais toutes doivent nécessairement supposer que **leur objet, la langue, est informé de signification**, que c'est par là qu'il est structuré, et que cette condition est essentielle au fonctionnement de la langue parmi les autres systèmes de signes. (Benveniste, 1966 [1954] : 12)

Cette thèse – à laquelle on fera référence comme *thèse de la signifiance* – institue la signification en principe explicatif définissant la problématique et le point de vue linguistique. La critique des formalismes, cherchant dans la forme ce principe explicatif, définit négativement la démarche.

> Avant toute chose, le langage signifie, tel est son caractère primordial, sa vocation originelle qui **transcende** et explique toutes les **fonctions** qu'il assure dans le milieu humain. (Benveniste, 1974 [1967] : 217)

Subsumé par la catégorie générale de la signification, l'éventail des « problèmes à résoudre » par la langue, pour l'homme, est analysé par Benveniste en termes de *fonctions*. L'analyse de la langue menée sous l'angle de la signification doit aboutir à un appareil de *fonctions*, unités de la problématique définie par la linguistique benvenistienne.

Chaque fonction se définit non seulement par le type général de problème qu'il soulève (subjectivité, référence, métalangage...), mais aussi par un appareil formel propre, « agencements matériels que constate et analyse la linguistique descriptive [...] progressivement ramenés **aux figures diverses d'un même jeu** et expliqués par référence à un certain nombre de principes » (Benveniste, 1966 [1954] : 118). Au sein des fonctions génériques, l'analyse des « figures diverses » permettra de distinguer des ramifications fonctionnelles, les variantes « du même jeu ». Il faut des hypothèses extra-linguistiques de ce genre pour faire le départ entre les marqueurs qui sont les variantes formelles d'une même fonction *(je/tu)*, et ceux qui ressortissent à une autre fonction *(il-elle)*.

L'emprise de la signification sur l'organisation formelle (la signification informe la langue) commande une procédure d'analyse : des effets de sens aux figures. Le primat sémantique autorise par ailleurs la *représentation du sens avec marquage nul*, soit la possibilité de mobiliser « en discours » la valeur d'une fonction sans qu'apparaissent dans l'énoncé les marqueurs spécifiques de son

---

chose qui lui est donné par surcroît, ou dans une mesure plus large qu'à une autre activité ; c'est son être même ; si elle n'était pas cela, elle ne serait rien » (Benveniste, 1974 [1967] : 219).

appareil formel. La linguistique de l'énonciation rend pensable une identité transcendant l'opposition « marqué » / « non marqué » : identité non triviale pour une discipline qu'on donne souvent pour science des *formes* symboliques. On s'en souviendra au moment d'aborder, dans la seconde moitié de ce chapitre, les modes non marqués de la représentation écrite de l'oral.

Au cœur de mon analyse de la sémantique de l'oral, l'analyse donnée par Authier-Revuz de la fonction métalangagière s'incrit exactement dans la perspective théorique qui fait de la fonction le principe d'organisation et d'explication des formes linguistiques.

1.2 Du langage comme truchement à la fonction métalangagière

Dans le moment hypothético-inductif de sa démarche, confronté à « l'exercice du langage », le linguiste organise donc la covariation des formes et des sens *en familles fonctionnelles*. Pour dégager de telles familles, l'anthropologue Benveniste, qui double le grammairien, n'a pas craint de formuler des hypothèses sur le rôle du langage, pour l'homme, la société et la culture. Dans cette perspective, il aborde aussi la *signification*, comme titre général des « problèmes à résoudre » par le langage, avec la notion de *truchement* :

> Qu'un pareil système de symboles existe nous dévoile une des données essentielles, la plus profonde peut-être, de la condition humaine : c'est qu'il n'y a pas de relation naturelle, immédiate et directe entre l'homme et le monde, ni entre l'homme et l'homme. Il y faut un intermédiaire, cet appareil symbolique, qui a rendu possibles la pensée et le langage. (Benveniste, 1966 [1963] : 29)

Le « truchement du langage » (*ibid.*) est à la fois condition de la culture et de la société et perte d'un rapport immédiat au monde. Il est la médiation nécessaire par quoi l'humain entre en relation avec lui-même, avec les autres, avec le monde et avec le langage lui-même. Cette dernière fonction est celle qu'on appelle *métalangage*.

La possibilité d'auto-interprétance, qui vaut au langage le pouvoir de signifier tous les autres systèmes de signes, constituerait même sa différence spécifique (Benveniste 1948)[3]. Notre problématique, la représentation de l'oral

---

3 Rappelons que Benveniste situe la « double signifiance » à l'origine de notre « faculté métalinguistique » et cette dernière, à l'origine de la capacité de la langue à interpréter tous les autres systèmes de signes d'une même culture : « Le privilège de la langue est de comporter à la fois la signifiance des signes et la signifiance de l'énonciation. De là provient son pouvoir majeur, celui de créer un deuxième niveau d'énonciation, où il devient possible de tenir des

par l'écrit, constitue une région de la fonction métalangagière, car ce que nous explorons, ce sont bien les façons dont un idiome qui se parle et s'écrit peut, par son versant écrit, représenter son versant oral.

Notre problématique concerne les *trois régions* du métalangage dégagées par Authier-Revuz, dont le travail remarquable sur la représentation du discours autre fournira le cadre de notre analyse : (1) énonciation métalinguistique, représentant des unités de la langue (ou *type*), (2) auto-représentation du dire en train de se faire (ARD) et (3) représentation d'un discours autre (RDA). Pour restreindre ces zones au cas de figure qui nous concerne, la représentation écrite de l'oral, on pourra en effet observer et distinguer (1') les situations dans lesquelles un acte d'énonciation écrit représente *des unités de la langue orale, c'est-à-dire des signes ou types, saisis* hors de leur actualisation dans une parole singulière ; (2') les situations où l'acte d'énonciation écrit se représente lui-même comme oral ; et, enfin, (3'), le cas le plus fréquent et qui nous retiendra davantage, où l'énonciation écrite représente une énonciation autre comme orale.

1' : énonciation écrite métalinguistique (représentant un type oral)
[1] Des **paroles cordiales** furent **échangées**, avec **le « Quoi de neuf ? »** inévitable.
(Maupassant, *La Maison Tellier*, « En famille », 1881.)
[2] **Le mot « presbytère »** venait de tomber, cette année-là, **dans mon oreille** sensible, et d'y faire des ravages.
(Colette, *La Maison de Claudine*, 1966.)

2' : auto-représentation d'une énonciation écrite comme orale (ARD)
[3] J'aimerais que, **pour finir cet entretien**, vous me parliez de l'évolution du Nouveau Roman.
(Entretien de Roland Barthes avec André Bourin, *Les Nouvelles littéraires*, 5 mars 1970.)

3' : énonciation écrite représentant une énonciation autre comme orale (RDA)
[4] Il continua : – « Oh ! dans ma famille, on va loin ; ainsi, moi, je suis sûr qu'à moins d'un accident je mourrai très vieux. » L'officier de santé jeta sur lui un regard de pitié ; [...] et relevant d'un coup de main le panama grisâtre qui lui couvrait le chef, il **répondit en ricanant** : « Pas si sûr que ça, mon bon, votre mère est une astèque et vous n'êtes qu'un plein-de-soupe. » Caravan, troublé, **se tut**.
(Maupassant, *La Maison Tellier*, « En famille », 1881.)

Dans le cas (2) de l'auto-représentation, le discours écrit et le discours-sur-ce-discours font corps : ainsi, la représentation métalangagière « participe à la production du sens de l'énoncé qui, en s'auto-catégorisant comme "réponse",

---

propos signifiants sur la signifiance. C'est dans **cette faculté métalinguistique** que nous trouvons l'origine de la relation d'interprétance par laquelle la langue englobe les autres systèmes. » (Benveniste, 1974 [1969] : 65)

"conseil", "conclusion" ou "formulation métaphorique"... s'institue comme tel »
(Authier-Revuz, à paraître). Ainsi, formellement et matériellement écrite (c'est-à-
dire sur le plan de la substance et de la forme de son expression), une telle
énonciation est « sémantiquement » orale : s'instaure ainsi, sans aucune difficulté de lecture, une non-coïncidence entre l'écrit *présent* et l'oral *représenté*.
Cette disjonction caractérise certains genres de discours : énonciation écrite
ayant pour fonction de tenir lieu ou de fixer une énonciation orale (conférences,
entretiens ou cours publiés en tant que tels, transcriptions de linguiste ou de
folkloriste...) ou écrit préparant une performance orale à venir (Mahrer, 2015) en
se projetant dans la situation d'énonciation préparée (notes de cours, de conférences, de plaidoiries, textes des prompteurs, dialogues de scénario...). Hors de
ces genres du discours qui, par une fiction conventionnelle, se donnent pour
oraux alors qu'ils sont écrits, l'auto-représentation locale du « figé de l'écrit » par
les catégories du « bougé de l'oral » sert des visées rhétoriques, politiques ou
esthétiques. On ne s'étonnera guère que les genres et les discours exploitant le
plus la caractérisation du dire comme oral sont ceux qui, parce qu'ils sont écrits,
ne présentent pas leur oralité matériellement et formellement mais sont réduits à
en construire une image.

1.3 Un objet particulier – l'énonciation orale – et trois opérations métalangagières pour sa représentation

S'intéresser à la description et à la reconnaissance d'énonciations orales dans
les discours écrits suppose de se pencher au préalable sur la nature particulière
du référent langagier en question. Dans la représentation écrite d'une énonciation orale, il en va, en effet, de la représentation d'un *objet particulier*.

En tant qu'énonciation, cet objet consiste en un acte **A** réalisé dans des
circonstances particulières, discursives et non discursives, et dont résulte un
énoncé **E** « comportant les coordonnées de repérage personnel – les interlocuteurs –, temporel et spatial » (Authier-Revuz à paraître), soit un cadre énonciatif
(SIT : L_1, L_2..., T, LOC).

Ainsi, l'acte énonciatif est une entité schématiquement bifide, envisageable
d'une part sous l'angle de sa *contextualité* (propriétés pragmatiques de **A**) et
d'autre part sous l'angle de sa *textualité* (propriétés linguistiques au sens large
de **E**). Sous l'angle de ses propriétés contextuelles, le fait de dire se définit par
ses circonstances, son cadre social, ses interactants et ses visées ; envisagé dans
ses propriétés textuelles, le dire se définit par ses constituants linguistiques (du
phonème à la clause) et leur organisation séquentielle (chap. 5, 6.1, p. 401).

Analysant l'activité métalangagière, Authier-Revuz distingue *trois opérations métalangagières fondamentales*. Toutes trois sont à l'œuvre dans les trois zones rappelées ci-dessus (métalinguistique, ARD, RDA) et se trouvent également différemment combinées dans les cinq modes de la RDA par lesquels un acte d'énonciation **A** peut représenter un acte d'énonciation autre **a** : discours direct (DD), discours indirect (DI), discours indirect libre (DIL), modalité en assertion seconde (MAS) et modalité autonymique d'emprunt (MAE). Ces trois opérations sont a) la *catégorisation métalangagière* et les deux types de *reformulation* b) *autonymique* et c) *paraphrastique*. Notre parcours nous conduit donc immanquablement à interroger la contribution qu'est à même d'apporter chacune de ces trois opérations à la représentation écrite de l'oral.

Ces opérations se distinguent par les « aspects » du langage qu'elles donnent à la représentation : la *reformulation paraphrastique* représente le *contenu* d'une énonciation ou d'un signe (au sens de l'opposition glossématique entre *contenu* et *expression*) ; la *reformulation autonymique* en présente *l'expression* ; la *catégorisation métalangagière* consiste à *décrire* un objet comme langagier.

LA REFORMULATION PARAPHRASTIQUE. En tant que représentation d'énonciation (ou d'un signe) sur le plan de son contenu, la reformulation n'est pas à même, à elle seule, de contribuer à la représentation écrite de l'oral. Selon le modèle sémiologique présenté au chapitre 2, la sémiographie et la sémiophonie du français intègrent et enrichissent un même système linguistique : sur le plan des systèmes, il n'y a pas de contenu qui puisse être dit proprement oral ou proprement écrit. Sur le plan du discours, il semble que si, comme on le verra, certaines manières de dire sont spontanément jugées typiques de l'oral, il n'y a pas de contenu propositionnel qui le soit. En d'autres termes, pour des raisons qui resteraient à expliciter, *les discours oraux sont reconnus comme une source de manières de dire spécifiques, mais pas comme une source de contenus spécifiques.*

LA REFORMULATION AUTONYMIQUE. En tant que représentation d'énonciation (ou de signes) envisagée cette fois sur le plan de son expression, la reformulation autonymique, à l'œuvre notoirement dans le DD, n'est pas davantage susceptible de contribuer, à elle seule, à notre problématique.

On a rappelé en effet qu'un autonyme ne peut représenter, par une relation de type iconique, qu'un signe ou une partie de signe dont il est homomorphe, c'est-à-dire dont il partage le même signifiant : soit par homophonie ($E^p_1(E^p_1C)$), soit par homographie ($E^g_1(E^g_1C)$) avec le signe qu'il signifie. Dès lors, un signe écrit ne peut être tenu pour autonyme d'un signe oral (voir chap. 2, 2.1, p. 109). Relativement à cela, on a défini le signe phonographique ($E^g_1(E^p_{1'})$) non pas comme un autonyme écrit d'un mot oral, mais comme une unité intersémiotique permettant de mettre en relation un signe écrit et un signe oral par l'intermédiaire d'un système, dit *phonographique*, dont la fonction native est précisément la mise en correspondance des unités de deuxième articulation de la sémiographie et de la sémiophonie. Ce système phonographique est spécifique aux langues alphabétiques.

Ce n'est donc pas par autonymie qu'un signe écrit peut représenter un signe oral, mais par *phonographie*, soit l'actualisation d'un système propre, dont le chapitre 3 explore les configurations syntaxiques et les effets de sens.

Si les mots écrits ne peuvent *présenter* des mots oraux, ni dans leur substance ni dans leur forme, il y a néanmoins quelque chose de l'oral qu'ils peuvent montrer : leurs configurations syntaxiques et textuelles. Sémiophonie et sémiographique ont la langue en partage, mais les deux systèmes peuvent se distinguer par leurs mises en discours. Dès lors, il est possible de représenter à l'écrit la « grammaire préférentielle » de l'oral, ou du moins quelque chose passant pour telle aux yeux de l'interprète. Cette représentation « discursive » ou « stylistique » – celle d'un écrit qui aurait la grammaire préférentielle de l'oral – combine l'autonymie et la catégorisation d'une manière de dire comme orale. On la rencontre avec des autonymes construits : « *À cause que* est encore vivace à l'oral en Suisse romande » ou en MAE : « À cause qu'il était volontiers saoul, comme on dit chez nous. » Dans ce dernier cas de figure, l'autonymie rejoint un type particulier de catégorisation métalangagière, décrivant dans sa textualité l'énonciation *en train de se faire*, pour participer, de manière centrale, à la représentation écrite de l'oral. Une représentation écrite de l'oral sur le mode de « j'écris comme on parle ».

Catégorisation métalangagière. Alors que, dans le cadre de la RDA, l'opération de reformulation paraphrastique donne d'un énoncé **E** un substitut **e** posé dans une relation d'équivalence sur le plan du contenu et que l'autonymie donne de l'énoncé **E** un substitut **e** posé comme équivalent *sur le plan de l'expression*, la *catégorisation métalangagière* décrit un fait ou un objet comme langagier sans qu'un substitut de ce fait ne soit nécessairement conjoint à la description. Par suite, si les deux formes de reformulation, paraphrastique et autonymique, se situent spécifiquement du côté de l'énoncé, la catégorisation quant à elle se situe aussi bien du côté de l'énoncé que de l'acte énonciatif, du contexte que du texte.

Dès lors, reprenant les deux aspects **A(E)** évoqués de l'acte énonciatif, on peut préparer comme suit notre cheminement dans la sémantique de l'oral.

> Représentation du contexte oral. Lorsque ce qui est représenté, ce sont les propriétés contextuelles d'un acte énonciatif **A/a**, l'opération métalangagière mise à contribution est la *catégorisation*. Sa mise en jeu consiste en la représentation d'une *scène de parole*.

> REPRÉSENTATION DU TEXTE ORAL. Lorsque ce qui est visé, ce sont cette fois les propriétés de l'énoncé **E/e**, deux opérations métalangagières concourent à la représentation : la catégorisation et la *reformulation autonymique*. Elles se combinent dans le DD ou dans la MAE.

Ainsi la distinction entre le caractère contextuel **A** de l'énonciation et son caractère textuel **E** est-elle confortée par l'analyse de l'énonciation que réalise la représentation métalangagière elle-même : **A** et **E** se distinguent en effet par les opérations de représentation auxquelles ils se prêtent. La caractérisation métalangagière constitue le terme commun et donc le point de départ d'une sémantique de l'oral.

2 Catégorisation d'une énonciation écrite comme orale

2.1 Généralités

> La langue peut, en principe, tout catégoriser et interpréter, y compris elle-même. [...] C'est dans cette faculté métalinguistique que nous trouvons l'origine de la relation d'interprétance par laquelle la langue englobe tous les autres systèmes. (Benveniste, 1974 : 62–65.)

Certaines pratiques discursives élèvent pour ainsi dire la représentation d'énonciations orales au rang de trait générique définitoire : qu'on pense aux genres de la presse écrite comme l'entretien ou le portrait, aux différentes déclinaisons selon les corps de métier du procès-verbal, souvent fortement codifiées, ou encore, parmi les genres littéraires, au théâtre (où la catégorisation apparaît alors en particulier sous la forme des didascalies), aux continuités dialoguées des genèses cinématographiques ou, plus classiquement, au roman. Ces genres de discours fourmillent de catégorisations métalangagières, avec une richesse variant notamment selon l'attention accordée à la signifiance du corps et de la voix.

> La catégorisation métalangagière – comme toute catégorisation – repose sur une prédication sous-jacente de l'ordre de : *ce fait* (langagier) *est un / constitue un / relève de la classe des...* (Authier-Revuz, à paraître).

Dans notre cas, la classe langagière en question est celle des signes du système sémiophonique (unités-*type* de la langue orale) ou celle des énonciations que permet ce système (unités-*tocken*, occurrences d'énonciation orale ou parole).

Une telle catégorisation, sous l'angle de l'analyse en sèmes, consiste en la construction d'une expression référentielle dont le contenu sémantique comprend les sèmes /langage/ et /oral/, à quoi il faut ajouter le sème /acte/, pour parler non pas d'un signe, mais d'une énonciation orale.

Ce mode de représentation s'effectue en mobilisant les ressources métalexicales *spécialisées*, comportant « en langue » les trois sèmes suffisant à la représentation d'un objet comme énonciation orale. C'est le cas des verbes et des noms que nous considérerons en 2.3. Mais la représentation peut se faire aussi par différentes combinaisons morphosyntaxiques, où l'agencement de lexèmes, n'appartenant pas nécessairement au métalangage, aboutit, sur le plan sémantique, à une catégorisation où se combinent les traits du langagier, de l'actionnel et du vocal.

2.2. En combinaison avec la catégorisation

On peut illustrer la diversité de ces cas de figure de quelques exemples qui font varier, autour de la catégorisation, la combinaison des opérations métalangagières fondamentales :

+ **Catégorisation** − reformulation autonymie − *reformulation paraphrastique*

[5] Tout près de la portière, un homme petit et gros, la figure bouffie, le ventre tombant entre ses jambes ouvertes, tout habillé de noir et décoré, **causait** avec un grand maigre d'aspect débraillé, vêtu de coutil blanc très sale et coiffé d'un vieux panama. Le premier **parlait lentement**, avec des **hésitations** qui le faisaient parfois paraître **bègue** ; c'était M. Caravan, commis principal au ministère de la Marine.
(Maupassant, *La Maison Tellier*, « En famille », 1881.)

Dans la scène introductive de la nouvelle [5], dont l'action est essentiellement verbale (nous y puiserons d'ailleurs quantité d'exemples), l'activité langagière est représentée comme orale par stricte catégorisation, au moyen de deux verbes de parole n'introduisant pas de reformulation (*causer* et *parler*) et de deux compléments adverbiaux décrivant le procès de parole : « lentement, avec des hésitations qui le faisaient parfois paraître bègue ». Au-delà de la scène de parole singulière, ce mode de représentation sert la caractérisation psychologique du personnage principal de la nouvelle (un minable fonctionnaire soumis à la volonté de sa femme, de son chef et de sa mère, qu'on croyait morte).

On relèvera que la stricte caractérisation de **e**, sans reformulation du côté de l'expression ou du contenu (ce qui correspond au *discours narrativisé* de la tradition littéraire), recourt en particulier à des verbes de parole qu'on appellera *à objet interne* (dont le sémantisme lexical comprend une représentation autonome de **e**, voir ci-dessous, 2.3.2.1, p. 229). La manière, strictement catégorisante, de représenter le discours est aussi, à sa façon, susceptible de finesse, de nuances :

[6] La **voix** de mon père **lance** encore vers la lune **un couplet de romance** ; et je cesse peu à peu de **l'entendre**, et j'oublie, endormie contre des genoux soigneux de mon repos, Mme Bureau, et les **gauloises taquineries** qu'elle vient ici chercher les soirs de beaux temps...
(Colette, *La Maison de Claudine*, 1966.)

[7] J'**entendais** plusieurs fois par an mon grand-père **raconter** à table **des anecdotes** toujours les mêmes **sur** l'attitude qu'avait eue M. Swann le père, à la mort de sa femme qu'il avait veillée jour et nuit.
(M. Proust, *Combray*, écrit vers 1909.)

[8] Mme Caravan, dans un coin, **causait** avec le docteur, **s'informait** des formalités, **demandait** tous les renseignements pratiques. (« En famille »)

[9] Depuis qu'elle est arrivée, Maya, qui l'a prise bille en tête sur le Fernand, **semonce, morigène, sermonne, moralise** à sa façon.
(A. Simonin, *Du mouron pour les petits oiseaux*, 1960.)

+ **Catégorisation** − reformulation autonymique + *reformulation paraphrastique*

La combinaison de la catégorisation et de la reformulation paraphrastique correspond à la recette du DI. Dans le cas de la sémantique de l'oral, on a alors affaire ici aux deux configurations prototypiques suivantes : présence d'un verbe introducteur de parole comportant, en plus des traits /acte/ et /langage/ définitoires de sa catégorie, le trait /oral/ ([10, 11]) ou d'un verbe neutre sur l'opposition oral/écrit (*dire, répondre*), auxquels des compléments adverbiaux ou circonstanciels viennent apporter le sème manquant à la description d'une énonciation orale [11, 12].

[10] Alors, il **cria que** Gervaise manquait d'économie. Tonnerre de dieu ! Qu'est-ce qu'on allait devenir ? Juste les amis le lâchaient, lorsqu'il était sur le point de conclure une affaire superbe, six mille francs d'appointements dans une fabrique, de quoi mettre toute la petite famille dans le luxe.
(É. Zola, *L'Assommoir*, 1877.)

[11] Ce mépris acheva d'exaspérer Lengaigne. Il **bégaya que**, s'il claquait le dernier, il viendrait plutôt la nuit déterrer les os de Macqueron. Et l'autre **répondait en ricanant qu**'il voudrait voir ça, lorsque les femmes s'en mêlèrent.
(É. Zola, *La Terre*, 1887.)

[12] [...] ma grand-tante **parlant à haute voix**, pour prêcher d'exemple, **sur un ton qu'elle s'efforçait de rendre naturel, disait** de ne pas chuchoter ainsi ; que rien n'est plus désobligeant pour une personne qui arrive et à qui cela fait croire qu'on est en train de dire des choses qu'elle ne doit pas entendre ; [...].
(M. Proust, *Combray*, vers 1909.)

On aura relevé, en particulier chez Zola, le fait que la reformulation paraphrastique **e** catégorisée comme orale sert d'introducteur à une séquence au DIL.

Ce dernier est caractérisable comme tel en vertu de sa bivocalité (ancrages modaux relatifs au personnage l, ancrages énonciatifs relatifs au narrateur L), mais il se signale également par la possible interprétation de **e** (et ici de sa suite) comme manière de parler de l. Comme l'illustre aussi [12], dès lors que la reformulation s'étoffe quelque peu, s'installe un soupçon d'autonymie, actualisable sur le mode de la modalisation du discours pris en charge par **L** comme énoncé à la manière de l (3.1, p. 245).

+ **Catégorisation** + reformulation autonymique − *reformulation paraphrastique*

La combinaison correspond cette fois à la formule linguistique du DD, mais aussi de la MAE. Le cas spécifique de l'écriture de l'oral retreint l'application de cette formule aux cas où le trait d'oralité est porté par le verbe de parole ou par l'un de ses compléments, intra ou extraprédicatifs.

[13]   Une fois que je **demandais** à Mme de Guermantes **qui** était un jeune homme exquis qu'elle m'avait présenté comme son neveu et dont j'avais **mal entendu le nom**, ce nom, je ne le **distinguai** pas davantage quand, **du fond de sa gorge**, la duchesse **émit très fort, mais sans articuler** : « C'est l'... i Eon, l...... b... frère à Roert. Il prétend qu'il a la forme du crâne des anciens Gallois. »
(M. Proust, *La Prisonnière*, 1922.)

[14]   − Daignez me dire ce qui vous est arrivé, **dit** enfin Julien embarrassé de son silence, et **d'une voix coupée par les larmes.**
− Sans doute, **répondit** madame de Rênal, **d'une voix dure, et dont l'accent avait quelque chose de sec et de reprochant pour Julien**, mes égarements étaient connus dans la ville, lors de votre départ.
(Stendhal, *Le Rouge et le Noir*, 1854.)

[15]   Le petit œil cosaque **jette un trait aigu** :
− Ah ! ah ! chez Cholet.
(Colette, *La Maison de Claudine*, 1966.)

Si la première partie de l'extrait [13] combine catégorisation et reformulation (« je demandais à... qui... ») d'une énonciation contextuellement interprétable comme orale, la deuxième (à partir de la dislocation de « ce nom ») articule cette fois catégorisation (de l'énonciation comme à peine audible, puis comme vocale et enfin comme sonore) et reformulation autonymique de **e**. La partie autonymisée (DD) comporte, notons-le, plusieurs séquences phonographiques, codant la prononciation de l. Tout comme la reformulation paraphrastique un peu développée laisse attendre ou invite à chercher la présence des mots de l dans ceux de **L**, la reformulation autonymique d'une énonciation orale incline à la phonographie, c'est-à-dire à l'interprétation des variations orthographiques comme représentation de la prononciation de l. Dans ces deux cas, une même (dia)logique est manifestement à l'œuvre.

Nous aurons à revenir, enfin, sur des exemples tels que [15], où c'est cette fois non par un verbe de parole, mais par un verbe d'action « paraverbale », relatif à cette couche supplémentaire de signifiance que le corps apporte à l'oral, que l'énonciation est reconnue comme orale.

+ **Catégorisation** + <u>reformulation autonymique</u> + *reformulation paraphrastique*

Les trois opérations se cumulent notamment dans le cas régulier où le DI comporte des îlots de MAE. Dans [16], de manière marquée et donc univoque pour « chez une princesse » (*vs* [11 et 17]), **L** parle à avec les mots du **l** dont il représente la parole par reformulation paraphrastique.

[16] Un jour qu'il [Swann] était venu nous voir à Paris après dîner **en s'excusant** d'être en habit, Françoise ayant, après son départ, **dit tenir du** cocher qu'*il avait dîné* <u>« chez une princesse »</u>, – <u>« Oui, chez une princesse du demi-monde ! »</u> avait **répondu** ma tante en haussant les épaules sans lever les yeux de sur son tricot, **avec une ironie sereine.**
(M. Proust, *Combray*, 1909.)

[17] L'homme sûr de lui posa son ordonnance en la frappant sur le comptoir, il la déplia, il **maugréait** que ce n'était pas possible, vraiment pas possible, mais c'était toujours comme ça. Il montra une ligne en la tapotant de l'index, plusieurs fois.
(A. Jenni, *L'Art français de la guerre*, 2011.)

2.3 Le lexique de la catégorisation d'un objet comme énonciation orale

Pour appréhender la complexité et la diversité des modes de catégorisation du processus langagier, en l'occurrence oral, on se concentrera d'abord sur les verbes : la variété des configurations micro et macrosyntaxiques où ils apparaissent aide à mettre au jour l'éventail de leurs valeurs sémantiques. Il ne faut néanmoins pas oublier qu'à côté des *verbum dicendi*, les adjectifs, les adverbes et surtout les noms participent grandement à la caractérisation métalangagière ; nous les considérerons brièvement dans un second temps de cette exploration lexicale, en observant en particulier les SPrép circonstants[4].

---

4 Pour un inventaire des unités linguistiques en jeu et des configurations syntaxiques et textuelles par lesquelles opère, généralement, la catégorisation métalangagière, je renvoie à l'ouvrage à paraître d'Authier-Revuz et à Rey-Debove, 1979. Pour des propositions de classifications des verbes de parole, voir aussi Strauch, 1972, Wunderlich, 1969 ou, plus récemment, Charolles et Lamiroy, 2008.

2.3.1 Oral – Verbal – Scriptural

Parmi le métalexique et sous l'angle de la distinction de l'*oral* et du *scriptural*, on distinguera trois catégories : sous l'archilexème **oral**, on rangera les lexèmes servant à décrire les signes et les activités permises par la langue parlée, à commencer précisément par *parler* ; sous la rubrique **scriptural**, les termes de la langue écrite et des activités d'écriture et de la lecture ; enfin le **verbal**, au centre pour ainsi dire, intègre l'ensemble important des termes qui neutralisent l'opposition.

On commencera par observer en effet que parmi la richesse du métalexique français – attestant l'importance accordée par notre culture au « mauvais outil » grâce auquel elle se constitue et se réfléchit –, de nombreux termes sont neutres sur l'opposition oral/écrit. Il s'agit notamment des catégories lexicales, épilinguistiques ou métalinguistiques, d'usage ordinaire ou théoriquement contrôlé, présentant les faits de langue et de discours comme des faits pragmatiques, rhétoriques ou stylistiques, ou comme des unités ou fonctions linguistiques. Pour les verbes : *demander, répondre, sommer, exprimer, quémander, prier, excuser, avouer, refuser, promettre, insinuer, ironiser, médire, critiquer...* Pour les noms : *injure, parjure, compliment, éloge, baliverne, plaisanterie, mensonge... description, histoire, récit, explication, assertion, question... métaphore, comparaison, métonymie... verbe, nom, conjonction... discours rapporté, modalisation, anaphore, déictique, reformulation...*

Parmi ces catégories métalangagières, spontanées ou savantes, on distinguera, non moins schématiquement, un autre large ensemble comportant des notions marquées cette fois-ci sur l'opposition oral/écrit : il s'agit des notions qui dénotent des genres du discours (à l'articulation du langagier et de la pratique sociale) ou, plus généralement, des pratiques discursives. Pour n'illustrer que le cas des pratiques discursives orales : *interview, conversation (vs dialogue), plaidoirie (vs plaidoyer), entretien d'embauche, conférence, cours, séminaire, oraison,* etc.[5]

---

[5] Cette observation – catégorie métalinguistique neutre *vs* catégorie générique marquée – confirme l'hypothèse, déjà évoquée, selon laquelle une pratique discursive ne peut être considérée comme une par-delà l'opposition des substances (le journal n'est plus le même genre que le téléjournal, un entretien écrit n'est pas la même pratique que l'entretien oral...). Par ailleurs, si on peut publier un cours, une oraison, une interview... ce qu'on donne alors à la lecture, ce n'est plus le cours, mais sa transcription, celle-ci laissant rarement inchangée la structuration syntagmatique du discours d'origine. Le cours proféré et le cours édité ne sont pas les mêmes pratiques discursives.

On peut diviser en deux groupes les expressions caractérisant un acte langagier comme oral[6]. Le premier, sensiblement inférieur en nombre, comporte des verbes de parole dont l'oralité est « pragmatique », c'est-à-dire liée aux conditions, aux finalités ou aux moyens verbaux de l'(inter)action : *causer, converser, s'entretenir (avec), s'exclamer, aborder, apostropher, papoter, bavarder, confabuler, babiller, déblatérer, jaser, baragouiner...*[7] *Dicter* et *épeler* peuvent être rapprochés de cet ensemble.

Le second ensemble réunit des verbes de parole envisageant (jusqu'à l'infraverbal) l'énonciation sous l'angle de son mode d'émission et donc de sa substance acoustique. À la simple référence à l'activité d'émission : *prononcer, articuler...* s'ajoute tout une palette de verbes apportant des nuances relatives à l'intensité ou à d'autres manières articulatoires : *brailler, chuchoter, cancanner*[8], *clabauder* (au sens de crier et non de médire), *chanter, claironner, crier, fredonner, geindre, gémir, grogner, gueuler, hurler, jacasser, marmonner, marmotter, murmurer, sussurer, vociférer...* La précision sémantique peut également porter sur des variations accidentelles de la prononciation : *annoner, bafouiller, balbutier, bredouiller, écorcher...* ou sur des « défauts » récurrents : *bégayer, bléser, chuinter, nasiller, zézayer, zozotter...* Certaines variations vocales décrites par le verbe ont valeur expressive : *maugréer* (« A. Montrer sa mauvaise humeur, son mécontentement, son impatience, sa réticence **en prononçant des paroles à mi-voix** », *TLF*), *bougonner, seriner, gronder, psalmodier, ronchonner* (« **Manifester sa mauvaise humeur, son dépit, en murmurant** plus ou moins distinctement des mots de mécontentement », *TLF*)[9]...

---

6 Dans les quelques listes ouvertes ci-dessous, je me concentrerai sur les verbes, par commodité.

7 Dans ces listes, j'évite les mots (*répliquer, parler...*) qui, dans une acception courante, renvoient à l'oral et, dans une autre tout aussi répandue, sont neutres. Par exemple, *discuter* : « procéder à l'examen contradictoire d'une question » mais aussi « s'entretenir librement, bavarder », *TLF*. On notera que si le trait /oralité/ est présent dans la première acception de ces verbes, les propriétés pragmatiques qu'ils décrivent les rendent disponibles pour décrire des procès langagiers écrits d'une manière plus ou moins ressentie comme métaphorique (virtualisation du sème /oral/ plus ou moins sensible).

8 Ces deux derniers verbes sont à entendre dans l'une de leurs acceptions qui décrit l'action de parler par analogie avec le son émis par certains oiseaux. Lorsque de tels verbes se chargent d'une dimension illocutoire (par exemple, pour *cancaner, cancan* : « répandre des propos malveillants », *TLF*), ils tendent à n'être plus marqués sur l'opposition oral/écrit.

9 Là encore, pour ces verbes, la fonction expressive se conventionnalisant, elle est susceptible de l'emporter sur la description articulatoire ; par métonymie, le verbe, dans l'une de ses acceptions au moins, se vide du trait de vocalité : totalement comme *râler* (« Manifester **verbalement** son mécontentement », *TLF*) ou partiellement comme *grommeler* (« Exprimer son mécontentement, sa mauvaise humeur, de façon indistincte, **entre ses dents** », *TLF*).

On relèvera aussi un bon nombre de syntagmes verbaux lexicalisés : *ouvrir la bouche/le bec, briser le silence, en placer une, lancer un trait, échanger des amabilités/des paroles/des propos... prendre à parti, prendre/couper la parole... se mêler à la conversation...* Sans oublier les verbes de parole zéro : *se taire* et des syntagmes verbaux : *garder le silence, ne pas dire mot, tenir sa langue, rester sec*, etc.

Si on se situe non plus sur le pôle de l'émission sonore, mais de la réception, on relèvera qu'en langue, aucun verbe ne comporte à la fois les traits /perception/ + /sonore/ + /langage/ ; *lire* est sans équivalent à l'oral : *écouter, entendre, ouïr...* n'étant pas des activités strictement langagières.

2.3.2 Les verbes de la catégorisation orale, en langue et en discours

Plusieurs classes sémantiques de verbes sont à même d'introduire, en discours, un énoncé oral. Pour autant, elles ne relèvent pas toutes du métalexique. Bien qu'en cette matière il ne soit pas toujours possible de faire des distinctions franches, nous considérerons les verbes impliqués dans la catégorisation de la parole écrite comme orale en les classant des plus conventionnellement dévolus « en langue » à cette représentation à ceux qui jouent fréquemment ce rôle « en discours ».

2.3.2.1 Verbes de parole

On distinguera d'abord, parmi les verbes de parole dont le sémantisme lexical comporte le trait d'oralité, deux sous-classes.

a) Les *catégoriseurs de discours à objet externe*. Le sens de ces verbes de parole n'est pleinement réalisé que s'ils régissent un complément d'objet ; celui-ci réfère à un énoncé **e** (ou à l'énoncé **E** en train de se faire) sur le mode de la reformulation paraphrastique *(Il réplique qu'il est d'accord)*, de la reformulation autonymique *(Il répond : « Ça va pour cette fois »)*, ou de la catégorisation métalangagière (« *Il rétorque tous les arguments de Clemenceau* », Barrès).

Au niveau sémantique, le prime actant des catégoriseurs à objet externe signifie l'agent du procès de parole et le second actant, son *résultatif*. Ce dernier, externe au contenu sémantique du verbe, est requis par la valence. Par exemple, dans

Paul affirme que c'est la plus belle journée de l'année.

Paul est *agent* du dire et la *que-P* (complétive) représente, ici par reformulation paraphrastique, le *résultat* du procès décrit par le verbe. Il y a donc à la fois *catégorisation* de **e** (comme affirmation) et nécessaire reformulation de **e**.

Les verbes suivants, dans leur acception la plus répandue et leur valence régulière, sont des *catégoriseurs à objet externe* : *dire, évoquer, maugréer, marmonner, murmurer, prétendre*... Sur le plan syntaxique et ainsi définis, ce sont les verbes de cette catégorie qui régissent des compléments d'objet direct à dénotation métalangagière : *que-P*, autonyme ou expression nominale métalinguistique. Ex. *Il murmura qu'il avait froid/« j'ai froid »/quelques paroles indistinctes*.

En résumé, le schéma valenciel des verbes catégoriseurs à objet externe met en relation un sujet à valeur d'agent du dire, et un complément d'objet à valeur de résultat du procès ; ce résultat est catégorisé, dans sa spécificité langagière, par le verbe.

Notons enfin que les verbes de cri d'animaux, par métaphore lexicalisée, sont susceptibles de rejoindre cette catégorie : *aboyer, beugler, bramer, miauler, vagir*, etc. ; c'est aussi le cas des verbes d'action infra-verbale : *soupirer, souffler, éternuer*... ainsi que de quelques verbes d'émission sonore ou d'action valant pour leur bruit qui ont été codifiés en verbe de parole comme *gronder* ou *tonner*.[10]

[18] il prononça : – « C'est la fin. » (« En famille »)
[19] La sorcière sortit tout à coup de la prostration qui la tenait recroquevillée et, bondissant vers l'un des hommes, elle le désigna de son bras décharné, la bouche béante pour **vociférer un flot** de malédictions que Robinson ne pouvait entendre.
(M. Tournier, *Vendredi ou les Limbes du Pacifique*, 1967.)
[20] Pecqueux, interloqué d'être si mal reçu, regarda-t-il Jacques avec un redoublement de surprise, lorsqu'il l'entendit **grogner ses doutes** contre elle.
(É. Zola, *La Bête humaine*, 1890.)
[21] Mme Barquignat se retourna, son panier empli sur le bras. Elle jeta un regard mécontent sur le tas de topinambours intact et **grommela que « si ça continuait les porcs allaient crever de faim »** ; elle passa dans le poulailler, suivie d'un soupirant qui, las des soupirs, haletait carrément.
(R. Fallet, *Le Triporteur*, 1951.)

b) Les *catégoriseurs de discours à objet interne*. Ces verbes décrivent eux aussi le procès de parole d'un agent, mais le résultat du procès est interne à leur sémantisme lexical. L'objet, métalangagier, est *intégré* au sens du verbe et non réalisé par un complément à valeur résultative. Le procès est complet alors même qu'aucun substitut de **e** n'est donné (verbes intransitifs ou transitifs indirects, *cf*. Charolles et Lamiroy, 2008). Ex. *parler (vs dire quelque chose)*,

---

10 Bien que la plupart de ces « verbes de bruit » ne peuvent servir qu'à l'annonce ou à la confirmation, et non à la rection d'un complément à référent métalangagier : *claquer, retentir, résonner, vibrer, crisser*...

converser (vs échanger des propos), raisonner (vs faire des raisonnements), interroger (vs poser des questions), sermonner, chapitrer...

[22] et sa femme, le baisant au front, le **sermonna**. (« En famille »)
[23] ils **causaient** longuement des affaires du bureau (« En famille »)

Ces verbes sont inaptes à la rection (d'une que-P ou d'un nom métalinguistique) : *Il parla une insanité. *Il me sermonna qu'on peut s'entraîner ainsi à mon âge.

[24] Et elles **interrogeaient** comme les grandes personnes. – « Ta grand'maman est morte ? » « Oui, hier au soir. » « Comment c'est un mort ? » (« En famille »)
[25] – Ne pinaille pas, Joseph, à l'heure qu'il est, me **sermonne** István.
(A.-M. Garat, *István arrive par le train du soir*, 1999.)

Dans des enchaînements tels qu'illustrés par [24] et [25], les verbes de parole de stricte catégorisation représentent déjà un énoncé **e** (par catégorisation) ; ce dernier est *par ailleurs* – c'est-à-dire dans une autre clause et dans un autre acte énonciatif – représenté par reformulation. C'est cette combinaison qui constitue le DD ou le DI. Si on peut donc, à la rigueur, considérer ces verbes comme préparant une reformulation (au DD notamment), ils ne sont pas *annonceurs* de RDA : ils sont RDA eux-mêmes, sur le mode de la catégorisation. Ils s'inscrivent dans des programmes univoquement macrosyntaxiques[11] de type :

[catégorisation de **e**] > [monstration de **e**] comme en [24], ou, à l'inverse,
[monstration de **e**] > [catégorisation de **e**] comme en [25], cas de ce qu'il est convenu d'appeler *incise*[12].

---

11 Univoquement macrosyntaxiques, contrairement à certaines enchaînements, syntaxiquement ambigus. Ces derniers mettent en jeu des verbes dont le sens lexical, suffisamment riche, permet les deux constructions, comme catégoriseurs à objet interne ou à objet externe. Cette alternative valencielle (intransitivité/transitivité) permet deux lectures d'énoncés tels que : « Caravan, à genoux près d'elle, **gémissait : "Ma pauvre mère, ma pauvre mère !"** » (« En famille ») ou « Anatole, qui dégoisait des inepties pour faire rire la foule, se mit à **vociférer** : – Bonsoir, les enfants, ne faites pas de bêtises, hein ! » (J.-K. Huysmans, *Les Sœurs Vatard*, 1879) : le DD est soit régi par le verbe de parole dans un enchaînement de type microsyntaxique au sein d'une seule clause, soit « annoncé » par le verbe dans un enchaînement macrosyntaxique entre deux unités syntaxiquement autonomes. À propos de la clause, comme unité syntaxique maximale, voir chap. 5, 2.3.2, p. 309.
12 Relativement à la distinction proposée ici parmi les verbes de parole, on notera que l'incise de RDA – que ce soit sous sa forme canonique inversée à l'écrit *(dit-il)* ou sous sa forme parodiant l'oral *(qu'il me dit)* – est une construction qui concerne aussi bien les *catégoriseurs à*

Aux deux cas envisagés ci-dessus, où la caractérisation comme orale d'un énoncé e résulte d'un verbe qui est spécifiquement un verbe de parole, c'est-à-dire en langue, s'ajoutent, en discours, de multiples combinaisons syntaxico-sémantiques. Y participent en particulier les trois catégories de verbes suivantes.

2.3.2.2 Verbes *paraverbaux*

Les verbes de la méta-communication mimo-gestuelles (*sourire, bouder, grimacer, froncer les sourcils, hausser les épaules, faire la moue, hocher la tête, soupirer...*) ont un statut particulier pour notre problématique. On ne peut certes pas les tenir pour des verbes de parole à part entière ; leur caractère quasi-verbal leur vaut néanmoins d'apparaître très régulièrement dans les deux configurations macrosyntaxiques décrites à propos des catégoriseurs à objet interne, comme annonceur ou confirmateur de RDA.

Par ailleurs, sur le plan sémantique, en tant qu'activités de méta-communication sollicitant le corps ou le visage, les procès mimo-gestuels suffisent à caractériser un procès verbal comme oral. C'est pourquoi ces verbes sont incontournables pour notre problématique – et fleurissent dans les genres écrits attentifs non seulement à la parole, mais aussi à toutes les dimensions signifiantes de cette activité incarnée qu'est l'énonciation orale.

*Il sourit que... *Il grimaça « les temps sont durs »...
[26] Ah ! mon Dieu, il faut que j'aille peigner Juliette », **soupirait-elle.**
(Colette, *La Maison de Claudine*, 1966.)
[27] Eh ouais... **grimaça-t-il**, les temps sont durs... Heureusement que les Anglaises sont chaudes... Enfin, c'est ce qu'on m'a dit, hein !
(A. Gavalda, *Ensemble, c'est tout*, 2004.)

---

objet externe (ajouta-t-il) que les *catégoriseurs à objet interne (m'interrompit-il)*. Cette diversité plaide en faveur d'une description de l'incise en termes macrosyntaxiques (Gachet, 2015) : l'incise vient *confirmer, dans une clause indépendante* (et non rectrice), le statut de RDA de sa séquence d'accueil (statut déjà inférable de la séquence d'accueil elle-même). La position de Gachet permet d'inclure, dans l'ensemble des incises, les stricts catégoriseurs alors même que ceux-ci ne sont pas susceptibles de régir une séquence de RDA. Les catégoriseurs à objet externe (transitifs direct), construits en incise (prototypiquement *dit-il*), sont donc à considérer comme elliptiques de leur complément d'objet. L'ellipse est rendue possible par la saillance cognitive que donne au référent du procès de parole sa représentation (par reformulation) dans la structure où se greffe l'incise. Cette position du modèle de Gachet soulève quelques questions (certaines étant pointées par l'auteur lui-même) dont la discussion nous éloignerait de notre objet. Nous l'adopterons telle quelle.

[28] – Tu es vraiment futé, toi, **hocha-t-il sa tête dégarnie.**
(R. Kecili, *L'Exil par nos (l)armes*, 2014.)[13]

[29] Comme il se croyait en droit de la tutoyer, alors qu'elle disait toujours vous, **il sourit** : « Tu ? Vous ? » Et elle, très simplement (sans la moindre intention désobligeante) : – Je ne sais pas dire tu.
(H. de Montherlant, *Les Jeunes Filles*, 1936.)

Si les verbes de stricte catégorisation n'annonçaient pas la RDA, mais la réalisaient eux-mêmes, sur le mode de la catégorisation (voir ci-dessus), on observera, dans [29] par exemple, que les verbes « paraverbaux » *annoncent* bel et bien la représentation d'une parole : « sourit » ne décrit pas **e** en tant qu'énoncé, mais en campent la scène – la plus étroite et la plus nécessaire scène de la parole : le corps, la bouche. Encore qu'il soit difficile de trancher entre *dire accompagné d'un geste* (dire avec un sourire) et *dire caractérisé comme geste* (dire dans/par un sourire), en particulier lorsque le geste est lié à l'appareil phonatoire[14].

2.3.2.3 Verbes périverbaux

Un certain nombre de verbes, que l'on pourrait dire cette fois *périverbaux*, contextualisent la parole représentée **e** (ou **E**). Il s'agit de verbes dénotant une action [31], un mouvement de L_1 vers L_2 ou de L_2 vers L_1 [32, 33], ou encore une attitude psychologique de L_1 [34–37]. Non métalexicaux en eux-mêmes, ces verbes, en contexte, conduisent néanmoins à l'interprétation de **e** comme oral, au nom du caractère très ordinairement situé, intriqué dans d'autres actions, de l'interaction verbale.

[31] Il [Rhampsinite] **fait donc venir** son architecte.
– Je veux que tu me construises une immense salle de pierre.
(S. Albou Tabart, S. Millet, *Contes d'Égypte*, 2009.)

---

13 Dans cet exemple, qu'on jugera peut-être peu naturel, le verbe de l'incise (« hocher ») régit déjà un complément d'objet. C'est la description de l'attitude mimogestuelle en entier qui est donné pour scène à un énoncé **e** représenté préalablement par une clause syntaxiquement autonome. On ne retrouve pas d'incise en *hocher la tête* dans Frantext, mais elle apparaît en revanche dans plusieurs récits contemporains disponibles sur Google books (de la fin du XXe siècle à nos jours). Dans *L'Exil par nos (l)armes*, on la trouve à plusieurs reprises, à côté de – plus audacieux encore mais toujours dans le champ sémantique du mimo-gestuel – : « Je m'appelle Rachid Belaïd Sassai, m'avança-t-il une main cordiale. »

14 On s'approche ici d'une frontière délicate entre caractérisations textuelle et contextuelle de l'énoncé, question du partage entre ce qui constitue la structure du message et ce qui lui est extérieur. La caractérisation prosodique, sur laquelle nous reviendrons, touche au point de tangence. Sa situation (dans/hors de l'énoncé) dépend du point de vue théorique adopté.

[32] **Elle se tourna vers lui,** furieuse : « Ah ! Vraiment ! Tu ne changeras donc jamais ? [...] » (« En famille »)
[33] Aussitôt qu'elle aperçut son mari, **elle se leva,** et, **l'embrassant sur ses favoris** : – « As-tu pensé à Potin, mon ami ? » (« En famille »)
[34] **Elle devint très sérieuse :**
   – À quel bureau ?
   – Au bureau des achats extérieurs.
   Elle se fâchait :
   – À la place de Ramon alors [...]. (« En famille »)
[35] Caravan **semblait incrédule** : – « Mais, ma chère, c'est une grande responsabilité ! » (« En famille »)
[36] Mme Caravan, tranquillisée, **se rasséréna** : – « Alors, vois-tu, il faut aller la chercher parce que, si nous laissons venir ta sœur, elle nous empêchera de la prendre. » (« En famille »)
[37] Jérémie tournait autour de lui, faisait des grâces, disait que le rubis était véritable.
   – Aucun éclat, dit Solal.
   – L'éclat né se voit pas parce qu'il est à l'intérieur.
   – Inutile, dit Solal en continuant d'examiner. (Il tendit la bague à Jérémie.) Vingt-cinq francs.
   – Messié général veut ma mort ! Ô ma mère pourquoi m'as-tu mis au monde ? Vingt-cinq francs ! **s'indigna-t-il.** (Puis, froidement :) À trente jé sis vendeur.
   (A. Cohen, *Mangeclous*, 1938.)

Sur le plan syntaxique, ces verbes ne sont pas susceptibles de régir la séquence représentant **e**. La configuration où ils dominent est celle d'une relation macrosyntaxique du type [préparation] > [action] ou, plus spécifiquement : [annonce de RDA par description d'une scène d'énonciation] > [RDA].

Mais on les rencontre également en incise, comme en [37], selon l'enchaînement inverse : [RDA] > [confirmation de RDA par description de son contexte].

Annoncée par un verbe périverbal, la reformulation de l'énoncé se passe généralement d'incise [31–36], ce qui confirme que les verbes de cette ensemble sémantique suffisent à remplir la fonction contextuelle d'annonceur de RDA : ils rendent redondant (mais pas impossible) un autre marquage de la source de la parole.

Remarque sur les prédications participiales

La fonction, contextualisante, des verbes péri- ou paraverbaux est très régulièrement servie par le jeu des constructions participiales (gérondif ou subordonnée). Ce type de constructions décrit un procès comme imperfectif et simultané au procès de la principale à laquelle la participiale emprunte son repère : cette dernière est dès lors particulièrement efficace pour contextualiser le procès de la prédication première et signifier la proximité forte entre la para- ou la périverbalité et l'énonciation elle-même. Cette association, propre à la communication orale, est formellement signifiée par le jeu des prédications principales et secondaires, selon deux configurations syntaxiques distinctes : *faire X disant e* [37], *faisant X dire e* [38, 39], la seconde connaissant une variante remarquable : *faisant X e* [40–41] où le verbe d'action suffit à décrire le cadre communicationnel de la reformulation autonymique (qu'on traitera comme une phrase nominale ou comme le complément d'un verbe de parole ellipsé, selon l'approche choisie). Dans tous les cas, ces configurations syntaxiques représentent l'action langagière prise dans la toile d'autres actions participant à la signifiance globale de l'énonciation.

[37] Soudain Mme Caravan, affolée de colère, **s'élança sur lui, hurlant** : – « Vous êtes un voleur, un gredin, une canaille... Je vous crache à la figure, je vous... je vous... » (En famille)
[38] et, **relevant** d'un coup de main le panama grisâtre qui lui couvrait le chef, il répondit **en ricanant** : « Pas si sûr que ça, mon bon [...] » (« En famille »)
[39] Mais elle restait grave comme si elle n'avait pas entendu, puis elle **murmura en se grattant** lentement le menton : « Si seulement on avait un député dans sa manche ? Quand la Chambre saura tout ce qui se passe là-dedans, le ministre sautera du coup... » Des **cris éclatèrent** dans l'escalier, **coupant sa phrase.** (« En famille »)
[40] Soudain, **tournant la tête vers lui** : – « Sais-tu si ta mère a fait un testament ? » dit-elle. (« En famille »)
[41] Il leva la tête, et, **montrant le plafond de l'œil** : – Mais... là-haut... il n'y a personne. » (« En famille »).

2.3.2.4 *Faire* et verbes spécifiant le procès de dire

Un quatrième et dernier ensemble important de verbes aptes, en discours, à introduire une énonciation sans être, en langue, des verbes de parole, est constitué de *verbes factitifs* et de verbes spécifiant le déroulement d'un procès langagier.

Le verbe *faire* peut appartenir à la catégorie des verbes de parole, en particulier selon la configuration macrosyntaxique de l'incise [42–49], mais aussi parfois comme catégoriseur à objet externe [50]. Le verbe réfère alors à une énonciation orale dans tous les exemples considérés[15].

[42] – De quoi ? De quoi ? **fit** l'ami Pollak Henri, plié en deux par cette extravagante requête. (G. Perec, *Quel petit vélo au guidon chromé au fond de la cour ?*, 1966.)
[43] Beuouahh, **fit-il** en déglutissant la boisson qu'il avait lui-même élue et à laquelle il venait de faire subir le traitement expéditif dont est coutumière la vodka. (R. Queneau, *Zazie dans le métro*, 1959.)

---

15 Environ 2000 cas dans Frantext, depuis *Les Essais* de Montaigne, pour les occurrences les plus anciennes, jusqu'à Jean Echenoz.

[44] Ououh ! ououh ! **fit-il**, la bouche pleine, après une pause, cela est bon !
(H. de Balzac, *Eugédie Grandet*, 1833.)
[45] – Pardieu, **fit-il**, là ! Et il montrait d'un hochement de tête la maison blanche, qui n'était plus qu'à un jet de pierre.
(V. Hugo, *Le Rhin. Lettres à un ami*, XXVI, 1842.)
[46] « J'avoue, ma chère mère, **fit-il** en prenant un air cafard et regardant M. et Mme Hochon qui venaient tenir compagnie à la chère Agathe, que [...]. »
(H. de Balzac, *La Rabouilleuse*, 1843.)
[47] Qu'est-ce qu'un homme pour moi ? ça ! **fit-il** en faisant claquer l'ongle de son pouce sous une de ses dents.
(H. de Balzac, *Le Père Goriot*, 1843.)
[48] – Ah! ah! **fit-il**, qu'est-ce que cela ?
(A. Dumas, *Les Trois Mousquetaires*, 1844.)
[49] Massimo se souleva sur les coudes, comme une statue d'Hermaphrodite qui s'efforcerait de quitter son socle, et doucement : « J'ai tout entendu, **fit-il**. – Tu nous épiais ? demanda-t-elle avec tristesse. – Oui... Non... Mettons que je n'aie pas voulu partir sans te revoir. »
(M. Yourcenar, *Denier du rêve*, 1959.)
[50] Et Pollak Henri [...] déboucha coup sur coup trois bouteilles de Château-Bercy rouge sans âge, mit son index dans sa bouche et, se servant de sa joue comme ressort, **fit** : « Pof, pof, pof », cependant que d'aucuns claquant de la langue, opinant du bonnet, branlant du chef et frisant leurs moustaches, donnaient le signeau de l'hihilarité générale.
(G. Perec, *Quel petit vélo à guidon chromé au fond de la cour ?*, 1966.)

À considérer ces exemples dans leur contexte, on verrait certains auteurs réserver l'incise en *faire* à des cas de représentation d'un **e** « infraverbal ». Comme *on fait du bruit*, le locuteur représente, plutôt qu'une parole, un cri ou un son ; celui-ci est « reproduit », dans bien des cas (comme [43, 44, 48[16], 50]), par *phonographie* (chap. 3, p. 129), nous rappelant ce que l'oralité peut avoir de corporel, et de subversion du code par le corps.

D'autres auteurs représentent la parole comme *on fait un geste*, par un *fait-il* introduisant des dires bruts, de « pure expression » (juron, insulte, interjection...). D'autres enfin font un usage massif de l'incise en *fit-il/elle* (Yourcenar, Gracq, Julien Green...) – usage qui serait à interroger, en contexte, dans sa cooccurrence avec celui du verbe *dire*.

Mais même lorsqu'il introduit une parole élaborée, le verbe *faire* en configuration d'incise actualise et accentue, sur le plan sémantique, le caractère factuel plutôt que langagier du dire : ce dernier est représenté comme en-deçà de ses formes, accueillant ainsi des cas de « discours sans langue », de sémantique sans sémiotique. On notera enfin que cette association systématique entre incise en *faire* et oralité manifeste qu'est inscrit, dans le discours, le point de vue

---

16 Sur le statut phonographique des onomatopées, voir chap. 3, 4.2.1, p. 165.

épilinguistique selon lequel l'oral est le parangon du langage comme action (l'écrit valant contrastivement comme forme et norme du langage).

Au verbe factitif par excellence, on associera un ensemble de verbes non spécifiquement méta tels que les verbes aspectuels (*commencer, continuer, s'arrêter, terminer...*), certains verbes cognitifs comme *hésiter, se résoudre, se risquer...* ou encore actionnels comme *inviter, forcer, empêcher...* Ces lexèmes apparemment disparates ont en commun de pouvoir régir des verbes de parole à l'infinitif *(hésiter à dire, empêcher de répondre...)*, mais non des compléments référant à une reformulation de **e** (*que-P*, autonyme, nom métalinguistique).

Ces verbes sont régulièrement utilisés dans les configurations macrosyntaxiques déjà considérées : comme *annonceur* ou comme *incise* ayant pour fonction de confirmer le statut de RDA de la séquence hôte. L'observation de ces verbes confirme leur affinité sémantique avec les verbes de parole. Lorsqu'ils régissent un verbe à l'infinitif, c'est ce dernier qui constitue le noyau sémantique d'un prédicat globalement actionnel (*se risquer à faire, commencer à faire...*). Souvent pourtant ce prédicat actionnel est emprunté au cotexte et ellipsé. En situation de RDA, l'action en question est verbale :

[51] [Caravan] **continua** : – « Oh ! dans ma famille, on va loin ; ainsi, moi, je suis sûr qu'à moins d'accident, je mourrai très vieux. » (« En famille »)

[52] Tremblant et vaincu, il sortit du lit, et, comme il passait sa culotte, elle l'en **empêcha** : – « Ce n'est pas la peine de t'habiller, va, garde ton caleçon, ça suffit, j'irai bien comme ça moi. » (« En famille »)

[53] « [...] l'héritage est une infamie et une honte !... » – Mais il **s'arrêta** brusquement, confus comme un homme qui vient de dire une sottise ; puis, d'un ton plus doux, il ajouta : – « Mais ce n'est pas le moment de discuter ces choses-là. » (« En famille »)

Contrairement aux verbes périverbaux, les procès des verbes soulignés dans les exemples ci-dessus ne sont pas des actions « entourant » le dire (en [51], on comprend qu'il ne s'agit pas de continuer de faire quelque chose et de parler, mais de continuer de parler). Par exemple, *ajouter* (apte à régir une *que-P* : *il ajoute que e*) se distingue de *continuer* (**je continue que e*) en ceci que le premier est un catégoriseur à objet métalangagier externe (**e** est le résultat du procès décrit par le verbe, dans l'une de ses acceptions au moins) alors que le second spécifie le déroulement d'un procès interprétable cotextuellement comme langagier[17]. Le rôle de ces verbes ne s'assimile donc ni à celui des verbes péri ou

---

17 On notera que le mode de procès peut être spécifié *a priori* (l'interprétation précède la représentation de **e**, [51] et [52]) ou *a posteriori* (elle la suit, [53], « Mais, il s'arrêta... »), ce qui a un impact sur la représentation de **L** – capable ou non de prévoir l'émergence des paroles et d'autres événements représentés.

paraverbaux, décrivant une action autonome d'accompagnement ou de complément de l'action verbale (*Il lève les bras au ciel : e*), ni à la situation des catégoriseurs à objet externe qui sont le cœur prédicatif d'une clause unique (*J'ajoute e*). Les verbes spécifiant le mode de procès catégorisent la représentation de **e** qu'ils annoncent comme *une action décrite dans son déroulement (Il continua [à dire] : e)*.

La séquence **e** représente la même action langagière que celle décrite par le verbe de spécification de procès. L'enchaînement est de type macrosyntaxique et articule deux clauses qui réfèrent, sur des modes souvent complémentaires, au même acte d'énonciation **a(e)** : [spécification du procès d'un acte langagier **a**] > [recatégorisation de **a** ou reformulation autonymique de **e**].

Relevons enfin que la plupart des verbes envisagés ici présentent en contexte une ambiguïté. S'ils fonctionnent toujours comme annonceurs dans un enchaînement macrosyntaxique binaire, celui-ci peut avoir deux interprétations référentielles distinctes. (1) En tant que spécificateurs du procès verbal, ces verbes peuvent comme on vient de le voir décrire le déroulement de l'action verbale **a**, représentée par ailleurs par une séquence autonyme **e**. Les deux clauses réfèrent alors au même acte. (2) Mais ces mêmes verbes peuvent également décrire une action paraverbale préparant la représentation de **e** par reformulation.

(1) Profession ? Il hésita : « Ling... euh, enseignant. » *(= il hésita en répondant e)*
(2) Profession ? Il hésita. « Linguiste. » *(= il hésita puis il répondit e)*

Dans cet exemple forgé, c'est le recours à la phonographie (mot hétérographe, ponctuation intonographique, onomatopée) qui fonctionne comme indice d'une interprétation verbale de *hésiter* soit comme descripteur du déroulement du dire (1 : deux représentations du même procès verbal, décrit dans son mode de réalisation puis reformulé), soit comme descripteur d'une action « autour » du dire (2 : deux procès successifs, périverbal de type cognitif d'abord, puis verbal). La ponctuation peut également orienter l'interprétation.

Par leur manière d'interpréter la parole en la catégorisant comme processus (*commencer, s'arrêter...*), comme action de L_1 (*hésiter...*), ou action sur L_2 (*empêcher...*), les verbes considérés ici participent d'une représentation performantielle et interactionnelle de l'énonciation. Or, pour des raisons d'ergonomie sur lesquelles nous allons revenir (4.2, p. 263), à une telle image du langage, c'est l'énonciation orale qui est associée, comme un processus émergeant en situation, dont la réalisation réclame constamment des opérations cognitives diverses de planification et d'adaptation.

2.3.2.5 Récapitulatif : les verbes de la catégorisation de l'énonciation comme orale

De cet inventaire des principaux verbes de parole aboutissant à la catégorisation d'une énonciation comme orale, on retiendra qu'il y a schématiquement trois modes d'introduction de la parole représentée.

Seuls certains verbes de parole, *les catégoriseurs à objet externe*, sont à même de régir une complétive à valeur de représentation de discours, un nom métalinguistique ou une séquence autonyme. Par une clause unique, la parole est à la fois catégorisée comme orale d'une part et, d'autre part, reformulée dans son expression (type DD : *il s'exclama « Houra ! »*), reformulée dans son contenu (type DI : *il s'écria que...*), ou recatégorisée (type DI sans **e** : *il murmura de suaves paroles*).

La catégorisation par incise d'un énoncé **e** reformulé par ailleurs est possible avec tous les verbes considérés (avec des restrictions pour les verbes périverbaux dont le procès doit, en situation, s'interpréter facilement comme contigu à la scène de parole).

La fonction, macrosyntaxique, d'*annonceur* suppose le recours à des verbes « autonomes », comme par exemple les strictes catégoriseurs de parole, c'est-à-dire des verbes dont le sémantisme lexical ne suppose pas un complément externe référent à **e**. La fonction d'annonce suppose donc, à côté d'une prédication catégorisante de **e**, un second acte énonciatif distinct, de représentation de **e**, annoncé par le premier. En tant qu'enchaînement routinisé, ces deux clauses s'intègrent dans ce que la macrosyntaxe fribourgeoise décrit comme une « période binaire » (Groupe de Fribourg 2012) ; celle-ci peut présenter deux types distincts, selon la dynamique sémantico-référentielle instaurée entre les deux actes.

Type 1 (les deux clauses sont coréférentes) – les *stricts catégoriseurs* s'inscrivent dans un mouvement macrosyntaxique d'annonce de type :
[action verbale catégorisée a_1] > [même action verbale reformulée e_1].

Dans ce cas, les deux actes réfèrent à la même action verbale, en faisant généralement varier le mode de représentation (catégorisation de a_1 puis reformulation autonymique de e_1).

Type 2 (chaque clause réfère à une action différente) – l'annonce des *verbes para et périverbaux* relève d'un enchaînement du type :
[action verbale, para ou périverbale catégorisée a_1] > [autre action verbale reformulée e_2].

Dans le second type, on a affaire à deux actes distincts, le premier préparant l'interprétation du second comme parole (orale) par la description de son contexte symbolique et actionnel.

On a relevé enfin deux cas différents d'ambiguïté : 1) certains catégoriseurs sémantiquement riches peuvent avoir deux valences : avec ou sans complément externe *(gémir, murmurer, vociférer...)* ; ils se prêtent donc, selon les cas, aux séquençage micro ou macrosyntaxique ; 2) les verbes de spécification du procès peuvent s'inscrire dans des enchaînements macrosyntaxiques des deux types référentiels distingués ci-dessus.

Verbes de parole / Sémantique	Syntaxe	Relation microsyntaxique	Relation macrosyntaxique	
		Recteur	Incise (ou confirmateur)	Annonceur
Catégoriseurs à objet externe *(ex. dire)*		oui	oui	non
Catégoriseurs à objet interne *(ex. débattre)*		non	oui	type 1
Paraverbaux *(ex. pleurer)*		non	oui	type 2
Périverbaux *(ex. s'avancer)*		non	oui	type 2
Spécificateurs de procès *(ex. continuer à faire/dire)*		non	oui	types 1 ou 2

On discutera pour conclure la tendance à considérer qu'un grand nombre de prédicats (tous ?) sont à même d'annoncer des séquences autonymes. Pour Le Goffic par exemple :

> Il n'y a guère de verbe ou de prédicat qui ne puisse jouer ce rôle :
> *Il se gratta l'oreille :* « P »
> *Il se frotta les mains :* « P ». (Le Goffic, 1993 : 268)

Cette considération doit être réévaluée dans une perspective textuelle : car si, sur le plan syntaxique, des verbes de structures syntaxiques et de classes sémantiques différentes se prêtent à l'annonce de DD, sur le plan sémantico-textuel, les variations observées ne sont pas infinies. Ainsi la contrainte sur la sélection des verbes annonceurs ou confirmateurs ne se mesure-t-elle pas en langue, mais en discours : les enchaînements qui ne permettront pas d'établir une contiguïté entre les deux clauses – continuité de type 1, enchaînant deux prédications référant au même acte langagier, ou continuité de type 2, enchaînant la représentation de deux actes contigus –, paraîtront étranges ou susciteront un calcul inférentiel aventureux. Pour illustrer l'hétérogénéité des enchaînements (macrosyntaxiques) possibles, Le Goffic a choisi en réalité des exemples standard.

2.3.3 Noms (et adjectifs) de la catégorisation comme oral
2.3.3.1 Éléments lexicaux

Sans revenir sur les dérivés nominaux et adjectivaux des verbes mentionnés jusque-là, on peut énumérer les noms suivants, réunissant dans l'une de leurs acceptions au moins, les traits /langage/ et /oralité/. Les termes dénotant des qualités de la substance vocale : *accent, débit, intonation, phonème, prosodie, syllabe, ton, timbre, voix...* défauts et accidents de prononciation : *blésité, dyslexie, nasillement...* ; propriétés verbales proprement phonétique ou syllabique : *assonance, cadence, lapsus, mesure, rime...* ; type de parleur : *conférencier, baratineur, commère, prédicateur, speaker, rhéteur...* qualité du parleur : *bagou, éloquence, volubilité...* ; type de parole spécifié par sa qualité vocalique : *cri, hurlement, murmure...* type de parole spécifié sur le plan pragmatique : *algarade, apostrophe, clameur, tollé, interpellation*[18]*...* ; ou genres oraux déjà mentionnés : *conversation, oraison, cours, conférence...*

La caractérisation d'un énoncé comme oral ne requiert pas nécessairement le métalexique : dès lors que, à un énoncé représenté **a(e)** ou à l'énoncé en train de se faire **A(E)**, on assigne, par le fait de la catégorisation, le trait /sonorité/, l'énonciation en question est représentée comme orale. Au métalexique de l'oralité s'ajoutent donc en priorité les lexèmes mondains référant au champ des organes de l'émission et de la perception sonore : *oreille, bouche, ouïe, audition...* au domaine musical : *air, mélodie, rythme...* et plus largement au domaine sonore ; qualité des sons : *fréquence, hauteur, intensité, volume...* ; ou type de sons : *bruit, chahut, silence, tapage, vacarme...* On mentionnera encore des adjectifs qualifiant des sons : *aigu, grave, monocorde, monotone, perçant, profond, strident, tonitruant...*

---

18 Avec la même réserve que pour les verbes « pragmatiques », formulée note 7 (p. 228).

2.3.3.2 Principales configurations syntaxiques

Voici quelques-unes des principales configurations syntaxiques dans lesquelles des noms et des adjectifs participent à la caractérisation du dire comme oral. Pour les noms, les motifs syntaxiques les plus courants sont les suivants :

> *relation attributive*, où **E/e** peut être sujet ou attribut *(La conversation a été longue. « Vous êtes libres ! » était son cri)*.

> *relation appositive*, en construction détachée *(Au cri des manifestants : « À la mairie ! », les forces de l'ordre...)* ou liée *(Au cri de Victoire...)*.

> SN régissant une complétive, caractéristique des noms méta *(Son vif reproche que nous étions en retard nous poussa à repartir)*.

> SPrép nominal (circonstant de prédicat, intra-prédicatif, ou circonstant de phrase, extra-prédicatif) spécifiant les particularités articulatoires, prosodiques, expressives ou seulement sonores, de l'énonciation : *avec des trémolos, avec une ironie palpable, sur un ton délétère, autoritaire, empathique... avec emphase, sur l'air de...*, etc.

> SN recatégorisant comme orale, par cataphore ou anaphore, un référent métalangagier représenté par ailleurs[19] *(Pas cher mon frère ! Cette harangue attire toujours les touristes. On entendit soudain cette clameur : « Vive le président ! »)*.

2.3.3.3 Compléments intra et extraprédicatifs

Dédié à spécifier le prédicat, ou le cadre de la prédication entière quand il est détaché, le circonstant constitue un lieu privilégié de la description métalinguistique de l'acte langagier représenté ; de nombreux noms et adjectifs de la catégorisation de l'écrit comme oral se trouvent dans les groupes prépositionnels nominaux ou des compléments adverbiaux du prédicat.

[54] Alors l'officier de santé [...] lui dit **tout bas** : – « Il faut emmener Caravan. » (« En famille »)
[55] il répondit aussitôt **d'une voix terrible** : – « Voilà, boum !... on y va » [...]. (« En famille »)
[56] puis, **tout haut** : – « Tiens ! comment !... vous voilà ! Quelle bonne surprise » (« En famille »)[20]
[57] Mme Caravan regarda son mari dans les yeux, et, **d'une voix basse et rageuse** : – « C'est une indignité, vois-tu [...]. » (« En famille »)

---

19 Ce dernier point ouvre sur le plan textuel de la chaîne référentielle qui s'instaure à l'intérieur des clauses et de clause en clause.
20 Dans la même nouvelle de Maupassant, considérée de manière systématique du point de vue de la RDA, on trouve encore les circonstants suivants : « elle répondit à demi-voix », « Il ajouta avec un rire malin caché dans sa barbe épaisse », « il ajouta, dans un rire plus fort », « il répondit de sa voix cassée, comme lointaine », « puis, d'un ton plus doux, il ajouta ».

[58] – Crois-tu qu'ils l'ont tué ?
– Qui sait ? fit-il **d'une voix étouffée.** Assez... N'y reviens pas.
(M. Yourcenar, *Denier du rêve*, 1959.)
[59] « Merci, Obersturmbannführer, fit-il **avec son curieux mélange d'accents autrichien et berlinois.** Félicitations pour votre promotion, au fait. »
(J. Littell, *Les Bienveillantes*, 2006.)
[60] « Du reste, elles ont un sale genre, vos amies », me disait Andrée **avec un sourire qui signifiait qu'elle savait bien que ce n'était pas mes amies.** « Comme tout ce qui touche à la tribu », **répondait Albertine sur le ton sentencieux d'une personne d'expérience.**
(M. Proust, *À l'ombre des jeunes filles en fleur*, 1919.)
[61] Mais Caravan se frappa le front, et **avec l'intonation timide qu'il prenait toujours en parlant de son chef dont la pensée même le faisait trembler** : – « Il faut aussi prévenir au ministère », dit-il. (« En famille »)
[62] Un d'eux murmura : « Ah ! diable » **avec cet air faussement navré que prennent les indifférents.** (« En famille »)
[63] Elle leva les yeux sur son père, et, **avec une commisération d'enfant précoce** : « Encore un qui t'a passé sur le dos, alors. » (« En famille »)
[64] Cependant, un matin, Albine hasarda, **après une longue hésitation** :
– Tu as tort de rester toujours enfermé. Tu retomberas malade.
(É. Zola, *La Faute de l'Abbé Mouret*, 1875.)
[65] Mess Tityrus, **avec déférence.**
Qu'il ait le cou coupé, s'il le demande.
Le Roi, **après réflexion.**
Parce que nous avons le même grand-père. Oui.
(V. Hugo, *Théâtre en liberté. Mangeront-ils ?*, acte premier, 1867.)
[66] « Tu es un paradis », fit-il **avec une espèce de stupéfaction paisible** ; et il s'étonnait lui-même de ce qu'il disait.
(J. Gracq, *Un balcon en forêt*, 1959.) [21]
[67] Il lui disait souvent des choses ordinaires mais **en la regardant fixement**, elle baissait les yeux et s'empêchait de rire.
(A. Ernaux, *La Place*, 1983.)
[68] « *Calembour* – Il y a un siècle, les Gaillard étaient nombreux à Neuville-Day. Un jour, au Conseil de Révision, le Préfet sourit **en se tournant vers le maire** : – Mes compliments ! Tous vos conscrits sont de vrais Gaillards. »
(R. Queneau, *Journaux 1914–1965*, 1996.)
[69] « Emmène donc ton amie saluer ta mère », roucoula grand-mère **en se tournant vers moi.**
(P. Roze, *Le Chasseur zéro*, 1996.)

---

21 Voir aussi, dans ce même roman, une quinzaine d'autres compléments adverbiaux spécifiant l'incise en *fit-il* ; en interprétant l'intonation et/ou les mimiques de L_1 : « sans aucune bonne grâce », « un peu surpris », « d'un ton brusque », « d'un air gêné », « avec une grimace », « avec une grimace morne », « avec un soupir de fatigue » ; en situant la parole parmi d'autres actions concomitantes : « en clignant des yeux à la clarté brusque », « en se retournant vers Grange avec brusquerie », « en lui touchant le bras », « en accrochant d'un geste familier son casque à la grosse clef de l'armoire », « quand il se fut glissé dans le blockaus » ; ou en représentant l'énonciation dans son processus de production : « après un moment ».

On retrouve, au niveau des circonstants, les enjeux sémantiques identifiés au niveau des verbes : caractériser la réalisation vocale d'un procès verbal décrit par un verbe neutre [54, 55], implicite [56, 57] ou identifiant déjà l'énoncé comme oral [58] ; caractériser l'acte énonciatif dans son accent, ici diatopique [59], sa signification tonale [60, 61, 65], ou la signification faciale ou gestuelle qui l'accompagne [62, 63, 66], et dans différentes actions périverbales, de préparation cognitive de L_1 [64, 65], ou d'orientation de L_1 vers L_2 [66–68]. Lorsque la spécification apportée par le circonstant est d'ordre actionnel (décrivant des actions concomitantes au dire), le SPrép entre en concurrence avec différents types de subordonnées, et en particulier les constructions participiales déjà considérées plus haut – avec, pour point de tangence entre ces deux formes d'adverbiaux (SPrép et construction participiale) : le gérondif (comparer : *dire en hésitant* vs *dire avec ou après une hésitation*).

Les circonstants, sous leurs différentes formes, mais pour autant qu'ils présentent les aspects sémantiques décrits ici, font basculer univoquement la représentation du discours du côté de l'oral.

2.3.4 Construire et reconnaître une scène de parole

Si l'on suit le parcours débuté ici, des verbes de parole introduisant et décrivant, en langue, des actes langagiers oraux, aux prédicats, enrichis ou non par des compléments adverbiaux, décrivant en discours une énonciation orale dans ses propriétés acoustiques ou prosodiques, ses compléments kinésiques ou encore sa situation relativement au tissu des actions auquel la parole appartient... on s'interrogera, à bon droit, sur les limites de cette diversité. Sur le plan de la *catégorisation étudiée dans cette première partie*, celui de la représentation sémantique d'une énonciation comme orale, peut-on prétendre à une description globale, même schématique ?

Par exemple, si : « Vincent a prétendu que P » est neutre, « Vincent a soudainement prétendu que P » sera préférentiellement reconnu comme représentation d'énonciation orale. L'adverbe, en effet, spécifie le déroulement du procès de l'acte énonciatif comme certains verbes considérés plus haut (2.3.2.4, p. 235). En trouvera-t-on encore beaucoup, des propriétés de la sorte, qui inclinent à reconnaître une énonciation écrite comme représentation d'une énonciation orale ?

Pour répondre à cette question, il faut se demander ce qu'ont en commun les catégorisations métalangagières considérées dans cette partie. Qu'est-ce qui vaut, aux unités lexicales envisagées ici dans quelques configurations syntaxiques, de constituer une sémantique de l'oral ? Leur capacité à construire la représentation d'un objet identifiable par le lecteur comme énonciation orale.

Cette identification est fonction du *modèle cognitif de l'énonciation orale* dont dispose l'interprète – et, bien sûr, de la ressemblance de l'énoncé **e** représenté avec ce prototype intégré.

Ce prototype comporte les deux faces de l'acte énonciatif **a(e)** évoquées plus haut : **a** – sa face d'acte, sa contextualité, et **e** – sa face d'énoncé, sa textualité. Si les opérations de catégorisation envisagées jusqu'ici conduisent à reconnaître un acte énonciatif comme oral, c'est en vertu de la ressemblance de l'acte représenté avec le prototype de l'énonciation orale sous ses aspects contextuels : son entour, la conjonction d'actions où il s'intègre, ses interactants, le type d'interaction permis, sa substance audible (qui ne relève pas, *stricto sensu*, de sa textualité). Cette contextualité de l'acte énonciatif oral, convenons de l'appeler *scène de parole*.

Scène doit s'entendre dans sa dimension spatiale (espace physique et social où l'énonciation orale prend habituellement place), mais aussi dans sa dimension temporelle : une scène de parole se développe dans le temps. Le prototype de l'acte énonciatif oral est ainsi un prototype dynamique, ou *script* : après telle action périverbale (regard ou contact avec l'autre, mouvement vers l'autre, entrée dans tel lieu, action ou attitude cognitive, etc.) la connaissance du script conduit à la présomption d'une action verbale à suivre.

C'est donc par la construction d'une scène de parole – reconnaissable comme telle, au-delà des cas d'énoncés explicitement catégorisés comme oraux par la connaissance d'un prototype – que la catégorisation métalangagière contribue à la représentation écrite des énonciations orales. Nous ferons bientôt un pas de plus en proposant une description de ce modèle cognitif fondée sur l'affordance du signal acoustique (4, p. 261).

Avant d'envisager, dans le cadre de la sémantique de l'oral, les propriétés contextuelles prototypiques de l'acte énonciatif oral (**a**), prenons la mesure des propriétés textuelles de l'énoncé (**e**) jugées exemplaires de l'oral.

3 Manières orales de dire et effets de parole

3.1 Dire comme source et modalisation autonymique d'emprunt

Les catégorisations observées jusque-là se situent principalement au niveau de la contextualité de l'acte énonciatif **A/a** plutôt que de la textualité de l'énoncé **E/e**[22]. Or la catégorisation peut porter spécifiquement sur **e**. Ce n'est plus alors

---

22 La situation de la prosodie relativement à cette distinction est délicate. Si on admet qu'elle

l'acte énonciatif qui est décrit sous différentes facettes – comme *affirmation, réponse, menace, exclamation, injure...* – mais ses moyens linguistiques eux-mêmes. Voilà une observation qui va nous valoir un petit détour théorique.

Parmi les opérations de représentation du discours, on distinguera, à la suite d'Authier-Revuz, la possibilité de faire référence à une énonciation comme *objet (parler du dire)*, qui caractérise notamment les modes du DD, du DI et du DIL, et celle de référer à une énonciation comme *source (parler selon un dire)*. Avec cette seconde manière de représenter le dire, le discours autre n'est pas l'objet de la prédication ; il est un moyen emprunté par **L** pour son dire propre.

La référence au discours comme source du dire connaît elle-même deux modalités, selon que le dire référé soit une source de *contenu* ou une source d'*expression*. Authier-Revuz distingue en effet, la *modalisation en assertion seconde* (MAS), réalisée par des constructions telles que *selon l, d'après l, à ce que dit l..., P*, et la *modalisation autonymique d'emprunt* (MAE), où **L** attribue sa propre manière de dire à l : *P, comme l dit, pour parler comme l, c'est le mot de l*, etc.

MAS :   À l'entendre, il va tous les surclasser.
MAE :   J'espère qu'il va les « pulvériser » comme il aime à dire.
  (< Authier-Revuz, à paraître).

L'oralité n'est pas considérée comme une source de contenus propositionnels – c'est une intuition que n'a pas infirmée l'observation des textes. C'est du côté de la *référence à un discours autre comme source de manières de dire* qu'on trouvera une modalité essentielle de la représentation écrite de l'oralité, axée du côté de la textualité cette fois et non plus de la contextualité.

La MAE est une variété de la modalisation autonymique, par laquelle une séquence X du discours en train de se lire est traitée à la fois comme en usage et en mention. Ce cumul, Authier-Revuz le symbolise par l'image de l'*opacification* – figure d'un moyen terme entre la transparence de l'expression dénotative et de l'opacité de l'expression autonymique (Authier-Revuz, 1995 : 25–45). L'expression renvoie à son contenu en même temps qu'elle se signifie elle-même dans une structure de cumul que Rey-Debove schématise ainsi : $(E_1(C_1(E_1C_1)))$. Initia-

---

fait pleinement partie de la textualité, on reconnaîtra qu'elle est un plan de structuration spécifique à la textualité de l'oral. À ce titre, sa représentation à l'écrit, par catégorisation, suffit à faire basculer la représentation du dire du côté de l'oral. Cette spécificité substantielle et sémiotique de la signifiance « suprasegmentale » de l'oral, qui empêche de penser son passage à l'écrit comme un simple transcodage, n'empêche pas en revanche d'esquisser le fonctionnement d'une représentation écrite de l'oral fondée sur la prosodie (ou plutôt sur son absence). Il s'agit là de la matière du chapitre 5.

lement défini comme *connotation autonymique* dans le cadre d'une *théorie des signes*[23], ce fait de langue est repensé par Authier-Revuz en termes de *modalisation autonymique* dans le cadre de la linguistique de l'énonciation, *théorie du dire des signes*, investiguant notamment les relations entre énonciateur et langage[24]. La modalisation autonymique qui, sous ce point de vue énonciatif, parle en effet de l'attitude de l'énonciateur relativement à son énonciation, Authier-Revuz la définit comme suit :

> cette configuration énonciative complexe correspond au dédoublement – méta-énonciatif – d'un dire qui, en un point, tout à la fois fait usage des mots pour parler des « choses », *et* fait retour sur ces mots, pris comme objets, en mention. En ces points, le dire se représente comme « n'allant plus de soi » : le signe, au lieu d'y remplir, « transparent », dans l'effacement de soi, sa fonction médiatrice, s'interpose comme réel, présence, corps, rencontré dans le trajet du dire, et s'y impose comme objet de celui-ci ; l'énonciation, au lieu de s'accomplir « simplement » dans l'oubli qui accompagne les évidences inquestionnées, se redouble d'une auto-représentation, opacifiante, d'elle-même. (Authier-Revuz, 2000 : 210–211)

Le retour sur les mots dits peut se marquer par des gloses auto-commentatives qui explicitent et instruisent comme telle une altérité interne à l'énonciation en train de se faire. En analysant ces commentaires fleurissant au milieu de la parole elle-même, Authier-Revuz distingue quatre motifs d'accrochage : 1) non-coïncidence des mots à eux-mêmes *(X, au sens propre, aux deux sens du mot, c'est le cas de le dire...)*, 2) non-coïncidence entre les mots et les choses *(X, pour ainsi dire, le mot convient est faible/trop fort...)*, 3) non-coïncidence entre les interlocuteurs *(X si tu me passes l'expression, ce que vous appelez X...)* et 4) non-coïncidence du discours à lui-même ou, autrement dit, parler avec des mots d'emprunts *(X selon le mot de L, pour parler comme l, ce que l appellerait X...)*.

Parmi ces divers motifs, qui conduisent l'énonciateur à revenir sur son propre dire pour en parler, figure donc le cas de la modalisation autonymique *d'emprunt* (MAE) : lui seul appartient à la RDA parce que « ce qui se dit sur les mots du dire énoncés *hic et nunc*, c'est *qu'ils viennent d'ailleurs* » (Authier-Revuz, à paraître).

---

23 « La séquence à connotation autonymique $(E_1((C_1(E_1C_1)))$ bien qu'elle signifie le monde, le signifie comme lié à un signe ; le connotateur $(E_1(C_1))$, comme qualification métalinguistique d'un signifié mondain, représente un signe qui vient s'insérer dans le contenu de la séquence en question. Même secondaire, l'autonymie bloque le processus de synonymie intralinguistique et interlinguistique. » (Rey-Debove, 1978 : 260)
24 Sur les enjeux de ce déplacement théorique, voir Authier-Revuz, 1995 : 25–40.

Le discours autre auquel est emprunté une manière de dire n'est un discours singulier que dans certains cas. Plus généralement, la source des mots empruntés

> s'étend à une classe de faits d'énonciation, selon les deux axes, cumulables, de l'itération-habitude, pour un l singulier (a_1, a_2, a_3...) et de la réunion d'actes de l_1, l_2, l_3... dans une instance source collective ; les élèves, les voisins, l'opposition, l'administration, la sagesse populaire, les gens, la rumeur et le *on* multiforme et omniprésent... (Authier-Revuz, à paraître)

La source du dire d'emprunt est donc *une zone de l'interdiscours* qu'il est possible de tailler selon n'importe quel critère – pourvu que le critère permette justement de dégager l'homogénéité d'une manière : énonciation singulière qui a fait date et mémoire *(selon les mots de la fable, de la bible, de l'appel du 18 juin...)*, ensemble des discours d'un auteur en tant qu'ils sont représentatifs de son idiolecte, usages considérés comme caractéristiques d'une classe socio-professionnelle et des genres qui en constituent la trame discursive, diverses variations linguistiques dans le temps *(comme on disait, comme on dit aujourd'hui)* dans l'espace *(comme on dit dans le Bouchonois)*, dans diverses classes sociales *(comme disent les jeunes, les agriculteurs, les politiciens...)*, dans les niveaux de langue *(pour parler trivialement, comme on dit pour faire chic...)*, jusqu'au prêt-à-dire, cliché, stéréotype tout à fait délocalisé du « comme on dit ».

3.2. Représentation linguistique de la MAE

La MAE consiste à décrire des mots en usage dans l'énonciation en train de se faire (intérieur discursif noté désormais **Int**) comme des mots venus d'ailleurs (extérieur discursif noté **Ext**). Dans l'intradiscours, ces mots de l'interdiscours sont repérés de trois manières distinctes.

1) Marquage de la séquence empruntée par une glose méta-énonciative (localisation de X dans l'interdiscours, ou encore adressage)

Des séquences auto-commentatives suspendent l'évidence du fonctionnement des signes qui, dans le cas de la MAE, ne vont pas de soi du point de vue de leur manière de dire. Ces greffes métaénonciatives manifestent le fait, constitutif, de l'auto-dialogisme, qui fait du locuteur le premier auditeur de son énonciation. À la différence des catégorisations métalangagières envisagées plus haut, représentant le dire dans sa dimension illocutoire, argumentative, générique ou selon d'autres catégories épi ou métalinguistiques, ces gloses méta-énonciatives se situent « au plan des opérations de nomination ou de formulation accomplies par l ». On ne donnera que quelques exemples des trois modes d'inscriptions, décrits par Authier-Revuz, du X commenté et du commentaire méta-énonciatif[25] :

a) la *succession* : Il faudrait un peu de charité, *je dis bien charité,* dans cette affaire.
b) la *superposition* : Il faudrait un peu de *j'allais dire charité* dans cette affaire.
c) le *détour* : Il faudrait un peu de *ce que j'appellerais charité* dans cette affaire.
 (d'après Authier-Revuz, 1995)

a) *succession* de X (**Ext**) et de son commentaire (constitué par une clause, une subordonnée, un complément circonstanciel méta-énonciatif, une apposition...)

> X, X est le mot de l ; X, j'emploie le mot X comme le fait l ; X, Ext dit X ; X, c'est Ext qui parle comme ça ; X, c'est le mot qu'on trouve dans Ext...
> X, pour parler comme Ext, pour faire Ext (snob, chic, pédant, jeune...), comme dit Ext, de façon Ext, selon les mots de Ext...
> X, mot/terme/métaphore/formule... de Ext

b) *superposition* de X et de son autonyme X' (par une incise)

> des X dit l / des l dit X / des X l dit

c) *détour* par une expression complexe de nomination de X

> ce que Ext appelle X

Ajoutons encore que les types a et c, de la succession et du détour, peuvent se réaliser par *couplage* de deux formulations distinctes : celle de **Int** et celle de **Ext**.

> X, je dirais plutôt Y ; X, Ext dirait Y ; X, Y selon les termes de Ext ; X, traduisez/comprenez Y

Entre autres informations dont elles sont porteuses, ces gloses ont pour fonctions cardinales de localiser la séquence empruntée dans l'interdiscours : de la stricte négation de son identité à **Int** *(X, ce n'est pas mon mot)* à l'assignation d'une adresse précise *(X, comme dit l à la page 234 de son dernier livre...).*

---

[25] Pour un inventaire de formes et des modalités d'inscription dans la linéarité du commentaire méta-énonciatif et de la séquence X commentée, on consultera Authier-Revuz, 1995.

2) Balisage de la séquence modalisée

Les séquences méta-énonciatives ont pour fonction principale de localiser dans l'interdiscours une séquence X modalisée comme venant d'ailleurs (fonction d'adressage). Mais la MAE suppose encore de délimiter la séquence X dans l'intradiscours **Int**. Celle-ci peut être totalement et univoquement balisée par le fait de la succession du mot X et de son autonyme X' (« La maîtresse était une toque, *toque* façon à Joël de dire gourde ») ; la séquence peut être également délimitée à un bord par la glose méta-énonciative, usuellement contiguë à la séquence modalisée (*...X] comme on dit chez nous*). L'autre borne, ouvrante, n'est alors pas marquée, mais laissée à l'appréciation de l'auditeur-lecteur. Où commence dans [70] la séquence modalisée comme manière de **Ext** ?

[70] L'explication que vous nous donnez, dit à M. de Breauté le colonel de Froberville, et de tout point controuvée. J'ai mes raisons pour le savoir. Le Prince a purement et simplement fait une algarade à Swann et lui a fait assavoir, **comme disaient nos pères**, de ne plus avoir à se montrer chez lui, étant donnée les opinions qu'il affiche.
(M. Proust, *Sodome et Gomorrhe* < exemple communiqué par Authier-Revuz.)

En l'absence de marquage topographique, charge au lecteur de détourer, en amont ou en aval du commentaire méta, la séquence empruntée.

La topographie à l'écrit et la prosodie à l'oral fournissent des moyens de remplir cette fonction de bornage du segment modalisé. À l'écrit, les topogrammes libres doubles (en particulier les guillemets), et les topogrammes liés (le plus souvent l'italique) sont tout à fait adaptés à ce balisage. Balisage et adressage sont donc complémentaires.

Notons que contrairement à l'autonyme qui se manifeste au plan-morpho-syntaxique par sa nominalisation, le signe avec modalisation autonymique n'a pas un comportement syntaxique particulier : ni son marquage par la séquence méta-énonciative, ni son balisage n'est redondant, et l'absence de marquage entraîne un fonctionnement spécifique, dit *allusif* par Authier-Revuz (1995, 2000 et à paraître).

3) Repérage discursif d'une manière de dire empruntée

Une séquence X – balisée ou non dans l'intradiscours (par des topogrammes), localisée ou non dans l'interdiscours (par une glose méta-énonciative) – se repère comme manière de dire autre et s'actualise comme modalisation autonymique en vertu de ses propriétés textuelles, *i.e.* linguistiques au sens large.

L'opération permettant au lecteur-auditeur de reconnaître dans le fil du discours *un corps discursif étranger* est le fait d'un geste de mise en relation, en l'occurrence double (Authier-Revuz 2000 et à paraître).

Reconsidérons [70], où il y avait une greffe méta-énonciative, mais pas de balisage de la séquence empruntée. La catégorisation méta-énonciative (« comme disaient nos pères ») incite au repérage d'une hétérogénéité discursive **Ext** frappée au sceau de l'ancien ; deux expressions sont éligibles : *assavoir* ou éventuellement *ne pas avoir à*. On remarque du coup que l'adressage (localisation de la source de X dans l'interdiscours) oriente le balisage (localisation de X dans l'intradiscours). La connaissance du texte où apparaît la séquence X (Int = le discours proustien) participe également au processus de repérage : Proust utilise-t-il l'une ou l'autre de ces constructions hors du régime de l'emprunt ? Car si l'une des deux expressions est une manière proustienne de dire, on ne la jugera pas comme venant d'ailleurs.

« Configuration relationnelle, articulant deux lieux discursifs » (Authier-Revuz, à paraître), l'identification d'un élément X de l'intradiscours comme venant d'ailleurs repose sur les connaissances du lecteur-auditeur à la fois du discours où cette séquence est actualisée *hic et nunc* et du discours autre à laquelle cette séquence est cognitivement associée. Le repérage discursif suppose donc, schématiquement :

> l'identification d'une « concordance externe » (Authier-Revuz) de la séquence X avec cette extériorité discursive posée comme origine, source, milieu discursif « naturel » de la séquence. *X fait un avec l'autre.*

> l'identification d'une « discordance interne » entre une séquence X et sa base d'incidence textuelle, dont elle ne partage pas le ton, le registre, les configurations syntaxiques usuelles, etc. *X fait autre avec l'un.*

Le repérage discursif de l'emprunt repose donc sur la combinaison d'une appréhension de l'énonciation en train de se faire (par l'écoute ou la lecture) dans l'identité de ses manières de dire, et dans un « imaginaire » du discours d'origine de la séquence X.

3.3 De l'allusion ponctuelle à la compétence-performance discursive

Comme on vient de le voir, balisage et adressage de la séquence empruntée X peuvent être le fait d'un marquage linguistique spécifique. Mais la séquence X peut également être repérée par ses propriétés intrinsèques uniquement, du seul fait de la compétence discursive de l'auditeur-lecteur – qui lit ou entend dans l'ici de l'énonciation des mots venus d'ailleurs.

Ainsi, le repérage de l'emprunt est parfois le fait du seul sentiment qu'un élément jure dans le discours en train de se faire (**Int**), ou alors qu'il rappelle irrésistiblement un discours autre (**Ext**) – pour ne parler que des cas les plus nets, entre lesquels s'échelonnent les multiples nuances du sentiment d'étrangeté, de dissonance, dans l'énonciation en cours, ou alors la vague impression de déjà-lu, qui ne prendra corps qu'à la condition d'identifier l'ailleurs auquel s'apparente l'ici de l'énonciation. Authier-Revuz réserve le terme d'*allusion* à cette modalité de la MAE non linguistiquement marquée et strictement basée sur le facteur discursif : l'identification de X par discordance interne et concordance externe.

En l'absence de boucle méta-énonciative commentant l'emprunt ou l'inappartenance d'une séquence X à l'énonciation en cours, ce qui est absent, c'est la marque de la conscience de **L** qu'il parle avec des mots autres. D'où l'hésitation irréductible de l'auditeur-lecteur : **L** parle-t-il avec des mots empruntés, est-il parlé par eux ? La dissonance perçue est-elle de son fait ou du mien seul... ? En l'absence du partage explicite entre manière propre à l'énonciation (**Int**) et manière empruntée à d'autres discours (**Ext**), c'est la frontière entre l'intérieur et l'extérieur discursifs qui s'estompe.

L'identité de l'énonciation n'étant plus protégée par la frontière, tracée par la méta-énonciation, entre l'un de l'intradiscours et l'autre de l'interdiscours, la MAE non marquée affecte l'identité discursive de l'énonciation en train de se faire. **L** qui se met à écrire à la manière de l (à la manière de Flaubert, des anciens, des galants, des businessmen...) se donne au moins localement pour l. Au-delà du clin d'œil ponctuel à un discours autre singulier, au-delà de l'allusion nettement délimitée et reconnue par L_2 (renforçant le sentiment d'appartenance de celui-ci à une même communauté que L_1), c'est aussi au mécanisme de la MAE non marquée qu'appartient le repérage de l'hétérogénéité discursive d'une énonciation.

Repérant dans l'énonciation des manières propres à certaines zones de l'interdiscours – des « genres premiers », sans la maîtrise desquels « l'échange verbal serait quasiment impossible » (Bakhtine, 1984 : 285), mais aussi les discours d'une époque ou d'un groupe social donné, d'un texte singulier... – l'interprète construit l'identité discursive de l'énonciation en cours comme émanant de ces zones (ayant les mêmes visées, subissant les mêmes contraintes, datant de la même époque, etc.).

En somme, les mots qui ne se marquent pas comme venant d'ailleurs, mais que l'interprète identifie comme tel, apparentent l'énonciation dans laquelle ils apparaissent aux discours autres auxquels ces mots sont associés.

Ainsi la MAE allusive ne répond pas au pur – et réel – plaisir de cacher les mots d'un autre sous les siens. Elle constitue en réalité *la structure linguistique de la performance discursive* décrite par Bakhtine : cette activité interprétative qui cherche dans l'espace interdiscursif des modèles pour interpréter l'intradiscours. C'est un fait important sur lequel on n'a pas suffisamment insisté. La MAE est à l'œuvre dans le repérage des « codes langagiers » au sens des « codes collectifs appropriés à des genres de textes déterminés » (Maingueneau, 2004 : 140) ; c'est elle aussi qui configure la « compétence interprétative spécifique » permettant le repérage des « patrons discursifs » de Philippe (2002 : 367)[26]. Rien à mon sens ne permettra de mieux comprendre la compétence discursive que l'observation, initiée par Authier-Revuz, des réalisations de la MAE.

La MAE est la structure sémiotique (cumul d'usage et de mention) et l'attitude de l'auditeur-lecteur (modalisation) qui opère la mise en relation d'expressions du texte qu'il est en train d'interpréter, avec d'autres discours desquels ces expressions lui semblent familières. Ces discours autres sont alors mobilisés, consciemment ou non, comme modèles interprétatifs locaux : **Int**, qui, en X, parle comme **Ext**, s'interprète, en X, comme **Ext** ; empruntant ses manières, il emprunte également, selon les cas, son contexte, ses contraintes ou ses visées, la figure du locuteur de **Ext** ou celle de son allocutaire.

On notera enfin que dans cette extension de la MAE au repérage des hétérogénéités discursives de l'énonciation, on touche à un aspect important du phénomène « stylistique ». Si l'on convient en effet que la perception stylistique résulte, dans certains cas au moins, de la reconnaissance d'une manière de dire existant par ailleurs (style d'un texte, d'un locuteur, d'un genre, d'une collectivité...), on inscrira alors cet aspect de la question du style dans le prolongement de la sémiotique et de l'attitude interprétative caractérisant la MAE. *Style* ne vaut pas ici pour ce qui serait à même de singulariser un corpus donné, objectivement, mais comme le produit de l'activité de l'auditeur-lecteur qui, interprétant un discours, y reconnaît des séquences comme exemplaires d'une zone de l'interdiscours. En ce sens, le style d'un texte est une attitude du lecteur ; il dépend de la capacité de ce dernier à mettre en relation deux dires, l'un ici, et l'autre présent dans la mémoire ou l'imaginaire du lecteur.

3.4 L'imaginaire discursif comme filtre de la reconnaissance d'une manière de dire

Quand la séquence X est une reprise littérale de son discours d'origine (**Ext**) greffée dans l'énonciation (**Int**), sa reconnaissance discursive semble reposer sur la connaissance textuelle du discours d'origine. Mais la MAE est irréductible à ce cas particulier, celui du vers, du titre, du bout de phrase littéralement repris. La perception d'une séquence comme venant d'ailleurs suppose, au-delà d'une

---

26 « [...] les textes ne sont complètement lisibles que si l'on a déjà lu d'autres textes, que **si l'on retrouve en eux des conventions déjà rencontrées ailleurs.** » (Philippe, 2002 : 368)

mémoire littérale du texte « donneur », une représentation abstraite de celui-ci, ainsi qu'une représentation abstraite de l'énonciation « receveuse » (permettant la perception de perturbations dans sa logique textuelle propre).

Dans les cas [71–76], où **Ext** renvoie à un ensemble discursif pluriel (*vs un texte*), un interdiscours irréductible à un corpus clairement circonscrit[27], on comprend que le *facteur cognitif* de la reconnaissance de l'emprunt n'est pas la mémoire du texte dans sa littéralité, mais un *modèle mental* de ce discours constitué notamment des manières de dire qu'on lui prête en propre : des syntagmes (« petite oie », « écharpe de Vénus » pour le langage galant), des usages lexicaux (« libérée » au sens d'extravertie), une phraséologie identifiable par son contenu autant que par son expression (« tu as épousé l'insaisissable », « révolte permanente » pour le parlé à la mode de Kristeva...) ou une intonation (celle du tabou, chez Gavalda) :

[71] Certes ! Tu n'as eu, **pour parler le rude langage du peuple**, que de bons et beaux exemples autour de toi.
(G. Bernanos, *La Joie*, 1929.)

[72] Jane était plus libérée, **pour parler comme maintenant.**
(H. de Monferrand, *Journal de Suzanne*, 1991.)

[73] Je t'aime parce que tu n'es pas dupe. Pas trop. Tu sais que tu as épousé l'insaisissable, la révolte permanente, **pour parler comme on parle aujourd'hui.**
(J. Kristeva, *Les Samouraïs*, 1990.)

[74] Je m'efforçais de ne pas remarquer trop vite cette main qui me prenait la taille ou se posait sur mon épaule au prétexte de me mieux guider ; [...] il se peut même que je n'aie pas châtié, comme je l'eusse dû, quelques tentatives plus osées ; mais enfin, si, **pour parler le langage des ruelles**, j'abandonnai à un ou deux la « petite oie », nul de ces galants ne put prétendre à dénouer avec moi « l'écharpe de Vénus ».
(F. Chandernagor, *L'Allée du Roi*, 1981.)

[75] Ils me disent sur le ton qu'on prend **pour parler d'une maladie sexuellement transmissible** : – C'est vrai, t'écris ?
(A. Gavalda, *Je voudrais que quelqu'un m'attende quelque part*, 1999.)

[76] Sur la plus ridicule des planètes du monde, l'absolu est fonction des cuisinières, **pour parler en penseur...**
(C. Pozzi, *Journal : 1913–1934*, 1997.)

À tort et dommageablement, les lecteurs sont parfois confondus avec des bases de données, et la lecture, avec un moteur de recherche booléen capable de repérer toutes les séquences répétées littéralement ainsi que les combinaisons de ces séquences. Les lecteurs font à la fois plus et moins : plus parce qu'ils re-

---

[27] Et irréductible qui plus est, dans les exemples retenus ici, à des documents écrits, et à leur force d'objectivation et de stabilisation.

pèrent de la parenté discursive au-delà de la seule littéralité, moins parce que leur capacité à détecter des « segments répétés » (Salem, 1987) est très inférieure à celle de la machine. On peut raisonnablement faire l'hypothèse que c'est par le filtre d'un prototype, à situer cette fois du côté de l'énoncé **e** de l'acte énonciatif **a(e)**, que les interprètes injectent et repèrent, dans leur énonciation ou celle d'autrui, des « emprunts » à un discours autre. Nous appellerons *imaginaire discursif* ce prototype au cœur de la compétence discursive.

3.5 MAE et effet d'oralité discursif (effet de parole)

3.5.1 Catégorisation méta-énonciative + autonymie : écrire comme on parle

Parmi les boucles méta-énonciatives qui localisent dans l'interdiscours une séquence X de l'intradiscours, il est difficile d'en trouver qui renverraient au discours oraux dans leur ensemble. Il est même difficile d'identifier la ou les gloses méta-énonciatives qui pourraient typiquement servir à une telle localisation : « comme on dit par oral/oralement » est rare (et même absent dans Frantext)[28] ; « comme on dit quand on parle » n'apparaît qu'une seule fois[29]. Pas davantage de « pour faire oral/parlé ». « Pour parler... », qui ne se prête pas à un emploi absolu mais réclame une complémentation, constitue l'amorce d'un commentaire méta-énonciatif environ mille fois dans Frantext : mais les compléments adverbiaux de l'infinitif, qui restreignent plus (*pour parler comme Aristote, en*

---

[28] Sur trois occurrences trouvées sur le web de la séquence « comme on dit à l'oral/oralement » à fonction de glose méta-énonciative, deux ne sont pas justifiées par la référence à une manière parlée de dire (au sens d'une organisation syntaxique ou textuelle caractéristique de l'oral et qui ferait irruption dans l'écrit), mais par une prononciation codée par phonographie (« cécé » pour CC) dans [81] et par une expression qui, littéralement, ne s'applique qu'à l'oral (*ôter les mots de la bouche* dans [83]).

[81] On devrait dire aux personnes qui mettent en copie « en cécé » (comme on dit oralement) de n'envoyer des mails que lorsque s'ils avaient uniquement un téléphone ils contacteraient individuellement ou en groupe chacun des destinataires. (Blog d'informatique.)

[82] En effet, tel un cabri sous ectasy, je me mis à dévaler la pente à bonne vitesse, d'abord sur un chemin bien large, histoire de dégourdir mes petites gambettes de blondinette, puis sur du chemin technique, bien raidasse et cailloteux, sur lequel j'ai pris mon pied « grave », comme on dit à l'oral, « gros ». (Blog de course à pied.)

[83] concernant votre précédent commentaire, vous m'enlevez les mots de la bouche, comme on dit à l'oral ! (Blog politique.)

[29] Mais avec une spécification adverbiale qui identifie l'occurrence d'un cliché de la langue cérémonieuse : « Le héros, en revanche, n'a d'yeux que pour la belle et, **comme on dit quand on parle bien**, ce n'est pas sans émotion que j'évoque ce moment où Babette verse à boire à Joseph. » (J. Egen, *Les Tilleuls de Lautenbach*, 1979.)

termes bibliques...) ou moins *(pour parler ordinairement, la langue d'aujourd'hui, peuple...)* l'extension de la zone de l'emprunt, ne la font jamais coïncider à la nébuleuse des discours oraux. On peut se demander encore si le commentaire méta- « comme on dit », sans plus de circonstances, n'équivaut pas à un « comme ça se dit, mais ne s'écrit pas » : mais dans son emploi le plus régulier (Frantext en recèle 3000 occurrences), la séquence pointe une expression figée, un cliché, pour en signifier le caractère (trop) convenu :

[77] Ma vie, **comme on dit**, en fut totalement changée.
[78] Là-bas, à l'autre bout du fil, **comme on dit**, une voix dit : « C'est moi. »
(J. Roubaud, *Impératif catégorique : récit*, 2008.)
[79] Semaine, **comme on dit**, « riche en rebondissements ».
[80] Ma grand-mère amaigrie et devenue un peu sourde, mais **comme on dit** « bon pied, bon œil ».
(J.-L. Lagarce, *Journal 1977–1990*, 2007.)

Pointeur de constructions relevant de la phraséologie la plus ordinaire, mais non de constructions typiquement orales donc.

Dans les deux extraits suivants, l'adresse donnée à la séquence empruntée correspond à un sous-ensemble assez large de discours oraux.

[84] Les visiteurs, me sermonne M. Molinier, n'ont aucune envie de flipper le dimanche. (M. Molinier aime à user de **mots tels que flipper pour attester que sa culture est jeune, éclectique et qu'elle ne s'est pas formée dans la poussière des livres mais contre le grain grossier de la vie.**)
(L. Salvayre, *La Puissance des mouches*, 1995.)
[85] Un jeu de cartes sorti d'une poche et les cris montèrent. Trois petites filles sur six ne savaient-elles pas déjà tricher, mouiller le pouce comme au cabaret, assener l'atout sur la table : « Et ratatout ! Et t'as biché le cul de la bouteille ; t'as pas marqué un point ! » **Tout ce qui traîne dans les rues d'un village**, elles l'ont crié, mimé avec passion.
(Colette, *La Maison de Claudine*, 1966.)

Dans [84], sur le mode de la succession de l'usage mondain et de son autonymie : « X... des mots tels que X' », l'interdiscours d'origine n'est certes pas identifié de but en blanc comme « l'oralité », mais comme un milieu dont le mot porte la trace (« X pour attester... ») : la vie, comme source de paroles, milieu socio-discursif donc, dans sa diversité, dans la grossièreté de son grain, opposée à la fine poussière, mais poussière quand même, de la culture établie, celle du livre. L'oralité, et notamment l'oralité comme ressource poétique, identifiée à une contre-culture ayant pour elle la légitimité de l'échange, de l'action, de la pratique, du peuple, bref de la vie, contre la lettre, morte, est l'un des motifs (romantiques) de l'entre-deux-guerres ; il est sans doute aussi vieux que l'installation de l'écrit en position culturelle hégémonique.

Dans [85] aussi, une boucle méta-énonciative revient sur la séquence autonyme d'un DD pour en catégoriser la manière comme celle « qui traîne dans les rues d'un village ». Ici, à la source du style des jeunes joueuses, il n'y a pas l'oralité dans toute sa diversité, mais l'un de ses avatars exemplaires, volontiers placés au centre du domaine notionnel : l'oral, le vrai, est *trivial*, étymologiquement. Il est ce langage qu'on parle dans les rues, mais que l'on n'écrit pas – sinon par subversion du code langagier littéraire dans le « roman démocratique » (Wolf) ou dans le « roman parlant » (Meizoz).

On serait tenté d'affirmer que, pour qu'une boucle méta-énonciative catégorise une manière de dire comme empruntée aux discours oraux – quelle que soit d'ailleurs la pertinence qu'on prête à cette localisation –, il suffit d'ajouter au verbe de nomination des spécifications telles que : *pour le dire* **trivialement/ vulgairement**, *pour parler* **jeune**, *comme on dit* **chez nous, dans la rue, au quotidien**, *pour le dire* **vite**, *sans y* **mettre les formes**, etc. Et on jugera en effet que de tels compléments adverbiaux circonscrivent des ensembles de discours oraux. Mais si tel est le cas, alors que l'oral n'est pas convoqué littéralement par ces expressions adverbiales, il reste à justifier les affinités ainsi postulées entre *oralité* et *trivialité*, *oralité* et *jeunesse*, *oralité* et *régionalisme*, *oralité* et *spontanéité*, etc.

Ce sont les mêmes affinités que nous allons retrouver à l'œuvre dans les effets discursifs d'oralité, lorsque l'interprète juge orale une manière d'écrire alors que celle-ci n'est pas marquée comme telle.

3.5.2. MAE sans catégorisation méta-énonciative : reconnaissance de manières parlées d'écrire

Avant de revenir à ces « affinités » et au fondement qu'on peut leur donner, on fera ce constat : rares sont les gloses *méta-énonciatives* décrivant l'énonciation en train de se faire comme empruntant aux manières orales de dire dans leur généralité. Inversement, les gloses *métadiscursives* sont très fréquentes, qui décrivent une énonciation comme frappée de l'empreinte de l'oralité, ponctuellement ou régulièrement, pour la critiquer le plus souvent, mais aussi pour en vanter les qualités expressives. Tous les enseignants du français écrit ont produit un très grand nombre de tels commentaires à l'adresse de leurs élèves. Rappelons que l'une des origines de ce phénomène réside dans la particularité du français d'accuser plus nettement qu'aucune autre langue romane une différence de structuration grammaticale entre son expression orale et son expression écrite au point d'alimenter à son sujet l'hypothèse diglossiste (chap. 1, 2, p. 41–42).

Ce jugement métadiscursif, de l'écrit comme on parle, dans toute l'approximation qu'il représente – qu'est-ce donc que ce nébuleux ensemble des discours parlés, de l'oraison à la conversation de comptoir en passant, pourquoi pas, par le slam et le téléjournal ? –, est une catégorisation par défaut, informativement trop faible pour que le locuteur s'en contente sans préciser plus avant avec quelle variété de cette farine il a pétri sa parole (l'oral de telle région, de telle situation, de telle pratique...).

Si rares sont les gloses métaénonciatives accompagnant le dire pour le décrire comme oral, très ordinaires en revanche sont les gloses *métadiscursives* jugeant un discours autre dans son « style oral », appréciant ses « tours parlés » et, plus régulièrement encore en contexte pédagogique au moins, sanctionnant ces tours d'un « on n'écrit pas comme on parle »[30].

Quels que soient les jugements de valeur associés à la manière orale reconnue dans l'écrit, quelle que soit la pertinence de cette reconnaissance (nous allons y revenir), c'est bien ici à un nouveau mode de représentation écrite de l'oral que nous avons affaire : reconnaissance de manières parlées d'écrire, *effets d'oralité discursifs* ou plus simplement *effet de parole*.

Effet ou *représentation-effet*, dans la mesure où la reconnaissance discursive, sans contrepartie du côté du marquage linguistique de la séquence empruntée, ne garantit pas que le geste du lecteur réponde à celui du scripteur. On l'a dit, en l'absence du marquage méta-énonciatif de l'emprunt, ce n'est pas l'emprunt qui disparaît, c'est le signe de l'intention de l'emprunt[31].

Effet d'oralité *discursif* parce qu'il résulte du mécanisme de repérage décrit plus haut : la séquence empruntée est repérée comme telle sur la base d'une discordance, perçue en X, dans l'intradiscours et sur la base d'une concordance perçue de ce X avec une zone de l'interdiscours.

---

30 Sur les dommages pédagogiques de ce genre de formules et du schématisme qui les sous-tend, voir Arabyan, 1994 : 11 *et sq*.
31 En réalité, pour la linguistique de l'énonciation, toute représentation linguistique, toute forme et tout sens, est un *effet* produit par l'acte énonciatif sur son émetteur au cours du processus d'autoréception. Ce qui fait de l'énonciateur, fondamentalement, un interprète (auditeur-lecteur) – l'émission étant quant à elle à la portée d'une machine (Bergounioux, 2004). Il en découle que l'intention, comme projet de dire du locuteur, n'est pas une donnée cognitive prélinguistique, mais une donnée linguistique construite préalablement à l'acte énonciatif (Mahrer, 2011 et 2015). Ce fait n'empêche pas d'opposer les opérations de représentation dont l'intention est marquée (par exemple MAE avec commentaire méta-énonciatif) et celles dont l'intention ne l'est pas (MAE sans commentaire).

Ce qu'il reste alors à décrire, c'est l'extériorité discursive qui donne corps à X comme emprunt aux discours oraux. Sachant que toutes manières de dire est « oralisables », sachant que les discours oraux effectifs – se répartissant du pôle de la « proximité » (conversation entre proches) à ceux de la « distance communicationnelle » (discours officiels, publics, formels, protocolaires, littéraires..., chap. 1, 2.2, p. 43) – sont d'une totale diversité grammaticale et textuelle qui ruine toute tentative de dégager un air de famille commun à cet ensemble, on est bien forcé d'admettre que ce n'est pas l'extériorité objective de ces discours qui sert de filtre à la reconnaissance : ce qui est à l'œuvre dans les fréquents jugements de « style oral », c'est un imaginaire de ce qui se parle mais ne s'écrit pas, ou à mauvais escient, ou en vue d'un effet particulier. Et que nous tombions souvent d'accord sur cet effet de style témoigne qu'en dépit de l'hétérogénéité discursive des discours oraux, un fort consensus règne autour de cette oralité imaginaire. Voilà qui reste à expliquer.

Avant cela, résumons nos propositions : le reconnaissance discursive des manières parlées d'écrire repose sur un modèle cognitif intégrés par les locuteurs ; ce modèle des actes énonciatifs oraux **A(E)** complète, sur le plan de la textualité **E**, le modèle envisagé plus haut de la scène de parole (sur le plan de la contextualité **A**). On appellera *imaginaire de l'oralité* le prototype à deux faces, contextuelle et textuelle, qui sert de filtre à la reconnaissance des actes énonciatifs oraux aussi bien sous l'angle de leur factualité, comme acte en contexte, que dans leurs propriétés grammaticales et textuelles.

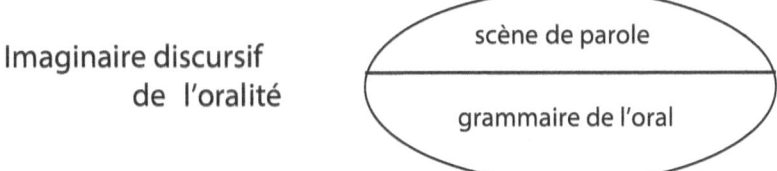

Imaginaire discursif de l'oralité — scène de parole / grammaire de l'oral

La solidarité qui lie les deux dimensions de l'acte énonciatif, comme acte et énoncé, comme contextualité et textualité, conduit l'interprète à rechercher la « textualité orale » là où il reconnaît une scène de parole, et à rechercher la scène de parole là où il reconnaît une manière parlée d'écrire. C'est pourquoi, lorsqu'un verbe de parole catégorise comme orale la reformulation de e qu'il introduit, on tend à porter ses particularités stylistiques au compte de l'oralité ; c'est pourquoi aussi, lorsqu'il y a représentation d'une scène de parole (un **l** parlant), les particularités stylistiques perçues dans la parole de **L** sont facilement attribuées à **l**, comme source d'un emprunt de **L** (ilôts de MAE dans du DI) ou comme partageant l'énonciation avec **L** (sur le mode bivocal si particulier qui définit le DIL). Il y a autrement dit présomption de « style oral » quand il y a scène de parole et présomption de scène de parole quand il y a « style oral ».

3.6 Pertinence *de facto* de la reconnaissance discursive

En définissant l'effet de parole comme un mode de représentation écrite de l'oral reposant sur la reconnaissance, dans l'énoncé interprété *hic et nunc*, d'une séquence X comme empruntée à ou imitées des discours oraux, il n'est pas question de se prononcer sur l'authenticité de l'emprunt. Pas plus que la littéralité n'est une condition nécessaire de la séquence autonyme construite (par exemple dans le cas du DD) pour qu'elle se donne comme présentation de la forme de l'expression d'un discours autre, la MAE ne suppose la pertinence *sub specie linguisticae* – si j'ose dire – de traiter une séquence X comme effectivement en provenance de telle zone de l'interdiscours. Pour la problématique représentationnelle, ce qui importe, c'est l'identification de X comme expression propre à **Ext** – identification à l'origine de l'effet d'oralité discursif, c'est-à-dire du sentiment que l'écrit en cours d'interprétation représente l'oral. Ce sentiment linguistique (discursif en l'occurrence) est seul notre objet ; il correspond en effet à une modalité de la représentation écrite de l'oral, modalité discursive et interprétative.

On observera donc que la perspective sémantique adoptée ici correspond à ce que Brekle appelle « théorie sémantique réaliste » (1989). Comme Brekle y invite, nous sommes partis de jugements métadiscursifs « qui ne viennent pas de représentants de la linguistique comme discipline établie » (Brekle, 1989 : 39). Ces jugements – des gloses commentant le caractère oral de certains écrits ou séquences d'écrits – constituent l'« expression naturelle » *(ibid.)* de l'activité sémantique effective des interprètes. S'attacher à décrire les « effets d'oralité » de l'écrit, c'est s'engager sur le terrain d'une sémantique réaliste.

Dans une autre perspective, il est de tout évidence du plus grand intérêt de s'interroger sur les X, unités et séquences, déclenchant, chez tels groupes d'interprètes, le repérage discursif d'oral dans l'écrit, en rapportant ces X aux productions orales effectives[32]. Notre problématique, représentationelle, se situe au niveau des effets : sa vocation première n'est pas celle d'une didactique de la lecture. Faire place aux imaginaires discursifs dans la description des processus

---

[32] Démarche qui soulève néanmoins la question non triviale : celle de la détermination du corpus par lequel on évaluera l'adéquation des séquences écrites X reconnues comme orales.

interprétatifs impose de repousser toute velléité prescriptive. Aussi aberrant soit-il au regard de la description métalinguistique rigoureuse d'un corpus, l'imaginaire discursif de ce corpus n'en est pas moins le moteur efficace de la perception des faits d'interdiscursivité. C'est là une limite des méthodes d'analyse de corpus : elles peuvent valider certains effets de sens – en mettant en avant la littéralité d'un emprunt intertextuel par exemple – mais elles ne peuvent pas invalider la reconnaissance discursive et les effets de sens qui en découlent. Le sens est l'empirie du langage : le linguiste n'a pas à en corriger la production – notamment en rectifiant les imaginaires qu'il implique. Il a à le décrire.

4 Le corps et le support.
De l'affordance des signaux acoustiques à l'imaginaire de l'oralité comme acte (contextualité) et comme énoncé (textualité)

4.1 Récapitulatif : les trois apports du regard linguistique sur la représentation discursive de l'oralité

S'agissant du versant discursif de la représentation écrite de l'oral – ce versant qui, pour le linguiste de l'énonciation, est *interprétatif* au sens de non contraint par la présence d'un marquage linguistique spécifique, en l'occurrence, celui de la MAE –, les analyses qui vont suivre se situent immanquablement en-deçà des multiples travaux interprétant, *sur corpus*, les spécificités des manières de dire empruntées aux discours oraux, par la littérature, la presse ou les scripteurs inexpérimentés. De tels travaux peuvent prétendre suivre les transformations historiques et individuelles de l'imaginaire de l'oralité en décrivant finement les moyens linguistiques mis en œuvre pour l'imitation-invention de manières parlées d'écrire (Philippe & Piat, 2009, Piat, 2011) ; ils peuvent également prétendre en cerner les divers enjeux historiques, politiques et esthétiques (Wolf, 1990, Martin, 1999, Meizoz, 2001, Petitjean, Privat & *alii*, 2007...) ; ils peuvent enfin, dans une perspective poéticienne, s'orienter vers la singularité d'un imaginaire telle qu'il informe une œuvre : l'oralité chez Ramuz, chez Céline, chez Roubaud, chez Lagarce, etc. Les études de corpus laissent néanmoins plusieurs questions dans l'ombre.

L'objectif premier d'une typologie linguistique des modalités de représentation écrite de l'oral, c'est d'inscrire, dans le sol d'une réflexion linguistique, c'est-à-dire dans le prolongement d'un appareil formel et des opérations énonciatives qu'il rend possible, les faits communément identifiés comme relevant du

« style oral ». Nous le faisons ici en considérant l'opération de reconnaissance d'une manière de dire, en l'occurrence d'une manière orale d'écrire, dans la continuité de la MAE, par laquelle une expression en usage dans l'intradiscours écrit interpose son autonyme comme forme venant de l'interdiscours oral, ouvrant sur l'ici de l'énonciation écrite les vannes de l'ailleurs oral auquel la séquence est associée.

Dans les cas, très largement majoritaires, où cette oralité discursive est un strict fait de reconnaissance, sans contrepartie du côté du marquage, la dite reconnaissance (balisage et adressage dans l'interdiscours) repose sur l'imaginaire discursif de l'interprète. Si les imaginaires de deux lecteurs ne coïncident pas, ils « n'entendront pas l'oral » aux mêmes endroits du texte. Scripteurs et lecteurs peuvent avoir cet imaginaire en partage. Ils peuvent également l'accommoder en situation : le scripteur « parlant l'écoute » discursive de son interprète, ou plutôt écrivant la lecture qu'il anticipe, ou l'interprète lisant le texte avec la compétence discursive qu'il prête à son scripteur. D'où l'intérêt, dans une perspective historique, d'un travail de reconstruction de l'imaginaire discursif de l'écrivain.

L'approche linguistique de la représentation discursive de l'oralité présente un second intérêt majeur : celui de placer l'imaginaire discursif au cœur des opérations de production de formes et de sens. L'objet considéré ici pousse en effet à intégrer à la sémantique les modèles discursifs épilinguistiques. Les imaginaires discursifs non rigoureusement construits sont à l'œuvre dans l'activité sémantique : ils orientent le repérage des hétérogénéités discursives.

Il y a un troisième et dernier apport du linguiste à la question de l'oralité et de son repérage discursif. En se situant en-deçà des nuances historiques et individuelles, la perspective sémiologique gagne le niveau de généralité qui manque aux études de style pour expliquer un fait essentiel. Comment se fait-il qu'au-delà de ses fluctuations historiques et individuelles, l'imaginaire de l'oralité soit suffisamment stable et partagé pour qu'on reconnaisse, encore aujourd'hui, un « style oral » à Ramuz, et même à Sorel ou encore à Rabelais, sans parler même d'Homère ? À côté des approches historiennes et poéticiennes s'impose un point de vue sémiologique sur cet imaginaire qui rende compte de la stabilité qu'on peut lui prêter à travers l'histoire et la diversité des pratiques orales du discours.

4.2 L'affordance de l'oral et les « facteurs inaliénables de la communication »

Les observations conduites au chapitre 2 sous l'angle biotechnologique – angle qui prime dans l'étude sémiologique – ont permis de mettre en évidence les différences profondes qui particularisent un système à processus tel que l'oral et un système à traces visuo-graphiques tel que l'écrit. Ces différences trouvent leur origine dans la nature des signaux et la relation que ceux-ci entretiennent avec le temps et l'espace : la trace implique un support qui fixe l'apport et affranchit potentiellement ce dernier de son environnement d'émission ; le processus sans trace est lié au temps et à l'espace de son environnement d'émission par le corps qui l'émet et celui qui le reçoit.

Selon l'hypothèse matérialiste formulée ici (chap. 1, p. 37–40), la nature des signaux pèse sur l'usage qu'on en fait et sur l'imaginaire de ces usages. Dans cette perspective, l'analyse de l'affordance du signal acoustique, c'est-à-dire la manière dont il incline à son utilisation, abordée de manière contrastive avec celle du signal graphique, fournira le fondement anhistorique de notre imaginaire discursif de l'oralité. Plutôt qu'*anhistorique*, il faut dire *relatif à l'évolution des technologies langagières*.

Avant de procéder à cette comparaison d'ergonomies, il faut insister sur son enjeu dans le contexte de notre question de représentation. Si, en dépit de l'hétérogénéité des pratiques discursives orales, la conscience épilinguistique des locuteurs polarisent discours oraux et discours écrit, c'est qu'une telle polarité existe bel et bien au niveau de l'ergonomie des signaux acoustiques et graphiques. Certes, on peut faire et dire à l'oral tout ce qu'on peut faire et dire à l'écrit ; mais l'écrit et l'oral se prêtent plus facilement à certaines tâches, à certaines formes : par exemple, en l'absence de l'allocutaire, l'écrit présente de grands avantages, en sa présence, c'est l'oral qui se prête le mieux à la communication...

C'est d'ailleurs en vertu de cette complémentarité d'ergonomies qu'on peut expliquer l'invention et le développement des systèmes d'écriture parallèlement à celui des systèmes sémiophoniques. Et c'est en tous les cas en vertu de cette complémentarité que l'imaginaire de l'oralité se construit contrastivement à celui de l'écriture, aussi bien sur son versant contextuel (ce à quoi sert l'écrit, pour qui et dans quelle situation) que sur son versant textuel (ce qui se dit *vs* ce qui s'écrit). Du point de vue des sciences du langage, on admettra aujourd'hui que pour observer avec rigueur les covariations entre contextualité et textualité, il faut construire des corpus fondés sur des catégories génériques. Néanmoins, du point de vue épilinguistique, il y a une « grammaire de l'oral » et une « grammaire de l'écrit » comme il y a une « pragmatique de l'écrit » et une

« pragmatique de l'oral », des actions langagières et des énoncés qui, à la conscience linguistique des locuteurs, apparaissent comme propres sinon privilégiés à l'oral ou à l'écrit.

Cette complémentarité fonde la polarisation, dans l'imaginaire discursif des locuteurs : du point de vue grammatical, le centre du domaine notionnel de l'oralité – l'oral le vrai – s'identifie spontanément à ce qui ne s'écrit pas ; et le centre du domaine de l'écrit, à ce qui ne se dit pas, quand on parle.

Pour organiser notre comparaison de l'ergonomie des signaux vocaux et graphiques, nous partirons de la situation de communication. Si l'on admet que, sous l'angle matériel, la communication consiste en l'échange de signaux, dans un environnement donné, entre des instances d'émission et de réception (qui peuvent se confondre en un même agent), alors l'analyse portera sur le rapport entre, d'une part, le signal et, d'autre part, i) son émetteur, ii) son environnement et iii) son récepteur. Il s'agit autrement dit d'intégrer les « facteurs inaliénables de la communication verbale » (Jakobson, 1963 : 214) à l'exclusion du code, qui n'est pas un fait de substance, et moyennant la prise en compte du « message » sous l'angle de la substance. Il s'agit, autrement dit encore, de décrire comment les signaux – selon leur nature empirique et la manière dont celle-ci régit leurs relations à l'espace et au temps – pèsent sur les pratiques langagières.

En partant du seul facteur « biomécanique » (Harris, 1993) ou « biotechnologique », plutôt que des propriétés de telle ou telle pratique discursive orale, on parvient à organiser les inventaires de différences généralement évoquées entre communication écrite et communication orale (*cf.* la grille ouverte de Koch & Oesterreicher, 2001 au chap. 1, 2.2, p. 45).

Dernière remarque : l'analyse qui va suivre est axée sur les signaux acoustiques, tels qu'ils conditionnent l'énonciation orale. Dans la mesure où ce sont ces caractéristiques que vont adopter les écrits produisant les effets d'oralité, il est plus utile pour notre propos d'aborder la comparaison sous cet angle.

4.2.1 Signal/récepteur (1) : un signal complété par des paralangages

Pour qu'il y ait un signal acoustique, il faut que le récepteur ait un accès, au moins auditif, à l'environnement d'émission : c'est une conséquence directe de l'absence de support qui contraint la « consommation sur place » d'une substance audible. Or l'émetteur et le récepteur ont des corps. Dès lors, ordinairement, le signal acoustique s'accompagne d'autres sémiologies processuelles extralinguistiques, dites « kinésiques » ou « posturo-mimo-gestuelles », produites par les organes de la parole (rire, soupirs, toux, etc.) ou le reste du corps et perçues par ce corps (audition, vision, olfaction...).

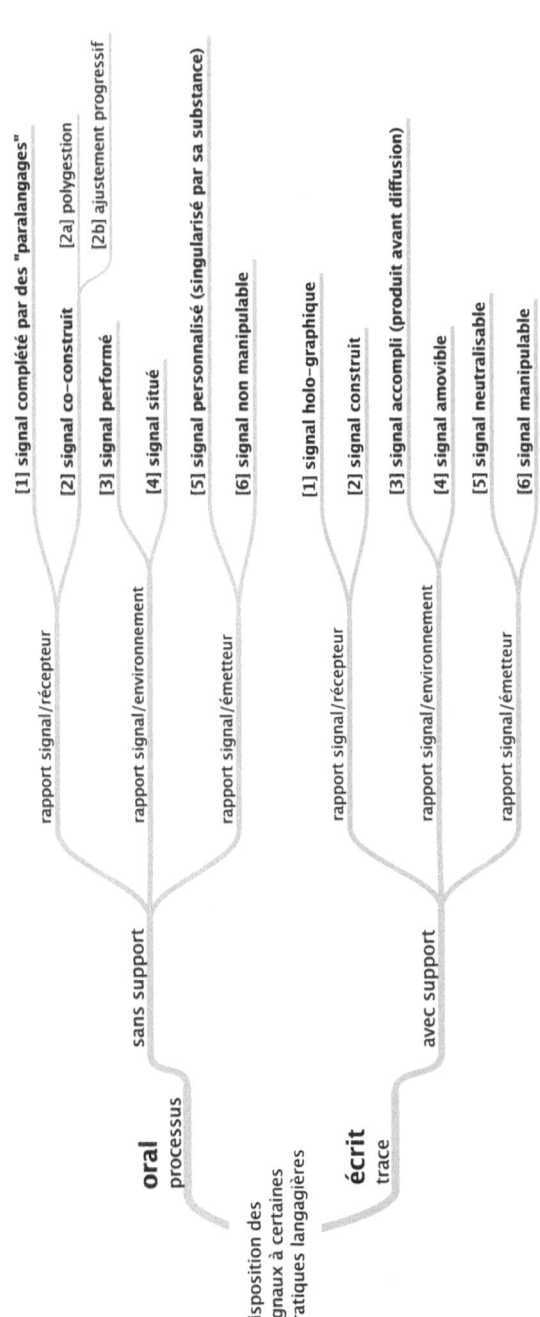

Fig. 6: Affordance des signaux (manière dont ils disposent à leur usage)

L'écrit lui aussi peut être multimodal : il se voit potentiellement complété par l'image. Mais celle-ci s'adresse à la même faculté perceptive – on a assez souligné le fait que l'écrit, comme signal, est lui-même une image. D'où sans doute l'idée courante que la multimodalité est caractéristique de l'oral seulement.

Cette complémentarité, liée à la nécessaire présence de l'émetteur et de son corps – et donc toujours à l'absence de support – est parfois considérée comme définitoire de la « parole totale » :

> Le système oral n'atteint sa **complétude** que dans la présence perceptible du producteur de la parole (d'où le visiophone, téléphone à écran). Alors que le texte, illustré ou non *ad libitum*, se suffit à lui-même, la **parole totale** requiert la présence perceptible de son auteur, phénomène d'une autre nature. (Rey-Debove, 1988 : 81)

La parole totale serait un corps à corps. La position conduit à faire de la *parole aveugle* (au téléphone, au travers d'une paroi, celle qu'on entend à la radio…) une parole partielle. Pour Rey-Debove, « c'est la parole dite à l'écran (cinéma, télévision) qui se trouve être symétrique de l'écriture, dans une société où écriture et parole sont diffusées » (1988 : 81). On ne reconnaît pas aux illustrations, ou à l'écrit multimédia, un même caractère de nécessité[33], mais celui d'une plus-value sémiologique.

Si cette complémentation ne correspond pas à une nécessité biotechnologique (on admettra que les malvoyants parlent le même idiome que les voyants), les pratiques discursives « aveugles » développent des spécificités qui confirment qu'à l'échelle morphogénétique, la langue orale ne serait pas la même si elle n'était pas ordinairement couplée aux paralangages kinésiques. Il ne s'agit pas d'une caractérisation biotechnologique, mais d'une détermination qui oriente l'évolution linguistique, les pratiques et leurs formes.

Par suite, comme on l'a vu sous l'angle sémantico-syntaxique en traitant des verbes paraverbaux, dès que la voix et le corps de l'émetteur sont parties prenantes de la signifiance de l'énoncé, celui-ci est traité comme représentation d'oral (voir 2.3.2.2, p. 232).

---

33 On ne peut forger un concept symétrique d'*écrit total*. Ce qui pourrait constituer un écrit dégénéré, ce serait l'écrit réduit à une ligne par certains formats informatiques (comme les formats dit « texte brut », en anglais « plain text », comme si, encore une fois, au-delà de la ligne, ne restait que l'image) et de l'antique boustrophédon. Cependant ces écrits-là ne sont pas privés d'un paralangage accessoire et complémentaire, mais du sous-système qui gère *pour la vue* la répartition des graphèmes dans l'espace (la topographie, chap. 5, 4, p. 327).

4.2.2 Signal/récepteur (2) : un signal co-construit

La coprésence des émetteurs ne manque pas d'influer sur l'élaboration du signal lui-même, qui peut être *polyphonique* au sens le plus acoustique du terme. Le récepteur est un émetteur potentiel, non contrôlé par l'émetteur actuel, et l'émission peut ainsi se réaliser à plusieurs, de manière harmonieuse ou cacophonique. « Ils parlent ensemble » s'interprète de manière réciproque (ils se parlent l'un à l'autre), alors que « ils écrivent ensemble » reçoit spontanément une interprétation agentive collective *(ils écrivent à deux* vs *ils s'écrivent)*. En théorie pourtant, *ensemble* doit prendre dans les deux cas un sens d'agent collectif. *Parler* est – sauf cas pathologique, comme on disait naguère – une activité sociale.

a) Un signal formaté pour s'articuler à un contre-signal. Au fait de la coprésence, s'ajoute le caractère processuel du signal acoustique. Contrairement au signe-trace, livré accompli, le signe-processus se réalise tandis que le récepteur peut à tout moment inter-venir pour compléter, chevaucher, interrompre... un signal en cours d'émission (sinon en cours d'élaboration, comme on a vu au chap. 1, 7.1.2, p. 62). En conséquence de cela, l'action que permet ce signal se conceptualise préférentiellement comme un échange, une interaction ou une action collaborative, dont les unités textuelles elles-mêmes peuvent être produites à plusieurs (co-énonciation au sens de Jeanneret 1999). L'unité du phénomène et de son analyse tend naturellement à être une « paire adjacente » (Schegloff & Sacks, 1973), qui dans les faits est souvent moins adjacente que partiellement superposée.

Autrement dit, la possibilité empirique de la coopération au niveau même de l'élaboration du signal conduit au développement, au plan des usages et des systèmes, de pratiques régulant la co-construction des signaux et des actions qu'ils supportent : au niveau prosodique comme segmental, les ouvertures, les continuités et les clôtures de la parole vont faire l'objet de marquages et de négociation. Autant de notions clés pour l'analyse conversationnelle, autant d'aspects qui vont informer la constitution du système et sa mise en action. Autant de problèmes enfin que ne pose pas la trace graphique. Celle-ci en effet est achevée au moment de solliciter « l'attitude responsive active » du lecteur (Bakhtine 1984 : 275). Du moins dans l'état actuel des outils informatiques d'écriture collaborative, écrire à plusieurs mains ne suppose pas le difficile partage du *hic et nunc* de l'émission, mais l'addition de nouvelles traces à d'autres déjà inscrites dans l'espace d'un support[34]. La polygestion propre à

---

34 Je pense par exemple aux « googledoc » : on n'y écrit pas en même temps sur un même

l'énonciation orale découle des caractères processuel et situé du signal acoustique.

b) Un signal adaptatif. La coprésence et la coopération dans l'élaboration d'un signal processuel fondent également la possibilité d'un ajustement progressif du signal à son récepteur. Ce qui est caractéristique de l'échange de signaux acoustiques, c'est moins l'ajustement préalable au contexte de réception que le réglage, effectué *au fil de l'émission* et de l'échange, de la production symbolique, en fonction de son effet observable sur l'allocutaire (*feedback*). Cette accommodation « interlocutive » (qui va d'ailleurs dans les deux sens de la relation d'interlocution) permet de réviser en cours d'action tous les aspects de l'émission, substantiels (parler moins rapidement, plus fort...) ou formels (parler moins durement).

Ce qui inversement caractérise l'écrit sur l'axe énonciateur-énonciataire, c'est la possibilité d'une énonciation sans récepteur présent au moment de la production du signal. Cette virtualité en conditionne une autre : celle d'une situation de production potentiellement disjointe en amont de la situation de réception. Les développements historiques des pratiques de l'écriture se sont engouffrés dans cette ouverture pour fixer des rituels ou habitus d'écriture : un environnement (immobilier et mobilier), des comportements (le café...), et surtout des outils (papiers, crayons, stylos, ordinateurs...) et des pratiques symboliques et énonciatives qu'on peut penser comme des techniques de la réflexivité métascripturale. Par celles-ci, l'énonciation écrite s'invente en revenant sur elle-même pour se transformer et préparer la situation de réception qu'elle vise *in fine*.

La possibilité de cette rupture entre production et réception, son effet (générer un « backstage » de l'énonciation) et la ritualisation des pratiques dans les coulisses de l'écriture alimentent l'imaginaire de la pratique : en tant que processus, l'écriture est d'abord pensée comme *intime*, mais en tant que produit, elle est fondamentalement conçue comme *publique*.

Le backstage ne va pas, en effet, sans propulser un « on-stage ». Cette caractéristique, que d'aucuns tiennent pour « le mécanisme fondateur de l'écrit : la communication à un Autre non présent » (Dausse, 2003), conduit à se représenter l'écrit comme le mode privilégié de la communication publique :

---

support, mais on met en circulation un signal auquel chacun « répond » à tour de rôle en élaborant un nouveau signal à partir du précédent. On retrouve ici quelque chose comme des tours de parole, des tours d'écrit, mais l'unité tour est transmise après son accomplissement : il n'y a pas de lutte pour la prise de parole, mais au contraire le risque que les tours soient pris en même temps à l'insu des scripteurs, générant ainsi des versions « en conflit ».

> On peut dire que le propre de l'écriture consiste à emprunter au support matériel sa simple capacité à durer, afin de générer un nombre illimité de signes, à l'intention de ceux qui peuvent en avoir besoin. De ce point de vue, une lettre personnelle, écrite le plus souvent à l'intention d'une seule personne, constitue **une quasi-perversion de l'écriture** comme moyen de communication. **L'écriture est un moyen de communication essentiellement public.** Écrire, c'est toujours courir le risque d'être lu par tout le monde. De là, l'importance de la cryptographie pour les messages secrets. [...] Cette dimension publique de la communication écrite est irréductible, parce qu'elle naît de l'utilisation d'un support durable. (Harris, 1993 : 147)

On voit dans ce commentaire de Harris toute la difficulté de penser le rapport entre déterminations biotechnologiques et pratiques langagières, écrites ou orales. Publique « essentiellement » et de manière « irréductible », la communication écrite le serait en conséquence de la rémanence de son signal, caractère effectivement définitoire des sémiologies de la trace. Pourtant une détermination biotechnologique ne peut valoir pour trait définitoire des pratiques discursives. L'utilisation « intime » de l'écrit n'est pas impossible ; elle constitue néanmoins une « perversion » du potentiel de l'écrit, réclamant la mise au point de dispositifs compensatoires d'« intimisation » (l'enveloppe, le sceau, le mot de passe, la cryptographie, le message qui s'autodétruit après sa lecture pour rester top secret...)[35]. D'où l'intérêt du concept d'*affordance* pour penser ce à quoi dispose le signal graphique, ce qu'il rend possible – ici, une communication « publique », au sens d'irréductible à une audience toujours circonscrite par l'environnement de l'émission du signal –, sans qu'il interdise les emplois « uncommon » (dirait sans doute Gibson). C'est à cette affordance que l'on doit le recours privilégié à l'écrit pour les communications officielles, et à ce recours privilégié que l'on doit l'image publique de l'écrit opposée à l'image privée, c'est-à-dire interpersonnelle, de la communication orale.

Les racines du prestige de l'écrit sont nouées à cette dimension. La force du scripteur – solliciter l'énonciation (lecture) d'un allocutaire pourtant absent au moment de l'émission et de la mise en circulation du signal – est aussi sa faiblesse : qu'un *il* lise par-dessus l'épaule du *tu* prévu par le texte. Le scripteur s'adresse toujours à un destinataire, modèle singulier ou collectif, mais il ne sait jamais qui lira la trace une fois celle-ci abandonnée à elle-même. En quoi le scripteur se commet : l'énonciation écrite est à la fois énonciation et preuve de l'énonciation.

---

[35] À propos de l'atypicité de la lettre intime : « On sait [...] qu'une lettre personnelle entre amis, quoique réalisée par "écrit", n'est pas un spécimen typique du langage "écrit". » (Koch & Oesterreicher, 2001 : 584)

> Aussitôt que vous aurez eu votre belle Dévote, que vous pourrez m'en fournir une preuve, venez, et je suis à vous. Mais vous n'ignorez pas que dans les affaires importantes, on ne reçoit de preuves que par écrit.
> (La Marquise de Merteuil au Vicomte de Valmont, P. Choderlos de Laclos, *Les Liaisons dangereuses*, 1782.)

Cette dimension politique de l'écrit[36] encourage un contrôle supérieur de ce que le scripteur peut assumer. Fondamentalement, ce sont donc deux grands types différents de situation de communication que servent les affordances du signal graphique et du signal acoustique. L'un sollicitant l'allocutaire et son corps, invitant à une élaboration coopérative où émission et communication sont conjointes ; l'autre disposant à l'absence de l'allocutaire et profitant au développement de pratiques d'élaboration solitaire.

Le contraste ergonomique exposé ici, qui conduit les signaux graphiques et acoustiques à solliciter très différemment la participation du récepteur, explique qu'à l'écrit, la représentation des phénomènes de co-énonciation participe à la construction d'une scénographie orale.

Évoquons les cas très fréquents de la *réplique*, par le seul jeu du tiret simple ou d'autres dispositifs topographiques et textuels, et de l'*interruption* dont les modes de représentation sont particulièrement riches : référence métalangagière explicite à l'acte d'interrompre [86], codification par le point de suspension[37], divers phénomènes d'incomplétude plus équivoques (auto ou hétéro-interruption dans [87] ?), etc.

[86] Il se sentit rougir, et hardiment :
– Et moi on m'avait annoncé, madame, que vous étiez...
Elle l'interrompit :
– Dites une coquette. Je le suis beaucoup avec les gens qui me plaisent.
(G. de Maupassant, *Notre Cœur*, 1890.)

[87] – Qu'en penses-tu ? demanda-t-elle.
– Eh bien, il me semble que.
– Enfin, espérons que ça continuera. Pour moi, elle doit faire une poussée de religion.
(A. Cohen, *Belle du Seigneur*, 1968.)

---

[36] Explicite dans cette note de bas de page où le psycholinguiste glose sa position anti-intellectualiste : « Ce que j'écris ici, on l'entend dire bien souvent. Mais le dire ne suffit pas : il est temps que cela prenne **valeur de chose écrite**, de question avouable, d'intérêt général (voire de portée politique), et non plus seulement de difficulté vécue individuellement, de problème à solutions tacites. » (Flahaut, 1978 : 14, note 2)

[37] Ce topogramme joue conventionnellement un rôle fort intéressant dans la scénographie processuelle de l'écrit ; nous l'analyserons au chap. 5 (4.4.7, p. 366).

[88] L'ancienne apparatchik – « je le suis toujours », corrige-t-elle – membre du PCSU, qui jouit encore d'une datcha mise à sa disposition par la banque, n'a pas mâché sa peine pour se reconvertir en partisane de l'économie de marché.
(*Libération*, 15–16 avril 1995 < Pétillon 2002.)

La représentation de l'interlocution à l'écrit peut servir des fins rhétoriques comme dans [88], où la construction parenthétique, constituée d'une hétéro-reformulation au sein même de l'énonciation journalistique, mobilise la scénographie de l'interview à l'origine de l'article de presse. La mise en scène confère ainsi un crédit maximal au propos du journaliste qui s'énonce sous le contrôle actif du principal garant de sa validité.

Dans la communication écrite, ce n'est pas l'allocutaire mais sa représentation qui oriente l'émission du signal graphique. Son émission est tenue à l'écart de la communication par le geste de publication du support : du tract à distribuer, de l'affiche à placarder, du livre à faire circuler, de la lettre à envoyer, du *tweet* à *tweeter*. Cette coupure instaurée par le geste de publication – là où le signal oral est à la fois geste d'émission et geste de circulation – affecte l'exercice de l'interlocution.

Répétons pour clore ce point que nous ne traitons pas là de caractéristiques absolues des signaux et des activités symboliques qu'ils supportent, mais bien des déterminations biotechnologiques de leurs usages et de leur développement. Le récepteur du signal acoustique, présent à ce signal, peut être réduit au silence par les conditions empiriques (si la parole est diffusée dans un sens seulement, comme à la radio) ou discursives (certains genres oraux qui ne tolèrent pas de réponse), ou parce qu'il choisit de se taire. Mais ce qui importe, pour comprendre et décrire les différentes traditions discursives orales – de la conversation à bâtons rompus à l'oraison funèbre –, c'est de les rapporter à l'affordance de leur signaux : sans support, il dispose à une interaction immédiate que des dispositifs techniques ou moraux (des normes d'usage) devront au besoin refreiner. L'usage de l'oral s'est répandu partout où cette interaction est humainement nécessaire, c'est-à-dire dans l'ensemble des activités humaines collaboratives, déterminant au sein du système de la langue des appareils formels dévolus à la gestion d'une action en cours. On pense en particulier au plan de l'énonciation que Benveniste appelle « discursif » et aux diverses formes linguistiques du dialogue[38].

---

38 Même Benveniste, qui évite de coupler énoncé type (fait grammatical et énonciatif) et opposition oral/écrit, reconnaît à propos des indicateurs de personne qu'« il est difficile de concevoir **un court texte parlé** où ils ne seraient pas employés » (Benveniste, 1966 : 252). Lorsque la didactique de la langue assimile trop brutalement pratiques orales et formes de

4.2.3 Signal/environnement (1) : un signal performé

L'absence de support implique la présence du récepteur dans l'environnement où le signal acoustique est émis et se propage, c'est-à-dire dans l'espace mais aussi *dans le temps même de cette émission*. C'est ce qu'on appellera son caractère *situé*, au sens où les cognitivistes parlent de « cognition située » pour faire référence au fait que les locuteurs ne traitent pas seulement, à l'oral, des représentations linguistiques et cognitives, mais aussi des actions et des objets de l'environnement (Fernandez-Vest, 2005)[39]. L'interaction entre *environnement* et *agents de parole* est autrement dit profondément conditionnée par le fait que ces deux facteurs partagent nécessairement un même espace-temps.

Parce qu'il est durable et situé, le signal acoustique se déroule en même temps que d'autres phénomènes de son environnement et pas seulement le phénomène de sa réception. Par conséquent, la situation créée par l'acte d'émission est dynamique : le « maintenant » de l'énonciation réfère au *maintenant* toujours mouvant de son émission. Ceci est vrai bien sûr, non seulement pour le temps, mais aussi pour l'espace et les sujets qui définissent la *situation* au sens de Coseriu (1954), dans la tradition de l'*origo* de Bühler : le champ déictique ouvert par le fait même de parler et dont le parleur est le centre (*ego-hic-nunc*). Cette coïncidence entre durée de l'action et durée de l'environnement (et, dans l'environnement, durée de la réception) favorise le développement d'un mode de repérage temporel particulier des représentations construites par l'énonciation orale : un repérage relatif au moment de l'émission du signal par l'agent et son corps.

Sur le plan de la conduite langagière, la coïncidence dans la durée entre émission (manifestation) et réception définit *le régime performanciel de l'action*. Il ne s'agit pas de confondre la question de la performance et celle de l'improvisation, qui suppose la concordance du temps de la préparation du signal (et non de sa manifestation) avec celui de l'environnement de réception. Il n'em-

---

l'interlocution, elle provoque l'effet indésirable suivant : « [...] une panoplie de procédés que l'école traduit par "on n'écrit pas comme on parle". Une consigne dont on peut craindre que les enfants ne la poussent trop loin, intériorisant une sur-norme qui les entraîne à **évacuer de leurs textes les formes de l'interlocution** » (Arabyan, 1994 : 11). Ce sont les méfaits d'une pédagogie qui confond, dans le fourre-tout de l'oralité, les structures morphosyntaxiques liées à des variétés grammaticales de la « langue de tous les jours » (grammaire première, Blanche-Benveniste) et les appareils formels de fonctions particulièrement sollicitées à l'oral (comme l'appareil formel « du discours »).

39 La perspective adoptée à ce stade (celle de la substance) autorise à penser l'émission comme un phénomène situé dans un champ qui lui est sinon indépendant du moins extérieur, alors que du point de vue de l'activité cognitive et linguistique, activité et environnement sont en relation de co-construction (Quéré, 2006).

pêche que, parce qu'il est une performance, même si celle-ci a été préparée, le signal acoustique rencontre d'autres émissions et d'autres événements, intentionnels ou naturels, qui le concurrencent. À commencer, on l'a vu au point précédent, par le signal d'autres récepteurs-émetteurs présents dans la situation.

Dès lors, la performance du signal oral réduit, pour son émetteur, la possibilité d'une planification totale. Au plan linguistique, elle réduit d'autant la possibilité de l'intégration, syntaxique et textuelle, des énoncés (clauses complexes bien formées, progression fluide de l'information, liages anaphoriques solides, cohérence sémantique, plans de texte clairs, etc.). On trouve ici bien sûr les ferments du caractère simpliste, incomplet, décousu voire incorrect qu'on prête aux énoncés oraux, relativement aux énoncés écrits. Les « contraintes d'optimalité » de Berrendonner (2004), explication convaincante de la préférence de l'oral pour la macrosyntaxe et de l'écrit pour la microsyntaxe (chap. 5, 5.5, p. 393), y trouvent leur fondement sémiologique.

L'activité symbolique portée par un tel signal requiert la capacité de gérer la performance, c'est-à-dire de faire face, « en temps réel », aux difficultés inhérentes à la gestion de la tâche symbolique, ainsi que la capacité d'adaptation aux évolutions de l'environnement. Nous reviendrons sur les conséquences liées à la gestion du travail énonciatif « en direct » au moment d'aborder le caractère non manipulable du signal acoustique (4.2.6, p. 280). Quant aux imprévus, on relèvera que le signal acoustique peut être « surpris » par d'autres phénomènes, mondains ou langagiers, au milieu desquels il se produit ; il porte du coup, sur le plan linguistique et textuel, les traces de la non préparation et de la surprise : référence exophorique impromptue, insertions parenthétiques de tous niveaux textuels (du régime hors de son site propre à la digression) ou différents phénomènes de *disfluence* (hésitation, répétition, abandon...).

Enfin, la gestion de la performance suppose celle des émotions liées aux enjeux de l'action sociale engagée. Le caractère performanciel fonde également la présence, dans les discours oraux, de marqueurs d'émotion et d'une syntaxe jugée expressive : certains types de phrases « atypiques » (averbales, infinitives, à présentatif) et les constructions que Bally appelait « segmentées » (faits d'extraction et de clivage ; voir aussi chap. 5, 5, p. 376). Sur des fondements cognitifs intuitifs et qui restent en partie à expliciter (les phrases atypiques seraient moins coûteuses à produire que les phrases canoniques...), on admet très généralement que ces constructions *trahissent* l'émotivité du locuteur. Mais elles relèvent également d'une stylistique de l'émotion, en particulier à l'écrit :

> Je laisse ma bicyclette contre un trottoir ; à mon retour je constate qu'elle a disparu. Mon sentiment se manifeste par un cri : volée ! Est-ce à dire que cette phrase soit incomplète ? Le sujet grammatical n'est sans doute pas exprimé, mais il se reconstitue de lui-même. Je puis

aussi m'écrier : ma bicyclette ! L'idée de vol n'est pas extériorisée, mais elle occupe ma pensée. Il convient de remarquer que ces phrases, qui ne s'éclairent qu'à la suite de toute une implicitation de faits et de circonstances, apparaissent surtout comme des **réactions personnelles qui ne visent aucun destinataire**, sinon tout au plus un interlocuteur témoin, ayant à l'esprit tous les éléments qui permettent de faire la reconstitution historique de l'événement. Nous sommes en présence d'une **langue spontanée** qui s'exprime par une **explosion subite du sentiment** et à laquelle **nous recourons d'instinct** lorsque nous sommes **sous le coup d'une forte émotion.** (Cressot, 1947 : 198)

Pour sa part, l'énoncé écrit suppose un signal pré-performé ; parce qu'il est rémanent mais sans durée, il ne peut être *interrompu*. Un signal-trace, par définition, ne peut constituer une performance. Faute de durée, il ne saurait se dérouler en même temps que quoi que ce soit d'autre dans son environnement. Le signal lui-même n'étant pas une opération mais un produit auquel le récepteur s'expose, l'élaboration de ce produit est elle aussi évidemment préalable à sa situation de réception. Dès lors, *stricto sensu*, on ne peut parler d'écrit improvisé. L'écriture l'a peut-être été, le produit n'a pas les propriétés pour l'être. L'« écrit improvisé » est une métonymie[40].

Dénué de dimension performancielle, le signal graphique gagne la qualité que l'on place souvent à l'origine de l'invention de l'écriture : celle de stockage, de mémoire externe, d'archive (Goody, 1977). Cette qualité procède de la rémanence de la trace (soit, on l'a vu, sa capacité à se soustraire de la temporalité de son environnement de production). Alors que la circulation dans l'espace dépend du choix du support (la lettre *vs* l'enseigne), sa rémanence est définitoire de la condition graphique.

À partir de là, on comprendra aisément que la capacité à gérer la performance est fortement valorisée dans l'évaluation des compétences communicationnelles orales et, inversement, peu ou non pertinente pour l'écrit.

Car dans les difficultés de son régime performanciel, l'énonciation orale trouve également une valeur positive : celle de la *spontanéité* qui caractérise l'« oral authentique ». La trace graphique suppose, par nécessité, la *prévision* du comportement langagier. Produire une trace graphique, c'est anticiper l'« attitude responsive active » d'un autre, ailleurs, plus tard. Le processus acoustique,

---

[40] L'écriture en revanche est soumise à la contrainte temporelle : minimalement dans les conditions (fantasmées plus que réelles) de production d'« œuvres » et maximalement lorsque dans une *tchatroom* (du type de celles que permet d'ouvrir « Whatsapp »), la durée de l'élaboration de l'écrit s'infère du laps de temps écoulé entre deux « tours d'écrit ». L'indication « *Gilles écrit...* » confirmant d'ailleurs qu'il y a élaboration active. La vitesse de l'écriture va faire sens et conditionner l'interprétation du signal. Ce dernier demeure néanmoins statique et ne s'interprète qu'une fois posté.

par opposition (et non en soi : la mémorisation on l'a dit est une composante nécessaire de toute émission), offre la possibilité d'une action partiellement préméditée seulement, et donc l'exercice et la démonstration de l'esprit d'à-propos, de la répartie[41].

Une part importante des discussions entourant la célèbre anaphore rhétorique de François Hollande, « Moi, président de la République » (syntagme repris quinze fois de suite, lors du débat télévisé de l'entre-deux-tours, le 2 mai 2012) consistait précisément à évaluer le caractère *improvisé* ou *prémédité* du procédé. Une telle évaluation ne change rien à la performance elle-même, mais elle a un enjeu très manifeste sur son appréciation. Hollande lui-même a défendu le caractère partiellement spontané de sa figure, alors qu'un article du *Point* documentait sa préparation[42].

La discussion touche au rapport ambigu de ce genre de pratique discursive, le débat télévisé, avec l'oralité et l'écriture (paraître spontané pour une performance orale en réalité optimalement planifiée par l'écrit). Elle touche surtout à une échelle de valeurs parmi les qualités présidentiables : celles de l'oralité (spontanéité, réactivité, vitesse, émotivité, subjectivité) ou celles de la scripturalité (préparation, anticipation, profondeur, rationalité, objectivité). Selon qu'on l'interprète comme écrite puis oralisée ou comme « authentiquement » orale, la même performance confère à son auteur tantôt la figure du bon élève, sérieux, peut-être calculateur, voire ridicule si l'on ne goûte pas la figure, tantôt l'*ethos* de l'homme sincère, transporté par ses émotions, éventuellement jusqu'à l'excès. Si les déterminations biotechnologiques sont à une extrémité de l'analyse sémiologique du binôme oral/écrit, il y a, à l'autre bout, d'importants enjeux interprétatifs. Les effets résultent d'inférences fondées sur la structuration segmentale et supposant donc des modèles grammaticaux et stylistiques : ils se situent entre l'appréciation d'un oral « authentiquement oral », parce que jugé conforme aux possibilités de planification du locuteur, à l'oral « trop écrit » ou « judicieusement préparé », c'est-à-dire ressenti comme d'une complexité excédant ce qu'il est vraisemblable de pouvoir gérer en situation...

4.2.4 Signal/environnement (2) : un signal situé

Par le corps qui l'émet (celui d'un humain ou celui d'une machine), le signal acoustique de l'énonciation orale est plongé dans son environnement immédiat

---

41 On dira qu'une action est *partiellement préméditée* si son processus n'est pas fixé en entier au commencement de l'action.
42 On consultera la page wikipedia consacrée à cette réplique (wiki/Moi_président_de_la_République).

et réclame, par suite, l'accès – auditif au moins, visuel en prime – du récepteur à l'environnement d'émission. Cet entour devient ainsi une matière symbolique potentielle.

Or l'environnement, physique et social, recèle de données, pertinentes ou non, pour la transmission des signaux émis. En s'inspirant de l'analyse de la notion de contexte de Coseriu (1955–56), on peut caractériser l'oral par le fait que l'interprétation de son signal suppose sa détermination par des contextes pluriels.

Le contexte corporel. Nous avons suffisamment parlé des ressources, prosodiques, kinésiques, permettant de compléter l'énonciation orale (par diverses modalisations notamment) que le scripteur aura quant à lui besoin de verbaliser, éventuellement de dessiner (les émoticons visant à suppléer, dans le champ du graphique, au manque de gestualité, en particulier faciale).

Le milieu. Le signal acoustique, on l'a dit aussi, est situé par son émission : son occurrence est un événement dynamique produit par un agent dans un milieu. Cet événement, l'« instance de discours » (comme dit Benveniste), fournit un foyer potentiel pour des opérations de repérage et de construction du sens. La présence du signal à son milieu d'émergence incline au développement et à l'utilisation de ce mode de repérage par « un jeu de formes spécifiques dont la fonction est de mettre le locuteur en relation avec son énonciation » (Benveniste, 1974 : 82). L'émission fournit aux « indicateurs » *je-ici-maintenant* leur point de référence. C'est le *mode discursif* de l'énonciation de Benveniste (*mutatis mutandis*, l'*orientation subjective* de Bühler).

Le signal acoustique rencontre dans son « écosystème » des bruits et d'autres phénomènes perceptibles, prévus ou non par l'émetteur ; il accompagne des actions, manipule des objets, c'est-à-dire élabore un environnement perceptivement disponible. Cette disponibilité définit ses ancrages *situationnel* et *actionnel* ; elle va favoriser des modes de référenciation *exophorique*, adaptés à un fonctionnement en présence du référent. Le geste ou la seule présence du corps se combine aux signaux acoustiques dans leur fonctionnement référentiel : c'est la thématique de l'indexicalité. La situation de l'énoncé oral soulage la verbalisation en jouant un rôle désambiguïseur, dans lequel c'est un objet perçu qui fait office d'interprétant à un signe et réduit sa polysémie.

Le contexte pragmatique. En tant qu'il est social, l'environnement comporte encore des données sur le type d'activités symboliques dont il peut être le théâtre. Par suite, l'énonciation orale est disposée à des pratiques où les cadres pragmatiques sont faiblement verbalisés dès lors qu'ils sont inférables de la situation où se rencontrent émission et réception. En comparaison, les écrits dont le support permet la circulation se bardent de « métadonnées » qui explicitent leurs cadres d'interprétation.

Ainsi, l'accès à l'environnement qu'implique la nature des signaux acoustiques influe-t-il profondément sur la relation du linguistique à l'extralinguistique et la gestion de cette relation dans l'énonciation orale. L'ancrage situationnel et actionnel, la coopération langagière et paralangagière du récepteur, qui informe l'émetteur de l'efficacité de son signal dans le *work in progress* de la communication, conduisent à divers procédés et diverses formes d'économie. Il en résulte des produits linguistiques évaluées en termes d'*incomplétude*, d'inachèvement, voire de fragmentaires. Ces jugements de « sous-textualisation » des produits linguistiques oraux sont évidemment relatifs à la valeur refuge que représente l'énonciation écrite prototypique.

Au contraire, la « détachabilité » que les énoncés écrits doivent à leur support[43] incitent à la suppléance des multiples contextes « naturels » du signal acoustique dans deux directions : une optimisation des *fonctionnements intradiscursifs* (renforcement des différentes opérations de liage décrites par la linguistique textuelle ; Adam, 2011), optimisation à laquelle profitent la disposition spatiale et la rémanence du signal[44], et une maximisation des *fonctionnements interdiscursifs* (notamment par le respect de conventions génériques ou architextuelles, au sens de Genette). En particulier, l'absence potentielle de l'auteur au moment de la réception et donc l'absence de *backchannel* encouragent l'énonciation écrite à la verbalisation et à la complétude.

De plus, la rémanence du signal subvertit le fonctionnement des indicateurs (*je-ici-maintenant*) : alors qu'à l'oral, le foyer auquel ils font référence (« l'instance de discours ») est situé par l'émission elle-même, l'écrit invite à la construction d'une référence explicite à son foyer d'émission, doublant par exemple

---

43 La trace, par sa rémanence, se détache nécessairement de son émetteur, comme un fruit mûr et bientôt mort, selon l'analyse du *Phèdre* (275c). Cet aspect est à distinguer de la mobilité ou transportabilité de l'écrit, relative à l'invention et à l'utilisation de supports amovibles. Cette dimension historique est à prendre en considération. J'y reviendrai brièvement au moment de considérer les conditions relativement stables de la sémiotique de l'imprimé pour la période considérée (XIX-XXe siècles).

44 Voir par exemple Béguelin (1998 : 237) dans une formulation très « ergonomiste » : « le *medium* graphique **favorise** (quoique **sans l'imposer** généralement) une interprétation topographique des instructions sémantiques de "proximité" vs "éloignement" ». L'écrit incline ainsi au développement de la référence mentionnelle qui a « vocation à renvoyer à "l'espace des entités discursives du texte, et à leur ordre relatif" » (Béguelin, 1998 : 234 citant Corblin, 1998 à propos du fonctionnement de *celui-ci* et *celui-là*). « En raison du matériau phonique et des contraintes particulières qui en découlent pour les interlocuteurs, la langue parlée se montre toutefois peu perméable à une telle évolution, en dehors de circonstances particulières. Il n'est guère original d'observer que la notion même de référence "mentionnelle" entretient des affinités avec l'expression écrite, dont le produit constitue à proprement parler un espace où l'ordre relatif des entités discursives reste enregistré et en tout temps vérifiable. » (Béguelin, 1998 : 237)

les indicateurs temporels « d'une correspondance explicite avec une division du temps chronique : « "aujourd'hui 12 juin 1924" » (Benveniste, 1974 : 77)[45].

Il y a, pour résumer, entre l'oral et l'écrit, un rapport au signal qui s'oppose comme la *force* et la *forme*. Il explique que les études génériques, décrivant notamment l'organisation globale des discours, aient longtemps négligé la description des interactions orales (Orecchioni & Traverso, 2004), que les discours oraux représentent le parangon de l'inter-action et les discours écrits, celui de la textualité et de la cohérence.

Rastier schématise utilement la relation contrastive des discours écrits et oraux à leur environnement :

> Retenons une sorte d'inversion des rapports entre contexte et situation. À l'oral, la situation domine le contexte (ou le supplée), alors qu'à l'écrit, c'est le contexte (intra et inter-textuel) qui domine la situation – ou la supplée. (Rastier, 1998 : 106 ; voir aussi Schlieben-Lange, 1998 : 264)

Cette économie est aisément perceptible lorsqu'un lecteur est confronté à l'exercice de la transcription de l'oral. Elle conduit le transcripteur à opter pour différents types de métadonnées, introduites linguistiquement (par catégorisation du dire oral transcrit), ou par des métalangage *ad hoc* (API, codage du kinésique, de la prosodie, etc.) ou encore par des compléments d'informations analogiques (photographie, enregistrement audio ou vidéo).

4.2.5 Signal/émetteur (1) : un signal personnalisé

Sans trace ni support, le signal acoustique, dans ses conditions normales, n'est pas médié par une technologie qui viendrait s'interposer entre les organes phonatoires et lui. L'interprète traite donc ce signal – une voix – comme porteur d'indices renvoyant à son émetteur, selon des sémiotiques diverses (prosodie, variations accentuelles, phonostyles...). En outre, le signal, comme substance même, singulière par définition, renvoie à la singularité d'un individu. Au téléphone, « c'est moi » suffit à l'identification d'un locuteur connu.

L'écrit, quant à lui, introduit quasi systématiquement la médiation d'une technique (un instrument d'écriture) dans le procès de l'émission ; sa rémanence le prête aux médiations neutralisant le rapport direct entre la substance gra-

---

[45] L'oral enregistré soulève les mêmes difficultés de repérage des indicateurs que l'écrit : l'*ici-maintenant* du signal n'est plus partagé par le locuteur et l'allocutaire. L'oral produit en vue d'un enregistrement tendra à intégrer cette donnée biotechnologique en ajustant ses modes de repérage.

phique et son émetteur : du scribe aux interfaces de saisie (clavier) et d'impression, en passant par le typographe. Rey-Debove appelle « asymétrie dans la neutralisation » (1988) ce rapport de l'agent à son signal, différent entre l'oral et l'écrit.

À l'ère de l'imprimé, puis de l'écrit numérique, le manuscrit, de véhiculaire qu'il était initialement, est devenu d'usage privé (Lebrave, 1992). La typographie, art et science de l'imprimé, est devenue, dans les littératies industrialisées, le prototype même de l'écrit. Or l'écrit typographique souffre d'un déficit de singularisation du côté de la substance de l'expression ; il le comble parfois par la signature. Accessoirement conformable aux patrons des graphèmes, la signature est une tentative de re-personnalisation de l'énonciation écrite, une matière de la ré-autoriser, par la singularité d'une substance (irréductible à des formes en principe).

Cette spécialisation entre sémiotique du manuscrit (progressivement réduit à la sphère privée) et sémiotique de l'imprimé (avec des formes propres comme l'italique, le bas de casse, les justifications...), à quoi s'ajoute la sémiotique du texte numérique[46], n'a pas d'équivalent dans le domaine de l'oralité. La voix, quant à elle, reste intime dans sa réalisation même lorsqu'elle est publique dans son usage. Mais la force de la standardisation du signal typographique, par sa mécanisation, lui fait gagner en lisibilité... ce qu'il perd en singularité. On verra là le fondement biotechnologique du mythe de la voix comme principe unique de subjectivation, mythe qui consiste à associer au domaine de la vocalité tout ce qui dans le langage passe pour singulariser l'énonciation. La voix, c'est l'homme (chap. 5, 6.4, p. 438).

Mais le signal graphique n'élimine pas toute variation non fonctionnelle toujours et absolument (la « manuscriture » s'offre à nos interprétations graphologiques spontanées et, grâce aux traitements de texte, le scripteur-éditeur amateur peut se faire aujourd'hui reconnaître par ses choix typographiques). Comme à chaque fois qu'on envisage la substance comme une causalité (plutôt que comme une affordance), on se trompe en prenant la neutralisation du signal pour une caractéristique définitoire de l'écrit.

---

46 Celle qui permet de distinguer par exemple un texte actif (auquel est associé un hyperlien ou une autre opération) d'un « texte passif » (sur l'espace duquel on cliquera inutilement).

4.2.6 Signal/émetteur (2) : un signal non manipulable

> La correspondance échangée pendant deux ans
> (1726–1728) entre La Motte, porte-parole du
> mardi, et la duchesse du Maine ne donne pas
> l'impression d'un style oral : on y sent trop
> l'effort et l'exercice. (Deloffre, 1971 : 23)

Le caractère processuel du signal acoustique l'inscrit dans une relation particulière avec son environnement et avec son récepteur, déterminant des régimes d'utilisation. Il détermine également le rapport particulier du signal à l'émetteur, comme on l'a vu au point précédent. L'absence de support n'instaure pas seulement une relation d'immédiateté entre émetteur et signal, il détermine également la manière dont le signal, objet empirique, s'offre à la manipulation. C'est là un aspect crucial de la caractérisation biotechnologique des énonciations orales, et bien sûr écrites. Nous bouclerons notre parcours avec lui.

Toute activité de manipulation d'un signal linguistique déjà émis sera considérée, au plan des formes, comme métalangagière. Mais cette activité se réalise de manière radicalement différente selon que le signal soit acoustique et sans trace, ou qu'il soit graphique et donc accompli et rémanent.

Rappelons qu'un signal acoustique peut laisser une trace, s'il est enregistré. Toutefois, si le signal est reçu lui-même, en tant qu'il est processus acoustique et non en tant qu'inscription sur un support (enregistrement), alors il ne laisse de trace que dans la mémoire : seul son souvenir peut être manipulé. La modification du déjà-dit, en tant que signal, est impossible. À ce propos, construisant la spécificité de leur objet, les linguistes de la production écrite que sont les généticiens rappellent volontiers l'incipit du « Bruissement de la langue » :

> La parole est irréversible, telle est sa fatalité. Ce qui a été dit ne peut se reprendre, *sauf à s'augmenter* : corriger, c'est, ici, bizarrement, ajouter. En parlant, je ne puis jamais gommer, effacer, annuler ; tout ce que je puis faire, c'est de dire « j'annule, j'efface, je rectifie », bref de parler encore. Cette très singulière annulation par ajout, je l'appellerai bredouillement. (Barthes, 2002 [1975] : 800)

Dire sur son dire – redire ou dédire –, telle est l'activité méta-énonciative à laquelle contraint le signal acoustique. À l'impossible réécriture du signal, l'énonciation orale supplée par une activité réflexive dont la visée n'est pas de modifier le signal lui-même, mais ses effets. L'énonciation orale n'a d'autres choix que de placer ses « retours en arrière » (sur la chaîne syntagmatique) « vers l'avant », pour reprendre la métaphore spatiale de Rey-Debove, de Blanche-Benveniste et de la tradition, c'est-à-dire d'installer les réanalyses du déjà-émis dans la successivité de l'émission, dans l'*omniprésence* du processus – non pas toujours présent, mais toujours *au présent*. Le retour sur le déjà-dit rejoint le signal dans le fil de son émission et participe ainsi de l'énonciation (comme méta-énonciation).

On perçoit ici tout le bénéfice de distinguer le plan substantiel de l'analyse sémiologique : au niveau des formes et du sens, la méta-énonciation vise bel et bien à modifier le déjà-dit ; mais sur le plan de la substance une telle modification est impossible.

La rémanence du signal graphique *favorise* au contraire sa manipulation par l'énonciateur-scripteur. Relativement à la structure autodialogique de l'activité énonciative, on peut dire que la substance graphique survit à la durée du cycle de l'autodialogisme, par lequel l'(auto-)interprète pourvoit son signal de formes et de sens, et s'offre aux modifications éventuelles que cette assignation, nécessairement rétroactive, lui paraît appeler. Il ne faut pas s'y méprendre : en tant qu'elle est activité linguistique exophasique, la manipulation du signal graphique est productrice de nouvelles traces, et cela même quand elle est acte d'annulation[47]. Quelle que soit la technique employée (biffure, gommage, grattage, recours à la touche *delete*...), supprimer consiste toujours, à l'écrit comme à l'oral, à produire un nouveau processus – et comme ce processus est graphique, il génère des traces[48]. C'est bien parce que le processus, notamment d'annulation, laisse des traces, que le scripteur peut vouloir conserver ses brouillons pour garder par exemple la possibilité de « recycler » ce qui avait été biffé. Voilà un geste écologique pour la création ! Mais les indices de ce processus (de retour sur le déjà-écrit), l'écrit finalement communiqué peut en être tout à fait expurgé (par changement du support d'écriture, notamment, lors d'une mise au net). Or ce sont les traces de l'écriture, c'est-à-dire l'écrit, qui font l'objet de l'activité sémiologique de la lecture, et non pas l'écriture qui est, on l'a dit, l'objet d'une autre sémiologie. En ce sens, croire que la lecture répond à l'écriture, c'est se laisser berner par la proximité des signifiants et la fausse symétrie des processus. L'essentiel concernant la « manipulabilité » du signal graphique, ce n'est pas de relever que l'allocutaire de la communication écrite est ordinairement absent au moment du processus d'émission et que donc ce processus peut à volonté faire

---

47 « [...] le scripteur ne peut annuler la trace laissée par l'écrit que par un acte spécifique : biffure, grattage, gommage, ou rejet de la feuille dans la corbeille à papiers. Idéalement, les trois dernières opérations sont destinées à effacer toute trace et à préserver la fiction d'un texte spontanément définitif. Mais il est claire que la biffure – de loin l'opération d'annulation la plus courante dans les brouillons – laisse elle-même une trace. » (Lebrave, 1987 : t. 1, 44, note 15)
48 Pour s'appliquer à la description des « genèses numériques », cette parenthèse mériterait d'être discutée.

des tours et des détours ; c'est d'avoir en vue que lire, c'est interpréter l'écrit, que l'écrit est une sémiologie de la trace, *libérant le processus d'émission lui-même de toute contrainte de signifiance*, et ouvrant un espace de production, de manipulation et de sélection des traces.

Ces manipulations de la substance graphique sont analysées par les généticiens en quatre types d'opérations (ajout, suppression, substitution et déplacement) constitutives de l'activité de réécriture (Grésillon, Lebrave & Viollet, 1990) et spécifiques à la pratique de l'écriture (Goody, 1977)[49]. La critique génétique qui prend pour objet la fabrication de l'écrit est une discipline sans équivalent dans le domaine des sémiologies processuelles. Linguistique et génétique de la parole se confondraient dans la mesure où coïncident interprétation du signal acoustique et observation du processus qui le fait advenir.

Cette possibilité de se retourner sur son dire-écrire est variablement exploitable selon les situations et les pratiques d'écriture et de paroles : l'examen écrit, la minute ou le « tour d'écriture » (Kerbrat-Orecchioni, 1998) dans une conversation électronique... n'offrent pas la même liberté de réécriture que d'autres genres ; en outre, le scripteur est libre de n'en pas user. À l'inverse, certaines paroles et certains genres de parole appuient leur émission sur une préparation écrite et une mémorisation (Mahrer, 2014). Il demeure qu'une facilité est offerte à l'écrit, par la qualité du signal qu'il requiert, déterminant les pratiques langagières qui vont, elles-mêmes, déterminer des produits spécifiés.

De fait, la manière, diamétralement opposée, dont les signaux acoustique et graphique s'offrent à la manipulation est le plus souvent considérée sous l'angle de la correction ou de l'*ajustement* qu'ils rendent possibles.

> L'écriture manuscrite se corrige directement vers l'arrière, et l'écriture neutralisée [l'imprimé] fait disparaître les traces des corrections ; au contraire, le discours parlé ne peut rien faire vers l'arrière, sinon commenter métalinguistiquement ses erreurs ou imprécisions, en les corrigeant par un nouveau discours vers l'avant. (Rey-Debove, 1988 : 85)

On se gardera certes de réduire la méta-énonciation à sa dimension méliorative : on peut fort bien revenir sur son dire pour en souligner le bonheur. Néanmoins, la manière dont la qualité du signal affecte sa possible ou son impossible

---

49 Plus généralement, ces catégories sont inhérentes à la comparaison de deux objets envisagés dans leurs propriétés linéaires : comme par exemple le *génome* ou encore les *figures de style* lorsqu'elles sont conçues comme métaboles (c'est-à-dire modification de l'ordre syntagmatique attendu des constituants linguistiques). D'où l'observation du Groupe µ que les figures doivent être décrites en termes d'*ajout*, de *suppression* de *permutation* et de *remplacement*. (Groupe µ, 1970 et 1977). Voir aussi l'opposition entre *parallélisme* (dans l'ordre unilinéaire de l'oral) et *symétrie* (dans l'ordre de l'espace graphique), chap. 5, 6.2.6, p. 416.

manipulation détermine l'attente, à l'écrit, de signaux complets (au regard des normes discursives) et corrects (au regard des règles linguistiques) et une certaine tolérance à l'oral pour l'incomplétude et l'agrammaticalité. Au plan de la forme, cette propriété du signal explique que l'énonciation écrite ait été longtemps considérée comme le modèle syntaxique unique à l'aune duquel devait être jugé l'ensemble des productions.

Manipulable, l'écrit est perfectible. Manipulé, il est complet et *assumé*. On relèvera en effet que, sur le plan de la prise en charge par l'énonciateur, on tend à juger comme *réfléchi et assumé* le sens d'un écrit, et *moins commissif* celui d'un oral. On peut se l'expliquer en s'inspirant du traitement des questions de reprise par J. & J.-C. Milner :

> [...] un premier locuteur A use d'un terme ; en lui demandant de justifier celui-ci, un locuteur B met A **en position d'avoir voulu et non pas seulement dit ce terme**, de l'avoir pris en charge, de s'être "commis" en le proférant. Là où, du point de vue de A, il n'y avait qu'énonciation, apparaît du point de vue de B, une volonté rétrospective. (1975 : 137)

Traçage du signal et communication (mise en circulation) étant deux gestes différents et successifs, il y a, entre les deux, la possibilité d'accomplir (éventuellement plusieurs fois) le processus autodialogique et les éventuelles réécritures qui peuvent en découler. Des deux gestes, le second vient valider le premier. La valeur « entérinée » qu'on reconnaît à l'écrit se base bien sur l'affordance du signal graphique[50].

La manipulabilité de l'écrit est au fondement de l'une des plus profondes oppositions de l'imaginaire épilinguistique de l'oralité et de l'écriture : le caractère incomplet du premier et le caractère exemplaire du second, sur le plan grammatical (chap. 2, 1.1, p. 89–90). L'ensemble des accidents envisagés plus haut en rapport avec le régime performanciel de l'oral, l'écrit n'y est pas exposé de la même manière : il est couvert par la durée qu'ouvre sa rémanence entre le temps de son émission et le temps de sa réception. C'est pourquoi l'émission écrite est souvent une énonciation qu'on essaie sur soi.

Les multiples manières de passer pour improvisé, ou du moins sous-élaboré – relativement au tout-est-prévu de la textualité écrite imaginaire – ouvrent le champ d'une stylistique de la spontanéité.

---

50 Le locuteur qui veut récuser une énonciation orale doit le faire « sur-le-champ » pour la flanquer des marques d'opérations méta-énonciatives. « Une énonciation qui n'est pas récusée **sur-le-champ** se trouve automatiquement validée, et non seulement elle et son contenu littéral, mais encore toutes les conclusions logiques, argumentatives, etc. qui peuvent en découler. » (Berrendonner, 1983 : 231)

> *Incomplétude syntaxique* : « par défaut » selon diverses figures de manque [89, 90, voir aussi 39] comparables avec les interruptions évoquées plus haut ; « par surplus » [91] selon des configurations décrites en termes d'*ajout*, *hyperbate*, d'*épexégèse*, de *greffe* ou encore de « compléments différés » (Blanche-Benveniste, 1997 : 114, voir Noailly, 2002, Combettes, 2007, Kuyumcuyan, 2009, Gautier, 2010...[51]) ; ou « par retouche » (dont la bribe de [92] ou la répétition avec variation de [93] sont de solides indices).

[89] Valentin ne put retenir quelques larmes, elles roulèrent dans ses yeux, et alors il s'écria :
— Pauline!... je...
Il n'acheva pas, ses yeux étincelaient d'amour, et son cœur débordait dans son regard.
(H. de Balzac, *La Peau de chagrin*, 1830.)

[90] Le sang tambourine le long de tes tempes, petit frère. Tu n'as pas vraiment retrouvé une respiration normale. Des ondes de lassitude te déséquilibrent, par élancements tièdes, entre malaise et douleur, comme quand. Ce sont des symptômes familiers. Un accès de fièvre se prépare. Depuis longtemps, depuis une offensive en zone marécageuse, une variante sale de la malaria te poursuit et te.
(A. Volodine, *Le Port intérieur*, 1995)

[91] Il me fallut revenir à l'hôpital, et être examiné médicalement à nouveau. Rétabli, je serais de nouveau soldat. Pour six mois.
(J. Roubaud, *Impératif catégorique. Récit*, 2008)

[92] Pourquoi nous avez-vous donc quittées ? reprit-elle en baissant les yeux, au moment où son visage s'empourpra. Qu'êtes-vous devenu ?...
— Ah ! Pauline, j'ai été... je suis bien malheureux encore !...
(H. de Balzac, *La Peau de chagrin*, 1831.)

[93] Catherine chaque jour sentait peser davantage l'inutilité, l'absurdité de sa vie. Ou de la vie, comme elle disait.
(L. Aragon, *Les Cloches de Bâle*, 1934.)

Ces figures mettent en écrit les disfluences de l'oral : bredouillements, hésitations, répétitions, faux-départs et autres faits de reprogrammation en cours d'émission (Blanche-Benveniste, 1990 : 17–29, Apothéloz & Zay, 1999, 2003, Avanzi, Corminboeuf & Heyna, 2008, Groupe de Fribourg, 2012, Béguelin, 2012b). Elles ont toutes en commun de donner une représentation dynamique de l'énonciation qui « remet également en cause le caractère *a priori* définitif de la formulation écrite » dit Piat (2009 : 227) à propos de l'effet « oralisant » des figures d'ajout. La textualité imaginaire de l'écrit est *synchronique* : toutes ses parties semblent fonctionner ensemble et en même temps, comme dans un

---

[51] Au chap. 5 (4.3, p. 334), nous reviendrons sur ces figures d'ajout, à l'oral et à l'écrit, et sur le rôle de la prosodie dans leur interprétation.

système : l'imaginaire de l'oral lui oppose une textualité en chantier constant, en mouvement.

> *Simplicité syntaxique*, passant pour adaptée à la capacité de planification à laquelle la production orale dispose (Watine, 2014) : clauses nominales en cascade [94] ; important recours à la dislocation ou aux phrases à présentatif [95], affaiblissement général des relations microsyntaxiques entre propositions (plus coûteuses à planifier, Berrendonner, 2004 et *infra*, chap. 5, 5.5, p. 393) au profit de relations macrosyntaxiques.[52]

[94] Un couple, dans une Mercedes.
      Vautrés, les amoureux. Mélangés. Soudés par la bouche.
      (J.-B. Pouy, *Le Rouge et le Vert*, 2005.)
[95] Il me connaît bien Gustin. Quand il est à jeun il est d'un excellent conseil. Il est expert en joli style. On peut se fier à ses avis. Il est pas jaloux pour un sou. Il demande plus grand-chose au monde. Il a un vieux chagrin d'amour. Il a pas envie de le quitter. Il en parle tout à fait rarement. C'était une femme pas sérieuse. Gustin c'est un cœur d'élite. Il changera pas avant de mourir.
      (L.-F. Céline, *Mort à crédit*, 1936.)

> *Complexité mal gérée*, quelle soit syntaxique (anacoluthes, produit dans les exemples de Ramuz ci-dessous en raison de la différence de modalités entre les deux clauses coordonnées) ou textuelle (par exemple chaîne anaphorique déficiente, progression thématique excessive ou insuffisante, cohérence sémantique faible...).

[96] Le silence a été si grand qu'il a semblé qu'il devenait quelque chose de matériel, quelque chose qui pouvait se voir et se toucher (*ou si* c'est seulement l'épaisseur de la fumée).
      (C. F. Ramuz, *La Guérison des maladies*, 1917.)
[97] Dans du brumeux, quelque chose d'acide, quelque chose qui fait tousser, une espèce d'ivresse de l'air ; une ivresse qui est dans l'air, *ou bien si* elle est en nous ?
      (C. F. Ramuz, *Présence de la mort*, 1921.)
[98] Que lui, Pollack (Henri), maréchal des logis natif de Montparnasse, il avait un pote qui s'appelait Karaschmerz et qu'il (Karaschmerz, mais Pollack Henri aussi, et tout le monde : à cet âge, c'est normal) avait une fille dans la peau et qu'il (toujours Karaschmerz) ma-

---

[52] Comme la sous-élaboration n'est pas l'apanage de l'imaginaire de l'oralité, ces figures ne passeront pas toutes pour des manières orales d'écrire : les infinitifs instructionnels de Pinget poussent par exemple l'interprète vers le modèle du brouillon (Piat, 2006 et 2011) ; selon les contextes, de semblables patrons peuvent mobiliser l'imaginaire de la pensée verbale, ou *endophasie* (Philippe, 1997, Maingueneau & Philippe, 2002). Raison pour laquelle il est important de ne pas dissocier grammaire de l'oral et scène de parole (les deux faces de l'imaginaire de l'oral) et d'ajouter aux observations grammaticales (quels faisceaux de formes sont mobilisés) des observations sur les aspects sémantico-référentiels (quelles pratiques langagières sont mises en scène).

nifestait une indifférence notoire et nonobstant sympathique vis-à-vis du différend qui opposait l'avenir de la France, d'une part, et quelques ramassis de trublions et de droit-commun, d'autre part, et qu'il (Karachmerz again) avait manifesté le désir de demeurer en France à se la couler douce dans les bras de celle qu'il avait dans la peau, au lieu de s'en aller batifoler dans les djebels, et qu'il (c'est-à-dire Pollack Henri) s'était [...].
(G. Perec, *Quel petit vélo à guidon chromé au fond de la cour ?*, 1966.)

> Enfin, en considérant ensemble ces deux faits, étroitement associés, du caractère processuel du signal acoustique et de l'impossibilité de le manipuler, on expliquera aussi que l'utilisation à l'écrit des formes propres à la « grammaire première », à la « langue de tous les jours » (Blanche-Benveniste), participe du style oral. *Ou bien* plutôt que *ou* chez Ramuz, absence de *ne* chez Céline, diverses faits de sous-valence (« Aujourd'hui, à l'école, la maîtresse a manqué » dit le Petit Nicolas), *et* pour seul organisateur, *mais* comme unique connecteur concessif, *truc* plutôt que *quelque chose*, *plus* plutôt que *davantage*, etc., etc.

Cette association spontanée et fréquente entre, d'une part, variantes grammaticales « basses » et discours oraux, et d'autre part, variantes de prestige et discours écrits, repose sur l'idée que, d'acquisition première et plus largement maîtrisées, les formes familières sont cognitivement moins coûteuses : elles sont les premières à venir à l'esprit. On inscrira ces faits de registre dans la perspective de la sous-élaboration si l'on admet que leur présence à l'écrit trahit un défaut occasionnel d'adaptation du code langagier aux exigences de l'écrit idéal (clarté, précision, élégance...) ; mais ils peuvent également signaler un déficit de compétence ou encore l'intention de faire familier et/ou oral.

La profonde inégalité face à l'espace et au temps des signaux graphique et acoustique explique l'usage de deux métaphores différentes pour penser les discours oraux et écrits : celle du fil pour l'oral et celle du textile pour l'écrit. On comprend pourquoi la parole, qui est un processus, un participe présent, un fluant, résiste, dans le sens commun mais aussi chez bon nombre de savants, à être envisagée comme *textus*, participe passé, tissu accompli, tissu sans pli – en dépit des invitations répétées d'influents linguistes (comme Culioli ou Adam).

Conclusion

Au cours de ce chapitre consacré à la *sémantique de l'oral*, nous nous sommes attachés à observer les modalités mises à disposition par l'appareil métalangagier de la langue française pour représenter une énonciation orale. Cet appareil et ses trois opérations fondamentales (la catégorisation métalangagière et les reformulations autonymique et paraphrastique) offrent *à l'écrit* des possibilités de représenter l'oral.

La problématique représentationnelle incite à distinguer, dans l'acte énonciatif **A(E)**, deux aspects, contextuel et textuel, chacun susceptible de modes de représentation spécifiques.

> En tant qu'*action* **A**, l'énonciation se caractérise par son contexte en un sens large qui embrasse la substance, l'entour ou encore les agents de l'échange verbal : pour représenter une énonciation sous cet angle, c'est la *catégorisation métalangagière* qui est mise en jeu. Nous avons envisagé les classes d'unités lexicales et les principales configurations syntaxiques par lesquelles un objet métalangagier est décrit comme appartenant à la classe des *scènes de parole*. Sont concernés des verbes, noms, adjectifs ou adverbes de parole, mais aussi des verbes d'actions symboliques associées à la parole (paraverbaux) ou d'actions d'accompagnement de la parole (périverbaux), ou encore des verbes actionnels décrivant comme un faire une parole représentée par ailleurs.

En l'absence des lexèmes susceptibles de catégoriser une énonciation comme orale, celle-ci peut encore être reconnue comme représentant une *scène de parole* à la faveur de sa ressemblance avec l'imaginaire de tels scènes. Parce que l'interprétation de l'acte requiert des données situationnelles inaccessibles pour le lecteur, parce qu'il semble soumis à la temporalité unidirectionnelle de la performance, parce qu'il se met en scène comme construit à plusieurs, interrompu par un tiers ou par un événement, etc. l'acte d'énonciation représenté sera spontanément identifié comme oral.

> Sous sa face d'*énoncé* **E**, l'énonciation se présente par ailleurs comme une organisation linguistique. En tant que telle, elle peut être représentée non seulement par catégorisation métalangagière *(dire avec des mots crus, en quelques phrases, avec un style châtié, etc.)*, mais aussi par reformulation, paraphrastique ou autonymique. La catégorisation métalangagière permet en effet de construire une image des deux aspects, contextuel ou textuel, selon qu'elle décrive **A** ou **E**, la contextualité de l'acte ou la textualité de l'énoncé (*en prenant ses grands airs* vs *avec des mots peu amènes*). En revanche, les deux types de reformulation se situent au strict plan de l'énoncé **E**.

Si ni la reformulation, ni l'autonymie, pour des raisons différentes, ne peuvent représenter, à elle seule, l'oral à l'écrit (la première restant rivée au plan non discriminant du contenu, la seconde recourant pour ce faire au système phonographique étudié au chapitre 3), la combinaison de la catégorisation et de l'autonymie permet de catégoriser tout ou partie de l'énonciation comme étant écrit « comme si on parlait ». Cette combinaison est le propre du phénomène méta-énonciatif de la modalisation autonymique d'emprunt (MAE).

Dans les cas où cette hétérogénéité de manière n'est pas pointée par l'énonciation elle-même, dans sa linéarité, il reste la possibilité qu'affleurent, à la surface de l'énonciation, des manières réservées à l'oral, ou du moins jugées telles par le lecteur en vertu de sa grammaire imaginaire des discours oraux. On a décrit la perception de cet affleurement comme le produit d'une mise en relation : un lecteur juge *orale* une séquence X d'un énoncé écrit parce que son organisation morphosyntaxique et textuelle lui apparaît hétérogène à ce qui s'écrit (par un processus de distanciation à l'énonciation en train de se faire) mais homogène à « ce qui se parle » (par un processus d'identification à un extérieur discursif).

Sémantique de l'oral	CONTEXTE	TEXTE
	catégorisation métalangagière	*catégorisation métalangagière et modalisation autonymique d'emprunt*
représentation marquée	un acte d'énonciation est décrit comme oral	une glose métaénonciative décrit une séquence X de l'énoncé comme manière orale de dire
	catégorisation métalangagière	*modalisation autonymique d'emprunt non marquée*
représentation non marquée	reconnaissance d'un acte énonciatif comme oral en vertu de sa ressemblance avec un imaginaire de la scène de parole	reconnaissance d'une séquence de l'énoncé comme manière orale de dire en vertu de sa ressemblance avec un imaginaire de la grammaire de l'oral

L'analyse comparée de l'ergonomie des signaux permet d'asseoir sur une base biotechnologique, c'est-à-dire liée aux organes et aux technologies de la communication, cet imaginaire de l'oralité dans ses versants d'acte et d'énoncé, dans sa pragmatique et sa grammaire. Elle ouvre à une sémantique et à une stylistique « de l'oral à l'écrit » dans toutes ses dimensions : sémantique et stylistique du corps et de la voix, de l'interaction, de la performance, de la situation, de la singularisation et enfin du brut qui, par des figures d'interruption, d'ajout ou de retouche, donne à la trace écrite le mouvement de la parole.

Enfin, l'analyse biotechnologique présente pour la problématique représentationnelle un intérêt majeur : *elle met au jour le fondement empirique des imaginaires épilinguistiques de l'oralité et de la scripturalité*. On considérera pour conclure ce chapitre la complémentarité de notre regard sémiologique avec la perspective sociologique et anthropologique de Koch & Oesterreicher (chap. 1, 2.2, p. 43). La congruence observée entre les couples *discours oraux-discours écrits* et *immédiat communicatif-distance communicative* contribue à la polarisation des imaginaires et à leur fixation. L'invention de l'écriture développant le potentiel des idiomes à servir une communication « distante », elle permet la spécialisation des langues écrites et des langues orales. La thèse biotechnologique, conduisant à mettre en relation l'histoire des discours et l'histoire de leurs déterminations matérielles, rencontre une position moins historique qu'elle, qui fonde son analyse de la variation linguistique sur les impératifs universels de la communication. Ces dimensions sociales et substantielles du langage contribuent ensemble à la spécialisation des ressources linguistiques en fonction des situations sociales qu'elles servent et selon leur substance (spécialisation suffisamment importante dans le cas du français pour nourrir l'hypothèse diglossiste). Elles contribuent également à la polarisation relativement stable, c'est-à-dire à contextes sociologiques et technologiques égaux, des imaginaires de l'oralité et de la scripturalité.

Pour décrire les effets oralisants de l'écrit, c'est-à-dire notamment pour poser le problème du « style oral », il est nécessaire d'avancer des hypothèses sur de tels imaginaires, car ce sont eux qui assurent la reconnaissance de la représentation écrite de l'oral lorsqu'il n'est pas marqué comme tel. La position soutenue ici (l'imaginaire de l'oralité a un fondement physique et anthropologique qu'on peut analyser à partir de l'ergonomie des signaux) suscite le travail d'une « stylistique historique » (Philippe, 2013) qui décrira l'utilisation et l'évolution de l'imaginaire de l'oralité par l'étude des œuvres et de leur réception. Nous avons analysé ici les aspects de cet imaginaire et considéré quelques séquences segmentales graphiques qui le mobilisent pour produire des effets d'oralité. Nous avons aussi caractérisé la sémiotique et l'attitude énonciative sur laquelle repose ce mode de représentation non marquée interpellant l'imaginaire du lecteur (la MAE).

L'interprète lit et se lit avec sa compétence linguistique et son imaginaire du discours. La mutualisation sémiotique assurée par la langue, qui relie les deux systèmes oral-écrit au sein de l'idiome (chap. 2, 1.6, p. 105), n'empêche pas le locuteur-lecteur de construire un savoir de ce qui se parle, authentiquement, et de ce qui s'écrit – « ce qu'on appelle écrire ». À la question du « style oral », l'analyse proposée ici fournit un socle sémiologique indispensable pour penser l'imaginaire à l'origine de la perception stylistique – la reconnaissance d'une manière parlée d'*énoncer*, c'est-à-dire de faire forme (sémiotique) et d'agir (sémantique) dans le langage.

Chapitre 5.
Lecture et prosodie
Effets mélodiques et effets rythmiques

> Qu'on ne dise pas que les livres sont destinés à être lus par les yeux et non entendus par l'oreille. Les yeux aussi entendent les sons. De même que le musicien entend l'orchestre en parcourant une partition, il suffit de lire une phrase pour en goûter la cadence. (A. Albalat, *L'Art d'écrire*, 1900 [1896] : 154.)

Introduction

Pour poursuivre notre exploration des différentes modalités sémiologiques par lesquelles l'écrit représente l'oral, au sens le plus extensif du mot *représenter*, nous devons nous attaquer désormais au rapport qu'entretient l'écrit avec un aspect essentiel de la signifiance sémiophonique : la *prosodie*.

Une telle question ne peut être abordée ici qu'avec des objectifs modestes. Son traitement suppose en effet des vues de sémiologie générale sur la prosodie, une idée nette de sa place dans le fonctionnement de la langue orale, sur ce qui peut suppléer son absence à l'écrit ; une connaissance approfondie de la prosodie du français et des protocoles d'analyse psycholinguistique ou des récoltes de données métalinguistiques permettant d'étayer des hypothèses sur les mode de lecture (recourant ou non à la subvocalisation). Face à une pareille tâche, je ne prétendrai qu'à une situation aussi précise que possible de la problématique – dont la formulation présente seule, je crois, quelque intérêt –, ainsi qu'à un catalogage des parcours interprétatifs, ou, sous un autre point de vue, des sémiotiques impliquant la prosodie. Cet inventaire, impliquant une bonne dose de schématisme, devrait idéalement se voir validé par des études ultérieures. C'est la vocation d'un travail de ce genre, qui entend embrasser dans son extension un phénomène complexe, que d'espérer stimuler des expertises plus poussées dans chacun des domaines linguistiques concernés.

Les positions qui seront défendues dans ce chapitre sont les suivantes. La lecture ne consiste pas, pour tous les textes et de la même manière, à donner une forme phonétique et prosodique à une séquence linguistique écrite. Dans certains cas, l'actualisation prosodique est sollicitée par la donnée segmentale (et non laissée librement à l'appréciation et à la compétence du lecteur). Ces cas ont des propriétés que la linguistique peut décrire ; un modèle prédictif des séquences écrites sollicitant une actualisation prosodique est possible. Une telle actualisation, lorsqu'elle est sollicitée par le segmental graphique, produit des effets d'oralité particuliers. Parmi eux, on peut opérer des sous-catégories en fonction du niveau d'analyse linguistique et textuel où l'actualisation prosodique apporte une contribution à l'interprétation de l'écrit.

Voici ce que sera notre plan de bataille. (1) Pour introduire cette question délicate, je propose de comparer préalablement mon approche globale de la représentation écrite de l'oral avec celle du phonostylisticien Pierre Léon. Cette discussion nous servira en même temps de bilan d'étape. (2) Elle me fournira par ailleurs des pistes pour le *cadre sémiologique* que je proposerai ensuite ; celui-ci fonde les hypothèses sténographiées ci-dessus, soutend la situation et l'analyse du problème et permet de dégager un nouveau type de représentation d'oralité : les *effets prosodiques*. (3) Dans un troisième temps, je rappellerai les fondements de la prosodie du français, m'appuyant sur la description qu'en font les modèles de type multi-linéaire, métrique et autosegmental. L'analyse métrique de la constituance prosodique du français nous apportera des critères (« contour mélodique », « patron intonatif » ou « tons » *vs* répartition et force des accents) permettant de *différencier les effets prosodiques* (résultant du fait que l'écrit n'apporte aucune donnée mélodique conformable grâce au système prosodique). On analysera ainsi l'implication de la prosodie dans l'interprétation de l'écrit à trois niveaux : (4) rôle de la ponctuation dans ce travail de « projection » prosodique à partir du segmental graphique (délicate et ancestrale question du rapport entre prosodie et ponctuation) ; (5) actualisation prosodique (liée au « patron intonatif » qui informe l'énoncé) au service de *l'interprétation des rapports* entre constituants syntaxiques (question de la parataxe et de l'ordre des mots) et (6) enfin projection prosodique au service de la *texture*, soit de l'organisation syntagmatique des unités textuelles telle qu'elle affecte la distribution et la force des accents (question des « parallélismes » ou *isophonie*).

1 Le modèle d'« intégration de l'oralité dans l'écrit » de Pierre Léon (1993)

Pierre Léon propose ce qui constitue l'un des rares modèles linguistiques de la question « représentationnelle » : comment l'écrit représente-t-il l'oral ? Il se situe dans une tradition de spécialistes de l'oral, souvent des phonéticiens, qui, partant des propriétés de la voix irréductibles aux phonèmes (ce qui leur a valu d'être reléguées à la frontière du champ linguistique), se sont intéressés de près à la littérature. On pense à Grammont, Delattre, Jakobson ou Fónagy. L'éclairage qui est le leur conduit naturellement à considérer – jusqu'à l'assimilation – la littérature comme un jeu de sonorités et de mélodies. Leur analyse de la signifiance poétique relève d'un « symbolisme des sons » qui laisse songeur celui qui voit dans la littérature (aussi) un art graphique. Ce point de vue s'est répandu très largement, et il domine, dans les approches linguistiques et surtout poétiques de la littérature et de la poésie, sous le patronage de Jakobson.

La démarche de Léon s'oppose donc, sur le plan sémiologique, à celle adoptée ici : il part d'un postulat foncièrement différent (il n'y a pour lui de langue qu'orale) et sa méthode – partir d'une stratification de l'oral pour voir ce qui peut y correspondre dans l'écrit – est à peu près l'inverse de la nôtre. La démarche du phonostylisticien conduit immanquablement à rejouer l'antienne de la pauvreté de l'écrit relativement à la langue. « Si l'outil scriptural est imparfait, c'est que les langues sont avant tout orales. » (1993 : 31) Le point de vue phonocentriste en linguistique, qui consiste à évaluer l'écrit par sa capacité à se substituer à l'oral, modèle sémiologique de la communication authentique, présuppose son imperfection.[1] Un système ne saurait remplir parfaitement la tâche d'un autre s'il n'en partage pas le mode opératoire (chap. 2, 1.3, p. 93). Tout en nous intéressant à la manière dont l'écrit peut représenter l'oral, gardons à l'esprit que cette fonction de représentation n'est pas (ou *plus* si l'on veut) la seule raison d'être de la langue écrite ; qu'il s'agit de rechercher ces modes de représentation comme des possibilités offertes/ouvertes par la sémiographie, et non comme des emprunts, des transpositions plus ou moins réussies d'un système second relativement à un système premier qui serait l'unique système de référence.

En dépit de ces différences théoriques, le « modèle d'intégration de l'oralité dans l'écrit » proposé par Léon n'en est pas moins éclairant. Dans les chapitres intitulés « Encodage oral du texte écrit : procédés métalinguistiques, morphophonologiques et graphiques » puis « Encodage oral du texte poétique : procédés de symbolique sonore, accentuelle et intonative » (1993 : 28–67), Léon interroge la « symbolisation écrite de l'oral » (1993 : 31). Pour ce faire, il procède à l'analyse des différentes composantes « phonostylistiques » que le scripteur, et en particulier le poète, peut encoder à l'écrit.

À partir d'une opposition qu'il propose plus loin entre le *verbal* et le *vocal* (1993 : 69), on peut résumer son analyse de l'intégration de l'oral dans l'écrit comme suit. Le « verbal » de Léon s'identifie à ce qui constitue pour nous le proprement linguistique, soit la langue que la sémiographie et la sémiophonie

---

[1] À propos de la « symbolisation écrite » des aspects prosodiques de l'oral, Léon parle ailleurs de « système de représentation graphique [...] extrêmement pauvre » (1993 : 33).

ont en partage. Identifions le verbal à la constituance linguistique définie dans le sillage des « niveaux de l'analyse linguistique » de Benveniste (1963). Cette grammaire, ou encore morphosyntaxe, est un schéma qui se réalise en une structure segmentale de forme phonémique ou graphémique. Ni proprement oral, ni proprement écrit, le *verbal* n'est pas, en tant que tel, un « matériau phonostylistique ». « Le *vocal* est alors tout ce que la phonation peut produire lorsqu'on en a déduit le *verbal*. » (Léon, 1993 : 69) Tout ce qui, dans l'énonciation orale, n'est pas réglé par la langue, dirons-nous. Une partie de notre problématique de la représentation écrite de l'oral se reformule donc en *représentation scripturale du vocal*[2]. Ce sera la matière du présent chapitre, matière importante et souvent négligée par les approches « représentationnelles » qui appréhendent la problématique dans les termes du « style oral ». Mais cette dernière catégorie ratisse large et rassemble des phénomènes hétérogènes sur le plan sémiologique que nous nous donnons précisément pour objectif de distinguer.

Reprenons l'analyse de Léon. La découpe suivante opère au sein du *vocal* :

> Face à sa feuille blanche, l'écrivain sensible à l'oralité de la langue est confronté à trois grands types de matériaux phonostylistiques [...] : prosodiques, paralinguistiques et extralinguistiques. (Léon, 1993 : 30)

Nous considérerons ces strates dans le désordre, afin de finir sur la dimension prosodique qui nous occupera directement ici.

Paralinguistique

Au niveau *paralinguistique*, Léon distingue les *sonorités* et la vocalisation.
1.1 La question de la *sonorité* marque le retour de l'« aspect phonématique » dans la problématique de la « présence » de l'oral dans l'écrit. En effet, la qualité du phonème n'est pas épuisée par le fait qu'il soit une unité verbale (et non vocale) ; par la substance qu'il informe (phone), le phonème est irréductible à un pur schéma, il est forme de son. En tant que telle, il est l'occasion de remotivation, c'est-à-dire de sémiotiques non arbitraires (analogiques).

En effet, au-delà des inévitables remarques (propres au point de vue phonocentriste) sur les variations signifiantes des phones que l'écrit passe sous silence, Léon distingue, avec beaucoup de justesse sémiologique, deux manières pour le phonème d'échapper à la sémiotique arbitraire de la langue.

---

[2] Si cet aspect n'épuise pas notre problématique, c'est notamment dans la mesure où la notion d'*oralité* embrasse également, pour les usagers, des genres de pratiques communicatives caractérisées par une textualité et une contextualité type (voir chap. 4, 4, p. 261).

La première manière peut être dite *intrinsèque* : pour le poète, « les phonèmes seront choisis non pour leur valeur linguistique mais pour ce que leur substance physique de phone pourra évoquer dans la réalisation de la parole » (Léon, 1993 : 45). L'observation s'inscrit dans la tradition d'études sur le symbolisme sonore, dont Léon rappelle quelques étapes, distinguant les approches pour lesquelles le symbolisme repose sur des propriétés acoustiques (Delattre) de celles qui tablent sur des propriétés articulatoires (la « danse buccale » de Spire 1949 ou Fónagy, 1979).

La seconde manière peut être caractérisée de *textuelle*. Elle procède d'un « codage de la forme de l'expression : la redistribution phonématique quantitative »[3] :

> L'écrivain ne cherche pas seulement à trouver une motivation aux mots, en les choisissant en fonction de leurs qualités sonores intrinsèques, mais à les redistribuer dans la chaîne parlée. Ce réarrangement a pour but de créer des formes qui vont produire un effet expressif ou esthétique. (Léon 1993 : 56)

La récurrence syntagmatique de phonèmes, que nous aborderons ici en termes de *texture*, confère aux unités concernées une expressivité non verbale (au sens de Léon) : Meschonnic l'appelle *signifiance* (1982). Le contenu assigné au phone ne lui est pas intrinsèque, il est construit par l'énoncé.

Dans les deux manières considérées, Léon note la nécessité d'un « noyau actualisateur » : c'est-à-dire la présence, sur le plan du contenu, d'un sémème auquel il est possible d'attribuer le sème attribué à la forme de l'expression. Soit les deux vers qui ouvrent « La Colombe et la Fourmi » :

[1] Le long d'un clair ruisseau
     Buvait une colombe.

Le repérage de la « répétition des liquides [l] et [ʀ] » est effectif en raison de la présence du sème /liquide/ dans RUISSEAU (Léon, 1993 : 56). Nous avons déjà abordé ce type de symbolisme dans le chapitre précédent, l'incluant dans la famille des sémiotiques analogiques (chap. 3, 6.2, p. 207). Dans le cas *intrinsèque*, nous avons observé aussi le phénomène du « noyau actualisateur », affirmant que pour qu'une sémiotique analogique iconique (« énOrme ») ou diagrammatique (« énooorme ») ait un contenu mondain, il faut pouvoir trouver un

---

[3] La notion de « codage » prend chez Léon un sens extensif qui la vide de tout contenu sémiologique précis : les faits de parallélisme traités plus loin en termes d'isophonie ne sont pas codés de la même manière que le sont les phonèmes.

sème commun au sémème ÉNORME et à (la qualité interprétant) la déformation du morphogramme |énooorme|. Nous reviendrons sur le cas textuel – correspondant notamment à ce que la tradition appelle *harmonie imitative* – qui combine un fait de texture (isophonie) et un fait de sémiotique analogique à contenu mondain (voir 6.3.6, p. 435).

À ce stade, il nous importe seulement de relever que Léon confirme notre analyse, en associant à ses *modes d'intégration de l'oralité dans l'écrit* des cas (de sémiotique analogique) où c'est une qualité acoustique ou articulatoire qui sert d'interprétant aux graphèmes et qui est donc le support de l'iconicité. Les graphèmes ont leur iconicité propre : elle est à chercher, on l'a vu, du côté du calligramme (chap. 3, 6, p. 204). Pour le lecteur qui repère ce symbolisme, les graphèmes concernés ont été traités comme tenant lieu de phonèmes. Ils n'ont pas été actualisés comme unités visuo-graphiques distinctives. Il y a « effet d'oralité de l'écrit » parce qu'il y a *oralisation du processus interprétatif*.

Léon distingue donc, au niveau des phonèmes, deux sémiotiques conduisant à intégrer l'oralité dans l'écrit (c'est-à-dire dans l'interprétation de l'écrit !) et il les rapproche sous l'égide du symbolisme sonore (et donc de la sémiotique analogique). Nous réorganiserons son analyse en interrogeant le rapport entre la sémiotique analogique et les faits d'organisation syntagmatique des unités prosodiques (isophonie). Mais ce qui fait défaut aux observations de Léon, ce sont des considérations sur la *sémiotique phonographique*. Il n'en dit simplement rien. Alors que les deux faits d'intégration qu'il relève, intrinsèques et textuels, réclament, pour être perçus, un transcodage inférentiel, la phonographie est la seule sémiotique qui relève à proprement parler du « codage » de l'oral dans l'écrit. Le phonostylisticien, qui définit l'écrit comme constitutivement phonographique, l'omet inévitablement.

Après avoir donné plusieurs exemples de cette « graphie actuelle [qui] **représentent**, *grosso modo*, **la prononciation** du Moyen Âge » (Léon, 1993 : 32)[4], voici à quoi le phonéticien réduit la pertinence des « graphies anachroniques » qui nous servent d'orthographe : « elles permettent plus facilement aux philologues de retrouver l'origine des mots, et aux poètes de fantasmer sur leurs formes ». La linguistique de l'écrit y est réduite à un fantasme poétique.

---

4 « [...] on observe en effet dans toutes les langues une modification progressive, plus ou moins rapide, de la prononciation, qui rend caduque une graphie initialement fidèle » (Hagège, 1985 : 78). Dans la perspective phonologique, le constat de cet « anachronisme » conduit à condamner l'orthographe. Pour une approche autonomiste, il est un symptôme du développement de la sémiographie selon sa propre affordance.

Vocalisation (paralinguistique) et extralinguistique
Selon Léon, on peut considérer ensemble les aspects du « paralinguistique » touchant à la « vocalisation »[5] (modes laryngiens des voix cassée, de fausset, soufflée ou chuchotée, mode articulatoire : l'antériorisation affectée, la postériorisation « macho », l'écartement labial du sourire dans la voix, etc.) et les aspects qu'il appelle « extralinguistiques » (rires, soupirs, toux...). Qu'on considère ceux-là et ceux-ci comme pure substance ou comme porteur d'une signifiance (c'est-à-dire comme signe d'une phonostylistique), ils seraient nécessairement hors de portée de la sémiographie. Car « on ne dispose d'aucun moyen scriptural pour rendre une voix douce, rauque, coléreuse, une articulation tendue, des souffles, des coups de glotte, etc. » (Léon 1993 : 31). La position est immédiatement et justement contredite : Léon reconnaît que ces aspects « peuvent être rendus à l'écrit [...] par des **indications métalinguistiques.** Il en est de même pour les matériaux extralinguistiques, tels que les pleurs et les rires ». En termes de « moyen scriptural », ce n'est par rien ! Le phénomène correspond à l'analyse des rapports entre oralité et écriture sur le plan sémantico-référentiel : on l'a traité au chapitre 4.

Mais Léon offre un second démenti à sa première affirmation (« aucun moyen scriptural pour rendre une voix douce, etc. »). Abordant ce qu'il nomme « codage idéographique » (Léon, 1993 : 37–38), il se soustrait, l'espace de deux pages, à la réduction phonéticienne, qui revient à chercher dans l'écrit les propriétés de l'oral[6], pour considérer l'écrit dans ses moyens sémiologiques propres. Il s'ouvre ainsi à l'observation des jeux de la substance de l'expression écrite visant à représenter l'expression phonique par une sémiotique analogique. Cette iconicité est le fait d'un symbolisme non pas acoustique, mais graphique, gagé cette fois sur des propriétés des graphèmes et de l'espace qu'instaure leur énonciation. Nous sommes alors en plein domaine sémiographique, mais hors du champ de la représentation écrite de l'oral.

---

5 Le terme de « vocalisation » risque d'assimiler l'énonciation orale à l'interprétation vocale d'une partition verbale pré-écrite. C'est aussi un risque lié à la notion de supra-segmentalité pour décrire les constituants prosodiques. On reconnaît aujourd'hui qu'un moule prosodique peut préexister à la planification des formes linguistiques.

6 Recherche vaine qui ne peut manquer de conduire à la rhétorique de la pauvreté observée. Car une sémiologie de la trace et une sémiologie du processus sont radicalement hétérogènes (chap. 1, 4, p. 52). La seule chose que peuvent partager des systèmes que tout distingue sur le plan biotechnologique, c'est le plan sémiotique au sens de Benveniste. C'est le cas du morse, selon qu'il est processuel (lumière ou son) ou graphique.

Enfin, deux formes de codage sont envisagées par Léon quelque peu en marge de sa partition (prosodie, paralangage, extralangage)[7]. Il s'agit d'un « codage morpho-phonologique » et du « codage du texte écrit au niveau du contenu ».

Par « codage morphophonologique », le linguiste envisage les cas dans lesquels « l'auteur veut suggérer la prononciation de ses personnages » (Léon, 1992 : 34). Recourant à des concepts sémiologiques qu'il ne définit pas (l'*effet par évocation* de Bally, la valeur connotative ou même la suggestion), le phonéticien envisage tout à la fois l'effet des « formes régionales, sociolectales ou étrangères » (des faits morphologiques donc), celui des « graphies » et des « tours syntaxiques » ; ce seraient de tels phénomènes qui donneraient, par exemple, « une "sonorité" provençale » aux textes de Giono. Il attelle à ces observations hétérogènes des considérations sur les « simplifications orthographiques » de l'ortografe fonétik de Queneau, dont il relève les incohérences du point de vue phonostylistique.

Il est difficile d'assigner une place exacte à un tel amalgame. La phonographie que Léon n'avait pas traitée au niveau phonématique fait ici retour par les néographies ; nous leur avons assigné une place sémiologique en les décrivant comme actualisation du système phonographique (chap. 3, p. 129). Quant aux faits de morphosyntaxe en tant qu'indices d'une énonciation orale « capturée » dans l'écrit, ils ressortissent à la problématique du « style parlé ». Les études nombreuses qui se penchent depuis Bally sur ce phénomène consistent à traquer dans l'écrit (par exemple littéraire ou contraint par de nouvelles technologies) les constructions syntaxiques privilégiées par l'oral pour des raisons d'optimalité cognitive (Berrendonner, 2004 ; ci-dessous, 5.5, p. 393). On a déjà considéré au chapitre 4 la double insuffisance d'une telle méthode dans une perspective représentationnelle : d'une part, elle n'intègre pas la question de l'imaginaire et identifie le lecteur à un linguiste de corpus, d'autre part, elle réduit la reconnaissance du style oral à un repérage de *séquences-types* (la grammaire préférentielle de l'oral spontané utilisée à l'écrit), alors que le phénomène, discursif, doit être envisagé aussi comme construction d'un *contexte-type*.

Le « codage du texte écrit, au niveau du contenu » est décrit comme suit, non sans vague : « On étudiera d'abord les procédés concernant plus spécialement les indications données pour l'oralisation. Le texte suggère un type par-

---

[7] La logique de son repérage des modalités « d'intégration de l'oralité dans l'écrit » n'est pas limpide. On l'expliquera par le caractère relativement latéral de cette problématique dans le cadre d'un traité de phonostylistique (deux chapitres lui sont consacrés dans un ouvrage qui en compte douze).

ticulier d'interprétation en fonction de la substance et de la forme du contenu. » (1993 : 33) Au plan de la substance (sémantique, thématique), il évoque les « choix du genre » et les « choix de *figures de pensée* » ; concernant la forme du contenu (syntaxe), les « choix des styles », « choix des tropes [...] et des *constructions syntaxiques* ».

Il y a bel et bien ici une donnée nouvelle qu'il faut prendre en considération : la contrainte générique, qui touche plus généralement à l'image que se fait le lecteur de la pratique discursive dont il interprète le signal, pourra pousser ce dernier à s'écouter lire. En ce sens, il faut admettre que, par le genre qu'on lui reconnaît, « [l]e texte suggère un type particulier d'interprétation » ; même lu pour soi, il invite à être entendu par soi. Les autres phénomènes invoqués dans cette section ne révèlent pas d'aspects nouveaux de notre problématique et de sémiotiques nouvelles. Si par « indications données pour l'oralisation », il faut entendre des indications explicites de l'ordre de la didascalie par exemple, alors elles relèvent de la caractérisation métalangagière et de la représentation du discours écrit comme oral. Quant à l'association de certaines figures de pensée avec l'oral, tout comme l'association de certains « styles », ou tours syntaxiques, on imagine qu'elles se situent du côté des effets discursifs (chap. 4, 4, p. 261).

Prosodie

À propos de l'« aspect prosodique », Léon reprend le thème de la pauvreté du « système » :

> La langue ne dispose que d'un système de ponctuation également très limité pour noter les pauses (virgule, point-virgule, diverses sortes de points) et les modalités phrastiques (point final d'énoncé, point d'interrogation, point d'exclamation ; le point d'ironie n'a pas été accepté). (Léon 1993 : 32-22)

Admettons que la ponctuation joue – notamment – un rôle « métaprosodique »[8] : elle code certains intonèmes, avec une faible distinctivité. Comme nous l'avons fait pour la sémiographie, il faut considérer en effet le système de la ponctuation (ou *topographie*) sur deux versants : autonome (sémiographique) et métalinguistique-intersémiotique (phonographique) (voir 4.4, p. 338).

---

[8] Pour illustrer la pause, comme fait de rythmicité, le phonostylisticien utilise la strophe de « Chanson d'automne » : « Pareil à la / Feuille morte » (1993 : 59). Comme il le fait pour le graphème, Léon identifie la donnée proprement visuelle du vers (la ligne) à une valeur prosodique. Les lecteurs sont coutumiers de cette assimilation – qui montre la force de la convention intonographique de la ponctuation, blanche ou noire (Favriaud, 2014).

Léon, phonologue, accorde évidemment plus d'attention à la manière dont le poète peut, par la syntaxe, récupérer une partie des données prosodiques de l'oral. Il distingue alors deux aspects de la prosodie, l'accentuation et le rythme d'une part, l'intonation et la mélodie de l'autre : « Un modèle d'accentuation et d'intonation est récupérable par un jeu sur la forme de l'expression, à partir du choix des syntagmes et de l'organisation syntaxique des énoncés. » (1993 : 30)

Léon formule ici habilement le problème en parlant de « récupération » de la prosodie par la syntaxe (forme de l'expression), sans assimiler la prosodie à un pur marquage syntaxique.

Par le fait d'une « redistribution syntagmatique accentuelle » (Léon, 1993 : 58–59), le phonéticien décrit la façon dont l'écrit poétique subvertit la distribution des accents dans l'usage ordinaire de la parole, pour instaurer un « codage prosodique » « qui génère les rythmes » caractéristiques de la « prose rythmée ». Analysant une période de *L'Oraison funèbre d'Henriette d'Angleterre*, il conclut en élargissant :

> La prose rythmée de Chateaubriand, Baudelaire, Malraux ou Renan est pleine d'une poésie basée sur les mêmes effets de redistribution syntagmatique de l'accentuation et de l'intonation. (Léon, 1993 : 58)

C'est à Grammont (1933) que l'on doit les observations pionnières concernant la manière dont la syntaxe, en français, contribue à « une hiérarchie dans la structuration mélodique ». Le phénomène de structuration en jeu participera de fait à une sorte d'« oralisation de l'écrit » dont nous rendrons compte en termes d'*isophonie* (ci-dessous, 6.3, p. 419).

À l'organisation accentuelle, s'ajoute enfin ce que Léon appelle la « réorganisation mélodique » (Léon, 1993 : 60–61). Il évoque le phénomène ainsi : « dans quelle mesure l'écrivain peut-il encoder telle ou telle mélodie dans son texte ? » Là encore, Léon fait référence aux travaux de Grammont, qui aurait le premier montré que « le texte génère un certain nombre de schémas intonatifs de base ». Léon illustre cet aspect par la mélodie des phrases déclaratives, en fonction de la longueur de leur protase et de leur apodose. Si les critères invoqués sont syntaxiques, et si Léon considère ailleurs que « [l]e poète a donc, avec le stock prosodique, des matériaux bien codés à sa disposition » (1993 : 31), il conclut néanmoins cette section en laissant à la seule compétence du lecteur la responsabilité de restituer la mélodie : « Il n'en reste pas moins vrai que le poète est toujours réduit à compter sur la **compétence artistique** de son lecteur pour retrouver cette mélodie de l'écrit. Et il faut bien avouer que le risque est toujours là, qu'interprétation soit trahison. » (Léon, 1993 : 61) La syntaxe est certes un art.

Il faudra préciser cette idée, car à l'oral aussi, la signifiance de la mélodie est le fait de la compétence de l'auditeur (Di Cristo, 2002).

La problématique prosodique, qui fait l'objet du présent chapitre, se trouve mise en rapport par Léon avec la ponctuation et avec la syntaxe. Nous construirons sur cette base. D'abord, nous rappellerons les rapports qu'entretiennent ces deux niveaux de structuration de l'énonciation orale que sont la syntaxe et la prosodie (2). Nous ferons ensuite quelques hypothèses sur le rôle que peut jouer la prosodie à l'écrit (3). À partir des propriétés du domaine graphique (et non pas des propriétés de l'oral dont on chercherait les traces dans l'écrit), on distinguera alors trois modes d'articulation de la prosodie et de la sémiographie : prosodie et ponctuation (4), prosodie et syntaxe de l'écrit (5), prosodie et textualité écrite (6).

Notre question n'est pas de savoir comment le poète peut encoder la mélodie, mais de décrire des situations où la prosodie, qui connaît des formes car elle est régulée par un système, participe, même à l'écrit, à la construction du sens. Les séquences qui sollicitent ces formes prosodiques produisent un effet d'oralité particulier. Je proposerai de distinguer ces effets en fonction du niveau, sémiotique, sémantique ou textuel, auquel les unités prosodiques interviennent dans l'interprétation, et en fonction de la nature de ces unités.

2 Situation de la prosodie dans un examen sémiologique des rapports entre oralité et écriture

2.1 La position dominante : la prosodie comme opérateur inhérent à la lecture

Si le répertoire des sonorités (les phonèmes) nécessaires à la performance sémiophonique est complètement intégré dans le système phonographique, seules quelques unités prosodiques sont codées en français écrit par des signes *ad hoc*, dits « de ponctuation » (4.4.1, p. 338). De ce constat, on peut tirer deux conclusions opposées. 1 – La prosodie est marginale pour la lecture. 2 – La prosodie est essentielle, au point qu'elle est partout (raison pour laquelle, peut-être, elle n'est codée nulle part). C'est cette dernière interprétation, celle de l'omniprésence de la prosodie, qui semble dominer aussi bien le sens commun que les conceptions métalinguistiques. Cela est particulièrement vrai chez les spécialistes de l'oral.

> Toute langue est parlée avant d'être écrite. C'est pourquoi même l'écrit le plus abstrait recèle encore les traces physiologiques et biologiques du parler : les sons, les rythmes, les

intonations. Que l'écrivant ou l'écrivain le veuille ou non, toute scripture trahit son origine orale. À partir de là, l'oral peut n'être marqué que par des indices dans le discours écrit, ou, au contraire, par toutes sortes de signaux. Un bulletin scientifique ne livre de l'oral **que la prosodie générée par le découpage syntagmatique du texte** et, **au plan phonématique**, il ne traduira vraisemblablement que le contenu du message linguistique résultant de la combinaison des phonèmes. (Léon, 1993 : 29)

Sur la base du traditionnel argument phylogénétique, Léon défend avec clarté une position qui loge l'oralité dans l'écrit, dans tout écrit, sinon sous forme de *signal* (volontaire) du moins sous forme d'*indice* (involontaire et souvent non-conscient)[9]. L'interprétation du bulletin scientifique passe-t-elle, « au plan phonématique », par la reconstitution de la chaîne de phonèmes qu'il traduit comme malgré lui ? Les modèles psycholinguistiques contemporains de la lecture tendent à prouver le contraire (chap. 2, 2.5, p. 121). Hagège le reconnaissait il y a trente ans déjà[10] :

L'interprétation (lecture) de l'écriture alphabétique elle-même, qui implique des mécanismes cérébraux hautement complexes, ne passe **pas nécessairement par les phonèmes représentés**, bien qu'il soit vrai que cette écriture, qui est analytique, les représente avec une relative exactitude. Si tel était le cas, **les sourds-muets correctement rééduqués ne devraient savoir lire que les mots qu'ils ont appris à articuler. Or ils en lisent et écrivent bien davantage.** Et quand leurs connaissances se limitent à ceux-là, c'est par la faute d'une démutisation mal conduite, **fondée sur l'illusion scriptophobe qu'une relation directe entre mots écrits et référents serait impossible.** Une telle illusion méconnaît la relative autonomie du code écrit par rapport à la langue. (Hagège, 1985 : 88)

---

9 Au-delà d'une profonde divergence concernant le statut sémiologique de l'écrit, je partage avec la stylistique de Léon la position, que je crois caractéristique de la linguistique de l'énonciation (Mahrer, 2011), selon laquelle c'est l'écoute qui détermine le fait linguistique (les signes et leurs fonctions). Voir à ce propos chap. 3, 4.2.2, p. 176. Pour atteindre à une linguistique/stylistique des « effets produits sur l'interlocuteur » (Léon 1993 : 22–23), il ne faut pas poser le problème en termes de conscience ou de volonté du locuteur, mais de conscience de l'auditeur. L'indice (d'oralité, par exemple) n'est pas un signe semé involontairement par le locuteur, il est un signe que le lecteur interprète comme un indice placé à l'origine d'un effet de sens. La majeure partie des phénomènes analysés ici concerne des « indices d'oralité » définis en ces termes. Leur étude suppose avant tout des hypothèses sur la compétence et sur l'imaginaire de l'oralité du lecteur et non pas – comme le suggère Léon – sur une conception savante de l'oralité que son primat historique condamnerait à transparaître partout derrière l'écrit.

10 Sans doute le fait-il d'autant plus facilement qu'il ne considère l'écriture ni comme totalement dépendante de la langue (encore que sur cet aspect, la position exposée dans Hagège 1985 n'est pas exempte de tension), ni comme susceptible d'interagir avec elle, posant « langue » et « écriture » « dans un rapport d'inévitable extériorité » (1985 : 94). Sa position est celle d'un autonomisme séparatiste, là où l'autonomie me sert à penser l'interaction entre systèmes.

On gardera en tête l'argument de la compétence « scripturale » des sourds-muets de naissance, qui me paraît en effet porter une attaque vive contre les conceptions qui ne reconnaissent à l'écrit qu'un fonctionnement représentationnel (métalangagier), ou du moins un *fonctionnement impliquant nécessairement l'écoute*[11]. Une théorie de la lecture qui identifie celle-ci à une endophasie (subvocalisation et écoute intérieure), sans faire place à une endographie (traitement visuel « sourd » du signal graphique), boute les sourds-muets hors du terrain de jeu de la lecture et de l'écriture. « Qu'entend-on quand on lit ? Cette question éminemment pertinente formulée par Jurdant s'avère d'autant plus cruciale quand elle est posée à un sourd : qu'entend-on quand on lit et qu'on est sourd ? » (Hamm, 2008 : 42)

L'assimilation de la lecture à une performance endophasique me paraît toujours prévaloir chez les linguistes, en particulier chez les spécialistes de l'oral :

> Lorsque nous parlons, lorsque nous lisons, même en lecture silencieuse, nous percevons une sorte de hauteur musicale, rythmée, et aux notes fluctuantes, attachée à chaque syllabe, à chaque énoncé, à chaque phrase. C'est ce qui constitue l'intonation de la phrase [...]. L'intonation est donc indissociable de l'énoncé, elle n'est jamais absente. (Martin, 2009 : 14)

« Lorsque nous parlons, lorsque nous lisons... », voilà qui rappelle, en symétrie inverse, les objectifs sémiologiques de Benveniste cités en ouverture du chapitre 2 : « D'abord nous parlons : c'est un premier système. / Nous lisons et écrivons : c'est un système distinct, spécifique. » (Benveniste, 2012 [1969] : 61) Le souci de défendre le caractère nécessaire de la prosodie dans l'énonciation orale conduit l'intonologue à l'intégrer, par postulat, dans toute activité langagière, orale ou écrite :

> En lecture silencieuse, une voix intérieure, la nôtre ou celle d'une autre personne, prononce les mots comme si elle nous parlait à haute voix. À haute voix ou silencieusement, la lecture apparaît comme une reconstitution plus ou moins fidèle d'une oralisation voulue

---

[11] Les recherches de Hamm mettent en rapport les difficultés d'apprentissage de la lecture constatées chez les sourds-muets avec l'absence à peu près totale de dispositif pédagogique adapté. « L'oralisation se retrouve dans toutes les méthodes d'apprentissage de la lecture, sauf dans la méthode idéovisuelle. Celle-ci est inspirée de la méthode naturelle de Freinet ainsi que de la méthode globale de Decroly. Elle est apparue en France à partir des années 1970, sous l'impulsion de Jean Foucambert. Au contraire des autres méthodes, la méthode idéovisuelle s'en tient exclusivement à **l'identification des formes écrites, considérées comme des unités de sens.** [...] Cette dernière n'a quasiment jamais été pratiquée, pas même dans les institutions pour enfants sourds et malentendants. » (Hamm, 2008 : 39)

par le scripteur à partir de la transcription minimaliste que constitue le texte écrit. [...] le lecteur doit interpréter la « partition » que constitue le texte [...]. (Martin, 2011 : 99)

Les recherches en psychologie de l'écrit ne semblent pas avoir convaincu tous les linguistes de prendre en considération les spécificités des deux plurisystèmes dans leur mode de « décodage »[12]. La position a essaimé dans les études littéraires, notamment chez ceux qui s'attachent à la question du rythme de l'écrit :

Intonation et débit peuvent être indiqués dans le texte écrit par des repères (la ponctuation notamment). Lors d'une lecture silencieuse, ces effets d'oralité persistent : toute lecture silencieuse est accompagnée d'une ébauche mentale, sinon physique, d'articulation. (Bordas *et alii*, 2012 : 85)

Si pourtant nous définissons la sémiographie comme un système autonome, nous pouvons alors défendre la possibilité d'une énonciation écrite muette et sourde sans porter atteinte au caractère inhérent de la prosodie en ce qui concerne l'énonciation orale. Mais il faut alors adopter une conception de la notion de texte qui ne réduit pas ce dernier à un résidu segmental de l'énonciation.

2.2 Remarque sur certains usages de la notion de « texte » chez les spécialistes de l'oral : l'écrit comme symbole du segmental brut

Il est intéressant de remarquer que chez Martin au moins, c'est l'écrit qui sert à penser la dissociabilité de l'« indissociable » intonation : « On appellera alors **texte** l'objet imaginaire, purement théorique, que constitue un énoncé dépourvu d'intonation. » (Martin, 2009 : 14) La notion de texte se trouve ainsi identifiée à une abstraction imaginaire. Or le texte est associé à l'écrit par le sens commun et sans doute par une majorité de linguistes[13]. Comme dans l'Antiquité (chap. 2, 1.1, p. 86), l'écrit sert à penser le caractère formel de la langue orale et sa stratification ; il est une forme sans substance, voire même une théorie. En l'occurrence, il est une partition en attente de voix et d'intonation, pas un système de

---

12 On trouve bien sûr, chez d'autres spécialistes de la prosodie, des positions plus nuancées, plus attentives à la spécificité sémiologique de l'écrit et repérant l'action de la sémiographie sur la sémiophonie : « Mais sitôt qu'une langue s'écrit, son oral change. De même, l'image écrite qu'elle donne de soi, sans être une image en miroir, conserve quelque chose de l'état parlé. Entre la forme orale et la forme écrite un lien existe. Il ne peut se dire ni en termes d'imitation, ni en termes de traces, mais il doit s'observer. » (Danon-Boileau & Morel, 1999 : 5)
13 Quelques exceptions notoires : Hjelmslev, Coseriu, Culioli, Rastier, Adam.

signes. En réduisant le *texte* à un reliquat fictionnel – mais un reliquat dont le phonéticien, celui-là même qui pense l'indissociabilité de verbal et du vocal, ne peut se passer –, Martin atteste au contraire la nécessité de cette entité théorique mélodiquement neutralisée : nécessité pour le métalangage linguistique dans sa démarche et sa visée explicative et aussi pour la compétence, le locuteur sachant fort bien dissocier le verbal d'une requête, par exemple, de l'intonation sur laquelle elle est formulée. Indirectement, une telle définition du texte pose la question du fonctionnement de l'écrit.

On trouve un emploi très comparable de la notion de *texte* sous la plume de Berrendonner :

> Jusqu'à ces derniers temps, tous les travaux consacrés à l'analyse des discours, à de rares exceptions près, sont partis du principe que leurs composantes langagières pouvaient, voire devaient être étudiées indépendamment du reste. De cette façon de découper les observables, il résulte que pratiquement, les seules données empiriques dont nous disposons à propos des discours sont des enregistrements graphiques ou acoustiques de séquences verbales énoncés. Nous donnerons à ces séquences le nom de *textes*. L'usage d'une telle notion, qui est requise pour une raison de fait n'implique pas que le texte soit à nos yeux ni une unité fonctionnelle, ni un tout syntagmatiquement connexe. Il doit au contraire être considéré comme une simple trace instrumentale, souvent grossière, en tout cas fragmentaire et discontinue, des organisations discursives. On se gardera donc bien d'identifier un discours à son texte, et de le réduire, selon la métaphore usuelle, à une « chaîne parlée ». Cette illusion séquentialiste est à l'origine de bien des naïvetés de modélisation. (Groupe de Fribourg, 2012 : 21)

À chaque fois que l'écrit – par le biais de la notion de texte – sert à penser le verbal « à l'état brut », c'est-à-dire la segmentalité décontextualisée et soustraite des autres sémiotiques auxquelles elle se combine ou des variations de sa substance, à chaque fois travaille une conception qui prend l'écrit pour un modèle théorique plutôt que pour un système de signes. Le texte ne servira pas de repoussoir à la pluri-dimensionnalité de l'oral, sans que l'écrit pâtisse à son tour de la même « illusion séquentialiste » dont les études sur l'oral ont longtemps pâti.

On se convaincra que je ne surinterprète pas l'usage fait par Berrendonner de la notion de *texte* (qu'on pourrait croire simplement métaphorique) en lisant le statut qu'il réserve à la ponctuation :

> Ce serait donc être dupe d'une grave et naïve illusion que de prendre la ponctuation d'un texte écrit pour un reflet fidèle de sa syntagmatique, voire pour la réalité même de ses articulations pertinentes. Comme le savent bien les philologues, toute *scripta* demande à être interprétée : il faut la **traverser pour atteindre les réalités de langue dont elle est l'image plus ou moins déformée.** La ponctuation contemporaine ne fait pas exception à la règle. Concrètement, cela veut dire que face à chaque séquence écrite ponctuée, on doit

faire une hypothèse de « lecture » philologique, et **reconstituer le matériau linguistique qu'elle traduit** vraisemblablement, compte tenu de ce que l'on sait des conventions orthographiques usuelles, de leurs fluctuations, et des caprices propres à chaque scripteur. Moyennant ce décryptage, **les unités syntaxiques et prosodiques qu'on trouve à l'écrit au delà de la ponctuation** ne semblent pas intrinsèquement différentes de celles qui ont cours à l'oral ; rien n'indique *a priori* qu'il faille postuler deux grammaires, l'une valant pour le français écrit et l'autre pour le français parlé. (Groupe de Fribourg, 2012 : 18–19)

La « séquence écrite ponctuée » est, comme dans le *Cours de linguistique générale* en somme, le miroir déformant d'un « matériau linguistique » authentique caché derrière lui. La ponctuation n'est pas reconnue comme un système, mais comme un caprice dont le décryptage permet de retrouver à l'écrit non seulement « les unités syntaxiques » de l'oral, mais aussi ses unités « prosodiques ». On retrouve ainsi la position qui loge la prosodie dans l'écrit lui-même, et qui nie donc à ce dernier les particularités sémiologiques liées à sa substance visuo-graphique et à son domaine de validité.

La tendance linguistique actuelle, qui consiste à identifier la question de la relation entre écrit et oral à un problème générico-discursif, noie l'impact du signal et de sa substance sur les discours (leurs propriétés textuelles et contextuelles) parmi d'autres « conditions de production » (chap. 1, 2.1, p. 40). Comme celle du Groupe de Fribourg, l'approche sémiologique adoptée ici rapporte les différences entre discours oraux et écrits aux contextes empiriques et cognitifs de la production ; mais elle place, en amont de ces conditions, la nature distincte des signaux (chap. 1, 4–7, p. 52–57) qu'informent deux systèmes différents (mais intégrant une même langue, voir chap. 2, 1.6, p. 105). La réduction discursive risque de conduire ainsi à externaliser la ponctuation et à internaliser la prosodie. Celle-ci n'est pourtant pas *dans* l'écrit de la même manière qu'elle est *dans* l'oral.

L'absence du système prosodique dans l'écrit et sa suppléance très approximative par un système topographique ne relève pas de l'ordre des conditions de production : c'est un fait définitoire du système sémiographique, quel que soit le genre écrit, car inhérent à la substance même du signal graphique. Si le système phonographique n'était pas là pour maintenir liées les unités sémiographiques et sémiophoniques, il y a lieu de croire que l'asymétrie des modes opératoires de l'oral et de l'écrit aurait conduit les morphosyntaxes de l'un et l'autre systèmes à se différencier inexorablement. Lorsqu'on détermine, avec la rigueur qui est celle du Groupe de Fribourg, « la place qui doit être assignée aux faits prosodiques dans l'économie générale du langage » (2012 : 93), on ne peut supposer que l'écrit, qui doit se passer de ces faits, puisse le faire sans compensation. C'est précisément cette « compensation » que nous allons désormais étudier[14].

2.3 Lire avec ou sans prosodie ?

2.3.1 La question posée dans un cadre sémiolinguistique

Le problème que nous avons à résoudre dans ce chapitre est celui qui consiste à penser l'identité de la sémiophonie et de la sémiographie sur le plan de leur morphologie et de leur syntaxe, et à la fois de comprendre comment cette similitude grammaticale est travaillée par une asymétrie sémiologique profonde : le segmental graphique ayant à fonctionner sans la donnée vocale prosodique, il s'en trouve infailliblement altéré.

On l'a vu, si la possible autonomie de la sémiographie au niveau de la reconnaissance de ses unités morphologiques est assez simple à admettre – elle était en fait prise en compte par Saussure déjà (1916 : 57) –, la question demeure pour les niveaux syntagmatiques et catégorématiques. Ou plutôt la question ne se pose même pas, tant il paraît évident que lire consiste à reconstituer « la prosodie de l'écrit ». La prosodie serait inhérente au processus interprétatif, à l'énonciation, y compris lorsque celle-ci est une performance sémiographique. La prosodie demeure en somme le plus sûr bastion de l'oralité dans l'écrit. On se rappelle le propos d'Adam à propos de la période : « La réactivation de ce concept en linguistique du texte écrit est une occasion de souligner **qu'il y a de l'oralité dans l'écrit.** » (Adam, 2011a : 83) Nous verrons aussi que l'association est à son comble chez les poéticiens. Comment une telle position peut-elle être examinée dans le cadre d'une réflexion sémiologique ?

Il faut pour cela repartir d'une comparaison des systèmes, de leur « mode opératoire » et de leur « domaine de validité » (chap. 1, 1, p. 38).

---

14 Une autre différence épistémologique distingue des positions fribourgeoises la linguistique de l'énonciation écrite illustrée ici. Elle tient à la place accordée à l'empirie. Pour Berrendonner, dans l'introduction de la *Grammaire de la période*, le linguiste qui prend pour objet le discours s'attache à décrire un événement communicationnel total et externe à l'observateur. Pour une linguistique de l'énonciation, l'objet linguistique n'est pas cette empirie elle-même, mais le produit interprétatif bâti sur cette empirie par l'auditeur-lecteur – hors de l'activité duquel il n'y a rien de linguistique. D'où la nécessité sémiologique de placer en amont du linguistique proprement dit (et donc en amont du texte), *le signal*, comme une condition empirique du linguistique. Quant au texte, il résulte à la fois des propriétés acoustiques ou graphiques d'un signal et des processus de conformation linguistique d'un auditeur-lecteur (le même signal faisant texte(s) différemment selon les interprètes).

L'énonciation orale est « multimodale », c'est un acquis indiscutable de la linguistique des discours. Par exemple :

> **Un discours est donc un complexe pluri-codique**, qui comprend non seulement des énonciations en langue naturelle, mais aussi des gestes, des actions, des images, des perceptions communes, des savoirs partagés tacites mutuellement manifestes, etc., combinés selon des modes de planification spécifiques. (Groupe de Fribourg, 2012 : 21)

Parmi ces différents codes, il en est un qui emprunte le même « canal » que le code verbal : il s'agit du système prosodique[15]. Ces unités sont consubstantielles aux unités du système phonologique. On reconnaît ainsi, au sein même du domaine vocal, la coexistence d'un système verbal (ou linguistique au sens restreint : soit une grammaire commune à la sémiographie et à la sémiophonie) et d'un système non verbal au sens de Léon : *la prosodie*.

Affirmer que la prosodie est un système, c'est affirmer qu'elle est formelle ; la substance qu'elle informe est appelée *mélodie*. Partant, interpréter un signal sémiophonique consiste à projeter des gabarits (formes) sur les variations mélodiques de la voix (substance). La mélodie est inhérente au signal, la prosodie à l'énonciation orale.

La sémiographie est multimodale *elle aussi*, comme le souligne notamment Neveu : « la sémantique [du texte, comme image textuelle] doit être nécessairement **multimodale**, c'est-à-dire apte à faire fonctionner des systèmes sémiotiques hétérogènes : principalement celui de la langue et celui de l'image » (2000 : 202, voir aussi Fayol, 1989). Mais son mode opératoire – un tracé pour l'œil – a favorisé sa combinaison avec certains systèmes « auxiliaires » plutôt

---

[15] Berrendonner ne mentionne pas la prosodie parmi les différents codes auxiliaires du verbal dans la mesure où il associe celle-ci à la gestualité (à l'instar de Victorri & Lacheret, 2002, qui parle de « gestes intonatifs ») : « Nous y voyons des signes mimogestuels incorporés à l'énonciation. » (2012c : 95) Du point de vue sémiologique, cela est sujet à caution : certes la prosodie appartient comme la gestualité au domaine des sémiologies du processus et, parmi elles, à la famille des systèmes dont les unités sont continues (elles ont un schéma duratif et non ponctuel) ; mais l'assimiler aux gestes en général (des mains, du visage, du corps en général), c'est risquer de manquer les propriétés biotechnologiques de la prosodie, qui la contraignent de manière très différente des gestes non buccaux : elles émanent des mêmes organes et s'adressent au même sens que le signal verbal lui-même. Pour cette raison même, en tant que modulation signifiante des paramètres acoustiques des phones, la prosodie est indissociable de la phonologie (alors qu'on peut faire des gestes non buccaux sans produire de phones et produire des phones sans produire de gestes, on ne peut pas produire de phones sans produire de mélodie, ni produire de mélodie sans produire de phones). Dans une hiérarchie sémiologique, il me semble donc préférable d'associer le prosodique au verbal-phonématique, au sein de la catégorie du vocal.

que d'autres : moins les sémiologies du processus, comme la mimogestualité (car on écrit rarement en présence de son interlocuteur, chap. 4, 4.2.2, p. 267), que des sémiologies voisines de la trace visuo-graphique. Quoi qu'il en soit, sa substance graphique n'est pas « informable » par les patrons phonologiques sans une préalable conversion intersémiotique dont les possibilités ont été examinées au chapitre précédent ; et elle ne l'est pas non plus par les prosodèmes.

Dès lors, même les théories qui logent la prosodie au cœur de toute lecture, comme une condition de l'interprétation du signal sémiographique, doivent distinguer : le cas de la performance sémiophonique (= audition), où la reconnaissance prosodique passe par une *conformation de la substance* acoustique du signal, et le cas de la performance sémiographique (= lecture), où la reconnaissance prosodique supposée nécessaire résulte d'une *construction à partir du matériau scriptural*. Si la prosodie est forme (distinctive et significative), elle n'est pas plus inhérente au signal oral qu'elle ne l'est au signal graphique, mais le processus de sa constitution diffère dans les deux cas.

Avant d'appréhender les solutions dont peut disposer l'écrit pour pallier l'absence de donnée mélodique dans le formatage du sens en discours, schématisons de la manière suivante l'asymétrie sémiologique discutée ci-dessus. Considérons le *verbal* comme la forme commune donnée par les unités de la langue aux unités segmentales des systèmes sémiophonique et sémiographique. Le tableau vise à faire apparaître que la substance *vocale* du système sémiophonique est structurée par la conjonction de deux systèmes : le *verbal* (unités phonématiques et unités de rangs supérieurs intégrant les phonèmes : phonomorphème, phono-syntagme et phono-catégorème) et le *prosodique* (et sa constituance à propos de laquelle nous ferons un rapide rappel). Un déséquilibre sémiologique important est introduit dès lors que le système sémiographique doit faire fonctionner le même système verbal pour structurer sa substance *scripturale* mais sans l'alliance de la prosodie. Or on peut formuler cette hypothèse sémiologique importante : un système évolue (s'adapte, se spécialise) en fonction des systèmes auxiliaires qu'il mobilise pour accomplir ses tâches praxéologiques. Le « système central » (linguistique) ne peut sortir indemne de sa séparation avec la prosodie.

La grève du prosodique est, on s'en doute, conçue comme une faiblesse ou une défaillance des sémiographies par nombre de linguistes :

> La communication orale [...] est multiplanaire. Un phénomène capital, dont aucun système d'écriture connu ne conserve la trace, le fait bien apparaître. Ce phénomène est l'intonation. Dans l'Antiquité, les grammairiens et certains philosophes avaient fort bien vu que les textes latins, par exemple, peuvent, faute de noter les courbes intonatives, aboutir à des contresens (comme celui que l'on commet lorsque l'on prend une interrogation pour une assertion), ou à des absurdités. Quintilien et saint Augustin en donnent des exemples

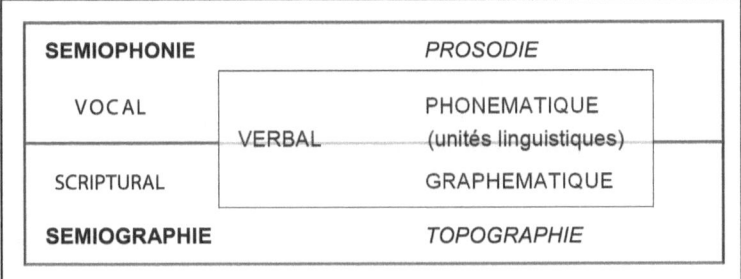

Fig. 7: Sémiophonie et sémiographique, plan de structuration commun (verbal) et plans spécifiques (vocal *vs* scriptural)

édifiants[16]. L'intonation stratifie souvent le discours oral en une structure hiérarchique où le message principal n'est pas prononcé sur le même registre que les incises, éventuellement imbriquées les unes dans les autres. Une reproduction graphique qui, bien qu'exacte pour le reste, ne note pas l'intonation, peut paraître quasiment inintelligible alors même que le discours est parfaitement clair pour son émetteur comme pour ses destinataires. (Hagège, 1985 : 83)[17]

2.3.2 Options terminologiques : *clause* (syntaxe) vs *période* (unité énonciative orale) et *phrase* (unité énonciative écrite)

Une dernière précision théorique, ayant des incidences terminologiques importantes, s'impose. Elle concerne l'articulation du plan de structuration segmentale (morphosyntaxe) et du plan de structuration suprasegmental (prosodie à l'oral, topographie à l'écrit).

---

16 Parmi leur typologie d'ambiguïtés, Quintilien et saint Augustin distinguent celles qui ont cours à l'oral et à l'écrit de celles qui sont propres à l'écrit. Ces dernières résultent notamment de l'absence des marques accentuelles (au niveau lexical) dans l'écriture du latin, de la *scriptio continua* ou du manque de marques d'intonation. Voir Desbordes, 2007.

17 On relèvera que, dans ce passage, Hagège pose le problème selon une perspective « représentationniste » : l'écriture comme « conserve » ou comme « reproduction graphique » plus ou moins « exacte » de la langue. Son propos s'inscrit à un moment des sciences du langage où il s'agit encore de défendre, contre le prestige de l'écrit, l'intérêt de la langue orale. On retrouve ainsi la tension de l'imaginaire déjà évoqué : l'écrit fournit les formes exemplaires, prestigieuses, mais l'oral fournit le modèle hégémonique et authentique de la vie du langage (chap. 2, p. 83–84).

Suivant en cela les propositions du Groupe de Fribourg (2012), dans le sillage des travaux antérieurs de Berrendonner et de Béguelin, on utilise le terme de *clause* pour désigner l'unité de plus haut rang dans les niveaux d'analyse morphosyntaxique (*i.e.* la proposition, ou unité catégorématique, simple ou complexe). La clause se définit par la dépendance rectionnelle de ses parties et l'indépendance rectionnelle du tout qu'elle constitue dans son contexte :

> Chaque clause énoncée, étant une unité maximale de $2^{\text{ème}}$ articulation[18], forme un « îlot » de dépendance morphosyntaxique : ses composants (morphèmes, syntagmes, propositions au sens grammatical du terme...) sont reliés entre eux par des rapports de rection formant un réseau connexe, tandis qu'elle-même en tant que tout n'entretient aucun rapport du même type avec son environnement segmental. (Groupe de Fribourg, 2012 : 47)

En nous éloignant sur ce point de la grammaire fribourgeoise, qui traite essentiellement de l'oral, accorde peu de crédit à la ponctuation lorsqu'elle considère l'écrit et invite à dire « adieu à *la phrase* », nous conserverons cette dernière notion. Mais nous réservons *la phrase* pour dénoter l'*unité de l'énonciation écrite*.

Par unité de l'*énonciation*, il faut entendre que la phrase est une occurrence d'acte et non pas un type de signes (Berrendonner, 2004 : 252), « événement singulier, historiquement situé dans un contexte original » (Groupe de Fribourg, 2012 : 29). Berrendonner se tient ici très près des définitions de la phrase comme unité de l'énonciation chez Benveniste. En tant qu'unité de l'énonciation, la phrase est envisagée en tant que production de sens et acte[19].

Par unité de l'énonciation *écrite*, j'entends que la phrase, au sens où j'utilise la notion, est reconnaissable par ses propriétés topographiques : ouverture par une majuscule, fermeture par un signe de ponctuation fort (unité topographique de rang 4 ; chap. 5, 4.4.2, p. 344). Autrement dit, nous considérons la phrase comme l'homologue graphique de la *période*, au sens de Berrendonner :

---

[18] Proposant de considérer l'énonciation comme une troisième articulation, Berrendonner renverse l'ordre de Martinet qui ne se prête pas en effet à une telle extension.

[19] Le plan sémantique de l'analyse de Benveniste recouvre la distinction traditionnelle entre sémantique et pragmatique. Pour Berrendonner, l'énonciation consiste à « effectuer le partage des représentations entre les interlocuteurs » (2004 : 251). Pour admettre cette définition, il me faut à la fois considérer que cette effectuation n'est pas une opération intentionnelle, mais un effet de l'énonciation, et que l'endophasie (le mode de réalisation le plus fréquent de l'énonciation) est une modalité de l'interlocution.

> Si les énonciations sont des actes de communication, chaque période peut être caractérisée comme un petit programme communicatif planifié, visant un but (*i. e.* un état de la mémoire discursive) que l'intonation conclusive signale comme atteint[20]. (Berrendonner, 2004 : 251)

Nous reviendrons plus loin sur le statut conféré à l'intonation, pour ne retenir ici que l'analogie qui confère au point la même fonction qu'à l'intonème conclusif : boucler le « petit programme communicatif planifié » de la phrase[21]. Quelle que soit d'ailleurs son incomplétude formelle ou sémantique, la phrase est reçue comme unité de l'énonciation écrite et s'inscrit elle-même dans des séquences d'actes de rang supérieur (appelés *paragraphes*) qui concourent à leur tour à l'acte global réalisé par le texte entier, selon l'organisation générale de celui-ci (Adam, 2011a)[22]. Au sein du texte, la phrase s'inscrit dans la textualité (méso et macro) par le biais de relations de cohésion, de texture (isotopie et isoplasmie) et de cohérence (pragmatique)[23].

2.3.3 Composer sans (la) prosodie : trois solutions

Ce qui est une faiblesse pour le linguiste qui ramène le fonctionnement de l'écrit à celui de l'oral n'est *a priori* qu'une différence pour le sémiologue. L'écrit n'est pas condamné que l'on sache à l'ambiguïté permanente – et les linguistes pour lesquels « la compréhension est un cas particulier du malentendu » (comme Culioli, 1990 : 39) ne parlent pas de « mal-lu » ! Les exemples d'Augustin et de Quintilien sont « édifiants » parce qu'ils sont choisis. Dans une perspective rhétorique, les auteurs latins proposent d'ailleurs des solutions pour échapper à

---

20 *Intonation conclusive* « dont le prototype consiste en une descente mélodique au niveau grave, suivie d'une pause et éventuellement d'une réinitialisation de la ligne de déclinaison » (Berrendonner, 2004 : 251)

21 Ce qui n'empêche pas que des phrases comportent plusieurs clauses adjacentes (c'est précisément la question qui va nous occuper brièvement), mais qui en principe empêche qu'une clause se prolonge au-delà du point. L'instruction topographique de clôture peut néanmoins à l'écrit entrer en tension avec l'incomplétude syntaxique des constituants isolés (à propos de ces « figures d'ajout » ou « points intempestifs », voir ci-dessus, 4.3, p. 334).

22 Insistons sur le fait que j'utilise le modèle de la macrosyntaxe fribourgeoise pour penser le point comme marque de la plus petite unité du plan énonciatif (ou textuel), ou unité de troisième articulation, en dépit des réserves de Berrendonner (Groupe de Fribourg, 2012) ou de Béguelin (2002) relativement au statut de la ponctuation (2.2, p. 303).

23 Nous évoquerons plus loin cette question, qui mériterait un examen approfondi : les phrases (au sens défini ici) peuvent-elles entretenir entre elles des relations rectionnelles ? La grammaire fribourgeoise répond catégoriquement non, et les spécialistes de l'écrit tendent à répondre affirmativement.

l'amphibologie, notamment en modifiant l'ordre des mots[24]. Qu'est-ce qui distingue les séquences écrites « ambiguës » faute de prosodie et celles qui, en dépit de la même absence, sont univoques ? Comment donc le système de l'écrit s'adapte-t-il pour assurer et optimiser son fonctionnement en l'absence d'informations d'origine mélodique ? En répondant à cette question, nous aurons identifié un nouveau mode d'intégration de l'oralité dans l'écrit.

Sous l'angle sémiologique adopté et avec les paramètres réunis ici, on peut imaginer trois solutions qui permettent au plurisystème sémiographique de composer avec le verbal (qu'il a hérité de la sémiophonie) coupé de son système complémentaire d'origine, la prosodie.

Solution 1 : le développement d'un système compensatoire
Sans prosodie, la sémiographie peut développer un système supplétif, avec ses moyens scripturaux propres. Par parallélisme, on aurait envie de nommer un tel système *prosographie* ; le mot, par une étymologie généreuse, signifierait « (verbe) accompagné de dessin ». On risquerait pourtant de prendre ce néologisme au sens d'« écriture de la prosodie » et ainsi de le recevoir comme issue d'une conception métaprosodique de la ponctuation ; c'est pourquoi nous préférerons le terme de *topographie* proposé par Anis dans les années 1980.

On peut prévoir deux façons, pour le système topographique, de relayer la prosodie :
1 – soit la topographie fonctionne comme un métasystème, méta-prosodique, dont les signes ont pour contenu conventionnel des signes prosodiques ;
2 – soit elle fonctionne en tant que système autonome et arbitraire dont la vocation (originairement au moins) serait équivalente à celle de la prosodie, mais dans le domaine scriptural. Ses unités se définiraient de manière différentielle (et non en relation avec des contenus externes, prosodiques ou autre), organisant un champ sémantique propre, mais leur contenu serait fonctionnellement comparable à ceux de la prosodie.

Solution 2 : l'adaptation *du verbal*
On peut prévoir que le verbal qui, dans le domaine scriptural, se retrouve coupé de la substance mélodique, soit lui-même directement affecté. En clair, la seg-

---

[24] Desbordes donne l'exemple de « vidi statuam auream hastam tenentem » (ambiguïté sur le nom support d'« auream ») et commente les deux « solutions » d'évitement (dans une perspective rhétorique) proposées par Quintilien : « par la séparation des mots ou par leur changement de place » (Desbordes, 2007 : 270–271).

mentalité de l'écrit, *i.e.* son organisation syntaxique et textuelle, trouverait des motifs à se distinguer de celle de l'oral pour optimiser son fonctionnement en l'absence des instructions apportées dans le domaine vocal par la prosodie[25]. L'écrit chercherait à compenser par du segmental – des morphèmes, des structures syntaxiques, des schémas distributionnels – ce que le suprasegmental (prosodie) apporte à l'oral.

Solution 3 : la projection prosodique

Grevée de prosodie, au sens où le signal graphique ne peut offrir de substance conformable aux gabarits prosodiques, la sémiographie contraindrait les lecteurs à une reconstruction de l'information prosodique manquante par inférence à partir d'indices non vocaux. Selon cette solution, le système présenterait (localement ou globalement) *un fonctionnement non autonome* : sa performance supposerait une compétence et une performance sémiophoniques. C'est la position adoptée par ceux qui considèrent la prosodie comme inhérente à l'écrit, ou du moins à son actualisation. En d'autres termes, il y aurait, dans tout écrit, une prosodie reconstituée : actualisée par le décodage de marqueurs spécifiques (des topogrammes codant des intonèmes), ou inférée à partir de marqueurs non spécifiques (indices).

Ces solutions ne sont pas exclusives les unes des autres. On pourrait montrer au contraire qu'elles sont proposées conjointement par la sémiographie, c'est-à-dire par les agents qui en ont la compétence. Une telle exposition nous conduirait trop loin dans la description de la langue écrite. Notre présentation schématique du système sémiographique nous suffira à poser le problème, sinon à le résoudre. S'interroger sur le rôle potentiel de la prosodie à l'écrit[26], c'est-à-dire son rôle dans l'actualisation d'une séquence sémiographique (ou lecture), revient à se demander s'il est possible de décrire linguistiquement les types de séquences sémiographiques qui poussent leurs interprètes à la solution 3. Car

---

[25] Plus loin (5.5, p. 393), on comparera cette contrainte sémiologique (*à l'écrit, il est impossible de marquer les relations rectionnelles par des signifiants prosodiques*) avec les différentes « contraintes d'optimalité » de l'oral et de l'écrit que Berrendonner fonde sur des critères cognitifs : « À l'écrit, il est préférable de marquer les relations rectionnelles par des signifiants segmentaux » (Berrendonner, 2004 : 262).

[26] Rappelons que si l'on postule que le rôle de la prosodie est essentiel à l'activité d'interprétation de l'écrit, il n'en resterait pas moins à distinguer les cas où cette actualisation par « intonation » est perçue comme telle par le lecteur des cas où elle passe inaperçue.

l'hypothèse défendue ici sera la suivante[27] : *un « effet prosodique » est prévisible lorsque ni la topographie, ni la morphosyntaxe (solutions 1 et 2) ne fournissent les instructions optimales pour l'élaboration du sens ; déficitaire, la structuration sémiographique sollicite, pour une interprétation optimale, la compétence prosodique du lecteur-auditeur (solution 3).*

Pour aller plus avant et proposer des clés de distinction entre des séquences dont la morphosyntaxe ou la ponctuation pallie l'absence de prosodie et rend l'énoncé interprétable en stricte sémiographie, et d'autres séquences, où la prosodie fait défaut et où elle est reconstituée, à partir du scriptural, en tant que ressource sémiologique, un rapide rappel de la prosodie du français est nécessaire. À partir de l'analyse de sa fonction et de sa constituance, sachant à quoi elle sert et à quel niveau d'analyse elle intervient, nous serons en mesure de décrire les situations scripturales où la prosodie est susceptible de faire défaut et où il est prévisible qu'elle soit sollicitée comme ressource interprétative (ou inférentielle).

---

[27] La logique n'est pas très différente de celle qui sous-tendait les effets de voix, actualisation inférentielle ou interprétative de la sémiotique phonographique « encouragée » (mais non contrainte) par le traitement d'un morphème « asémiographique » et donc non susceptible d'une reconnaissance visuelle (chap. 3, 4.1, p. 155).

3 Effets prosodiques

> Mais attendez seulement mon retour et je vous lis ces interminables phrases à haute voix : comme aussitôt tout s'organise ! comme les plans s'étagent ! comme s'approffondit le paysage de la pensée !... J'imagine une page de Guermantes imprimée à la manière du *Coup de dés* de Mallarmé ; ma voix donne aux mots-soutiens leur relief ; j'orchestre à ma façon les incidentes, je les nuance, tempérant ou précipitant mon débit ; et je vous prouve que rien n'est superflu dans cette phrase, qu'il n'y fallait pas un mot de moins pour en maintenir les plans divers à leur distance et pour permettre à sa complexité un épanouissement total. (A. Gide, *Incidences*, NRF, 1924, p. 46.)

3.1 La prosodie du français

Suivant un usage largement établi désormais, on appelle *prosodie* l'étude des formes mélodiques qui accompagnent la parole. L'organisation des énonciations orales du français repose à la fois sur des *caractéristiques verbales*, à la fois sur des *propriétés prosodiques*, liées à la modulation de l'intensité, de la durée et de la fréquence fondamentale de la voix :

> [...] nous avons porté notre attention sur les caractéristiques syntaxiques et sémantiques des clauses[28], c'est-à-dire sur les aspects purement segmentaux qui permettent de délimiter dans un texte les énonciations successives. Mais une énonciation ne se réduit pas à l'actualisation d'un matériau segmental. Elle incorpore en outre des manifestations prosodiques, et notamment intonatives, sur lesquelles, on l'a vu, **reposent fondamentalement le bornage et la structuration des périodes.** (Groupe de Fribourg, 2012 : 93)

Dans la perspective de notre étude, après la revue de très éclairants panoramas sur la prosodie du français offerts par divers travaux (Rossi, 1999, Lacheret-Dujour & Beaugendre, 1999, Lacheret, 2003, Di Cristo, 2003, Simon, 2004, Martin, 2009 et Avanzi, 2012), j'adopte le modèle et la terminologie des approches autosegmentales, multilinéaires et métriques qui « spécifie, au moyen de principes et de paramètres simples, l'accentuation potentielle de la langue »

---

[28] Rappelons que la *clause* est l'unité supérieure de la (micro)syntaxe dans la terminologie de la macrosyntaxe fribourgeoise (voir p. 309).

(Di Cristo, 2003 : §18). L'accentuation telle qu'elle se réalise en discours (« la manière dont cette accentuation potentielle est effectivement "implémentée" ») compose avec cette *contrainte métrique* (« l'accentuation potentielle de la langue ») et avec les contraintes expressives, informationnelles, pragmatiques et mélodiques qui déterminent l'usage de la parole pour produire son organisation *rythmique* effective (Di Cristo, 2003 : §18). Ce rapport à la contrainte métrique, en langue, fait des approches métriques des modèles prédictifs qui proposent de décrire avant tout la structure prosodique attendue pour une séquence verbale donnée *compte tenu notamment des propriétés morphosyntaxiques de celle-ci*. Or c'est à une situation comparable que nous confronte notre problématique, plutôt qu'à une approche descriptive visant à extraire les formes prosodiques à partir des propriétés acoustiques elles-mêmes.

> Toutes les études sur la langue (et cet ouvrage ne fait pas exception) nous portent invinciblement à objectiver sous la forme de l'écrit ce que nous cherchons à observer. Dès lors, nous nous plaçons devant les phénomènes d'intonation dans la situation du lecteur à haute voix qui veut « mettre le ton », et pour lequel la succession des graphèmes représentant la succession des phonèmes préexiste à l'acte de la lecture. (Riegel *et alii*, 2009 : 106)[29]

Cette situation, du lecteur qui, à voix haute ou même basse, met le ton, si elle a rendu de mauvais services à l'intelligence de la prosodie dans la production du discours oral, est tout à fait la nôtre. Bien sûr, chaque lecteur pourra, en fonction de son interprétation ou du rythme de sa lecture, assigner différemment un phrasé aux séquences écrites (converties en chaîne phonématique). La prévisibilité du phrasé réside dans les covariations observées et théorisées entre les construits morphologiques, syntaxiques et sémantiques d'une part et le construit

---

[29] Cette critique désormais commune de la conception de la prosodie, réduisant celle-ci à une couche *sur*-ajoutée à un *sub*strat segmental préalable, situe judicieusement le rôle joué par l'écrit dans cette illusion (qui touche à l'« illusion séquentialiste » dénoncée par Groupe de Fribourg, 2012, cité *supra*). Parce que l'écrit fonctionne sans donnée mélodique et parce que la prosodie, si elle participe à son interprétation, lui vient par un ajout ultérieur du lecteur, on imagine un peu vite un fonctionnement symétrique à l'oral. *On pense l'oral comme une lecture.* « En réalité, dans l'échange verbal ordinaire, l'intonation est coextensive aux faits phonologiques, morphosyntaxiques, sémantiques et pragmatiques. Il est même probable que le choix du schéma intonatif préexiste aux choix des structures syntaxiques et aux choix lexicaux : le locuteur a une représentation du ton sur lequel il va s'exprimer avant de choisir sa formulation ; réciproquement, l'auditeur perçoit une intention même là où le mot à mot lui échappe. » (Riegel *et alii*, 2009 : 106) Pour une discussion du concept de *suprasegmentalité* dans ses différentes acceptions théoriques, ses contradictions et son « remplacement » dans la « théorie autosegmentale », voir Rossi, 1999 : 19–32.

prosodique de l'autre. C'est donc fondamentalement cet aspect qui nous retiendra : celui des contraintes virtuelles que le segmental peut exercer sur une *projection prosodique*. J'entends par cette expression *la production mélodique conformée aux patrons prosodiques d'une langue telle qu'elle peut être élaborée à partir du signal graphique pour un lecteur qui est aussi auditeur de cette langue.*

Un autre intérêt du modèle métrique pour nous réside dans la place qu'il assigne à la *syllabe*. Si cette notion est objet de controverse (Meynadier, 2001), l'approche métrique la considère comme l'unité prosodique de base (unité d'une « phonologie prosodique »). En tant qu'unité d'articulation et de perception, la syllabe est un schéma doté d'une durée (par opposition au phonème qui est une forme ponctuelle) ; cette qualité la rend apte à entrer en composition dans les patrons duratifs de la prosodie. C'est aussi la syllabe qui est frappée par l'accent : or l'alternance des accents de natures différentes engendre le rythme (indépendamment du tempo). Le statut d'unité prosodique accordé à la syllabe par les prosodies métriques jette ainsi les bases d'une description du rythme qui nous sera nécessaire pour penser la fonction textuelle des unités de l'expression. Or à cette fonction textuelle, que nous appellerons *texture*, correspond un second type d'effet d'oralité prosodique auquel nous consacrerons la fin de ce chapitre (chap. 5, 6, p. 401).

3.2 Rappel concernant les accents du français

On distingue, quantitativement, deux sortes d'accent, faible et fort. La proéminence de l'accent fort résulte de divers facteurs articulatoires (intensité, hauteur, pause et, le plus fréquent en français, durée de la syllabe) sans incidence directe pour notre propos strictement fonctionnel. On sait que l'une des caractéristiques propres de la prosodie du français est l'absence d'accent lexical, ce qui la distingue de « la plupart des idiomes de souche indo-européenne et plus particulièrement des langues romanes » (Avanzi, 2012 : 20)[30]. Aucune paire minimale n'étant constituée par une opposition accentuelle, l'accent est assimilable en français à un fait syntagmatique : « En français, la réalisation des accents est régie par la formation de groupes rythmiques de différents rangs, et relève de l'intonation, domaine de la prosodie qui a trait aux contraintes supra-lexicales. » (Avanzi, 2012 : 20) Ainsi peut-on dire que la prosodie du français s'assimile à

---

[30] Pour ces questions générales et des précisions bibliographiques concernant l'état de l'art, on se rapportera à Avanzi, 2012.

l'intonation, celle-ci réglant la répartition des accents et déterminant à elle seule la « structure prosodique » de l'énoncé (Avanzi, 2012 : 26).

Deux accents. Le système accentuel du français se caractérise par sa « bipolarisation accentuelle » (Di Cristo, 2003). On lui reconnaît en effet un « accent primaire », de final de groupe, marquant la frontière droite des unités prosodiques *qui structurent un énoncé* ; on lui reconnaît aussi un « accent secondaire » plus mobile, non final, susceptible de frapper partout.

L'accent primaire. Il porte sur la dernière syllabe masculine (dont le noyau vocalique n'est pas un schwa) d'un morphème non clitique. L'accent primaire remplit donc une première fonction, démarcative : il marque la fin de toutes les unités prosodiques complexes (de rang supérieur à la syllabe) : le pied métrique, la mesure, l'unité intonative (ou groupe intonatif), la période.

Les syntagmes sont marqués par des accents finaux qui ne sont pas nucléaires (voir ci-dessous) ; dans la logique prosodique, il faudrait plutôt dire que la projection d'un accent final non nucléaire engendre un syntagme prosodique. Si cet accent « se réalise comme un simple accent mélodique », il borne à droite un syntagme accentuel mineur que Di Cristo propose d'appeler *pied métrique*. Si cet accent implique à la fois « une variation mélodique et un allongement de la syllabe », « il indique la limite d'un syntagme accentuel majeur », appelé *mesure*. Nous obtenons ainsi les trois premiers constituants de la structure prosodique du français : *syllabe*, *pied métrique* et *mesure* ; ils vont eux-mêmes structurer l'unité supérieure que constitue l'*unité intonative*.

L'accent primaire nucléaire. Dans le cas de la projection d'un accent final « nucléaire », l'unité marquée est appelée *hyper-mesure* ou *unité intonative* (ou encore *groupe intonatif*). L'accent nucléaire « est investi, dans la hiérarchie prosodique, du niveau de proéminence le plus élevé, mis à part l'accent d'énoncé » (Di Cristo, 2003 : 26). Ce dernier, qui marque la fin de l'unité prosodique supérieure appelée *période*, est l'intonème conclusif (F). Les accents nucléaires sont les seuls qui déterminent un *contour intonatif* (ou *intonème* chez Rossi, 1999), c'est-à-dire « un schème mélodique intra-syllabique (montant, descendant, montant-descendant, etc.) » (Di Cristo, 2003 : 26). Or ces intonèmes sont distinctifs et ajoutent à leur fonction démarcative un contenu instructionnel : relation à une unité intonative adjacente ou modalité. Pour les enjeux qui sont les siens, décrire le rôle joué par la prosodie dans la structuration du discours oral spontané, la pragma-syntaxe fribourgeoise retient neuf intonèmes : six intonèmes conclusifs comprenant celui qui marque la fin de la période (combinant descente dans l'infra-grave de F_0, baisse de l'intensité et pause subséquente) et d'autres ajoutant à cette fonction démarcative des « modalités communicatives », et quatre intonèmes progrédients qui marquent des relations entre groupes intonatifs infrapériodiques et notamment des regroupements par paire de ces groupes (Groupe de Fribourg, 2012 : 93–109).

L'accent secondaire. L'accent secondaire est défini par opposition à l'accent primaire : il n'a pas pour fonction de démarquer un syntagme à droite. Di Cristo relève trois types d'accent initial en français : le premier est l'accent d'insistance ou d'emphase (« C'est s̲uper »). Le deuxième est un accent indiquant la cohésion d'un syntagme (« la r̲edécouverte de l'autre », avec désaccentuation potentielle de la syllabe « verte »). Le troisième (l'*ictus mélodique* chez Rossi, 1999) répond de contraintes strictement mélodiques : sa fonction est d'assurer l'eurythmie de l'énoncé, c'est-à-dire éviter les collisions (*clashes*) et les vides accentuels (*lapses*). En référence aux travaux psychologiques sur le rythme et sa perception, ceux de Fraisse et ceux de la théorie gestaltiste, on admet qu'on ne peut enchaîner plus de 7 syllabes inaccentuées et que l'accentuation du français tend à favoriser une alternance entre syllabe forte et syllabe faible, appelée *eurythmie*, de sorte qu'un accent tombe tous les 3 à 4 syllabes. Cet accent est par suite appelé parfois accent *rythmique* ou *stylistique* (ou encore « contre-accent » chez Milner & Regnault, 1987). S'il n'est pas démarcatif, ni significatif *a priori*, l'accent secondaire contribue néanmoins à la texture du texte et va favoriser, on le verra, la mise en équivalence d'unités segmentales, contribuant ainsi parfois à rapprocher leur statut syntaxique ou sémantique. Cette tendance à la répartition équilibrée des proéminences conduit à accentuer d'autres syllabes que la syllabe initiale : sa position dans l'unité lexicale est donc plus libre qu'on a pu le croire (Avanzi, 2012).

Décrire cette structure prosodique, dans les approches multilinéaires, métriques et autosegmentales consiste à aligner a) la séquence segmentale de phonèmes, b) la structure rythmique engendrée par l'alternance des syllabes accentuées et inaccentuées, et c) le profil mélodique, constitué des tons (soit les accents primaires nucléaires) qui se succèdent dans un énoncé (Avanzi, 2012 : 26–44).

3.3 Les rapports du segmental au prosodique

À partir de ces quelques rappels concernant le système prosodique du français et l'articulation du syntaxique et de l'énonciatif, nous sommes en mesure de formuler trois observations générales concernant le rapport entre *lecture* et *prosodie*. Ces observations sont les présupposés de la réponse que j'apporte à la question posée plus haut : peut-on décrire linguistiquement des séquences sémiographiques dont l'interprétation sollicite une performance prosodique ?

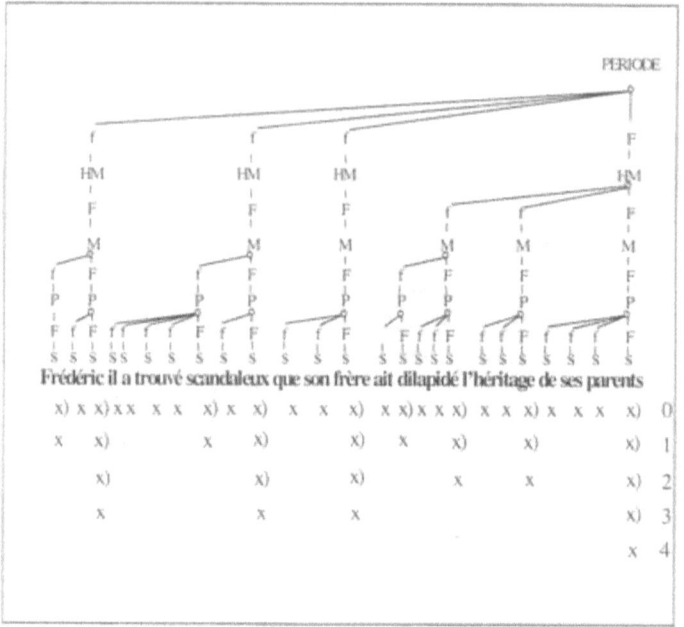

Fig. 8: Représentations de la structure rythmique de l'énoncé : « Frédéric * il a trouvé scandaleux * que son frère * ait dilapidé l'héritage de ses parents ** » : a) sous la forme d'un arbre métrique (partie supérieure), b) sous la forme d'une grille métrique étiquetée (partie inférieure). S = Syllabe, f = battement faible, F = battement fort, P = pied, M = mesure, HM = hyper-mesure. (Illustration et légende tirées de Di Cristo, 2003.)

1) « Souveraineté-association » de la prosodie relativement à la syntaxe (Martin)

Nous ferons deux premiers constats en tension, comme l'est la formule de Martin : prosodie et syntaxe sont dans un rapport de « souveraineté-association ». En effet, « la structure prosodique est *a priori* totalement indépendante de la structure syntaxique et de toute autre structure morphologique, sémantique, informationnelle, etc. » (Martin, 2009 : 85)

Sur le plan sémiologique, on observera d'abord qu'en dépit du fait qu'elles sont consubstantielles, la prosodie et la chaîne segmentale phonématique sont indépendantes (si l'on néglige des interactions entre certaines classes de phonèmes et par exemple la perception de la hauteur, on peut intoner une même chaîne phonématique de multiples manières).[31] Par ailleurs, on observe que

---

31 Celle est plus vrai encore de la topographie qui, pour des raisons biotechnologiques, c'est-à-

parmi les cinq unités prosodiques distinguées par Di Cristo, seules les unités intermédiaires, de la mesure et de l'hypermesure, sont déterminées par des contraintes morphosyntaxiques : le mot ou morphème prosodique « formé autour d'une tête accentuable et de ses dépendants linéairement adjacents » (Lacheret, 2002 : 15). La période prosodique ne coïncide pas nécessairement avec des frontières (micro)syntaxiques. Si l'on prend en considération les accents secondaires, tels qu'ils sont régulièrement contraints par des questions d'eurythmie (mais aussi au service des marquages expressifs ou informationnels), on trouvera là encore bien des motifs « aux rendez-vous manqués avec la syntaxe » :

> Bref, les rendez-vous manqués avec la syntaxe sont nombreux, en témoignent les dislocations périodiques et l'absence fréquente de marquage des relations de dépendance syntaxique. Car la prosodie, produit dynamique de l'activité de discours, n'a **pas pour fonction de rendre compte de manière statique et immuable des contraintes posées par la syntaxe**, mais plutôt d'imposer ses propres objets, cela de manière toujours évolutive et en mouvement. (Lacheret, 2002 : 142)

En revanche, on constate aussi que la morphologie contraint l'accentuation puisque seuls les morphèmes lexicaux sont susceptibles de générer un accent[32]. Par ailleurs, la prosodie est associée à la syntaxe par les deux rôles, démarcatif et architectonique, qu'elle remplit. L'accent primaire (final) marque la fin des unités prosodiques ; par un principe de hiérarchie dans les constituants, qui répond à un principe de proportion de la proéminence de l'accent primaire (plus l'accent est saillant, plus l'unité métrique occupe une position élevée dans la structure hiérarchique), la prosodie hiérarchise et organise des unités segmentales – la période et son intonème conclusif F regroupant *in fine* les constituants prosodiques de rang inférieurs[33]. En outre, d'autres intonèmes non conclusifs ont pour effet d'agréger les séquences marquées avec d'autres, à droite ou à

---

dire liées à son mode opératoire visuo-graphique, ainsi qu'au fait que le système écrit ne code pas une performance, mais le produit de celle-ci (chap. 4, 4.2.3, p. 272), connaît des topogrammes libres (la famille des points et autres guillemets...) tout comme des topogrammes liés (comme le soulignement ou la majuscule), là où la prosodie, sémiologie d'une performance vocale sans support, ne connaît que des signes « liés » (nécessitant l'apport de phonèmes).
32 Assertion simplificatrice telle quelle ; pour les nuances, je renvoie à Lacheret, 2003 : 37–41.
33 Concernant la prosodie, la synthèse proposée par Berrendonner dans le collectif du Groupe de Fribourg (2012) nous est très utile. Elle est en effet inscrite dans le cadre d'une « pragma-syntaxe » qui s'interroge sur « la place qui doit être assignée aux faits prosodiques dans l'économie générale du langage. Quelles fonctions assument-ils ? Quel est leur statut au regard des trois articulations définies supra ? Quels sont les rapports entre structuration intonative et structuration syntaxique ? » (Groupe de Fribourg, 2012 : 93)

gauche, en des unités de rang intermédiaire (entre la période et la mesure)[34]. La mise en évidence de cette hiérarchie est opérée, dans les théories métriques de la prosodie, sous forme d'arbre ou de grille. On en a donné ci-dessus une illustration, avec sa légende, tirée de Di Cristo, 2003. Cette structuration est au service de différentes fonctions discursives (en particulier la gestion de la dynamique communicative et celle des modalités) et sert régulièrement au démarcage des frontières syntaxiques.

> La manière dont la prosodie délimite les unités textuelles de grande taille et les regroupe est parfois redondante avec d'autres indices (syntaxiques, lexicaux). Dans ce premier cas de figure, la structure prosodique ne fait que confirmer ou appuyer une structure interprétable par ailleurs. Mais dans d'autres cas, le rôle de la prosodie s'avère indispensable pour désambiguïser une séquence textuelle susceptible de plusieurs interprétations hiérarchiques. (Simon, 2004 : 211)

En somme, une fois de plus, *l'autonomie des deux systèmes est la condition de leur interaction* ; elle permet de penser la discordance et la concordance des deux ordres d'organisation de l'énonciation.

2) Relation d'interprétance

Selon le principe d'interprétance, on admettra que, en tant qu'ils sont les contenus de signes, les fonctions prosodiques sont paraphrasables par des expressions du système linguistique (verbal). Par exemple, le contour intonatif des insertions parenthétiques peut être explicité par un marquage lexical du type « soit dit en passant » ou « entre parenthèses », qui livre une instruction métaénonciative équivalente à celle que code la prosodie (Roulet, 2004).

Par ailleurs, certains systèmes intersémiotiques (secondaires) transposent vers un nouveau domaine de validité les signes d'un système premier. C'est le cas de la topographie dont la fonction consiste à signifier, dans le domaine de l'écrit, des signes prosodiques du domaine de l'oral. Les topogrammes (libres et doubles) que sont les parenthèses et les tirets, pour reprendre cet exemple, signifient l'intonème parenthétique (fonctionnement méta), ou, en s'affranchissant de ce fonctionnement intersémiotique, prennent un contenu équivalent

---

[34] « [...] les constituants ne sont pas simplement rangés dans un certain ordre, comme on alignerait une série d'objets ou de chiffres sur un espace neutre et homogène ; ils sont plus ou moins serrés et disjoints, collés ou dissociés, hiérarchisé ou traités comme égaux : la prosodie (ou la ponctuation) les découpe en blocs, accuse ou atténue la distance entre deux groupes consécutifs, et donne des indications sur le type de relation qu'ils entretiennent. » (Le Goffic, 1993 : 54)

à cet intonème (sans passer par lui). La modalité interrogative peut se marquer à l'oral par la prosodie uniquement (lors d'une interrogation dite totale), mais une structure syntaxique (l'inversion) peut s'en charger, ou encore, à l'écrit, le topogramme libre |?|. Des « ponctuants » du discours sous formes des morphèmes (*voilà, bon, mec*...) viennent souvent redonder ou suppléer un marquage prosodique qui aurait été jugé insuffisant ou inefficace, ou encore pour le surmarquer. Bref, des morphèmes peuvent jouer un rôle analogue aux intonèmes (Hagège, 1985)[35].

3) Principe d'économie

L'autonomie et l'interaction qui en découle (principe 1), et la possibilité de l'interprétance linguistique (principe 2) invitent à observer la « collaboration » des différentes possibilités de marquage. Or lorsqu'un morphème ou une structure syntaxique relaie un intonème dans l'une de ses fonctions, on observe une tendance à la non-redondance. Pour garder l'exemple de la modalité interrogative : « L'absence d'autres indicateurs (syntaxiques, morphologiques, contextuels) force la prosodie manifestée par l'intonation à fonctionner comme seule marque de la modalité déclarative ou interrogative. » (Martin, 2009 : 86) La prosodie semble devoir être décrite toujours compte tenu de la présence de ces « autres indicateurs » : la présence d'un morphème interrogatif (« Un ornithorynque ? » *vs* « Qu'est-ce qu'un ornithorynque ? »), ou de la structure d'inversion (« Tu manges ? » *vs* « Manges-tu ? ») est corrélative de l'absence d'intonème interrogatif. On observe cette corrélation dans bien d'autres situations, comme dans cet exemple (emprunté à Martin, 2009 : 93) : « Vous voulez du thé du café ou du chocolat ? » *vs* « Vous voulez du thé du café du chocolat ? » Le morphème *ou* signifiant l'indétermination, la dernière mesure (ou mot prosodique) est marquée d'un contour descendant, alors qu'en son absence, sa tête métrique porte un contour intonatif montant, marqueur de la modalité interrogative.

De ces quelques cas et des considérations générales des prosodistes, nous tirerons ce principe : lorsqu'une fonction est assumée par le segmental, le

---

[35] C'est aussi le présupposé du commentaire de Berrendonner à propos de la prosodie de l'énoncé : « C'est une nana : elle prend le métro et elle a pas de billet » : « le groupe intonatif (elle prend l'métro) est syntagmé avec celui qui précède et par la répartition des pauses, et par la hiérarchie des montées mélodiques ». Le regroupement ainsi opéré serait la « trace » prosodique « d'un rapport de subordination micro-syntaxique, et **supplée un marqueur d'enchâssement** du type pronom relatif » (Groupe de Fribourg, 2012 : 100). Berrendonner formule à ce propos une hypothèse générale sur laquelle nous reviendrons.

prosodique s'en trouve soulagé (sauf cas marqués). L'autonomie des deux systèmes et leur interaction aboutissent à une forme de collaboration économique :

> La prosodie a pour fonction essentielle de **servir de relais à la syntaxe lorsque cette dernière ne code pas certaines relations structurales et conceptuelles**, elle est là pour gérer le flux de l'information, exprimer le point de vue du locuteur et, par là, forcer les stratégies de l'interlocuteur sur la scène verbale à construire. [...] **La prosodie et la syntaxe collaborent** étroitement pour la construction de la scène. (Lacheret, 2003 : 142)[36]
>
> L'intonation a le rôle de hiérarchiser les unités de sens et d'en organiser la cohérence – **particulièrement dans les cas où la syntaxe est défaillante.** (Léon, 1993 : 45)

3.4 La sollicitation prosodique

Si l'on applique les trois principes sémiologiques considérés à notre situation, celle de la lecture, nous obtenons une proposition de réponse à notre question de « sémiologie évolutive ». Au niveau du système, l'absence de prosodie dans la structuration de l'énonciation écrite produit à la fois (a) une *adaptation du segmental* visant à réparer l'absence d'instructions prosodiques, soit par la

---

[36] Catach applique à la diachronie une hypothèse analogue, en opposant les textes anciens (« Une page de chronique médiévale, disait G. Antoine, abonde plus en coordonnants qu'aucune page de prose moderne commune. » Catach, 1994 : 7) au « langage moderne » qui se caractérise par son style « resserré », où la ponctuation remplace les mots de relation, en « une sorte de paraphrase concise, de réserve "elliptique" du langage », « permettant à volonté de se passer du chemin des mots ». Une algèbre en somme. Ce principe d'économie ou de *distribution complémentaire*, Hagège en fait aussi le constat, lorsqu'il observe la dénaturation subie par les créoles au cours de leur alphabétisation : « La tentation permanente, ici, est d'introduire, dans le discours noté, des conjonctions subordonnantes qui n'existent pas en créole et son empruntées au français écrit : *que, lorsque, parce que, si bien que, de sorte que*, etc. Au français écrit, car dans certains registres du français oral lui-même, tout comme dans beaucoup d'autres langues, **les articulations syntaxiques entre propositions sont marquées par des courbes intonationnelles variées, véritables morphèmes prosodiques.** Tel est aussi le cas en créole d'Haïti. La seule solution, dès lors, si l'on ne veut pas défigurer la langue en la francisant par **substitution de marques non prosodiques aux marques intonatives**, est de noter soigneusement l'intonation **au moyen d'un système précis et diversifié de signes de ponctuation.** Ceux dont on se sert couramment dans l'écriture latine sont justement les marques, imparfaites et vagues, des inflexions de la voix, des pauses, des courbes qui constituent l'intonation. » Et Hagège d'espérer en conclusion que les progrès que connaît l'intonologie servent aux « langues orales qui accèdent à l'écriture » à développer des « signes graphiques réfléchissant plus fidèlement les mélodies » que ceux offerts par les « indigents reflets » de nos signes de ponctuation actuels. (Hagège, 1985 : 93)

morphologie, soit par la syntaxe, et (b) le *développement d'un système compensatoire* qu'on dira *topographique* (incluant notamment la ponctuation).

En outre, ces deux modes d'adaptation à l'absence de la prosodie, qui sont situés sur le plan des systèmes (topographie) et de leurs normes d'usage (plus fréquent marquage segmental à l'écrit des relations entre constituants intra ou interclausaux), n'empêchent pas, sur le plan de la performance singulière cette fois, la nécessité occasionnelle d'une activité interprétative compensatoire, suscitée par certaines séquences sémiographiques. Cette activité compensatoire, je la décrirai comme (c) une *projection prosodique*. Ce travail interprétatif, différemment mobilisé selon la compétence sémiographique du lecteur et les propriétés de la séquence lue, consisterait à assigner une structure prosodique à ladite séquence à partir des hypothèses de sens que permet de faire en contexte sa seule segmentation verbale et ses propriétés topographiques.

Avant donc de considérer cette projection prosodique et ses effets, nous pouvons donc formuler l'hypothèse suivante. Si lire peut facultativement consister à intoner les séquences sémiographiques (les formes scripturales du texte, graphématique et topographique), certaines séquences *sollicitent* l'intonation. Je ne ferai pas œuvre de psychologue et n'interrogerai pas la réponse donnée effectivement par le lecteur à cette sollicitation selon des protocoles d'analyse que les psycholinguistes sauraient mettre en place. Qu'il suffise pour l'heure d'admettre l'hypothèse de travail. Certaines séquences sémiographiques, certains textes et même certains genres de textes sollicitent l'écoute parce qu'ils se caractérisent par le fait que leur structuration segmentale et scripturale ne suppléent pas suffisamment à l'absence de mélodie : la projection prosodique intervient alors comme une solution opportuniste et efficace pour leur interprétation.

Sur la base des critères évoqués plus haut, on peut partir du modèle négatif suivant. Ne sollicite pas de projection prosodique, une clause[37], simple ou complexe,

i – (facteur topographique) où les marques topographiques suppléent aux fonctions assumées par les marqueurs prosodiques ; ce qui revient à dire, pour ce que nous retiendrons ici au premier chef, une clause dont les frontières syntaxiques sont corroborées par le découpage topographique et,

---

[37] Rappelons que pour réduire l'ambiguïté de la notion de *phrase*, nous réserverons ce dernier terme pour désigner l'unité topographique écrite ouverte par une majuscule et close par un point et, à l'instar de la grammaire fribourgeoise, nous recourrons au terme de *clause* pour dénoter l'unité intégrative maximale de la syntaxe de rection (les « îlots de connexités rectionnelles » de Berrendonner, par exemple 2008). Voir ci-dessus, p. 309.

notamment, dont tout détachement, relativement aux schémas distributionnels canoniques, est signalé par une virgule ;
ii – (facteur morphologique) dont les relations entre constituants sont marquées par l'accord, l'ordre des mots ou des joncteurs[38] (prépositions pour les syntagmes, coordonnants ou subordonnants pour les propositions composant une phrase complexe) ;
iii – (facteur syntaxique) dont la construction est syntaxiquement « intégrée » ou « liée » : la distribution des constituants essentiels épouse l'ordre prescrit par la valence des morphèmes recteurs et les constituants accessoires sont situés en position postverbale (SVOC).

En somme, le cumul de ces contraintes évoque la définition de ce que Le Goffic, dans une tradition qui remonte au moins à Bally appelle « construction liée »[39] :

> Le déroulement normal d'une phrase courte, réduite à une structure élémentaire sujet – prédicat, est lié en totalité
> *Le tirage de la tombola aura lieu demain soir.*
> Aucune virgule ne peut apparaître ; les marques prosodiques (courbe intonative, et même pauses éventuelles) s'interprètent comme des signes de cohésion de l'ensemble de l'énoncé. (Le Goffic, 1993 : 82)

Dans la construction liée, ou syntaxiquement intégrée, la cohésion et les relations sont assurées par l'architecture syntaxique, elle-même organisée autour du noyau prédicatif. Elle est le parangon d'une syntagmation où la syntaxe assume la structure et la cohésion, et où par suite l'intonation joue à l'oral un rôle structurel minimal – ne faisant que corroborer la complétude et l'ordonnancement syntaxiques. D'ailleurs, à l'écrit, dans ce cas de figure syntaxique, la ponctuation est réputée interdite[40]. Il s'agit en quelque sorte de l'intonation la

---

38 Le Goffic écrit à propos des fonctions syntaxiques : « Ces relations sont indiquées par l'ordre des mots, les accords, la prosodie (ou la ponctuation). » (1993 : 12)
39 Sur cette tradition, voir Gadet, 1997.
40 « Les constituants centraux de la phrase sont *a priori* liés, et **la structuration intonative en sujet-prédicat (ou thème-rhème) n'a pas de parallèle au plan de l'écrit** : la forme graphique segmente uniformément et mécaniquement en mots (ce que ne fait pas l'oral), non en constituants. » (Le Goffic, 1993 : 67) « Nous proposons l'hypothèse suivante : une virgule ne peut intervenir dans une phrase élémentaire – c'est-à-dire une phrase composée d'un syntagme nominal et d'un syntagme verbal, ne comportant que des compléments intégrés à l'un ou à l'autre (il peut s'agir de phrases enchâssées en position de syntagmes nominaux. » (Anis *et alii*, 1988 : 125–126) La « structuration intonative en sujet-prédicat n'a pas de parallèle au plan de l'écrit » ou alors, elle a pour parallèle l'absence de tout topogramme de rang supérieur à celui de l'espace intermots.

plus neutre, qui cède à la syntaxe jusqu'à la gestion de la *dynamique communicative* (sujet = thème et prédicat = rhème), qui est pourtant l'une des prérogatives importantes de la prosodie (comme de la topographie d'ailleurs, Anis *et alii*, 1988 : 123 *et sq.*).

Avec pour repoussoir le modèle d'une construction linguistique entièrement structurée en surface par la morphologie, la syntaxe et la topographie – modèle qui n'est pas si théorique que cela, ce genre de phrases constituant le tout venant dans de nombreux genres du discours écrits –, on peut représenter les axes sur lesquels d'autres constructions, s'écartant du modèle, sollicitent la prosodie comme une ressource interprétative :

i' – les clauses dont la structuration topographique ne coïncide pas avec l'organisation syntaxique ;
ii' – les clauses présentant des constituants détachés régis mais n'occupant par leur site canonique ;
iii' – les clauses associées (macro-syntaxe) au sein d'une même phrase sans marquage segmental de leur relation (parataxe).

4 Topographie et prosodie

> L'imprimerie a donné
> la littérature des yeux,
> les anciens ne connaissaient guère
> que celles des oreilles.
> (Alfred de Vigny, *Journal*, 1839, cité par Dessons, 2011 : 57.)

4.1 L'exemple du ?

Avant d'entrer dans le détail de l'analyse sémiologique et linguistique de la manière dont la topographie (ponctuation élargie) peut participer à ce que j'appelle *sollicitation prosodique*, nous considérerons un cas simple : celui du point d'interrogation.

Le point d'interrogation est *sémiographique* si on lui assigne pour contenu une modalité d'énoncé ; il est *intonographique*, si on lui assigne pour contenu un intonème. Or il existe plusieurs intonèmes correspondant au même topogramme |?|[41]. On dira que l'intonème interrogatif est plus distinctif dans son ordre (prosodie) que ne l'est le |?| dans le sien (topographie). Par conséquent, l'interprétation d'un énoncé écrit comportant un |?| peut faire problème si elle s'appuie sur la distinctivité des intonèmes lui correspondant. Védénina, qui parmi les premières pour le français a étudié les rapports entre prosodie et ponctuation, propose une telle analyse pour « témoignage de l'asymétrie des deux systèmes : deux variantes acoustiques pour un signe de ponctuation » (1973 : 36–37). Elle l'illustre d'un exemple emprunté à Grammont, qui distingue deux intonèmes interrogatifs différents pour le même topogramme : « Et vous le vendez ? » qui dans un contexte signifie *À quel prix le vendez-vous ?* et dans un autre *À ce prix-là, y a-t-il des gens pour vous l'acheter ?*

En pareil cas, la prosodie bénéficie d'un pouvoir de structuration qui peut faire défaut à l'écrit pour comprendre un énoncé ou un enchaînement (les deux réponses à la question seront très différentes selon la valeur donnée à l'intonème interrogatif). La séquence segmentale graphique correspondante est alors susceptible de solliciter la prosodie comme une *ressource interprétative*. En effet, une variation de l'expression sémiophonique, sans contrepartie sur le plan de l'expression sémiographique, produit une variation sur le plan du contenu. Par exemple, il existe pour l'intonème interrogatif des variantes significatives disons i_1 et i_2 auxquelles le topogramme t, analogue dans l'écrit, ne fait correspondre qu'une seule expression |?|. Si en contexte, le contenu pertinent du topogramme t est i_2 à l'exclusion de i_1, alors on peut penser que le meilleur chemin pour l'interprète de produire ce contenu est une actualisation prosodique du topogramme.

sémiographie t ⟶   /contenu de t/

intonograpie t ⟨ i_1 ⟶   /contenu de i_1/
                              i_2 ⟶   /contenu de i_2/

Là où l'oral connaît deux expressions de formes différentes pour deux contenus distincts, l'écrit confond ces derniers sous une même expression. En raison de sa distinctivité supérieure, la séquence sémiophonique peut du coup servir la mise au jour et la réduction d'une ambiguïté de la séquence sémiographique. L'expression orale lui sert d'interprétant. Cette interprétation a un coût : elle suppose

---

41 Rappelons que les barres verticales signalent ici les formes de l'expression graphique, ou graphème. Voir à ce sujet chap. 2, 1.6, p. 102–105.

un transcodage de la séquence graphique en une séquence prosodique ; en revanche, elle ne suppose pas de *paraphrase* : elle ne suppose pas, autrement dit, la production d'une nouvelle structure segmentale donnée pour équivalente. Ainsi, on peut dire que la séquence sémiophonique constitue une interprétation de la séquence graphique en lui assignant des contours prosodiques : ceux-ci font apparaître *n* structurations possibles et permettent de sélectionner ceux qui en contexte sont recevables. Ces séquences, où l'oral présente une distinctivité supérieure et s'avance comme une ressource sémiologique pour l'interprétation de l'écrit, illustrent des situations de *sollicitation prosodique*.

La sollicitation s'entend en un sens sémiologique. Dans le traitement interprétatif d'un signal, il y a sollicitation d'un signe et du système auquel il appartient si son application est pertinente, c'est-à-dire si elle fournit un *effet contextuel*[42] proportionné à l'*effort cognitif* consenti pour son utilisation. En ce sens, certaines séquences écrites sollicitent leur actualisation prosodique dans la mesure où l'opération de transcodage qu'elles impliquent se révèle fructueuse : la couche prosodique ajoute au segmental une structuration productrice d'un sens acceptable en contexte.

4.2 Situation et fonctions de la topographie

La topographie d'un titre de livre, celle d'une liste de courses, d'une rature ou encore celle du texte porté par une enveloppe constituent diverses exploitations des propriétés de la technologie de l'écrit. Ces procédés découlent du travail d'iconisation des unités linguistiques qui a commencé avec la convention phonographique : c'est-à-dire l'assignation conventionnelle de signes graphiques aux phonèmes. À mesure qu'il se déployait dans l'espace, le texte écrit n'est pas devenu une image, il a tiré parti du fait qu'il l'avait toujours été.

Au fil de l'histoire des écrits alphabétiques, pour s'en tenir à eux, on observe une progressive sémiotisation de l'espace. La *scriptio continua* est une origine, au moins symbolique, où s'enchaînent des lignes serrées, certes ordonnées (gauche-droite puis haut-bas), mais dont aucun principe n'organise les masses, sinon la géométrie de la surface. Puis apparaissent des métadonnées. D'abord verbalisées (« liber incipit », « liber explicit »...), elles tendent à exploiter le potentiel sémiologique de leur surface en s'iconisant : soit les signes de ponctuation (comme le point pour distinguer les mots, le pied-de-mouche ¶ pour

---

[42] Rappelant le « contextual effect » de Sperber & Wilson (1986), mais à situer dans le cadre théorique néostructural que j'adopte.

distinguer les paragraphes...), soit, en gérant sans symbole discret la répartition des signes écrits dans l'espace. Ainsi le découpage de l'espace et la mise en relation des unités – segmentation et liage étant les deux opérations fondamentales de l'analyse textuelle (Adam, 2011a) – sont-ils assurés par des marques et des dispositions spatiales, qui caractérisent la sémiographie. *Incipit* et *explicit* sont devenus des lieux qui « parlent d'eux-mêmes », c'est-à-dire suffisamment identifiés, pour un lecteur moderne, à leur position relative.

Au cours de ses perpétuels développements spatiaux, la topographie n'a pas perdu les relations qu'elle entretient avec la prosodie, mais son rôle s'est complexifié. Nous commencerons par elle.

> On ne considère plus aujourd'hui l'écriture comme une « image de la voix » (Priscien). Elle présente en réalité de façon indissociable deux faces différentes, l'une tournée vers l'oralité, l'autre vers le visuel. La ponctuation, qui ne « parle » qu'aux yeux, est le lieu privilégié pour une réflexion sur cette extraordinaire dualité de l'écrit, dont il faut se souvenir à tout instant. (Catach, 1994 : 5)

En effet, cette dualité est sémiologiquement extraordinaire, et oui, la ponctuation en est l'un des observatoires privilégiés[43]. Nous allons brièvement indiquer pourquoi. Disons en préambule que si la ponctuation ne parle qu'aux yeux, il arrive que les yeux parlent aux oreilles et il arrive qu'ils ne parlent pas (lecture endo ou exophasique *vs* lecture endographique). C'est en gros ce qui distingue la sémiotique (morpho)phonographique de la sémiotique sémiographique (chap. 2, 2, p. 108). Il s'agit de voir comment la ponctuation fonctionne sur ces deux versants.

Sémiologie de la trace graphique, l'écrit suppose un espace. Appelons-le, avec Anis, *espace graphique* :

> On appellera **espace graphique** d'un texte ou d'un type de texte l'ensemble des traits qui caractérisent sa matérialisation sur un support d'écriture, ainsi que les relations qui s'établissent entre ces traits et la signifiance. (Anis *et alii*, 1988 : 173, les auteurs soulignent.)[44]

---

[43] Notre autonomisme de principe conduirait à discuter le caractère « indissociable » des « deux faces différentes » de la langue. En outre, m'inspirant en cela de Harris (1993), je juge plus précis de parler, en pareil contexte, d'*écrit* plutôt que d'*écriture*, dans la mesure où la langue écrite, système qui intègre la ponctuation, est un système régulant des traces et non des processus (chap. 1, 5, p. 53).

[44] Dans un esprit proche, mais avec des différences conceptuelles que nous ne discuterons pas ici, Neveu parle d'« image textuelle », soit d'« une signalétique qui est au service du repérage physique de la structure du texte, et que sollicite la nature fondamentalement visuelle de l'écrit. Cette iconicité, ajoute-t-il, échappe encore largement à la sémantique textuelle, et donc plus

Convenons d'appeler *topographie* le système régulant la signifiance évoquée ci-dessus. Dans le domaine scriptural du langage, la topographie structure, autrement dit, la matérialisation de l'apport segmental (composé d'alpha-grammes et d'idéogrammes divers) sur son support. La topographie donne une signification à ce qui, dans la matérialité des lettres, n'est pas directement utile à la reconnaissance des unités segmentales constituées de graphèmes (le verbal), des données qui excèdent celles qui permettent la reconnaissance des unités linguistiques instanciées et qui ajoutent à la signifiance du texte. Ce qui, dans la mise en page (ou en écran...), ne ressortit pas à la topographie et de sa signi-fiance extra-segmentale, relève de l'esthétique et de l'ergonomie de l'espace graphique (la MEP, pour « mise en page », dit Catach, 1994), dont le savoir-faire dépend directement des propriétés biotechnologiques du type de support et de technologie d'écriture utilisé (calligraphie, typographie, webdesign...).

Partir d'une analogie fonctionnelle entre prosodie et ponctuation ne revient pas à s'inscrire en porte-à-faux avec la méthode autonomiste qui est la mienne, ni à inféoder la ponctuation à la prosodie. Dans le contexte d'un plurisystème écrit qui est glottographique, à la fois dans son origine et dans son acquisition chez la plupart des lecteurs (et ce sont eux qui font la langue écrite), cette analogie est heuristique. Elle permet d'abord de comparer les systèmes concernés auxquels l'énonciation pose des questions semblables ; elle permet également de mieux cerner leurs spécificités et leur spécification au fil de leur évolution et au gré de leurs propriétés biotechnologiques. Ce point de départ doit permettre de concilier le fait que la ponctuation « témoigne de l'autonomisation de l'écrit » (Anis, 1989 : 35) et que, en même temps, dans certains emplois, elle sert à représenter des aspects de l'oralité – sans voir dans ce double constat une contradiction (comme le fait Anis, 2004 : 5).

En somme, comme la prosodie règle la signifiance de la mélodie en l'informant, la topographie règle celle du graphisme[45]. L'analogie est soulignée par les spécialistes de la ponctuation :

---

généralement à l'analyse linguistique. » (Neveu, 2000 : 202) Des travaux ont fait depuis avancer cette cause (ceux de Favriaud, 2011 ou de Lefebvre, 2007 et 2011, par exemple).

[45] Cette définition n'est pas étrangère à celle que Catach donne de la « ponctuation au sens large » (opposée à la « ponctuation proprement dite ») ou « mise en page » : « Ensemble des techniques visuelles d'organisation et de présentation de l'objet-livre, qui vont du blanc des mots aux blancs des pages, en passant par tous procédés intérieurs et extérieurs au texte, permettant son arrangement et sa mise en valeur. » (Catach, 1994 : 8–9) Entre autres différences que je ne discuterai pas ici, la notion de *topographie* (vs celle de *mise en page*) présente l'avantage de ne pas restreindre le champ de la ponctuation au support papier.

> [...] il n'y a aucune différence réelle, en profondeur, entre ce que l'on appelle pauses à l'oral et séparateurs à l'écrit, « ponctuer » une phrase orale et « ponctuer » une phrase écrite, les deux aspects, d'une certaine façon, étant du même ordre linguistique et se complétant étroitement. (Catach, 1994 : 49)[46]
>
> La solution la plus raisonnable du problème de la relation entre intonation et ponctuation nous paraît de les rapprocher par leur fonction : chacune, dans son domaine, est porteuse d'indications syntaxiques, thématiques et énonciatives ; quand nous lisons un texte, nous décodons les topogrammes et si nous oralisons, à partir des significations perçues, nous utilisons des marques intonatives correspondantes. (Anis et alii, 1988 : 154–155)

La position adoptée ici s'oppose à la réduction, qui fut longtemps le fait des grammairiens, de la ponctuation à une fonction de représentation de la prosodie (Védénina, 1973). Elle ne rallie cependant ni le plurifonctionnalisme des unités de Catach, ni l'autonomisme strict d'Anis (qui suppose une analogie de fonction, mais ne fait pas intervenir la fonction métaprosodique dans la description du système de la langue écrite), mais consiste à dégager deux systèmes sous l'unité d'une seule notation[47].

Parmi les signes topographiques, nous avons déjà mentionné la distinction d'Anis entre *topogrammes libres* et *liés* (Anis et alii, 1988 : 116). Les topogrammes libres comprennent les signes traditionnellement dits « de ponctuation » (expression qui pointe leur caractère ponctuel). Mais comme l'a fait Laufer puis Anis, une

---

46 Si cette analogie, qui me paraît un point de départ sémiologique pertinent, est également établie par Catach, cela ne doit pas masquer la différence qui distingue son approche de la nôtre. Pour elle en effet, comme nous l'avons vu (chap. 2, 2.3, p. 115), la langue est un plurisystème, et il en va de même de la ponctuation, qui, tout uniment, « est porteuse, potentiellement et effectivement, de silence, de rythme, de modulation, comme de charge fonctionnelle et sémantique » (Catach, 1994 : 57). Pour nous, les signes ne sont pas intrinsèquement plurifonctionnels, mais remplissent des fonctions différentes selon le système qui les informe (intonographique ou sémiographique). Pour l'école qu'elle a initiée, la langue écrite et la langue orale sont tout entières installées dans la langue : un même signe est à la fois écrit et oral, un ponctème est à la fois prosodique et topographique. Pour moi, en vertu du postulat qu'un système de signes (situé sur le plan de la *norme* de Hjelmslev) est déterminé par son mode opératoire et la matière qu'il informe (chap. 1, 1, p. 38), la langue écrite et la langue orale sont distinctes, mais elles partagent le système linguistique (la langue comme schéma ; voir chap. 2, 1.6, p. 105).

47 La réduction « intonographique » est toujours de rigueur en poétique. Dessons la pratique et décrit l'« accentuation typographique » comme « représentation graphique de la voix » (Dessons, 2011 : 120–122) ; cette observation n'enlève rien à la pertinence de ses analyses intonographiques de l'alinéa, du blanc et des topogrammes liés (majuscules, italiques), en particulier pour la poésie qui, pour une part importante de sa tradition (jusqu'à Rimbaud disons), se caractérise par un « régime phonographique généralisé ». Celles-ci n'en sont pas moins restrictives et ne rendent compte que de l'un des deux aspects sémiologiques de la topographie.

réflexion topographique approfondie doit aller du « ponctuel au scriptural » (Laufer, 1980), pour prendre en considération l'ensemble de l'espace écrit[48].

Comme la prosodie, la topographie est un système auto-segmental, dont la fonction primaire est d'assurer un mode de structuration autonome relativement aux autres ordres linguistiques : instruire des relations (c'est-à-dire segmenter et lier) et situer dans une hiérarchie. Par exemple, la virgule ne marque pas *a priori* un constituant syntaxique, mais un groupe topographique de taille inférieure à celui que marque le point-virgule, lui-même inférieur à celui que marque le point...[49] Autonome, ce rapport d'emboîtement n'en est pas moins utile pour représenter cette autre structure hiérarchisée qu'est la syntaxe[50]. Nous dirons donc, comme Anis dans l'ensemble de ses travaux, que la ponctuation est un *organisateur syntagmatique*, non sans rappeler qu'à l'écrit, la syntagmation opère dans l'espace, c'est-à-dire selon deux axes. La souveraineté de la topographie lui permet donc d'étayer les frontières d'autres ordres de structuration (morphosyntaxe par le jeu de l'espace intermot des virgules et des points, mais

---

48 Les sémiologues et les linguistes de l'écrit sont partis ordinairement de ces signes ponctuels pour concevoir la fonction du système « suprasegmental » de l'écrit. Si l'on compare prosodie et topographie (non dans une perspective représentationnelle, mais seulement à fin descriptive), on perçoit d'abord les nombreuses équivalences fonctionnelles entre topogrammes et intonèmes. Mais on observe aussi rapidement une différence importante, liée à la différence des modes opératoires (graphique *vs* acoustique) : *il existe des unités topographiques libres*. Or c'est sur cette singularité – les « signes de ponctuation » de la tradition – que s'est fondée la description linguistique du système topographique. La compréhension de ce système gagnerait désormais à prendre le problème par l'autre bout : celui des topogrammes qui structurent le segmental en modulant sa réalisation même – comme le font nécessairement les intonèmes. On aborderait alors plus aisément la question des contours non pas mélodiques, mais graphiques, la signification liée à la disposition de l'écrit (le blanc, la ligne...). Il s'agirait autrement dit d'inverser le programme proposé jadis par Laufer (cité supra) et d'aller désormais du scriptural au ponctuel.

49 Faire coïncider, dans cette hiérarchie, le couple point/majuscule à une unité syntaxique dont le signe marquerait la complétude (« Un point marque que le sens est complet, & que la période est achevée » Furetière, 1690) n'est ni nécessaire, ni arbitraire. Il s'agit d'une convention entérinant un état de la pratique – une norme discursive au sens de Coseriu, mais pas une règle linguistique.

50 « La ponctuation étant essentiellement d'ordre syntaxique, il nous sera nécessaire d'en ramener chaque fonction à telle ou telle partie de la syntaxe, et par conséquent d'éclairer la terminologie que nous allons utiliser. » (Catach, 1994 : 48) La position initiale est ambiguë : la ponctuation n'est pas un marquage syntaxique en soi, mais un adjuvant potentiel à la syntaxe. Dire de la ponctuation qu'elle est syntaxique, c'est comme définir l'œuf de poule comme un aliment. Ce n'est pas faux, mais ce n'est pas définitoire (surtout vu de la poule). La méthode qui en découle risque d'aligner l'observable topographique sur la syntaxe (ce que fait largement Catach d'ailleurs).

aussi textuel avec l'alinéa, l'espace interligne, l'espace péritextuel...), ou d'entrer en conflit avec ces frontières.

Cette fonction primaire (organisation syntagmatique) est notamment mise au service du marquage de la modalité comme de la dynamique communicative (à l'instar de la prosodie) ; mais ce n'est pas ce qui nous retiendra dans l'analyse des représentations écrites de l'oralité.

4.3 Remarque sur le statut sémiologique de la prosodie

Pour *La Grammaire de la période*, la prosodie est un système hiérarchiquement supérieur à celui de la microsyntaxe. Ce sont en effet des unités prosodiques (notamment l'intonème portant le trait /+conclusif/) qui démarquent les énonciations. Or ces dernières sont envisagées comme les unités d'une « troisième articulation », « à fonction communicative », qui se superposent « aux deux articulations traditionnellement reconnues » et qui les subordonnent (Groupe de Fribourg, 2012 : 28–30). Selon le principe qui veut qu'une unité minimale du rang supérieur (en l'occurrence, une énonciation) soit constituée d'une unité complète et maximale du rang inférieur (une clause), une unité prosodiquement bouclée l'est aussi syntaxiquement (Groupe de Fribourg, 2012 : 37).

Cette hypothèse théorique a un effet sur l'analyse des énoncés suivants :

[2] (le vice de la lecture m'a pris)F (comme une drogue)F
    (< d'après Groupe de Fribourg, 2012 : 60)
[3] (il s'en prend aux néologismes greco-latin)F (mais alors avec violence)F
    (< Groupe de Fribourg, 2012 : 61)

De telles séquences sont considérées par la macrosyntaxe fribourgeoise comme accomplissant deux actes énonciatifs distincts[51]. Il s'en suit, du point de vue de l'analyse syntaxique, que leur second membre présente une *structure autonome et elliptique*, car la marque de complétude prosodique est marque de l'énonciation, unité praxéologique ou unité de l'action communicationnelle.

On a rencontré déjà, au chapitre précédent (chap. 4, 4.2.6, p. 280), des énoncés écrits analogues par leur manière de révoquer un topogramme de clôture. Ils sont courants dans la littérature et la presse (Petitjean & Pétillon, 2013) :

---

51 « [...] si deux fragments successifs potentiellement connexes sont intonés comme appartenant à deux périodes distinctes, donc à deux totalités macro-syntaxiques différentes, on est en droit de les considérer comme deux clauses indépendantes. [...] Leur structure interne est par conséquent elliptique. » (Groupe de Fribourg, 2012 : 60)

[4] Il semblerait que vos mains, jamais encore je ne les aie vues. Reste vos yeux peut-être. Et votre rire.
(M. Duras, *Yann Andréa Steiner*, 1992.)
[5] L'affaire ressemblait à une pelote de fil : on en connaissait le début – un contrôle antidopage positif sur le Tour 2010 –, on n'en voyait pas la fin. Jusqu'à ce lundi 6 février 2012, qui fera date. Le TAS [Tribunal arbitral du sport] a tranché. Dans le vif. Et dans le steak contaminé que l'Espagnol [Alberto Contador] avance en guise d'excuse pour justifier la présence de 50 picogrammes de clenbuterol dans ses urines.
(*24 Heures*, éditorial du 7 février 2012.)

Les linguistes de l'écrit ne traitent pas ces « ajouts après un point » (Noailly, 2002) comme des clauses autonomes, mais comme des constituants en tension entre l'autonomie que leur confère la topographie et leur dépendance syntaxique relativement à la phrase gauche ou l'un de ses constituants (Combettes & Kuyumcuyan, 2010). C'est précisément cette tension entre clôture topographique et dépendance syntaxique qui produit la « figure d'ajout »[52]. Il semble donc qu'il y ait, entre spécialistes de l'oral (fribourgeois au moins[53]) et spécialistes de l'écrit, une manifeste différence de traitement d'un phénomène identique sur le plan segmental.

Le débat descriptif est chargé d'enjeux théoriques. Il interroge d'une part la pertinence du modèle de l'énonciation comme « troisième articulation » (puisque c'est l'argument théorique principal de la complétude de la clause actualisée), d'autre part le statut sémiologique conféré par le modèle fribourgeois à la prosodie.

En effet, Berrendonner reconnaît à la prosodie un statut sémiologique particulier : « signes de nature mimo-gestuelle incorporés à l'énonciation » (Groupe de Fribourg, 2012 : 95).

> Le geste intonatif [...] fonctionne sur le mode sémiotique du **symptôme**, c'est-à-dire comme un ingrédient qui renseigne sur le tout dont il fait partie. Avec lui, l'énonciation incorpore une sorte d'auto-commentaire **indiciel** : elle **s'exhibe** telle ou telle, et par là se qualifie en même temps qu'elle s'accomplit. (Groupe de Fribourg, 2012 : 96)

---

52 « Leur lien par rapport au contexte gauche ainsi explicité, ces phrases graphiques forment alors sans aucun doute une "suite" qui se greffe *a posteriori* à la structure grammaticale qui les précède. Ce sont par conséquent clairement des "ajouts" obéissant au schéma de l'hyperbate, et en aucun cas d'éventuels candidats au titre de véritables unités averbales autonomes. » (Combettes & Kuyumcuyan, 2010 : §3) C'est aussi cette dépendance syntaxique à gauche qui permet à Lefeuvre (1999) d'opposer la phrase averbale à de tels « ajouts après le point ».
53 La macrosyntaxe aixoise admet, après clôture intonative, des « compléments différés » (Blanche-Benveniste, 1997), ce que récuse la position fribourgeoise ; elle adopte, ce faisant, le même point de vue que les spécialistes de l'écrit mentionnés ici.

Pourquoi conférer un tel statut aux gestes intonatifs ? Est-ce pour en minimiser la portée conventionnelle (le *montrer* de l'intonème *vs* le *dire* du verbal) ? *Symptôme*, *indice*, *exhibition* vont dans ce sens. Est-ce sur cette hétérogénéité indicielle que se fonde la supériorité hiérarchique de l'intonème, qui actualise la clause en une énonciation ? L'intonème serait-il supérieur parce qu'il est un indice du programme énonciatif qui ne trompe pas sur les intentions de L ? Pourtant les intonèmes doivent leur contenu à un paradigme au sein duquel ils se différencient les uns des autres – et non au fait qu'ils seraient « réellement affectés » par l'objet dont ils sont signes, comme le voudrait la *doxa* peircienne.

La spécificité du statut sémiologique attribué à la prosodie (indice plutôt que symbole) et la fonction spécifique qui lui est accordée (actualisateur d'unités de troisième articulation que seraient les énonciations) ainsi que les implications de cette fonction au niveau de l'analyse syntaxique (les constituants marqués d'un intonème conclusif comme des clauses autonomes elliptiques) s'expliquent peut-être relativement aux modes opératoires des signes en question : la trace de l'écrit *vs* le processus de l'oral.

La trace que laisse l'écrit dispose à un mode d'élaboration et d'interprétation particulier, où le signal est manipulable après autoréception par le scripteur. Les généticiens de l'écrit observent que les instructions topographiques sont régulièrement ajoutées après l'élaboration du segmental (nativement sous ponctué). Même si le travail interprétatif du lecteur est linéaire et orienté, la rémanence du signal graphique se prête à la saisie synthétique de la structure morphosyntaxique dans laquelle la ponctuation segmente des groupes. Cette vision de surplomb sur la phrase permet de reconnaître des découpes de la ponctuation, y compris parfois « à l'intérieur des clauses ». À l'oral, en revanche, la successivité du signal contraint à traiter les constituants dans l'ordre de leur apparition fugitive, compte tenu du statut que leur confère la prosodie au temps t de leur émission. Un constituant prosodiquement marqué comme clos ne peut être interprété autrement, au moins temporairement.

Le Groupe de Fribourg mentionne une limite à l'argument de l'autonomie syntaxique de l'énonciation : elle est constituée par les cas de *réfection*, où L reformule une partie de la clause pourtant déjà fermée prosodiquement et ainsi actualisée comme énonciation (2012 : 61). L'hésitation qui précède la réouverture peut servir d'indice au phénomène de révision (révocation de l'acte énonciatif précédent plutôt que continuation par un nouvel acte). Le critère est psychologique et intentionnaliste : l'hésitation atteste un regret de L motivant la réfection. La disfluence permet de faire le départ entre un *jeu prémédité de clôture et de réouverture*, visant à topicaliser le « complément différé » (Blanche-Benveniste, 1997), et un *repentir*.

À l'écrit, la manipulabilité du signal graphique, entre émission et communication, servira précisément à faire disparaître la disfluence (sous une rature), indice de la différence entre le jeu et l'accident. L'activité auto-dialogique, par laquelle le scripteur éprouve d'abord sur lui sa propre énonciation, permet d'éliminer les traces de l'accident. L'ajout après point fait spontanément *figure* (hyperbate, épanorthose, exégèse). Ses effets sont conventionnels : « servir à sélectionner un détail, à attirer sur lui l'attention, à en faire un élément significatif de la narration ou de la description... » (Frontier, 1997 : 246) ; mais aussi, mettre en scène une parole vive, dont le mouvement déjoue la planification préalable (chap. 4, 4.2.6, p. 280). Topicalisation et disfluence feinte : l'écrit est le domaine du jeu[54]. Il rend impossible la dissociation entre phénomène intentionnel et phénomène accidentel et invite à « suivre une ligne d'analyse grammaticale unifiée » (Blanche-Benveniste, 1990a)[55].

Sans entrer plus avant dans cette analyse, qui concerne la façon dont les modes opératoires de l'oral et de l'écrit impactent leurs processus interprétatifs, je ferai l'hypothèse que l'ergonomie de la trace graphique incline à traiter de manière dissociée les deux plans de structuration (segmental et suprasegmental) et n'incite pas en revanche à prêter un statut sémiotique différent (indiciel) à la ponctuation – instruction conventionnelle de la structuration textuelle, de ce qui doit être traité ensemble pour faire sens et acte.

D'un point de vue sémiologique (point de vue sans conteste influencé par le travail sur la langue écrite et sa structuration topographique), le caractère d'indice de la prosodie apparaît suspect. Sans souscrire à cette conception indicielle, ni pour la prosodie, ni pour la topographie, nous admettrons que les signes de ponctuation signalent des unités énonciatives, complètes (le point) ou partielles (topogrammes de rangs inférieurs au point), ou une séquence d'unités énonciatives accomplissant ensemble une même tâche (paragraphe ou unités textuelles supérieures). De telles tâches peuvent être accomplies par des phrases syntaxiquement incomplètes, empruntant une partie de leur matériel à leur

---

54 Je parle ici de l'imaginaire de l'écrit, qui correspond à l'écrit produit dans des conditions standard permettant la révision et la mise au net avant la mise en circulation (chap. 1, 7.1, p. 58). Il en va très différemment de l'écrit de travail, où brouillon : les généticiens développent d'ailleurs une sémiologie indiciaire interprétant les disfluences de l'écrit que sont les ratures.
55 La position adoptée pour l'écrit correspond à celle qu'adopte Blanche-Benveniste pour l'oral : « nous traiterons de la même façon des phénomènes apparemment involontaires comme bredouillages, hésitations, maladresses, reprises, et d'autres qui semblent intentionnels comme : répétitions intensives, variations stylistiques et autres. On verra que ce point de vue, s'il néglige la part d'intention du locuteur, sur laquelle nous ne pensons pas *pouvoir porter de jugement*, a l'avantage de suivre une ligne d'analyse grammaticale unifiée. » (1990a : 20, nous soulignons)

environnement : l'acte énonciatif accompli par une telle phrase lui est propre, mais il suppose d'avoir en mémoire de travail tout ou partie de la structure syntaxique d'une autre phrase.

4.4 La topographie : une notation à deux versants

> [La ponctuation] est à la fois la plus orale
> et la plus visuelle des parties de l'écrit. (Catach,
> 1994 : 53)

Si la topographie interroge de manière « complexe » le rapport entre l'écrit et l'oral, c'est qu'elle s'y inscrit de deux manières. Les topogrammes, comme les alphagrammes, sont susceptibles d'intégrer les deux modes de fonctionnement décrits au chapitre 2 (2, p. 108). La même unité de notation peut être traitée comme deux signes distincts, et correspondre tantôt à une sémiotique sémiographique (E^g_1 (C^g_1)), tantôt à une sémiotique (morpho)phonographique ($E^g_1(E^p_{1'}(C\ ^p_{1'}))$).

Voici dès lors les questions qui seront les nôtres. Peut-on distinguer et décrire linguistiquement les cas où une unité topographique (une virgule, un point, des parenthèses...) est actualisée de manière phonographique des cas où l'actualisation est sémiographique ? Ces cas se différencient-ils en surface ou ne répondent-ils qu'à une stratégie sémiologique libre du lecteur ? Si ces deux voies dans l'actualisation des signes de ponctuation constituent indéniablement des modalités distinctes de représentation écrite de l'oralité, produisent-elles pour autant des effets cognitifs distincts ?

Conformément à la méthodologie adoptée, on tentera de ramener les gloses des lecteurs experts aux séquences qui sont à leur origine, espérant ainsi mettre au jour des parcours interprétatifs préférentiels allant des séquences à leurs effets.

4.4.1 La fonction intonographique de la topographie

> L'aspect oral des signes peut d'autant moins faire de doute qu'il a été, jusqu'à une époque toute récente, le seul reconnu. (Catach, 1994 : 5)

> Longtemps les grammairiens ont hésité : ou bien ces signes servent à signaler des pauses de la voix ou des inflexions intonatives, ou bien à rendre intelligible le sens d'un texte, ou bien à faire apparaître des hiérarchies syntaxiques. (Lapacherie, 2000 : 14)

Les signes de la ponctuation sont indécomposables : ils n'intègrent pas d'unités de rang inférieur (de seconde articulation). Ce sont des signes pleins (plérèmes), dotés de contenu. Leur fonctionnement intersémiotique n'est donc pas rigoureusement phonographique, au sens que j'ai donné à ce terme dans le chapitre précédent[56], mais morphophonographique ($E^g_1(E^p_{1'}(C^p_{1'}))$)[57]. Il est, plus précisément, *intonographique*.

Cette fonction est historiquement première et c'est elle que thématisent les premières propositions théoriques concernant la ponctuation. Jusqu'au XVIIe siècle, elle est la seule à être (re)connue, au point que la ponctuation se confond conceptuellement avec la prosodie :

> Il n'y a point de Langue qui n'ait sa prosodie, c'est-à-dire, ou l'on ne puisse sentir les accents, l'aspiration, la quantité, & la ponctuation, ou les repos entre les différentes parties du discours. (*La Logique ou l'art de penser*, Arnault et Lancelot, 1662, cité par Catach, 1994 : 32)

Ponctuer, c'est scander d'une pause, d'un geste... d'un signe. Chez Furetière (1690), virgule, point-virgule et point s'entendent comme des longueurs de pauses croissantes. L'observation métalinguistique est confirmée sur le plan épilinguistique, par la pratique d'un Racine par exemple, dont la ponctuation, dans sa correspondance, est jugée en bonne partie pneumatique (avec pour fonction de marquer des groupes de souffle). S'ensuit entre le XVIIIe et le XXe, un mouvement par lequel la ponctuation s'inféode à la grammaire. Celui-ci paraît s'amorcer avec le mathématicien Beauzée, pour qui la ponctuation sert à souligner des groupes de différents niveaux, à fin de clarification. Mais si la fonction est logique, son moyen reste métaprosodique, dès lors que la ponctuation est « l'art d'indiquer par des signes reçus la proportion des pauses qu'on doit faire en parlant ». Cela reste vrai pour Damourette (1939), par exemple. Cela l'est toujours largement dans le domaine des études littéraires, en particulier dans le domaine de la poétique, qu'elle soit d'inspiration jakobsonienne ou meschon-

---

56 Une sémiotique apte à instaurer des relations entre unités de seconde articulation et à donner par exemple un « corps » phonétique à un mot graphémique inconnu du lecteur. Rien de tel pour la ponctuation.

57 L'expression *morphophonographie* ne convient à la ponctuation qu'en première approximation : comme les morphèmes, les topogrammes sont des plérèmes, mais contrairement à eux, ils ne sont pas décomposables en unités distinctives. Cette approximation convient à notre analyse des modes de représentations écrites de l'oralité. Anis (2004) refuse de considérer les topogrammes comme des morphèmes au nom de l'auxiliarité : un texte sans ponctuation est compréhensible, « alors qu'un texte sans lettres n'est plus un texte au sens habituel du terme » (Arrivé et *alii*, 1986 : 535). À mon sens, et pour trancher cette question abruptement, un écrit sans topographie est aussi difficile à concevoir qu'une parole sans prosodie. Ni l'un ni l'autre ne constitue un texte.

nicienne. Cette seconde veine doit nous retenir, tant il est vrai que la thématique de l'oralité y est présente.

On trouvera chez Meschonnic (1982 : 299–335), Meschonnic & Dessons (1998), Favriaud (2004, 2011) et Dessons (2011) l'illustration du rapport de la poétique à la ponctuation. Dans le champ d'une science du langage centrée sur la poésie, *seule la fonction intonographique de la topographie est prise en compte*. Cela est pertinent dans la mesure où la poésie est l'une des pratiques de l'écrit qui sollicitent le plus et le plus souvent la modalité métaprosodique des topogrammes (et globalement le transcodage sémiophonique de l'écrit) ; mais la validité relative de ce postulat pour une partie du corpus considéré n'en fait pas une théorie générale satisfaisante de la ponctuation. Par exemple, Dessons accorde à la ponctuation, à la « typographie » et à la « mise en page », une place importante à côté du segmental, comme une caractéristique « spatiale » de l'écrit :

> La disposition d'un texte sur une page, l'unité ou la variété des caractères typographiques qui le composent, la manière dont les groupes de mots sont distribuées dans les phrases, tout cela fait de la page imprimée un spectacle où le poème met en scène sa spécificité d'objet de langage. (Dessons, 2011 : 57)

Mais le langage étant ici conçu comme unilatéralement sémiophonique – langage dont, rappelons-le, l'appropriation par le sujet est appelée « oralité » –, il va de soi que cette « spécificité » n'est qu'un moyen scriptural de représentation du vocal :

> Alors que les lettres matérialisent la partie segmentale – articulée – du langage, la ponctuation **transcrit** la dimension suprasegmentale, c'est-à-dire tout ce qui dans le langage, n'est pas articulé, mais participe à la signification des discours, et que réalisent, à l'oral, l'intonation et les pauses de la voix. (Dessons, 2011 : 57–58)

L'attention accordée par certains poètes à l'espace de la page est bel et bien perçue comme « une interrogation sur les rapports entre typographie et dimension orale de la poésie ». Mais cette interrogation trouve sa réponse dans le postulat initial :

> La dimension visuelle du poème allait s'imposer comme **représentation de l'oralité du langage**, faisant figurer dans l'écriture le dynamisme de la parole. C'est cette préoccupation qu'il convient de lire dans le poème de Mallarmé *Un coup de dés jamais n'abolira le hasard* (1897), et non une pure recherche formelle. (Dessons, 2011 : 67)

Ce n'est pas en effet une « pure recherche formelle » qu'invite à trouver, dans le *Coup de dés*, l'approche sémiologique – interrogation des rapports entre l'espace de l'écrit et le temps de l'oral – mais une exploration de ce que l'espace peut apporter à la signifiance d'une énonciation fondée sur un système nativement non spatial.

Dessons reprend en quelque sorte le chantier où Damourette l'avait laissé, qui distinguait signe pausaux et signes mélodiques, explorant la fonction intonographique de la ponctuation par le menu. Dessons décrit la *valeur intonative* de l'alinéa, des espacements et des topogrammes liés (majuscules et italiques), parlant à leur propos « d'accentuation typographique » (2011 : 120), la notion d'*accentuation* pouvant sans doute ici renvoyer aussi bien à une proéminence graphique considérée pour elle-même qu'à une proéminence graphique codant une intonation. Il est pourtant certain que cette seule fonction – mettre sa spatialité au profit de la temporalité prosodique – ne rend pas compte de la ponctuation dans ses variétés. Un seul des divers emplois des points de suspension correspond à un intonème (voir p. 366) ; le tiret d'introduction d'une réplique n'a pas de valeur intonographique non plus[58] ; qu'est-ce que transcrit de la prosodie un appel-renvoi de note (Lefebvre, 2011) ?[59] et enfin, pour toucher un point plus crucial en matière de poésie, qu'est-ce qui définit le vers, jusque dans ces formes « libres », sinon une propriété proprement spatiale que la diction, dans bien des cas, ne laisserait pas entendre ?

Dans l'ordre intonographique, le point signifie l'intonème conclusif, la virgule « marque une pause de peu de durée à l'intérieur de la phrase » (Grevisse,

---

[58] Dessons remarque ce statut et l'écarte du coup comme suit : « l'emploi du tiret pour signaler le changement de locuteur au cours d'un dialogue répond à une convention typographique, aussi n'apparaît-il pas particulièrement marqué » (2011 : 60). *Marqué* s'entend ici en termes accentuels.

[59] La réduction intonographique de la topographie opérée par la conception poéticienne conduit donc a) à une observation fouillée et systématique de ce fonctionnement, b) à une observation qui dépasse l'inventaire des signes discrets (« ponctuation noire » chez Favriaud, 2004 et 2011), pour s'ouvrir à la valeur de la typographie et de la « mise en page » (Dessons, 2011, ou « ponctuation blanche » chez Favriaud) ; c) et, parce qu'elle envisage l'écrit d'un point de vue phonologique, et qu'elle juge la ponctuation à cette aune, elle formule le même bilan de faible systématicité que la plupart des spécialistes de l'oral : « les marques de ponctuation ne sont pas des unités positives, porteuses d'une valeur constante » (Dessons, 2011 : 58). En revanche, parce qu'il s'agit, pour la poétique, de décrire non des systèmes, mais des performances, le caractère a-systémique de la ponctuation fait l'objet d'une valorisation : « cette absence de positivité a pour conséquence que ces marques prennent dans les œuvres une valeur chaque fois particulière » (*ibid.*). Et donc, contrairement aux positions des spécialistes de l'oral qui jugent la ponctuation arbitraire et donc faiblement significative, le poéticien la tient pour arbitraire et *donc* hautement significative (*arbitraire* s'entendant au sens non sémiologique).

1993 : §123 et Riegel *et alii*, 2009 : 148, dans la droite ligne de Furetière). Les parenthèses, le contour réputé *recto tono*[60] des insertions parenthétiques ; l'alinéa « correspond à une pause très marquée, s'emploie surtout quand on passe d'un groupe d'idées à un autre » (Grevisse, 1993 : §117b)... La duplicité fonctionnelle de la ponctuation (intonographique, pour l'oreille *vs* topographique, pour l'œil) est reconnue par les linguistes de l'écrit, disons de Beauzée à Catach. « La ponctuation est l'ensemble des signes conventionnels servant à indiquer, dans l'écrit, des faits de la langue orale comme les pauses et l'intonation, **ou** à marquer certaines coupures et certains liens logiques. » (Grevisse, 1993 : §115) C'est duplicité me semble pourtant un fait sémiologique qui mérite une élucidation.

Pasques (1980) ou Lehtinen (2007), en confrontant la prosodie d'un texte lu à sa ponctuation, confirment la régularité des intonèmes assignés aux topogrammes au cours d'une lecture à haute voix. Lehtinen parle ainsi du « prototype oral » pour faire référence à l'intonème associé avec une forte régularité à un signe de ponctuation (2007 : 23), ce qu'on considère comme sa valeur intonographique de base ; il relève néanmoins une non négligeable variation à l'endroit de la virgule : 63.6 % correspondant à son prototype oral décrit comme *une montée mélodique* suivie *d'une pause*[61].

En tant que signes métaprosodiques, les topogrammes adoptent la sémiotique autonymique complexe des morphophonogrammes ($E^g_1(E^p_{1'}(C^p_{1'}))$) : signe d'un autre signe (métalinguistique), qui enjambe deux systèmes (intersémiotique). L'indice ajouté au signe signifié s'explique par cet enjambement, car en franchissant la frontière d'un système, il est difficile d'affirmer que le signe « signifie *le signe de même signifiant* dont il est le nom » (selon la définition de l'autonyme de Rey-Debove, 1978 : 33 ; voir chap. 2, 2.1, p. 111). [a] n'est pas le même signe que |a| du point de vue sémiologique, mais il est identifié à lui par le système linguistique, par-delà la frontière des systèmes. Dans le cas de la rela-

---

[60] L'« intonation de plateau » est en partie contredite par l'analyse de l'oral spontané, où s'observerait plutôt un fort décrochage initial vers le bas, puis une remontée de la F_0 progressive, accompagnée souvent d'une augmentation du débit et d'une pause avant et après (Simon, 2004 : 226–227). Le mythe du *recto tono* est fondé sur les situations théâtrales, où la prosodie est réalisée de manière stéréotypée (Martin, 2009). Mais ce mythe n'en est pas moins efficace ; il conditionne nos manières de lire. D'ailleurs, la lecture est dans ses conditions cognitives de production bien plus proche de la situation théâtrale que de l'oral spontané (où il y a planification en cours d'émission).

[61] Cela n'a rien d'étonnant si l'on considère que parmi les quatre intonèmes progrédients retenus dans la synthèse du Groupe de Fribourg, deux seulement sont montants (2012). Or la virgule ne correspond pas seulement à des intonèmes progrédients, mais aussi, on y reviendra, à un intonème conclusif, dans certaines dislocations à droite.

tion intonographique, nous sommes donc à la frontière externe de l'autonymie : l'expression appartenant à un autre système, il ne peut être tenu pour l'homonyme de son contenu (le signe qu'il signifie)[62].

On peut, pour conclure ce point, comparer deux positions apparentées : celle d'Anis et collègues, qui considère que *prosodie* et *topographie* ont des fonctions analogues (« chacune dans son domaine est porteuse d'indications syntaxiques, thématiques et énonciatives ») et que « quand nous lisons un texte, nous décodons les topogrammes et si nous oralisons, à partir des significations perçues, nous utilisons des marques intonatives correspondantes » (Anis *et alii* 1988 : 154), et celle présentée ici, selon laquelle, en sus d'une fonction analogue et inhérente à leur ordre visuel, certains topogrammes remplissent une fonction intonographique. L'hypothèse d'une double sémiotique permettrait d'expliquer des produits différents selon qu'on suit l'une ou l'autre voie. Soit i, un intonème et t un topogramme :

$$(E^g_1(E^p_{1'}(C^p_{1'}))) = t \rightarrow \quad i \quad \rightarrow /\text{ contenu de } i /$$
$$(E^g_1(C^g_{1'})) \quad = t \rightarrow /\text{ contenu de } t /$$

L'hypothèse est donc que la description des unités topographiques suppose que l'on distingue leur sémiotique sémiographique de leur sémiotique intonographique. Les topogrammes répondent, autrement dit, d'un double principe de régulation, qui pourrait expliquer qu'ils soient souvent jugés d'usage capricieux : deux principes régulateurs autonomes aboutissant, on le sait, à moins d'ordre qu'un seul. En prenant le problème à l'envers, c'est-à-dire non plus du point de vue du système, mais du point de vue de l'interprétation, on observe la chose suivante : si l'interprète assigne un contenu i à un topogramme t alors qu'aucun contenu conventionnel de t n'est équivalent à i, c'est que le topogramme t a été actualisé comme le signe de i. Si l'interprète donne à |,| une fonction qui correspond à celle de l'intonème continuatif, c'est que la virgule a été traitée comme

---

[62] On peut justifier cette particularité par le fait que topogrammes et intonèmes sont des signes inanalysables en unités de rang inférieur. Dès lors aucun système tel que celui de la phonographie n'est là pour instaurer entre unités topographiques et unités prosodiques une relation intersémiotique. Celles-ci développent leur signifiance respective à l'intérieur de systèmes clos non isomorphes (le système prosodique étant notamment réputé contenir beaucoup plus de signes que le système topographique). Chacun des sous-systèmes se développe selon l'affordance de la substance qu'il informe (scripturale *vs* acoustique) et des dispositions communicationnelles différentes qu'il sert. Ainsi leur identification n'est pas assurée comme celle des morphèmes (plérèmes constitués d'alphagrammes ou de phonèmes).

un symbole *intonographique*. Il y a effet mélodique de la topographie si ce transcodage produit des effets pertinents.

4.4.2 La fonction sémiographique de la topographie

Dans son emploi sémiographique, la topographie assume directement, c'est-à-dire de manière visuo-graphique et arbitraire (*vs* intonographique et conventionnelle), sa fonction primaire d'organisation syntagmatique, sur les deux axes de l'espace graphique. Sa sémiotique est inhérente au système de l'écrit ; son expression est visible et son contenu insonore. À ce titre, comme le relève Catach, l'espace intermots en constitue la première pierre. La description du fonctionnement sémiographique de la topographie est un champ de recherches en essor[63]. Il nous intéressera moins ici, sinon de manière négative, n'étant pas impliqué *a priori* dans la représentation de l'oralité.

Dans la tradition, on fait souvent référence à ce mode de fonctionnement lorsqu'on caractérise le topogramme comme « purement logique » ou « syntaxique ». Par exemple, chez Grevisse, qui relève dans la double logique phonographique/sémiographique l'explication des nombreuses virgules qui émaillent la prose moderne :

> L'abondance des virgules peut s'expliquer tantôt par des raisons **purement logiques**, tantôt par référence à un rythme oral qui multiplie les pauses. (Grevisse, 1993 : §115)

Nous considérerons le cas de la virgule et du point, parce qu'ils remplissent de manière exemplaire et centrale la fonction primaire de la topographie, d'organisation syntagmatique du segmental.

Par *organisation syntagmatique*, rappelons qu'on entend opération de regroupement et de situation dans une hiérarchie. Cette hiérarchie comporte cinq niveaux systématisés : unités démarquées par l'espace (rang 1), par la virgule (rang 2), par le point-virgule (rang 3), par le point (rang 4), par le retour à la ligne (rang 5)[64]. Cela vaut pour le français écrit moderne standard, bien qu'il connaisse un affaiblissement du rang 3. La segmentation consiste à détourer des séquences

---

[63] Le numéro 172 de *Langue française* (2011) qui lui est consacré (*Ponctuation et architecture du discours à l'écrit*) présente un état des recherches actuelles qui sont, il faut le dire, assez disparates.

[64] L'alinéa touche aux opérateurs verticaux. En effet, la « ligne creuse » (partiellement blanchie) n'est pas fonctionnelle en raison de son « creux » horizontal (peu importe qu'elle soit plus ou moins creuse), mais en raison du retour à la ligne, soit de la « descente » sur l'axe vertical. Il suffit de doubler cette descente (insertion d'une ligne blanche) pour créer une unité topographique de rang directement supérieur à la précédente.

textuelles pour en signifier l'unité et en indiquer le rang. Elle opère par emboîtement : un groupe fermé par un topogramme de rang *n* est ouvert par le topogramme de rang égal ou supérieur qui le précède directement[65].

Si, comme Grevisse, on peut assimiler le rôle « purement logique » de la ponctuation et son rôle sémiographique, c'est que les propriétés structurelles qu'on vient de décrire ont conduit le système sémiographique à un appariement des niveaux topographiques avec les niveaux de l'analyse linguistique, si bien que les blancs servent essentiellement à détourer (ou libérer) les morphèmes, les virgules les syntagmes, les points les clauses, pour ne mentionner que les associations les plus fortement normées. De ce double jeu de structuration et de ces associations conventionnelles résultent des possibilités de gradation ou de dégradation : un syntagme borné par une majuscule et un point tend à être analysé comme une clause (une unité syntaxiquement complète, prête à l'actualisation sémantique), une clause entre virgules comme un syntagme, une « sous-phrase ».

Lorsque la ponctuation ne met pas ses « balises » au service de la construction syntaxique (on va voir dans quelles conditions), *le système phonographique s'offre comme une possible ressource sémiologique au lecteur*. La connaissance de la langue orale et de sa prosodie, ainsi que celle de la valeur métaprosodique des topogrammes ouvrent une alternative de décodage de ces derniers. Là où résiste la logique sémiographique esquissée ici, reste la possibilité d'interpréter les topogrammes comme des signes intersémiotiques, suivant en cela le principe de pertinence.

Pour les besoins de l'exposé, nous ne considérerons que l'utilisation « intempestive » de la virgule, glanant chemin faisant quelques remarques sur d'autres signes de ponctuation. Puis nous comparerons les effets des usages irréguliers avec ceux de non-usages irréguliers (absence de virgule entre circonstant antéposé et sujet, et absence de marquage topographique dans le discours direct).

4.4.3 Le cas de la virgule

La virgule est considérée comme le signe de ponctuation le plus « subtil » et « le plus énigmatique » (Védénina, 1973 : 38), le plus « stylistique » au sens –

---

[65] Pour déterminer la portée d'un topogramme, « on doit faire intervenir le paramètre du niveau : la règle générale est que la portée d'un topogramme s'arrête là où intervient un topogramme de même niveau ou de niveau supérieur » (Anis *et alii*, 1988 : 121). Certains topogrammes sont ouvrants (la majuscule), d'autres fermants (le point), d'autres sont ambivalents, avec ou sans distinction sur le plan de l'expression (la parenthèse *vs* la virgule).

insatisfaisant – de non contraint. Mon ambition descriptive est mesurée. Il ne s'agit pas de rendre compte de tous ses emplois, mais d'illustrer l'hypothèse ci-dessus formulée : ces emplois répondent à deux sémiotiques concurrentes, offertes au lecteur.

4.4.3.1 Usage sémiographique de la virgule

Dans son fonctionnement sémiographique, logico-grammatical, « sourd », c'est-à-dire coupé d'une logique intonative, on peut tenter de résumer l'organisation syntagmatique de la virgule en disant qu'elle est un marqueur complémentaire de l'organisation syntaxique. Sa valeur « en langue » pourrait être décrite ainsi : elle 1) marque qu'il y a unité, 2) situe cette unité dans une hiérarchie (rang 2 ; voir ci-dessus, p. 344), ce qui a pour conséquence de signaler que 3) cette unité est liée à d'autres au sein d'une unité de rang supérieur. On observe ce fonctionnement dans les deux situations suivantes[66].

1 – *Fonction conjonctive.* Lorsque les séquences ne sont pas introduites par un « mot de liaison » (asyndètes), la virgule coordonne[67] : elle instaure un lien entre deux unités qu'elle place sur le même rang, constituant une association dont la somme est de même fonction que ses parties : « *Il est venu, il a vu, il a vaincu.* » « *Il fait chaud, tout le monde va à la piscine* », « *Il fait chaud, il fait froid, ça dépend* »), d'où leur utilisation répétée dans les énumérations : « *Il est arrivé avec son maillot, sa bouée, son tuba...* »[68]) Parfois, comme dans le deuxième exemple ci-dessus, la mise en facteur commun « cache » (c'est-à-dire ne marque pas) une relation macro-syntaxique (communicationnelle, narrative, logique...) ; celle-ci est à inférer des contenus propositionnels et de leur rapport, la virgule n'en disant rien.

---

66 La polarité fonctionnelle proposée ci-dessous s'appuie sur mes observations et celles des auteurs suivants : Védénina, 1973 et 1980, Anis *et alii*, 1988, Catach, 1994, Grevisse, 1993 et Le Goffic, 1993.
67 Traitant de l'écrit, et de la *fonction* de la virgule, je préfère parler de *conjonction* (topographique) plutôt que de *juxtaposition*. Cette dernière notion suggère que les deux constituants ne sont articulés par rien : or s'ils sont certes articulés par un morphème Ø, ils le sont par une unité suprasegmentale, prosodique ou topographique, qu'il convient de ne pas réduire à un vide.
68 Où l'on notera une combinaison avec un autre topogramme, le point de suspension, sur lequel nous reviendrons : il permet le repérage visuel de la fonction conjonctive de la virgule, à la quelle correspond un phrasé particulier ; l'identité morphologique des constituants juxtaposés facilite également ce repérage.

Nous reviendrons sur le fait que la prosodie fait éclater l'unité de cette fonction logique conjonctive ou coordinative : plusieurs intonèmes peuvent correspondre à une virgule dans un contexte segmental donné et apportés, par leur distinctivité supérieure, des informations supplémentaires sur le rôle du constituant démarqué.

2 – *Fonction disjonctive.* Pour signifier une rupture de cohésion syntaxique, là où un constituant pourrait être introduit directement : le détachement opéré a pour effet bien connu de sortir le syntagme de l'unité rectrice et de lui conférer une autonomie relative. Les deux unités ainsi disjointes ne dépendent pas du même nœud dans la structure syntaxique : « La fille, sauvage, recula. » « Il a réussi, par chance. » « Après, la guerre. » (< Védénina, 1980 : 62)[69] Cette autonomie relative, celle des « constructions détachées » (Combettes, 1998), des « appositions » (Neveu, 1998) ou des « insertions parenthétiques » (Avanzi & Gachet, 2008), avec différentes extensions selon les notions, concorde avec les instructions de la virgule : celle-ci bloque un regroupement syntaxique possible (autonomie) pour lui en opposer un autre, néanmoins inférieur à l'unité phrase (majuscule/point) dans laquelle il est enchâssé (hiérarchie) : relatives explicatives, épithètes détachées, circonstants extraprédicatifs, adverbiaux méta-énonciatifs... qui réclament tous la virgule, pour être identifiés comme tels.

On relèvera donc des différences importantes dans le fonctionnement de ce signe. Par exemple, la même chaîne segmentale interceptée par deux virgules sera structurée de manière différente, selon qu'il s'agit d'une virgule conjonctive ou disjonctive. Par deux virgules conjonctives, la chaîne |xxx, xx, xx.| *(Joël mange du gruyère, de la tome, du vacherin.)* est structurée ainsi {x[(xx)(xx)(xx)]} ; par deux virgules disjonctives *(Joël, mon ami marathonien, ne mange que du fromage.)*, elle sera structurée ainsi : [xx(xx)xx]. Dans ce second cas, il n'y a pas de mise en facteur commun (d'où un niveau de moins dans le parenthésage), et surtout, les deux virgules détachent un seul groupe (incident), alors que dans le premier cas, deux virgules démarquaient trois groupes (coordonnés). À cette complexité interprétative s'ajoute évidemment la possible confusion entre les deux types de virgule *(Joël, mon ami marathonien, Jacob et Laure sont au régime.)* Outre la combinaison avec d'autres topogrammes, comme le point de suspension, c'est ici une hypothèse sur la « compatibilité des conjoints » qui va incliner à l'interprétation conjonctive ou disjonctive de la virgule.

---

69 « Au plan syntaxique, l'optimisation du décodage par la ponctuation se manifeste principalement par la fonction de contrôle de l'incidence des constituants de l'énoncé, et par la régulation du sens qui en résulte. » (Neveu, 2000 : 203)

La fonction disjonctive met la virgule au service de la dynamique communicative de la phrase (Anis et alii, 1988, Anis, 1998). Elle est d'usage lorsqu'un constituant n'occupe pas son site propre, (1.1) soit par *inversion* de l'ordre « canonique » (cas d'extraposition dont on parlera plus loin : *À ma mère, j'offre des fleurs.*), (1.2) soit par *insertion* d'un constituant facultatif, comme une incise, une incidente, un circonstant, une apostrophe *(Il y en a trop, assénèrent-ils, de ces néologismes. Reviens, Leila, à ta place.)* La virgule signale ainsi l'insertion ou le déplacement d'un argument relativement à l'ordre prévu par son recteur et libère la phrase « des contraintes syntaxiques fortes sur l'ordre des mots » (Védénina, 1989 : 126–127).

Dans tous ces usages démarcatifs, la virgule fonctionne par paire, effectuant, comme on a vu, un « groupage » des unités linguistiques situées entre elle et le topogramme de rang supérieur ou égal qui la suit (s'il s'agit d'une virgule ouvrante) ou qui la précède (si elle est fermante)[70]. À l'image de la topographie entière, la virgule est un complément de la syntaxe, de la morphologie et de l'organisation communicative et textuelle.

Selon mon hypothèse, l'usage décrit ci-dessus est conforme à l'ergonomie visuo-graphique : la fonction de la virgule, de bornage et d'emboîtement, est actualisable en sémiographie (sans relai phonographique, sans écoute). C'est avec ou pour une telle fonction que la virgule s'est sémiotisée.

4.4.3.2 Usage intonographique de la virgule

Les cas que nous allons considérer à présent me paraissent résister à la description sémiographique proposée ci-dessus. La virgule y fonctionne différemment. Considérons d'abord des séquences où elle s'insère dans une *construction syntaxique ordonnée*. Le cas le plus connu est celui des virgules entre le SN sujet et le SV recteur :

[6] Un homme qui **dort, tient** en cercle autour de lui le fil des heures, l'ordre des années et des mondes.
(M. Proust, *Du côté de chez Swann*, 1913.)

---

[70] Cette définition vaut pour tous les topogrammes démarcatifs. Ainsi la fonction de « mise en facteur commun », notamment dans les énumérations, qu'assigne Catach aux virgules qui fonctionnent par paire n'est-elle pas une spécificité de ce signe, mais est partagée par tous les topogrammes démarcatifs, puisqu'ils ont pour fonction de situer à un même niveau hiérarchique les unités qu'ils démarquent. (« Il va. Il court. Il vole. ») Mais il faut prendre la notion dans son ordre : le facteur commun n'est pas syntaxique, mais topographique.

[7] – Monsieur !.... votre chapeau s'il vous plaît ? lui cria d'une voix sèche et **grondeuse, un** petit vieillard blême accroupi dans l'ombre, protégé par une barricade, et qui se levant soudain, fit voir une figure moulée d'après un type ignoble.
(H. de Balzac, *La Peau de chagrin*, 1831.)

Beauzée, chez qui le souffle reste le facteur premier (sinon la fonction) de l'organisation du discours par la ponctuation, accueille cet usage au nom de la longueur du groupe sujet. Selon Catach, une pause prosodique existe à la fin des sujets « d'une certaine longueur »[71]. Mais celle-ci n'est plus marquée à l'écrit, car « la logique de l'écrit est aujourd'hui autre, ce qui éloigne davantage les procédés des deux chaînes » (Catach, 1994 : 37). L'argument de la longueur fonctionne mal avec l'exemple [6] et pas du tout avec les cas suivants, où une virgule sépare le pronom sujet tonique du verbe :

[8] Elle fit un pas vers la porte. **Lui, bondit.**
(Courteline < Grevisse)
[9] Ils étaient repartis ; ils ont aperçu Nendaz qui venait à leur rencontre. **Lui, avait** continué à s'avancer dans la gorge avec sa mauvaise jambe et sa canne, ayant fait ainsi une partie du chemin ; eux avaient fait l'autre partie.
(C. F. Ramuz, *Derborence*, 1934.)

À la lumière de tels cas, fréquents chez Ramuz par exemple, on mesure l'effet de l'accentuation, davantage que celui du souffle. Ce qu'opère alors la virgule (disjonctive dans ce contexte), c'est qu'elle soustrait le pronom de la portée régissante du verbe pour en faire un constituant détaché du type dislocation à gauche, mais sans redoublement du sujet. Le procédé « de décondensation de l'information » vise ici à introduire le thème, « défocalisé », et génère un « effet de suspens » (Groupe de Fribourg, 2012 : 164–168). C'est cette autonomie prosodique, conférée à l'oral par l'intonème continuatif majeur (avec forte montée), qui justifie la forme disjointe du pronom. La valeur de « légère pause » qu'accorde Grevisse à la virgule dans ce contexte est l'effet de cet intonème particulier. Elle atteste, sur le grammairien, de l'effet mélodique produit par la construction – construction écrite, mais adoptant une logique prosodique.

Que dire du cas des virgules marquant l'ellipse du verbe ?

[10] Tout être est capable de nudité ; toute émotion, de plénitude.
(Védénina, 1973)
[11] La calligraphie est l'art du plein ; la typographie, l'art du vide.
(Laufer, 1985)

---

[71] Il faudrait s'enquérir des recherches actuelles pour confirmer le fait que l'accent de groupe des SN sujets longs est plus marqué que celui des sujets courts.

S'agit-il d'un usage disjonctif, signifiant l'indirection du rapport syntaxique entre constituants démarqués (les deux groupes ne dépendent pas du même nœud dans l'architecture syntaxique) ? La virgule lève alors une ambiguïté en [10], mais est susceptible d'en produire une en [11], pouvant paraître dans sa fonction conjonctive (juxtaposant deux SN de même fonction). Dans ce dernier cas, le plus courant sans doute (ellipse du verbe produisant la séquence SN, SN), un simple espace intermot serait univoque. Globalement, la virgule signale l'ellipse grammaticale et semble répondre aussi bien à la logique sémiographique (virgule disjonctive, assistant le balisage syntaxique) qu'à la logique intonographique : représentation de l'intonème continuatif, signifiant la dépendance microsyntaxique du constituant flanqué de la virgule[72].

Les deux logiques se recouvrent et le parcours interprétatif est, dans ce cas de ce signe, comme marquage d'ellipse, faiblement prévisible[73].

Comme dans son emploi entre SN et SV, la virgule subséquente à un connecteur correspond mal à sa fonction sémiographique. Typiquement *or* :

[12] Ce qu'il ne disait point, c'est qu'il avait réclamé d'elle mille écus. **Or,** la Maréchale s'était peu souciée de savoir qui payerait.
(G. Flaubert, *L'Éducation sentimentale*, 1891.)

[13] Les scanners, certains scanners doivent être refaits. Plus tôt que prévu, en janvier par exemple. **Or,** il n'y avait rien de prévu et je devais par contre retourner en janvier les voir.
(J.-L. Lagarce, *Journal 1977-1990*, 2007.)

[14] Je vis parmi de tels soucis, tellement recouvert, tellement submergé, avec un horizon si complètement bouché, que je ne sais comment je continue à travailler. **Or,** je travaille ! Je travaille peut-être mal, mais je travaille. J'ai l'âme chevillée au corps.
(J. Pouquet, *Journal sous l'Occupation en Périgord : 1942-1945*, 2006.)

[15] Déçu du résultat, je revins à mon guéridon, et observai que stabilité ne garantit pas horizontalité : c'en est une condition nécessaire mais non suffisante. **Or,** on attend d'une table (par exemple, sauf tricherie, de billard, et plus souvent de salle à manger) qu'elle possède ces deux qualités à la fois, et en permanence.
(G. Genette, *Bardadrac*, 2006.)

---

72 Dépendance qui peut néanmoins paraître contre-intuitive au regard de l'autonomisation (topo)graphique.

73 Un autre aspect prosodique peut ici interférer. En effet, le parallélisme morphosyntaxique – [Tout x]$_a$ V [de y]$_b$; [tout x] $_{a'}$ [de y]$_{b'}$. – corroboré par la symétrie introduite par le point-virgule central, engendre un accent secondaire sur les syllabes répétées. Cet accent produit également un type de structuration prosodique qui suffirait à lui seul (en l'absence de la virgule d'ellipse) à interpréter la structure (*i.e.* l'hétérogénéité syntaxique des deux groupes, sujet/prédicat : « toute émo<u>tion</u>, de pléni<u>tude</u> »). Cette structuration relève de la texture et des effets rythmiques que nous aborderons dans la seconde partie de ce chapitre (6, p. 401).

La virgule ne fonctionne ici manifestement pas en couple : elle n'indique pas le contour du morphème (le blanc s'en charge), ni assurément la portée du connecteur. Sa logique orale (sémiophonique) n'est pas affirmée par Grevisse, qui signale simplement, et prudemment, l'analogie entre usages des *or* écrit et oral : « il peut porter un accent dans l'oral **et** être suivi d'une virgule dans l'écrit » (Grevisse, 1993 : §124, je souligne). Il ne fait pourtant guère de doute que derrière le *et* de Grevisse se cache un *donc* – et que cet usage est du type intonographique. On relèvera qu'un tel usage, accentuant le connecteur, fonctionne comme un signal du discours argumentatif et contribue à donner à l'énonciateur l'ethos du (syl)logicien.

Plus complexes, mais néanmoins apparentés, sont les cas où la virgule vient redonder une conjonction ou un subordonnant. Ils contreviennent au principe de complémentarité morphème/virgule observé généralement ; dans la démarcation des portions de texte d'un rang donné, la virgule apparaît surnuméraire :

[16] Elle fut prise d'une nausée si soudaine, **qu'**elle eut à peine le temps de saisir son mouchoir.
(G. Flaubert, *Madame Bovary*, 1857.)
[17] La tempête s'éloigne, **et** les vents sont calmés.
(A. de Musset, *Premiers poèmes*, < Grevisse)
[18] Un seul être vous manque, **et** tout est dépeuplé
(A. de Lamartine, < Riegel *et alii*, 2009 : 151)
[19] Le père, la mère, et le chien qui tirait la langue.
(Catach 1994)

Catch commente ainsi ce genre d'exemples : « Ici, la virgule s'associe à la conjonction *et*, en prévision d'une prise plus importante de souffle » (1994 : 65). Sans aller jusqu'à une interprétation physique (c'est-à-dire jusqu'à supposer que la phonographie prépare nécessairement ici une oralisation), il faut néanmoins reconnaître que, dans ces contextes, soit la virgule remplit sa fonction disjonctive et elle est en tension avec le coordonnant, soit elle remplit sa fonction conjonctive et elle est alors redondante (Lambert, 2006 : 206–207). Grevisse y voit un rôle « phonographique » de mise en évidence (1993 : 124c). Devant les subordonnants, il juge la virgule superflue ou vieillie (là où Catach la juge moderne et à la fois invasive, puisque superflue). Par opposition à la distribution complémentaire des organisateurs syntagmatiques, leur combinaison sollicite un calcul de pertinence : dans l'exemple [17], si la virgule joue un rôle intonographique, elle consisterait alors à *mettre en relief* le dernier terme du groupe précédent (« s'éloigne ») et à laisser attendre la suite comme la complémentation d'un schéma laissé ouvert : l'équivalence des conjoints marquée par la coordination *et* est réévaluée en une dépendance (de type consécutif) par la virgule dont le fonctionnement serait alors exactement celui de l'intonème progrédient majeur (même valeur que celle décrite à propos des virgules d'ellipse)[74]. En somme, en combinaison avec un morphème joncteur, la virgule remplit une fonction dont la logique est intonographique (« distinguer les groupes de sens majeurs et mineurs, permettant une gradation », Catach, 1994 : 65).

La plus grande distinctivité du système prosodique, en particulier des intonèmes auxquels correspond à l'écrit la seule virgule, explique l'interprétation intonographique, à même d'apporter ici un surcroît de structuration.

Autre exemple : parmi l'ensemble des virgules qu'on a dites conjonctives prend place la virgule coordonnant les termes d'une énumération. À l'oral, l'intonème correspondant est très spécifique[75], et aux informations du niveau hiérarchique et de non conclusion données par la virgule, il ajoute celles « d'énumération ouverte » et de sélection « au hasard dans un paradigme » (Groupe de Fribourg, 2012 : 110). À l'écrit ce sont les points de suspension qui, en combinaison avec la virgule, complètent un marquage fonctionnellement analogue. La virgule ne correspond pas seulement à différents intonèmes continuatifs (mineurs et majeurs), elle peut aussi correspondre à un intonème conclusif, dans le cas des dislocation à droite et plus largement dans les énoncés que le GARS analyse en noyau + postfixe (à la condition que le noyau soit de modalité assertive). Par exemple : « J'adore, le chocolat », « C'est lui, qui avait signé le contrat avec l'Algérie », « Il n'y a que ce genre de filles, qui peuvent faire ça », « C'est mon dada, la course à pied. » (Martin, 2009 : 162–170 et 188)

L'argument sert-il à montrer la faiblesse du système de ponctuation ? Mais une telle articulation macrosyntaxique correspond bien à la fonction disjonctive de la virgule : en pareil cotexte, la virgule instruit la structuration macrosyntaxique de manière univoque et conforme à sa logique sémiographique. Qu'en usage intonographique, notamment lorsqu'elle guide la lecture oralisée, elle corresponde à différents intonèmes, ne doit pas venir brouiller le fait que, dans son ordre, elle est parfois tout aussi efficace que l'intonation.

---

[74] Elle remplit donc la fonction de l'intonème progrédient qu'on observe dans des énoncés du type : « C'est une fille, elle prend le train (S+) elle a pas de billet (F) », où l'intonème continuatif dominant (S+) confère à tout ce qui précède le statut de *préparation* de la suite (Groupe de Fribourg, 2012). Cet intonème servirait aussi bien à marquer la rection (microsyntaxe) que la dépendance sémantique entre clauses (macrosyntaxe).
[75] « [...] une intonation caractéristique L [pour liste], dont la réalisation typique consiste en une modulation terminale de forme : ton bas (B) sur la pénultième ; syllabe finale très allongée, à contour montant puis légèrement descendant (HB). » (Groupe de Fribourg, 2012 : 101)

4.4.3.3 Virgule et sollicitation prosodique

Ces quelques exemples avaient pour but de jeter une base expliquant l'hétérogénéité fonctionnelle de la virgule si souvent relevée. Celle-ci résulte à mon sens de la combinaison de deux principes de régulation, deux sémiotiques à l'œuvre dans l'actualisation du topogramme.

Dans le cas de la virgule, il resterait à expliquer pourquoi la mise en relief opérée par le topogramme (dans le cas des constituants déjà introduits par un morphème de liaison : « , et » ou « Or, ») ne pourrait pas être mise au compte d'un fonctionnement proprement sémiographique : la virgule marquerait alors l'emphase « graphiquement » et de manière conventionnelle. On ne peut exclure cette interprétation « sourde » de la virgule, encore moins dire par qui et quand elle sera préférée ; les deux lectures sont probablement possibles. Deux raisons me semblent plaider en faveur d'une sollicitation prosodique dans ce cas. Premièrement, marquer l'emphase par un topogramme ponctuel *libre* n'est pas dans la logique de l'ordre sémiographique. La saillance visuelle opère « naturellement » par topogrammes liés, type <u>soulignement</u>, *italique*, **graisse**, HAUT DE CASSE..., dont l'origine est iconique et qui affecte l'entier de l'unité focalisée. L'utilisation de la virgule comme facteur d'emphase du terme précédent est, à n'en pas douter, un héritage de la prosodie : l'ergonomie du signal acoustique, que caractérise la successivité (et non la spatialité) incline à une logique de démarcation par marquage en fin de groupe, sinon carrément *a posteriori*, là où la trace graphique (rémanente et manipulable) incline à une marquage « encadrant », en début et en fin d'unité. Dans cette perspective, la virgule de mise en emphase passe pour l'adaptation à l'écrit du phénomène de l'accentuation (lié à la syllabe) et produisant l'effet subjectif d'une pause (suivant la syllabe). Mais l'argument historique et ergonomique n'a de valeur cognitive que parce qu'il résonne avec une hypothèse de performance, parce que « le passé de l'écrit persiste dans le présent, ne serait-ce qu'à travers de l'ontogenèse » (Anis, 2004 : 8). La virgule peut s'interpréter ici comme signe d'une pause subjective (subséquente à celle que font sentir les tons, ou accents nucléaires), alors que fait difficulté son interprétation comme organisateur syntagmatique en distribution complémentaire avec les groupements opérés par la morphosyntaxe.

En résumé, lorsque la virgule excède dans sa fonction ses valeurs conjonctives ou disjonctives (ses fonctions en sémiographie), pour se charger de valeurs propres à des faits prosodiques, c'est que son interprétation a sollicité une actualisation intonographique. « Paraphrasée » en quelque sorte par divers intonèmes, elle rencontre un surcroît de structuration qui, dans certains environnements syntaxiques, lui fait défaut, en tant que signe sémiographique. Il en va, autrement dit, du principe de pertinence : l'interprétation intonographique produit, dans certains cas, de meilleurs effets, levant des ambiguïtés liées à la virgule – qui est assurément le plus polyvalent des topogrammes.

4.4.4 Une hypothèse : ponctuation sémiographique bilatérale, ponctuation intonographique unilatérale

Comment distingue-t-on une virgule actualisée en sémiographie d'une virgule actualisée en intonographie ? Au fait qu'elle fonctionne seule, répondra-t-on par hypothèse. Par exemple, Catach identifie la virgule utilisée par Racine à la fin (et à la fin seulement) des subordonnées incidentes comme « une virgule respiratoire » (Catach, 1994 : 43). Cet emploi s'oppose aux « "balances" (toute ponctuation d'incidente doit être doublée) » qui caractérisent, selon elle, « les attitudes modernes » face à la ponctuation. La structuration réalisée par la topographie, si elle adhère tout à fait à la logique visuo-graphique qui est la sienne, tendrait donc à être double, c'est-à-dire à borner les portions qu'elle démarque et hiérarchise à leurs deux extrémités. C'est, on l'a dit, tout l'intérêt des topogrammes liés (soulignement, italique...) et des paires de marques que de signaler la portée d'un constituant affecté d'un statut particulier (syntaxique, mais aussi informatif, modal, énonciatif...) : « les signes [de ponctuation] sont tous, d'une certaine manière, à visée bilatérale. Porteur du segment, ils se situent toujours par rapport aux deux bornes, et il faut s'habituer à chercher la deuxième ». Catach distingue les *couples* (comme la majuscule et le point), des *doubles* (guillemets, crochets, parenthèses...), situant la virgule « signe universel », « à part » (1994 : 54).

Cette observation vaut-elle pour le blanc ? Lorsqu'il assure la démarcation de l'unité lexicale, il fonctionne bien par paire. En revanche, lorsqu'il signifie une propriété acoustique, le silence (voir l'exemple [24]), il fonctionne seul. Dans ce cas, courant en prose ou en vers, le blanc signifie moins une forme prosodique remplissant une fonction de structuration qu'une qualité acoustique. On peut en effet distinguer les topogrammes codant un intonème (intonogramme) de ceux qui représentent une qualité acoustique du signal oral (hésitation, débit, silence...). Nous y reviendrons à propos du point de suspension. Retenons pour l'heure que lorsque le topogramme signifie une qualité acoustique (blanc = silence, point de suspension = interruption...) ou lorsqu'il produit la mise en relief d'un constituant, il paraît fonctionner de manière unilatérale alors que dans son usage sémiographique standard, il est bilatéral. Cette distinction pourrait aider la reconnaissance du fonctionnement intonographique d'un topogramme.

4.4.5 Projection prosodique liée à l'absence de topogramme

> Ce texte [un canon de conciles gaulois du vi^e-viie écrit en *scriptio continua*] ne peut être lu qu'à haute voix. Il est impossible, même à quelqu'un à qui le latin d'église est familier, de lire ce texte silencieusement, des seuls yeux. (Lapacherie, 2000 : 18)

Ce qui sous-tend l'affirmation de Lapacherie, c'est qu'interpréter un texte qui ne fournit pas les balises pour une analyse visuelle immédiate sollicite son actualisation prosodique. Cette autre modalité de sollicitation prosodique, *par absence de topogramme*, nous allons l'illustrer de trois cas : certaines amphibologies bien connues, l'absence de virgule détachant un circonstant en tête de phrase et l'absence du marquage graphique de la représentation écrite du discours autre. Nous considérerons particulièrement la question suivante : les parcours interprétatifs en l'absence de signes de ponctuation sont-ils les mêmes que ceux discutés précédemment, où leur présence répondait d'une logique intonographique ? Leurs effets sont-ils identiques ? La ponctuation produit-elle le même effet prosodique lorsqu'elle ne segmente pas l'énoncé à l'endroit de ses articulations syntaxiques que lorsqu'elle le segmente ailleurs ?

4.4.5.1 Amphibologie et coulissage liés à l'absence de topographie

Depuis l'Antiquité, on a coutume de reprocher à la lettre morte de produire des ambiguïtés que la parole vive ne connaît pas. C'est à se demander comment l'écrit peut parfois servir une interaction. D'illustre mémoire de linguistes, on connaît en effet ces exemples où la « perte » de la structuration prosodique laisse ouvertes deux organisations syntaxiques possibles de la clause pour une même structure de surface :

La belle porte le voile. (La **belle** porte le voile ou La belle **porte** le voile ?)
Ou, pour changer un peu, mais de même farine :
La petite pince la coupe.

On pourrait, à l'orée, se demander si l'ambiguïté résulte de propriétés de la structure segmentale ou de la topographie. En effet, s'il y a dans ces exemples deux organisations syntaxiques possibles, c'est en raison
    a) d'une homographie transcatégorielle rare entre une suite Dét Adj N PrN V et une autre suite Dét N V Dét N ;
    b) de l'absence de topogramme correspondant à l'accent de groupe (le mot graphique détourant des morphèmes, alors que les mots oraux détourent des syntagmes).

Le facteur topographique est moins accidentel, raison pour laquelle nous rangerons le phénomène dans le propos consacré à la ponctuation. C'est une commodité qui nous donne l'occasion d'illustrer ce que j'ai appelé « sollicitation prosodique » par quelques exemples aussi rares que célèbres.

La particularité de ces amphibologies tient au fait que l'absence d'accent de groupe à l'écrit ouvre à deux structurations syntaxiques acceptables : deux clauses différentes sont ici conformables, entre lesquelles la prosodie aurait nécessairement tranché. Autrement dit, à une même expression sémiographique correspondent deux expressions sémiophoniques de contenus distincts. L'unité sémiophonique est donc, dans pareil cas, plus distinctive.

Il existe bien sûr des équivoques moins artificielles, où l'absence de ponctuation favorise le flou dans l'incidence (rectionnelle) des constituants. C'est le cas de l'exemple de Quintilien mentionné plus haut (*vidi statuam auream hastam tenentem*), où en l'absence de mélodie, c'est le support d'un terme régi qui fait question : *Un bienheureux étudiant réussit ses études. Il a écarté le danger de sa belle-famille...* Mais il n'est pas évident que l'actualisation prosodique permette de lever ce genre d'ambiguïté. À l'oral, comme à l'écrit, pour clarifier de telles constructions, on leur préférera une paraphrase changeant l'ordre des mots (comme invite à le faire Quintilien).

Il y a d'ailleurs des situations du même type où c'est l'écrit qui est plus « distinctif ». C'est le cas de certains usages du trait d'union, qui signale un ordre dans les relations rectionnelles : *Prenez-les vivants !* vs *Prenez les vivants !* C'est peut-être aussi le cas des virgules qui viennent circonscrire l'incidence d'un constituant (Fuchs, 1993). Fuchs l'observe à partir d'usages avec ou sans virgule de l'adverbe *encore* situé entre deux syntagmes qu'il peut sélectionner :

[20] Hess s'occupe encore aujourd'hui de sciences ésotériques. (Fuchs 1993)
    ≈ *Hess s'occupe, encore aujourd'hui, de sciences ésotériques*
    ou ≈ *Hess s'occupe encore, aujourd'hui, de sciences ésotériques*

Fuchs parle ici de « coulissage interprétatif » : l'incidence de l'adverbe ne peut être bilatérale et les lectures sont alternatives. Les virgules fonctionneraient comme les crochets qu'utilise le linguiste pour gloser l'ambiguïté ([[s'occupe encore] aujourd'hui] ou [s'occupe [encore aujourd'hui]]). La prosodie peut en faire autant, mais un réarrangement de l'ordre des mots paraît à l'oral un pari (sur l'attention portée par l'auditeur) moins risqué.

Voilà qui rappelle inévitablement les situations fréquentes où c'est la distinctivité sémiographique qui est supérieure, et qui donc, à l'oral, profite à la désambiguïsation : les « en deux mots » de l'oral, ou les procédures d'épellation partielle (« c'est un sot O-T », « avec deux S »...) attestent le phénomène inverse à la projection prosodique.

[21] Marronnier te jette un regard condescendant (**en deux mots** : con et descendant – car il est debout et toi assis).
(F. Beigbeder, *99 francs*, 2000.)[76]

Même quand il s'agit d'un jeu sémiographique potache, le locuteur (à l'oral donc) assigne à une expression sémiophonique une représentation graphémique. Représentation le plus souvent partielle – charge à l'auditeur de placer le |o|, les deux |s| ou la frontière entre les « deux mots » au bon endroit (cas plutôt exceptionnel, Beigbeder dans notre exemple localise généreusement la frontière). Il s'agit alors d'une représentation orale de l'écrit, où le mot écrit est codé en lettres par épellation (relation phonographique prise dans le sens phonème -> graphème, chap. 2, 2.1, p. 109).

En définitive, on a reproché dès l'Antiquité, à l'écrit, nécessairement orphelin de la prosodie, de générer de l'ambiguïté. Aujourd'hui au contraire, les unités sémiographiques (l'orthographe des morphogrammes ou les topogrammes) sont mobilisées à l'oral, via leur autonyme, pour lever des doutes interprétatifs ou fixer le mot, fixer son sens :

[22] Les uns et les autres avaient participé à d'innombrables projets sans moi, Sergio en particulier a multiplié les aventures avec mes encouragements depuis toujours, mais moi, on m'a répondu : « Oui, mais c'est pas pareil... » Cette phrase, **et ses points de suspension** avec lesquels il fallait que je me démerde, elle n'est jamais passée.
(Interview de Bertrand Cantat, *Les Inrockuptibles*, 23 novembre 2013.)

Le point de suspension, dans l'une de ses fonctions conventionnelles : celle du marquage de sous-entendu, est utilisé par Bertrand Cantat comme interprétant d'une énonciation orale... Les deux plurisystèmes, sémiophonie et sémiographie, non isomorphes, s'enrichissent de leurs différences, agissant comme ressource sémiologique mutuelle.

Ce qui est propre aux amphibologies considérées, c'est que la sollicitation prosodique fonctionne au niveau de la *reconnaissance syntagmatique* : la dé-

---

[76] Cette glose ne trouve de pertinence que si le mot glosé est oral et donc équivoque dans ses frontières morphologiques. La glose méta-énonciative ne s'applique donc pas au mot écrit qu'elle suit, mais au mot oral représenté par ce mot écrit (par phonographie ou morphophonographie). C'est le mot oral qui présente, évidemment, l'homophonie. Il s'agit ainsi d'un cas interprétatif assez subtil de caractérisation métalangagière de l'écrit comme oral (voir chap. 4, 2, p. 222).

coupe en syntagmes est ambiguë à l'écrit (du moins hors contexte et souvent par jeu) ; l'équivoque et repérable et levable par l'imposition de deux distributions accentuelles dont une seule sera contextuellement pertinente. Trop alambiquées pour qu'on puisse en faire une ressource potentielle de représentation de l'oralité dans la littérature (les mêmes exemples reviennent d'ailleurs de Meillet à Sperber & Wilson), ces amphibologies illustrent néanmoins le phénomène de la sollicitation prosodique.

4.4.5.2 Cas de la non-démarcation des préfixes

La logique de la structuration topographique invite à démarquer les constituants non argumentaux lorsqu'ils n'occupent pas leur site postverbal ordinaire. Or cette règle n'est pas toujours appliquée :

[23] Dans le petit bois de chênes verts il y a des oiseaux, des violettes.
    (A. Daudet, *Lettres de mon moulin*, 1869 < Grevisse)

Le « Dans » du SPrép en position frontale et le présentatif « il y a » balisent les groupes, ce qui peut certes suffire à leur reconnaissance visuelle[77]. On fera pourtant l'hypothèse que l'affaiblissement du balisage par la topographie encourage la structuration prosodique : il sollicite l'écoute, de manière convergente ici avec un fait d'isochronie (6.3.2, p. 422) : l'organisation syllabique de la phrase en 5 – 3/5 – 3[78].

On observe donc que dans cette configuration (SPrép SV), si le repérage des groupes est assuré par des balises qui sont les morphèmes (préposition, pronom clitique, verbe), la virgule d'usage conventionnel ici améliorerait l'ergonomie visuelle de l'énoncé et disposerait optimalement à sa lecture sémiographique. *La sollicitation prosodique est en proportion inverse de cette ergonomie.*

La virgule disjoignant les circonstants est réclamée par la morphologie lorsque les groupes détachés sont des SN, pouvant provoquer la suite SN SN,

---

[77] Balisage visuel différent de celui que Martin évoque lorsqu'il parle de la fonction du verbe à l'écrit comme « ponctuation cachée » (2009 : 186). Pour lui, les ponctuants de l'écrit sont aussi bien des topogrammes que des morphèmes accentogènes (le verbe). La conception est cohérente avec la position phonocentriste qui est la sienne et qui le conduit à définir la lecture comme une intonation exo ou endophasique, c'est-à-dire éventuellement silencieuse, mais pas « sourde ». Voir par exemple la section « L'intonation toujours présente » du chapitre consacré à la ponctuation dans Martin, 2009 : 184, ou encore Martin, 2011.
[78] Les deux groupes trisyllabiques peuvent être quadrisyllabiques si l'on réalise le schwa de « chênes » et la diérèse de « violettes ».

comme dans l'exemple classique : « Le matin le soir paraît loin. » [79] C'est alors, en dernière instance, l'isotopie qui va lever l'ambiguïté. On trouve des cas de ce type dans l'extrait suivant :

[24] [a] J'ai dit que Théodora dépendait de moi. [b] Que dès que je l'ai connue, même si j'avais peu écrit sur elle, elle dépendait de moi.
[c] J'ai dit qu'il me semblait que ça dépendait aussi des moments. [d] La nuit je croyais l'avoir déjà vue, Théodora. [e] Certains jours je croyais que je l'avais connue, avant la guerre à Paris. [f] Le matin je ne savais plus rien. [g] Le matin je croyais que je n'avais jamais connu Théodora Kats. [h] Jamais, nulle part.
(M. Duras, *Yann Andréa Steiner*, 1992, p. 31.)

Les phrases [d] à [g] s'ouvrent par des SN postulant à la fonction sujet mais générant une réanalyse immédiate liée à l'enchaînement de ces SN avec un pronom clitique « je », nécessairement sujet. (Seul [d] génère en réalité une telle ambiguïté, la routine interprétative installée assurant ensuite le repérage direct.) On sait que le profil prosodique des constructions détachées, en particulier des dislocations à gauche, n'est pas aussi joliment stéréotypé qu'on l'a longtemps cru (Avanzi, 2008, Martin, 2009, Avanzi, 2012) : l'accent continuatif majeur, censé frapper obligatoirement la dernière syllabe du constituant détaché et signifier sa dépendance à droite (« le sport/ c'est dangereux pour la santé », « la prosodie/ on n'en peut plus »...) n'est pas systématique dans l'oral spontané – quoi qu'en pense notre imaginaire prosodique, formaté par la déclamation et la lecture à haute voix. Sa présence dépend non de critères syntaxico-sémantiques, mais de la complexité accentuelle du *préfixe* (constituant détaché à droite en macrosyntaxe). Sans entrer dans plus de détails, on peut donc admettre qu'ici Duras applique une règle prosodique, qui complique la reconnaissance visuelle, tout en concordant avec la « vraisemblance » prosodique, les constituants détachés pouvant ne pas être démarqués à l'oral par un contour particulier. L'actualisation prosodique de la phrase est sollicitée par répulsion (de la sémiographie standard) et par attraction (de la prosodie de l'oral spontané)[80].

---

[79] « Le soir paraît loin le matin » est interprétable à l'écrit ; ni « Le soir le matin paraît loin » ni « Le matin le soir paraît loin » ne sont univoques (ni même acceptables en écrit conventionnel). « Le soir, le matin, paraît loin » est univoque à l'écrit, mais son correspondant parenthétique à l'oral est très difficile. L'oral préférera une construction avec préfixe ou avec suffixe (« Le matin, le soir paraît loin » ou « Le soir paraît loin, le matin »).
[80] Notons que cette sollicitation prosodique est corroborée par d'autres modes de représentation écrite de l'oralité. Le dire représenté (« Je dis que ») est minimalement catégorisé en contexte comme oral. [a] et [b] sont unis par une relation syntaxique rompue par la ponctuation, une forme d'enjambement : cette tension entre rection et ponctuation (ellipse d'un nouveau

La ponctuation sollicite l'écoute selon deux régimes d'emploi opposés. Le premier régime serait de l'ordre du sur-marquage (1). Un usage intensif de la ponctuation est à même de produire, chez le lecteur qui actualise ces signes de manière intonographique, des modulations rythmiques et mélodiques. Le sous-marquage consisterait à ne pas utiliser la ponctuation là où l'usage sémiographique y recourt conventionnellement de façon à affaiblir le balisage visuel (2).

Dans les deux cas, la ponctuation a un effet sur le relief prosodique : l'absence de virgule, dans l'exemple de Duras, freine à la fois le détourage visuel et encourage la projection d'une prosodie *recto tono* qui coule détachements frontaux et noyau dans un même contour. La sollicitation prosodique sera d'autant plus forte qu'elle paraît aboutir à une interprétation prosodique réaliste. La vraisemblance est une autre modalité de la pertinence.

Considérons enfin un cas *a priori* proche de celui de Duras par le sous-marquage : celui de cet extrait de *La Route des Flandres*.

[25] Je l'imaginais claudiquant rongé dévoré par ce tourment comme un chien malheureux animal traqueur et traqué par la honte l'insupportable affront enduré dans la femme de son frère lui dont on n'avait pas voulu pour faire la guerre à qui l'on n'avait pas voulu confier un fusil [...].
(C. Simon, *La Route des Flandres*, 1960 < Neveu 2000.)

Neveu commente ainsi les difficultés du rattachement microsyntaxique de l'adjectif « malheureux » :

L'incidence de l'adjectif malheureux, encadré par deux substantifs de même configuration flexionnelle (même genre, même nombre) peut être orientée ici tout à la fois en direction du support de gauche [[un chien malheureux] animal traqueur et traqué] et en direction du support de droite [un chien [malheureux animal traqueur et traqué]]. (Neveu 2000 : 204)

Nous retrouvons ici une situation de « coulissage interprétatif » produit par l'absence de marqueur topographique de regroupement. L'actualisation prosodique produirait un regroupement à l'exclusion d'un autre, comme dans le cas

---

verbe de parole ?) peut s'analyser comme un « complément différé » (Blanche-Benveniste, 2000 : 114) qui rappelle l'organisation de l'information non planifiée de l'oral spontanée, où une unité prosodique bouclée donne lieu à une continuation syntaxique. En [d], la dislocation à gauche est à la fois proche de cette dernière organisation, à la fois associée à une morphosyntaxe orale ; idem pour la phrase averbale à deux termes [h] et l'enchaînement par répétition de [f] sur [g] (« Le matin ») et de [g] sur [h] (« jamais »). Ces derniers phénomènes par ailleurs suscitent des profils prosodiques non triviaux. Enfin, les deux lignes blanches qui séparent [b] de la suite du texte, pourtant inscrite dans la stricte continuité thématique, s'interprète de manière métaphonique : il signifie un blanc de la parole, une pause.

des amphibologies ludiques déjà considérées, sauf qu'ici la ponctuation serait tout à fait à même de spécifier l'incidence de l'adjectif et de rendre la construction univoque. Le cas se distingue aussi de celui rencontré chez Duras. Lorsque les circonstants frontaux ne sont pas détachés topographiquement, la lecture visuelle est plus coûteuse, mais l'analyse syntaxique est univoque et l'actualisation prosodique peut être préférée pour des raisons de pertinence. Les cas de coulissage sont de réelles *ambiguïtés*. Elles pourraient être levées aussi bien par la ponctuation que par la prosodie. Si l'on peut faire l'hypothèse chez Simon d'une sollicitation prosodique en raison de la faible ergonomie visuelle des phrases, la prosodie ne permettra pas d'écarter l'un des deux rattachements microsyntaxiques de l'adjectif. La projection prosodique n'a pas la pertinence qu'elle avait chez Duras : elle ne vient pas expliciter une relation syntaxique « cachée » à l'écrit mais « montrée » par la prosodie – domaine qu'un écrivain refuserait de « livrer » à la ponctuation. Nous n'avons manifestement pas ici affaire à une séquence qui récuse la sémiographie pour convier le lecteur à une plus efficace – et plus authentique – structuration prosodique, mais à une séquence qui récuse les prétentions à l'univocité de l'organisation langagière, qu'elle soit écrite ou orale. Une telle interprétation, qui ne viserait plus l'univocité, mais construirait une intention de plurivocité (propre au régime poétique du langage où l'équivoque est considérée comme un surfonctionnement, plutôt que comme un dysfonctionnement), ne conduit pas, selon le principe de pertinence, à un effet prosodique. Le segmental ne passe pas pour répondre d'une structuration prosodique plutôt que (sémio)graphique.

4.4.5.3 Cas de la non-démarcation topographique du discours direct (DD)

Concernant les faits d'absence de topographie, nous terminerons en revenant sur le DD, abordé déjà au chapitre 4 dans sa fonction d'autonymisation d'un discours autre catégorisé par ailleurs comme oral. C'est cette fois le cas particulier où le DD n'est pas balisé par sa signalétique topographique propre (tiret, deux-points et guillemets) qui va nous retenir.

[26] La femme se dit non cela ne peut plus durer ainsi justement parce que l'homme ne parle que de la quitter, ou y pense et c'est elle qui quitte.
(M. Proust, *Albertine disparue*, Cahier XII, 1915–1922 < Serça 2010.)

[27] Quoique je ne songe pas à la contredire, mais pas du tout (je pense à autre chose, et j'ai justement mal au ventre), elle me regarde en parlant, et elle est énergique, très énergique. Puis, les plantes, ça crève quand on ne les soigne pas.
Elle a l'air de dire : on ne peut pas les fouetter !
(J. Vallès, *L'Enfant*, 1879 <Herschberg-Pierrot 1993)

[28] Le domestique dit le maître est sorti, il ne tardera pas. Vous prendrez bien quelque chose ? Nous avons tout le temps. Vous avez tout le temps.
(R. Pinget, *L'Ennemi*, 1987)

Plutôt qu'un signal ergonomique qui guide le repérage du statut sémiotique particulier d'une séquence : autonymie (ce que signaleraient les guillemets) constituant un autre acte énonciatif (ce que signaleraient les deux-points et la majuscule), la séquence épurée du manuscrit de Proust n'offre pas de moyen d'anticipation : « le contenu morphosyntaxique du texte devra prendre plus ou moins en charge la délimitation et la signalisation du discours enchâssé au sein du discours enchâssant » (Cunha & Arabyan, 2004 : 45). Autrement dit, le lecteur infère de son analyse morphosyntaxique des données touchant au statut énonciatif particulier des signes. Le coût est élevé et le partage des frontières rapidement difficile (déjà dans l'exemple ci-dessus : qui dit « justement » ?).

L'appareil topographique de marquage de la RDA est à ce point ergonomique que Laufer le tient pour une condition du roman « polyphonique » :

> Je tiens pour certain que l'énoncé romanesque à plusieurs voix du XIXe siècle n'aurait pu s'écrire sans le nouveau système typographique, basé sur l'alinéa, le tiret et les guillemets [...]. (Laufer, 1985 : 55)

Dans [27], comme souvent dans *L'Enfant*, le début du paragraphe coïncide avec un changement de locuteur, mais sans marquage spécifique (tiret ou guillemets) des frontières de RDA. L'extrait produit de multiples effets d'oralité (notamment, par le fait que la scène de l'énonciation de L se représente, par divers phénomènes de surface – présents, parataxes, insertions parenthétiques – comme contemporaine de la scène du récit, et l'absence de balisage des DD y concourt. Si Herschberg Pierrot estime que, dans ce passage « "puis" crée une rupture énonciative, puisqu'il enchaîne en fait non sur le commentaire du fils, mais sur l'argumentation de la mère » (Herschberg Pierrot, 1993 : 131), c'est que le lecteur, qui subit l'absence de balisage visuel des frontières du DD (qui dit « puis » ?), est conduit à reconsidérer le segment qu'il introduit comme venant d'une voix autre. Il provoque ce parcours interprétatif à contre-courant, contraint de remonter du contenu à sa source énonciative. Mais l'interprétation veillera à donner sens à ce détour. L'absence d'instruction pour l'œil incline à traiter l'écrit comme porteur d'instruction pour l'oreille. Le grain même de la voix suffit, à l'oral – qu'on représente ici –, à identifier la source de l'énoncé. C'est la voix qu'il faut entendre pour identifier la source de l'énoncé (le personnage de la mère et non le fils, narrateur) en l'état de son marquage. Cette identification, notons-le en passant, est assistée par la construction détachée, qui sollicite la prosodie en même temps qu'elle contribue (comme le « ça ») à l'effet de parole (chap. 4, 3.5, p. 255). La rupture stylistique signale d'ailleurs le changement de locuteur.

Ce qui est construit pour l'œil n'a pas nécessité à être traité par l'oreille. Une topographie inféodée à la démarcation des groupes syntaxiques favorise la lecture sourde. Nous avons envisagé qu'inversement, le défaut de structuration visuo-graphique encourage la lecture endophasique ou subvocalisation. Mais pourquoi le lecteur ne compenserait-il pas le déficit structurel par une projection « topographique » (plutôt que par une projection prosodique) ? Il ajouterait mentalement des virgules ou des guillemets, plutôt que des accents et des contours[81]. On relèvera deux raisons. Soit parce qu'il n'y a pas de topogramme dont le contenu intonographique prototypique serait aussi pertinent en contexte que l'intonème (cas de plus grande distinctivité des intonèmes relativement au topogramme, considéré avec le point d'interrogation et certaines virgules). Soit parce que *l'effet d'écoute lui-même*, résultant de la projection prosodique, est pertinent en contexte (cas de la faiblesse des ponctuations fortes chez Proust, ou de l'absence de marquage de la RDA).

L'effet d'écoute, effet mélodique, fait sens parce que le non marquage d'une voix s'explique comme représentation orale de cette voix, qui déboule dans l'énonciation sans préparatifs visuels, sans les artifices trop évidemment graphiques et hétérogènes à l'énonciation orale représentée. La sous-ponctuation trouve ainsi une raison positive dans l'ordre prosodique qu'elle sollicite : elle est une forme « plus orale » (l'oral ne connaissant pas de ponctuation). L'interprétation de la séquence qui procèderait sur le mode de *l'ajout mental de ponctuation* traiterait le signal comme ayant une faiblesse dans son ordre (scriptural) ; l'interprétation sur le mode de *l'ajout mental de prosodie* traite le signal comme consistant dans l'ordre qui lui est prêté par ailleurs (oral). Comme, contextuellement, il y a représentation d'une scène de parole et qu'aucun des circonstants antéposés n'est flanqué d'une virgule (effet de système), le principe de cohérence[82] (qui vise à rendre compte d'un maximum de signes rencontrés) conduit à préférer l'actualisation prosodique.

---

[81] C'est d'ailleurs ce que fait le linguiste qui joue des parenthèses pour fixer les coulissages interprétatifs.
[82] Qui correspond au principe de pertinence, mais appliqué à l'échelle textuelle (Charolles, 2006).

4.4.6 Y a-t-il des intonogrammes marqués comme tels ?

Comparons l'actualisation intonographique d'un topogramme et l'actualisation phonographique d'un morphogramme telle que nous l'avons considérée au chapitre 3.

Concernant l'actualisation phonographique, nous avions observé que le blocage sémiotique, résultant de l'usage d'un morphogramme absent du stock des unités de la langue écrite (*|coboille|, *|for-mi-dable |...) pouvait encourager son interprétation phonographique – sans l'obliger : on peut toujours considérer qu'il s'agit d'une dysorthographie. Il n'en va pas différemment de l'actualisation intonographique des topogrammes. On l'a décrite comme *sollicitée* : c'est-à-dire encouragée a) par un déficit de structure ou d'ergonomie du sémiographique, et b) par un profit sémantique lors de son application à la chaîne graphémique. Dans les deux cas, le parcours interprétatif est stimulé par ses effets cognitifs appréciables en contexte. On relèvera deux différences néanmoins.

Les ambiguïtés provoquées par l'absence des « ponctuations de phrase » ne sont pas des impasses, mais des bifurcations. Si par hasard, le lecteur s'est engagé dans la bonne voie spontanément, faisant visuellement ou auditivement les bons regroupements, l'ambiguïté peut lui échapper. S'il hésite en revanche, l'intonation endophasique de la séquence fournit un dispositif sémiologique efficace pour repérer la plurivocité et la réduire.

Plus fondamentalement, la phonographie se distingue par le fait qu'elle dispose d'un appareil formel (typiquement le verbe *prononcer*) instruisant l'actualisation de sa sémiotique. Dans « agur qui se prononce agour » (chap. 3, [50], p. 148), *agour* est représenté comme un phonogramme (décrivant l'expression orale du mot écrit *agur* par un autre mot écrit qui lui est homophone par actualisation phonographique). Un tel marquage conventionnel est-il possible pour l'actualisation intonographique des signes de ponctuation ? On pourrait penser qu'un DD, cumulant la caractérisation métalangagière d'un écrit comme oral et la monstration de mot (autonymie) tient lieu d'une telle instruction.

[29] Biondetta se lève, accourt à moi avec le ton de la frayeur. « Don Alvare, quel malheur vient de vous arriver ? »
(J. Cazotte, *Le Diable amoureux*, 1766.)

Mais au sein d'un DD rapportant une énonciation orale, les topogrammes jouent-ils nécessairement une fonction intonographique ? Non. Pensons le phénomène à la lumière de l'extrait suivant :

[30] À table, mon père tâtonne, courbé sur son assiette. Moi, penchée vers lui, je dirige ses baguettes d'aveugle, tout en lui enjoignant *sotto voce* de se montrer aimable envers nos hôtes aux masques de samouraïs. André se plaint à moi, en français, qu'il n'y a rien à

manger, et est-ce que ce maudit repas ne va pas bientôt finir, je traduis **en anglais** : « Mon père est enchanté, il trouve ce dîner délicieux. »
(S. Weil, *Chez les Weil. André et Simone*, 2009.)[83]

Les signes du système « montrés » par les guillemets pour représenter la parole n'ont pas à appartenir au système décrit par la caractérisation métalangagière (« en anglais »). C'est là une confusion liée à l'idée que l'autonymie du DD reviendrait à une imitation des mots de l'autre (alors qu'elle ne fait que montrer des mots comme de l'autre). La catégorisation d'un énoncé écrit comme oral influe éventuellement sur le système de décodage employé par le lecteur, mais elle n'a pas pour fonction d'en contraindre l'emploi.

Ce qui sous-tend le système phonographique et ses actualisations, c'est l'existence d'un second niveau d'articulation, au niveau duquel les expressions (graphémiques) sont associées à d'autres (phonémiques). La représentation d'une prononciation est possible parce qu'il existe, dans la langue écrite, un système permettant d'assigner un contenu différent à l'agglomérat de graphèmes que constitue un morphogramme, contenu dont la valeur conventionnelle est de représenter la forme de l'expression orale de ce morphogramme. Autrement dit, dans « X se prononce Y », ce n'est pas la caractérisation sémantique seule qui assure le fonctionnement phonographique de Y, mais la réponse apportée à cette caractérisation par un système proposant un autre contenu pour Y [($E^g(E^p(?))$) plutôt que ($E^g(C^g)$)].

Si l'on dit « X s'intone Y » ou « A dit X sur le ton Y », la langue écrite ne procure aucun moyen de représenter Y, autrement que par une caractérisation métalinguistique (*sur un ton enjoué, taquin, réprobateur, sentencieux, ironique...* voir chap. 4, 2, p. 222). Jouant du dessin, qu'il est lui-même dans sa substance, l'écrit représentera graphiquement Y par une courbe spatialisant les variations mélodiques (par exemple). Mais ce graphisme à fonction métalangagière (intonographique) n'est pas une ressource inhérente à la langue écrite.

---

[83] Cet exemple est l'occasion de rappeler que le « style oral » fonctionne fréquemment comme *indice* pour le repérage du discours indirect ou direct libre. Ici, « et est-ce que ce maudit repas ne va pas bientôt finir », introduisant d'ailleurs une anacoluthe (« et » coordonnant une que-P subordonnée et une clause interrogative autonome en *est-ce que*), est interprété comme montrant les mots du père en raison notamment de son hétérogénéité modale et stylistique avec le discours représentant (la parole de la fille) et de sa cohérence avec la scène d'énonciation représentée (les bougonnements du père). Mais il s'agit moins ici de repérer du style oral par ses propriétés générales que de repérer l'oral du père dans cette situation particulière. Voir à ce sujet, chap. 4, 3.4, p. 253.

En conséquence, l'actualisation intonographique des signes de ponctuation est toujours interprétative. Du coup, la caractérisation métalangagière fonctionne comme un indice pragmatique. Dans un énoncé caractérisé comme oral, les écarts relativement à l'imaginaire de la norme écrite du lecteur seront reversés à l'isotopie de l'oralité. Ce sera le cas des écarts dans l'usage des topogrammes, dont l'actualisation est régulièrement dans ce contexte intonographique. On peut en dire autant de certains genres du discours ou de certains titres qui constituent des caractérisations métalangagières à l'échelle du texte entier. D'autres facteurs cotextuels auront un effet d'entraînement lié à la cohérence textuelle. Si elle s'est révélée pertinente, à même de structurer la forme et le sens de séquences textuelles, le bénéfice de la projection prosodique produit un effet d'entraînement. « Entendant son texte », le lecteur multiplie les occasions de percevoir des aspects de l'oralité – selon son imaginaire (épilinguistique) de l'oralité, quelle que soit la validité théorique de celui-ci.

4.4.7 Du point de suspension et d'autres topogrammes à contenu phonique

À côté du fonctionnement intonographique de certains topogrammes, il faut distinguer un autre fonctionnement consistant à représenter non pas un intonème (unité de structuration propre à la prosodie) mais *un aspect non codique* de l'oralité : à savoir un événement énonciatif. C'est exemplairement le cas du *point de suspension* ; ça l'est aussi de certains usages typés du *point* ou du *blanc*.

Considérons, à titre illustratif, le cas du point de suspension[84]. Selon Grevisse : « Ils indiquent qu'une phrase est laissée inachevée, volontairement ou à la suite d'une interruption due à une cause extérieure. » (1986 : §130) Cette interruption peut être mise au compte de différents facteurs (Catach, 1994 : 63, Anis *et alii*, 1988 : 138, Lehtinen, 2008) :

> interruption *délibérée* parce que la suite est jugée évidente par le locuteur (« Quand on parle du loup... »), relevant d'un savoir partagé (sous-entendu), ou offensante ; parce que ce qui a été dit est jugé significatif bien qu'incomplet ; dans l'énumération, signifiant la possibilité de continuer (équivalent à |etc.|) ;

> interruption *non délibérée* qu'explique une cause « externe » : l'intervention d'un tiers, souvent l'allocutaire, ou l'irruption d'un événement non langagier ; ou une cause « interne » : interruption pour cause de difficultés à dire, accidentelle (hésitation) ou profonde (indicible : « Ça vaut au moins... / Le chiffre est trop gros pour lui sortir de la bouche. » H. Bazin, *Huile sur le feu* < Grevisse).

---

[84] En tant qu'il est un topogramme unique (comme *le* point-virgule), au sein duquel les points ne sont pas des constituants sémiotiques, je préfère y référer par une expression au singulier.

L'opposition du délibéré et du non délibéré indique que le signe s'interprète tantôt dans l'horizon de l'intentionnalité, tantôt dans celui de l'événementialité (un fait de discours indépendant du sujet). En effet, le topogramme réfère parfois à un *fait de langue* : marque de l'énumération ouverte ; dans ce cas seulement, il rejoint un contour prosodique de même fonction dont il pourra constituer l'intonogramme. Mais il réfère aussi à *un fait d'énonciation* : lorsqu'au théâtre ou dans le roman, il marque le silence donné pour seule réponse ; et encore à *un fait d'énonciation orale*, lorsqu'il signifie l'hésitation (réelle ou feinte) ou l'interruption par autrui.

Étrange affaire, il faut le dire, que ce codage graphique intentionnel d'un phénomène – un acte interrompu – qui ne saurait l'être... Dans ce dernier usage, l'un des plus fréquents, le contenu du signe est de l'ordre de ce que Léon qualifie d'*extralinguistique* (voir, au début de ce chapitre, 1, p. 296). Il relève en effet de ce que Grevisse décrit, pour sa part, en termes de « **pauses non grammaticales**, par exemple quand on veut reproduire **l'hésitation** d'un locuteur ou quand on veut détacher un terme et le mettre en valeur » (1993 : §130b).

Si l'on cherche à subsumer ces différentes fonctions sous un trait commun, qui situerait le point de suspension parmi le système topographique, choisira-t-on celui d'expression de *l'inaccompli* que propose Catach (1994 : 63) ? Les emplois de non-dit expressifs (ironie, réticence...) me semblent des actes tout à fait accomplis ; le topogramme y signifie à la fois l'incomplétude et l'accomplissement. L'*incomplétude* (dont parle Le Goffic, 1993 : 65) me paraît saisir plus précisément la valeur du point de suspension : celle-ci peut se situer au trois plans de l'analyse de l'énonciation : forme (abréviation d'un syntagme, d'une citation...), sens (laissé ouvert ou à construire par le lecteur), acte-événement (interrompu par une cause interne ou externe).

L'incomplétude fait sens dans l'ordre de la trace qu'est l'écrit, comme dans celui du processus qu'est l'oral. En revanche, l'interruption appartient au domaine notionnel du processus. Lorsqu'on interprète un point de suspension comme *interruption*, on applique à l'ordre scriptural une logique qui n'est pas la sienne[85]. La trace dont l'écriture aurait été interrompue de la sorte ne se signalerait pas par un point de suspension[86].

---

[85] Cette incomplétude oppose bien sûr le *point de suspension* au *point*, signal de complétude. Elle l'a distingue des *tirets doubles* et *parenthèses* dont l'occurrence signale aussi l'incomplétude de la séquence précédente, mais en y ajoutant l'instruction que cette séquence sera reprise, qu'elle est seulement suspendue. Le point de suspension signale quant à lui des interruptions définitives aussi bien que des suspensions temporaires.

[86] En toute logique, une trace ne peut pas être interrompue ; l'interruption ne peut frapper qu'un processus. La trace peut être incomplète (ce qui ne se perçoit que relativement à l'attente

C'est cette mise en scène que relève Anis *et alii* : « Les points de suspension, outre leur valeur propre de marque de coupure textuelle dans le citationnel, **simulent une interruption de la chaîne graphique** » (1988 : 138). Ainsi défini, le signal (qui est bien celui de l'incomplétude) n'a pas valeur intonographique au sens strict. Les auteurs de poursuivre : « La rupture peut être interprétée de manière quasi-mimétique, comme un silence (lien avec l'oralité), une suggestion de prolongation d'un processus ; elle peut correspondre à une ellipse narrative avec marquage ; elle peut valoriser le segment qui suit, par un effet d'attente. »

Anis relève ainsi à la fois la valeur sémiographique propre de marque d'incomplétude, mais aussi la valeur intonographique (dans l'énumération ou, dans certains cas bien repérables, entre deux constituants syntaxiquement liés, où le point de suspension a valeur pausale de forte mise en relief), ainsi que la valeur extralinguistique, de fait énonciatif ressortissant au domaine de l'oralité.

Hésiter à l'écrit (je dis bien *hésiter*, plume en l'air, et non pas *raturer*), cela ne prend pas de l'espace, comme à l'oral cela prend du temps. C'est pourtant cette « prise d'espace » que semble suggérer la figure du signe : petite chaîne de points qui se prolonge dans le silence d'une voix (la voix des lettres phonographiques) déjà tue. L'écrit ne montre précisément rien de ces moments d'hésitation dans l'écriture.

> En raison du niveau d'élaboration propre à la langue écrite, il [le texte écrit] conserve une certaine distance avec l'intonème, sacrifiant les phénomènes de surface au profit des niveaux profonds. Cependant, dans un texte non remanié, on retrouve aisément **les nécessités physiologiques, psychologiques** et syntaxiques qui sont celles de l'intonation. (Catach, 1994 : 106)

Dans un « texte non remanié », on trouve des *ratures*, et dans les textes maniés pour paraître non remaniés, certains signes de ponctuation tiennent lieu de phénomènes acoustiques et communicationnels, des indices susceptibles d'une description phonostylistique (Léon 1993) attestant des affres d'une performance. Les points de suspension sont parfois les ratures de l'oral (on les appelle aujourd'hui *disfluences*) figurées à l'écrit.

Lorsqu'on interprète la virgule entre sujet et verbe comme une pause que justifie le besoin de respirer, celui du lecteur, ou celui du scripteur, on représente ces deux agents comme des porte-voix, alors qu'ils sont des porte-plume (et des porte-lunettes). De même, lorsqu'on interprète les constituants après point

---

ou à la connaissance de sa complétude absente). Charles-Albert Cingria débute son roman intitulé *Les Autobiographies de Brunon Pomposo* (1928) par « (Ce qui précède avait été mangé par les mulots) ». Voilà qui produit une mise en scène de l'incomplétude de la trace plus cohérente que celle du point de suspension...

comme des ajouts ; de même lorsque le point de suspension suggère à Grevisse « des arrêts particuliers » dans le débit, ou « le cheminement capricieux du monologue intérieur », les topogrammes sont chargés d'une représentation de l'énonciation écrite comme un processus *auquel le lecteur assiste*. Ce sont des propriétés phoniques et processuelles que signifient ces signes. Ils ne relèvent pas de la projection prosodique (structurer la séquence graphique en utilisant les ressources du système prosodique), ne remplissent pas à proprement parler une fonction intonographique. Ils ont un contenu métaphonique qui contribue à représenter l'écrit comme un processus où apparaît, fatalement parfois, la trace de son élaboration et de ses contraintes physiologiques et psychologiques. Par des topogrammes à valeur métaphonique, l'écrit « s'invente » un contexte de production, avec des contraintes biotechnologiques – vocales, situationnelles et processuelles – qui ne sont pas les siennes (chap. 4, 4.2, p. 263). C'est à cette propriété qu'on doit l'effet d'oralité lié parfois au point de suspension (Tuomarla, 2004, Lethinen, 2007). Cette « scénographie » – l'écrit figuré comme un processus – à laquelle concourt la fonction conventionnelle de certains topogrammes, est l'un des ressorts fondamentaux des effets d'oralité stylistique, où par une syntaxe analogue à celle de la *réfection* à l'oral (Groupe de Fribourg, 2012), l'*écrit* se représente comme s'il était *écriture*, comme s'il était en cours d'émission (chap. 4, 4.2.6, p. 280).

4.5 La topographie, ou les chemins de l'écrit vers la prosodie

> On ne doit jamais perdre de vue qu'à l'écrit la fonction d'encodage est indissociable de la fonction de décodage, le scripteur étant comme on sait le premier lecteur du message. Pas d'écriture sans lecture simultanée, assumée par la même instance. Cette relativisation de l'allocentrisme de [*i.e.* opéré par] la communication écrite doit conduire à réviser le jugement sévère de la science du langage sur la segmentation graphique, qui dispose d'un mode spécifique mais non secondaire de production du sens. (Neveu, 2000 : 205)

Sans avoir, loin de là, fait le tour du problème, ni sur le plan de l'analyse des signes topographiques (envisagés surtout sous l'angle de leurs rapports à la prosodie, ce qui ne constitue qu'un aspect de leur fonctionnement), ni sur le plan de leur utilisation dans un corpus donné, nous avons considéré un certain nombre de cas qui nous permettent au moins d'apprécier l'hétérogénéité de la question : celle des manières dont la topographie peut représenter la prosodie. Faisons un bilan de nos observations.

On relèvera d'abord que topographie et prosodie ayant des fonctions analogues (d'organisation syntagmatique, opérateur de regroupement et de hiérarchie), leurs signes peuvent avoir des contenus apparentés. On l'a observé avec la virgule. Celle-ci est certes passible de deux actualisations (sémiographique ou intonographique) qui feront l'objet d'un choix préférentiel, selon les conditions de lecture et la compétence du lecteur, mais aussi selon le contexte syntaxique et topographique de leur utilisation. Mais hormis quelques cas particuliers (virgule entre SN et SV par exemple), les deux actualisations sont possibles. On ne peut faire un partage net et une prédiction hautement fiable entre tel topogramme qui tiendrait, en discours, un rôle intonographique et tel autre qui tiendrait un rôle sémiographique.

Soit la séquence sémiographique |a, t| composée d'alphagrammes a et de topogrammes t. Pour différentes raisons, le lecteur recourt aux moyens intersémiotiques dont il dispose dans le cas d'une langue alphabétique (phonographie, morphophonographie ou transcodage sémantique) pour convertir cette donnée scripturale en une séquence sémiophonique /f, i/, constituée de phonèmes f et d'intonèmes i.

|a, t| => /f, i/

Si /f, i/ constitue un énoncé plus structuré et pertinent dans son contexte que |a, t|, si autrement dit la projection prosodique apporte des informations et permet de préciser le contenu de |a, t|, il y a *effet prosodique*.

On a distingué deux types de conditions pouvant pousser l'interprète à l'actualisation prosodique :

> *t est un intonogramme*. Le topogramme est traité, dans son contexte, comme d'usage intonographique, répondant à la sémiotique autonymique ($E^g(E^p(C^p))$), où E^p est un intonème i et C^p le contenu de cet intonème. Comme il existe plusieurs intonèmes possibles pour le même intonogramme, le contenu i sélectionné est plus pertinent, apporte plus d'informations sur le statut du groupe segmental qu'il affecte. C'est par exemple, le cas de la virgule considérée comme facteur de mise en relief, comme pause « pneumatique », ou comme ayant le même rôle que les intonèmes progrédients majeurs.

> *t est métaphonique*. Le topogramme a un contenu métalangagier ($E^g(C)$) qui relève du domaine acoustique et donc processuel. Il code non pas des intonèmes mais des faits de l'énonciation orale, en l'occurrence des disfluences (hésitation,

interruption, chevauchement, silence...). Il assigne au segmental graphique des sèmes propres au champ des processus acoustiques auquel appartient l'oral[87].

> *t est absent*. En l'absence de topogrammes attendus, l'ergonomie visuelle du segmental graphique est affaiblie. Or plus cette ergonomie est faible, plus la sollicitation prosodique est forte, c'est-à-dire la pertinence de pallier le déficit structurel de la séquence |a, t| en produisant, par transcodage, à partir d'elle, la séquence orale /f, i/.

Dans le cas de l'intonogramme, le parcours porte sur une unité locale *t* et fait l'objet d'une convention (|,|= accentuation de la syllabe subséquente). L'effet est ainsi susceptible de rester ponctuel et de se sémiotiser[88]. La projection prosodique sollicitée par une sous-structuration visuelle est susceptible d'entraîner la recherche d'une intonation acceptable pour une séquence équivoque, jusqu'à obtenir un supplément d'instructions pertinent en contexte. L'opération peut réclamer une véritable séance d'essayage, qui peut, on l'a vu avec l'exemple de Simon, ne pas porter ses fruits.

Le concept de « sollicitation » suppose qu'il n'y a ni blocage total du fonctionnement sémiographique, ni marquage du fonctionnement intonographique. La sollicitation d'une ressource sémiologique ne résulte que du principe de pertinence : un rapport entre effort et plaisir, coût et bénéfice. En l'occurrence, la sollicitation se module selon deux facteurs : négativement, elle est appelée par la faiblesse de l'ergonomie visuelle du signal et positivement, par l'apport d'information fournie pas la structure prosodique.

On a observé à plusieurs occasions que cette pertinence était renforcée par la cohérence d'un effet prosodique avec d'autres modes de représentation écrite de l'oralité. Elle est aussi renforcée par la vraisemblance de l'actualisation prosodique (le *recto tono* de Duras, les forts reliefs intonatifs de la parole sur-ponctuée chez Vallès ou Céline).

Chez Vallès, l'absence locale de marqueur de RDA s'accompagne de topogrammes de modalité (on trouve en grand nombre des points d'exclamation dans *L'Enfant*), quand chez Proust, ils sont rares (Serça, 2010). Dans les deux cas, le non marquage pousse le lecteur à intégrer la pertinence d'une ponctuation intonographique – marquant ce qui s'entend à l'oral.

---

[87] Les ponctuants « de mots » décrit au chapitre 3 (4.2.3.5, p. 191) altèrent des morphogrammes pour coder, par phonographie, des unités orales subissant de variations mélodiques (« O... u... i », « for-mi-dable »...) : ils ne réfèrent pas à des intonèmes, mais à des qualités phoniques.
[88] Les cas plus typés, comme le « Or, » ou les virgules entre sujet et verbe se sont conventionnalisés au point de ne plus solliciter sans doute une actualisation intonographique du topogramme, mais de fonctionner comme des indices discursifs de « rhétoricité ».

Lorsqu'un énoncé est fortement balisé par la topographie, mais que pour diverses raisons ses topogrammes sont traités comme des intonogrammes[89], la prosodie tend à être fortement réalisée : les constructions détachées par une virgule effectivement détachées dans la lecture (alors que la prosodie de l'oral spontané ne le fait pas systématiquement), les parenthèses effectivement détachées par un décrochement vers le bas de la F_0, etc. L'abondance de ponctuations, c'est-à-dire la force du balisage visuel peut affranchir la lecture de l'écoute, mais produit, inversement, en traitement intonographique, de forts reliefs prosodiques.

Dans un tel régime intonographique, l'absence de ponctuation fonctionne comme un marqueur zéro pour intonation zéro. Le sous-marquage produit alors l'effet d'une parole continue, dont les contours prosodiques sont nivelés. C'est le sens que donne Jean Milly à l'usage très modéré que fait Proust de la virgule et de la ponctuation forte (raison pour laquelle Milly critique l'intervention ponctuante de ses éditeurs, animés par un souci de clarté[90]). C'est aussi l'interprétation de Serça, qui lit, dans la sous-ponctuation proustienne où les parenthèses font exception, le travail de la *continuité*, qu'elle interprète effectivement en termes prosodiques : voyant « dans l'omission fréquente d'un point d'interrogation ou d'exclamation la restitution d'une parole intérieure maintenue *recto tono* » (Serça, 2010 : 36) et dans le « sous-investissement dans les coupes faibles » (virgules), une manière d'« assurer ce "coulant", ce "merveilleux fondu" » que prise l'auteur (Serça 2010 : 41).

En somme, ces régimes d'usages opposés, qui aboutissent dans les deux cas à des effets d'oralité, expriment un rapport du scripteur-lecteur à la ponctuation. Selon les imaginaires en effet, la ponctuation passe tantôt comme le summum de la scripturalité, tantôt tout au contraire comme le bastion de l'oralité dans l'écrit. Ces deux représentations vont conduire évidemment à des comportements topographiques radicalement opposés de la part des scripteurs, surtout si la représentation de l'oral est un enjeu pour eux. La ponctuation est-elle symbole de l'écrit ? Elle frelate la représentation de la voix. Si l'écrit vise l'oral, qu'il le fasse avec des moyens qui ne sont pas étrangers à l'oral. Foin de ponctuation ! La ponctuation est-elle symbole du souffle ? La voilà omniprésente dans le « roman parlant ».

---

[89] Des raisons pragmatiques : un genre du discours ou une caractérisation métalangagière qui représente l'écrit comme oral, ou simplement des raisons pratiques : situation de lecture à haute voix.

[90] « Cette préoccupation contribue à attacher à Proust l'image traditionnelle du coupeur de cheveux en quatre, alors que c'est celle du fileur qui lui convient plus justement. » (Milly, 1985 cité par Serça, 2010 : 32)

On se gardera de voir dans ce raisonnement une équation à deux inconnues. L'absence de ponctuation peut signifier autre chose que la voix – la projection prosodique ne s'y révèle d'ailleurs pas toujours pertinente (le cas Simon). Chez le poète pour qui l'écrit n'est pas, du langage, une modalité par défaut, l'opposition entre l'authenticité de la syntaxe et l'artifice de la ponctuation ne fonctionne pas. Et l'association de la topographie au domaine de l'écrit n'est plus alors un frein à un fort investissement de l'espace graphique.

Au terme de ce parcours sélectif on le constate : par différents chemins, la topographie peut mener à l'oralité. Ce qui n'équivaut pas à dire qu'elle y mène nécessairement. La position selon laquelle la prosodie vient en renfort de l'actualisation de l'écrit est bien différente de celle des intonologues qui font de cette implication une essence. Qu'elle puisse être projetée partout ne signifie qu'elle soit partout utile de la même manière, ni utilisée partout et par tous de la même manière.

On mesure le chemin qui reste à parcourir entre cette réflexion sémiologique exploratoire sur la question des modes de représentations écrites de l'oralité par la ponctuation, et sa confrontation avec des expérimentations psycholinguistiques et sa mise à l'épreuve de corpus variés. Au moins, les observations faites ici et le modèle qui en découle font place aux appréciations contradictoires de la critique. Par exemple, les faits de sous-ponctuation (chez Simon ou chez Proust), aussi bien que les faits de surponctuation (les points de suspension chez Céline, la structure périodique des classiques soulignée par une solide architecture topographique...) sont associés à l'oralité et à sa représentation dans l'écriture. D'un côté, l'observation que dans *Gaspard de la nuit*, Aloysius Bertrand « intègre dans la prose l'effet pausal de l'alinéa de vers » et la valeur prosodique du tiret (Dessons, 2011 : 61–62) ; d'un autre côté, que si Soupault ou Apollinaire abandonnent les marques de ponctuation, c'est qu'elles « constituaient un obstacle à la représentation du flux des paroles » (pour le premier) ou qu'elles enfermaient le poème dans un « modèle logique » (pour le second) : représentation de la voix d'un côté, obstacle à sa représentation de l'autre. Avant de conclure au chaos, ou à la plasticité totale permettant l'art (ce qui serait évidemment d'un romantisme confondant), le modèle avancé invite à tester l'hypothèse d'un système double, dont les fonctions respectives ne vont pas sans engendrer des tensions, voire des contradictions dans l'usage et l'effet. La topographie serait réglée par une « raison » intonographique, qui serait un système conventionnel, et par une raison sémiographique, qui serait un système arbitraire. Les deux systèmes sont fédérés par une même fonction, en tant que module de l'organisation syntagmatique du segmental, mais selon des propriétés très différentes : l'un structurent le segmental de manière directe et visuo-graphique, l'autre structure le segmental graphémique moyennant son transcodage en segmental phonémique.

Qu'il cherche à se défaire de la ponctuation en structurant son discours par sa disposition spatiale (comme Reverdy) ou par ses rythmes (comme l'Apollinaire d'*Alcools*, voir 6, p. 401), c'est toujours à une organisation du discours à laquelle travaille le poète[91], différente selon son imaginaire du langage, ce qu'il juge en lui essentiel, authentique, ou artificiel, aliénant.

Cette fonction d'organisation syntagmatique est assurée, à l'oral, principalement par la prosodie (et latéralement par d'autres systèmes kinésiques), organisation formelle de la substance vocale dans le temps. L'analogie, pour l'écrivain et le lecteur, qui le plus souvent sont aussi des auditeurs, peut devenir un moyen de l'interprétation, une herméneutique (s'entendre lire pour mieux comprendre). On peut y voir le signe de la secondarité de l'écrit ; on peut y voir aussi celui de sa richesse : la performance écrite exploite différentes ressources sémiologiques.

Dans un moment de retour aux textes à partir de la présente réflexion sémiologique, il importera d'avoir à l'esprit que les effets d'oralité liés à la ponctuation ne peuvent être envisagés indépendamment des niveaux morphologiques, syntaxiques et textuelles, avec lesquels la topographie interagit et qui modulent son interprétation. Le cas apparaîtra encore plus nettement lorsque nous aurons considéré, dans la partie suivante, les *effets rythmiques*.

Sur le plan général de la réflexion sémiologique, de cet examen de la topographie, nous retiendrons ceci. La langue écrite a pour rôle, non unique, mais non négligeable, dans nos sociétés à écriture, de représenter la langue orale pour mettre au service de la communication les propriétés biotechnologiques de l'écrit. Dès lors, pour la description de ce système, secondaire dans certains de ses emplois mais tendant à l'autonomie par son ergonomie propre, il faut adopter en même temps les points de vue autonomiste et relativiste. On admettra alors que la topographie développe ses moyens spécifiquement visuo-graphiques dans deux directions différentes. D'une part, suppléant des systèmes absents à l'écrit, et en particulier la prosodie, la topographie signifie les signes de ces systèmes, par une sémiotique de type méta, qu'on peut dire *intonographique* ; d'autre part, exploitant des possibilités sans équivalent à l'oral qui sont liées à ses qualités spatiales, elle développe des signes dont le fonctionnement ne suppose ni relai ni correspondance avec des unités sémiophoniques. Enfin, on observe aussi que la topographie, de manière codée et donc distinctive

---

[91] Apollinaire : « Pour ce qui concerne la ponctuation, je ne l'ai supprimée que parce qu'elle m'a paru inutile et elle l'est en effet, le rythme même et la coupe des vers voilà la véritable ponctuation et il n'en est pas besoin d'une autre. » (Lettre à Henri Martineau, 19 juillet 1913.) Aragon : « le poème est d'un seul tenant et il n'y a pas d'autre ponctuation que celle de la rime », (*Nouvelles littéraires*, 7 mai 1955).

(certains usages du point de suspension), ou de manière analogique et contrastive (l'espace signifiant le silence), sert à représenter, dans la trace, le processus, c'est-à-dire un rapport au temps dont l'écrit est nostalgique.

> Tous les moyens sont bons s'ils ouvrent la possibilité de dire, au lieu de fermer. (Meschonnic, 1982 : 299)

Ainsi la description du système topographique, *dans tous ses moyens*, suppose-t-elle de rendre compte de ces deux orientations. L'adage de Meschonnic paraît aussi valide pour le poète que pour le sémiologue. Mais il réclame à la sémiologie de s'ouvrir elle-même à tout ce que dire peut vouloir dire, à tous ses moyens. En partant d'une définition très orientée de la ponctuation : « Je me situe dans un emploi qui remonte à Claudel, et qui est rythmique, suspensif, oral. » (*ibid.*), qui conduit par exemple à considérer que : « La typographie est signe de signes », ainsi réduite à un fonctionnement secondaire, intersémiotique, je ne suis pas sûr que Meschonnic se donne les moyens d'appliquer son propre principe. De tels postulats initiaux me semblent au contraire fermer d'emblée l'horizon des observables. Par exemple :

> Il n'y a pas de « poèmes à voir exclusivement » comme on prétend que seraient certains poèmes de Cummings : leur organisation typographique fait sens dans un rapport consubstantiel au syntagmatique, à l'organisation du rythme. Si tout ce qui se fait typographiquement ne peut pas se dire, cela se tourne, précisément chez Cummings, en un faire et un montrer poétique de l'impossible à dire, *qui le dit*. Comme chez lui, la substantivation de formes verbales conjuguées. (Meschonnic, 1982 : 300)

À ce taux-là, une rature, une note de bas de page, un formulaire... ne peuvent pas se dire, du moins sans commentaires métascripturaux, c'est-à-dire sans interprétation (« ici une note... fin de la note », « fin de citation », « ici une biffure, une leçon concurrente... », « ici deux options proposées... »)[92]. Si l'on veut décrire la signifiance positive de ces pratiques discursives et scripturales, on ne peut restreindre le dicible au champ de l'oralisable, c'est-à-dire au champ de la successivité unidimensionnelle du signal acoustique. À côté de la fonction intonographique de la ponctuation, la sémiologie ménage une place à son fonctionnement sémiographique (visuo-graphique). Il est ainsi possible de ne pas réduire les spécificités sémiotiques de l'écrit à « un faire et un montrer poétique

---

[92] On a déjà indiqué que cette interprétation n'est pas triviale et que par exemple la critique génétique en a fait son objet, explicitant les principes qui permettent de reconstituer à partir de la trace écrite la chronologie des gestes scripturaux (chap. 1, 7.1.1, p. 58).

de l'impossible à dire », mais de les envisager comme un *possible à dire* ouvert par l'ouverture du langage à l'espace.

5 Constructions segmentées et effets mélodiques

> PARATAXE : Juxtaposition de deux propositions entre lesquelles le lien de dépendance n'est qu'implicite, **la courbe mélodique commune dispensant de l'usage d'un outil de coordination ou de subordination.** (Morier 1961 < Béguelin 2010)

5.1 Syntaxe hégémonique

On se rappelle notre proposition initiale : la structuration du discours est assurée par la syntaxe et la morphologie, elles-mêmes complétées de la prosodie à l'oral et de la topographie à l'écrit. Chacun des deux systèmes (sémiographie et sémiophonie) joue de ces trois facteurs de structuration selon un principe d'économie (le marquage d'une fonction par un module peut soulager son marquage par un autre). Nous en tirions l'interrogation suivante : comment l'écrit s'accommode-t-il du manque de prosodie ? Nous avons alors considéré la ponctuation comme une première réponse. Compte tenu d'une analyse fonctionnelle de la topographie, il est possible d'envisager à présent la manière dont le segmental lui-même s'adapte pour résoudre la même équation (signifier sans substance mélodique). Soit en effet le segmental sémiographique s'accommode pour prendre à son compte les fonctions assumées par la prosodie, soit il ne s'adapte pas et risque l'opacité, ou alors suscite de la part du lecteur une participation interprétative accrue. Cette participation peut consister à suppléer l'absence de *données* mélodiques par un *construit* de même nature, produit à partir du segmental : une *lecture endophasique* consistant en une écoute du texte dont le corollaire est un effet d'oralité que je propose d'appeler *effet mélodique*. Sur le plan syntaxique, ce raisonnement conduisait à considérer qu'une phrase à « construction liée » présentait une ergonomie optimale pour la lecture visuelle et qu'en revanche les « constructions détachées » encourageaient le lecteur à recourir à sa compétence d'auditeur pour comprendre l'écrit. Avant de faire de cette hypothèse générale un outil d'observation, j'aimerais revenir brièvement sur ces modes de constructions syntaxiques.

On sait le couple *construction liée / construction détachée* à prendre avec des pincettes : il laisse supposer une opération « générative » de détachement à partir d'une construction qui serait primaire. Deulofeu (2009) préfère, à tout prendre, le concept de Bally, qui oppose *phrase liée* et *phrase segmentée* (*Linguistique générale et linguistique française*, 1932) et rallie la macrosyntaxe aixoise à la position de Vendryes et de Meillet. Il existe dans les langues deux types de structuration. Le premier est syntaxique (la rection) et inscrit les unités dans des relations de dépendance orientée ; le second est « pragmatico-prosodique » ou « macrosyntaxique » (Deulofeu, 2009 : 249) : le rapport entre constituants est à inférer des instructions prosodiques de groupement et des contenus de ces expressions. Dans les deux cas, il s'agit d'instaurer des relations, « des rattachements ».

La notion de *construction* (liée *vs* segmentée) doit être perçue sous cet éclairage. En adoptant sa définition *pour l'écrit*, nous dirons que la construction est *liée* lorsque a) les relations entre constituants sont déterminés par « le mouvement logique et irréversible d'un régissant à un régi » que décrit Hjelmslev (1939 : 155), et b) que l'ordre des arguments est celui que fixent les termes recteurs (valence). La construction est *segmentée* lorsque a) certaines des relations entre constituants d'une phrase sont à établir à partir du contenu sémantique des unités, b) ainsi que d'instructions syntagmatiques d'ordre et de regroupement données par la topographie (instructions qui permettent de s'affranchir en partie des contraintes tactiques de la valence).

L'opposition entre microsyntaxe et macrosyntaxe est présentée par Deulofeu comme un « début de réponse » à la question des divers principes de structuration de la phrase (qu'il ne s'agit pas de réduire au seul ordre syntaxique). « À la riche diversité des structures qu'offrent les langues à leurs locuteurs pour exprimer les contenus de pensée le plus divers dans les situations d'énonciation les plus variés » Meillet était ouvert, protégé de la « conception logiciste du langage » par sa fréquentation de langues multiples, de tradition écrite et orale (Deulofeu, 2009 : 249). Dans le parcours qui est le nôtre, cette conception logiciste s'éclaire en effet comme le produit d'une attention privilégiée à l'écrit où, en l'absence de prosodie, la rection s'élève comme principe de structuration hégémonique.

En ce qui concerne cette interaction entre prosodie et syntaxe, on a relevé les propos convergents de différents linguistes, confirmant l'existence d'un principe d'interprétance et de compensation entre les niveaux segmental et suprasegmental (le segmental peut interpréter les fonctions de la prosodie et les remplir à sa place) (Hagège, 1985, Léon, 1993, Lacheret, 2003, Berrendonner, 2004 et 2008, Martin 2009).

Les formes de la prosodie sont à la fois distinctives et contrastives (signifiant non seulement en puisant dans un *paradigme* formel plus étoffé que celui de la topographie, mais aussi en jouant sur des contrastes *syntagmatiques*, comme les contrastes de pentes, de débits, de hauteurs...). Elles sont par suite capables d'instruire richement des relations entre les noyaux prédicatifs. Cette efficacité du module prosodique influe sur le recours au module morphologique et explique en partie l'absence régulière de marquage segmental, à l'oral, des relations entre constituants (Avanzi, 2010, Avanzi & Lacheret, 2010, Avanzi, 2012, Mertens & Simon, 2010). À l'écrit, le paradigme des topogrammes remplit une fonction analogue mais présente une plus faible distinctivité.

On peut admettre en effet la proposition suivante :

> La présence d'une conjonction rend inutile l'emploi d'un signe graphique [type *topogramme*] : la conjonction réunit la fonction de **qualificateur de liaison** avec le **rôle délimitatif** des signes de ponctuation. (Védénina, 1980 : 61)

La ponctuation ne remplit pas (ou faiblement) le rôle de « qualificateur de liaison ». Dès lors, on peut admettre que la ponctuation est, en l'absence de connecteur, nécessaire :

> La parataxe demande le renforcement des marques graphiques : les signes de ponctuation deviennent indispensables là où ils étaient redondants à cause de la présence d'une conjonction bifonctionnelle : *On les chercha, on ne les retrouva pas.* (Maupassant) et on recourt à la ponctuation forte pour « compenser » l'affaiblissement d'autres indicateurs de liaison : *Je ne suis pas sorti ; il pleuvait.* (R.-L. Wagner). *Le matin : composition française* (P. V. Couturier). (Védénina, 1980 : 61)

On reconnaît aussi que dans de tels cas, la ponctuation n'est pas suffisante. La relation entre les groupes n'est univoquement instruite ni par la virgule, ni par le point-virgule[93]. On se trouve donc bien dans la situation de déficit structurel considérée. À situation paratactique égale, là où l'*auditeur* informe la donnée mélodique pour interpréter le rapport entre constituants, le *lecteur* doit compenser l'absence de cette donnée. Il est susceptible de le faire par projection prosodique : parce que c'est bien l'un des rôles de la prosodie d'instruire de telles relations interclausales, et à la condition d'avoir la compétence prosodique adaptée – c'est-à-dire de trouver le contour prosodique applicable à la séquence phonémique (construite à partir de la séquence graphémique lue) pour construire un sens acceptable en contexte.

Du déficit d'instructions fournies par la ponctuation découle en partie la raideur de l'ordre des mots à l'écrit (relativement à l'oral) ainsi que la profusion de l'étiquetage des constituants, en particulier catégorématiques (propositions),

---

[93] L'affirmation est moins vraie en ce qui concerne les deux-points qui remplissent, dans l'état actuel du système et dans certains emplois, une fonction « présentative ».

par des morphèmes grammaticaux. La prosodie, en instaurant des regroupements par ses moyens propres, offre en revanche à l'oral des moyens d'assouplir les contraintes de l'ordre syntaxique. C'est en bonne part à la prosodie qu'il faut imputer la liberté dans l'ordre des mots reconnue à l'oral, depuis Bally (1909) et Vendryes (1921) par contraste avec la rigueur des régularités syntagmatiques respectées par la langue écrite française :

> Les éléments que la langue écrite s'efforce **d'enfermer dans un ensemble cohérent**, apparaissent dans la langue parlée séparés, disjoints, désarticulés : l'ordre même en est tout différent. Ce n'est plus l'ordre logique de la grammaire courante ; c'est un ordre qui a sa logique aussi, mais une logique surtout affective, où les idées sont rangées non pas d'après les règles objectives d'un raisonnement suivi, mais d'après l'importance subjective que le sujet parlant leur donne ou qu'il veut suggérer à son interlocuteur. (Vendryes, 1921 : 172 < Blanche-Benveniste, 2000 : 66)

Pour rendre compte du fait que « l'oral ordinaire [...] présente des caractéristiques formelles irréductibles à celles de l'écrit » (Apothéloz & Zay, 2001 : 47), la perspective sémiologique adoptée ici invite à penser l'impact du facteur prosodique. Contrainte de compenser la prosodie dont il ne dispose pas, n'étant pas de substance sonore, l'écrit exerce une contrainte plus forte sur l'organisation syntaxique, épousant régulièrement un ordre instruit par la valence des unités rectrices. L'information positionnelle ou tactique (visuellement saillante, dans la fixité de l'espace graphique) permet au lecteur d'anticiper l'information syntaxique et sémantique (fonction et rôle actanciel). L'introduction d'un constituant par un ligateur segmental est un autre procédé, privilégié par l'écrit, pour à la fois baliser (à gauche) et étiqueter la fonction d'un groupe et, ainsi, en optimiser le traitement visuel. C'est enfin le rôle de la topographie, sur le plan du balisage et de la hiérarchisation des constituants. Rappelons enfin que les morphèmes grammaticaux, notamment ceux qui signifient le nombre et la personne, sont plus nombreux à l'écrit et concourent également au repérage visuel des relations entre constituants[94]. Efficacement conjoints, ces trois facteurs (morphologie, syntaxe et topographie), optimisent l'ergonomie de la sémiographie et facilitent une *lecture endographique*.

---

94 « Ces relations [les fonctions de sujet, circonstant, complément direct...] sont indiquées par l'ordre des mots, les accords, **la prosodie (ou la ponctuation).** » (Le Goffic, 1993 : 12)

5.2 La parataxe à l'écrit

5.2.1 Parataxe

Sous le terme générique de *parataxe*, nous allons envisager dans cette section un ensemble de phénomènes syntaxiques susceptibles de produire à l'écrit des effets d'oralité. Pour les avoir à l'œil et à l'oreille, rappelons quels faits, très hétérogènes, on rassemble sous la catégorie accueillante de parataxe :

[31] Chassez le naturel, il revient au galop.
      (Le Goffic, 1993)
[32] Un soir, t'en souvient-il ?, nous voguions en silence ; [...].
      (A. de Lamartine, *Méditations poétiques*, 1820.)
[33] Très vite c'était fini, les lieux publics ou danser, je parle des femmes.
      (M. Duras, *La Vie matérielle*, 1987 < Philippe 2010.)
[34] Je t'ai conçu, je t'ai enfanté, je t'élève, mon chéri.
      (Démétrios, *Du Style*, IIe s. av. J.-C., exemple de jeu théâtral < Bonhomme 2010.)
[35] Vous me voulez, je vous veux, vite un notaire ; [...].
      (Marivaux, *Le Jeu de l'amour et du hasard*, 1730 < Béguelin 2010.)
[36] Il était là hier, il est là ce matin, sera là demain. Le temps de verbaliser. Est-ce le terme ? Il écoute et écrit. Il relit, il récrit.
      (R. Pinget, *L'Ennemi*, Minuit, 1987.)
[37] La vérité c'est que ces jeunes soldats, on a abusé d'eux.
      (*Les Inrockuptibles*, entretien avec J. Tardi, 29 janvier 2014.)

Ces phrases sont susceptibles de produire des effets prosodiques. *Susceptibles*, parce qu'il s'agit, là encore, d'un phénomène de type inférentiel : l'oral n'est pas le signifié d'un signe dévolu à cette représentation. Cet effet est principalement le produit du processus déjà décrit : la projection prosodique. En bref, il arrive que la prosodie assure des fonctions qu'à l'écrit la topographie ne compense pas. C'est le cas de nombre de constructions paratactiques – ce qui explique en partie leur productivité nettement supérieure à l'oral qu'à l'écrit. Lorsque le segmental ne pallie pas l'absence de prosodie en articulant explicitement – c'est-à-dire segmentalement – les relations entre unités syntaxiques autonomes (clauses), le lecteur-auditeur trouve dans la prosodie un possible moyen sémiologique de « gloser » les enchaînements et d'en interpréter les relations. Il ne sera question que de faire une place dans le modèle proposé à cette catégorie d'effet, à côté des autres effets prosodiques. Nous en dessinerons le cadre général, l'illustrant de quelques exemples empruntés pour la plupart à des études sur la parataxe ou l'asyndète en littérature.

En spécifiant le problème pour le cas de l'écrit, nous qualifierons de *paratactique* la relation entre deux constituants

a) signifiée par un morphème ligateur zéro : la relation (sémantique ou syntaxique) entre les deux constituants n'est pas marquée par des moyens segmentaux, elle est à inférer de leur contenu, de la topographie et du contexte ;
b) réunies dans une même unité topographique : la phrase[95].

De (a), il découle qu'en surface, une articulation paratactique de constituants réclame de fixer s'il s'agit de deux constituants de même rang (coordination asyndétique de deux clauses autonomes), ou d'un seul (une clause composée de plusieurs noyaux prédicatifs). Autrement dit, une telle définition inclut à la fois les cas de rection non marquée (par du segmental), les cas de juxtaposition de constituants (le plus souvent des clauses) et même des cas de coordination, dans la mesure où *et* est en langue si peu spécifié sémantiquement qu'il peut correspondre en discours à des relations logico-sémantiques variables.

Le caractère (b) résulte de la position théorique défendue ici : la topographie est un système autonome à deux titres : autonome relativement à la prosodie (il n'est pas là uniquement pour suppléer, avec les faiblesses que l'on sait, l'absence de mélodie) ; et autonome relativement à la syntaxe (comme organisateur *syntagmatique*). Le couple majuscule-point est donc une instruction de traitement pour le lecteur (et le scripteur, premier lecteur), du même acabit que l'intonème qui marque la fin de la *période intonative* : il invite à considérer la séquence linguistique qu'il démarque comme unité énonciative et textuelle. C'est à l'intérieur de la phrase que se pose d'abord la question des relations de dépendance entre unités linguistiques ; et c'est donc aussi à l'intérieur de la phrase qu'opérera la projection prosodique, comme compensation d'un déficit structurel lié à l'absence conjointe de ligateurs prosodique et morphologique. Nous verrons plus loin que la projection prosodique exerce également des effets transphrastiques de *texture* (tout à fait indépendants des unités syntaxiques), qui diffèrent par leur fonction et leur fonctionnement (6, p. 401). À la double question fondamentale soulevée en ces termes par Béguelin :

---

[95] « L'existence même de la parataxe est sous-tendue par une notion qu'on pourrait rapprocher de la "phrase" des grammairiens. En effet, il n'y a parataxe que si une suite de constructions syntaxiquement autonomes sont regroupées dans une unité englobante (la phrase graphique ou l'unité intonative maximale) qui intègre ces unités et les présente comme formant un tout. Si ces mêmes unités sont réalisées par des mouvement intonatifs successifs (ou, à l'écrit, dans des phrases graphiques successives), il n'y a plus de parataxe mais une simple succession d'unités autonomes et présentées comme complètes. La notion de frontière prosodique maximale permet de faire une discrimination similaire pour les données orales. » (Mertens & Simon, 2010 : 304)

> La parataxe est-elle ou non à envisager uniquement « à l'interne » de la phrase graphique ? Corollairement, et compte tenu de la grande latitude fonctionnelle de la plupart des signes de ponctuation, la présence d'une virgule entre deux constructions verbales juxtaposées est-elle à prendre dans tous les cas comme signal d'une relation paratactique ? (Béguelin, 2010 : 9)

la position autonomiste conduit à répondre en principe deux fois par l'affirmative.

Considérer la segmentation topographique comme un critère d'analyse consiste à courir le « risque » suivant :

> Le risque existe, ici comme ailleurs, d'accorder aux segmentations graphiques un crédit excessif, et de faire reposer l'analyse syntaxique sur des procédures démarcatives dont on connaît le caractère aléatoire, peu systématique, sujets à des phénomènes de mode. (Béguelin, 2010 : 9–10)

La linguiste en veut pour preuve les variations de ponctuation que connaissent les rééditions de textes anciens et modernes, et illustre son propos par la comparaison de deux éditions des *Acteurs de bonne foi* de Marivaux, fort différemment ponctuées :

> [38] COLETTE. – Eh bian oui, je lui plais, je nous plaisons tous deux, il est garçon, je sis fille, il est à marier, moi itou, il voulait Mademoiselle Lisette, il n'en veut pus, il la quitte, je te quitte, il me prend, je le prends, quant à ce qui est de vous autres, il n'y a que patience a prenre.
> (Marivaux, *Les Acteurs de bonne foi*, 1757, édition J. Goldzink.)
> [39] COLETTE. – Eh bian ! oui, je lui plais ; je nous plaisons tous deux ; il est garçon, je sis fille ; il est à marier, moi itou ; il voulait Mademoiselle Lisette, il n'en veut pus ; il la quitte, je te quitte ; il me prend, je le prends. Quant à ce qui est de vous autres, il n'y a que patience a prenre.
> (Édition F. Deloffre < Béguelin 2010.)

Cet exemple est l'occasion de revenir sur le statut que nous accordons à la ponctuation en dépit de sa réputation en linguistique de l'oral. Depuis les années 1980 environ, les pratiques éditoriales ont évolué. La ponctuation des éditions originales sont respectées avec un scrupule croissant, parfois même la ponctuation des manuscrits dans le cadre de la publication d'inédits (voir par exemple le cas de Proust étudié par Serça, 2010). L'état actuel de l'art philologique invite l'instance éditoriale à signaler ses interventions, voulues minimales, par des [crochets] (comme par exemple dans les *Œuvres complètes* de Ramuz, 2005–2012). L'évolution de cette pratique est relative à l'évolution progressive du statut accordé à l'écrit et à sa ponctuation. Si la topographie des livres a longtemps été de la compétence de l'éditeur, c'est qu'elle a été longtemps associée à la substance et à son ergonomie (mise en page, typographie, imprimerie) plutôt qu'à sa structuration formelle, c'est-à-dire au sens. La progression prévisible de sa sémiotisation conduit à la traiter toujours plus comme une donnée textuelle parmi d'autres, déterminant l'énonciation écrite (la lecture) à commencer par celle du scripteur. L'attitude contemporaine consiste à reconnaître que la topographie relève de la signifiance du texte.

Dans le statut accordé à la ponctuation, aléatoire plutôt que systémique, par les spécialistes de l'oral, souvent par comparaison avec la prosodie, il y aurait à prendre en considération : la profondeur historique des données graphiques, qui permettent de comparer des pratiques à des siècles d'écart et donc à mettre en relief leur évolution (vs les données prosodiques stockées depuis quelques décennies seulement) ; la variété générique des pratiques écrites considérées (alors que souvent les études contemporaines sur l'oral traitent de textes lus et plus récemment de conversations spontanées) : or en tant qu'elle est notamment structuration textuelle, la topographie est fortement contrainte par les genres ; enfin le statut culturel de l'écrit et en particulier de la littérature qui a souvent servi de corpus de référence pour les réflexions sur la ponctuation. Les finalités de la littérature, d'un autre ordre que celles des genres de l'oral spontané, favorisent le jeu avec les unités les plus contraintes. Qu'en est-il des discours oraux situés du côté du *pôle communicationnel de la distance* (Koch & Oesterreicher, 2001, voir chap. 1, 2.2, p. 43) : l'oral monogéré, préparé, public, avec des visées rhétoriques, esthétiques ou ludiques ? Son étude ne relèverait-elle pas des usages plus variés de la prosodie ? Après s'être longtemps identifié au discours lu, l'oral doit-il s'identifier aujourd'hui strictement au discours spontané ?

Le statut (systémique/non systémique) accordé à la prosodie et à la topographie n'est peut-être qu'une conséquence des corpus privilégiés par les sciences du langage qui s'y intéressent. La variété des pratiques considérées affecte la systématique (au sens statistique) des règles topographiques, mais elles n'affectent pas leur caractère systémique. On en juge, à réception, par l'effet, sur le lecteur-auditeur, de l'organisation du texte par le module topographique. À comparer la réplique de Marivaux telle que ponctuée dans l'édition Deloffre, on observe, avec Béguelin, que s'y trouve introduit un degré d'organisation topographique supplémentaire (par l'ajout de points-virgules), qui vient regrouper des paires adjacentes que liaient fortement déjà des parallélismes rythmiques, morphosyntaxiques et sémantiques. Par cette sur-structuration, l'interprétation de la séquence comme une « "période-liste" rythmée par des intonèmes continuatifs parallèles » (Béguelin, 2010 : 10 à propos d'un extrait de l'édition Goldzink) n'est plus possible dans l'édition Deloffre. Celle-ci affecte un statut quasi didascalique à la topographie, contraignant avec force le rythme et la mélodie – là où le texte Goldzink laissait ces derniers plus librement repérables à partir de la *texture isophonique* de la séquence (6.3, p. 419).

En résumé, la possibilité d'une analyse comme celle que propose Béguelin – comparaison rigoureuse de deux mêmes séquences segmentales différemment ponctuées – n'illustre pas, à mon sens, l'aléas des signes topographiques (abandonnés aux caprices de l'éditeur), mais leur efficacité structurante et signifiante.

5.2.2. La parataxe, de la prosodie à la topographie

La distinction entre *clause* et *phrase* (p. 309) conduit à différencier deux espèces de parataxe et donc deux espèces de phrases paratactiques : 1 – les phrases dont les clauses entretiennent des relations rectionnelles sans marquage segmental et 2 – les phrases dont les clauses sont autonomes (juxtaposées ou éventuellement coordonnées). On réservera le terme d'*asyndète* pour désigner les premières et opposera donc *phrases asyndétiques* (dans lesquelles une première clause est le régime du verbe d'une clause adjacente) et les *phrases paratactiques* (juxtaposant des clauses autonomes).

Les relations microlinguistiques syndétiques entre constituants s'accompagnent à l'oral *d'une prosodie de regroupement*, fonctionnant par dominance du second groupe intonatif sur le premier, au sein de la période intonative[96] :

c'est des exemples➚ *qu'on trouve en masse* (d'après Berrendonner).

En pareils cas, la relation syntaxique est à la fois marquée par la morphologie (pronom relatif) et par la dominance intonative[97] : un contraste de proéminence entre les accents des deux groupes adjacents opère un regroupement et signifie la dépendance du premier groupe relativement au second. Les spécialistes de l'oral observent des situations où une telle opération de regroupement (par dominance) fonctionne également, mais en l'absence de morphème ligateur. On distingue alors deux cas de figure.

---

[96] Rappelons que les groupes intonatifs sont ceux dont la dernière syllabe est marquée par un accent primaire et que l'unité « période intonative » est définie comme *l'unité prosodique d'intégration maximale*, « séquences au-delà desquelles les dépendances intonatives sont remises à zéro » (Lacheret & Avanzi, 2010 : 340). Voir les critères utilisés par ces deux auteurs pour le repérage, automatisé, des coupures de période : longueur de la pause, amplitude du geste terminal, amplitude du saut et absence de marque d'hésitation (Lacheret & Avanzi, 2010 : 341).

[97] « Deux groupes intonatifs entretiennent une relation de dépendance intonative, *i.e.* de dominance, si l'excursion fréquentielle du geste terminal du second domine d'au moins 1 ton ½ celle du premier, ou si elle correspond à l'application d'un ton terminal descendant à l'infrabas » (Lacheret & Avanzi, 2010 : 350, se fondant sur les travaux de Mertens).

1) La dominance intonative est interprétée comme une relation rectionnelle asyndétique. On illustre ordinairement ce premier cas par des relatives sans subordonnant :

il y avait un mec➚ *il faisait la queue*

et parce ce qu'on appelle parfois « greffes » depuis Deulofeu :

je suis arrivée à Lausanne➚ *j'avais vingt et un ans*

où une proposition apparemment autonome pourrait entrer en paradigme avec un groupe adverbial (syntagme ou subordonnée temporelle). Dans de tels enchaînements, la prosodie a charge seule d'assumer le marquage de la relation, par une syntagmation d'intonèmes contrastifs. On en conclura, selon notre hypothèse, qu'à l'écrit, de telles constructions sollicitent la prosodie.

2) La dépendance intonative coïncide avec la frontière de clauses autonomes. On a alors affaire au marquage prosodique d'une relation macro-syntaxique[98]. Les observations actuelles concernant ce marquage sont plus contrastées : certaines relations macrosyntaxiques se caractérisent à l'oral par un intonème de type regroupant.

On peut illustrer l'effet des deux types de marquage, à partir de cet exemple (emprunté à Avanzi & Lacheret, 2010) : *tu continues tu vas arriver sur la place Victor Hugo.*

i) tu continues ➚ tu vas arriver sur la place Victor Hugo ➚
ii) tu continues ➚ tu vas arriver sur la place Victor Hugo ➘

En cas de non regroupement, *(i)* si les montés mélodiques des deux groupes intonatifs sont non contrastées, on interprète les deux clauses comme constituant une *période liste* (Groupe de Fribourg, 2012 : 100 – 102), une conjonction de deux assertions dont les procès, projectifs, sont chronologiquement ordonnées. À l'écrit, l'usage de la virgule, dans sa valeur conjonctive de base (assurant la mise en facteur commun des constituants qu'elle articule), le point de suspension, et l'ordre syntagmatique des clauses sont à même de fournir les instructions de cette interprétation.

Tu continues, tu vas arriver sur la place Victor Hugo...

---

[98] Cette relation est optionnellement marquée par un « connecteur à contenu métadiscursif » (Berrendonner, 2004 : 255) ; dans pareil cas, il n'y a plus parataxe.

En cas de regroupement des mesures au sein de la période intonative, qui peut être réalisée ici par un intonème conclusif marquant le second groupe *(ii)*, le phrasé produit un autre type de période, praxéologiquement spécifiée : le procès décrit par la seconde clause se représente comme le but du procès décrit par la première (condition). L'interprétation d'une telle période ne pose aucun problème, alors que la « trace » segmentale correspondante est sous-structurée. Son passage à l'écrit provoquerait des ambiguïtés que l'utilisation du coordonnant *et* même couplé à une ponctuation de phrase ne suffirait pas à lever entièrement :

Tu continues et tu vas arriver sur la place Victor Hugo. (Ensuite, tu prends à gauche...)

Pour une telle glose en effet, la sous-spécificaction logique de *et* ne fait pas de lui le candidat idéal. Ce dernier constat incline à penser que les parataxes syndétiques (avec *et*) sollicitent elles aussi la prosodie, bien que peut-être dans une moindre mesure. L'explicitation morphologique maximale est indéniablement celle de l'hypothétique en *si* (avec la démarcation topographique des deux noyaux prédicatifs de la phrase articulée de manière hypotaxique) :

Si tu continues, tu vas arriver sur la place Victor Hugo.

Une phrase présentant une construction *liée* de ce type réunie de manière optimale les conditions de sa lecture endographique.

On peut illustrer la complémentarité morphème ligateur/intonation, à l'occasion de l'exemple suivant :

[40] Je crois que son bon sens s'en va : tantôt il marche, tantôt il s'arrête ; il regarde le ciel, comme s'il ne l'avais jamais vu ; [...].
(Marivaux, *La Seconde surprise de l'amour*, 1727 < Béguelin, 2010.)

Les morphèmes corrélatifs n'empêchent certes pas l'oralisation avec intonème énumératif, mais ils rendent ce dernier accessoire ; la relation entre proposition étant marquée sur le plan segmental, elle s'accommode d'une interprétation mélodique avec intonème continuatif mineur. À l'écrit, une pareille séquence sans corrélatif s'interprète comme l'enchaînement de deux clauses descriptives (au présent de narration, comme dans [36], et non à valeur itérative) ; pour retrouver la valeur itérative, il faut y ajouter l'intonème de liste.

À partir d'observations de ce genre sur les relations entre prosodie et syntaxe (voir en particulier les travaux d'Avanzi sur le marquage prosodique des périodes présentant une armature microsyntaxique et d'autres périodes présentant une armature macrosyntaxique), de nos hypothèses de départ quant à la répartition économique des tâches de structuration et de notre description du fonctionnement topographique, on peut tirer les deux conclusions suivantes :

1 – Les phrases où un constituant est interprétable comme régime mais sans que cette dépendance soit marquée au niveau segmental (relation asyndétique) sont candidates à l'actualisation prosodique et susceptibles de produire des effets mélodiques. En effet, la topographie ne fournit pas l'information correspondant à la dominance intonative.

2 – Parmi les phrases constituées de clauses adjacentes, sans relations interclausales explicitées sur le plan segmental, on distinguera deux sous-ensembles. Illustrons-les par l'étude proposée par Béguelin (2010) de la parataxe chez Marivaux.

2.1 – Quand les clauses juxtaposées sont des mises en série de prédications situées sur un même plan (sémantico-pragmatique) ou n'entretenant que des relations chronologiques, la syntagmatique et la topographie fournissent une instruction équivalente à celle de la prosodie.

[41] Allez, soyez en repos ; l'ouvrier est venu, je lui ai parlé, j'ai la boîte, je la tiens.
(*Les Fausses confidences*, 1737 < Béguelin, 2010.)
[42] Renverse, ravage, brûle, enfin épouse, je te le permets si tu le peux.
(*Le Jeu de l'amour et du hasard*, 1730 < Béguelin, 2010.)
[43] Vous ne croiriez pas jusqu'où va sa démence ; elle le ruine, elle lui coupe la gorge.
(*Les Fausses confidences*, 1737 < Béguelin, 2010.)

2.2 – Dans le second sous-ensemble, les clauses juxtaposées au sein d'une même phrase entretiennent des relations pragmatiques ou sémantiques spécifiées. Il est certes possible d'abduire la nature des relations non marquées de i) la « pertinence communicative des clauses » et de ii) la cohérence de l'enchaînement qui « révèle le plan d'action mis en œuvre par l'énonciateur » (Berrendonner, 2004 : 255). Une lecture sourde n'est donc pas à exclure. Mais le lecteur-auditeur trouvera néanmoins dans la « mise en contour intonatif » du segmental, selon des formes mélodiques qui lui sont familières et immédiatement interprétables, un moyen sémiologique pour valider ou invalider son interprétation.

Les séquences suivantes manifestent de telles relations interclausales non marquées, qualifiables en termes sémantiques, logiques, argumentatifs ou pragmatiques.

[44] Hortensius lui déplaît, elle le congédie ; [...]
(*La Seconde Surprise de l'amour*, 1727 < Béguelin, 2010.)
[45] Vous êtes tous deux aimables, l'amour s'est mis de la partie, cela est naturel.
(*La Mère confidente*, 1735 < Béguelin, 2010.)
[46] Vous m'appelez, je viens ; vous marchez, je vous suis : [...]
(*La Seconde Surprise de l'amour*, 1727 < Béguelin, 2010.)[99]
[47] Votre fidélité ne me surprend point, j'y comptais.
(*Les Fausses Confidences*, 1737 < Béguelin, 2010.)
[48] Il est triste, est-ce que vous le querelliez ?
(*Le Jeu de l'amour et du hasard*, 1730 < Béguelin, 2010.)
[49] Une âme, un portrait ; explique-toi donc, je n'y comprends rien.
(*Le Jeu de l'amour et du hasard*, 1730 < Béguelin, 2010.)

[44–46] sont du type « antécédent-conséquent » (Béguelin, 2010 : 16), « conséquent-antécédent » (mouvement explicatif) pour les suivantes [47–48] ; [49] est une « causale de niveau illocutoire », suivant un schéma « acte directif + acte justificatif ».

Un véritable inventaire des relations paratactiques devrait faire une place importante aux « quatre relations pragma-syntaxiques de base qui fondent chacune un type de routine infra-périodique élémentaire » (Groupe de Fribourg, 2012 : 154) : Préparation + Action, Action + Continuation, Action + Réfection, Action + Confirmation. Il s'agit bien à la fois d'enchaînement de clauses autonomes, à la fois de schéma routinisé décrivant « les relations praxéologiques les plus élémentaires que peuvent entretenir deux énonciations co-occurrentes » (*ibid.*). Ces enchaînements se caractérisent donc par une relation sémantique spécifiée impliquant une intonation non triviale (type « mise en facteur commun »).

De ces enchaînements routinisés, la *dislocation* représente sans conteste l'avatar le plus connu – en particulier dans la littérature commentant le « style oral ». Cette opération de « stratification » de l'information (ou de gestion de la dynamique communicative) correspond aux schémas pragma-syntaxiques Préparation + Action (dislocation à gauche) ou Action + Confirmation (dislocation à droite)[100].

---

99 Dans ce dernier cas, relevons que la texture (la période « carrée ») impose un filtre supplémentaire à la mélodie, qui ajoute à la dominante intonative (pouvant être réalisée par un contour contrasté : « vous m'appelez↗ je viens↘) une accentuation liée au parallélisme morphosyntaxique binaire, fortement articulé par la topographie. L'effet rythmique (voir 6, p. 401) s'ajoute autrement dit à l'effet mélodique.
100 Dans la description qu'en donnent Berrendonner et Béguelin, les faits de dislocation sont à cheval sur la frontière entre micro et macrosyntaxe : le terme détaché par la prosodie peut ou

[50] Ces bistrots du dimanche soir, les gens sont tristes s'ils ne se forcent pas.
(R. Pinget, *Mahu ou le matériau*, 1952 < Piat, 2011.)[101]

[51] Ces photos de passeport décidément je ne voudrais pas être douanier.
(R. Pinget, *Le Renard et la Boussole*, 1953 < Piat, 2011.)

Ces deux phrases sont constituées de deux clauses autonomes : une clause thétique préparatoire (« énoncé thématique » dans la perspective de Le Goffic, 1993 et Lefeuvre, 1999, ou encore *nominativus pendens*) et une action communicative assertive. L'autonomie s'éprouve dans les deux cas par le fait que le SN extraposé n'est sélectionnable par aucun constituant de la clause à noyau verbal[102].

Si dans [50], « Ces bistrots du dimanche soir » a des allures (sémantiques) de circonstant spatial, il n'en a pas l'attribut morphologique nécessaire (une préposition)[103]. À la sollicitation prosodique inhérente à l'identification des constructions paratactiques de ce type (avec leur prosodie de type regroupant particulièrement saillante : Préparation↗ Action↘), on ajoutera celle que stimule « décidément » dont l'incidence n'est pas stipulée par la topographie (un « coulissage interprétatif » selon Fuchs, 1993). L'œil peut situer l'adverbe d'énoncé entre deux, mais sa dépendance syntaxique est unilatérale et l'oreille tendra à l'agréger à l'une des deux énonciations. Une telle phrase est donc propre à susciter une petite séance d'essayage prosodique dont résulterait l'effet mélodique très net qu'elle produit.

On illustrera également la relation pragma-syntaxique de type Action + Confirmation, où la seconde énonciation commente l'action énonciative réalisée par la première, en tant que contenu sémantique (dit, *de re*) ou en tant qu'acte énonciatif (dire, *de dicto*).

[52] Lui, me négliger ! Mais il ne me néglige point. Où avez-vous pris cela ? [Il obéit à nos conventions, cela est différent.]
(Marivaux, *Les Serments indiscrets*, 1732 < Béguelin, 2010.)

---

non être argument de la prédication qu'il précède ou qu'il suit (Groupe de Fribourg, 2012 : 155–186).
101 À comparer avec : « l'éducation nationale + la cantine se paye au trimestre » (oral < Sabio 2013 : §13, où + signifie une pause).
102 On notera que la clause verbale ne présente pas de pronom coréférent avec le SN de la clause sans verbe ; l'absence de cette relation (anaphorique ou cataphorique) n'empêche pas la pragma-syntaxe fribourgeoise de considérer ces enchaînements comme des dislocations à gauche (Groupe de Fribourg, 2012 : 162–164).
103 Le statut de clause préparatoire, pointant le thème dont il sera ensuite dit quelque chose, me semble également conforté par la valeur temporelle du Sprép qui complète le SN (« du dimanche soir ») : ce dernier rend difficilement acceptable la spécification spatiale du syntagme par une préposition (?« Dans ces bistrots du dimanche soir... »).

[53] Vos lettres sont belles, les plus belles de toute ma vie il me semblait, elles en étaient douloureuses.
(M. Duras, *Yann Andréa Steiner*, 1993.)

La phrase de Duras est complexe. On y observera la juxtaposition (sans virgule) d'une clause (« il me semblait ») remplissant la fonction (sémantique) de volet commentatif *de re* « à caractère modale » (Béguelin, 2010) de l'action communicative précédente : commentaire, dont la portée est réduite, par la segmentation due aux virgules, à la modalité superlative de la prédication attributive. La mélodie de tels commentaires en position de suffixe est descendante et sans relief. Une troisième clause adjacente présente un nouveau volet : l'anaphorique résomptif « en » y pointe l'attribution superlative, qui est représentée comme la cause de la sensation sur laquelle s'achève le mouvement de la phrase. La dernière clause, introduite sans ligateur, est liée à ses antécédents par une relation logique de type causal. La ponctuation faible s'accommode mal de cette interprétation, qui supposerait à l'oral un démarquage intonatif net. Cela peut prendre sens dans une pratique durassienne de la ponctuation affaiblie, qui contribue, dans son régime intonographique, à couler les différents mouvements de l'énonciation dans un phrasé au faible relief. La progression communicative particulière de cette phrase, où la parataxe sert l'agrégation de procès pathémiques s'oppose, par ses effets, à la « solide » architecture microsyntaxique et ce qu'elle suppose de planification. On verra là le motif d'un effet d'oralité non pas prosodique, mais stylistique.

En résumé, « il s'agit chaque fois d'une suite de deux ou plusieurs îlots rectionnels autonomes, mis en énonciation indépendamment les uns des autres, mais sujets à une forme de routinisation » (Béguelin, 2010 : 21). L'interprétation de la routine, de sa visée, n'est pas marquée morphologiquement, mais l'est par l'intonation à l'oral, d'où la pertinence de l'actualisation prosodique que suscitera l'avatar écrit d'une telle construction.

5.3 Quelques remarques sur l'ordre des mots

La macrosyntaxe fribourgeoise traite également en termes de dislocation les détachements affectant un complément régi non repris par un pronom, qu'il soit valenciel ou circonstanciel. Avec des constructions de ce type, on quitte le domaine de la macrosyntaxe, pour considérer, au sein de la cellule microsyntaxique, l'ensemble « des régimes extraposés, c'est-à-dire placés hors de leur site canonique » (Groupe de Fribourg 2012 : 161). On reste en revanche sur le terrain des *constructions segmentées* telles que nous les entendons ici.

[54] **Toutes les peines du monde** j'éprouvais...
(L.-F. Céline, *Voyage au bout de la nuit*, 1932 < Rouayrenc, 1992.)
[55] **Pas tranquille du tout** j'étais.
(L.-F. Céline, *Voyage au bout de la nuit*, 1932 < Rouayrenc, 1992.)
[56] **Dans ces pantalons**, à l'endroit des genoux, mon père, il flottait.
(L.-F. Céline, *Mort à crédit*, 1936 < Rouayrenc, 1992.)
[57] **De l'antichambre**, où pendaient quelques vêtements, ils étaient passés dans un bureau qui faisait penser au logement d'un célibataire. **À un atelier, au mur**, les pipes étaient rangées [...].
(G. Simenon < Berrendonner)
[58] Ma mère, **sa voilette**, la rafale lui arrache, trempée...
(L.-F. Céline, *Mort à crédit*, 1936 < Rouayrenc, 1992.)
[59] **De toutes ces choses ensemble**, Gaud recevait l'impression confuse.
(P. Loti, *Pêcheur d'Islande*, 1886 < Groupe de Fribourg, 2012.)

Ces exemples n'ont d'autre ambition que de suggérer l'extension des constructions qui laissent prévoir des effets mélodiques. Ces phrases n'adoptent pas la progression SVO($C_{non\ val}$) conventionnelle en français pour les phrases de modalité assertive. Cette tactique ruine la fonction d'« anticipation d'ambiguïté » (Le Goffic, 1993 : 55) que remplit la valence en assignant un ordre à ses régimes. L'information positionnelle fait particulièrement défaut lorsque le verbe sélectionne son argument sans préposition casuelle, comme dans [54]. Le régime n'est pas nécessairement sélectionné par un verbe ([59]).

À l'oral de telles constructions se caractérisent par un profil mélodique non trivial : la variation dans l'ordre des mots s'accompagne aussi d'un dégroupage prosodique. Le Groupe de Fribourg distingue ainsi deux dispositifs relativement à la syntaxe verbale :

> Dans l'un, non marqué, les arguments occupent leur position canonique, avant le verbe (sujet) ou après (régimes), et ils font partie du même groupement intonatif que lui. Dans l'autre, que nous appellerons *extraposition frontale*, ils sont placés en tête de P, hors de leur site de base, et forment un groupe intonatif distinct, porteur d'une modulation non conclusive. (Groupe de Fribourg, 2012 : 162)[104]

Cette segmentation se signale optionnellement par la virgule ; c'est le cas, dans nos quelques exemples, lorsque les compléments sont circonstanciels. En revanche, lorsque les compléments sont argumentaux, la grammaire de l'écrit semble bloquer l'usage de la virgule disjonctive entre le verbe et son régime.

---

[104] L'opposition est illustrée par l'exemple emblématique suivant : pour la « construction canonique » : (Cléopâtre a menti à Jules)[F] ; pour l'« extraposition frontale » : (à Jules)[S] (Cléopâtre a menti)[F] *ou* (à Jules)[S] (Cléopâtre lui a menti)[F] (Groupe de Fribourg, 2012 : 162).

On se contentera, pour cet aspect tactique, de ces quelques remarques. L'ergonomie visuelle optimale du texte écrit repose sur une information positionnelle. Cette information est pertinente dans les « constructions canoniques » ou *constructions intégrées*, caractérisées à l'oral par un regroupement intonatif unique. À l'écrit, les phrases frappées par des faits d'extraposition s'éloignent de leur idéal ergonomique sur l'axe de l'ordre des mots. Là où l'oral démarque régulièrement l'extraposition par un contour intonatif spécifique, l'écrit privilégie une *logique grammaticale* : ne pas disjoindre par la virgule l'argument de son terme recteur. Par suite, l'absence de virgule rend pertinente une actualisation prosodique (pour compenser l'absence de regroupement visuel) et sa présence incline à une actualisation *intonographique* du topogramme. Selon nos hypothèses, l'extraposition devrait donc constituer un fait de syntaxe privilégié par les écrits recherchant un effet mélodique.

Il faudrait non seulement enrichir l'examen, mais aussi y ajouter l'étude des phrases averbales, des pseudo-clivés ou encore des constructions parenthétiques. Ces constructions font d'ailleurs l'objet d'une caractérisation prosodique même dans les grammaires « orientées écrits », comme s'il était admis que ces structures prédicatives-là étaient *définies par* ou du moins étroitement *associées à* leur prosodie[105].

5.4 Retour sur la conception benvenistienne de la langue comme dernier interprétant

Pour conclure ces quelques observations sur les interactions entre prosodie et syntaxe, rappelons le résultat de l'analyse de Berrendonner (2008) concernant des constructions réputées asyndétiques du type enchâssement sans pronom relatif :

> Il y a présomption qu'en dépit de son apparence asyndétique, une séquence comme *il y avait un mec # il faisait la queue*, représente un cas de **subordination sans marqueur**, sa partie droite étant fonctionnellement une P enchâssée, et la jonction prosodique # faisant office de variante non segmentale du démarcatif que/qu-. (Berrendonner, 2008 : 293)

Cette position donne une consistance linguistique à l'hypothèse sémiologique dont on a exploré les conséquences pour un modèle explicatif des effets d'oralité (mélodiques) de l'écrit. Elle illustre en premier lieu la nécessité d'analyser le

---

[105] Par exemple Le Goffic, 1993 décrit les qualités prosodiques des constructions suivantes et de celles-là seulement : parenthétiques, disloquées, averbales, clivées, en *que* et parataxique.

phénomène énonciatif (oral ou écrit) dans sa multi-modalité ; elle est compatible également avec le principe d'économie observé et utilisé ici comme hypothèse pour prédire les effets mélodiques : 1) une même fonction peut être assumée par différentes « modalités » sémiologiques combinées dans l'énonciation, 2) le marquage par une forme de l'un des modules peut relayer le marquage homo-fonctionnel d'un autre module.

L'analyse de Berrendonner[106] conduit enfin à faire l'hypothèse d'un « ligateur allomorphique abstrait, réalisé soit sous forme segmentale, soit sous forme intonative » (Béguelin, 2010 : 6). Cette dernière conclusion peut être reformulée dans le cadre du modèle sémiologique adopté ici, lui-même inspiré de l'hypothèse benvenistienne de l'interprétance du langage (supposant que le module morphosyntaxique constitue l'interprétant dernier de tous les autres systèmes). L'intonème de regroupement (noté #) est interprété par *un morphème de relation* de même signifié qui inscrit, au sein de la langue comme schéma, la forme abstraite dont parle Béguelin[107]. On pourrait alors étendre l'observation en disant que certains morphèmes du paradigme des relateurs interclausaux interprètent la variété des formes prosodiques. Cette interprétation, qui est une mise en correspondance intersémiotique, contribue à la stabilisation et à la systématisation des intonèmes (d'origine vraisemblablement iconique). La langue autrement dit sémiotise la mélodie, et la mélodie enrichit la langue de formes nouvelles, distinctives et significatives – selon le double mouvement intégratif qui caractérise pour Benveniste la relation entre la langue et la parole.

5.5 Optimalité de la grammaire à l'écrit et à l'oral

Quelques éléments de macrosyntaxe ayant été posés, il est opportun de se pencher sur l'éclairage que Berrendonner donne à la question ancestrale des rapports entre grammaire écrite et grammaire orale. Le linguiste fribourgeois tient la position d'une grammaire unique (comme Gadet, 1997, Blanche-Benve-

---

106 Analyse à la base de laquelle on trouve un phénomène syntaxique (les enchaînements asyndétiques sans *que*), observé dans de nombreuses variétés diachroniques et diatopiques du français, mais longtemps marginalisé comme un défaut de compétence ou un xénisme. Voir à ce propos la synthèse d'Avanzi, 2012 : 245 *et sq.*
107 La hiérarchie entre système, à laquelle conduit la position de Benveniste de *la langue comme dernier interprétant*, n'inviterait pas, en toute rigueur, à considérer qu'un morphème puisse constituer l'allomorphe d'un intonème (ou de tout autre signe *non linguistique* au sens étroit). Elle conduirait plutôt à dire que le morphème interprète l'intonème, c'est-à-dire lui donne une consistance sémiotique dans la langue.

niste, 1997, Béguelin, 1998 et 2012) ; c'est celle que nous avons adoptée en parlant d'une seule langue réglant le plan segmental morphosyntaxique commun à deux systèmes : la sémiographie et à la sémiophonie (chap. 2, 1.6, p. 105). Pour rendre compte des différences statistiques dans la distribution des constructions, Berrendonner explicite la problématique de la manière suivante :

> i) la langue met à la disposition de ses usagers un seul et unique système d'opérations grammaticales exécutables [...] ;
> ii) les conditions pratiques dans lesquelles sont produits les discours écrits et oraux induisent des **contraintes d'optimalité différentes**, qui se traduisent chez les locuteurs par des préférences, statistiquement sensibles, en faveur de certaines combinaisons d'opérations, et l'évitement de certaines autres. En somme, il n'y a qu'une grammaire du français, mais des différences d'opportunités pragmatiques et cognitives entre ses structures, selon qu'on s'en sert à l'écrit ou à l'oral. (Berrendonner, 2004 : 250–251)

Reste évidemment à trouver des critères pour décrire quelles opérations grammaticales sont plus favorables, optimales, moins coûteuses à l'oral, et quelles autres mieux adaptées à l'écrit... Or la conception syntaxique développée à Fribourg offre à Berrendonner une entrée convaincante pour entamer cette discussion ardue.

Le linguiste postule que les effets communicatifs visés par un énonciateur peuvent être obtenus aussi bien par des moyens microsyntaxiques que par des moyens macrosyntaxiques. Il illustre ce postulat par deux variantes, micro puis macrosyntaxique, d'un énoncé de même visée communicative :

les Égyptiens leurs dieux c'est les chats
vs
les dieux des Égyptiens sont les chats

Berrendonner propose dès lors de rapporter le type d'effort cognitif demandé par les deux syntaxes au type de situation d'énonciation. La microsyntaxe impose une forte charge de mémorisation : les relations rectionnelles opèrent en effet sur des signes et non seulement sur des contenus ; en revanche, la microsyntaxe requiert une plus faible charge de traitement interprétatif : l'élaboration des contenus étant fortement contrainte par les règles lexicales et grammaticales. Inversement, la macrosyntaxe réclame un important travail d'inférences pour déterminer les relations de cohésion sémantique ou référentielle entre clauses, mais profite en contrepartie d'« une simplification des structures clausales, souvent réduites à un simple SN ou SV, relativement bref, micro-syntaxiquement peu complexe, et donc aisé à tenir en mémoire à court terme » (Berrendonner, 2004 : 256).

Dans des conditions de production standard (chap. 4, 4.2, p. 263), la performance orale favorise la « simplicité » microsyntaxique. Par ailleurs, cette simplicité est partiellement compensée par la couche de structuration prosodique qu'offre l'énonciation orale, ainsi que la couche kinésique. Enfin, le *backchannel* immédiat que permet la coprésence des interlocuteurs offre la possibilité d'invalider des inférences indésirables de l'allocutaire. À l'inverse, dans sa situation type au moins, le signal écrit s'élabore dans des conditions qui disposent à une complexité syntaxique, selon un souci d'explicitation que motivera a) l'absence de la prosodie et b) l'impossibilité (toujours dans des situations de communication écrite type) d'évaluer la compréhension de l'allocutaire. Ce qui conduit Berrendonner à conclure :

> La communication écrite favorise l'usage de procédés micro-syntaxiques, et l'oral celui de procédés macro-syntaxiques. [...]
> À l'écrit, il est préférable de marquer les relations rectionnelles par des signifiants segmentaux. (Berrendonner, 2004 : 258, 262)[108]

Le résumé de cette lumineuse démonstration suggère quatre commentaires.

La conclusion de Berrendonner rejoint, par un chemin cognitif, les conséquences tirées d'une hypothèse formulée ici en termes strictement sémiologiques : l'absence de prosodie impose à la sémiographie une *adaptation du segmental*.

En outre, l'optimalité décrite par Berrendonner, comme il le relève lui-même, suppose l'identification de l'oral et de l'écrit à des « catégories d'interaction prototypique » (Berrendonner, 2004 : 257) ; tous les oraux ne sont pas spontanés, loin s'en faut ; toutes les communications écrites ne sont pas différées – et quand elles le sont, elles ne disposent pas toutes à la complexité microsyntaxique avec la même largesse (selon le temps, l'espace et les technologies d'écriture procurés). L'optimalité en jeu relève de ce que nous avons traité ici en termes d'*affordance*. L'oral *dispose* à la parataxe et aux marquages relationnels prosodiques, l'écrit à la microsyntaxe et à l'explicitation des relations hypotaxiques.

La troisième remarque a trait à la spécificité de notre question, qui impose de penser le symbolique (ce qui est *jugé* représentatif de l'oral) à côté du statistique (ce qui caractérise l'oral régulièrement et effectivement). Notre objet,

---

[108] La seconde complète et nuance la première, dans la mesure où Berrendonner reconnaît certains intonèmes comme variantes de ligateur microsyntaxique, on l'a vu. Avec cette idée en tête, on ne peut donc réitérer sans précision l'idée ancienne selon laquelle l'oral préfère la parataxe, l'écrit l'hypotaxe.

inventorier les procédés qui s'offrent au scripteur pour représenter l'oral à l'écrit, ne se confond pas avec une description de la morphosyntaxe particulière de l'oral. Si une telle description est utile dans notre perspective, elle doit être complétée dans deux directions : 1 – hors du terrain de la comparaison morphosyntaxique, car représenter l'oral ne signifie pas seulement imiter, réinventer ou encore transposer sa morphosyntaxe à l'écrit (la phonographie est par exemple un phénomène d'une autre nature) ; 2 – sur le terrain morphosyntaxique lui-même, en ajoutant à la question le filtre de l'imaginaire langagier : car ce n'est pas parce que le segmental de l'écrit est identique à celui de l'oral qu'il représente l'oralité, mais parce qu'il correspond à l'imaginaire de la grammaire de l'oral du lecteur. Comme on l'a indiqué en introduction, c'est la prise en compte de cet imaginaire qui doit distinguer les « approches grammaticales » des relations entre oralité et écriture des approches qui, comme la mienne, sont « représentationnelles ».

Enfin, quatrièmement et plus proche de nos questions de prosodie, les contraintes d'optimalité de Berrendonner nous rappellent que la prosodie n'est pas le seul facteur d'interprétation des enchaînements paratactiques. Les relations entre clauses peuvent être inférées du contenu des clauses elles-mêmes. Cette inférence pourrait s'assurer en une paraphrase explicitant lesdites relations. La lecture sourde reste possible, on l'a dit – c'est d'ailleurs notre point de départ. C'est aussi vrai dans le cas des constructions extraposées : les constituants trouvent leur place dans le schéma valenciel par isotopie (entre le constituant réalisé et le rôle actanciel prévu par la valence). Mais je maintiens l'hypothèse, à valider par un protocole psycholinguistique qui reste à élaborer, que la projection prosodique est concurrentielle sur le marché de l'interprétation : sans reformulation paraphrastique *stricto sensu*, c'est-à-dire sans réélaboration d'une structure segmentale nouvelle, le procédé interprétatif permet de générer des interprétations en imposant à une séquence segmentale donnée une couche de formes autonomes (les intonèmes). Comme les contenus des intonèmes sont codés, ils sont plus directement accessibles que le produit d'opérations inférentielles[109].

---

109 On peut dire du contenu des intonèmes ce que Berrendonner dit du traitement interprétatif des unités microsyntaxiques : « le processus d'interprétation d'une clause, qui se limite pour une bonne part à reconnaître des couplages son/sens lexicalisé ou grammaticalisés, c'est-à-dire fortement ritualisés, semble être une tâche très automatique et relativement peu coûteuse » (Berrendonner, 2004 : 256).

5.6 Parataxe et paradoxes du style oral

À l'écrit, les relations entre clauses se marquent par un appareil formel de connecteurs profus. L'oral en fait un usage modéré. Lorsque la morphosyntaxe économe en ligateurs segmentaux est appliquée à l'écrit, on traite habituellement le phénomène en des termes stylistiques : ils « connotent » l'usage oral de la langue. On y voit, à raison, l'effet de la contrainte, sur l'exercice du langage oral, de ses conditions physiologiques et psychiques de production, elles-mêmes liées à la nature acoustique des signaux supportant l'activité. On a voulu rappeler qu'il fallait, dans une perspective sémiologique, relier cette différence grammaticale à la différence des systèmes en interaction, à l'écrit et à l'oral (la diversité des intonèmes à même d'instruire le rapport entre unités prédicatives autonomes ne trouvant pas de correspondant dans l'appareil topographique).

Plaçons-nous désormais du côté des effets cognitifs produits par l'écrit lorsqu'il adopte un « style » parataxique. Selon la manière dont on interprète le phénomène à l'oral, on va interpréter sa mobilisation à l'écrit de façon sensiblement différente. Si l'on voit dans la parataxe l'effet des conditions d'exercice de l'énonciation orale, contrainte par la temporalité sans support de la substance acoustique, on tendra à associer son usage à l'écrit soit – positivement – au profit d'une expressivité visant à signifier l'urgence, l'émotion (point de vue de L) ou le désordre mondain (point de vue référentiel) ; soit – négativement – à l'incompétence du scripteur à adapter la segmentalité sémiographique aux exigences de son ergonomie.

Si l'on considère par contre dans la parataxe l'effet de la complémentarité multimodale de l'énonciation orale (en particulier segmental + prosodique)[110], on tend à chercher dans l'écrit paratactique des effets du côté de sa structuration par une performance « prosodique » interprétative. C'est cette deuxième voie, complémentaire, que j'ai voulu explorer ici.

Quelle que soit l'évaluation faite, la parataxe « exige de lui [le lecteur] un travail d'interprétation plus intense, en lui laissant le soin de rétablir le lien manquant » (Bonhomme, 2010 : 44). L'hypothèse que j'ai analysée, c'est que ce travail plus intense peut prendre la forme d'une activité de « reformulation prosodique » de l'énoncé écrit auquel correspondrait un *type particulier d'effet d'oralité* : l'*effet mélodique*.

---

[110] Par exemple : « La fréquence des juxtapositions à l'oral, où l'intonation peut suppléer à l'absence de lien explicite, invite à en faire une caractéristique de l'oral par rapport à l'écrit. » « La parataxe est caractéristique de l'oral, où, soulignée et explicitée par l'intonation, elle est plus fréquente qu'à l'écrit. » (Arrivé, Gadet & Galmiche, 1986 : 361, 469). On trouve la même idée chez Wagner & Pinchon, 1967.

Bonhomme, qui passe en revue les effets stylistiques associés à l'asyndète par *les rhétoriciens et les stylisticiens*, observe qu'on l'associe, du côté de l'*ethos*, au « retrait intellectuel » ou à l'« implication pathémique de l'énonciateur » et, du côté du *cosmos*, à une « esthétique du désordre ». Mais il remarque aussi le statut qui lui est accordé de « figure propre à diversifier la cadence de la période » (Bonhomme, 2010 : 36)[111]. Les constructions juxtaposées permettent en effet des mises en série, où chaque noyau prédicatif, marqué par un accent nucléaire (d'unité intonative), favorise le repérage des parallélismes. Ces derniers produisent également des effets prosodiques, dont nous allons traiter désormais, en termes *d'effets rythmiques*.

En définitive, notre typologie invite à considérer parataxe et inversion sous l'angle de la *prosodie* et non seulement sous celui de la *morphosyntaxe*. Les deux aspects sont intimement liés, on n'a eu de cesse de le répéter. Mais situer la parataxe dans l'axe de la prosodie éclaire différemment *la représentation de l'oralité qui peut lui être associée*. Repérer une séquence linguistique comme propre à une pratique discursive donnée est un geste interprétatif très différent de celui que nous avons décrit ici, dont l'effet d'oralité subséquent *s'expliquerait par l'absence de prosodie et par sa suppléance interprétative*. On a d'un côté un geste « énonciatif » de même fonctionnement que celui qui consiste à reconnaître une séquence comme caractéristique d'un genre discursif (parce qu'elle en présente des formes grammaticales jugées exemplaires ou parce qu'elle en adopte le contexte et les visées) et d'un autre côté un geste « sémiologique » qui a trait à la question du plurisystème utilisé (langue écrite *vs* langue orale).

Comme *fait morphosyntaxique*, la parataxe s'interprète comme un phénomène de registre ou de style, associé au parlé, au sens de *ce qui se dit*, de manière préférentielle, par opposition à *ce qui s'écrit* ; l'association et ses effets dépendent de la parole spontanée dans ce que sa structure segmentale a de caractéristique aux yeux de l'interprète. Comme fait prosodique, la parataxe est située du côté de la voix, de l'oralité, comme substance et comme forme. Ainsi les faits envisagés ici apparaissent à cheval sur une opposition souvent utilisée

---

[111] Bonhomme expose la position d'Antoine (1959) pour qui l'asyndète a un rendement stylistique important, lorsque la « rupture syntaxique » est atténuée par des phénomènes « compensatoires » (Bonhomme, 2010 : 49). Ces effets compensatoires accroissent en réalité le sentiment de rupture syntaxique, mais en lui donnant sens. Ce qu'ils compensent, selon le principe de pertinence, c'est l'effet de sous-structuration : la rupture fait sens, non comme sous-élaboration, mais comme sur-élaboration. Par exemple, dans cette période avec chute (apodose très brève) que commente Bonhomme : « Il arrêta le licteur au premier coup sur la plaque, insinua entre elle et les pavés une manière de crochet, puis, roidissant ses longs bras maigres, la souleva doucement, elle s'abattit. » (Flaubert), la rupture paratactique est évaluée positivement parce qu'elle s'interprète comme motivée iconiquement (procès subit représenté subitement).

depuis Meschonnic (1982), mais qu'on trouve déjà sous une autre forme chez Jousse (1981) et Calvet (1984), entre le *parlé* (fait de morphosyntaxe) et l'*oral* (fait de corps, de rythme et de mélodie).

Par cette association avec l'oralité, la parataxe est ainsi au centre d'évaluations stylistiques qui vont dans deux directions : le rythme (éclairage sémiologique) et l'expressivité (éclairage des conditions de production). L'appréciation du fait paratactique est axiologiquement polarisée, selon qu'on l'interprète comme norme haute (rhétorique) ou norme basse (français parlé ou registre populaire) (Reichler-Béguelin, 1998 : 230). La parataxe est ainsi au cœur d'un carrefour d'associations paradoxales qui reflètent les relations évaluatives non moins paradoxales des locuteurs à l'égard de l'oral – à la fois lieu de l'expressivité et lieu de la faute[112]. Ces évaluations ont même une incidence sur sa théorisation : parataxe comme dispositif intentionnel, avec connecteur ellipsé (sur-marquage) *vs* parataxe comme marquage absent, défaillance de la performance (sous-marquage).

Des configurations morphosyntaxiques parentes faisant l'objet d'évaluation diamétralement opposées, voilà qui nous rappelle la problématique esthétique des écrivains qui se sont compromis à la représentation de l'oralité (Durrer, 1994, Durrer & Meizoz, 1996). La riche production métadiscursive de C. F. Ramuz l'illustre exemplairement, lui qui explique et justifie sa démarche à l'occasion de plusieurs essais dont l'influence sera importante, sur d'autres écrivains (comme Queneau et Céline) mais aussi sur les linguistes (Meizoz, 2001). Ces plaidoyers *pro domo* sont en raison de la sévérité de la critique. À côté de ceux qui apprécient la charge expressive et mélodique de son écriture, ceux qui lui reprochent son « charabia » sont les plus nombreux. Parmi eux, on peut distinguer les critiques qui suspectent (avec plus ou moins de bonne foi) que le Suisse ne parle pas français : « Ecrivain français, s'il veut l'être, qu'il apprenne notre langue. » (André Billy, *Candide*, septembre 1925) et ceux qui prennent acte du caractère concerté de son style, mais qui le juge artificiel :

> M. Ramuz raconte ses récits comme un paysan vaudois ou valaisan les raconterait, avec l'optique, les tours de phrase, de ce paysan. Artifice qui paraît d'abord naïf et qui est finalement très littéraire et même roublard.
> (Edmond Jaloux, *L'Éclair*, septembre 1923.)

---

[112] D'où des associations anti-orientées sur l'axe de la valeur : « Les "dislocations à gauche", par exemple, fonctionnent à la fois, s'il faut en croire le métadiscours scolaire, comme un stéréotype de la langue parlée, et comme un procédé littéraire expressif. » (Berrendonner, 2004 : 251)

La parataxe comme d'autres constructions produisant des effets d'oralité qu'on a dits « mélodiques » réclament tantôt les preuves qu'ils sont intentionnels, tantôt les gages de leur spontanéité. L'analyse proposée ici se dégage de tout caractère évaluatif en pointant un facteur sémiologique commun à un ensemble très large de constructions – jugées esthétiques ou inesthétiques, maîtrisées ou incontrôlées – la sollicitation qu'elles adressent à la compétence prosodique du lecteur.

Conclusion

Nous avons dans cette partie (5) survolé la solution intitulée « adaptation du verbal » de notre hypothèse initiale. Il s'agissait de répondre à cette question : comment écrit-on, sachant qu'écrire, c'est énoncer sans donnée mélodique. Partant d'un modèle théorique d'ergonomie visuelle optimale (la construction syntaxiquement intégrée), nous avons considéré deux manières d'affecter cette ergonomie et donc d'affaiblir l'efficacité d'un traitement endographique du texte. Ont été évoquées d'abord les *constructions inversées ou extraposées*, s'écartant de la tactique fixée par les unités rectrices (en particulier les verbes) au sein des unités syntaxiques maximales (clauses). Les constructions paratactiques ont été considérées ensuite.

On a rappelé à leur sujet que les travaux contemporains observent la capacité du module prosodique à prendre le relais de la morphologie pour instruire des relations intra ou interclausales (produisant des enchaînements qui ne sont dès lors paratactiques qu'au niveau segmental). La théorisation par Berrendonner de cette observation, qui invite à considérer certains intonèmes comme des variantes de morphèmes ligateurs, étaie notre hypothèse de départ sur la gestion complémentaire et économique des modules de structuration linguistique. La jonction prosodique complète la jonction morphologique. Dès lors, on peut prévoir que les constructions paratactiques (sur le plan segmental) sont susceptibles de solliciter une actualisation prosodique ou, autrement dit, qu'il est pertinent pour le lecteur de rechercher le contour intonatif d'un énoncé paratactique à l'écrit pour interpréter la relation qu'il entretient avec son contexte d'incidence. On a vu enfin que cette pertinence supposait que l'enchaînement entre clauses soit sémantiquement ou pragmatiquement spécifié, de sorte que la seule topographie ne puisse fournir des instructions équivalentes, alors qu'il existe un intonème propre à opérer la spécification.

Nous en avons conclu que la projection prosodique, comme procédure interprétative, pouvait être retenue pour des raisons de pertinence. Celle-ci est d'abord locale : lorsque le type de relation entre deux clauses ou le type de détachement correspond à un contour intonatif marqué et aisément identifiable par le lecteur. Mais cette pertinence peut être renforcée globalement, quand d'autres propriétés de l'énonciation écrite sont interprétées comme représentation de l'oral (principe de cohérence).

Tout texte difficile ou équivoque ne sollicite pas la prosodie. L'interprète doit encore reconnaître que le déficit de structuration est le corollaire d'un *appui* sur une information mélodique latente : celle de la « voix du scripteur » qui cherche à se faire entendre, ou celle de la voix du lecteur que le texte sollicite. En pareils cas, le passage intersémiotique qu'implique la projection prosodique, à savoir la conversion de la chaîne sémiographique en chaîne sémiophonique, se voit payé d'effets cognitifs profitables : elle enrichit la lecture.

Pour l'interprète, la mélodie prêtée au texte comble ce qui passe tantôt pour une propriété morphosyntaxique intentionnellement conférée au texte (un style sollicitant la prosodie), tantôt pour un défaut accidentel (lié à son insuffisante élaboration, ou à un défaut de compétence du scripteur). Ce sont là les *enjeux évaluatifs paradoxaux* de la parataxe en particulier et des effets d'oralité en général.

En une phrase, lorsque le lecteur applique un contour mélodique à une donnée segmentale graphique – moyennant la réalisation phonématique de cette dernière – il produit, en même temps qu'un sens jugé pertinent, un effet d'oralité de type mélodique.

6 Effets rythmiques : la texture sémiophonique de l'écrit

> Quant à l'étude de l'écrit, elle a longtemps été barrée par le phonocentrisme ; il est par exemple significatif que l'analyse structurale des textes poétiques menée par Jakobson et son école commence par leur donner une forme phonologique ! (Anis *et alii*, 1988 : 148)

6.1 De la phrase au texte

> Les symétries, contrastes, emboîtements et équilibres qui font les périodes ne sont pas entièrement de l'ordre syntaxique et ne peuvent pas se ramener à des relations de coordinations et subordinations. (Blanche-Benveniste, 2000 : 111)

Par cette observation, Blanche-Benveniste entend rapprocher l'organisation du discours oral de celle préconisée par la rhétorique classique. Elle a en vue les principes d'organisation irréductibles aux catégories grammaticales et à leur relation rectionnelle. Or la « cohésion » des enchaînements non réglés par la syntaxe, c'est-à-dire la compréhension de la continuité et de la progression discursives, est garantie par une série de propriétés que nous avons envisagées dans la partie précédente : i) marquage prosodique des relations interclausales, ii) marquage segmental, iii) inférence à partir de la sémantique des clauses et iv) connaissance des enchaînements ritualisés (les périodes de la macrosyntaxe ou ce que la linguistique textuelle appelle depuis Adam des « séquences »).

Cette liste laisse sur le carreau un facteur fondamental de la continuité interclausale : celui qu'on doit aux régularités situées strictement sur le plan de l'expression. Dans la perspective jakobsonienne, qui a connu en France et ailleurs un succès retentissant, c'est la thématique du *parallélisme*, caractéristique de la *fonction poétique*.

Dans la partie qui va suivre, mon ambition sera d'indiquer que, de manière très régulière, l'écrit construit sa continuité discursive en tissant des liens entre les expressions des unités linguistiques : cette continuité textuelle, nous l'appellerons *texture*. Or cette texture peut être de deux natures, elle peut reposer sur l'expression des unités sémiographiques elles-mêmes, mais elle peut également mobiliser l'expression d'unités sémiophoniques correspondant aux unités sémiographiques. Il n'est que trop évident qu'un grand nombre de phénomènes de texture, c'est-à-dire de parallélisme formel, repose sur des qualités acoustiques plutôt que sur des qualités visuelles. À chaque fois que le scripteur ou qu'un autre lecteur tisse entre les unités d'un texte des relations gagées sur les propriétés de l'expression sonore du signe, il témoigne que sa lecture a procédé par une actualisation sémiophonique du signal sémiographique.

Il s'agit là de l'un des champs de recherche privilégié de la poétique (au sens d'étude des œuvres d'art langagières) ; il ne sera bien sûr pas question de l'explorer, mais simplement de mettre au jour ce que, dans l'exercice de la « fonction poétique », l'écrit « doit » à l'oral. Voici ce que sera notre parcours. (6.1) Nous situerons brièvement le niveau de la continuité instaurée par la *texture* dans un modèle de l'interprétation textuelle (définir la texture). (6.2) Parmi les faits de texture, comme fabrique de la continuité textuelle, nous distinguerons les faits opérant au plan du contenu (*isotopie*) et les faits opérant au plan de l'expression (*isoplasmie*). (6.3) Nous pourrons alors opposer, parmi les faits d'isoplasmie, ceux qui instaurent des parallélismes entre propriétés sémiographiques des signes (*isographie*) et ceux qui filent la continuité textuelle sur des propriétés sémiophoniques (*isophonie*). Ce sont ces derniers qui produiront la nouvelle – et très ancienne – catégorie d'effet d'oralité que notre approche permet d'appréhender. (6.4.) Nous pourrons distinguer enfin, parmi ces derniers phénomènes, qui touchent à des réitérations de syllabes, unités de la prosodie, ceux qui concernent la réitération de la qualité syllabique (sur le modèle de la paronomase) et ceux qui concernent la réitération de quantité de syllabes (des mesures, sur le modèle du mètre). Tout en distinguant ces deux variétés, nous pointerons leur propriété commune qui fonde leur pouvoir de cohésion : elles provoquent une accentuation. (6.5) Nous concluons cette partie en caractérisant le mode de représentation écrite de l'oralité mis au jour. Il s'agit d'un mode qui a la caractéristique d'intervenir au *niveau textuel* des énoncés. Nous l'appellerons *effet rythmique*.

6.2 Situation de la texture et de l'effet rythmique

6.2.1 Rythme et textualité

Selon la position autonomiste (et interactionniste) soutenue ici (chap. 2, 1.6, p. 105), l'écrit connaît et ne connaît pas la prosodie. En tant que système sémiographique autonome, susceptible de fonctionner sans (sub)oralisation, il ne la connaît pas ; en tant que système primaire dont les unités de première articulation sont associées par la langue fonctionnelle à cet autre système primaire qu'est la sémiophonie, la lecture de l'écrit, qui est un acte d'abord visuel, peut se solder par un acte d'audition. C'est même historiquement son mode premier et, encore actuellement sans doute, son mode majeur. Pour cette raison, parce la lecture est souvent au moins partiellement audition (*cf.* la formulation contemporaine de la « double voie » des psycholinguistes au chap. 2, 2.5, p. 121), la réduction phonocentriste, qui consiste à décrire l'écrit comme s'il s'agissait de l'oral (en le caractérisant comme unidimensionnel, structuré par le retour d'accents, marqué par des paronomases de diverses sortes...) garde une forte pertinence. Les valeurs descriptives, anthropologiques et historiques de cette réduction ne doivent pas nous faire oublier son inconsistance sémiologique. Prendre conscience de cette inconsistance, c'est s'offrir la possibilité de dépasser les limites de déjà fructueux modèles du langage, en pensant ce que l'énonciation perd mais aussi gagne dans et par l'espace.

Il n'est pas besoin d'y regarder de très près pour s'apercevoir que les descriptions du caractère rythmique de l'écrit supposent l'assimilation de ce dernier à l'oral. C'est le cas, si influent, de Jakobson, et d'un certain nombre de poéticiens contemporains inscrits dans le sillage de Meschonnic.

Notre propos sera ici de décrire les conditions particulières de cette « combinaison » sémiologique. Car il s'agit bien d'une combinaison : si toute lecture d'énoncés supposait une lecture endophasique, une audition interne, il resterait à expliquer pourquoi certains textes produisent, bien davantage que d'autres, des *effets de rythme*.

Si l'on prolonge les pistes ouvertes par Benveniste, on qualifiera de « métasémantique » la description de la textualité des discours, écrits ou oraux, c'est-à-dire la régularité de leur enchaînement au-delà du niveau (micro)syntaxique. Rappelons rapidement le passage très célèbre où Benveniste suggère, plutôt qu'il ne décrit, ce niveau de l'analyse linguistique.

> En conclusion, il faut dépasser la notion saussurienne du signe comme principe unique, dont dépendraient à la fois la structure et le fonctionnement de la langue. Ce dépassement se fera par deux voies :
> – dans l'analyse intralinguistique, par l'ouverture d'une nouvelle dimension de signifiance, celle du discours, que nous appelons sémantique, désormais distincte de celle qui est liée au signe, et qui sera sémiotique ;
> – dans l'analyse translinguistique des textes, des œuvres, par l'élaboration d'une métasémantique qui se construira sur la sémantique de l'énonciation.
> Ce sera une sémiologie de « deuxième génération », dont les instruments et la méthode pourront aussi concourir au développement des autres branches de la sémiologie générale (Benveniste, 1974 [1969] : 66).

En dépit de son laconisme, on peut lire dans cette piste lancée, comme le fait Adam (par exemple 2011a et 2011b), l'appel à une linguistique textuelle. Il s'agirait d'interroger ce que l'activité de construction du sens des interprètes doit à la syntagmation des unités prédicatives, ou clauses, qui composent et font la globalité d'une parole. Cette syntagmation, dans le cas de l'écrit, est un *agencement* dans l'espace. Les activités verbales ne se réduisent que rarement à une opération énonciative unitaire. Interpréter une suite de prédications comme un texte, c'est comprendre comment cette suite s'enchaîne pour constituer le tout d'une parole. Ce travail constitue un aspect essentiel de la compétence langagière de l'interprète. Dans cette ouverture sur la globalité du discours, l'analyse des périodes (à l'oral) et des phrases (à l'écrit), comme enchaînement d'unités catégorématiques connexes ou non, constitue une première tâche. La linguistique textuelle s'est donnée pour objectif de décrire ces niveaux d'empaquetage au-delà des unités rectionnelles, visant précisément à « fournir une définition de la textualité comme ensemble d'opérations qui amènent un sujet à considérer à la production et/ou à la lecture/audition qu'une suite d'énoncés forme un tout signifiant. » (Adam, 2011a : 14)

L'activité du lecteur ne consiste pas seulement à *reconnaître* un signal *graphique* comme signes linguistiques en conformant sa substance au patron grapho-morphosyntaxique de la sémiographie (ou langue écrite)[113] et à *comprendre* l'acte énonciatif opéré avec ces signes ; elle consiste encore à mettre en relation

---

[113] Décrire ici l'activité du lecteur n'est pas un choix méthodologique, mais un choix théorique : rappelons en effet que, dans la perspective adoptée ici, c'est l'audition ou la lecture (et non l'émission ou l'écriture) qui constitue le fait énonciatif.

et à faire un tout avec les clauses préalablement construites par lui (et réévaluées ensuite). Ainsi l'activité textuelle est-elle le processus par lequel *les clauses s'agencent pour effectuer ensemble une action langagière*, c'est-à-dire la fabrique du texte que se propose de décrire la linguistique textuelle. Ce processus peut se décrire comme celui d'une « réévaluation par séquence de traitement de l'autonomie relative de chaque unité phrastique ou subphrastique » (Adam 2015, s'inspirant de Le Goffic, 2011).

En cela, la linguistique textuelle est indispensable à une linguistique de l'énonciation ; elle lui fournit un modèle décrivant les *unités d'empaquetage* des clauses : les périodes de la macrosyntaxe fribourgeoise ou les séquences de la linguistique textuelle, s'organisant elles-mêmes dans des unités supérieures organisées à leur tour dans l'unité globale[114].

Le *texte*, produit de l'interprétation[115], résulte des propriétés linguistiques de tous niveaux, mais aussi d'autres propriétés sémiologiques (d'accès strictement visuel pour l'écrit, quand il n'est pas « multimédia ») que l'interprète reconnaît-assigne à la matérialité d'un signal graphique.

Dans leur fonction proprement textuelle, de pontage des « îlots de connexité rectionnelle », ces propriétés sémiologiques sont réductibles à deux opérations fondamentales. Pour passer, par l'interprétation, de la matérialité du signal à l'unité cognitive d'une énonciation, le lecteur réalise en permanence deux

---

114 On peut rendre compte comme suit de cette division interne au champ de la linguistique textuelle (LT). Compte tenu du fait que la textualisation dépend de traditions discursives (telles que les genres) auxquelles sont associés les énoncés, la LT se fait *linguistique transphrastique* (ou macrosyntaxe) lorsqu'elle s'intéresse aux règles linguistiques, propres à une langue donnée, de la syntagmatique interclausale ; elle se fait *linguistique textuelle*, quand elle étudie les modèles d'organisation locale et globale que sont les genres du discours, inhérents à des pratiques socio-discursives mais non à telle langue (Coseriu, 2007 : 116–117). Grâce aux développements de ces deux premières orientations, la LT peut se faire également « analyse textuelle » des énoncés (Adam, 2011a : 294 et 2014). Elle s'engage alors dans le programme d'une linguistique de la parole, en décrivant les « événements évanouissants » du langage (Benveniste, 1974 : 277), tels que l'organisation de leurs formes linguistiques leur confère unité, efficacité et singularité.
115 Le texte, insistons encore, n'est donc pour nous ni la donnée empirique (le signal), ni un construit de la fonction émetteur (une intention), mais un construit de la fonction interprétative (réceptrice). Nous n'en traiterons donc pas, comme Adam, en termes de « trace d'une activité langagière » ou de « matérialisation sémiotique d'une action sociohistorique de parole » (Adam, 2011c : 33). Le texte est lui-même *action socio-historique de parole*. C'est ce que je comprends de cet extrait de Borges (1980 : 157) cité par Adam (2014) : « Qu'est-ce qu'un livre si nous ne l'ouvrons pas ? Un simple cube de papier et de cuir, avec des feuilles ; mais si nous le lisons, il se passe quelque chose d'étrange, je crois qu'il change à chaque fois. » Le texte est ce qui se refait à chaque lecture.

opérations de textualisation complémentaires : la *segmentation* (constituant les unités discursives qui composent le texte) et le *liage* de ces unités :

> Les unités textuelles subissent deux types d'**opération de textualisation.** D'une part, elles sont découpées par **segmentation** (typographique à l'écrit, pause, intonation et/ou mouvements des yeux et de la tête à l'oral). La discontinuité de la chaîne verbale va de la segmentation des mots permanente à l'écrit et plus faible à l'oral (liaisons, amalgames), à celle du marquage de paragraphes ou strophes et de subdivisions de parties d'un texte à l'écrit. D'autre part, les unités textuelles sont, sur la base des instructions données par les marques de segmentation et par divers marqueurs [...], reliées entre elles par des **opérations de liage** qui sont des constructions d'unités sémantiques et une fabrique du continu à laquelle se reconnaît un segment textuel. (Adam, 2011a : p. 47 ; l'auteur souligne)

La syntaxe (rectionnelle) assure à un premier niveau le liage et la segmentation des unités. La prosodie et la topographie assurent de manière indépendante, on l'a dit, une organisation syntagmatique (mais non syntaxique), qui va donc des plus basses unités au texte entier. Au-delà du syntaxique, il faut distinguer d'autres principes d'empaquetage des unités (cohésion, texture, cohérence). *Certaines reposent sur des propriétés spécifiquement sémiophoniques de la langue.* La structuration qu'elles apportent au texte de l'interprète suppose l'écoute (lecture endophasique). Qu'à ces phénomènes, il fasse la sourde oreille ? Le lecteur reconnaîtrait toujours les signes en jeu (contrairement au cas où la reconnaissance du morphogramme est conditionnée par son actualisation phonographique, du type « coboille »), et il comprendra toujours la structure de la clause et sa relation avec son contexte (contrairement aux cas où l'actualisation prosodique se présente comme une ressource d'analyse des constructions « segmentées »). Mais c'est dans une mise en relation signifiante des unités qu'il perdra de l'information, qui se situe à côté de la syntaxe, aussi bien à l'intérieur du syntagme, qu'à l'échelle de la parole entière. La *texture* d'une séquence écrite détermine néanmoins son interprétation, en contraignant l'association des unités dans l'espace textuel.

6.2.2 Cohésion et cohérence

Dans la tradition européenne des « grammaires de texte », qui battent leur plein dans les années 1970 (notamment les travaux de Halliday & Hasan, Van Dijk, Petöfi ou Beaugrande ; pour une synthèse historique, voir Adam, 2011b et Charolles, 2011), la recherche du facteur d'unité des textes s'est concentrée autour de deux notions : la *cohésion* et la *cohérence*.

Depuis Halliday & Hasan (1976), on appelle *cohésion* les facteurs de l'unité textuelle situés du côté des instructions fournies par les structures linguistiques elles-mêmes : la cohésion désigne la fonction des « expressions relationnelles que les langues offrent aux locuteurs pour relier les énoncés entrant dans la composition des discours » (Charolles, 2011 : §11). On admet aujourd'hui que la cohésion ne suffit pas à garantir la globalité d'une parole ; elle ne permet pas de répondre à « ces questions simples : que fait-on quand on lit un texte, et d'où procède le sentiment de son unité ? » (Rastier, 1996 : 9). Sans connecteur, pauvre en relations anaphoriques et sous-ponctuée, une énonciation est acceptée si elle correspond à un *modèle* d'action langagière mobilisé par l'interprète. Le texte répond moins à des régularités d'organisation linguistique qu'à un geste interprétatif : un jugement de pertinence relatif à la valeur actionnelle prêtée au texte considéré et orientant l'interprétation de chacune de ses parties. On appelle ce geste interprétatif *cohérence*[116].

La cohérence n'est pas une propriété linguistique, mais une propriété des actions (Charolles, 1983) : plus précisément, une propriété de phénomènes *interprétés comme action*. Elle n'est donc pas inhérente aux objets, mais résulte d'une hypothèse constituant le principe directeur de l'interprétation et le produit de l'interprétation ainsi dirigée. Comme il en va de toute action, le bornage spatio-temporel de l'objet, ici l'énoncé, conduit à la *présomption de cohérence*. L'unité matérielle du signal (le processus acoustique dans son environnement d'émission ou l'apport graphique sur la surface limitée et structurée de son support) est le premier indice que le multiple des formes linguistiques répond à l'un d'une intentionnalité. Cette présomption pousse à opérer des hypothèses de pontage entre les différentes parties du discours :

> Le discours se manifeste au premier chef par la continuité de la production, d'où l'importance des pauses et des indices mimo-gestuels, à l'oral, et des indices typographiques et dispositionnels, à l'écrit. Ces critères matériels jouent un rôle crucial dans l'interprétation des productions linguistiques et pas seulement linguistiques. Dès lors en effet qu'une série d'actions nous paraissent accomplies à la suite, nous éprouvons le besoin de comprendre à quelle intention d'ensemble elles peuvent répondre. (Charolles, 2011 : §5)

Dès lors, pour le dire encore avec Charolles : « [l]a cohérence n'est pas une qualité que pourraient avoir ou non les discours, elle est constitutive même de l'idée de discours » (Charolles, 2011 : §5).

---

[116] Position désormais largement consensuelle. Voir par exemple Rastier, dans le sillage de Robert Martin : « Convenons que la cohésion d'un texte dépend de ses relations sémantiques internes, et sa cohérence, de ses relations avec son entour extralinguistique, défini comme l'ensemble des phénomènes sémiotiques qui lui sont associés. La cohésion est donc d'ordre intralinguistique ; la cohérence d'ordre intersémiotique. » (Rastier, 1996 : 105)

Si toutes les énonciations font texte(s), elles ne le font pas toutes de la même manière. La linguistique textuelle a pour objectif de mettre en rapport *i)* le signal, *ii)* les structures linguistiques que l'interprète lui reconnaît (unités de première et de deuxième articulation) et *iii)* le texte qu'il produit, c'est-à-dire la fabrique du « sentiment de son unité », ce qu'il fait. Ainsi le linguiste peut-il décrire les procédures par lesquelles la substance devient activité moyennant la langue. C'est une modélisation de ces procédures que vise à développer la linguistique textuelle[117].

6.2.3 La texture : un troisième terme pour penser l'unité des textes

Selon un avis répandu, la distinction polaire traditionnelle entre *cohésion* et *cohérence* est indiscutable en droit et impraticable en fait[118]. En m'inspirant des travaux d'Adam et de Rastier sur le texte, je propose d'envisager non pas deux, mais trois ordres de facteurs de textualité, en réanimant, à côté du couple *cohésion* et *cohérence*, très utilisé aujourd'hui, la notion plus ancienne de *texture*[119].

---

[117] Une fois écartée l'idée première des grammaires de texte, selon laquelle l'unité textuelle était tout entière justiciable de propriétés linguistiques (cohésion), « [l]'accent s'est [...] déplacé vers l'étude des stratégies que l'on met en œuvre pour attribuer une cohérence à un texte », raconte Maingueneau à propos du cheminement de l'analyse textuelle, qui est donc un cheminement vers la progressive prise en compte de l'interprète et de ses compétences. Il ajoute en effet : « Le jugement qui déclare qu'un texte est cohérent ou incohérent peut ainsi varier selon les sujets, en fonction de leur connaissance du contexte ou de l'autorité qu'ils accordent au texte : face à un texte religieux ou littéraire prestigieux, l'interprète aura tendance à postuler que ce qui pourrait sembler une incohérence est, en fait, cohérent, mais à un autre niveau, moins immédiat. » (Maingueneau, 2010 : 210)

[118] Par exemple : « Dans la pratique, il est difficile d'opérer une stricte répartition entre des règles de cohérence à portée externe et des règles de cohérence à portée interne. » (Riegel *et alii*, 2009 : 1019 ; voir aussi Maingueneau, 2010 et Wulf, 2006.)

[119] Plus ancienne et moins théorisée, la texture n'est par exemple pas « défendue » par le *Dictionnaire d'analyse du discours* de Charaudeau & Maingueneau (2002). La tripartition proposée ici part d'hypothèses sur le fonctionnement des unités linguistiques, alors que l'analyse textuelle d'Adam approche les faits linguistiques en fonction du niveau dans la hiérarchie textuelle où ils interviennent. De cette différence de point de vue, liée à des objectifs scientifiques différents, il découle un déplacement des catégories. Sans proposer une comparaison systématique, on peut relever que mon usage de la catégorie de « texture », proche de celui qu'en ont fait Jakobson (1963) et le Groupe µ (1977), la situe dans le modèle d'Adam aussi bien au niveau des périodes (N4), au niveau compositionnel de la séquence et des plans de texte (N5) qu'au niveau sémantique (N6) (2011a et 2011c). Inversement, la *texture* d'Adam (par exemple : « la texture microlinguistique que décrit classiquement la linguistique » (2011c : 42) se situe chez lui au plan (N3) de « la connexité textuelle » (2011c : 42–43) et correspond à des faits relevant

L'introduction de cette notion ne fait guère bouger le concept de *cohérence*, suffisamment défini ci-dessus pour nos objectifs comme facteur pragmatique, externe au texte, résultant de l'application du « principe de pertinence » au signal envisagé dans sa totalité. La cohérence consiste en l'évaluation des moyens langagiers engagés par un texte afin d'accomplir l'action langagière qui lui est assignée, dans l'espace social où l'interprète le trouve et selon les connaissances encyclopédiques et métadiscursives (génériques) de cet interprète. Cette position conduit à admettre qu'un mot seul peut constituer un texte s'il est interprété comme action[120].

L'introduction du terme de *texture* déplace en revanche le concept de *cohésion*, en le spécifiant. La linguistique de l'énonciation définira la *cohésion* comme *la fonction d'un appareil formel* : celui des expressions relationnelles assurant le bornage et le liage des propositions : les *anaphoriques* qui assurent le liage « référentiel » des expressions nominales de clause à clause, les *connecteurs* qui assurent le liage « logique » entre ces mêmes unités syntaxiques autonomes. On peut bien parler ici d'un *facteur interne* au texte, dans la mesure où les instructions de cohésion sont portées par le texte lui-même (c'est-à-dire la reconnaissance sémiotique de certaines de ses unités).

À côté de cet appareil de formes spécialement dévolues à la segmentation et au liage entre unités énonciatives, d'autres instructions de textualité peuvent être dites « internes » au texte. Il s'agit des opérations de repérage des « parallélismes » ou des « équivalences » au sens de Jakobson. Rappelons la définition de la « fonction poétique », intarissable source d'inspiration :

---

principalement de ce que j'aborde en termes de (marqueurs de l'appareil formel de la) cohésion. Notons enfin que la cohésion et la texture constituent des opérations « ascendantes » de la gestion textuelle, c'est-à-dire allant du local du signe vers le global du texte – même si l'attention au local, nous y reviendrons, dépend des représentations métalangagières de l'interprète. Pour une discussion sur ces mouvements ascendants et descendants de l'analyse textuelle, voir par exemple Adam, 2011c : 35 ou la notion de « stratégie » chez Rastier, 1996 : 84, 210.

120 « [...] un mot, une simple phrase, dès lors qu'ils sont énoncés dans un certain contexte à des fins communicatives, constituent un texte aussi bien qu'un roman de plusieurs volumes » (Combettes & Charolles, 1999 : 82). Au sein de la LT, ce point de vue, « énonciativiste », s'oppose à un autre, « textualiste », selon lequel, pour qu'il y ait *texte* ou *discours*, il faut qu'« au moins deux énoncés s[oie]nt produits à la suite » (Charolles, 2011 : §5). Dans le premier cas, on privilégie une relation verticale, si l'on ose dire (du texte à son univers de référence et à l'action qu'il vise à y accomplir) ; dans le second, on fait primer une relation horizontale (une continuité au sein de l'énoncé). Subordonner l'horizontalité à la verticalité n'empêche pas de reconnaître que, pour construire la relation verticale d'un énoncé à ses extériorités, il est nécessaire – au-delà du cas particulier du texte monorème – de passer par la construction, horizontale, de sa continuité.

> La fonction poétique projette le principe d'équivalence de l'axe de la sélection sur l'axe de la combinaison. L'équivalence est promue au rang de procédé constitutif de la séquence. (Jakobson, 1963 : 22)

Ce sont les opérations de mise en équivalence qui promeuvent la réitération d'unités linguistiques « au rang de procédé constitutif de la séquence », soit d'opérateur de regroupement syntagmatique[121]. L'énoncé donne aussi à reconnaître son séquençage, c'est-à-dire son unité et/ou son articulation en sous-unités, par cette redondance qui n'implique pas de marqueurs spécifiques, *en langue*, de la structuration textuelle, mais des marques qui trouvent, *en discours*, cette fonction.

Par *texture*, on entendra ici le produit de ces associations. Ainsi définie, la texture est un phénomène dont l'unité d'analyse est de niveau textuel : les unités mises en relation se situent en effet à la fois « en-deçà des mots » et « au-delà de la phrase ». C'est ce *double mouvement* que dégage Rastier à propos de la notion d'*isotopie*, une des deux modalités de la texture :

> Le concept d'isotopie synthétise ce double mouvement, puisqu'il doit rendre compte d'un phénomène macrosémantique (cohésion du discours) par des causes d'ordre microsémantique (récurrences de sèmes). (Rastier, 1996 : 104)

Le repérage d'unités linguistiques réitérées le long de la chaîne se définit ainsi comme un phénomène syntagmatique mais non syntaxique, et donc indépendant des clauses[122]. L'étude de la texture permet d'appréhender linguistiquement

---

[121] On peut résumer les critiques, fondées, qu'on a pu faire à cette célèbre définition, en citant cette conclusion de Rastier : « En bonne méthode, ce sont les relations syntagmatiques d'équivalence entre sémèmes qui permettent d'identifier les relations associatives sur l'axe paradigmatique, et non l'inverse. » (Rastier, 1996 : 96) En d'autres termes, l'ordre de la « projection » doit être renversé : ce sont les combinaisons établies ailleurs et indépendamment dans le discours qui ouvrirait l'espace associatif de Saussure que Jakobson pense en termes de sélection. Voilà qui est une manière de dire, sous l'angle de l'analyse sémique, que la parole intègre la langue. Ce renversement, pour une linguistique de l'énonciation, est lui aussi réducteur. Sa validité est plus assurée pour l'isotopie que pour l'isoplasmie. Un champ associatif est ouvert par le signifiant lui-même. Il faut sans doute partir du principe que l'axe syntagmatique et l'axe paradigmatique sont en rapport de projection réciproque – et retrouver ainsi, dans des termes qui certes appartiennent plus à la poésie qu'à son métalangage, la relation benvenistienne d'*intégration*.

[122] En 1996, Rastier revient sur un élément de sa définition inaugurale de l'isotopie datant de 1972 : « Une isotopie a une définition syntagmatique, mais non syntaxique ; elle n'est pas structurée, en d'autres termes il s'agit d'un ensemble non ordonné » (1996 : 96). Il propose alors de remplacer « ensemble » par « suite non ordonnée ». Les faits d'isoplasmie sont quant à eux ordonnés.

un ordre de régulation qui n'est en réalité ni en-deçà ni au-delà des unités syntaxiques, mais à côté ou plutôt par-dessus – d'où cette « sensation de configuration double » (Jakobson, 1963 : 232) que provoque, en se *surimposant* aux règles syntaxiques, l'un des phénomènes de texture les plus codifiés : « la forme métrique »[123]. La texture ainsi définie dans le sillage de Jakobson est proche de ce que Meschonnic appelle *signifiance du rythme* :

> Je définis le rythme dans le langage comme l'organisation des marques par lesquelles les signifiants, linguistiques et extra-linguistiques (dans le cas de la communication orale surtout) produisent une sémantique spécifique, distincte du sens lexical, et que j'appelle la signifiance : c'est-à-dire les valeurs propres à un discours et à un seul. Ces marques peuvent se situer à tous les "niveaux" du langage : accentuelles, prosodiques, lexicales, syntaxiques. (Meschonnic, 1982 : 216–217)

6.2.4 Les deux plans de la texture : *isotopie* et *isoplasmie*

Les faits de texture sont de deux types, selon que les séquences textuelles qu'ils engendrent résultent de l'équivalence d'unités du contenu ou de l'expression. L'*isotopie* est le nom donné depuis Greimas (1966) à la réitération de composantes du plan du contenu ; suivant la proposition terminologique du Groupe μ, nous lui ferons correspondre l'*isoplasmie* sur le plan de l'expression (1977 : 34–36). Le terme de *texture* subsume les opérations de mise en équivalence d'unités linguistiques reconnues dans un signal en tant qu'elles contribuent à la partition textuelle, c'est-à-dire à l'interprétation des parties et du tout d'une activité verbale. Dans cet usage, le terme de texture est proche du sens, certes lâche, qu'il trouve chez Jakobson, qui parle notamment de « texture phonique » (Jakobson, 1963 : 242 *et passim*).

À l'instar du Groupe μ, il me semble préférable de référer aux situations où la séquence linguistique est structurée par le « principe d'équivalence » par deux termes, *isotopie* et *isoplasmie*, selon que les unités mises en équivalence appartiennent au contenu ou à l'expression, plutôt que de supposer une homologie de fonctionnement en rangeant l'ensemble des faits d'itération d'unités linguistiques sous la même catégorie[124]. Pour mémoire, le père de

---

123 Cette autonomie de principe marque, comme toujours, non l'isolement mais la possibilité d'une interaction. Voir l'effet assimilateur ou dissimilateur du cotexte syntaxique pour les isotopies (Rastier, 1996), et, pour l'isoplasmie, les covariations, en français, entre structuration syntaxique et structuration accentuelle.

124 Pour la présente analyse, la position d'Adam est, comme celle du Groupe μ, une source d'inspiration. Parmi les opérations de liage, Adam pose à côté de l'isotopie, les « liages du signifiant », conçus à partir de la fonction poétique de Jakobson (1999 : 60–61, 2008 : 104) : « Le liage du signifiant correspond à la fonction poétique de la parole mise en évidence par Roman

l'usage linguistique de la notion d'*isotopie*, Greimas, la définit sur le plan du contenu seulement (1966), tout en reconnaissant plus tard (1972) la pertinence de son extension pour les unités phonématiques – pertinence défendue par Rastier (1972) puis Arrivé (1973). Toutefois Rastier, à qui l'on doit à ce jour l'exploration la plus approfondie de l'isotopie (voir notamment 1987 et 1996) ne l'a pas appliquée aux unités de l'expression ; d'ailleurs, dans son ouvrage de référence, après avoir rappelé la définition générale qu'il en proposait en 1972 (« On appelle isotopie toute itération d'une unité linguistique. » 1996 : 91), le linguiste n'envisage sous ce terme que des faits relatifs aux unités du contenu (les sèmes)[125].

La pertinence d'aborder par la même catégorie l'itération d'unités de l'expression reste du coup de l'ordre de l'hypothèse. Bien que sommaires, nos observations rejoignent celles du Groupe µ et conduisent à prendre acte d'une asymétrie non négligeable entre les faits de texture relevant de l'un et l'autre plans. La parenté est certaine : elle permet d'unir *isotopie* et *isoplasmie* comme facteurs d'organisation textuelle (syntagmatique) et, en outre, de s'inspirer jusqu'à un certain stade des analyses de Rastier concernant l'isotopie pour penser l'isoplasmie.

6.2.5 Deux types d'isoplasmie : *isophonie* et *isographie*

On appellera donc *isoplasmie* l'itération d'une unité linguistique du plan de l'expression. Il s'agit plus précisément d'une activité d'*identification* par l'interprète de telles unités[126], instaurant une relation d'*équivalence* entre les unités de rang supérieur qui intègrent les constituants « texturés ». Il est inutile – et

---

Jakobson. On en distingue quatre types : – répétitions de phonèmes (allitérations et rimes, paragrammes et anagrammes) ; / – répétitions de syllabes et/ou d'un certain nombre de syllabes (rythme fondé sur le nombre) ; / – répétitions de lexèmes et jeux sur l'homophonie, la synonymie, l'antithèse ; / – répétitions de groupes morphosyntaxiques (parallélismes grammaticaux) » (Adam, 2008 : 104). Pour précise qu'elle soit, l'expression « liage sur le signifiant » (peut-être en raison du singulier de *signifiant*) me semble peu propre à donner la mesure du phénomène dans la structuration du discours. La notion d'isoplasmie présente l'avantage de rapprocher le phénomène de l'isotopie, sans assimiler *a priori* les deux facteurs de la texture.

125 On peut en dire autant d'Arrivé : l'élargissement qu'il a donné à la notion en 1973, il ne le fait pas passer dans *La Grammaire d'aujourd'hui*, où l'entrée *isotopie* n'envisage que les effets sur le texte de la « présence d'éléments **sémantiques** » (1986 : 358).

126 Le rapport entre forme et substance est relatif. Ayant posé le signal comme substance de l'expression, les unités de l'expression interrogées ici seront considérées comme forme de l'expression. Mais il est clair que dès lors que nous avons posé la langue en amont des deux systèmes primaires de la sémiophonie et de la sémiographie, les unités de l'expression de la *langue schéma* (au sens hjelmslévien, voir chap. 2, 1.6, p. 95–96) seront des formes de formes (comme les glossèmes).

c'est heureux – de redéployer la sémantique de l'isoplasmie ; c'est le travail d'une poétique. Qu'il nous suffise ici d'observer l'efficacité de la texture plastique des textes. À cette fin, prenons comme Jakobson la paronomase pour emblème.

Fontanier juge la paronomase avec hauteur et n'en dégage que l'aspect formel : « La paronomase [...] réunit dans la même phrase des mots dont le son est à peu près le même, mais le sens tout à fait différent. » (1827) Il en donne quelques exemples (*Je m'inscris mieux par fuite que par suite*, Montaigne ; *Ils donnent à la vanité, ce que nous donnons à la vérité*, Massillon ; *Avoir loi et loisir*, Pasquier)[127]. Chez Jakobson en revanche, la paronomase est un principe recteur de la poésie :

> En poésie, les équations verbales sont promues au rang de **principe constructif du texte.** Les catégories syntaxiques et morphologiques, les racines, les affixes, les phonèmes et leurs composants (les traits distinctifs) – bref, tous les constituants du code linguistique – sont confrontés, juxtaposés, mis en relation de contiguïté selon le principe de similarité et de contraste, et véhiculent une signification propre. **La similitude phonologique est sentie comme une parenté sémantique.** Le jeu de mots, ou pour employer un terme plus érudit et à ce qu'il me semble plus précis, la paronomase, règne sur l'art poétique [...]. (Jakobson, 1963 [1959] : 86)[128]

Les deux principes qui nous intéressent sont ici conjoints : a) le principe définitoire de l'isoplasmie : une équivalence sur le plan de l'expression instaure une équivalence sur le plan du contenu, et b) son effet cohésif, ou texturant, qui inspirera les travaux sur la textualité (ceux d'Adam notamment, voir Adam, 2011).

Avant de détailler (un peu) le fonctionnement de l'isoplasmie, tirons de là déjà le point le plus important pour nous : il y a dans l'interprétation d'une énonciation des opérations qui consistent à mettre en relation le contenu de

---

127 Beauzée, dont Fontanier reprend à la fois l'analyse et les exemples, illustre sont propos de citations latines, précisant à leur sujet : « Les grecs & les latins aimoient ces jeux de mots : notre langue, plus austère à cet égard & d'un goût plus sûr, ne s'en accomode guères ; & nos bons écrivains en fourniroient peu d'exemples. » (Beauzée, 1784 : 766) Cette appréciation de la figure, fille d'un imaginaire du langage logicisant bien de son époque, s'interprète en corrélation avec la non reconnaissance de la force signifiante de la paronomase.

128 Jakobson conclut de ces observations sur les parallélismes (isophoniques) que la traduction doit se penser dans les termes d'une « transposition créatrice ». Ce transfert concerne notamment la « transposition intersémiotique – d'un système de signes à un autre, par exemple de l'art du langage à la musique, à la danse, au cinéma ou à la peinture » (1963 : 86). La représentation écrite de l'oral consiste bien, en ces termes, à une forme de « transposition créatrice ».

morphèmes à la faveur de similitudes situées sur le plan de l'expression : loin d'être une coquetterie de plus ou moins bon goût (Beauzée, Fontanier), elle est un principe de textualisation dont on peut apprécier l'efficacité : « des suites partiellement homophones qui établissent généralement, par-dessus – ou par-dessous – l'énoncé du poème (ce qui est dit), des **chaînes de signification** » dit Dessons (2011 : 52). L'expression rappelle la « tresse verbale » de Jakobson (1973). Au plan de la signification, l'isoplasmie (réitération d'unités du plan de l'expression constituant une suite ordonnée) joue un rôle de *relateur* (d'unités non nécessairement contiguës) et de *focalisateur* sémantique.

La question qui s'impose alors et avant tout pour notre problématique est patente : à quel système appartiennent les unités de l'expression identifiées comme retour du même par l'interprète ? La fameuse définition de la fonction poétique comme principe d'équivalence n'est pas spécifiée et pourrait concerner des unités de l'expression comme du contenu. Mais au vu de ses développements et des illustrations (*I like Ike*, *l'affreux Alfred*, la cadence majeure comme contrainte de l'épopée serbe, le vers, la rime...), Jakobson pense manifestement à des équivalences de l'expression. Ces exemples n'empruntent, plus précisément encore, qu'à des équivalences de l'expression sémiophonique. Le « côté palpable des signes » (Jakobson, 1963 : 218) que la fonction poétique met en évidence, Jakobson le trouve du côté de l'expression orale. Jakobson analyse l'énoncé écrit comme s'il était constitué de *phonèmes*, faisant comme si le signal graphique était reconnu de la même manière que le signal acoustique, faisant fi autrement dit de toutes les propriétés matérielles et formelles de l'écrit (*cf.* Anis *et alii*, 1988 : 148 qui sert d'exergue à cette partie). C'est une erreur, historiquement des plus fructueuses ; elle jette nonobstant un voile sur l'énonciation écrite[129].

On voit ainsi apparaître un problème que ne soulevait pas l'étude des isotopies. Selon le modèle triadique (chap. 2, 1.6, p. 105), sémiophonie et sémiographie reversent leur propre réseau de distinctivité dans la langue. On fait donc l'hypothèse que les deux systèmes primaires de la langue orale et de la langue écrite partagent une même structuration du plan de l'expression. Les morphèmes envisagés sous l'angle de leur contenu, les *sémèmes* sont neutres relativement à l'opposition oral/écrit. Il en va par suite de même pour les unités sémantiques minimales (les *sèmes*) et pour leur réitération en discours (l'*isoto-*

---

129 « C'est seulement en poésie, par la réitération régulière d'unités équivalentes, qu'est donnée, **du temps de la chaîne parlée**, une expérience comparable à celle du temps musical – pour citer un autre système sémiotique. Gerard Manley Hopkins, qui fut un grand pionnier de la science du langage poétique, a défini le vers comme "un discours répétant totalement ou partiellement la même **figure phonique"** (*The Journals and Papers*, Londres, H. House, 1959). » L'analyse de Jakobson se donne pour l'affinage de l'idée de Hopkins (Jakobson, 1963 : 221).

pie). Il ne pourrait y avoir un sème et donc une isotopie dont l'aire soit restreinte à l'usage de l'un des deux systèmes primaires. Ces derniers ont en partage le plan du contenu de la langue.

La question se pose différemment pour le plan de l'expression. Au niveau de la langue comme forme, les unités du signifiant sont des unités abstraites, purement négatives et différentielles (un *schéma* au sens de Hjelmslev), recevant et assurant en retour la distinctivité des signes de tous les systèmes dérivés, indépendamment de leur substance et de leur mode opératoire. Mais au niveau des systèmes de signes, à commencer par les systèmes primaires de la sémiophonie et de la sémiographie, la forme de l'expression est une configuration abstraite de la substance. Autrement dit, la forme qui permet la reconnaissance d'un signal graphique est une abstraction visuo-graphique de propriétés spatiales (notoirement, le graphème) ou une abstraction auditivo-acoustique (notoirement, le phonème). Du point de vue de leur expression, phonèmes et graphèmes sont irréductibles les uns aux autres. Le diagramme ci-dessous éclairera la situation en suggérant qu'on peut identifier les unités du contenu des systèmes sémiophonique et sémiographique, mais pas leurs unités de l'expression[130].

langue
signe (signifiant/signifié)
ou *glossème* (cénème/plérème)[131]

sémiophonie
sémiophone (morphophonème/sémème)
unité distinctive minimale (phonème, sème)

sémiographie
sémiogramme (morphogramme/sémème)
unité distinctive minimale (graphème, sème)

Les formes qui permettent d'informer un signal acoustique en séquence linguistique ne sont pas les mêmes que celles qui permettent d'informer un signal

---

130 On relèvera que la tripartition de Hjelmslev, *matière* (pour ce que nous avons appelé ici, en suivant le *Cours de linguistique générale*, substance), *substance* (pour les unités discrètes d'un système, analysées en morphème et sémème et dotées de propriétés positives), et *forme* (pour le réseau de distinctivité du système de la langue qui définit chaque signe négativement), clarifierait notre analyse. La matière graphique manifeste la substance de la sémiographie qui manifeste la forme de la langue. Mais la substance graphémique manifeste la langue d'une manière irréductible à la substance phonématique (l'une est forme spatiale, l'autre forme processuelle).

131 On l'a indiqué plus haut déjà (chap. 2, 1.3, p. 93), en analysant les unités linguistiques (ou *glossèmes*) en *plér(émat)èmes* (unités du plan du contenu) et en *cén(émat)èmes* (unités du plan de l'expression), Hjelmslev n'identifie pas ces derniers aux phonèmes et installe un point de vue sémiologique qui ne confine pas au phonologisme.

graphique. Le « patron acoustique » du /a/ ne permettra pas de reconnaître un |a|. Fondamentalement, la propriété commune des faits d'isophonie, l'accentuation secondaire, est de substance acoustique et n'a aucune contrepartie graphique. Si l'isophonie produit à l'écrit ses effets de relation et de signification, c'est qu'il y a eu *accentuation de syllabe*, nous allons y revenir.

Ce point éclairci, nous pouvons faire un pas de plus dans notre définition de l'isoplasmie. Celle-ci consiste en une *suite ordonnée* d'unités du plan de l'expression. Selon que l'interprétant de ces unités linguistiques du plan de l'expression est une unité sémiographique ou une unité sémiophonique – dualité possible en raison du lien entre les deux systèmes linguistiques primaires que maintiennent fermes à la fois la langue et la convention phonographique –, l'isoplasmie du texte écrit sera d'*ordre graphique* ou d'*ordre phonique*. La distinction n'apparaît pas chez Jakobson. Mais elle se trouve évoquée par Todorov :

> On divise habituellement les faits de versification en trois grands groupes, liés aux concepts de *mètre*, *rime* et *formes fixes*. Mais tous trois relèvent d'un même principe, qui permet de distinguer les vers de la **prose** et qui a reçu, à des époques différentes, des noms divers : rythme, périodicité, parallélisme, ou simplement répétition. On peut dire, de manière très générale, que **le parallélisme** constitutif du vers exige qu'un **rapport d'éléments de la chaîne parlée** réapparaisse à un point ultérieur de celle-ci ; cette notion présuppose donc les notions d'identité, de succession temporelle, et de phonie. On parlera plutôt de **symétrie** lorsque la disposition spatiale, et la graphie, sont en jeu. (Todorov, 1972 : 240)

6.2.6 L'isoplasmie graphémique ou *isographie*

À l'écrit, les unités linguistiques du plan de l'expression sont des graphèmes, soit i) les alphagrammes et leur combinaison dans les unités sémiographiques de différents niveaux (morphèmes, syntagmes et catégorèmes) et ii) les topogrammes dans leur variété. Le repérage de l'itération des graphèmes provoquera une isoplasmie graphique qu'on conviendra d'appeler *isographie*. Nous sommes dans le domaine de ce que Todorov traite en termes de *symétrie*, « lorsque la disposition spatiale, et la graphie, sont en jeu », qu'il oppose au *parallélisme*, « rapport d'éléments de la chaîne parlée » (Todorov, 1972 : 240).

Lorsqu'il n'est pas combiné à un topogramme de rang 4 (d'ouverture ou de fermeture de phrase), le retour de ligne s'interprète comme *continuité linguistique* par-delà la rupture de la ligne graphique. La réitération positionnelle des débuts de ligne (de même coordonnée sur l'axe horizontal) engendre la « justification » qui est une isographie. Sa rupture, par la « ligne creuse » à droite et/ou l'alinéa à gauche, marque la fin du paragraphe.

Le *vers* se caractérise quant à lui par un retour à la ligne qui ne coïncide ni nécessairement avec la frontière d'une unité syntaxique, ni avec la contrainte matérielle de la limite du support (typographie). Le vers instaure ainsi un troisième principe, syntagmatique plutôt que syntaxique, d'organisation textuelle. Purement graphique (voir Anis, 1983b), ce principe d'organisation, qui ne devient principe structurant que par isoplasmie (c'est-à-dire réitération de topogrammes), est aussi distinct du principe métrique, avec lequel il coïncide dans le *vers métrique*, et ne coïncide pas dans le *vers libre*. De la même manière que le vers graphique, la rime pour l'œil – non négligeable, mais très secondaire dans la versification française au regard de la rime pour l'oreille (Gouvard, 2015 : 149 – 151) – est un principe graphique sans nécessaire contrepartie acoustique : « On parle de rime visuelle lorsque ce sont les lettres mais non les sons qui se répètent. » (Todorov, 1972 : 246)

L'isographie, soit ce que l'organisation d'un texte doit à la disposition dans l'espace et à la réitération de ses unités graphémiques constitutives, ouvre un champ de possibles qu'exploitent des genres aussi différents que la presse écrite, les plans pré- ou post-rédactionnels, les notes de cours, les listes et autres inventaires, nombre de genres instructionnels ou encore les formulaires. Elle n'est pas l'apanage du calligramme. Pour comprendre, comme nous allons le faire à présent, la spécificité de la *texture isophonique* du texte écrit, il est utile d'avoir à l'esprit l'autre mode de texture qui sert la construction de son unité, l'isographie.

Par la disposition ordonnée d'alphagrammes et de topogrammes (et de leurs intégrants morphosyntaxiques) dans l'espace d'un support, l'isoplasmie institue des relations et des ruptures qui s'interprètent sur le plan visuel. Les relations peuvent opérer par contiguïté spatiale (dessinant, à coup de *figures*, occurrences de graphèmes, des lignes ou d'autres formes moins conventionnelles), ou par réitération d'occurrences du même graphème[132]. Dans ce dernier cas, la continuité peut opérer à distance : c'est le cas du couple appel/renvoi de note par exemple, qui repose sur la réitération du même graphème (Lefebvre, 2011) ou des « listes numérotées » qui reposent sur la réitération d'unités de notation d'une même classe (numérique par exemple). Les listes à puces et autres ta-

---

[132] Si dans l'ordre linéaire (la syntagmatique unidimensionnelle de la sémiophonie), la notion de *réitération* suffit à décrire le retour d'unités de l'expression, elle est insuffisante dans l'ordre spatial. On suivra, à première vue, la suggestion de Todorov : la symétrie est au plan ce que la réitération est à la droite. On pourrait alors distinguer la texture isographique selon qu'elle joue sur la position des graphèmes dans l'espace (calligraphie), ou sur la mise en relation de graphèmes (anagramme) ou enfin selon qu'elle combine ces deux modes opératoires (acrostiche).

bleaux combinent la réitération d'un graphème (–, *, →, ❷, etc.) avec la réitération d'une valeur positionnelle (coordonnée verticale).

Bref, par isographie, l'écrit institue, dans l'espace du support, des continuités et des ruptures locales ainsi qu'une unité globale de l'apport (segmental graphémique) qui confèrent au texte écrit une texture proprement visuographique. Cela ne veut pas dire qu'on ne puisse assigner des valeurs intonographiques à certains de ces phénomènes de « symétrie », comme le font par exemple les poéticiens (Dessons, 2011, Favriaud, 2011), mais que l'isographie a un mode opératoire, un domaine de validité et une sémiologie propres. Le calligramme est irréductible à une fonction intonographique, tout comme la note de bas de page, ou encore l'alinéa : ce dernier, par l'instruction hiérarchique qu'il comporte, déborde sa valeur pausale, comme l'illustre un exemple aussi ordinaire que cet article de presse du *Courrier* (20 février 2014) :

[60] **Des drones d'attaque dans le ciel colombien**

La clause thétique qui clôt le paragraphe introductif correspond à la fois à une continuation de l'action communicative réalisée par ce paragraphe (introduire un objet de discours), en en proposant une reformulation catégorielle résomptive, à la fois une préparation de l'action que réalisera la suite de l'article. En effet, chaque paragraphe à venir aspectualise l'hyperthème, en détaillant les « vingt ans » de l'évolution technologique en question (« Ainsi, début mars 1998... », « Dix ans plus tard... », « En mars 2012... », « Fin 2012... »). Le SN, dont l'incidence syntaxique est bloquée par la ponctuation, trouve une portée sémantique à l'échelle textuelle en raison de sa position en fin de paragraphe. Le blanc alinéaire associe en effet le syntagme aux unités de même rang topographique que celui qu'il termine et auquel il est élevé : les paragraphes. Une conversion intonographique n'est pas inimaginable, mais sa capacité à signaler et opérer une portée de cet empan est douteuse.

Observons pour conclure que dans l'histoire de la poétique et plus encore de la rhétorique, les figures de l'isographie qui seraient consacrées par l'institution littéraire ne sont pas légion. On a mentionné le calligramme et l'acrostiche, on peut ajouter le palindrome. Les Oulipiens, Perec en tête, se sont faits les hérauts de l'isographie (de celle qui joue non sur la disposition, mais sur la (non) réitération d'alphagrammes) : des lipogrammes aux vers « en ulcérations », constitués d'anagrammes de ce mot qui réunit les onze lettres les plus courantes en français écrit (Perec, 1974). Malgré ce que leur nom laisserait entendre, nous verrons que ni les allitérations, ni les métagrammes ne sont des faits d'isographie.

À ce titre, et sans pousser plus loin l'examen, la définition du *métaplasme* telle que la propose Molinié enjambe la distinction entre *isophonie* et *isographie*[133] ; pour comprendre le phénomène, en décrire les effets et l'imaginaire du langage qu'il met au jour, il est pourtant essentiel de distinguer les anagrammes (pour prendre cet exemple) qui sont redistributions de phonèmes dans l'espace textuel de ceux qui dispersent les alphagrammes de quelque nom.

6.3 L'isoplasmie phonique ou isophonie

À l'oral, les cénèmes ou unités linguistiques du plan de l'expression sont i) les phonèmes (et leur combinaison de différents niveaux linguistiques, constituant le plan segmental du signal) et ii) les intonèmes de différents types, constituant le module prosodique de l'énonciation orale. L'unité sémiophonique minimale recevant ces deux propriétés et constituant par suite l'unité de l'énonciation orale est *la syllabe*[134]. La *syllabe* étant l'unité d'analyse articulatoire de la parole, elle cristallise les propriétés de la langue parlée. En tant qu'unité d'effort articulatoire, elle n'a d'équivalent écrit qui ne soit une métaphore[135]. Si sa sonorité

---

133 « Le métaplasme peut être considéré comme le type du modèle général présidant aux diverses figures microstructurales d'élocution, selon quoi se produisent permutation, substitution, ajout ou suppression de lettres ou d'ensembles constituants de symboles phoniques, de manière à créer aussi divers effets par rapport aux mots concernés. » (Molinié, 1992 : 216)
134 Les caractéristiques de la syllabe du français sont les suivantes : a) sa composition (une attaque potentiellement vide, une sonorité assurée par un noyau nécessairement vocalique et une coda consonantique facultative), b) sa durée (variable selon l'existence de la coda consonantique), c) son accentuation potentielle selon sa position dans un groupe syntaxique. Ce qui constitue la syllabe en unité d'analyse de la chaîne parlée, de l'énonciation orale (sinon de son analyse en unités schématiques abstraites), c'est sa durée. Sans durée, les phonèmes ne peuvent engendrer la chaîne temporelle de la parole.
135 On pourrait être tenté de chercher du côté de l'écriture des unités de l'effort articulatoire scripturale. On songera peut-être alors aux « bursts » des psycholinguistes : séquences de lettres produites entre deux pauses, dont la longueur dépend de divers facteurs comme la maîtrise de la langue et la difficulté de la tâche rédactionnelle (Chenoweth & Hayes, 2003). Mais ce serait

est distinctive et convertible en graphème(s) de manière approximativement biunivoque, rien ne correspond à l'écrit au fait que seule une voyelle puisse constituer une syllabe en français, aucune caractéristique de l'énonciation écrite ne trahit son accentuation et presqu'aucune sa longueur (le /o/ de |peau| n'est pas plus long que celui de |écho|). En raison de ce lien inaliénable qui lie l'oralité à la syllabe, celle-ci sera la cible des énoncés écrits représentant les qualités plastiques de l'oralité.

On appellera donc *isophonie* l'itération de syllabes (ou de parties de syllabes) constituant une suite ordonnée (isophonémie) ou non-ordonnée (isochronie). À côté des faits d'isographie, posés en termes de symétrie, Todorov considère l'isophonie par la notion jakobsonienne de *parallélisme*, comme mise en « rapport d'éléments de la chaîne parlée » (Todorov, 1972 : 240). En se penchant sur les travaux des poéticiens, qui ont fait profession de l'étude des faits d'isophonie, on en dégagera de deux types, selon que la syllabe soit envisagée dans ses composants phonémiques ou dans ses propriétés prosodiques[136].

6.3.1 Isophonie qualitative ou *isophonémie*

Nous avons proposé de faire de la paronomase le stéréotype de l'isophonie, précisons désormais : de l'isophonie *phonémique*. On peut définir cette dernière comme la réitération de phonèmes telle qu'elle provoque une association entre les morphèmes qui les portent. Pour comprendre cette mise en relation, on s'inspirera encore de la définition de l'isotopie de Rastier, « qui est instituée par une série de relations d'identité **entre sèmes.** Ces relations induisent des relations d'équivalence **entre sémèmes** » (1996 : 11). Dans notre cas, les relations entre syllabes induisent des relations entre morphèmes. Sur le plan de l'isoplasmie (texture élaborée par l'itération de syllabes), il faut sans doute extrapoler : la réitération d'unités sémiophoniques de rang *n* entraîne la mise en relation des unités de rang *n+1* qui les intègrent : les (phono)morphèmes répétés conduisant à mettre en relation les (phono)syntagmes, etc. Ainsi les *parallélismes morphosyntaxiques* (du type de l'anaphore rhétorique) apparaissant-ils comme une variété d'isophonie ; ils sont d'autant plus saillants qu'ils mettent en

---

oublier que ce n'est pas l'écriture qui est l'objet de l'interprétation linguistique, mais l'écrit ; ce ne sont pas des séquences d'émission de graphèmes, mais des séquences de traces qui sont la donnée de l'énonciation écrite.

136 Notons que l'opposition ne fonctionne que pour une langue telle que le français qu'on dit parfois *sans accent*, au sens où la proéminence accentuelle n'y est jamais distinctive (en langue). Autrement dit, le système sémiophonique du français ne code pas d'opposition prosodique (du type de la longueur de la syllabe).

relation des unités complexes. Selon la quantité et la qualité du matériel syllabique répété, les parallélismes morphosyntaxiques engendreront en plus des faits d'isochronie.

On illustrera l'isophonémie par la *pseudo-étymologie* dont sont friands certains philosophes et tous les enfants. « La mer Caspienne : on l'appelle comme ça parce qu'elle est casse-pieds ? » demande mon fils (5 ans alors) avec le plus grand sérieux. La similitude des signifiants engendre en effet leur mise en relation, et leur association sémantique fonctionne indépendamment de leur relation syntaxique, dans une proximité syntagmatique relative[137]. Le cas de la pseudo-étymologie peut paraître particulier en ceci qu'il conduit à une hypothèse sur les relations en langue des unités associées (en diachronie ou en synchronie). Mais cette hypothèse « épilinguistique » spécifique n'illustre que mieux le pouvoir de la « similitude phonologique » à instaurer « une parenté sémantique » (Jakobson)[138]. La rime, qui « rémunère le défaut des langues », fonctionne ainsi, en instaurant des associations dont il serait trop commode de toujours cantonner la validité à l'aire discursive où elle se joue.

[61] PHÈDRE
[...]
Je te laisse trop voir mes honteuses douleurs,
Et mes yeux, malgré moi, se remplissent de pleurs.
Œnone
Ah ! s'il vous faut rougir, rougissez d'un silence
Qui de vos maux encore aigrit la violence.
(Racine, *Phèdre*, acte 1, scène 3, 1677.)

Concernant la rime, qui combine les deux types d'isophonie distingués (isochronie et isophonémie), relevons qu'elle ouvre la paronomase aux parallélismes associant plus de deux unités pour constituer des chaînes syntagma-

---

137 Le fait est évident lorsque la paronomase agit comme filtre dans la sélection lexicale.
138 Similitude *phonologique* et non simplement similitude *des expressions*, on l'aura compris, qui serait équivoque. Dans le cas évoqué, la proximité phonologique est forte (/kaspje/ vs /kaspjɛn/ : 5 phonèmes communs sur 7) mais l'association n'est néanmoins pas immédiate. Pourquoi ? Parce que les sémiogrammes correspondants sont, quant à eux, éloignés par de nombreux traits (|casse-pied| vs |Caspienne| : 5 graphèmes communs seulement sur 10). On serait tenté d'en conclure que pour une langue comme le français, où la sémiographie « domine » la phonographie (chap. 2, 2, p. 108), l'endographie (le rapport visuo-graphique aux unités de la langue) freine l'endophasie (le rapport auditif). Autrement dit, voir la langue n'aide pas à l'entendre. L'explication corroborerait notre thèse : en littératie, le rapport visuel à la langue, par l'optimisation de son ergonomie, s'est érigé en un mode complémentaire de la compétence et de la performance linguistiques.

tiques à l'échelle du poème entier qui se superposent à la chaîne syntaxique. Or l'assonance et les catégories de rimes s'établissent non pas sur le nombre de graphèmes communs, mais bien sur le nombre de phonèmes (Todorov, 1972), en partant de la syllabe dont le cœur, vocalique en français, est le seuil minimal de similitude. De même, on l'a dit, l'allitération est bien un fait d'isophonie, caractérisant l'itération de phonèmes consonantiques (de préférence en attaque de syllabe de sorte qu'ils soient accentuables), et non d'isographie : un graphème « muet », *i.e.* sans valeur phonographique, ne participant pas d'une allitération.

Dans le vers de Racine qui exemplifie la figure dans tous les manuels (« Mais qui sont ces serpents... »), le morphogramme discontinu marquant le pluriel n'appartient pas à l'allitération (ou alors, c'est un autre phénomène qui est considéré), alors que les différents alphagrammes codant le même phonème y participent. L'harmonie imitative, sur laquelle nous reviendrons pour finir, mobilise également l'allitération à la faveur de qualités phonémiques et non graphémiques.

Le constat fait au sujet de l'allitération vaut aussi pour le métagramme, qui n'est pas une substitution de lettres, mais bien une substitution de phonèmes – « un grand poème né de rien ! un grand poème fait de rien » (*Exil*, 1943, Saint-John Perse) – une véritable paire minimale de phonologue[139]. Avant de revenir sur un aspect essentiel du fonctionnement des isophonies, considérons rapidement leur second type.

6.3.2 Isophonie quantitative ou *isochronie*

L'isophonie prosodique désigne la réitération d'une suite *non ordonnée* de syllabes envisagée sous l'angle de leur quantité. Sous cet angle, la syllabe est essentiellement *une durée* susceptible de recevoir une proéminence qu'on appelle *accent*. On a rappelé déjà que la chaîne parlée pouvait s'analyser en une concaténation de syllabes tantôt inaccentuées, tantôt accentuées. La syllabe accentuée opère une ségrégation dans la chaîne parlée en agrégeant des syllabes non accentuées qui la précèdent directement. L'accent détache ainsi une séquence qu'on appelle *mesure syllabique*[140]. L'isophonie quantitative ou *iso-*

---

[139] Au moins, pour cet exemple, dans les régions de la francophonie, où la différence d'aperture entre /ɛ/ et /e/ n'est plus distinctive.
[140] Relativement à l'isophonie phonétique qui est mise en relation de syllabes ou de parties de syllabe, l'isophonie prosodique est mise en relation de *groupes de syllabes*. Il s'agit en quelque sorte d'une unité de l'expression de second rang, constituée d'une suite non ordonnée d'unités syllabiques. « Il y a donc rythme dès qu'il y a ségrégation d'unités ou de groupes, mais une

chronie (Groupe μ, 1974) est l'itération de telles mesures. Il n'est pas utile pour notre propos de revenir sur l'histoire de ces mesures et les modalités de leur comptage selon les traditions métriques ou non métriques (voir par exemple Groupe μ, 1974, Milner & Regnault, 1987, Cornulier, 1995, Dessons & Meschonnic, 1998...). Ce qui importe en revanche dans notre perspective, c'est d'avoir à l'esprit que ces mesures sont des *unités chronologiques* (et non spatiales, comme pourrait le laisser croire la notion de *mètre*). Pour une sémiologie qui considère que l'énonciation orale est un processus dont le signal est acoustique, la position adoptée face aux mesures syllabiques est nécessairement celle de Cornulier (1995 et 2003) :

> Le rythme d'une phrase, ça n'existe pas.
> Pour qu'on puisse parler, avec l'article défini, *du* rythme (*le* rythme) de la phrase (être grammatical unique que des énonciations diverses peuvent réaliser[141]), il faudrait en effet d'abord que la phrase ait un rythme ; et, de plus, qu'elle en ait un seul. [...] Ce qu'on nomme *analyse rythmique* n'est souvent qu'un métrage syllabique de constituants d'une phrase (en admettant qu'elle ne soit syllabable que d'une manière) ; cette activité comptable produit des nombres abstraits, pas une analyse rythmique. (Cornulier, 2003 : §11)

Le mètre est le produit d'une opération de mesure : il n'est pas une donnée objective du signal ou du segmental morphosyntaxique. Il est fonction a) des règles de réalisation vocalique qui dépendent des traditions, métriques ou non métriques, mais aussi des pratiques discursives (réalisation des schwa en particulier, mais aussi diérèse...) et b) des instructions topographiques (« le formatage graphique » du vers par exemple, Cornulier, 2003 : §23). Ces différents ordres de contraintes instruisent un rythme, c'est-à-dire, dans le contexte sémiophonique, le retour à intervalles variables de l'événement accentuel au cours de l'énonciation[142]. Ce qu'on appelle *mètre* est ainsi une projection dans le

---

seconde composante de phénomène rythmique peut également apparaître (quoique non obligatoirement) : la structuration des groupes ségrégés. » (Groupe μ, 1974 : 131) Le rapport entre ces deux types d'unité tend à confirmer la non totale homologie entre faits d'isoplasmie et faits d'isotopie.

141 On notera donc que Cornulier appelle *phrase* ce que nous appelons *clause* (sur le modèle de la macro-syntaxe fribourgeoise, voir 2.3.2, p. 309). La phrase, en tant qu'unité de l'énonciation écrite, réfère en effet à un processus (de conformation d'un signal à une forme et d'opérations de calculs de sens-acte) et à son produit. En tant que processus, elle a bien un rythme.

142 « L'événement peut être aussi bien visuel que sonore » (Groupe μ, 1974 : 131). Dans le contexte sémiographique tout autant (lecture endographique) : il s'agirait de la réitération à intervalles variables d'une *proéminence visuelle*, dont des études psycholinguistiques pourraient déterminer l'unité (les blancs ?).

segmental d'unités de durée ; il est instauré par le processus de lecture endophasique selon différents types de règles et de pratiques plus ou moins ritualisées[143]. La qualité proprement sémiophonique d'une énonciation orale n'est pas une mesure spatiale de longueur, mais bien évidemment une mesure de temps : l'unité de cette mesure, c'est la syllabe-vocalique (pour le français).

Pour qu'il y ait *isochronie*, on peut donc considérer, en bref, que l'itération suppose *une mise en rapport identifiante* de deux mesures et l'établissement d'une proportion. Dans le cas, particulier mais prototypique, où le quotient du rapport est de 1, où les mesures autrement dit sont appréciées comme de proportion égale, il y a alors *homochronie*[144]. Les faits de textures étant des faits de perception (et non des données), ils imposent moins l'identité que la mise en rapport identifiante. Celle-ci peut être sollicitée par le signal. Deux occurrences de mesure syllabique ms^i et ms^{i+1} appréciées comme de même proportion installent une *présomption d'isochronie*[145]. Si cette présomption est satisfaite par une nouvelle mesure proportionnelle ms^{i+2}, l'isochronie est effective. Celle-ci suppose donc l'instauration d'une attente (ms^i + ms^{i+1}) et sa satisfaction (ms^{i+2}).

$$...A^{i-1}[ms^i-A^i][ms^{i+1}-A^{i+1}][ms^{i+2}-A^{i+2}]...$$

Selon ce schéma (inspiré de Groupe μ, 1974 : 133), l'accent A^{i+1} délimite la mesure ms^{i+1} qui instaure la présomption ; la mesure ms^{i+2} instaure l'homochronie elle-même en satisfaisant l'attente. Cette description est une prédiction valant pour la prose. Mais on peut distinguer deux autres cas. Si la mesure syllabique correspond à un *mètre*, c'est-à-dire une mesure syllabique type de la tradition partagée par le lecteur[146], il peut y avoir présomption d'homochronie dès la première occurrence du schéma métrique préconstruit (ms^i) et homochronie dès sa pre-

---

143 « Plutôt que propriété d'un objet supposé dont l'esprit pourrait seulement reconnaître ou ne pas reconnaître le rythme, le rythme est dans l'activité mentale (événementielle) d'un esprit qui sent du rythme en traitant d'une certaine manière, par exemple des énonciations [...]. Dans l'esprit d'un lecteur lisant silencieusement ou pensant verbalement (on peut penser des vers comme on peut penser de la musique), il peut ne pas y avoir de contrepartie physique extérieure du discours rythmé. » (Cornulier, 2003 : §11)
144 Les phénomènes de *cadence* sont des variétés de l'isochronie : le quotient de ms^{i+1}/ms^i est supérieur à 1 pour la *cadence majeure* (dont la *pointe* est un cas particulier), inférieur à 1 pour la *cadence mineure* (dont la *chute*) et égal à 1 pour la *cadence neutre*.
145 Dessons (2011 : 102) et Dessons & Meschonnic (1998 : 147–148) parlent en un sens très proche d'*imposition d'un contexte métrique*.
146 Les mètres, selon Cornulier (1995), sont des quantités fixées par la tradition, potentiellement simple si elles sont inférieures à 8, nécessairement complexes à partir de ce chiffre (schéma métrique de type 6+6, 4+6, etc.). Il s'agit donc de schéma, des vers types et non d'occurrences de vers.

mière réitération (ms^{i+1}). Dans certaines situations (instructions (péri)textuelles, formatage topographique, ou inférences à partir de données connues du lecteur concernant le texte), on imagine que la présomption peut être préalable à la lecture (dans le cas du vers, isolé graphiquement) et l'isochronie s'instaurer dès la première occurrence de la mesure : le rapport de proportion est établi alors entre le vers et son modèle métrique préconstruit et présent dès l'abord du texte dans la mémoire de traitement. Selon cette description (qui n'est qu'une esquisse de modèle prédictif du repérage de l'isochronie), il peut falloir une, deux ou trois occurrences de la même unité quantitative syllabique pour qu'il y ait perception de la texture isophonique.

Ce statut perceptif ne réduit pas la description des isophonies à une spéculation invérifiable. En effet, et nous finirons là-dessus, l'isochronie et l'isophonie conduisent elles-mêmes à générer de nouveaux accents ou à renforcer les accents primaires. On peut donc l'observer indirectement, par ses effets sur la manière de lire.

On relèvera que, tel que posé ici, le rythme est irréductible à l'isochronie : il y a rythme dès qu'il y a énonciation, mais il n'y a isochronie que lorsqu'il y a texture, c'est-à-dire repérage que le rythme est un facteur d'organisation textuelle (pour le lecteur-auditeur). C'est évidemment lorsque le rythme est pertinent sur le plan cognitif (comme facteur du faire texte) qu'il est le plus sensible.

6.3.3 L'accentuation secondaire (ou *ictus*)
Les isophonies des deux types – qualitative et quantitative, isophonémique et isochronique – sont des phénomènes de perception auditive qui ont un effet auditivement perceptible : ils provoquent une accentuation[147]. Cet accent est secondaire au sens décrit plus haut (3.2, p. 319) ; il s'ajoute aux accents primaires associés à la démarcation des constituants de la morphosyntaxe. L'isophonémie conduit à accentuer la syllabe réitérée, l'homochronie accentuant pour sa part la dernière syllabe de la mesure réitérée[148]. Cette accentuation produit un effet

---

147 Cet aspect les oppose foncièrement aux faits d'isographie, qui sont visuels et qui ont donc des effets sur la perception visuelle de l'espace graphique. L'isophonie tisse l'unité du texte, au-delà de la discontinuité des unités linguistiques, en y distinguant des contours mélodiques, l'isographie conduit à distinguer dans le texte des contours graphiques (des figures).
148 Dessons & Meschonnic (1998 : 137–156) distingue l'« accent prosodique », engendré notamment par la réitération d'un phonème, et l'« accent métrique » subséquent au repérage de mesures syllabiques. Concernant l'existence de ces accents, ils s'en réfèrent aux *Principes de phonétique* de Rousselot (1897) et à la tradition, mais ne présentent pas d'études expérimentales récentes sur la question. Sadoulet (2012) fait un pas en ce sens.

d'entraînement[149] : l'isophonie génère l'accent et l'accent génère l'isophonie (en ségrégant de nouvelles mesures syllabiques susceptibles de générer des isochronies). En ms^{i+1} l'attente, satisfaite, provoque l'accentuation sur ms^{i+2}. Elle engendre une proéminence qui met en valeur les morphèmes libres intégrant la syllabe accentuée (Milner & Regnault, 1987 : 134) et les met en relation (effets focalisateur et relateur). Ce sont les genres discursifs, oraux ou écrits, caractérisés par une forte densité en faits d'isophonie, qui engendrent la célèbre « sensation d'une configuration double » :

> Le chevauchement de la forme métrique sur la forme usuelle du discours donne nécessairement la sensation d'une configuration double, ambiguë, à quiconque est familier avec la langue donnée et avec le mètre. Les convergences aussi bien que les divergences entre les deux formes, les attentes comblées aussi bien que les attentes frustrées provoquent cette sensation. (Jakobson, 1963 : 232)

On pense évidemment à la poésie et, de manière prototypique, à la poésie versifiée et rimée, la rime cumulant isophonémie et homochronie, retour de même(s) syllabe(s) à distance syllabique régulière. C'est aussi le propre de la prose oratoire, qu'on dit *nombré* ou *cadencée*, que de structurer sa séquentialité par des faits d'isophonie (à quoi l'anaphore rhétorique participe), c'est-à-dire d'exploiter cette seconde configuration. La période oratoire, conçue comme unité macrosyntaxique de ce genre de discours, illustre la valeur non seulement esthétique, mais aussi didactique et persuasive de l'écrit adoptant une structuration isophonique[150].

En définitive, il arrive que le discours écrit réponde de principes d'organisation syntagmatique – du niveau d'organisation textuelle qu'on a désigné comme la *texture* – qui reposent sur les qualités de la syllabe. Celle-ci étant une unité de l'oral, irréductible à l'écrit, la perception de son effet sur l'organisation d'un signal graphique n'est possible qu'à la condition du transcodage de ce

---

[149] Qu'en termes psychologiques Fraisse justifie de deux manières : effet dynamogénique du rythme, « qui provoque chez le récepteur une activité motrice synchrone » et effet euphorisant de l'alternance entre attente et satisfaction (pour une synthèse, Groupe μ, 1974 : 132).

[150] Aristote, on le sait, fait déjà du « style périodique » le meilleur des styles, parce qu'il est plaisant et clair. Ces qualités lui viennent du caractère déterminé qu'il lui reconnaît, découlant de son *assujettissement au nombre*, c'est-à-dire à l'isochronie. « Un tel style est agréable et facile à saisir ; agréable parce qu'il est opposé à l'indéterminé et que l'auditeur croit toujours tenir quelque sens et avoir quelque chose de défini, tandis que ne rien pressentir et n'aboutir à rien est désagréable ; facile à saisir parce qu'il est facile à mémoriser, et ce, du fait que le style périodique est assujetti au nombre, ce qui est la chose dont on se souvient le mieux. » (*La Rhétorique*, III 9, 1409a36-b6) Toutes les définitions de la période oratoire, de l'Antiquité à nous jours, relèvent cette qualité numérique.

signal en une séquence sémiophonique. À ces faits de texture, on doit une part importante de l'« oralité » prêtée à certains discours écrits et qu'on aborde généralement en termes de *style oratoire*, de *style périodique*, de *prose métrique* (anciennement de *prose nombrée*) ou encore, de manière très générale, de *rythme*.

Cette texture est la seule qu'envisage Jakobson quand bien même la plupart de ses exemples sont littéraires et donc écrits. Seules des propriétés orales du discours illustrent la fonction poétique appliquée au plan des unités de l'expression chez le linguiste russe. En définitive, l'isoplasmie envisagée par Jakobson ne considère que la face sémiophonique d'un phénomène qui en connaît un autre, sémiographique. En distinguant *isographie* (texture opérant par association d'unités du plan de l'expression sémiographique) et *isophonie* (texture opérant par association d'unités du plan de l'expression sémiophonique), on perçoit mieux la différence de nature de ces procédés.

6.3.4 Quelques exemples d'isophonie

Considérons les quelques extraits suivants, tirés d'abord de l'*Histoire de France* de Michelet.

[62] Cette œuvre laborieuse d'environ quarante ans fut conçue d'un moment, de l'éclair de Juillet. Dans ces jours mémorables, une grande lumière se fit, et j'aperçus la France.
Elle avait des annales, et non point une histoire.
(J. Michelet, *Histoire de France*, « Préface de 1869 ».)

La préface de 1869 à l'*Histoire de France* s'ouvre par une phrase dont les accents primaires détachent quatre mesures de six syllabes. La seconde phrase repart sur le même moule métrique, rendu repérable par les occurrences précédentes ; le retour de la mesure conduit à surmarquer les dernières syllabes des deux premiers groupes : « mémo**rables** » et « lu**mières** ». L'isochronie accentue ce dernier mot et provoque un détachement prosodique du noyau prédicatif « se fit » (à la manière d'un contre-rejet en versification) : le verbe se trouve disjoint du groupe accentuel que, selon la syntaxe et l'accentuation primaire, il est censé agréger. L'imposition du schéma métrique, instaurée par la réitération des cinq mesures précédentes, provoque ainsi, par l'« attente frustrée », la saillance du groupe verbal. À partir de cette proéminence, on tend à donner à l'apodose (à nouveau hexasyllabique) un contour descendant qui concourt à marquer la valeur consécutive du « et » qui l'introduit.

L'isochronie, dans la troisième phrase, sert le montage en couple d'opposés des deux lexèmes « annales » et « histoire » : le lexèmes portant l'accent étant non seulement focalisé mais aussi mis en relation par sa position finale dans la mesure de syllabes. Ainsi, le contexte syntaxique assimilateur, qui invite à chercher la spécificité sémique que « cache » leur mise en équivalence, est renforcé par le parallélisme rythmique. La focalisation opérée sur le couple de termes, par la mise en parallèle et l'accentuation qui en découle, pousse à interroger leur relation, jusque dans l'opposition des morphèmes grammaticaux du nombre. Le singulier de « histoire », opposé au pluriel des « annales », prend sens relativement à la poétique de l'histoire de Michelet. Considérons à cet égard l'extrait suivant[151] :

> [63] Doucement, messieurs les morts, procédons par ordre, s'il vous plaît. Tous vous avez droit sur l'histoire. L'individuel est beau comme individuel, le général comme général. Le Fief a raison, la Monarchie davantage, encore plus la République !... [...]
> Et à mesure que je soufflais sur leur poussière, je les voyais se soulever. Ils tiraient du sépulcre qui la main, qui la tête, comme dans le Jugement dernier de Michel-Ange, ou dans la danse des morts. Cette danse galvanique qu'ils menaient autour de moi, j'ai essayé de la reproduire en ce livre.
> (J. Michelet, *Histoire de France*, t. 2, 1833.)

Considérons la première phrase du deuxième paragraphe. L'eurythmie y est assurée par l'itération de mesures de quatre syllabes. Elle est d'abord engendrée par le retour d'accents primaires et l'homochronie qui en découle vient redoubler cet accent et l'intensifier. S'y ajoute encore l'isophonémie par la notable réitération de la séquence /y/-/œ/-/u/-/ɛ/ dans « (me)sure que je soufflais » et « sur leur poussière ». Michelet n'a rien d'un formaliste. Il recourt à la fonction sémantique que remplit l'accentuation isophonique :

> Vouloir confiner les conventions poétiques telles que le mètre, l'allitération, la rime, au seul niveau phonique serait sombrer dans la ratiocination spéculative sans la moindre justification empirique. La projection du principe d'équivalence sur la séquence a une signification beaucoup plus vaste et plus profonde. La formule de Valéry – « le poème, hésitation prolongée entre le son et le sens » – est beaucoup plus réaliste et scientifique que toutes les formes d'isolationnisme phonétique. [...] La rime implique nécessairement une **relation sémantique** entre les unités qu'elle lie [...]. (Jakobson, 1963 : 233)

> Et le principe du rapport entre le rythme et le sens est simple, alors : toute marque rythmique est une marque sémantique. Les séquences marquées sont donc des séquences où le rythme prosodique installe une **superlativité sémantique.** (Dessons & Meschonnic, 1998 : 99)

---

151 La syntaxe (SN avait X, et non Y) constitue un *contexte assimilateur*, qui incite à chercher les sèmes apparentant les deux sémèmes distingués par la construction (Rastier, 1996 : 141–165).

C'est le rôle acoustique de la proéminence accentuelle que d'attirer l'attention auditive ; elle sert sa fonction démarcative comme sa fonction communicative (marque du rhème) : « les accents se posent sur les crêtes du sens », comme le dit joliment Spire (1949, cité par Dessons, 2011 : 112) – même si ce sont en réalité les accents qui hérissent la crête. La mise en équivalence par l'accent conduit à la mise en équivalence sémantique : « Mais le modulo de cette équivalence n'est pas une donnée et il faut généralement parcourir des inférences pour l'identifier. » (Rastier, 1996 : 11)

Le deuxième tome de l'*Histoire de France* touche à sa fin. Michelet valide doublement sa démarche, attestant sa patiente fréquentation des archives et, en même temps, la puissante émotion qu'il y a éprouvée. Par le travail d'une synthèse imaginative – et textuelle – l'historien entend transformer la pluralité des « annales » en l'unité d'« une histoire ». Documents et imagination font ici cause commune pour redonner vie au passé.

Il ne s'agit pas non plus pour l'historien d'écrire en vers ; cela donnerait une forte prévisibilité au rythme et produirait des effets éthotiques (c'est-à-dire sur l'ethos de L) non désirables. La variation de rythmes sert l'expressivité parce que faisant varier, ou même exploser, les attentes rythmiques, elle donne d'elle-même une image de discours non parfaitement mesuré (dans les deux sens du terme). Dans le dernier extrait y contribue la dislocation à gauche avec anaphore démonstrative « Cette danse... », hors du rythme imposé jusque-là. L'extrait suivant mélange l'isochronie à d'autres procédés rhétoriques bien huilés (réfection anticipée « AVOIR non x, mais y » ; parenthèse figurant l'ajout d'une caractérisation par la répétition de la base de l'ajout : « dans le Louvre » ; et DD exclamatif). Les variations rythmiques locales sur fond de mesures de six syllabes, illustrent une prose qui, bien que fortement cadencée, cherche, par d'autres procédés de représentation de l'oralité, à garder les atours de la spontanéité.

[64] Un maître dont j'ai eu, non le génie sans doute, mais la violente volonté, Géricault, entrant dans le Louvre (dans le Louvre d'alors où tout l'art de l'Europe se trouvait réuni), ne parut pas troublé. Il dit : « C'est bien ! je m'en vais le refaire. » En rapides ébauches qu'il n'a jamais signées, il allait saisissant et s'appropriant tout. Et, sans 1815, il eût tenu parole. Telles sont les passions, les furies du bel âge. (J. Michelet, *Histoire de France*, « Préface de 1869 ».)

On pourrait résumer ce que vise à exemplifier ces quelques extraits par la description proposée par Molinié de la « prose cadencée » :

> [...] elle existe depuis les écrivains grecs et latins, et s'appréhende essentiellement pour nous en termes d'approximations rythmiques : le lecteur, ou l'auditeur, reconnaissent dans

un ensemble de phrases des retours de quantités syllabiques à peu près égaux, selon des régularités plus ou moins exactes mais en tout cas mémorisables, et avec d'éventuels supports d'identités ou de parentés sonores aux principales articulations. (Molinié, 1992 : 74)[152]

Ces extraits de Michelet illustrent préférentiellement des faits d'isochronie. Ce n'est peut-être pas un hasard : si en plus des retours de quantité syllabique, l'historien y ajoutait des « rimes », la rhétorique se ferait versification, le texte perdrait en « spontanéité » et l'énonciateur ne paraîtrait plus « habiter » son énonciation de la même manière. Un locuteur tout à son énonciation est un locuteur qui paraît l'élaborer au moment où il l'émet. Même s'il écrit, il donne ainsi symboliquement à la trace l'animation d'un processus.

On illustrera l'isophonémie par cette « variété de répétition » appelée *homéotéleute*, qui « consiste en l'itération d'un même son à la finale d'un ou plusieurs mots, dans un segment de discours assez court pour permettre l'identification du retour » où « la quantité d'unité sonore qui fait la matière de la figure ne saurait pratiquement être inférieure à la base vocalique de la syllabe » (Molinié, 1992 : 163). La définition de Molinié isole bien le ressort phonique de la figure décrite (« même son », « base vocalique de la syllabe »...). En tant qu'elle est une rime sans mètre, l'homéotéleute est « une composante de la **prose cadencée** », que semble peu pratiquer Michelet, mais qu'on trouve en quantité, dans un tout autre genre discursif, dans la prose romanesque de Ramuz. On notera que j'évite soigneusement de traiter d'isophonie en contexte de versification, en particulier parce que l'isographie du vers (isolé par la ligne) ajoute, on l'a dit, une instruction potentiellement intonographique (Dessons, 2011 : 119–121) et aussi parce que la force du cadre générique empêche d'évaluer la sollicitation du signal lui-même pour la reconnaissance de sa texture.

Considérons ces quelques pages d'un roman de Ramuz de 1919 intitulé *Les Signes parmi nous* :

[65] [les verriers] [...] il y a encore qu'on les entend.
Parce qu'il y a ceux qui sont devant. Ils prennent un peu de verre au bout de la canne, ils font avec les bras un grand mouvement.

---

152 Molinié signale par ailleurs que la prose cadencée, c'est-à-dire l'isophonie, soulève la question des rapports de la rhétorique et de la poésie : « Inséparable des concepts de nombre et de clausule, elle pose la question des niveaux de style, et du rapport, conflictuellement oppositif, ou variablement coopératif, entre la prose et la poésie (versifiée). » Plus généralement encore pour Molinié, c'est le rapport entre rhétorique et littérature qui est interrogé : « La prose cadencée est ainsi un témoin privilégié de l'émergence du littéraire à travers le rhétorique. » (Molinié, 1992 : 75) Il est remarquable que ce soit par l'isophonie et donc par l'oralité, que la rhétorique touche à la littérature.

Et ils sont cuits et sont gelés, tour à tour la poitrine et le dos, un côté d'eux gelé, l'autre côté brûlé : dur métier qu'ils ont et qu'il faut tromper.

Alors ils chantent, et on les entend chanter. On voit ces fours rouges ou blancs ; eux sont devant, on les entend. Ils prennent un peu de verre au bout de la canne, se retournent, font avec les bras un grand mouvement, et ils chantent pendant ce temps. Puis ils sont interrompus de chanter, parce qu'ils soufflent dans leur canne, mais les chants qu'ils laissent tomber et tout de suite ramassé.

Et ils chantent pour oublier : des chants jamais finis, jamais commencés, lancés en l'air, puis renvoyés, eux qui sont dans l'étang de feu et ils y ont été jetés ; dur métier et plus dur encore quand ils se mettent à comparer.

(*Les Signes parmi nous*, Lausanne, Éditions des Cahiers Vaudois, 1919, p. 76–77.)

[66] Mon ami, mon ami, mon ami, tout est fini, tout est fini.

C'est la femme du médecin. Tout recommence, mon ami.

Tout a recommencé pour toi, tout recommence pour moi aussi.

Ne vas trop vite, attends-moi ; vois-tu, je te rejoins déjà.

Que tu es beau à voir, feu du ciel parce que tu l'éclaires et tu le changes de couleur.

Il a rouvert les yeux, il bouge, il me tend les bras, quel bonheur !

Je sais, les morts se lèveront et aux vivants se mêleront.

Plus de mot, et tu n'es plus mort ; j'excite la terre à s'ouvrir et le vent à souffler plus fort.

(*Les Signes parmi nous*, 1919, p. 212–213.)

En réalité, j'ai sélectionné ces pages non pas selon mon oreille, mais selon celle de l'auteur lui-même qui, dans un exemplaire de l'édition originale, donne, sur la page où commence le texte, cette indication à l'intention d'un traducteur allemand :

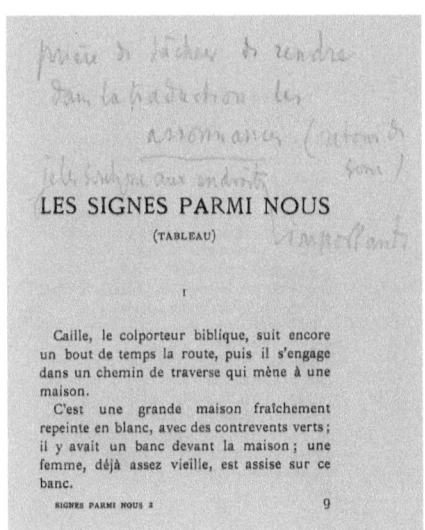

Fig. 9 : Prière de tâcher de rendre dans la traduction les <u>assonances</u> (retour de sons) / je les souligne aux endroits importants.
(C. F. Ramuz, *Les Signes parmi nous*, Lausanne, Éditions des Cahiers vaudois, 1919, exemplaire annoté par l'auteur, Centre de recherches sur les lettres romandes, Lausanne, © Christophe et Laure Brossard.)

Si l'assonance comme la rime suppose le mètre, il s'agit alors plutôt ici, comme on a dit, d'homéotéleutes. Mais celles-ci ressemblent fort à des assonances en ce que le retour de la syllabe, ou du cœur vocalique de la syllabe, coïncide non seulement avec la fin d'un mot, mais encore avec la fin d'une clause. La syllabe réitérée étant déjà rendue proéminente par l'accent primaire, l'isophonie n'en est que plus saillante. En somme, la tactique isophonique ramuzienne est à l'inverse de celle de Michelet : isochronie pour l'historien, mais pas d'assonance, « assonance » sans isochronie pour Ramuz[153]. La syllabe assonancée n'en produit pas moins un événement marqué, dont le retour, à distances syllabiques variables, constitue un rythme. J'en donne un nouvel exemple, avec les soulignements de l'auteur cette fois – tout en sachant que l'intervention topographique (par le topogramme lié) ne manque pas d'avoir dans un pareil contexte de représentation d'oralité, un effet intonographique, qui change la donne :

[67] Et on dit bonsoir, bonne nu<u>it</u> ; et, en même temps, c'est toujours ces bru<u>its</u> ; il y a les chars à rent<u>rer</u>, il y a la faux à enchapp<u>ler</u>, il y a les portes aux gonds un peu rouill<u>és</u>, les portes des granges à fer<u>mer</u> ; il y a les verrous à tirer, singulièrement plus rouill<u>és</u>, ces verrous chocolats, on les entend cr<u>ier</u> ; c'est les portes, les voix, la faux, c'est le timbre d'une bicyclette, la trompe d'une automobile ; c'est aussi les cochons à qui on apporte à manger ; l'horloge vaguement là dedans, ses neufs coups, puis qui les repre<u>nd</u>...
– Pas question pour le mome<u>nt</u>.
Dans la grange, c'est Jules à prése<u>nt</u>. Et Jules, de nouveau qui dit :
– Ils sont en retard d'une heure, aujourd'hui.
Dans la grange, on n'y voit plus ; Adèle s'est arrangé comme elle a pu.
L'ennuyeux, c'est qu'on se décoiffe terriblement.
Elle a levé les bras d'un double mouvement :
– Mon Dieu ! je crois bien que j'ai perdu mon pei<u>gne</u>.
– Oh ! toi, tu es toujours la mê<u>me</u>.
(C. F. Ramuz, *Les Signes parmi nous*, 1919, p. 244–246.)

L'oralité ramuzienne, longtemps prise pour l'effet d'une variété diatopique du français, doit en réalité moins à cette ressource-là qu'à toutes les autres modalités de représentation écrite de l'oral ! De cette représentation, l'isophonie est

---

153 En fait, de Michelet à Ramuz, le saut n'est pas si grand qu'on pourrait le croire. *Les Signes parmi nous*, écrit et situé à la fin de la Seconde guerre mondiale, est parmi les récits de l'écrivain celui qui est le plus ancré dans l'histoire contemporaine. Son sous-titre « Tableau » pourrait faire allusion au « Tableau de la France » de l'historien (voir à ce propos, Mahrer, 2003).

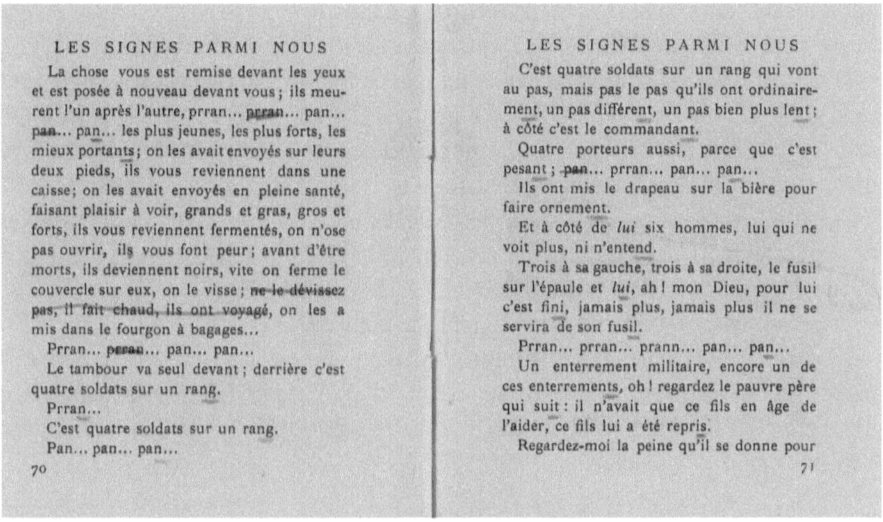
LES SIGNES PARMI NOUS

La chose vous est remise devant les yeux et est posée à nouveau devant vous ; ils meurent l'un après l'autre, prran... prran... pan... pan... pan... les plus jeunes, les plus forts, les mieux portants ; on les avait envoyés sur leurs deux pieds, ils vous reviennent dans une caisse ; on les avait envoyés en pleine santé, faisant plaisir à voir, grands et gras, gros et forts, ils vous reviennent fermentés, on n'ose pas ouvrir, ils vous font peur ; avant d'être morts, ils deviennent noirs, vite on ferme le couvercle sur eux, on le visse ; ne le dévissez pas, il fait chaud, ils ont voyagé, on les a mis dans le fourgon à bagages...

Prran... prran... pan... pan...

Le tambour va seul devant ; derrière c'est quatre soldats sur un rang.

Prran...

C'est quatre soldats sur un rang.

Pan... pan... pan...

70

LES SIGNES PARMI NOUS

C'est quatre soldats sur un rang qui vont au pas, mais pas le pas qu'ils ont ordinairement, un pas différent, un pas bien plus lent ; à côté c'est le commandant.

Quatre porteurs aussi, parce que c'est pesant ; pan... prran... pan... pan...

Ils ont mis le drapeau sur la bière pour faire ornement.

Et à côté de *lui* six hommes, lui qui ne voit plus, ni n'entend.

Trois à sa gauche, trois à sa droite, le fusil sur l'épaule et *lui*, ah ! mon Dieu, pour lui c'est fini, jamais plus, jamais plus il ne se servira de son fusil.

Prran... prran... prann... pan... pan...

Un enterrement militaire, encore un de ces enterrements, oh ! regardez le pauvre père qui suit : il n'avait que ce fils en âge de l'aider, ce fils lui a été repris.

Regardez-moi la peine qu'il se donne pour

71

Fig. 10 : C. F. Ramuz, *Les Signes parmi nous*, 1919, exemplaire annoté par l'auteur, Centre de recherches sur les lettres romandes, Lausanne, © Christophe et Laure Brossard.

l'un des facteurs principaux. Elle fonctionne, dans ces pages des *Signes parmi nous* au moins, de concert avec la phonographie, notamment par le jeu des onomatopées, comme l'illustre, ci-dessus, le passage de l'exemplaire annoté par l'auteur[154] ; elle résonne aussi avec la caractérisation métalangagière (énonciation représentée comme orale considérée au chap. 4). Mais elle correspond également à trois situations référentielles particulières : celle de l'énonciation orale que je viens d'indiquer, celle du chant et celle du bruit. Ces trois domaines de l'audible, convoqués par le roman de 1919, se recouvrent parfois : la parole de la femme du médecin, qui a perdu son mari et qui pense le rejoindre dans la mort, se mue en complainte dont la dimension lyrique est soulignée par les retours à la ligne [66] ; les bruits de la verrerie deviennent des chants [65]. L'isophonie, qui sollicite l'écoute du texte, bruite le monde.

L'énonciation ramuzienne construit la représentation d'un monde qu'il s'agit d'*entendre* – le mot est récurrent – et elle se fait entendre elle-même par le fait d'une texture qui repose sur la qualité syllabique. Être audible est une qualité que le langage oral partage avec certains référents mondains : leur représentation (sur le plan sémantico-référentiel) se double ici d'une sémiotique iconique que rend possible deux facteurs sémiologiques : les ponts intersé-

154 Sur le fonctionnement phonographique des onomatopées, voir chap. 3, 4.2.1, p. 165.

miotiques décrits précédemment (chap. 2, 2.1, p. 109), et la sollicitation prosodique opérée ici par l'isophonie. Le texte est à l'image du monde : acoustique. Non pas qu'il fasse le même son que lui, mais il fait du son comme lui. On ne sait plus si l'important, à la fin, c'est que les sons fassent sens, ou que le sens fasse son (ce qu'il ne fait pas nécessairement, à l'écrit). Les répétitions morphosyntaxiques (dans le dernier exemple : 4 x « il y a... » suivi de 3 x « c'est... », 2 x « Dans la grange... ») concourent à cet effet d'échos, d'une part parce qu'elles impliquent l'isophonie (la répétition de mêmes syllabes), et peut-être aussi parce que la redondance informative conduit à prendre l'expression pour elle-même (le contenu étant déjà construit par les occurrences précédentes).

On retiendra de ces observations qu'il existe une motivation réciproque des modalités de représentation écrite de l'oralité et que celles-ci fonctionnent régulièrement de manière conjointe. Ici, l'isophonie converge en particulier avec une isotopie de l'audible.

6.3.5 Effets rythmiques

En situation de lecture, des faits d'isophonie sont parfois dégagés. Ils sont la réitération de propriétés syllabiques dont les unités graphiques sont en elles-mêmes dépourvues. Quelque chose comme la *prose cadencée* est un fait de texture relevant de l'isoplasmie phonique : elle n'est perceptible qu'à la condition d'une lecture exo ou endophasique du texte (ou subvocalisation). Autrement dit, une telle perception suppose un transcodage de la séquence sémiographique en séquence sémiophonique[155].

En tant que fait de texture, subsumant isotopie et isoplasmie, on peut dire que des équivalences dans la chaîne syntagmatique s'instaurent comme principe de continuité textuelle. Mais dans le cas particulier de l'isophonie, ces équivalences sont établies sur le plan de l'audible : leur pertinence textuelle nécessite leur actualisation sémiophonique.

Là où cette texture s'atteste, par les effets de relateur et de focalisateur sémantique qui en découlent, s'atteste également un *parcours interprétatif*. Ce parcours n'est pas une « nécessité sémiotique », permettant la récupération *par phonographie* d'un mot qui, en tant que mot écrit, n'existe pas ; ce n'est pas non plus une sollicitation d'ordre micro ou macrosyntaxique, permettant la compréhension d'une clause ou de rapports sémantiques entre clauses, comme l'est

---

[155] Trancodage qui est permis, rappelons-le, soit par la convention phonographique, associant des unités de seconde articulation (qui au graphème |i| fait correspondre le phonème /i/), soit par l'association morpho-phonographique assurée par la langue, associant un morphophonème à un morphogramme (/libɛʀte/ à |liberté|).

la sollicitation prosodique envisagée plus haut (5, p. 376). C'est ici la construction d'un pan de l'organisation *textuelle* qui sollicite l'écoute.

Lorsque le transcodage sémiographique –> sémiophonique voit l'effort qu'il implique récompensé par l'isophonie, il se voit également encouragé, selon le principe de pertinence. Le texte où se repère ce type de texture paraît lui-même s'être prêté à certains jeux sémiophoniques en amont, il paraît avoir été produit pour l'oreille plutôt que pour l'œil. En contrepartie, la lecture qui opère ce repérage se trouve justifiée dans son parcours intersémiotique par un gain cognitif : elle constitue, pour l'interprète, une réponse à la sollicitation du texte, qui rétribue cette participation « syllabique » de l'interprète par des effets de sens et aussi des effets de formes (esthétiques). On jugera de ces derniers selon son goût et son époque, l'important pour nous étant qu'on en juge – comme Beauzée, critiquant le goût peu sûr des Anciens qu'atteste leur usage de la paronomase.

Nous avons bien affaire ici à un mode spécifique de représentation écrite de l'oralité, un *effet rythmique*. C'est un mode interprétatif, car ne lui correspond pas un appareil formel spécifique dont le fonctionnement conventionnel serait de représenter l'oral : il s'agit de ce que nous avons abordé en termes de représentation-effet (produit de parcours interprétatifs non contraints par des instructions codiques). L'effet rythmique est à la fois le produit collatéral et l'attestation d'un tel parcours : la production d'un signal sémiophonique à partir d'un signal sémiographique permettant l'établissement de relations syntagmatiques entre unités linguistiques à la faveur de leurs *propriétés syllabiques*.

Produit du repérage des isophonies dans un texte écrit, l'*effet rythmique* résulte d'une sollicitation du texte qui passe pour représenter l'oralité dans la mesure où le lecteur-auditeur lui reconnaît des principes de structuration oraux. Principes de structuration oraux, parce que propres à la syllabe et irréductibles à l'écrit, et non principes de structuration *de* l'oral ou *des discours* oraux. Ces derniers présentent en effet moins d'isophonies, à n'en pas douter, que certains genres d'écrits qui s'en sont faits la spécialité. L'isophonie ne donne pas au lecteur le sentiment de lire « de l'oral » ; pourtant, quel que soit son sentiment « discursif » ou « stylistique », il a parlé l'écrit et l'a reconnu dans son organisation parce qu'il lui a prêté l'oreille.

6.3.6 Harmonie imitative : isophonie et sémiotique analogique (de type diagrammatique) à contenu mondain

Rappelons que la *sémiotique analogique* caractérise les signes dont l'expression et le contenu entretiennent une relation de ressemblance ; parmi cette sémiotique, nous avons par ailleurs distingué le *diagramme*, lorsque cette ressemblance est construite sur la forme de l'expression (cas des onomatopées, ou des effets de voix type « énooorme »), et l'*icone*, lorsque cette ressemblance est fondée sur la *substance*. Parmi les icones, nous avons aussi vu que certains avaient un contenu mondain (« oeuf ») ou métalinguistique (« un tout petit lapin roux »), selon qu'on interprète le contenu analogique des unités de l'expression comme isotope avec leur contenu codique arbitraire (référent virtuel et expression partageant le sème /petit/), ou qu'on l'interprète comme graphèmes comportant une qualité analogue aux phonèmes qu'ils représentent (l'expression écrite étant « à la mesure » de la voix qu'elle figure ; voir chap. 3, 6, p. 206). Dans le cas des sémiotiques analogiques à contenu métalangagier, on a relevé surtout, pour notre problématique, que l'expression graphémique était traitée en tant que phonème(s) : c'est en effet sur une *qualité phonique* qu'est gagée la relation analogique avec le contenu C, par exemple dans l'onomatopée (*vs* le calligramme).

Un phénomène de la même famille sémiotique – celle du *cratylisme* (Genette, 1982) – se retrouve sur la plan de la texture : c'est l'*harmonie imitative*[156]. Celle-ci consiste en effet en un fait d'isophonie qui ajoute, à la perception de l'itération d'unités de l'expression phonémique, une relation analogique entre les unités de l'expression réitérées et le contenu mondain des mêmes signes, susceptible de recevoir des qualités analogues à celles des syllabes. Ces qualités sonores concernent non seulement la vitesse, l'intensité ou la hauteur, mais aussi l'ensemble des valeurs symboliques associées aux sons, peut-être de manière universelle (Fónagy, 1979).

La pertinence de la qualité acoustique dans les faits d'harmonie imitative s'observe à deux niveaux. Premièrement, les regroupements de différents phonèmes sont gagés sur des propriétés auditives, articulatoires ou acoustiques, et non sur la proximité visuo-graphique des graphèmes qui en tiennent lieu (ce qui est pourtant une virtualité).

[68] Les sanglots longs des violons de l'automne
      Blessent mon cœur d'une langueur monotone.
      (P. Verlaine, *Poèmes saturniens*, « Chanson d'automne », 1866.)

---

[156] « L'Harmonisme, où peuvent entrer comme élémens l'Onomatopée et l'Allitération, consiste dans un choix et une combinaison de mots, dans un contexte et une ordonnance de la phrase ou de la période, telles que par le ton, les sons, les nombres, les chutes, les repos, et toutes les autres qualités physiques, l'expression s'accorde avec la pensée ou avec le sentiment, de la manière la plus convenable et la plus propre à frapper l'oreille et le cœur. » (Fontanier, 1977 : 392)

Dans la première strophe de « Chanson d'automne », on rapprochera l'itération du phonème /l/ d'autres consonnes *continues* (/s/, /v/ et /n/) et on opposera cet ensemble aux *occlusives sourdes* dites aussi *explosives* (/k/ et /t/), plus rares ici. La dimension symbolique des phonèmes répétés repose sur une relation d'analogie instaurée entre la *qualité acoustique* des phonèmes et le contenu mondain des expressions. Dans la chanson de Verlaine, l'analogie porte sur la langueur et la mollesse signifié sur le plan du contenu et symbolisé, sur le plan de l'expression, par la réitération des consonnes continues ainsi que par l'impression de faible clarté qu'engendrerait la dominance des voyelles postérieures sur les voyelles antérieures – sachant que « [l]es voyelles antérieures [...] apparaissent comme plus claires, plus aiguës ; les voyelles postérieures [...] comme relativement sombres, graves » (Fónagy, 1979 : 91).

Je ne connais pas de travaux de l'ampleur de ceux de Fónagy qui exploreraient la symbolique visuelle des graphèmes. Sans doute cette symbolique est moins prégnante dans notre civilisation ; elle n'en demeure pas moins la matière poétique d'un Ponge (qu'on pense notamment au « Gymnaste »).

Fait d'énonciation et non fait de langue, l'isophonie analogique (ou harmonie imitative) ne peut être conventionnelle comme le sont certaines onomatopées. Elle ne peut donc être interprétée comme analogique qu'à la condition d'une lecture endophasique. Jugeant que la strophe « suggère » la langueur qu'il signifie, ou que « Le long d'un clair ruisseau buvait une colombe » suggère le bruit du ruisseau (comme Léon, 1993 cité p. 294), le lecteur établit des analogies entre sonorités des phonèmes et qualités de référents mondains. Comme les onomatopées, l'harmonie imitative produit une « valeur sémiotique ajoutée » : le lecteur qui juge l'isophonie *imitative* ajoute à la sémiotique arbitraire (($E^g(C^g)$) ou ($E^g(E^p(C^p))$), une relation analogique : E^p a pour contenu conventionnel C^p *et* E^p ressemble à C^p ($E^g(E^p(C^p)(C^{pi}))$)[157]. L'analogie diagrammatique s'ajoute à la sémiotique codique et met en doute son arbitraire. Cette sémiotique subsidiaire instaurée par la textualité (l'organisation syntagmatique des unités du contenu) suppose que la lecture des séquences concernées soit une (auto)écoute.

On conclura ces remarques sur l'harmonie imitative en insistant sur le fait qu'il s'agit d'une virtualité de l'isophonie. Si l'isophonémie n'impose pas ce que Léon appelle un « noyau actualiseur » (la qualité assignée aux phonèmes réitérés doit être un sème actualisable sur le plan du contenu) mais peut fonctionner par strict repérage de la réitération phonémique, elle ne s'en trouvera pas moins renforcée dans sa perception si elle est pertinente sur le plan du

---

[157] À propos de cet étayage de la relation arbitraire par la relation analogique voir chap. 3, p. 168, note 30.

contenu. La remarque invite à réfléchir à l'intrication de l'isotopie et de l'isoplasmie. En fait, plutôt qu'une intrication des deux plans de la texture, il arrive simplement que les unités de l'expression (phonèmes ou syllabes) se voient assigner des contenus analogiques (la « symbolique des sons » : le sème /liquide/ assigné au contenu des consonnes continues /l/ et /ʀ/ par exemple). Si les contenus analogiques du phonème comportent des sèmes communs avec le contenu arbitraire de l'unité linguistique qu'intègre le phonème, il peut y avoir isotopie, c'est-à-dire actualisation de ces sèmes. Il s'agit donc d'un phénomène d'isotopie mélangeant contenu de la sémiotique arbitraire et contenu de la sémiotique analogique.

Nous l'avions déjà relevé au chapitre précédent à propos des onomatopées : l'arbitraire de la relation entre signifié et signifiant conduit la linguistique à négliger le type de substance (phonique *vs* graphique) dont les signes sont formes. Mais cette abstraction n'est pas possible pour les sémiotiques analogiques, qui imposent de considérer la substance informée. Il en va de même pour les faits de texture, qui sont des liages sur l'expression et qui engagent les propriétés de ces expressions. Il n'est pas possible de rendre compte de tels faits de textualité sans tenir compte des spécificités des substances informées, et il n'est probablement pas possible non plus de tenir un discours qui soit valide à la fois pour la textualité orale et pour la textualité écrite. Les ambitions d'une (sémio)linguistique du texte à décrire à la fois l'oral et l'écrit doivent être évaluées aussi à l'aune des sémiotiques non arbitraires.

6.4 De l'oralité de l'écrit dans la perspective de la poétique

On trouvera curieux que les poéticiens appellent « accent prosodique » l'accent plastique, lié aux phénomènes de texture isophonémique (type allitération) et que, inversement, les prosodistes ne fassent pas cas des effets sur l'accentuation des phénomènes d'isophonie (du moins dans les travaux consultés pour cette étude)[158]. On peut faire l'hypothèse suivante : la perception de l'isophonie suppose une structure segmentale dans laquelle certains événements syllabiques se produisent conformément à l'attente du lecteur – l'attente comblée produisant la proéminence. Cette prévisibilité est favorisée à l'écrit par au moins

---

158 Lorsque Rossi traite de *l'ictus mélodique* (1999 : 189–196), il envisage un filtre, conditionnant la réalisation de certains accents potentiels, essentiellement lié à la contrainte d'eurythmie (éviter les vides et les chocs accentuels, « respecter la contrainte de proximité et l'équilibre rythmique » (1999 : 196) ; il n'envisage pas que des faits tels que ceux que nous appelons *isophonies* puissent conduire à prévoir un ictus mélodique.

quatre facteurs. 1 – Le scripteur a pu « texturer » son écrit à loisir, c'est du moins l'imaginaire de l'écrit, et l'attente du lecteur, en particulier en contexte littéraire. 2 – La lecture est une situation où la tâche de production du signal phonique est déchargée de celle de la programmation du segmental : le lecteur peut donc mettre l'accent... sur la réalisation prosodique du signal. 3 – Le segmental, fourni sous forme de trace, dispose à la relecture et donc à la validation des attentes que supposent les faits de texture. 4 – Enfin, la topographie, en contexte métrique, fournit un « formatage graphique » par lequel le lecteur est « induit à traiter chaque vers comme une continuité syllabique et chaque entre-vers comme une discontinuité syllabique » (Cornulier, 2003 : §23). C'est la fonction intonographique de la topographie du vers. Le propos se trouve éclairé par cette analyse synthétique du Groupe μ :

> Le temps vécu est continu et amorphe. Pour le rendre apparent, il faut lui donner forme, c'est-à-dire le rythmer. Or, la perception d'un rythme temporel est elle-même intemporelle, car elle nécessite la **vue simultanée** de deux ou plusieurs segments, ce qui n'est possible qu'en se plaçant en un **lieu extérieur** au discours manifesté ou à l'énoncé – en l'occurrence la mémoire –, d'où ils peuvent être perçus ensemble. Les éléments **disjoints dans l'émission** doivent être **conjoints dans la perception.** Le paradoxe est donc le suivant : pour rendre le temps perceptible, il faut le rythmer, et, pour percevoir le rythme, il faut annuler le temps. (Groupe μ, 1974 : 137)

L'écrit constitue, avec la mémoire, un « lieu extérieur au discours manifesté » d'où *voir* les éléments disjoints dans le processus de leur énonciation : disjoint dans son actualisation orale, conjoint pour la perception visuelle, le signal graphique, intemporel (c'est-à-dire rémanent, voir chap. 1, 7.1.1, p. 58), favorise par cette propriété même la perception du rythme et par suite de la durée.

C'est l'un des aspects fondamentaux de l'écrit – emblématiquement de la poésie – et du rapport particulier à la temporalité qu'il instaure. Il ne se révèle comme structure que dans le parcours du signal (temporalité d'une circonstance actionnelle à laquelle il serait asservi), mais il est, en tant que signal, soustrait à la temporalité externe de son énonciation. Si, en tant que signe, il est produit de ce parcours, il est, en tant que signal, possibilité de réitération sans fin du signe. Mouvement et immobilité, événement énonciatif et dessin.

La perception d'un fait de texture suppose sa mise en relation au sein de l'espace textuel avec la mémoire (anaphorique), d'autres structures et l'espoir (cataphorique) de structures prochaines – *espoir* qui peut être *mémoire* lorsque le texte est relu, ce à quoi l'écrit dispose.

Le vers est à tous ces égards le stéréotype de l'écrit qui optimise les conditions de sa structuration par l'accent « plastique ». On arrive alors à cette situation où l'écrit, rhétorique ou poétique, est le type de discours emblématique du rythme... On se gardera ici de cette métonymie : ce n'est pas l'écrit en tant que tel qui possède les accents et le rythme en question, *mais la performance endophasique qui est réalisée à partir de lui*. C'est en tant que support d'une interprétation sémiophonique que l'écrit rhétorique ou poétique peut être considéré comme marqué par le rythme, une cadence, des accents, etc.

Ce sont les qualités de l'écrit – qui sont d'ergonomie, filles d'une technologie langagière dont le support stocke et fournit une part importante des données de la performance orale en situation de lecture – qui aboutissent, par métonymie, à une étrangeté : « La littérature est l'oralité maximale. » (Dessons & Meschonnic, 1998 : 45) Pour la sémiologie, une telle proposition ne peut signifier que ceci : la performance orale favorisée par l'écrit est celle qui permet la réalisation prosodique exemplaire, stéréotypique – et par suite éloignée parfois de la prosodie du français spontané. Qu'il y ait plus d'accents effectivement réalisés dans la lecture endo ou exophasique ne doit pas conduire à affirmer – sinon par provocation – qu'il y a plus d'accents ou de rythme dans l'écrit que dans l'oral. Une telle position, quelle que soit la redéfinition de la notion d'oralité qui l'a sous-tend, n'est pas pour éclaircir l'analyse des rapports entre oralité et écriture.

On sait que de la position radicale de Meschonnic se fonde sur une réarticulation à trois termes, où le *parlé* seul s'oppose à l'*écrit*, tandis que l'*oral* signifie (ou symbolise ?) la subjectivité[159]. La conception est fondamentalement phonocentriste, qui considère que la voix, la vocalité est le milieu ultime de la constitution de la subjectivité.

> La voix est relation. Par la communication, où du sens s'échange, elle constitue un milieu. Comme dans le discours, il y a dans la voix plus de signifiant que de signifié : un débordement de la signification par la signifiance. On entend, on connaît et reconnaît une voix – on ne sait jamais tout ce que dit une voix, indépendamment de ce qu'elle dit. C'est peut-être ce perpétuel débordement de la signifiance, comme dans le poème, **qui fait que la voix peut être la métaphore du sujet.** (Meschonnic, 1982 : 294)

Cette métaphore est anthropologiquement pertinente, à n'en pas douter. Du milieu de la voix émerge l'activité sémiologique, dans notre société et pour la grande majorité de nos congénères. Mais, ni dans la voix, ni dans l'écrit, il ne saurait y avoir plus de signifiant que de signifié, à moins de prendre les percepts (substance) pour des signifiants et les effets cognitifs pour les signifiés. Un système présente autant de signifiants qu'en réclament les nécessités et les dé-

---

[159] « Le parlé est le phonique, qui s'oppose à l'écrit. L'oral, libéré de cette confusion, peut désigner le primat du rythme et de la prosodie comme mode de signifier, autant dans le parlé que dans l'écrit. En fait, la seule et plénière réalisation de l'oralité est l'écriture, quand elle est une forme-sujet. » (Meschonnic, 1995 : 380)

sirs d'une société à un moment donné de son histoire. Affirmera-t-on, comme Harris, que la « gamme des contrastes visuels » dont joue l'écriture « dépasse de loin les ressources d'une simple succession de sons produits par la voix humaine » (1993 : 277) ? Cela revient à se demander si tel son est plus intense que telle couleur. On ne fait que reconduire le paralogisme dans la direction opposée : les contrastes visuels et les proéminences auditives étant établis selon les gabarits d'un système de formes – et non l'inverse.

Sur le plan sémiologique, toute performance est appropriation d'un système de règles ; elle produit un acte singulier et un agent-siège de cet acte. Selon les pistes de Benveniste, ce n'est pas la vocalité, et sa richesse de signifiance, qui fonde le langage à réaliser la subjectivité, c'est la possibilité du métalangage : soit le fait que cette activité sémiologique, l'énonciateur la réfléchisse, et lui avec elle, par une activité sémiologique de même nature. Or nos observations conduisent plutôt à penser que le métalangage est une potentialité commune à la sémiographie et à la sémiophonie.

On prendra donc la voix pour ce qu'elle est, une métaphore du sujet, et on se gardera de considérer pour notre part l'oralité – et ce qui la touche de près, comme la prosodie ou le rythme – comme le principe unique de la subjectivation. En revanche, il importe d'avoir cet imaginaire en tête au moment d'appréhender les effets d'oralité éprouvés et attestés par les lecteurs. Un texte jugé singulier par sa manière de mettre en œuvre les systèmes de signes que réclame son interprétation sera régulièrement considéré comme l'expression d'une « voix », comme métaphore du sujet. Et de la voix à l'oral, il n'y a manifestement qu'un petit pas. Dans l'enquête de Chanfrault-Duchet (2006), à la question : « Quels auteurs vous semblent représentatifs de l'oralité dans la littérature française ? » les écrivains suivants apparaissaient : Rabelais, Chateaubriand, Flaubert, Zola, Giono, Duras (par ordre de fréquence). Pour l'enquêteuse, « les justifications avancées dans les réponses tendent à montrer que les enseignants abordent la question à partir de la singularité du style de l'auteur » (2006 : 129).

Plutôt que d'assimiler, conceptuellement au moins, littérature (ou poésie) et oralité, nous nous en tiendrons, en la modulant légèrement, à cette conclusion d'Anis :

> S'il est vrai que **les modèles les plus actuels** de la lecture sont centrés sur le passage direct du mot écrit au sens, **la lecture du poème** constituerait un comportement particulier, que caractériserait le passage obligé par l'oralisation, au moins sous forme de subvocalisation. (Anis, 1983b : 88)

On nuancera en rappelant que les modèles psycholinguistiques actuels insistent désormais sur la *combinaison* des « décodages » visuels et phonographiques (chap. 2, 2.5, p. 121), ou encore en invitant à situer dans l'histoire « la lecture *du* poème »[160]. Pour le reste, ce sont précisément les conditions textuelles de ce « passage obligé par l'oralisation » que j'ai voulu cerner dans cette partie. Plutôt que d'une oralisation obligée, on a parlé d'une *écoute endophasique sollicitée*, selon le principe de pertinence. On a voulu montrer que lorsque cette sollicitation était jugée pertinente, c'est-à-dire à même de repérer la texture isophonique du texte, elle produit des effets d'oralité dont le parcours interprétatif ne correspond ni à l'actualisation du système phonographique étudiée au chapitre 3, ni au mécanisme discursif de la reconnaissance d'un « style oral » considéré au chapitre 4 (3, p. 245).

Conclusion. Un écrit inouï ?

Résumons les étapes de notre parcours. Dans un esprit sémiologique, on a fait l'hypothèse de la possibilité d'une lecture strictement visuelle, conforme à la modalité opératoire du signal, qu'on appelle *lecture endographique*. L'hypothèse rend compte des pratiques de lecture visuelle (lecture rapide), de la possibilité de la lecture par les sourds et du fonctionnement de nombreux dispositifs textuels graphiques (appel/renvoi de note, titre, indentation, etc.). Un tel modèle n'exclut évidemment pas que certains écrits soient produits pour la lecture à haute voix (lecture exophasique) ni que, pour certains écrits (parfois les mêmes), une lecture silencieuse (endophasique) est non seulement possible mais encore plus efficace pour la reconnaissance et l'interprétation du signal. Les travaux de psycholinguistique corroborent l'hypothèse de la complémentarité des actualisations visuelle et auditive lors des processus de lecture. La disponibilité à l'écoute n'a pas été posée ici comme une nécessité sémiologique, mais comme une possibilité cognitive en vue de l'interprétation du sens, comme une solution disponible pour le lecteur-auditeur.

Nous sommes partis de l'observation sémiologique selon laquelle la sémiographie vise globalement les mêmes finalités énonciatives que la sémiophonie, dont elle hérite la strate segmentale. Mais elle doit fonctionner sans prosodie, n'ayant pas elle-même de propriété mélodique.

---

[160] L'histoire des imaginaires langagiers incline à penser qu'à partir du deuxième quart du XIXe siècle, la poésie est moins définie par l'isophonie (vers, mètre...) que par des procédures évocatoires tels que les étudie Dominicy (2011).

On a retenu trois facteurs compensatoires de l'absence de prosodie. L'un est proprement scriptural : il s'agit du développement de la topographie. Ce système joue un rôle analogue à celui de la prosodie, mais son développement suit nécessairement les lignes de pente de son propre mode opératoire, visuographique. Les deux autres facteurs relèvent de la morphosyntaxe : l'explicitation morphologique des relations entre constituants et le respect d'un ordre conventionnel qui permet de traiter la position du constituant comme une instruction fonctionnelle fiable. Ces conditions réunies définissent *l'ergonomie visuelle optimale du signal graphique*. Elle serait représentée par la phrase à construction syntaxiquement intégrée $SVOC_{(non\,val)}$. On s'écarte de cette optimalité selon quatre axes :

A – en modifiant l'ordre des compléments argumentaux (faits d'*extraposition*) ;
B – en intégrant des constituants sans marquage segmental de leur relation sémantique à leur contexte d'incidence (faits de *parataxe*) ;
C – en ajoutant des constituants non argumentaux (et donc en *allongeant* la phrase)[161] ;
D – en recourant à la structuration topographique de manière non conforme à sa fonction sémiographique de balisage visuel (balisage de l'incidence syntaxique, de modalité ou d'autonymie) et donc, en particulier, en n'utilisant pas la topographie.

La syntaxe de l'écrit est une syntaxe qui s'est accommodée du fait qu'elle devait faire sans la prosodie. Quand bien même on considérerait qu'une énonciation n'est telle que pour avoir été mise en mélodie, la syntaxe de l'écrit serait conditionnée par le fait que cette « interprétation mélodique » est générée par le lecteur hors de toute donnée mélodique du signal[162]. Même si l'on adopte une position selon laquelle hors de la prosodie, point d'énonciation, on admettra que la prosodie de la lecture est une prosodie construite avec les moyens graphiques du bord.

Dès lors, plus le signal graphique s'écarte du modèle de l'ergonomie visuelle optimale, plus la *sollicitation prosodique* est forte. Elle conduit à traiter les sé-

---

[161] Lacheret (2003) observe par exemple que l'accumulation des compléments circonstanciels à l'oral conduit à faire varier leurs contours intonatifs à des fins de hiérarchisation. C'est un tel instrument organisationnel que le lecteur peut trouver dans l'actualisation prosodique des phrases à constituants non argumentaux multiples.

[162] Il y a interprétation mélodique dans l'audition d'un signal oral, bien entendu ; mais cette interprétation est information de substance, c'est-à-dire conformation d'une substance acoustique à des patrons prosodiques. Alors que lors de l'interprétation mélodique d'un signal graphique, il y a construction d'une mélodie à partir de données non acoustiques.

quences graphémiques en chaînes phonémiques au sein desquelles les topogrammes peuvent remplir une fonction intonographique. Si cette sollicitation prosodique porte ses fruits, c'est-à-dire si elle permet de structurer le signal graphique qui est à son origine, elle produira l'effet cognitif suivant : l'écrit semble répondre dans son organisation à une logique prosodique.

J'ai proposé de considérer la force de l'effet prosodique en proportion de son *efficacité*. Plus la prosodie est structurellement pertinente, plus il y a de chances que le lecteur y recourt (lecture endophasique). *De facto*, l'actualisation prosodique va dépendre de la compétence et des stratégies sémiologiques individuelles. Mais formulée en termes de proportion, la règle vaut pour tous les lecteurs. Elle permet ainsi d'ouvrir à une description linguistique. En effet, l'efficacité structurante de la prosodie se mesure à la capacité des intonèmes à compenser le déficit structurel affectant l'écrit, en tant qu'il est du segmental sans mélodie.

Dans cette famille de représentation que sont les *effets prosodiques*, on a pu distinguer des catégories selon deux critères : le *niveau* de l'analyse textuelle auquel profite l'actualisation prosodique et le *type* d'unités prosodiques sollicitées. *(i)* Dans certains cas rares d'amphibologies, l'accent de groupe peut aider au séquençage du segmental en syntagmes. La prosodie intervient alors au niveau de la reconnaissance sémiotique d'unités syntagmatiques. *(ii)* De manière moins anecdotique, les contours intonatifs sont régulièrement utiles à l'interprétation des rapports entre constituants, en particulier des rapports entre clauses. Cette pertinence produit des effets qu'on a dits *mélodiques*, eu égard à la variation intonative qui caractérise les accents primaires nucléaires (ou *tons*) qui sont porteurs d'informations sur la nature sémantique du regroupement. *(iii)* La lecture endophasique est également susceptible de produire des effets au-delà de la cohésion interclausale, au niveau textuel. Le phénomène repose alors sur une accentuation dite « secondaire », subséquente à la réitération de l'unité prosodique qu'est la syllabe. L'accent engendré par la réitération – soit de la qualité phonémique de la syllabe (isophonémie) soit de sa quantité temporelle (isochronie) – produit des effets *de rythme* dans la mesure où le lecteur reconnaît une pertinence organisationnelle et sémantique, mais aussi esthétique, au retour des qualités phoniques – à la condition bien sûr qu'il les repère. Le rythme oralisant de l'écrit est celui qui résulte de la reconnaissance que, pour graphique qu'elle soit, telle séquence écrite fait texte selon des moyens qui sont importés du système sémiophonique : retour de syllabes, retour de mesures syllabiques, retour d'accents.

Aux différents niveaux de l'analyse linguistique, ces cas répondent en définitive à une même famille de parcours interprétatifs : des unités sémiophoniques, unités de la langue orale, sont mises à contribution pour la production de la forme et du sens d'un signal graphique. J'ai défendu l'hypothèse que de tels effets constituaient une famille distincte des effets d'oralité stylistiques. Ces derniers résultent de l'adoption de patrons distributionnels jugés caractéristiques de l'oral pour le lecteur – qu'ils soient effectivement caractéristiques est une problématique secondaire pour l'approche représentationnelle. La problématique grammaticale de la représentation de l'oralité est de même nature sémiotique que celle qui concerne la reconnaissance générique d'une énonciation. Les effets prosodiques résultent, quant à eux, de la sollicitation d'un *système langagier spécifique à l'oral*, mais appliqué de manière adventice à l'écrit. Sur la validité de cette distinction, entre effets « grammaticaux » ou « stylistiques » et effets « prosodiques », repose entièrement la pertinence de ce chapitre.

Ces représentations écrites de l'oralité concernent des faits linguistiques variables qu'il était impossible d'aborder dans le détail et à partir de suffisamment d'exemples. En dépit de ces difficultés, c'est la nécessité de proposer une ouverture sur ce terrain, délaissé en linguistique de l'énonciation et en stylistique au profit de descriptions basées essentiellement sur la comparaison grammaticale de l'oral et de l'écrit, qui m'a poussé à y consacrer une partie importante de mon étude.

Avec le modèle proposé, il paraît finalement difficile d'imaginer un écrit un tant soit peu élaboré qui ne solliciterait pas au moins occasionnellement la prosodie. Si le modèle conduit à conclure que l'effet prosodique est presque partout, cela signifie-t-il que nous sommes retombés sur la thèse pan-prosodiste écartée par principe selon notre perspective sémiologique ?

Entre un modèle qui situe la prosodie partout, *en droit*, dans le processus de la lecture, et un autre qui la rencontre souvent *en fait*, il y a une différence profonde. D'abord sur le plan de la théorie, la régularité de la sollicitation prosodique n'apparaît pas comme une activité énonciative « normale » (la position de Martin, 2009 évoquée en 2.1, p. 302 : « Lorsque nous parlons, lorsque nous lisons... », nous faisons la même chose : nous intonons), mais comme une activité intersémiotique complexe et remarquable qui doit retenir toute l'attention des sémiologues et des linguistes – comme elle retient celle des psychologues. Ensuite, sur le plan de l'analyse linguistique, en ne posant pas *a priori* l'impossibilité d'une lecture visuelle sourde, ou lecture endographique, on invite d'un côté à décrire les écrits en tant qu'ils s'offrent plus ou moins aisément à une telle lecture et d'un autre, on rappelle la nécessité d'une linguistique qui investigue l'écrit dans la signifiance propre de ses formes. Dès lors, l'envie et le besoin vont aux études de corpus, qui permettront d'affiner la compréhension des seuils au-delà desquels la sollicitation produit des effets sensibles, pour un lecteur donné, à une époque donnée, compte tenu des propriétés de l'écrit étudié. C'est avant tout un outil conceptuel et quelques instruments d'analyse dans cette direction que j'ai voulu proposer.

Le modèle permet par exemple de rendre compte du fait que la faible fréquence de la ponctuation (écart de l'ergonomie optimale sur l'axe D ci-dessus) peut produire, dans certaines conditions, des effets prosodiques, mais que la haute fréquence le peut aussi (par suite d'écart sur les axes A, B et C). On peut aussi affiner la description de ces effets en fonction du type d'unités sémiophoniques mobilisées et du niveau d'analyse linguistique et textuelle où celles-ci interviennent. Le modèle offre encore je crois une réponse à des questions jugées difficiles telles que l'oralité supposée du style de Proust, alors qu'il se tient bien loin de la morphosyntaxe du parlé[163].

> Ce à quoi fait appel le texte proustien est donc plutôt une lecture des yeux, mais accompagnée d'une imitation mentale de la parole, avec ses pauses et ses inflexions favorisant les mises en relief, la perception des sous-ensembles, l'appréciation des effets de suspension et de chute, la reconnaissance des jeux phoniques et anagrammatiques. (Milly, 1975 : 203)

> Cette modification de la période par Proust explique le débat sur l'oralité de son style (est-il fait pour être lu à haute voix ou silencieusement ?). Ici, une relecture semble nécessaire pour placer les accents. (Bordas *et alii*, 2012 : 86–87)

Effets mélodiques (pauses, inflexions, chutes…) et effets rythmiques (reconnaissances de jeux phoniques) constituent la matière de l'oralité proustienne, mais de la sollicitation prosodique exercée par son écrit sur le lecteur. L'énonciation – c'est-à-dire la lecture – réquisitionne l'oral non en tant que modèle morphosyntaxique (style parlé) ou que modèle contextuel (scène de parole), mais en tant qu'ordre de structuration pertinent pour l'interprétation. Il s'agit bien ici d'écrire comme on parle, ou plutôt de lire comme on écoute, mais non pas en utilisant des formes segmentales propres aux pratiques langagières orales, mais en recourant à des formes « suprasegmentales » propres à l'écoute uniquement. Qu'il soit l'effet d'une sous-adaptation de l'écrit à sa condition graphique, ou d'une sur-adaptation jouant des limites de la sémiographie et de

---

[163] « La place de l'oral – ou mieux de l'oralité – chez Proust est certes une question difficile, mais il ne saurait être question de voir dans cette sous-ponctuation "un calque de la conversation dans son allure naturelle et vivante" comme le fait André Ferré. Bien qu'il fût ce causeur mondain apprécié de ses contemporains, on sait quelle aversion Proust nourrissait pour "ces paroles que les lèvres plutôt que l'esprit choisissent [...] comme on en dit dans la conversation [telles que] la phrase parlée d'un Sainte-Beuve". L'écrivain n'avait en effet que mépris pour la conversation, cet antonyme de l'écriture au regard de la création. Le soin extrême qu'il apporte à restituer la parole des personnages dans ce qu'elle a de charnel ne signifie donc pas pour autant que Proust ait voulu imiter le débit oral dans son écriture ou sa ponctuation. » (Serça, 2010 : 36)

ses dépassements par la sémiophonie à des fins expressives, esthétiques ou idéologiques, dans tous les cas, c'est l'oralité, l'autre de l'écrit, qui fournit ses ressources sémiologiques.

Conclusion générale. De l'oral dans l'écrit ?

> En passant auprès d'un p'tit bois
> Où le coucou chantait,
> Où le coucou chantait.
> Dans **son joli chant disait** :
> « Coucou, coucou, coucou, coucou. »
> Et moi, **je croyais qu'il disait** :
> « Tords-lui le cou ! Tords-lui le cou ! »
> Et moi de m'en cour', cour'
> Et moi de m'en courir !
> (« Le Peureux », chanson du folklore
> francophone)

Ce livre trouve son origine dans une commande. Il m'avait été demandé de rendre compte, « par les formes », « au ras du texte », de l'oralité du style de Ramuz. Cette oralité était diversement évaluée et appréciée par la critique, mais elle était largement reconnue. En interrogeant la réception de l'œuvre – précieusement collectée et conservée par l'écrivain abonné à l'Argus – et en survolant la littérature linguistique et stylistique sur le style oral, il m'apparaissait bientôt que la question dépassait largement le cadre de la stylistique ; elle demeurait sans doute définitivement insoluble aussi longtemps que n'étaient pas suffisamment distingués les différents niveaux que peut recouvrir la notion d'oralité. Dans le champ des études littéraires et dans celui de la linguistique de l'énonciation, ce travail, entrepris çà et là en partie, me paraissait pouvoir profiter d'un effort de synthèse.

Une fois rendue à l'oralité et à la scripturalité leur dimension substantielle – celle de signaux dont le mode opératoire et le domaine de validité sont radicalement différents, l'un développant dans le temps des variations ondulatoires pour l'ouïe, l'autre développant dans l'espace des graphismes pour la vue –, ma tâche initiale me semblait alors consister à décrire une illusion : celle de la présence impossible du son dans le trait (chap. 1). *Sur le plan de la substance des signaux*, trace graphique et processus acoustique constituent une *opposition catégorique*.

Pourtant, l'impossible présence de l'oral dans l'écrit au niveau matériel, doit être réévaluée au niveau « sémiotique ». S'ils sont hétérogènes en tant que signaux et en tant que « formes matérielles » (Hjelmslev), les graphèmes et les phonèmes sont mis en correspondance par les moyens d'un système *ad hoc* : le système *phonographique*. Fonction native de l'alphabet, mais fonction à laquelle la sémiographie est désormais irréductible, la phonographie permet de donner un corps phonémique à chaque unité de la *sémiographie* (« langue écrite ») et un corps graphémique à chaque unité de la *sémiophonie* (« langue orale »). Elle assure une relation étroite entre les deux systèmes qui dépasse quelques « effets Buben » locaux et invite à penser la manière dont les deux systèmes interagissent et se transforment mutuellement. Pour penser cette interaction, à partir de l'approche théorique qui était alors la mienne, la linguistique de l'énonciation, j'ai été amené à redéployer une articulation sémiologique à trois termes, comme l'avaient fait déjà Hjelmslev, Uldall, Vachek ou plus récemment Catach. Le modèle situe la langue (comme sémiotique sans sémantique, ou comme schéma) en amont ou en aval (selon qu'on considère le langage comme condition sémiotique ou comme praxis) des systèmes sémiographiques et sémiophoniques (chap. 2). Relativement au modèle de Catach, la proposition faite ici ne définit pas le phonogramme comme une propriété de certaines unités graphémiques « en langue », mais pose la phonographie comme un système annexe, actualisable occasionnellement en phase de lecture. Ce déplacement théorique est nécessaire, car la phonographie n'est pas qu'une « stratégie » ou un « processus » de décodage choisi librement par l'interprète, comme l'affirme Catach. Elle est une sémiotique particulière par laquelle la langue écrite peut *coder l'expression orale de ses unités*. Elle relève de la strate métalangagière et touche à ce que le langage a de définitoire ; mais elle est aussi spécifique des idiomes qui s'écrivent, et qui s'écrivent à l'aide d'une notation de type alphabétique.

La phonographie (chap. 3) peut d'ailleurs être requise par la présence de marqueurs spécifiques constituant un *appareil formel* propre. Le verbe *prononcer* en constitue le parangon ([A] PRONONCER [X] [X'], où X est présenté comme un sémiogramme et X' comme le forme phonologique de ce dernier). Nous avons décrit les variations phonographiques dans diverses pratiques discursives écrites où la caractérisation des locuteurs par leur parole – c'est-à-dire en l'occurrence par leur prononciation – est un enjeu générique. Mais le système phonographique ne sert pas seulement la description de locuteurs : il permet aux ornithologues de coder, à l'écrit, le chant des oiseaux, il permet d'écrire (en phonographie) des mots qu'on ne sait pas écrire (en sémiographie), des mots écrits qu'on n'avait jamais vus, des mots qui valent pour des bruits ou des bruits qui valent pour des mots. On peut encore, grâce à la phonographie, donner aux oiseaux des noms qui « ressemblent » à leur cri (*coucou, pipit*...) parce que, actualisés en tant que phonogrammes, on se les entend lire. La phonographie est donc aussi un principe de création lexicale.

Nous avons observé avec une attention particulière les cas où l'actualisation phonographique opère de manière tout à fait interprétative ; le phonogramme apparaît alors au lecteur non parce qu'il est présenté comme tel, mais parce que son actualisation offre à reconnaître un mot connu sous le mot écrit inconnu.

Cette actualisation sans marquage est le propre des représentations-effets : un *effet d'écoute* en l'occurrence, dont la répétition fait planer comme un doute. Le texte aurait-il été écrit tout entier pour être entendu ?

Nous avons considéré aussi, brièvement, une modalité de représentation faiblement représentée en littérature, mais tout à fait ordinaire dans les bandes-dessinées, jouant sur le signal graphique lui-même. Celui-ci sert de base à des sémiotiques analogiques, selon lesquelles, dans des conditions sémantiques définies, des variations graphiques, formelles ou substantielles, ont pour contenu des variations phoniques.

Tel était le niveau « sémiotique » de l'analyse, qui rend pensable la « présence », par codage, de l'oral dans l'écrit, sous forme d'une analyse de l'un et de l'autre en unités formelles minimales non significatives en elles-mêmes et susceptibles d'un transcodage via un système intersémiotique.

La fonction métalangagière (chap. 4), différence spécifique du langage parmi les autres systèmes de signes, ouvre ce que nous avons appelé une *sémantique de l'oral*. Parce qu'il est possible de parler du langage, il est aussi possible de « parler » de l'oral à l'écrit. Une typologie des modalités de la représentation écrite de l'oral ne doit pas négliger cette variante apparemment triviale, consistant à décrire, dans l'écrit, un objet langagier oral. C'est alors la richesse du métalexique et des configurations micro et macrosyntaxiques permettant la catégorisation de l'énonciation écrite comme orale qui a été rapidement passée en revue.

Mais la sémantique de l'oral ne se réduit pas à l'opération de catégorisation métalangagière : des énonciations, on peut encore parler en les reformulant. Ainsi avons-nous étudié les cas où l'oral n'est pas seulement catégorisé comme tel, mais où il est par ailleurs « montré ». Pas dans sa substance bien sûr, mais dans la forme de son expression, dans ses propriétés grammaticales et textuelles. L'analyse des opérations métalangagières en jeu dans ce mode de représentation permet de dégager la structure sémiotique et l'attitude énonciative conduisant à traiter une séquence en usage dans l'énonciation en train de se faire comme renvoyant à elle-même, *comme manière parlée d'écrire* : c'est la modalisation autonymique d'emprunt (MAE). Nous avons ainsi situé cette dernière au cœur de la compétence discursive.

L'analyse doit encore faire face à un paradoxe. *Sur le plan des normes discursives*, qui se définissent à la fois par des propriétés textuelles et contextuelles, discours oraux et discours écrits constituent un continuum : comment se fait-il alors que l'activité interprétative des lecteurs témoigne au contraire d'une aptitude à « reconnaître » spontanément des manières orales dans l'écrit, comme si celles-ci étaient clairement tranchées ?

La comparaison de l'affordance des signaux, acoustiques et graphiques, donne à cette question une réponse qui dépasse l'intuition. Le processus acoustique qu'informe la langue orale, noué à sa situation d'émission par le corps de l'émetteur, s'oppose en tout à la trace graphique, inerte, transportable, durable et manipulable. Cette opposition, qui dispose à des pratiques nettement différenciées, polarise également notre imaginaire de ces pratiques.

Enfin, si l'analyse biotechnologique permet de comprendre pourquoi l'imaginaire de l'écriture et de l'oralité est polarisé, stable et partagé, elle permet également d'expliquer pourquoi les pratiques ne sont pas absolument contraintes : on peut utiliser un objet contre son affordance, ou peut pallier ses défauts par la préparation et l'entraînement. C'est pourquoi il est possible, sur le plan grammatical, d'écrire comme on parle et de parler comme un livre, et c'est pourquoi, en dépit de ce mélange constant, on repère immédiatement l'oral dans l'écrit.

En complément des nombreuses études décrivant le « style oral » de telle œuvre, genre ou auteur, l'approche linguistique adoptée ici a donc privilégié deux aspects : d'une part l'analyse du mécanisme interprétatif fondamental par lequel l'interprète repère des hétérogénéités discursives et la place qu'il faut attribuer aux imaginaires discursifs des locuteurs dans le processus de la production du sens ; d'autre part, la description de l'imaginaire discursif de l'oralité, en ce qu'il a de plus stable, dans son versant contextuel de scène de parole prototypique et dans son versant textuel de grammaire préférentielle de l'oral.

La littérature joue un rôle prépondérant pour transposer à l'écrit la signification des structures qui semblaient les mieux faites pour l'oral (Béguelin, 1998). Elle contribue ainsi à reconfigurer les imaginaires. C'est pourquoi le fondement ergonomique donné à cet imaginaire n'est que la matière première que travaille l'écrivain. Sur ce fondement, il convient au stylisticien de décrire l'évolution, au fil de l'histoire sociale et littéraire, de cet imaginaire selon les variations de ses mises en discours.

L'approche sémiologique conduisait enfin à interroger le rôle de la prosodie dans le processus de la lecture (chap. 5). Sur le plan biotechnologique, un système dont le mode opératoire est visuo-graphique (les feux routiers par exemple) ne réclame aucune médiation acoustique. Nul besoin de s'entendre dire « rouge » pour comprendre le signal du sémaphore. Il en irait de même pour la sémiographie si elle n'était pas liée à la sémiophonie (dans l'ontogenèse et la phylogenèse, mais aussi du point de vue fonctionnel comme le montre la productivité du système phonographique). Pourtant, la sémiographie porte les traces de son origine et de son interaction avec la sémiophonie. Qu'elle soit principalement agencée par lignes en constitue sans doute la plus flagrante preuve ; si elle était un système visuo-graphique indépendant, sa syntagmatique exploiterait plus radicalement les deux dimensions de son support comme le font les schématismes graphiques non linguistiques. Une démarche autonomiste ne saurait faire abstraction de l'interaction entre la sémiographie et la sémiophonie dans leurs développements et leurs fonctionnements.

Sur cette base, nous avons fait l'hypothèse qu'en recevant de la sémiophonie sa structuration segmentale, mais en la transposant sans son principal adjuvant sémiologique – la prosodie –, la sémiographie doit nécessairement *adapter* son héritage. L'analyse sémiologique ne peut guère distinguer que trois possibilités offertes à la sémiographie (c'est-à-dire aux scripteurs-lecteurs) pour réaliser cette adaptation. Deux se situent du côté du système : développer un nouveau système d'appui « remplaçant », pour l'écrit, la prosodie, ou modifier sa structuration segmentale (morphologie, syntaxe et textualité). Autant qu'il nous était possible de le faire, nous avons exploré ces hypothèses consistant à considérer a) la ponctuation comme un substitut de la prosodie, b) la grammaire de l'écrit comme favorisant certains types de construction mieux appropriés au mode opératoire visuo-graphique de l'écrit. Ces hypothèses fort anciennes trouvent ici un éclairage sémiologique.

À ces deux options situées sur le plan des systèmes – et déterminant des observables formels – s'en ajoute une troisième, qui relève de l'activité cognitive : si le signal graphique ne s'adapte pas ou insuffisamment à l'absence d'informations d'origine mélodique, le manque peut alors être comblé par le lecteur lui-même. Celui-ci trouve dans l'intonation – en lecture endo ou exophasique – une stratégie interprétative pertinente. Elle produit, pour un coût cognitif relativement faible, des bénéfices à deux niveaux de textualité principalement : celui de l'articulation logique entre constituants non liés sur le plan segmental (parataxe) et celui de la texture, c'est-à-dire de l'organisation du signal par la réitération d'unités linguistiques, situées en l'occurrence sur le plan de l'expression. Dans les deux cas, la pertinence de la lecture endophasique produit sur le lecteur l'effet que l'écrit – tout écrit qu'il est – a été produit pour être écouté, que l'écoute comble un déficit de signification ou qu'elle lui apporte un surplus de sens (rimes, allitérations, mesures, etc.).

Cette autre modalité de représentation écrite de l'oralité est sollicitée soit par une faiblesse relative dans l'ergonomie visuo-graphique du signal écrit (suscitant sa mise en contour mélodique), soit par un bénéfice tiré de son transcodage par l'interprète (assurant le repérage d'isophonies). Elle ne se confond pas, dans son mécanisme ou dans les unités qu'elle concerne, ni avec la phonographie, ni avec les effets discursifs du « style parlé ». Elle touche d'ailleurs à l'oralité régulièrement assignée à des discours rhétoriques ou poétiques n'adoptant pas la grammaire préférentielle du français oral spontané. Ces derniers phénomènes ne pouvaient pas être écartés d'un examen de la représentation écrite de l'oralité, surtout quand celui-ci a pour terreau la littérature.

Le parcours des diverses modalités dont dispose l'énonciation écrite française pour représenter l'oral nous a conduit sur le terrain de l'ergonomie, de la sémiologie (nature et rapport entre les systèmes), de la phonologie, de la morphologie, de la micro et de la macrosyntaxe, d'une sémantique ayant à intégrer les phénomènes d'interdiscursivité, de la psychologie cognitive, de l'intonologie et de la linguistique textuelle. Nous avons aussi été amené à interroger les rapports, sur lesquels on trouve peu de travaux, entre *prosodie* et *topographie*. Le champ de cette ambitieuse question était sans doute trop vaste pour qu'un seul ouvrage puisse prétendre à le couvrir de façon toujours suffisamment fine et éclairée. Mon travail aura-t-il fait sentir à quel point l'étude des rapports entre oralité et écriture stimule, comme peu d'autres objets sémiologiques, notre compréhension de ce qu'est un idiome ? Il aura atteint un bel objectif. Et il en atteindra un second en stimulant les approfondissements et les corrections qu'il réclame.

Bibliographie

Achard P., 1988, « La spécificité de l'écrit est-elle d'ordre linguistique ou discursif ? », in Catach N. (éd.), *Pour une théorie de la langue écrite*, Paris, CNRS Éditions : 67–77.
Achard-Bayle G., Paveau M.-A., 2008, « La linguistique "hors du temps" », *Pratiques*, 139–140 : 3–16.
Adam J.-M. 1997, *Le style dans la langue*, Lausanne, Delachaux & Niestlé.
Adam J.-M., 2004 [1999], *Linguistique textuelle. Des genres de discours aux textes*, Paris, Nathan.
Adam J.-M., 2001a, « Types de textes ou genres de discours ? Comment classer les textes qui disent de et comment faire ? », *Langages*, 141 : 10–27.
Adam J.-M., 2001b, « Entre conseil et consigne : les genres de l'incitation à l'action », *Pratiques*, 111–112 : 7–38.
Adam J.-M., 2004, « Ponge rhétoriquement », in Gleize J.-M. (dir.), *Ponge, résolument*, Lyon, ENS éditions : 19–38.
Adam J.-M., 2008, *La linguistique textuelle. Introduction à l'analyse textuelle des discours*, Paris, Armand Colin.
Adam J.-M., 2011a, *La linguistique textuelle* (3ᵉ édition), Paris, Armand Colin.
Adam J.-M., 2011b, « Le programme de la "translinguistique des textes, des œuvres" et sa réception au seuil des années 1970 », in Brunet É., Mahrer R. (éds), *Relire Benveniste. Réceptions actuelles des* Problèmes de linguistique générale, Louvain, Academia : 123–143.
Adam J.-M., 2011c, *Les textes : types et prototypes* (3ᵉ édition), Paris, Armand Colin.
Adam J.-M., 2015, « Introduction aux problèmes du texte », in Adam J.-M. (dir.), *Faire texte. Unité(s) et (dis)continuité*, Besançon, Presses Universitaires de Franche-Comté : 11–33.
Albalat A., 1900, *L'art d'écrire*, Paris, Armand Colin.
Albano Leoni F., Banfi E., 2013, « À propos du rapport entre théories phonologiques et modèles d'écriture », colloque SHESL-HTL 2013 « Écritures et représentation(s) du langage et des langues », Lefebvre J., Puech C. (org.), Paris, Bibliothèque François Mitterrand, 26 janvier.
Andreewsky E., Rosenthal V., 1988, « Alexies – aphasies : problèmes des relations écrit/oral », in Catach N. (éd.), *Pour une théorie de la langue écrite*, Paris, CNRS Éditions : 103–109.
Anis J., 1981, « Écrit/oral : discordances, autonomies, transpositions », *Études de linguistique appliquée*, 42 : 7–22.
Anis J. (éd.), 1983a, *Pour une graphématique autonome*, Langue française, 59.
Anis J., 1983b, « Vilisibilité du texte poétique », *Langue française*, 59 : 88–102.
Anis J., 1988, *L'écriture. Théories et descriptions*, avec la coll. de J.-L. Chiss et C. Puech, Bruxelles, De Boeck.
Anis J., 1989, « De certains marqueurs graphiques dans un modèle linguistique de l'écrit », *DRLAV*, 41 : 33–52.
Anis J., 1998, *Texte et ordinateur. L'écriture réinventée ?*, Paris-Bruxelles, De Boeck.
Anis J., 1999 (dir.), *Internet, communication et langue française*, Paris, Hermès Sciences Publication.
Anis J., 2002, *Parlez-vous texto ? Guide des nouveaux langages du réseau*, Paris, Cherche-Midi.

Anis J., 2004, « Les linguistes français et la ponctuation », *L'Information Grammaticale*, 102 : 5–10.
Apothéloz D., Zay F., 2003, « Syllepses syntagmatiques dans l'improvisation orale », in Sànchez Miret F. (éd.), *Actas del XXIII Congreso Internacional de Lingüística y Filología Románica*, Salamanca, 24–30 septembre 2001, Tübingen, Niemeyer, vol. II/1 : 47–59.
Arabyan M., Klock-Fontanille I. (dir.), 2005, *L'écriture, entre support et surface : pour un dépassement de la problématique traditionnelle des écritures*, Paris, L'Harmattan.
Arrivé M., 1993, *Réformer l'orthographe ?*, Paris, PUF.
Arrivé M., 1999, « Parole saussurienne, énonciation benvenistienne », *Mémoires de la société linguistique de Paris*, 6 : 99–110.
Arrivé M., 2007, *À la recherche de Ferdinand de Saussure*, Paris, PUF.
Arrivé M., Gadet F., Galmiche M., 1986, *La grammaire d'aujourd'hui. Guide alphabétique de linguistique française*, Paris, Flammarion.
Auroux S., 1991, « Lois, normes et règles », *Histoire Épistémologie Langage*, 13/1 : 77-107.
Auroux S., 1994, *La révolution technologique de la grammatisation*, Liège, Mardaga.
Authier-Revuz J., 1995, *Ces mots qui ne vont pas de soi. Boucles réflexives et non-coïncidences du dire*, 2 tomes, Paris, Larousse (réédité chez Lambert-Lucas en 2013).
Authier-Revuz J., 2000, « Aux risques de l'allusion. », in Murat M. (éd.), *L'allusion dans la littérature*, PU Sorbonne, Paris : 209–235.
Authier-Revuz J., 2001, « Le discours rapporté », in Thomassone R. (éd.), *Une langue : le français*, Hachette, Paris : 192–201.
Authier-Revuz J., Lala M.-C. (éds), 2002, *Figures d'ajout. Phrase, texte, écriture*, Paris, Presse Sorbonne nouvelle.
Authier-Revuz J., à paraître, *La représentation du discours autre : principes pour une description*, Berlin, De Gruyter.
Avanzi M., 2008, « La différence entre micro et macro-syntaxe est-elle marquée prosodiquement ? L'exemple des dispositifs clivés en il y a SN qui / Ø », *L'Information grammaticale*, 119 : 8–13.
Avanzi M., 2012, *L'interface prosodie/syntaxe en français. Dislocations, incises et asyndètes*, Berne, Peter Lang.
Avanzi M., Corminboeuf G., Heyna F. (éds), 2008, *Les parenthèses en français*, Verbum, 30/1.
Avanzi M., Lacheret-Dujour A., 2010, « Micro-syntaxe, macro-syntaxe : une prosodie toujours transparente ? L'exemple des périodes asyndétiques en français parlé », in Béguelin M.-J., Avanzi M., Corminboeuf G. (éds), *La Parataxe*, t. 2, Berne, Peter Lang : 339–364.
Bally C., 1909, *Traité de stylistique française*, 2 tomes, Genève, Librairie de l'Université & Georg.
Bally C., 1926, *Le langage et la vie*, Paris, Payot.
Bakhtine M. M., 1978, *Esthétique et théorie du roman*, Paris, Gallimard.
Bakhtine M. M., 1984 [1952–53], « Les genres du discours », in *Esthétique de la création verbale*, Paris, Gallimard.
Barbin F., 2010, « Le concept de traducteur-conteur », *Glottopol*, 15 *(Oralité et écrit en traduction)* : 55–79, en ligne.
Barthes R., 1972 [1953], *Le degré zéro de l'écriture*, Paris, Seuil.
Barthes R., 2002a [1971], « Écrivains, intellectuels, professeurs », in *Œuvres complètes*, III, 1968–1971, Paris, Seuil : 887–907.

Barthes R., 2002b [1975], « Le bruissement de la langue », in Œuvres complètes, IV, 1972–1976), Paris, Seuil : 800–803.
Bauche H., 1920, Le langage populaire, Paris, Payot & Cie.
Beauzée N., 1784, « Paronomase », in Encyclopédie méthodique. Grammaire et littérature, t. 2, Paris, Panckoucke, Liège, Plomteux.
[Reichler-]Béguelin M.-J., Berrendonner A., 1989, « Décalages : les niveaux de l'analyse linguistique », Langue française, 81 : 99–124.
[Reichler-]Béguelin M.-J., 1990, « Conscience du sujet parlant et savoir du linguiste », in Liver R., Werlen I., Wunderli P. (éds), Sprachtheorie und Theorie der Sparchwissenschaft. Festschrift für Rudolf Engler, Tübingen, Gunter Narr : 208–220.
[Reichler-]Béguelin M.-J., 1992, « Perceptions du mot graphique dans quelques systèmes syllabiques et alphabétiques », Lalies, 10 : 143–158.
Béguelin M.-J., 1998, « Le rapport écrit-oral. Tendances dissimulatrices, tendances assimilatrices », Cahiers de linguistique française, 20 : 229–253.
Béguelin M.-J., 2002a, « Clause, période ou autre ? La phrase graphique et la question des niveaux d'analyses », Verbum, 24/1–2 : 85–107.
Béguelin M.-J., 2002b, « Unidades de lengua y unidades de escritura. Evolucion y modalidades de la segmentación gráfica », in Feirrero E. (éd.), Relaciones de (in)dependencia entre oralidad y escritura, Barcelone, Gedisa : 51–71.
Béguelin M.-J., 2004, « L'apprenant comme modèle du sujet parlant », in Gajo L. et al. (éds), Un parcours au contact des langues. Textes de Bernard Py commentés, Paris, Didier : 69–72.
Béguelin M.-J., 2010, « Noyaux prédicatifs juxtaposés », in Béguelin M.-J., Avanzi M., Corminboeuf G. (éds), La Parataxe, t. 1, Berne, Peter Lang : 3–33.
Béguelin M.-J., 2012a, « Le statut de l'écriture », in Druetta R. (éd.), Claire Blanche-Benveniste (1935–2010). À l'école de l'oral. Sylvain-les-Moulins, Éditions GERFLINT : 39–54.
Béguelin M.-J., 2012b, « La variation graphique dans le corpus suisse de SMS en français », in Caddéo S. et al., Penser les langues avec Claire Blanche-Benveniste, Aix-en-Provence, PU Provence : 49–62.
Bellemin-Noël J., 1972, Le texte et l'avant-texte, Paris, Larousse.
Benveniste É., 1966, Problèmes de linguistique générale 1, Paris, Gallimard.
Benveniste É., 1974, Problèmes de linguistique générale 2, Paris, Gallimard.
Benveniste É., 2012, Dernières leçons. Collège de France (1968–1969), Paris, Gallimard, Seuil.
Bergounioux G., 2004, Le moyen de parler, Lagrasse, Verdier.
Berrendonner A., 1983, « Connecteurs pragmatiques et anaphore », Cahiers de linguistique française, 5 : 215–246.
Berrendonner A., 1998, « Normes d'excellence et hypercorrections », Cahiers de Linguistique Française, 20 : 87–101.
Berrendonner A., 2004, « Grammaire de l'écrit vs grammaire de l'oral : le jeu des composantes micro et macro-syntaxiques », in Rabatel A. (éd.), Interactions orales en contexte didactique, Lyon, PUL : 249–262.
Berrendonner A., 2008, « L'alternance que/#. Subordination sans marqueur ou structure périodique ? », in Van Raemdonck D. (dir.), Modèles syntaxiques. La Syntaxe à l'aube du xxie siècle, Berne, Peter Lang : 279–296.
Biber D., 1988, Variation across Speech and Writing, Cambridge University Press.

Biber D., Finegan E., 2001, « Register Variation and Social Dialect Variation : The Register Axiom », *in* Eckert P., Rickford J. (éds), *Style and Sociolinguistic Variation*, Cambridge University Press : 235–267.
Bilger M. (dir.), 1999, *Revue française de linguistique appliquée*, 4/2 *(L'oral spontané)*.
Blanche-Benveniste C., 1985, « La langue du dimanche », *Reflet*, 14 : 42–43.
Blanche-Benveniste C., Jeanjean C., 1987, *Le français parlé. Transcription et édition*, Paris, Didier Érudition.
Blanche-Benveniste C. *et al.*, 1990a, *Le français parlé. Études grammaticales*, Paris, CNRS Édition.
Blanche-Benveniste C., 1990b, « Grammaire première et grammaire seconde : l'exemple de EN », *Recherches sur le français parlé*, 10 : 51–73.
Blanche-Benveniste C., 1991, « Les études sur l'oral et le travail d'écriture de certains poètes contemporains », *Langue française*, 89 *(L'oral dans l'écrit)* : 52–71.
Blanche-Benveniste C., 1993, « Faire des phrases », *Le Français aujourd'hui*, 101 : 7–15.
Blanche-Benveniste C., 2000, *Approches de la langue parlée en français*, Paris, Ophrys.
Blanche-Benveniste C., 2003, « L'orthographe », *in* M. Yaguello (éd.), *Le Grand Livre de la langue française*, Paris, Éditions du Seuil : 345–389.
Blanche-Benveniste C., Chervel A., 1969, *L'Orthographe*, Paris, Maspéro.
Bonhomme M., 2010, « Les avatars de l'asyndète : entre rhétorique, stylistique et grammaire », *in* Béguelin M.-J., Avanzi M., Corminboeuf G. (éds), *La parataxe*, t. 1, Berne, Peter Lang : 35–53.
Bonin P., Collay S., Fayol M., 2008, « La consistance orthographique en production verbale écrite : une brève synthèse », *L'Année psychologique*, 108 : 517–546.
Bordas É. *et al.*, 2012, *L'analyse littéraire*, Paris, Armand Colin.
Borges J. L., 1985 [1980], *Conférences*, Paris, Gallimard.
Bouquet S., 2003, « Interpréter : de la langue à la parole. André Green, François Rastier et Jean Starobinski dialoguent avec Simon Bouquet », *in* Bouquet S. (dir.), *Ferdinand de Saussure*, Paris, Éditions de l'Herne : 293–306.
Bouquet S., 2004, « Les genres de la parole », *Langages*, 153 : 3–14.
Brancaglion C., 2003, « La phonétique dans l'orthographe. Mimésis de l'oral dans l'écriture romanesque de Noël Audet », *in* Galazzi E., Bernardelli G. (dir.), *Lingua, cultura e testo. Miscellanea di studi francesi in onore di Sergio Cigada*, vol. I, Milano, Vita e Pensiero : 153–169.
Brekle H. E., 1989, « La linguistique populaire », *in* Auroux S. (dir.), *Histoire des idées linguistiques. La naissance des métalangages en Orient et en Occident*, t. 1, Liège-Bruxelles, Mardaga : 39–44-.
Brunet É., Mahrer R. (éds), 2011, *Relire Benveniste. Réceptions actuelles des* Problèmes de linguistique générale, Louvain, Academia-L'Harmattan.
Buben V., 1935, *Influence de l'orthographe sur la prononciation du français moderne*, Genève, Droz.
Burger M., Jacquin J., 2015, « La textualisation de l'oral : éléments pour une description de la construction collaborative de la complétude », *in* Adam J.-M. (dir.), *Faire texte. Unité(s) et (dis)continuité*, Besançon, Presses Universitaires de Franche-Comté : 277–318.
Calame-Griaule G., 1982, « Ce qui donne du goût aux contes », *Littérature*, 45 *(Les contes : oral/écrit, théorie/pratique)* : 45–60.
Calvet L.-J., 1984, *La tradition orale*, Paris, PUF.
Calvet L.-J., 1996, *Histoire de l'écriture*, Paris, Hachette.

Canut C., 1998, « Pour une analyse des productions épilinguistiques », *Cahiers de praxématique*, 31 : 69–90.
Canut C., 2000, « Subjectivité, imaginaires et fantasmes des langues : la mise en discours "épilinguistique" », *Langage et société*, 93 : 71–97.
Canut C., 2007, « L'épilinguistique en question », *in* Siouffi G., Steuckardt A. (dir.), *Les linguistes et la norme. Aspects normatifs du discours linguistique*, Berne, Peter Lang : 49–72.
Caron J., 2008 [1989], *Précis de psycholinguistique*, Paris, PUF.
Catach N., 1980, « La Ponctuation », *Langue française*, 45 : 16–27.
Catach N., 1985, « L'écriture et le signe plérémique », *Modèles linguistiques*, 7/2 : 53–72.
Catach N., 1987, « Retour aux sources », *Traverses*, 43 : 33–47.
Catach N. (dir.), 1995, *Dictionnaire historique de l'orthographe française*, Paris, Larousse.
Catach N., 1994, *La ponctuation*, Paris, PUF.
Chafe W., 1982, « Integration and Involvment in Speaking, Writing and Oral literature », *in* Tannen D. (éd.), *Spocken and Written Language : Exploring Orality and Literacy*, Norwood, NJ, Ablex : 35–53.
Chambon J.-P., 1989, « Démimologiques : délocutivité et zoonymie dans le domaine gallo-roman », *Bulletin de la Société de Linguistique de Paris*, 84 : 81–109.
Chamoiseau P., 1994, « Que faire de la parole ? », *in* Ralph Ludwig (éd.), *Écrire la parole de nuit, la nouvelle littérature antillaise*, Paris, Gallimard : 151–158.
Chanfrault-Duchet M.-F., 2006, « Oralité des textes littéraires et oraliture au lycée », *in* Clermont P., Schneider A. (dir.), *Écoute mon papyrus. Littérature, oral et oralité*, Strasbourg, Documents Actes et Rapports pour l'Éducation : 127–138.
Charaudeau P., Maingueneau D., 2002, *Dictionnaire d'Analyse du Discours*, Paris, Seuil.
Charolles M., 1983, « Coherence as a Principle in the Interpretation of Discourse », *Text*, 3, vol. 1 : 71–99.
Charolles M., Combettes B., 1999, « Contribution pour une histoire récente de l'analyse du discours », *Langue française*, 121 : 76–115.
Charolles M., 2006, « Cohérence, pertinence et intégration conceptuelle », *in* Lane P. (éd.), *Des discours aux textes : modèles, analyses*, Rouen, PU : 39–74.
Charolles M., Lamiroy B., 2008, « Les verbes de parole et la question de l'(in)transitivité », *Discours*, 2, en ligne.
Charolles M., 2011, « Cohérence et cohésion du discours », *in* K. Hölker & C. Marello (éds), *Dimensionen der Analyse Texten und Diskursivent. Dimensioni dell'analisi di testi e discoursi* : 153–173.
Chartier R., Cavallo G. (dir.), 2001, *Histoire de la lecture dans le monde occidental*, Paris, Seuil.
Chartier R., 2008, *Écouter les morts avec les yeux*, Paris, Fayard.
Chenoweth N. A., Hayes J. R., 2003, « The inner voice in writing », *Written Communication*, 20 : 99–118.
Chevrot J.-P., Malderez I., 1999, « L'effet Buben : de la linguistique diachronique à l'approche cognitive (et retour) », *Langue française*, 124 : 104–125.
Chiss J.-L., Puech C., 1987, *Fondations de la linguistique. Études d'histoire et d'épistémologie*, Bruxelles, De Boeck.
Chiss J.-L., Puech C., 1988, « Le *Cours de linguistique générale* et la représentation de la langue par l'écriture », *in* Catach N. (éd.), *Pour une théorie de la langue écrite*, Paris, CNRS Éditions : 47–55.

Chiss J.-L., Puech C., 2009, « Le voyage à Pau avec Jacques Anis : retour sur le colloque de 1997 "Propriétés de l'écriture" », *LINX*, 60 : 67–72.

Chomsky N., 1971 [1965], *Aspects de la théorie syntaxique*, Paris, Seuil.

Cigada S., 1989, *Il linguaggio metafonologico. Ricerche sulle tecniche retoriche nell'opera narrativa di G. Cazotte, M. G. Lewis, E. A. Poe, G. Flaubert, O. Wilde*, La Scuola, Brescia.

Colombat B., Fournier J.-M., Puech C., 2010, *Histoire des idées sur le langage et les langues*, Paris, Klincksieck.

Coltier D., Turco G., 1988, « Des agents doubles de l'organisation textuelle, les marqueurs d'intégration linéaire », *Pratiques*, 57 : 57–79.

Combe D., 2002, « L'ajout en rhétorique et poétique », *in* Authier-Revuz J., Lala M.-C. (éds), *Figures d'ajout. Phrase, texte, écriture*, Paris, Presses Sorbonne Nouvelle : 15–27.

Combettes B., 1998, *Les constructions détachées en français*, Paris, Éditions Ophrys.

Combettes B., 2002, « Aspects de la grammaticalisation de la phrase complexe en ancien et en moyen français », *Verbum*, 24 : 109–128.

Combettes B., 2007, « Discontinuité et cohérence discursive : le cas des ajouts après le point », *Cahiers de praxématique*, 48 : 111–134.

Combettes B., Kuyumcuyan A., 2010, « Les enjeux interprétatifs de la prédication averbale dans un corpus narratif : énoncés nominaux et représentation fictionnelle de processus énonciatifs et cognitifs », *Discours*, 6, en ligne.

Coquet J.-C., 2007, *Phusis et logos. Une phénoménologie du langage*, Paris, PU Vincennes.

Cornulier B. de, 1995, *Art poétique. Notions et problèmes de métrique*, Lyon, PUL.

Cornulier B. de, 2003, « Problèmes d'analyse rythmique du non-métrique », *Semen*, 16 *(Rythme de la prose)*, en ligne.

Coseriu E., 1955–1956, « Determinación y entorno. Dos problemas de una lingüística del hablar », *Romanistisches Jahrbuch*, 7 : 29–54.

Coseriu E., 2001, *L'homme et son langage*, Louvain, Paris, Sterling-Virginia, Peeters.

Coseriu E., 2007, *Lingüística del texto. Introducción a la hermenéutica del sentido*, Madrid, Acro/Libros.

Coseriu E., 1973 [1952], « Sistema, norma y habla », *in Teoría del lenguaje y lingüística general, cinco estudios*, Madrid, Gredos : 11–113.

Coulon A., 1987, *L'ethnométhodologie*, Paris, PUF.

Courtès J., 1995, *Du lisible au visible. Analyse sémiotique d'une nouvelle de Maupassant, d'une bande dessinée de B. Rabier*, Louvain, De Boeck.

Cressot M., 1974 [1947], *Le style et ses techniques*, Paris, PUF.

Culioli A., 1971, « Un linguiste devant la critique littéraire », *in Quelques articles sur la théorie des opérations énonciatives*, Université Paris VII : 40–49.

Culioli A., 1982, « Préface », *in* Fuchs C., Grésillon A., Lebrave J.-L., Peytard J., Rey-Debove J., *La genèse du texte. Les modèles linguistiques*, Paris, CNRS Éditions : 9–12.

Culioli A., 1983, « Pourquoi le français parlé est-il si peu étudié ? », *Recherches sur le français parlé*, 5 : 291–300.

Culioli A., 1990, *Pour une linguistique de l'énonciation*, t. 1, Gap-Paris, Ophrys.

Culioli A., 1999, *Pour une linguistique de l'énonciation*, t. 2, Gap-Paris, Ophrys.

Cunha D. A. C., Arabyan M., 2004, « La ponctuation du discours direct des origines à nos jours », *L'Information grammaticale*, 102 : 35–45.

Dahlet P., 1996, « Benveniste et l'effusion énonciative de la langue », *Sémiotiques*, 10 : 99–121.

Damourette J., 1939, *Traité moderne de ponctuation*, Paris, Larousse.

Danon-Boileau L., Morel M.-A., 1999, *Oral-écrit : formes et théorie*, Faits de langue, 13.
Dargnat M., 2006, *L'oral comme fiction. Stylistique de l'oralité populaire dans le théâtre de Michel Tremblay (1968–1998)*, Thèse de doctorat, Université de Provence et Université de Montréal, en ligne (archives-ouvertes.fr).
Dargnat M., 2007, « L'oral au pied de la lettre : raison et déraison graphiques », *Études Françaises*, 43 : 83–100.
Dausse F., 2003, « Acte d'écriture, de lecture et ponctuation », *Faits de Langues*, 22 : 223–30.
Deloffre F., 1971, *Une préciosité nouvelle. Marivaux et le marivaudage*, Paris, Genève, Slatkine.
Deulofeu J., 2009, « Pour une linguistique du "rattachement" », *in* Apothéloz D., Combettes B., Neveu F. (éds), *Les linguistiques du détachement*, Actes du colloque international de Nancy, 7–9 juin 2006, Berne, Peter Lang : 229–250.
Derive M.-J., Derive J., Thomas J. M. C., 1975, *La crotte tenace et autres contes ngbaka-ma'bo de République Centrafricaine*, Paris, Société d'études linguistiques et anthropologique de France (SELAF).
Derive J., 1975, *Collecte et traduction des littératures orales. Un exemple négro-africain : les contes ngbaka*. Paris, SELAF.
Derrida J., 1967, *De la grammatologie*, Paris, Éditions de Minuit.
Desbordes F., 1988, « La prétendue confusion de l'écrit et de l'oral dans les théories de l'antiquité », *in* Catach N. (éd.), *Pour une théorie de la langue écrite*, Paris, CNRS Éditions : 27–35.
Desbordes F., 2007, « Écriture et ambiguïté d'après les textes théoriques latins », *in* Clerico G., Colombat B., Soubiran J. (éds), *Idées grecques et romaines sur le langage. Travaux d'histoire et d'épistémologie*, Paris, ENS éditions : 259–282.
Dessons G., 2005, « Du discursif », *Langages*, 159 (*Linguistique et poétique du discours à partir de Saussure*) : 19–38.
Dessons G., 2011, *Le poème*, Paris, Armand Colin.
Dessons G., Meschonnic H., 1998, *Traité du rythme. Des vers et des proses*, Paris, Nathan Université.
Deulofeu J., 2001, « L'innovation linguistique en français contemporain : mythes tenaces et réalité complexe », *Le Français dans le monde*, numéro spécial (*Oral : variabilité et apprentissages*) : 18–31.
Di Cristo A., 2003, « De la métrique et du rythme de la parole ordinaire : l'exemple du français », *Semen*, 16 (*Rythme de la prose*), en ligne.
Dijk T. A. van, Kintsch W., 1978, « Toward a Model of Text Comprehension and Production », *Psychological Review*, 85/5 : 363–394.
Dominicy M., 2007, « L'évocation discursive. Fondements et procédés d'une stratégie "opportuniste" », *Semen*, 24, en ligne.
Dominicy M., 2011, *Poétique de l'évocation*, Paris, Classiques Garnier.
Doquet C., Richard É. (dir.), 2012, *Les représentations de l'oral chez Lagarce – continuité, discontinuité, reprise*, Paris, L'Harmattan.
Dubois J., 1965, *Grammaire structurale du français. Nom et pronom*, Paris, Larousse.
Dubois J. et al., 1973, *Dictionnaire de linguistique*, Paris, Larousse.
Ducrot O., 1984, *Le dire et le dit*, Paris, Minuit.
Ducrot O., Schaeffer J.-M., 1995, *Nouveau dictionnaire encyclopédique des sciences du langage*, Paris, Seuil.

Dufour P., 2004, *La pensée romanesque du langage*, Seuil, Paris.
Dufter A., Fleischer J., Seiler G., 2009, « Introduction », *in* Dufter A., Fleischer J., Seiler G. (dir.), *Describing and Modeling Variation in Grammar*, Berlin, Mouton de Gruyter : 1–18.
Durand A., 2004, *Saussure : la langue, l'ordre et le désordre*, Paris, L'Harmattan.
Durrer S., 1994, *Le dialogue romanesque. Style et structure*, Genève, Droz.
Durrer S., 1998, *Introduction à la linguistique de Charles Bally*, Lausanne-Paris, Delachaux & Niestlé.
Durrer S., Meizoz J. (dir.), 1996, *La littérature se fait dans la bouche. La représentation de la langue parlée dans les littératures romanes du XXe siècle*, *Versants*, 30.
Enckell P., Rézeau P., 2005, *Dictionnaire des onomatopées*, Paris, PUF.
Encrevé P., 1992, « Actualité de l'enquête et des études sur l'oral », table ronde avec C. Blanche-Benveniste, G. Bergounioux, J.-C. Chevalier, C. Dumont, C. Perdue, M.-R. Simoni-Aurembou, *Langue française*, 93 : 94–119.
Elalouf A., 2012, « La notion de "grammaire seconde". Tentative de reconstruction épistémologique », Actes du 3e congrès mondial de linguistique française, Université Lumière Lyon 2, France, 4–7 juillet 2012, *SHS Web of Conferences* 1, 2012 : 737–755, en ligne.
Escola M., 2013, « Littérature seconde : le commentaire comme réécriture », *in* Jouve V. (dir.), Nouveaux regards sur le texte littéraire, Reims, ÉPURE, en ligne (www.fabula.org).
Fairclough N., 1995, *Media Discourse*, London, Edward Arnold.
Favart F., 2010, *La représentation de l'oralité dans quelques romans du second XXe siècle*, Lille, ANRT.
Favriaud M., 2004, « Quelques éléments d'une théorie de la ponctuation blanche par la poésie contemporaine », *L'Information grammaticale*, 102 : 18–23.
Favriaud M., 2011, « Plurisystème ponctuationnel, dimension, intensité des signes et architecturation du texte poétique », *Langue française*, 172 : 83–98.
Fayol M., 1989, « Une approche psycholinguistique de la ponctuation. Étude en production et en compréhension », *Langue française*, 81 (Structurations de textes : connecteurs et démarcations graphiques) : 21–39.
Fayol M., Jaffré J.-P., 2008, *Orthographier*, Paris, PUF.
Fenoglio I., 2011, « Déplier l'écriture pensante pour re-lire l'article publié. Les manuscrits de "L'appareil formel de l'énonciation" d'Émile Benveniste », *in* Brunet É., Mahrer R. (éds), *Relire Benveniste. Réceptions actuelles des* Problèmes de linguistique générale, Louvain, Academia : 263–300.
Ferguson C., 1959, « Diglossia », *Word*, 15/1 : 325–40.
Ferguson C., 1991, « Epilogue : Diglossia revisited », *Southwest Journal of Linguistics. Studies of diglossia*, 10/1 : 214–34.
Fernandez-Vest J. (dir.), 2005, *Oralité et cognition – incarnée ou située ?* Paris, L'Harmattan.
Ferrand L., 2007, *Psychologie cognitive de la lecture. Reconnaissance des mots écrits chez l'adulte*, Bruxelles, De Boeck.
Ferrand L., Spinelli E., 2005, *Psychologie du langage. L'écrit et le parlé, du signal à la signification*, Paris, Armand Colin.
Flahaut F., 1978, *La parole intermédiaire*, Paris, Seuil.
Fónagy I., 1979, *La métaphore en phonétique*, Ottawa, Didier.
Fontanier P., 1977, *Figures du discours*, Paris, Flammarion.
Foucault M., 1966, *Les mots et les choses*, Paris, Gallimard.

Foucault M., 1967, « Nietzsche, Freud, Marx », *Cahiers de Royaumont*, t. VI, Paris, Minuit : 183–200.
Fradin B., 2003, *Nouvelles approches en morphologie*, Paris, PUF.
Fraenkel B., 2007, « Actes d'écriture : quand écrire c'est faire », *Langage et société*, 121–122 : 101–112.
Frei H., 1929, *La grammaire des fautes*, Genève, Slatkine.
Frontier A., 1997, *La grammaire du français*, Paris, Belin.
Fruyt M., Reichler-Béguelin M.-J., 1990, « La notion de mot en latin et dans d'autres langues indo-européennes anciennes », *Modèles linguistiques*, 12/1 : 21–46.
Fuchs C., 1981, « Les problématiques énonciatives : esquisse d'une présentation historique et critique », *DRLAV*, 25 : 35–60.
Fuchs C., 1982, « Éléments pour une approche énonciative de la paraphrase dans les brouillons de manuscrits », *in* Fuchs C., Grésillon A., Lebrave J.-L., Peytard J., Rey-Debove J., *La genèse du texte. Les modèles linguistiques*, CNRS Éditions : 73–103.
Fuchs C., 1993, « Position, portée et interprétation des circonstants », *in* Guimier C., *1001 circonstants*, Caen, PU Caen : 253–283.
Fuchs C., 1994, *Paraphrase et énonciation*, Paris, Ophrys.
Gadet F., 1991, « Le parlé coulé dans l'écrit : le traitement du détachement par les grammaires du xxe siècle », *Langue française*, 89 *(L'oral dans l'écrit)* : 110–123.
Gadet F., 1996, « Une distinction bien fragile : oral/écrit », *Tranel*, 25 : 13–27.
Gadet F., 1997, *Le français ordinaire* (2e édition), Paris, Armand Colin.
Gadet F., 1998, « Cette dimension de la variation que l'on ne sait nommer », *Sociolinguistica*, 12 : 53–71.
Gadet F., 2003, *La variation sociale du français*, Gap, Ophrys.
Gadet F., 2010, « De quelques textes fondamentaux sur l'oral », Séminaire doctoral en sciences du langage organisé par F. Gadet le 3 juin 2010 à l'Université de Paris X, Nanterre, en ligne (u-paris10.fr > servlet).
Gadet F., Guérin E., 2008, « Le couple oral/écrit dans une sociolinguistique à visée didactique », *Le Français aujourd'hui*, 162 : 21–27.
Gadet F., Tyne H., 2011, « La séduction du binaire », *in* Pooley T., Lagorgette D. (éds), *Le changement linguistique en français : aspects socio-historiques. Études en hommage au professeur R. Anthony Lodge*, Chambéry, Université de Savoie : 55–68.
Galazzi E., 1995, « Les voies de la voix. Phonétique et dialogues littéraires dans le roman français du xixe siècle », *in* Carile P., Mandich A. M. (éds), *Discorrere il metodo...*, Ferrara, Ed. Centro Stampa Università : 179–208.
Garcia B., 2004, « Langue des Signes Française, quelles conditions pour quelles formes graphiques ? », *in* Berthonneau A.-M., Dal G. (éds), *Silexicales*, 4 : 173–183.
Gardes Tamine J., 2004, *Pour une grammaire de l'écrit*, Paris, Belin.
Gaulmyn de M. M., 1989, « Grammaire du français parlé. Quelques questions autour du discours rapporté », *in Grammaire et français langue étrangère. Actes du colloque ANEFLE*, Grenoble : 22–33.
Gautier A., 2010, « Syntaxe et ponctuation en conflit. Le point est-il une limite de la rection ? », *Travaux de linguistique*, 60/1 : 91–107.
Genette G., 1969 [1966], « Frontières du récit », *in Figures II*, Paris, Seuil : 49–69.
Genette G., 1972, *Figures III*, Paris, Seuil.
Genette G., 1976, *Mimologiques. Voyage en Cratylie*, Paris, Seuil.

Genette G., 2007 [1983], « Nouveau discours du récit », in Discours du récit, Paris, Seuil : 291–435.
Gibson J. J., 1979, The Ecological Approach to Visual Perception, Boston, Houghton Mifflin.
Gombert J.-É., 1990, Le développement métalinguistique, Paris, PUF.
Goody J., 1979 [1977], La raison graphique. La domestication de la pensée sauvage, Paris, Minuit.
Gouvard J.-M., 2015 [1999], La versification française, Paris, PUF.
Goux J.-P., 1999, La fabrique du continu, Seyssel, Champ Vallon.
Grammont M., 1933, Traité de phonétique, Paris, Delagrave.
Granger G.-G., 1979, Langages et épistémologie, Paris, Klincksieck.
Greimas A. J., 1966, Sémantique structurale. Recherche de méthode, Paris, Larousse.
Greimas A. J., 1983, « La soupe au pistou ou la construction d'un objet de valeur », in Du Sens II, Paris, Seuil : 157–169.
Grenouillet C., Reverzy É., 2005, Les voix du peuple dans la littérature des XIXe et XXe siècles, Strasbourg, Presses Universitaires de Strasbourg.
Grésillon A., 1983, « Encore du Temps perdu, déjà le texte de La Recherche », Langages, 69 : 111–125.
Grésillon A., 1993, « Méthodes de lecture », in Hay L. (éd.), Les manuscrits des écrivains, Paris, Hachette-CNRS Éditions : 132–161.
Grésillon A., 1994, Éléments de critique génétique. Lire les manuscrits modernes, Paris, PUF (réédition, 2016, CNRS Éditions).
Grésillon A., Lebrave J.-L., 2011, « Génétique et énonciation – mode d'emploi », in Brunet É., Mahrer R. (éds), Relire Benveniste. Réceptions actuelles des Problèmes de linguistique générale, Louvain, Academia : 43–67.
Grésillon A., Lebrave J.-L., Viollet C., 1990, Proust à la lettre. Les intermittences de l'écriture, Tusson, Du Lérot.
Grevisse M., 1993, Le bon usage. Grammaire française, De Boeck, Duculot.
Grize J.-B., 1996, Logique naturelle et communications, Paris, PUF.
Grobet A., 1998, « Le rôle des ponctuants dans le marquage des unités périodiques, à la lumière d'un exemple tiré de Fin de Partie, de Samuel Beckett », in Defays J.-M., Rosier L., Tilkin F. (éds), À qui appartient la ponctuation ?, Bruxelles, Duculot : 99–116.
Groupe de Fribourg, 2012, Grammaire de la période, Berne, Peter Lang.
Groupe μ, 1970, Rhétorique générale, Paris, Larousse.
Groupe μ, 1977, Rhétorique de la poésie. Lecture linéaire, lecture tabulaire, Bruxelles, Éditions Complexe.
Guillaume G., 2005, Leçons de linguistique de Gustave Guillaume 1941–1942, Théorie du mot et typologie linguistique : limitation et construction du mot à travers les langues, Lowe R. (dir.), Québec, Presses de l'Université Laval.
Hagège C., 1984, « Benveniste et la linguistique de la parole », in É. Benveniste aujourd'hui, Paris, Société pour l'Information Grammaticale, t. 1 : 105–118.
Hagège C., 1985, L'homme de paroles, Paris, Fayard.
Halliday M. A. K., Hasan R., 1976, Cohesion in English, London, Longman.
Halté J.-F., Rispail M., 2005, L'oral dans la classe. Compétences, enseignement, activités, Paris, L'Harmattan.
Hamm M., 2008, « L'apprentissage de la lecture chez les enfants sourds. Quels outils pédagogiques au service de quel apprentissage de la lecture ? », Éducation – Formation – e-288, septembre : 37–44.

Haroche C., Henry P., Pêcheux M., *1971*, « La sémantique et la coupure saussurienne : langue, langage, discours », Langages, *24* : *93–106*.

Harris R., 1993, *La sémiologie de l'écriture*, Paris, CNRS éditions.

Hébrard J., 1983, « L'évolution de l'espace graphique d'un manuel scolaire : le "Despautère" de 1512 à 1759 », *Langue française, 59 (Pour une graphématique autonome. Le signifiant graphique)* : 68–87.

Herschberg Pierrot A., 1993, *Stylistique de la prose*, Paris, Belin.

Hinton L. Nichols J., Ohahla J. J., 1994, *Sound Symbolism*, Cambridge, Cambridge University Press.

Hjelmslev L., 1971 [1943], « Langue et parole », *in Essais linguistiques*, Paris, Minuit : 77–89.

Hjelmslev L., 1973 [1937], « Accent, intonation, quantité », *in Essais linguistiques II*, Paris, Minuit : 181–222.

Hjelmslev L., 1971 [1939], « La notion de rection », *in Essais linguistiques*, Paris, éditions de Minuit : 148–160.

Houdebine A.-M. (dir.), 2002, *L'imaginaire linguistique*, Paris, L'Harmattan.

Jaffre J.-P., 1993, « La phonographie : sa genèse et ses limites », *in* Jaffré J.-P., Sprenger-Charolles L., Fayol M. (dir.), *Les Actes de la Villette*, Paris, Nathan : 22–37.

Jaffre J.-P., 2004, « Écritures et abréviations. Quelques réflexions théoriques », *in* Andrieu-Reix N., Branca S., Puech C. (dir.), *Écritures abrégées (notes, notules, messages, codes...). L'abréviation entre pratique spontanées, codifications, modernité et histoire*, Paris, Ophrys : 19–32.

Jaffré J.-P., Fayol M., 1997, *Orthographes. Des systèmes aux usages*, Paris, Flammarion.

Jaffré J.-P., 2000, « Écritures et sémiographie », *LINX*, 43, en ligne.

Jakobson R., 1963, *Essais de linguistique générale*, Paris, Éditions de Minuit.

Jakobson R., 1973, *Questions de poétique*, Seuil, Paris.

Jeandillou J.-F., 2009, « De ratione scribendi », *LINX*, 60, en ligne.

Jeanneret T., 1999, *La coénonciation en français. Approches discursive, conversationnelle et syntaxique*, Berne, Peter Lang.

Jeay A.-M., 1991, *Les messageries télématiques*, Paris, Eyrolles.

Jenny L., 1989, « La phrase et l'expérience du temps », *Poétique*, 79 : 277–286.

Jousse M., 1981, *Le style oral rythmique et mnémotechnique chez les verbo-moteurs*, Paris, Diffusion, Le Centurion.

Julia C., 2001, *Fixer le sens ? La sémantique spontanée des gloses de spécification du sens*, Paris, Presses Sorbonne Nouvelle.

Kahane S., 2012, « De l'analyse en grille à la modélisation des entassements », *in* Caddéo S. et al. (éds), *Penser les langues avec Claire Blanche-Benveniste*, Aix-en-Provence, PU Provence : 101–114.

Kara M., Privat J.-M., 2006, « La littératie. Autour de Jack Goody », *Pratiques*, 131–132.

Kerbrat-Orecchioni C., *1980, L'énonciation. De la subjectivité dans le langage*, Paris, Colin.

Kerbrat-Orecchioni C., Traverso V., 2004, « Types d'interactions et genres de l'oral », *Langages*, 153 : 41–51.

Kerleroux F., 1990, « Pour une analyse théorique du statut de l'écrit », *Le gré des langues*, 1 : 180–186.

Kleiber G., 1994, « Contexte, interprétation et mémoire : approche standard *vs* approche cognitive », *Langue française*, 103 : 9–22.

Klinckenberg J.-M., 1996, *Précis de sémiotique générale*, De Boeck Bruxelles, 1996.

Klock-Fontanille I., 2005, « L'écriture entre support et surface : l'exemple des sceaux et des tablettes hittites », *in* Arabyan M., Klock-Fontanille I. (éds), *L'écriture entre support et surface*, L'Harmattan, Paris : 43–55.

Koch P., Oesterreicher W., 1990, *Gesprochene Sprache in der Romania : Französisch, Italienisch, Spanisch*, Tübingen, Max Niemeyer.

Koch P., Oesterreicher W., 2001, « Langage oral et langage écrit », *in Lexikon der romanistischen Linguistik*, t. 1, Tübingen, Niemeyer : 584–627.

Köhler W., 1964 [1929], *La psychologie de la forme*, Gallimard, Paris.

Kuroda S.-Y., 1975, « Réflexions sur les fondements de la théorie de la narration » (trad. Fauconnier T.), *in* Kristeva J., Milner J.-C., Ruwet N. (dir.), *Langue, discours, société. Pour Émile Benveniste*, Paris, Seuil : 260–293.

Kuyumcuyan A. 2009 : « Les compléments après le point : un problème de ponctuation ? », *in* Apothéloz D., Combettes B., Neveu F. (éds), *Les linguistiques du détachement*, Berne, Peter Lang : 30–50.

Lacheret A., 2003, *La prosodie des circonstants en français parlé*, Leuven-Paris, Peeters.

Lacheret-Dujour A., Beaugendre F., 1999, *La prosodie du français*, Paris, CNRS Éditions.

Lacheret-Dujour A., Victorri B., 2002, « La période intonative comme unité d'analyse pour l'étude du français parlé : modélisation prosodique et enjeux linguistiques », *Verbum*, 24 : 55–73.

Lambert F., 2006, « Pourquoi met-on une virgule devant et ? », *Cahiers de grammaire*, 30 : 205–218.

Lane-Mercier G., 1989, *La parole romanesque*, Ottawa, PU, Paris, Klincksieck.

Lapacherie J.-G., 2000, « De quoi les "signes de ponctuation" sont-ils les signes? », *La Licorne*, 52 *(La Ponctuation)* : 9–20.

Laplantine C., 2005, « Le sentiment de la langue », *Poétique de l'étranger*, 5, en ligne (www.univparis8.fr/dela/etranger/pages/5).

Laufer R., 1980, « Du ponctuel au scriptural », *Langue française*, 45 : 77–87.

Laufer R., 1984, « L'espace graphique », *Romantisme*, 43 (*Le livre et ses images*) : 63–72.

Lecercle J.-L., 1979, *Rousseau et l'art du roman*, Slatkine, 1979.

Leblay C., Caporossi G., 2014, *Temps de l'écriture. Enregistrements et représentations*, Paris, L'Harmattan.

Lebrave J.-L., 1983, « Lecture et analyse du brouillon », *Langages*, 69 : 11–23.

Lebrave J.-L., 1984, « Le traitement automatique des brouillons », *Programmation et sciences humaines*, 3, CNRS Éditions : 90–106.

Lebrave J.-L., 1987, *Le jeu de l'énonciation en allemand d'après les variantes manuscrites des brouillons de H. Heine*, Thèse d'État, Université de Paris Sorbonne (4 tomes).

Lebrave J.-L., 1992, « La critique génétique : une discipline nouvelle ou un avatar de la philologie », *Genesis*, 1 : 33–72.

Lebrave J.-L., 2006, « Du visible au lisible : comment représenter la genèse ? », *Genesis*, 27 : 11–18.

Lefebvre J., 2007, *La note comme greffe typographique : étude linguistique et discursive*, Thèse de doctorat, Université Paris III – Sorbonne nouvelle.

Lefebvre J., 2011, « L'appel-renvoi de note comme observatoire de l'interpénétration des ponctuations blanche et noire », *Langue française*, 172 : 69–82.

Lefeuvre F., 1999, *La phrase averbale en français*, Paris, L'Harmattan.

Lehtinen M., 2007, « L'interprétation prosodique des signes de ponctuation – L'exemple de la lecture radiophonique de *L'Étranger* d'Albert Camus », *L'Information grammaticale*, 113 : 23–31.
Lehtinen M., 2008, « Les points de suspension comme ressource interactionnelle sur les tchats francophones », *Pré-actes du colloque international RSL IV*, Helsinki, 28–30 mai 2008, en ligne.
Le Goffic P., 1993, *Grammaire de la phrase française*, Paris, Hachette.
Le Goffic P., 2011, « Phrase et intégration textuelle », *Langue française*, 170 : 11–28.
Léon P., 1993, *Précis de phonostylistique. Parole et expressivité*, Paris, Nathan.
Léon P., 1996 [1992], *Phonétisme et prononciations du français*, Paris, Nathan.
Lodge A., 2010, « Standardisation, koinéisation et l'histoire du français », *Revue de Linguistique Romane*, 74 : 5–26.
Lugrin G., 2006, *Généricité et intertextualité dans le discours publicitaire de presse écrite*, Berne, Peter Lang.
Lundquist L., 1999, « Le *factum textus* : fait de grammaire, fait de linguistique ou fait de cognition ? », *Le Français moderne*, 121 : 56–75.
Luzzati D., 1985, « Recherches sur la structure du discours oral spontané », *L'Information grammaticale*, 27 : 39–41.
Luzzati D., Luzzati F., 1986–1987, « Oral et familier », *L'Information grammaticale*, 28 : 5–10, 30 : 23–28, 34 : 15–21.
Luzzati D., 1991, « Oralité et interactivité dans un écrit Minitel », *Langue française*, 89 *(L'Oral dans l'écrit)* : 99–109.
Mahrer R., 2003, « Poétique ramuzienne du tableau : *Les Signes parmi nous* (1919) », *Études de Lettres*, 1–2 *(Dans l'atelier de Ramuz)* : 265–297.
Mahrer R., 2005, « La Langue romanesque de C. F. Ramuz », *Le Français moderne*, 2 : 219–235.
Mahrer R., 2007, « Introduction », *in* Maggetti D., Francillon R. (dir.), *C. F. Ramuz, Œuvres complètes*, vol. 8, Genève, Slatkine : IX–LIV.
Mahrer R., 2009, « De la textualité des brouillons. Prolégomènes à un dialogue entre linguistique et génétique des textes », *in* Adam J.-M., Fenoglio I. (dir.), *Modèles linguistiques*, t. xxx, vol. 59 : 51–70.
Mahrer R., 2011, « Vers une linguistique de la parole, à partir de Benveniste », *in* Brunet É., Mahrer R. (éds), *Relire Benveniste. Réceptions actuelles des* Problèmes de linguistique générale, Louvain, Academia : 197–239.
Mahrer R., 2012, « Le monde fait signes », *in* Maggetti D., Francillon R. (dir.), *Œuvres complètes*, vol. 22, Genève, Slatkine : 367–398.
Mahrer R., Nicollier V., 2015, « Les brouillons font-ils texte ? Le cas des plans pré-rédactionnels de C. F. Ramuz », *in* Adam J.-M., *Faire texte. Unité(s) et (dis)continuité*, J.-M. Adam (dir.), Besançon, Presses Universitaires de Franche-Comté : 223–305.
Maingueneau D., 2010, *Manuel de linguistique pour le texte littéraire*, Paris, Armand Colin.
Maingueneau D., Philippe G., 2002, « Les conditions d'exercice du discours littéraire », *in* Roulet R., Burger M. (éds.), *Les modèles du discours au défi d'un « dialogue romanesque ». L'incipit du roman de R. Pinget : Le Libera*, PU Nancy : 333–359.
Maingueneau D., 2004, *Le discours littéraire. Paratopie et scène d'énonciation*, Paris, Armand Colin.
Maingueneau D., 1981, *Approche de l'énonciation en linguistique française*, Paris, Hachette.
Martin J.-P., 1998, *La bande sonore*. Paris, José Corti.

Martin P., 2009, *Intonation du français*, Paris, Armand Colin.
Martin P., 2011, « Ponctuation et structure prosodique », *Langue française*, 172 : 99–114.
Martinet A., 1960, *Éléments de linguistique générale*, Paris, Armand Colin.
Massot B., 2008, *Français et diglossie. Décrire la situation linguistique française contemporaine comme une diglossie : arguments morphosyntaxiques*, Thèse de doctorat, Université Paris 8, en ligne (archives-ouvertes.fr).
Massot B., Rowlett P., 2013, « Le débat sur la diglossie en France : aspects scientifiques et politiques », *French Language Studies*, 23 : 1–16.
Meizoz J., 2001, *L'âge du roman parlant (1919–1939). Écrivains, critiques, linguistes et pédagogues en débat*, Genève, Droz.
Meizoz J., 2011, *La fabrique des singularités. Postures littéraires II*, Genève, Slatkine.
Mertens P., Simon A.-C., 2010, « Parataxe et prosodie », *in* Béguelin M.-J., Avanzi M., Corminboeuf G. (éds), *La parataxe*, t. 2, Berne, Peter Lang : 285–305.
Meschonnic H., 1982, *Critique du rythme. Anthropologie historique du langage*, Lagrasse, Verdier.
Meschonnic H., 1995, *Politique du rythme, politique du sujet*, Lagrasse, Verdier.
Meschonnic H., 1997, *De la langue française*, Paris, Hachette.
Meynadier Y., 2001, « La syllabe phonétique et phonologique : une introduction », *Travaux Interdisciplinaires du Laboratoire Parole et Langage*, 20 : 91–148.
Milly J., 1975, *La phrase de Proust*, Paris, Larousse.
Milly J., 1985, « Un aspect mal connu du style de Proust : sa ponctuation », *in Proust dans le texte et l'avant-texte*, Paris, Flammarion.
Milner J., Milner J.-C., 1975, « Interrogations, reprises, dialogues », *in* Kristeva J., Milner M., Ruwet N. (éds), *Langue, discours, société. Pour Émile Benveniste*, Paris, Seuil : 122–148.
Milner J.-C., 1978, *L'amour de la langue*, Paris, Seuil.
Milner J.-C., Regnault F., 1987, *Dire le vers*, Paris, Seuil.
Milner J.-C., 1989, *Introduction à une science du langage*, Paris, Seuil.
Minogue V., 1996, « Notice de *Tropismes* », *in* Sarraute N., *Œuvres complètes*, « Bibliothèque de la Pléiade », Paris, Gallimard : 1717–1724.
Mioni A., 1983, « Italiano tendenziale. Osservazioni su alcuni aspetti della standardizzazione », *in Scritti linguistici in onore di Giovan Battista Pellegrini*, Pisa, Pacini : 495–517.
Molinari C., 2005, *Parcours d'écritures francophones. Poser sa voix dans la langue de l'autre*, Paris, L'Harmattan.
Molinié G., 1992, *Dictionnaire de rhétorique*, Paris, Le Livre de Poche.
Montandon A. (éd.), 1990, *Iconotextes*, Paris, Ophrys.
Morier H., 1961, *Dictionnaire de poétique et de rhétorique*, Paris, PUF.
Nehrlich B., Clarke D., 1999, « Champ, schéma, sujet : les contributions de Bühler, Bartlett et Benveniste à une linguistique du texte », *Langue française*, 121 *(Phrase, texte, discours)* : 36–55.
Neveu F., 1998, *Études sur l'apposition*, Paris, Honoré Champion.
Neveu F., 2000, « De la syntaxe à l'image textuelle : ponctuation et niveaux d'analyse linguistique », *La Licorne*, 52 *(La Ponctuation)* : 201–215.
Noailly M., 2002, « L'ajout après point n'est-il qu'un simple artifice graphique ? », *in* Authier-Revuz J., Lala M.-C. (éds), *Figures d'ajout. Phrase, texte, écriture*, Paris, Presses Sorbonne Nouvelle : 133–145.

Normand C., 1989, « Constitution de la sémiologie chez Benveniste », *Histoire, Épistémologie, Langage*, 11/2 : 141–168.
Ono A., 2007, *La notion d'énonciation chez Émile Benveniste*, Limoges, Lambert-Lucas.
Pasques L., 1980, « Du manuscrit à l'imprimé et à la lecture de l'auteur [à propos de la ponctuation de *Ma Cordonnière* de M. Jouhandeau] », *Langue française*, 45 (*La Ponctuation*) : 98–112.
Patron S., 2011, « Homonymie chez Genette ou la réception de l'opposition histoire/discours dans les théories du récit de fiction », *in* Brunet É., Mahrer R. (éds), *Relire Benveniste. Réceptions actuelles des* Problèmes de linguistique générale, Louvain, Academia : 97–115.
Paveau M.-A., 2008, « Les normes perceptives de la linguistique populaire », *Langages et société*, 119 : 93–109.
Pêcheux M., 1975, *Les vérités de La Palice*. Paris, Maspero.
Pêcheux M. *et al.*, 1983, *Rapport d'activité et perspectives de recherche de la RCP ADELA* (Analyste de Discours et lecture d'archives).
Peirce C. S., 1978, *Écrits sur le signe*, trad. G. Deledalle, Paris, Seuil.
Pellat J.-C., 1988, « Indépendance et interaction de l'écrit et de l'oral ? Recension critique des définitions du graphème », *in* Catach N. (éd.), *Pour une théorie de la langue écrite*, Paris, CNRS Éditions : 133–145.
Pellat J.-C., Schnedecker C., 2006, « La représentation de l'oral dans le texte littéraire », *in* Clermont P., Schneider A. (dir.), *Écoute mon papyrus. Littérature, oral et oralité*, Strasbourg, Documents Actes et Rapports pour l'Éducation : 9–26.
Petiot G., 1991, « L'oral dans l'écrit politique », *Langue française*, 89 (*L'Oral dans l'écrit*) : 72–85.
Petitjean A., 2007, « Effets d'oralité et de voix populaires dans les fictions dramatiques contemporaines », *in* Petitjean A., Privat J.-M. (dir.), *Les voix du peuple et leurs fictions*, Recherches textuelles, 7, Université de Metz : 355–395.
Petitjean A., Pétillon S., 2013, « Le point intempestif. Faits de langue et genre de texte », *in* Monte M., Philippe G. (dir.), *Genres & textes. Déterminations, évolutions, confrontations. Études offertes à Jean-Michel Adam*, Lyon, PU : 195–207.
Peytard J., 1970, « Oral et scriptural : deux ordres de situations et de descriptions linguistiques », *Langue française*, 6 : 35–47.
Peytard J., 1993, « D'une sémiotique de l'altération », *Semen*, 8, en ligne.
Philippe G., 1997, *Le discours en soi. La représentation du discours intérieur dans les romans de Sartre*, Paris, Honoré Champion.
Philippe G., 2002a, *Sujet, verbe, complément. Le moment grammatical de la littérature française 1890–1940*, Paris, Gallimard.
Philippe G., 2002b, « L'appareil formel de l'effacement énonciatif et la pragmatique des textes sans locuteur », *in* Amossy R. (éd.), *Pragmatique et analyse des textes*, Tel-Aviv, Université de Tel-Aviv : 17–34.
Philippe G., 2004, *Flaubert savait-il écrire ? Une querelle grammaticale (1919–1921)*, Grenoble, Ellug.
Philippe G., 2009, « Langue littéraire et langue parlée », *in* Phillipe G., Piat J. (dir.), *La langue littéraire. Une histoire de la prose en France de Gustave Flaubert à Claude Simon*, Paris, Fayard : 57–90.

Philippe G., 2013, « Quelques réflexions sur l'idée de stylistique historique »,
    in Badiou-Monferran C. (éd.), *La littérarité des belles-lettres. Un défi pour les sciences du texte ?*, Paris, Garnier : 269–283.
Philippe G., 2014, « Écrire pour parler. Quelques problématiques premières », *Genesis*, 39 : 11–28.
Piat J., 2006, « Vers une stylistique des imaginaires langagiers », *Corpus*, 5 : 113–141, en ligne.
Piat J., 2011, *L'expérimentation syntaxique dans l'écriture du Nouveau Roman (Beckett, Pinget, Simon). Contribution à une histoire de la langue littéraire dans les années 1950*, Paris, Honoré Champion.
Pierrehumbert W., 1926, *Dictionnaire du parler neuchâtelois et suisse romand*, Neuchâtel, Éditions Victor Attinger.
Pinchon J., Morel M.-A., 1991, « Rapport de la ponctuation à l'oral dans quelques dialogues de romans contemporains », *Langue française*, 89 *(L'oral dans l'écrit)* : 5–19.
Poulaille H. (dir.), 1926, *Pour ou contre Ramuz*, Paris, Éditions du Siècle.
Privat J.-M., Scarpa M., 2010, « Présentation », *in* Privat J.-M., Scarpa M. (éds), *Horizons ethnocritiques*, Nancy, PU Nancy : 5–14.
Puech C., 1998, « Manuélisation et disciplinarisation des savoirs de la langue : l'énonciation », *Carnets du Cediscor*, 5 : 15–30.
Puech C., 2004, « Pour faire court », *in* Andrieu-Reix N., Branca S., Puech C. (dir.), *Écritures abrégées (notes, notules, messages, codes...). L'abréviation entre pratiques spontanées, codifications, modernité et histoire*, Paris, Ophrys : 7–18.
Pulgram E., 1951, « Phoneme and grapheme : a parallel », *Word*, 7 : 15–20.
Pulgram E., 1976, « The typologies of writing systems », *in* Haas W. (éd.), *Writing without letters*, Mount Follick Series, vol. 4, Manchester University Press : 1–28.
Quéré L., 2006, « L'environnement comme partenaire », *in* Barbier J.-M., Durand M. (éds), *Sujets, activités, environnements. Approches transverses*, Paris, PUF : 7–29.
Rabaté D., 1999, *Poétiques de la voix*, Paris, José Corti.
Rabatel A., 2004, « L'effacement énonciatif dans les discours rapportés et ses effets pragmatiques », *Langages*, 156 : 3–17.
Rapp B., Epstein C., Tainturier M.-J., 2002, « The integration of information across lexical and sublexical processes in spelling », *Cognitive Neuropsychology*, 19 : 1–29.
Rastier F., 1996, *Sémantique interprétative*, Paris, PUF.
Rastier F., 1997, « Herméneutique matérielle et sémantique des textes », *in* Salanskis J.-M., Rastier F., Scheps R. (éds), *Herméneutique : textes, sciences*, Paris, PUF : 119–148.
Rastier F., 1998, « Le problème épistémologique du contexte et le statut de l'interprétation dans les sciences du langage », *Langages*, 129 : 97–111.
Rey-Debove J., 1997 [1978], *Le métalangage. Étude du discours sur le langage*, Paris, Armand Colin.
Rey-Debove J., 1988, « À la recherche de la distinction oral/écrit », *in* Catach N. (dir.), *Pour une théorie de la langue écrite*, Paris, CNRS Éditions : 77–90.
Riegel M., Pellat J.-C., Rioul R., 2009, *La grammaire méthodique du français* (4ᵉ édition), Paris, PUF.
Rosier L., 1999, *Le discours rapporté – Histoire, théories, pratiques*, Duculot, Bruxelles.
Rosier L., 2004, « La circulation des discours à la lumière de "l'effacement énonciatif" : l'exemple du discours puriste sur la langue », *Langages*, 156 : 65–78.

Rosier-Catach I., 2003, « *La* Suppositio materialis *et la question de l'autonymie au Moyen Age* », *in* Authier-Revuz J., Doury M., Reboul-Touré S. (éds.), *Parler des mots. Le fait autonymique en discours*, Paris, Presse de la Sorbonne Nouvelle : 21–55.

Rossi M., 1999, *L'intonation, le système du français. Description et modèle*, Paris, Ophrys.

[Vigneau-]Rouayrenc C., 1991, « L'oral dans l'écrit : histoire(s) d'E », *Langue française*, 89 (*L'oral dans l'écrit*) : 20–34.

Rouayrenc C., 1992, « La langage populaire dans le roman : code et/ou style », *in Grammaire des fautes et français non conventionnel*, Paris, Presses de l'ENS : 141–149.

Rouayrenc C., 1994, *C'est mon secret. La technique de l'écriture « populaire » dans* Voyage au bout de la nuit *et* Mort à crédit, Tusson, Du Lérot.

Rouayrenc C., 2000, « Le transport du parlé dans l'écrit », *Europe*, 853 : 106–134.

Roulet E., 2004, « Les relations de discours rhétoriques et praxéologiques dans la description des propriétés des constituants parenthétiques », *Travaux de linguistique*, 49 : 9–17.

Sadoulet P., 2012, « Dire un texte théâtral », *in* Sadoulet P., Bigot M. (éds), *Rythme, langue, discours*, Limoges, Lambert-Lucas : 85–98.

Saint-Paul G., 1912, *L'art de parler en public. L'aphasie et le langage mental*, Paris, 1912.

Salem A., 1987, *Pratique des segments répétés*, Publications de l'INaLF, Paris, Klincksieck.

Salvan G., 2012, *Jean Rouaud. L'écriture et la voix*, Paris, L'Harmattan.

de Saussure F., 1968, *Cours de linguistique générale de Ferdinand de Saussure*, édition critique de R. Engler, Wiesbaden, Otto Harrassowitz.

de Saussure F., 1994 [1916], *Cours de linguistique générale*, publié par Charles Bally et Albert Sechehaye avec la collaboration de Albert Riedlinger, de Mauro T. (éd.), Paris, Payot.

de Saussure F., 2002, *Écrits de linguistique générale*, Paris, Gallimard.

de Saussure L., 2006, « Émile Benveniste », *Dictionnaire des sciences humaines*, Paris, PUF.

Sauvageot A., 1969, « Les divers français parlés », *Le Français dans le monde*, 69 : 17–22.

Schegloff E. A., Sacks H., 1973, « Opening up closings », *Semiotica*, 8/4 : 289–327.

Schlieben-Lange B., 1983, *Traditionen des Sprechens. Elemente einer pragmatischen Sprachgeschichtsschreibung*, Stuttgart, Kohlhammer.

Schlieben-Lange B., 1998, « Les hypercorrections de la scripturalité », *Cahiers de linguistique française*, 20 : 255–273.

Seguin J.-P., 1998, « Les incertitudes du mot graphique au XVIIIe », *Langue française*, 119 : 105–124.

Serça I., 2008, « Écrire le temps : phrase, rythme et ponctuation chez Proust », *Poétique*, 153 : 23–39.

Serça I., 2010, *Les coutures apparentes de la* Recherche. *Proust et la ponctuation*, Paris, Honoré Champion.

Simon A.-C., 2004, *La structuration prosodique du discours en français. Une approche multidimensionnelle et expérientielle*, Berne, Peter Lang.

Simon-Grumbach J., 1975, « Pour une typologie des discours », *in* Kristeva J., Milner J.-C., Ruwet N. (dir.), *Langue, discours, société. Pour Émile Benveniste*, Paris, Seuil : 85–121.

Sitri F., 2003, *L'objet du débat*, Paris, Presses de la Sorbonne Nouvelle.

Söll L., 1985, *Gesprochenes und geschriebenes Französisch*, Berlin, Grundlagen der Romanistik.

Sperber D., Wilson D., 1986, *Relevance. Communication and Cognition*, Oxford, Blackwell.

Spire A., 1986 [1949], *Plaisir poétique et plaisir musculaire*, Paris, Corti.

Spitzer L., 1959, « Le style chez C. F. Ramuz : le raccourci mystique », *Romanische Literatur-Studien 1936–1956*, Tübingen, Max Niemeyer Verlag : 328–350.
Stéfanini J., 1983, « Approches historiques de la langue parlée », *Recherches sur le français parlé*, 5 : 7–22.
Strauch G., 1972, « Contribution à l'étude sémantique des verbes introducteurs du discours indirect », *Recherches Anglaises et Américaines*, 5 : 226–242.
Tesnière L., 1937, « Origines de la formation des noms en indo-européen », compte-rendu, *Bulletin de la Faculté de Strasbourg*, 3 (janvier) : 83–89.
Testenoire P.-Y., 2010, « Genèse d'un principe saussurien : la linéarité », *Revue Recto/Verso*, 6, en ligne.
Thibaudet A., 1922, *Gustave Flaubert*, Paris, Librairie Plon.
Todorov T., 1972, « Versification », *in* Ducrot O., Todorov T., *Dictionnaire encyclopédique des sciences du langage*, Paris, Seuil : 240–248.
Tournier J., Tournier N., 2009, *Dictionnaire de lexicologie française*, Paris, Ellipses, 2009.
Tuomarla U., 2004, « La parole telle qu'elle s'écrit ou la voix de l'oral à l'écrit en passant par le discours direct », *in* Munoz L. et al. (éds), *Le discours rapporté dans tous ses états*, Paris, L'Harmattan : 328–334.
Uldall H. J., 1944, « Speech and writing », *Acta linguistica*, 4 : 11–16.
Vachek J., 1939, « Zum Problem des geschrieben Sprache », *Travaux du cercle linguistique de Prague*, 8 : 94–104.
Vachek J., 1973, *Written Language. General problems and problems of English*, Mouton, The Hague.
Vachek J., 1982, *Written Language Revisited*, Amsterdam, John Benjamins PC.
Vaissière J., 2011 [2006], *La phonétique*, Paris, PUF.
Valette M., 2006, *Linguistiques énonciatives et cognitives françaises. Gustave Guillaume, Bernard Pottier, Maurice Toussaint, Antoine Culioli*, Paris, Champion.
Védénina L., 1973, « La transmission par la ponctuation des rapports du code oral avec le code écrit », *Langue française*, 19 : 33–40.
Védénina L., 1980, « La triple fonction de la ponctuation dans la phrase : syntaxique, communicative et sémantique », *Langue française*, 45 : 60–66.
Védénina L., 1989, *Pertinence linguistique de la présentation typographique*. Paris, Peeters-Selaf.
Vendryes J., 1921, *Le langage. Introduction linguistique à l'histoire*, Paris, La Renaissance du livre.
Verselle V., 2012, *Faire dire, pour décrire. Caractérisation langagière des personnages et poétique du récit dans la littérature comique et satirique, XVIIe et XVIIIe siècles*, CELTED-CREM, Université de Lorraine.
Vion R., 2001, « "Effacement énonciatif" et stratégies discursives », *in* De Mattia M., Joly A. (éds), *De la syntaxe à la narratologie énonciative, en hommage à René Rivara*, Gap-Paris, Ophrys : 331–354.
de Vogüé S., 1992, « Culioli après Benveniste : énonciation, langage, intégration », *LINX*, 26 : 77–108.
de Vogüé S., 1997, « La croisée des chemins. Remarques sur la topologie des relations langue/discours chez Benveniste », *in* Normand C., Arrivé M. (dir.), *Émile Benveniste vingt ans après*, Actes du colloque de Cerisy-la-Salle, 12–19 août 1995, *LINX*, numéro spécial, Nanterre, CRL – Université Paris X : 145–158.

de Vogüé S., 2011, « L'énonciation dans le lexique. Actualité du concept benvenistien d'intégration dans la théorie des formes schématiques de l'école culiolienne », in Brunet É., Mahrer R. (éds), *Relire Benveniste. Réceptions actuelles des Problèmes de linguistique générale*, Louvain, Academia : 169–191.
Wagner R. L., 1968, *La grammaire française, 1. Les niveaux et les domaines, les normes, les états de langue*, Paris, Société d'édition d'enseignement supérieur.
Wagner R. L., Pinchon J., 1967, *Grammaire du français : classique et moderne*, Paris, Hachette.
Watine M.-A., 2014, « Prévisibilité phrastique et style parlé chez Céline », *in* Himy L., Bougault L., Castille J.-F. (dir.), *Le style découpeur du réel. Faits de langue, effets de style*, Rennes, PU, 2014 : 303–313.
Wolf N., 1990, *Le peuple dans le roman français de Zola à Céline*, Paris, PUF.
Wüest J., 2009, « La notion de diamésie est-elle nécessaire ? », *Travaux de linguistique*, 59/2 : 147–162.
Wulf J., 2006, « Contribution stylistique à l'analyse de la notion de cohérence : étude de phénomènes singuliers de constitution d'une unité interprétative contextuelle », *in* Calas F. (dir.), *Cohérence et discours*, Paris, PUPS : 287–296.
Zay F., 1990, *Écrire la parole. La représentation littéraire de la « langue parlée ». Typologie et description.* Mémoire de licence, Université de Fribourg.

Index des auteurs

Achard, Pierre   21, 83
Adam, Jean-Michel   22, 27, 73, 203, 277, 286, 303, 306, 311, 330, 402, 404–413
Agrippa d'Aubigné   182
Albalat, Antoine   290
Albano Leoni, Federico   23
Allais, Alphonse   151
Altman, Georges   2
Andreewsky, Evelyne   123
Anis, Jacques   11, 16, 18, 21f., 38, 56, 71–76, 82, 84f., 93, 107–109, 115–117, 126, 134, 162, 178, 183, 192, 194, 197, 211, 312, 326f., 330–333, 339, 343, 345f., 348, 353, 366, 368, 401, 414, 417, 441
Antoine, Gérald   324, 398
Apollinaire, Guillaume   373f.
Apothéloz, Denis   284, 379
Arabyan, Marc   22, 81, 258, 272, 362
Aragon, Louis   138, 146, 284, 374
Aristote   87, 426
Arnauld, Antoine & Lancelot, Claude   139
Arrivé, Michel   22, 25, 50, 74, 82f., 91, 103, 105–107, 118, 126, 339, 397, 412
Audet, Noël   184
Augustin   113, 308f., 311
Auroux, Sylvain   22, 93
Authier-Revuz, Jacqueline   22, 143f., 152, 200, 217–222, 226, 246–253
Avanzi, Mathieu   284, 315, 317–319, 347, 359, 378, 384–386, 393

Bakhtine, Mikhaïl M.   19, 30, 252, 267
Bally, Charles   3f., 22, 90, 94, 108, 132, 178, 214, 273, 297, 326, 377, 379
Balzac, Honoré de   137, 139, 142–149, 157, 181f., 236, 284, 349
Banfi, Emanuele   23
Barbin, Franck   14
Barbusse, Henri   182
Barthes, Roland   61, 71, 82, 218, 280
Baudelaire, Charles   299
Bazin, Hervé   153, 366
Beaugendre, Frédéric   315

Beaugrande, Robert de   406
Beauzée, Nicolas   339, 342, 349, 413f., 435
Beckett, Samuel   5
Béguelin, Marie-José   17–22, 25, 41f., 79, 82–83, 124, 196, 277, 284, 310f., 381–384, 387f., 390, 393f., 399, 451
Beigbeder, Frédéric   357
Belleto, René   171
Benoziglio, Jean-Luc   171
Benveniste, Émile   22, 24–27, 38f., 41, 57f., 65, 78–88, 94, 96–101, 105–107, 211, 293, 296, 302, 310, 393, 403–405, 441
Bergounioux, Gabriel   24, 52, 214, 258
Bernanos, Georges   254
Bernardin de Saint-Pierre, Jacques-Henri   140
Berrendonner, Alain   9, 16, 41f., 273, 283, 285, 297, 304, 306f., 310–313, 321–325, 335, 377, 384–388, 392–396, 399f.
Bertrand, Aloysius   373
Biber, Douglas   41
Billy, André   399
Blanche-Benveniste, Claire   8–14, 17–19, 26, 41f., 44, 68, 70f., 74, 82f., 88, 103f., 107, 111, 114f., 118, 120f., 124, 184, 187, 272, 280, 284, 286, 335–337, 360, 401
Bloomfield, Leonard   173
Bonhomme, Marc   397f.
Bonin, Patrick   122
Bopp, Franz   92, 212
Bordas, Eric   303, 446
Borges, Jorge Luis   405
Bossuet, Jacques-Bénigne   299
Boudard, Alphonse   171
Brancaglione, Cristina   184
Brekle, Herbert Ernst   260
Buben, Vladimir   83, 93, 150, 449
Bühler, Karl   272, 276
Burger, Marcel   27

Calame-Griaule, Geneviève   14f.
Calvet, Louis-Jean   50, 54, 399

Cantat, Bertrand   357
Canut, Cécile   22
Caporossi, Gilles   61, 77
Catach, Nina   22, 83, 93, 105–111, 115–120,
    124, 195, 324, 330–333, 338 f., 342,
    344, 346, 348–352, 354, 366–368, 449
Cavallo, Guglielmo   76 f.
Cavanna, François   170
Cazotte, Jacques   364
Céline, Louis-Ferdinand   1–5, 12, 19, 28,
    171, 182, 285 f., 371, 373, 391, 399
Cendrars, Blaise   3
Chabrol, Jean-Pierre   198
Chafe, Wallace   44
Chambon, Jean-Pierre   173
Chandernagor, Françoise   254
Chanfrault-Duchet, Marie-Françoise   441
Charolles, Michel   226, 230, 363, 406–409
Chartier, Roger   6, 76 f.
Chateaubriand, René de   140, 299, 441
Chenevière, Jacques   1
Chenoweth, N. Ann   419
Chervel, André   82 f., 88, 103 f., 107, 114,
    120 f., 124
Chevrot, Jean-Pierre   93, 121
Chiss, Jean-Louis   50, 64, 81, 83, 90–92,
    95, 211
Cingria, Charles-Albert   368
Claudel, Paul   7, 170, 375
Cohen, Albert   181, 234, 270
Collay, Sandra   122
Colette, Sidonie-Gabrielle   146, 218, 224 f.,
    232, 256
Coltier, Danielle   73
Combettes, Bernard   284, 335, 347, 409
Corblin, Francis   277
Corminboeuf, Gilles   284
Cornulier, Benoît de   423 f., 439
Coseriu, Eugenio   27, 40, 47, 272, 276, 303,
    333, 405
Coulmas, Florian   22
Courteline, Georges   349
Cressot, Marcel   274
Culioli, Antoine   8, 22, 32 f., 286, 303, 311
Cunha, Dóris A. C.   362

Danon-Boileau, Laurent   303
Damourette, Jacques   339, 341
Dargnat, Mathilde   12, 177, 182, 192, 201 f.
Daudet, Alphonse   7, 137, 141, 148, 358
Dausse, François   268
Delattre, Pierre   291, 294
Deloffre, Frédéric   280, 382 f.
Démétrios   380
Derive, Jean   8, 14 f.
Derouen, Jean-Marc   206
Derrida, Jacques   51, 83, 95 f.
Desbordes, Françoise   86–89, 309, 312
Dessons, Gérard   197, 327, 332, 340 f., 373,
    414, 418, 423–425, 428–430, 440
Deulofeu, Jean   178, 377, 385
Devos, Raymond   171
Di Cristo, Albert   300, 315–322
Diderot, Denis de   140
Dubuffet, Jean   203
Ducrot, Oswald   50
Dufour, Philippe   149, 154 f.
Dufter, Andreas   41
Dumas, Alexandre   139, 236
Durand, Alain   61
Duras, Marguerite   196, 335, 359–361, 371,
    380, 390, 441
Durrer, Sylvie   4 f., 12, 28, 183, 399

Echenoz, Jean   235
Egen, Jean   255
Elalouf, Marie-Laure   8, 41
Enckell, Pierre   166–171
Encrevé, Pierre   1
Eskenazi, André   82

Fairclough, Norman   19
Fallet, René   230
Favart, Françoise   182
Favriaud, Michel   298, 331, 340 f., 418
Fayol, Michel   122, 197, 307
Fay, Laure du   206
Ferguson, Charles   8 f., 17, 41 f.
Ferrand, Ludovic   122 f.
Finegan, Edward   41
Flahaut, François   270
Flaubert, Gustave   4 f., 7, 40, 186, 350 f.,
    398, 441

Fónagy, Iván 176, 178, 291, 294, 436 f.
Fontanier, Pierre 413 f., 436
Foucault, Michel 83
Fradin, Bernard 165, 167, 189, 205
Fraenkel, Béatrice 53, 77
Frei, Henri 3
Frontier, Alain 337
Fuchs, Catherine 356, 389
Furetière, Antoine 333, 339, 342

Gachet, Frédéric 232, 347
Gadet, Françoise 8 f., 14, 21, 25, 40–43, 78, 83, 105, 184, 326, 393, 397
Gak, Vladimir G. 83, 115, 120
Galmiche, Michel 105, 397
Garat, Anne-Marie 231
Garcia, Brigitte 81
Gardes Tamine, Joëlle 26
Gauthier, Théophile 145, 148
Gautier, Antoine 284
Gavalda, Anna 232, 254
Genette, Gérard 58–61, 172, 186, 277, 350, 436
Gibson, James J. 49, 60, 269
Gide, André 145, 315
Giono, Jean 3, 297, 441
Goncourt, Edmond & Jules 7, 28
Goody, Jacques 6, 24, 66, 274, 282
Gouvard, Jean-Michel 417
Gracq, Julien 236, 243
Grammont, Maurice 291, 299, 328
Green, Julien 236
Greimas, Algirdas Julien 411 f.
Grésillon, Almuth 61, 69, 282
Grevisse, Maurice 341 f., 344–346, 349, 351, 366 f., 369
Grobet, Anne 9
Groupe μ 282, 408, 411 f., 423 f., 426, 439
Groupe de Fribourg 14, 41 f., 239, 284, 304 f., 307, 310 f., 315 f., 319, 321, 323, 334–336, 342, 349, 352, 369, 385, 388–391
Guérin, Emmanuelle 43
Guillaume, Gustave 110

Hagège, Claude 295, 301, 309, 323 f., 377
Halliday, M. A. K. 406

Halté, Jean-François 10
Hamm, Mélanie 302
Harris, Roy 22, 51, 53, 55–58, 69, 73–75, 78, 85, 211, 264, 269, 330, 441
Hasan, Ruqaiya 406
Hayes, John R. 419
Hébrard, Jean 74, 85, 197
Hergé 169
Herschberg Pierrot, Anne 361 f.
Hinton, Leanne 169, 173, 189 f.
Hjelmslev, Louis 82, 95 f., 100, 105, 303, 332, 377, 415, 448 f.
Hollande, François 275
Homère 14, 262
Houdebine, Anne-Marie 22, 177
Hugo, Victor 130, 136, 138 f., 148 f., 151–153, 162, 179 f., 182, 198, 206, 236, 243
Huysmans, Joris-Karl 231

Jacquin, Jérôme 27
Jaffré, Jean-Pierre 22, 51, 197
Jakobson, Roman 21, 95, 264, 291 f., 401, 403, 408–414, 416, 421, 426–428
Jaloux, Edmond 399
Jeandillou, Jean-François 22, 117, 124, 195
Jeanjean, Colette 8–14, 18 f., 41 f., 44, 70, 184
Jeanneret, Thérèse 267
Jeay, Anne-Marie 11
Jenni, Alexis 226
Jousse, Marcel 399
Julia, Catherine 144

Kahane, Sylvain 70 f.
Karr, Alphonse 151
Kecili, Rachid 233
[Kerbrat]-Orecchioni, Catherine 90, 278, 282,
Kerleroux, Françoise 37
Klock-Fontanille, Isabelle 76, 81
Koch, Peter 3, 7–9, 21–23, 25, 29, 43–49, 54, 78, 83, 264, 269, 288, 383
Kristeva, Julia 254
Kuyumcuyan, Annie 284, 335

La Fontaine, Jean de   294
Lacheret, Anne   307, 315, 321, 324, 377 f., 384 f., 443
Laclos, Pierre Choderlos de   270
Lagarce, Jean-Luc   256, 261, 350
Lamartine, Alphonse de   351, 380
Lambert, Frédéric   351
Lamiroy, Béatrice   226, 230
Lapacherie, Jean-Gérard   338, 355
Larbaud, Valery   138, 156
Laufer, Roger   74, 85, 194 f., 197, 332 f., 349, 362
Lautréamont, Comte de   140 f.
Le Goffic, Pierre   135, 140, 240 f., 322, 326, 346, 367, 379 f., 389, 391 f., 405
Leblay, Christophe   61, 77
Lebrave, Jean-Louis   61, 63, 68, 72, 279, 281 f.,
Lecercle, Jean-Louis   2
Lefebvre, Julie   22, 73, 331, 341, 417
Lehtinen, Mari   342, 366
Léon, Pierre   21, 55, 134, 162, 176–179, 181–184, 188, 203, 205 f., 210, 291–301, 307, 324, 367 f., 377, 437
Littell, Johnathan   243
Loti, Pierre   391
Luzzati, Daniel   27, 29

Maingueneau, Dominique   253, 285, 408
Malderez, Isabelle   93, 121
Malraux, André   181, 299
Marivaux, Pierre Carlet Chamblain de   380, 382 f., 386–389
Martin du Gard, Roger   193
Martin, Jean-Pierre   3 f., 49, 261
Martin, Philippe   302–304, 315, 320, 323, 342, 352, 358 f., 377, 445
Martinet, André   21, 82, 87, 310
Massot, Benjamin   8 f., 16, 41–43
Maupassant, Guy de   146, 182, 218, 223 f., 230 f., 234 f., 237, 242 f., 270, 378
Mauro, Tulio de   94 f.
Meillet, Antoine   358, 377
Meizoz, Jérôme   3–6, 8, 257, 261, 399
Mérimée, Prosper   141
Mertens, Piet   378, 381, 384

Meschonnic, Henri   3, 21, 89, 294, 340, 375, 399, 403, 411, 423–425, 428, 440
Meynadier, Yohann   317
Michelet, Jules   140, 147, 427–433
Milly, Jean   372, 446
Milner, Jean-Claude   214, 283, 319, 423, 426
Minogue, Valéry   2
Mioni, Alberto   40
Molière   138
Molinié, Georges   419, 429 f.
Monferrand, Hélène de   254
Montaigne, Michel de   235, 413
Montherlant, Henry de   233
Morier, Henri   376
Musset, Alfred de   351

Nerval, Gérard de   136, 139, 146
Neveu, Franck   307, 330 f., 347, 369
Nichols, Johanna   169, 173, 189 f.
Nicollier-Saraillon, Valentine   11, 68
Noailly, Michèle   284, 335

Oesterreicher, Wulf   3, 7–9, 21–23, 25, 29, 43–49, 54, 57, 78, 83, 264, 269, 288, 383
Ohala, John J.   169, 173, 189 f.

Pagan, Hugues   171 f.
Pasques, Liselotte   342
Paulhan, Jean   203
Pellat, Jean-Christophe   21, 95, 105
Perec, Geroges   235 f., 419
Perry, Jacques   137, 201
Pétillon, Sabine   271, 334
Petitjean, André   261, 334
Petöfi, János Sándor   406
Peytard, Jean   21, 187
Philippe, Charles-Louis   3, 7
Philippe, Gilles   3, 5–7, 10, 12, 22, 155, 253, 261, 285, 289
Piat, Julien   5, 12, 22, 155, 261, 284 f.
Pinchon, Jacqueline   397
Pinget, Robert   5, 285, 362, 380, 389
Platon   57, 82, 87
Ponge, Françis   437
Poulaille, Henry   3
Pouquet, Jeanne   350

Pourrat, Henri   168
Pouy, Jean-Bernard   285
Pozzi, Catherine   254
Privat, Jean-Marie   6, 261
Proust, Marcel   18, 138 f., 143, 148 f., 204, 224–226, 243, 250 f., 348, 361–363, 371–373, 382, 446
Puech, Christian   50, 64, 81, 83, 90–92, 95, 192, 211
Pulgram, Ernst   22, 82, 84, 93, 105

Queneau, Raimond   4, 23, 31, 136, 141, 146, 159–162, 174–176, 182–186, 192, 194 f., 199, 203, 212, 235, 243, 297, 399
Quéré, Louis   60, 272
Quintilien   86, 308 f., 311 f., 356

Rabaté, Dominique   5
Rabatel, Alain   156
Rabelais   262, 441
Racine, Jean   339, 354, 421 f.
Ramuz, Charles Ferdinand   1, 3 f., 25, 72, 262, 285 f., 349, 382, 399, 430–433, 448
Rapp, Brenda   122
Rastier, François   22, 77, 303, 407–412, 420, 428 f.
Ravalec, Vincent   171
Regnault, François   319, 423, 426
Renan, Auguste   299
Renard, Jules   3
Reverdy, Pierre   374
Rey, Alain   48
Rey-Debove, Josette   9, 12, 21, 106, 109, 111–113, 131, 160, 165, 167, 171, 226, 246 f., 266, 279 f., 282, 342
Rézeau, Pierre   166–171.
Riegel, Martin   23, 43, 66, 135, 167, 193, 198, 316, 342, 408
Rimbaud, Arthur   62, 332
Rivière, Jacques   1
Rivarol   108
Romains, Jules   139
Rosenthal, Victor   123
Rosier-Catach, Irène   87
Rossi, Mario   315 f., 318 f., 438
Rouayrenc, Catherine   20, 182 f., 202

Roubaud, Jacques   256, 261, 284
Roulet, Eddy   322
Rousseau, Jean-Jacques   2, 82
Rousselot, Pierre-Jean   425
Rowlett, Paul   8 f., 16, 41–43
Roze, Pascale   243

Sadoulet, Pierre   425
Saint-John Perse   422
Saint-Paul, Georges   104 f.
Sacks, Harvey   267
Salem, André   255
Salvayre, Lydie   256
Sand, George   141, 147
Sarraute, Nathalie   1 f., 5
Saussure, Ferdinand de   6, 21–24, 50, 53, 61, 63–67, 69, 70, 81–84, 86, 88, 90–98, 101, 110, 121, 124, 139, 159, 167, 176, 201, 211, 213–215, 305 f., 410, 415
Sauvageot, Aurélien   90
Say, Jean-Baptiste   151
Schaeffer, Jean-Marie   50
Schegloff, Emanuel   267
Schlieben-Lange, Brigitte   16 f., 44, 47, 49, 278
Schnedecker, Catherine   21
Seguin, Jean-Paul   114
Serça, Isabelle   371 f., 382, 446
Simenon, Georges   391
Simon, Catherine   315, 322, 342, , 378, 381
Simon, Claude   5, 146, 149, 360 f., 371, 373
Simonin, Albert   224
Simonin-Grumbach, Jenny   213
Söll, Ludwig   43
Sorel, Charles   182, 262
Soupault, Philippe   373
Sperber, Dan   124, 329, 358
Spinelli, Elsa   122
Spire, André   294, 429
Spitzer, Leo   4
Stefanini, Jean   8
Stendhal   142, 182, 204, 225
Strauch, Gérard   226

Tesnière, Lucien   213
Testenoire, Pierre-Yves   53, 64 f.
Thérame, Victoria   171

Thibaudet, Albert   4
Todorov, Tzvetan   416 f., 420, 422
Tournier, Jean & Nicole   165, 167, 173
Tournier, Michel   230
Tracy, Antoine Destutt de   135
Traverso, Véronique   278
Tremblay, Michel   182, 192, 201
Turco, Gilbert   73

Uldall, Hans Jørgen   56, 82, 105, 449

Vachek, Joseph   16, 22, 82, 85, 105 f., 449
Vaissière, Jacqueline   202
Valéry, Paul   103, 428
Vallès, Jules   3, 7, 143, 361, 371
Van Dijk, Teun A.   406
Védénina, Ludmilla   187, 328, 332, 345 – 349, 378
Vendryes, Joseph   3, 377, 379
Verlaine, Paul   298, 436 f.

Verne, Jules   132
Verselle, Vincent   182
Victorri, Bernard   307
Vigny, Alfred de   138, 327
Volodine, Antoine   284
Voltaire   139

Wagner, Robert Léon   41, 378, 397
Watine, Marie-Albane   285
Weil, Simone   364 f.
Whitney, William D.   92
Wilson, Deirdre   124, 329, 358
Wolf, Nelly   257, 261
Wüest, Jakob   42, 122
Wunderlich, Dieter   226

Yourcenar, Marguerite   236, 243

Zay, Françoise   183, 284, 379
Zola, Émile   4, 7, 224, 230, 243, 441

Index des notions

affordance   48 f., 60, 62, 76, 79 f., 245, 261–271, 279, 283, 295, 343, 395, 451
alphabet   1, 13, 23, 52, 66, 73 f., 83, 85, 87 f., 91 f., 96, 104, 108, 110, 114–116, 118, 121, 123 f., 129, 141, 149, 151, 154, 158, 165, 182, 195, 199, 205, 212, 301, 370, 448 f.
arbitraire   38, 63, 79, 91 f., 95, 98, 100 f., 107, 115 f., 154, 165–168, 188, 190, 293, 312, 333, 341, 344, 373, 436–438
auditeur   23, 26, 63, 73, 103, 124, 163, 166, 177, 248–253, 258, 300 f., 306, 314–317, 378, 380, 383, 387, 425, 435, 443
autodialogisme   281, 283
autonymie   111–113, 131, 135–145, 148–153, 156–161, 170, 175, 200, 202, 220–226, 230, 235–240, 246 f., 249 f., 255–257, 260, 262, 287, 342 f., 357, 361–365, 370, 443
– *voir aussi* modalisation autonymique
axe paradigmatique   63, 69–71, 121, 124, 196, 336, 352, 377 f., 393, 410
axe syntagmatique   63, 69–73, 115, 124, 135, 145, 172, 196, 207, 227, 280, 282, 291, 294 f., 299, 301, 304, 317, 333 f., 344, 346, 353, 357, 370, 373–381, 385, 387, 404–406, 410, 412, 417, 421, 426, 434 f., 437, 451

backchannel   277, 395
biotechnologie   29, 31, 37, 39, 54, 57, 72–74, 78–80, 84, 117, 211, 263 f., 266, 269, 271, 278–280, 288 f., 296, 307, 320, 331, 369, 374, 451
bruit   77, 87, 165–174, 208, 210, 230, 236, 261, 276, 432–434, 437, 449
– *voir aussi* effet de bruit

canal   31, 42, 47, 73, 78, 307
clause   219, 231–233, 238–242, 249, 273, 285, 309–311, 315, 325, 327, 334–336, 345, 352, 355 f., 365, 380 f., 384, 386–390, 394, 396 f., 400, 402, 404–406, 409 f., 418, 423, 432, 434, 444

cohérence   17, 76, 156, 273, 278, 285, 311, 324, 363, 365 f., 371, 387, 401, 406–409
conscience   58, 103, 114, 177, 211, 215, 252, 263 f., 301, 403
continuum   10 f., 31, 42–49, 78, 87, 104, 450
conversation   1 f., 11, 17, 26 f., 44 f., 157, 166, 227, 241, 258 f., 267, 271, 282, 446
cri   1, 87, 167, 170, 172, 174, 207, 230, 236, 241, 273, 449

diachronie   5, 51, 76, 79, 93, 166, 324, 393, 421
diagramme   188–190, 198, 205–207, 210, 415, 435
diamésie   40
diaphasie   9, 16, 18, 40–46, 179, 182–185, 193 f.
diastratie   5, 40, 147, 182 f., 185, 194
diatopie   5, 40, 44, 147, 179, 182–184, 194, 244, 393, 432
diglossie   8 f., 18, 42, 46, 84, 258, 289
discours rapporté   *voir* RDA
disfluence   61, 273, 284, 336 f., 368, 370 f.
distance/proximité communicationnelle   17 f., 45–49, 54, 193, 259, 288 f., 383

écriture (processus)   53, 61 f., 66–69, 76 f., 280–283, 369, 375
– brouillon   10 f., 18 f., 68, 72, 281, 285, 337
– manuscrit   30, 67–69, 76, 109, 279, 282, 362, 382
– rature   18 f., 61, 69 f., 101, 329, 337, 368, 375
– technologie d'écriture   17, 53, 60, 62, 85, 278, 329, 331, 395
effet Buben   83, 93, 150, 449
effets d'oralité
– effet de bruit   164–174, 210, 230
– effet de parlure   157, 178 f., 182, 184, 191 f., 194, 198, 204 f.
– effet de parole (*ou* effet d'oralité discursif, *ou* style oral)   14, 20, 28, 176, 255–264,

280, 286, 288 f., 293, 297, 365, 388, 397, 435, 442, 446, 448, 451 f.
- effet de voix   174–176, 178–180, 192
- effet d'écoute   130, 134, 161–165, 175, 178, 197 f., 210, 363, 450
- effet mélodique   344, 349, 363, 376, 388 f., 392, 397
- effet prosodique   314, 355, 361, 370 f., 444 f.
- effet rythmique   388, 403, 435
émetteur   24, 78, 177, 258, 264, 266 f., 273, 276–280, 309, 405, 451
endographie   104, 302, 330, 379, 386, 400, 421, 423, 442, 445
endophasie   104, 285, 302, 310, 330, 358, 363 f., 376, 403, 406, 421, 424, 434, 437, 440, 442, 444, 452
épellation   88, 119, 122, 129–132, 135, 150, 154, 228, 356 f.
épilinguistique   11, 22, 24, 42, 80, 110, 166, 227, 237, 263, 282 f., 288, 339, 366, 421
- *voir aussi* imaginaire langagier
ergonomie   30, 60, 76, 89, 198, 238, 263 f., 270, 277, 288 f., 331, 337, 348, 353, 358, 361 f., 364, 371, 374, 376, 379, 383, 392, 397, 400, 421, 440, 443, 446, 451–453
- *voir aussi* affordance
espace graphique   55, 68, 71–73, 75, 85, 197, 204, 207–209, 282, 330 f., 344, 373, 379, 425
ethos   171, 275, 351, 398, 429

fonction poétique   402, 409–411, 414, 427

genre du discours   2, 10 f., 13, 17, 26 f., 30, 41–48, 65, 89, 154, 156, 182, 200 f., 205, 219, 227, 232, 241, 248, 252 f., 271, 277 f., 298, 325, 327, 366, 372, 383, 398, 405, 409, 417, 426, 430, 435, 445, 449
- bande-dessinnée   20, 72, 206, 450
- conversation   1, 2, 11, 17, 26 f., 44 f., 157, 258 f., 271, 383, 446
- genres oratoires   7, 20, 26 f., 32, 44, 53, 156, 177, 219, 227, 258, 271, 275, 383, 417, 426 f., 430, 439 f., 452

- genres poétiques   20, 32, 72, 103, 141, 209, 292, 294 f., 299 f., 332, 340 f., 373–375, 401, 413 f., 422, 426, 428, 430, 436 f., 439–442, 452
  - calligramme   72, 167, 189, 206 f., 295, 417 f., 436
- interactions médiées   11, 17 f., 44, 267 f., 282
- presse écrite   19, 69, 222, 227, 261, 271, 334, 417 f.
- roman   3–7, 12, 19, 20, 25, 132, 142, 155, 182, 192, 202, 222, 257, 362, 367, 372
- théâtre   26, 156, 201, 222, 342, 367,
gestualité   14 f., 40, 52–54, 61, 96, 140, 232 f., 236, 243 f., 264, 276, 278, 307 f., 335 f., 339, 407
grammaire seconde   (variantes « de prestige »)   9, 11, 16, 18, 41, 46, 286
graphocentrisme   82, 90

harmonie imitative   172, 295, 422, 436 f.
homophonie   101–103, 113, 117, 123, 126, 161, 164 f., 174, 187, 194, 200, 220, 357, 364, 412, 414

icone   67, 71, 86, 98, 109, 113, 166–173, 181, 188–190, 201, 206–210, 220, 276, 294–296, 329 f., 353, 393, 398, 433, 436
- pseudo-iconicité   168, 190, 207–210
imaginaire langagier   6, 8, 11 f., 15, 18, 22, 27, 32, 37, 48, 56, 80, 83, 89 f., 154 f., 160, 166, 176 f., 203, 251, 253, 255, 259–264, 268, 283–289, 297, 301, 303, 309, 337, 359, 366, 372, 374, 396, 413, 419, 439, 441, 451
improvisation   29, 63, 160, 272, 274 f., 283
intention   26, 38, 52 f., 161–163, 166, 176–178, 258, 269, 273, 286, 310, 316, 336 f., 361, 367, 399–401, 405, 407
interdiscours   248–262, 277, 453
intonème   27 f., 194, 311, 318, 321–323, 327 f., 334, 336, 341–343, 349–352,

354, 363, 366, 368, 370, 381, 385f., 393, 400
intonographie   196–198, 238, 298, 327, 332, 338–344, 348–355, 360, 363–375, 390, 392, 418, 430, 432, 439, 444

langue schéma   95–97, 100, 104, 106, 115, 125, 332, 393, 412, 415
linéarité   19, 23f., 58f., 63–65, 67–74, 81, 249, 282, 288, 291, 315, 336, 417
linguistique de la parole   24f., 30, 41, 117, 163, 166, 174, 176–178, 405

macrosyntaxe   9f., 22, 80, 226, 231–241, 273, 285, 311, 315, 334f., 352, 359, 377, 385–394, 402, 405, 426, 434, 450, 453
medium   31, 40f., 43, 46f., 49, 78, 277
métalangage   30, 32f., 105, 135, 140, 149, 174, 189f., 211f., 216–223, 226–230, 237, 242, 270, 278, 280, 286, 302, 304, 357, 365, 370, 409f., 436, 441, 449f.
– catégorisation métalangagière   220–222, 226, 229, 245, 287, 450
– glose   25, 32, 74, 114, 119, 132, 134, 141, 143–148, 151f., 155, 161, 247–250, 255–260, 270, 288, 338, 357, 380, 386
– MA (modalisation autonymique)   143, 152, 246f., 250
– *voir aussi* RDA, glose, reformulation
mètre   57, 291, 316–321, 323, 403, 411, 416, 417, 423–432, 439, 442
mode opératoire   39, 79, 90, 94, 96, 98, 102, 114, 292, 306f., 321, 332, 415, 418, 443, 448, 451f.
morphologie   22–24, 29, 83, 103f., 107, 112, 114f., 123, 160, 164f., 169–173, 187, 191, 196–199, 207, 209, 297, 306, 316, 320–327, 346, 348, 357f., 374–381, 384, 386, 389f., 400, 413, 443, 452f.

onomatopée   14, 18, 164–173, 236, 238, 433, 436–438
orthographe   8, 13, 23, 28, 66, 74, 83, 86, 107–111, 115, 117, 122–126, 129, 131f., 142, 147, 149f., 157f., 161f., 164, 174f.,
183–188, 195, 197, 199, 201, 225, 295, 297, 305, 357, 364

parataxe   291, 327, 362, 376, 378, 380–382, 384–390, 392, 395–401, 443, 452
performance (régime performanciel)   6, 30f., 53, 60, 62f., 77, 86, 140, 219, 238, 272–275, 283, 287f., 321, 368, 395, 440f.
période   27, 239, 299, 306, 309–311, 315, 318–322, 333f., 381, 383–386, 388, 398, 401–404, 408, 426f., 436, 446
phonocentrisme   21, 50f., 66, 82, 85, 96, 292f., 358, 401, 403, 440
ponctuation   *voir* topographie

RDA (représentation du discours autre)   218, 220f., 231–234, 237, 242, 247, 362f., 371
– DD   153, 157, 220, 222, 225, 231, 239, 241, 246, 257, 260, 361f., 364f., 429
– DI   157, 220, 224, 226, 231, 239, 246, 259
– DIL   157, 220, 224, 246, 260
– MAE (modalisation autonymique d'emprunt)   32, 176, 220–222, 225f., 246–262, 287, 289, 450
reformulation   18, 62, 159, 220–226, 229–239, 259, 271, 287, 336, 396f., 418, 450
rémanence   60, 62, 87, 269, 274, 277–283, 336, 353, 439
rythme   2, 14, 17, 27, 29, 57–60, 89, 156, 182, 185, 204, 298–304, 316–321, 332, 344, 350, 360, 374f., 383, 399, 403, 411f., 416, 422–429, 432, 439–441, 444

scène de parole   156f., 221, 223, 239, 244f., 259f., 285, 287f., 363, 446, 451
scriptio continua   195f., 309, 329, 355
sémantique réaliste   48, 260
sémiotique analogique   75, 86, 119, 132, 153f., 172, 185–189, 193, 196, 198f., 205–211, 228, 293–296, 435–438, 450
– *voir aussi* diagramme, icone, harmonie imitative, pseudo-iconicité
style oral   *voir* effet de parole

support (d'écriture) 29, 49–52, 56, 58–65, 72, 75–77, 85, 94, 197, 261, 263–281, 321, 330f., 397, 407, 417f., 440, 452
suprasegmental 17, 49, 132, 169, 178, 183, 189, 197, 246, 309, 313, 316, 333, 337, 340, 346, 377, 446

texture 172, 291, 294f., 311, 317, 319, 350, 381, 384, 388, 402–413, 417–420, 424–427, 430, 433–439, 442, 452
– isographie 402, 412, 416–420, 422, 425, 427, 430
– isophonie 20, 291, 294f., 299, 384, 402, 412f., 416–422, 425–438, 442, 452
 – isophonémie 420f., 425–430, 437f., 444
 – isochronie 358, 420–432, 444
– isotopie 172, 210, 311, 359, 366, 396, 402, 410–415, 420, 423, 434, 436, 438
topographie 21, 30, 57, 72, 109, 114, 131f., 135, 141, 152f., 157, 164, 167, 169, 183, 187, 191–200, 202, 204, 206, 250, 266, 270, 277, 298, 305, 309–314, 320–348, 353–389, 392, 397, 400, 406, 416–418, 423, 425, 432, 439, 443f., 453
– apostrophe 186, 191–193, 195, 198f., 348
– blanc 53, 74, 124, 138, 186, 191, 194–197, 199, 204, 208–212, 298, 331–333, 341, 344f., 351, 354, 360, 366, 418, 423
– deux-points 361f., 378
– majuscule 191, 197–199, 310, 321, 325, 332f., 341, 345, 347, 354, 362, 381
– parenthèses 145, 322, 338, 342, 345, 347, 354, 363, 367, 372, 429
– point 74, 199, 212, 298, 311, 321, 325, 327, 329, 333, 335, 337–339, 341, 344f., 347, 354, 366–369, 371, 381, 416
– point de suspension 19, 28, 153, 191, 270, 341, 346f., 352, 354, 357, 366–369, 373, 375, 385
– point d'exclamation 153, 171, 198, 298, 371f.
– point d'interrogation 298, 327f., 363, 372
– point-virgule 298, 333, 339, 344, 350, 366, 378
– tiret 191, 193f., 199, 270, 322, 341, 361f., 367, 373
– trait d'union 191, 193f., 356
– virgule 298, 326, 333, 338–356, 358, 360, 363, 368, 370–372, 378, 382, 385, 390–392
transcription 1, 13–15, 44, 66, 74, 92, 110, 129f., 132, 160, 202, 219, 227, 278, 303
typographie 109, 196, 279, 331, 340f., 349, 362, 375, 383, 406f., 417

valence 131f., 135, 138, 140, 143, 146, 151, 229–231, 240, 286, 326, 377, 379, 390f., 396

Table des illustrations, schémas et tableaux

1. *Tableau* : « Paramètres pour caractériser le comportement communicatif des interlocuteurs par rapport aux déterminants situationnels et contextuels » selon Koch & Oesterreicher (2001) —— **45**
2. *Schéma* : Quatre systèmes impliqués dans le fonctionnement du français —— **108**
3. *Schéma* : Modes d'actualisation du signe graphique —— **124**
4. *Schéma* : Réalisations discursives de la phonographie —— **133**
5. *Illustration* : J.-M. Derouen & L. du Fay, *Ze vais te manzer* —— **206**
6. *Illustration* : A. Uderzo & R. Goscinny, *Astérix et la rentrée gauloise* —— **209**
7. *Tableau* : Types de verbes introducteurs de discours oral —— **241**
8. *Schéma* : Affordance des signaux graphiques et phoniques —— **266**
9. *Tableau* : Opérations métalangagières de représentation de l'oral —— **289**
10. *Schéma* : Sémiophonie et sémiographique, plan de structuration commun (verbal) et plans spécifiques (vocal *vs* scriptural) —— **310**
11. *Schéma* : « Représentations de la structure rythmique de l'énoncé » selon Di Cristo (2003) —— **321**
12. *Illustration* : « Des drones d'attaque dans le ciel colombien », *Le Courrier*, 20 février 2014 —— **420**
13. *Illustration* : C. F. Ramuz, *Les Signes parmi nous*, exemplaire annoté par l'auteur en vue d'une traduction allemande —— **434**

Table des matières

Introduction générale. Jeanne d'Arc liseuse —— 1
1 Le moment parlant de la littérature française —— 3
2 La guerre des langues —— 5
3 Oral et écrit : imaginaires séparateurs et théories continuistes —— 8
4 Différentes pratiques discursives écrites de la représentation de l'oral —— 13
5 Une épineuse question linguistique —— 20
6 Hétérogénéité des faits —— 25
7 Quatre points de vue sur l'écrit —— 29

Première Partie
Éclairages sémiologiques

Chapitre 1. Le niveau biotechnologique de l'étude sémiologique —— 37
Introduction —— 37
1 L'écrit et l'oral comme signaux —— 38
2 Approche variationnelle de l'opposition entre oralité et scripturalité —— 40
2.1 Point de vue sociolinguistique —— 40
2.2 L'apport de Koch & Oesterreicher : le « continuum communicatif » —— 43
2.3 Sémiologie et sociologie : deux regards complémentaires sur les relations entre oralité et scripturalité —— 47
3 Le cadre d'une sémiologie générale de l'écrit —— 49
4 Signifiance de la trace et signifiance du processus —— 52
5 L'écrit comme trace *vs* l'oral comme processus —— 53
6 Propriétés spécifiques des signaux phoniques et graphiques —— 55
7 Les signaux phoniques et graphiques et leurs rapports au temps et à l'espace —— 56
7.1 Rapport au temps —— 58
7.1.1 Temps de l'écrit —— 58
7.1.2 Temps de l'oral —— 62
7.2 Rapport à l'espace —— 65
7.2.1 Espace de l'écrit : la ligne qui cache l'espace —— 67
7.2.2 Espace de l'oral —— 75
Conclusion —— 78

Chapitre 2. Le niveau sémiotique de l'analyse sémiologique —— 81
Introduction —— 81
Le point de vue sémiotique —— 82
Le système écrit mu par deux forces antagonistes —— 84
1 Un cadre sémiologique pour articuler « langue écrite » et « langue orale » —— 86
1.1 Un antique paradoxe —— 86
1.2 Saussure bifrons —— 91
1.3 Le problème des unités irréductibles du signifiant —— 93
1.4 Le statut paradoxal de la langue (de Saussure à Benveniste) —— 96
1.5 Sémiotique et sémantique x langue orale et langue écrite —— 98
1.6 Un modèle à trois termes : langue, sémiophonie et sémiographie —— 105
2 Le français écrit : deux systèmes fonctionnels pour une même notation —— 108
2.1 Fonction phonographique ($E^g_1(E^p_{1'})$) —— 109
2.2 Fonction sémiographique ($E^g(C^g)$) —— 114
2.3 Remarques sur les théories de Jacques Anis et Nina Catach —— 115
2.4 Un plurisystème plutôt que des unités polyvalentes —— 117
2.5 Un fondement sémiologique à l'hypothèse psycholinguistique de la « double voie » —— 121
Conclusion —— 125

Seconde Partie
Parcours des modalités de représentation

Chapitre 3. La phonographie en langue et en discours. Écrire les mots entendus, écouter les mots vus —— 129
1 Le lexique de la conversion intersémiotique —— 129
2 En discours : du phonogramme marqué à l'effet phonographique ou effet d'écoute —— 130
3 Phonogrammes marqués comme tels —— 132
3.1 Prononcer, prototype de l'activité phonographique —— 135
3.2 Enoncés métalinguistiques de type phonographique —— 137
3.3 Gloses de spécification de l'expression orale et modalisation phonographique —— 143
3.3.1 Glose doublant un sémiogramme d'une image phonographique de lui-même —— 145
3.3.2 Construction parenthétique du type X' (L prononce Y') —— 145

3.3.3 Glose recatégorisant un sémiogramme comme phonogramme *(*X/Y', comme prononce A)* —— 147
3.4 Visées des gloses et énoncés phonographiques —— 147
3.5 Catégorisation et balisage du phonogramme —— 150
3.6 La phonographie marquée : un potentiel sémiologique activé sous conditions —— 154
4 La phonographie interprétative —— 155
4.1 Les indices discursifs de la phonographie —— 155
4.1.1 Repérage des phonogrammes non marqués —— 158
4.1.2 Unité des effets d'écoute —— 163
4.2 Typologie des effets d'écoute —— 165
4.2.1 Les onomatopées : l'écrit s'ébruite —— 165
4.2.2 Les effets de voix —— 174
4.2.3 L'effet de parlure (codant un sémiophone et sa variation) —— 178
4.2.3.1 Définition —— 178
4.2.3.2 Substitution d'alphagramme —— 179
4.2.3.3 Répétition d'alphagrammes : codage diagrammatique de la variation prosodique —— 187
4.2.3.4 Symbolisation mondaine et symbolisation métalangagière —— 189
4.2.3.5 Les topogrammes en renfort —— 191
5 Quelques aspects généraux de la phonographie en discours —— 199
5.1 Les phonogrammes et le mélange de signifiances —— 199
5.2 L'écrit peut-il montrer l'oral ? Remarque sur la référence « anaphorico-déictique » des expressions métalinguistiques —— 200
5.3 Moyen et fin du phonogramme : entre la forme et la substance de l'expression orale —— 202
6 La substance de l'écrit pour représenter la substance de l'oral ou l'art de la calliphonographie —— 204
6.1 Situation du phénomène —— 204
6.2 La pseudo-iconicité ou iconicité analogique des calliphonogrammes —— 207
6.3 Remarque sur la représentation analogique de la durée —— 208
6.4 Plurivocité des sémiotiques analogiques —— 210
Conclusion —— 210

Chapitre 4. Sémantique de l'oral. Décrire l'oral et écrire comme on parle —— 213
1 Point de vue sémantique —— 213
1.1 Linguistique de l'énonciation et héritage benvenistien —— 213
1.2 Du langage comme truchement à la fonction métalangagière —— 217

1.3 Un objet particulier – l'énonciation orale – et trois opérations métalangagières pour sa représentation —— **219**
2 Catégorisation d'une énonciation écrite comme orale —— **222**
2.1 Généralités —— **222**
2.2. En combinaison avec la catégorisation —— **223**
2.3 Le lexique de la catégorisation d'un objet comme énonciation orale —— **226**
2.3.1 Oral – Verbal – Scriptural —— **227**
2.3.2 Les verbes de la catégorisation orale, en langue et en discours —— **229**
2.3.2.1 Verbes de parole —— **229**
2.3.2.2 Verbes *paraverbaux* —— **232**
2.3.2.3 Verbes périverbaux —— **233**
2.3.2.4 *Faire* et verbes spécifiant le procès de dire —— **235**
2.3.2.5 Récapitulatif : les verbes de la catégorisation de l'énonciation comme orale —— **239**
2.3.3 Noms (et adjectifs) de la catégorisation comme oral —— **241**
2.3.3.1 Éléments lexicaux —— **241**
2.3.3.2 Principales configurations syntaxiques —— **242**
2.3.3.3 Compléments intra et extraprédicatifs —— **242**
2.3.4 Construire et reconnaître une scène de parole —— **244**
3 Manières orales de dire et effets de parole —— **245**
3.1 Dire comme source et modalisation autonymique d'emprunt —— **245**
3.2. Représentation linguistique de la MAE —— **248**
3.3 De l'allusion ponctuelle à la compétence-performance discursive —— **251**
3.4 L'imaginaire discursif comme filtre de la reconnaissance d'une manière de dire —— **253**
3.5 MAE et effet d'oralité discursif (effet de parole) —— **255**
3.5.1 Catégorisation méta-énonciative + autonymie : écrire comme on parle —— **255**
3.5.2. MAE sans catégorisation méta-énonciative : reconnaissance de manières parlées d'écrire —— **257**
3.6 Pertinence *de facto* de la reconnaissance discursive —— **260**
4 Le corps et le support. De l'affordance des signaux acoustiques à l'imaginaire de l'oralité comme acte (contextualité) et comme énoncé (textualité) —— **261**
4.1 Récapitulatif : les trois apports du regard linguistique sur la représentation discursive de l'oralité —— **261**
4.2 L'affordance de l'oral et les « facteurs inaliénables de la communication » —— **263**
4.2.1 Signal/récepteur (1) : un signal complété par des paralangages —— **264**

4.2.2 Signal/récepteur (2) : un signal co-construit —— **267**
4.2.3 Signal/environnement (1) : un signal performé —— **272**
4.2.4 Signal/environnement (2) : un signal situé —— **275**
4.2.5 Signal/émetteur (1) : un signal personnalisé —— **278**
4.2.6 Signal/émetteur (2) : un signal non manipulable —— **280**
Conclusion —— **286**

Chapitre 5. Lecture et prosodie. Effets mélodiques et effets rythmiques —— 290
Introduction —— **290**
1 Le modèle d'« intégration de l'oralité dans l'écrit » de Pierre Léon (1993) —— **291**
2 Situation de la prosodie dans un examen sémiologique des rapports entre oralité et écriture —— **300**
2.1 La position dominante : la prosodie comme opérateur inhérent à la lecture —— **300**
2.2 Remarque sur certains usages de la notion de « texte » chez les spécialistes de l'oral : l'écrit comme symbole du segmental brut —— **303**
2.3 Lire avec ou sans prosodie ? —— **306**
2.3.1 La question posée dans un cadre sémiolinguistique —— **306**
2.3.2 Options terminologiques : *clause* (syntaxe) vs *période* (unité énonciative orale) et *phrase* (unité énonciative écrite) —— **309**
2.3.3 Composer sans (la) prosodie : trois solutions —— **311**
3 Effets prosodiques —— **315**
3.1 La prosodie du français —— **315**
3.2 Rappel concernant les accents du français —— **317**
3.3 Les rapports du segmental au prosodique —— **319**
3.4 La sollicitation prosodique —— **324**
4 Topographie et prosodie —— **327**
4.1 L'exemple du ? —— **327**
4.2 Situation et fonctions de la topographie —— **329**
4.3 Remarque sur le statut sémiologique de la prosodie —— **334**
4.4 La topographie : une notation à deux versants —— **338**
4.4.1 La fonction intonographique de la topographie —— **338**
4.4.2 La fonction sémiographique de la topographie —— **344**
4.4.3 Le cas de la virgule —— **345**
4.4.3.1 Usage sémiographique de la virgule —— **346**
4.4.3.2 Usage intonographique de la virgule —— **348**
4.4.3.3 Virgule et sollicitation prosodique —— **353**

4.4.4 Une hypothèse : ponctuation sémiographique bilatérale, ponctuation intonographique unilatérale —— **354**
4.4.5 Projection prosodique liée à l'absence de topogramme —— **355**
4.4.5.1 Amphibologie et coulissage liés à l'absence de topographie —— **355**
4.4.5.2 Cas de la non-démarcation des préfixes —— **358**
4.4.5.3 Cas de la non-démarcation topographique du discours direct (DD) —— **361**
4.4.6 Y a-t-il des intonogrammes marqués comme tels ? —— **364**
4.4.7 Du point de suspension et d'autres topogrammes à contenu phonique —— **366**
4.5 La topographie, ou les chemins de l'écrit vers la prosodie —— **369**
5 Constructions segmentées et effets mélodiques —— **376**
5.1 Syntaxe hégémonique —— **376**
5.2 La parataxe à l'écrit —— **380**
5.2.1 Parataxe —— **380**
5.2.2. La parataxe, de la prosodie à la topographie —— **384**
5.3 Quelques remarques sur l'ordre des mots —— **390**
5.4 Retour sur la conception benvenistienne de la langue comme dernier interprétant —— **392**
5.5 Optimalité de la grammaire à l'écrit et à l'oral —— **393**
5.6 Parataxe et paradoxes du style oral —— **397**
Conclusion —— **400**
6 Effets rythmiques : la texture sémiophonique de l'écrit —— **401**
6.1 De la phrase au texte —— **401**
6.2 Situation de la texture et de l'effet rythmique —— **403**
6.2.1 Rythme et textualité —— **403**
6.2.2 Cohésion et cohérence —— **406**
6.2.3 La texture : un troisième terme pour penser l'unité des textes —— **408**
6.2.4 Les deux plans de la texture : *isotopie* et *isoplasmie* —— **411**
6.2.5 Deux types d'isoplasmie : *isophonie* et *isographie* —— **412**
6.2.6 L'isoplasmie graphémique ou *isographie* —— **416**
6.3 L'isoplasmie phonique ou isophonie —— **419**
6.3.1 Isophonie qualitative ou *isophonémie* —— **420**
6.3.2 Isophonie quantitative ou *isochronie* —— **422**
6.3.3 L'accentuation secondaire (ou *ictus*) —— **425**
6.3.4 Quelques exemples d'isophonie —— **427**
6.3.5 Effets rythmiques —— **434**
6.3.6 Harmonie imitative : isophonie et sémiotique analogique (de type diagrammatique) à contenu mondain —— **435**
6.4 De l'oralité de l'écrit dans la perspective de la poétique —— **438**

Conclusion —— 442

Conclusion générale. De l'oral dans l'écrit ? —— 448

Bibliographie —— 454

Index des auteurs —— 473

Index des notions —— 479

Table des illustrations, schémas et tableaux —— 483

www.ingramcontent.com/pod-product-compliance
Lightning Source LLC
Chambersburg PA
CBHW051201300426
44116CB00006B/404